FUNDOS DE INVESTIMENTO MOBILIÁRIO E IMOBILIÁRIO

(REGIME JURÍDICO)

ALEXANDRE BRANDÃO DA VEIGA
Jurista da Comissão do Mercado de Valores Mobiliários

FUNDOS DE INVESTIMENTO MOBILIÁRIO E IMOBILIÁRIO

(REGIME JURÍDICO)

LIVRARIA ALMEDINA
COIMBRA – 1999

TÍTULO:	FUNDOS DE INVESTIMENTO MOBILIÁRIO E IMOBILIÁRIO (REGIME JURÍDICO)
AUTOR:	ALEXANDRE BRANDÃO DA VEIGA
EDITOR:	LIVRARIA ALMEDINA – COIMBRA
DISTRIBUIDORES:	LIVRARIA ALMEDINA ARCO DE ALMEDINA, 15 TELEF. (039) 851900 FAX. (039) 851901 3004-509 COIMBRA – PORTUGAL Livrarialmedina@mail.telepac.pt LIVRARIA ALMEDINA – PORTO R. DE CEUTA, 79 TELEF. (02) 2059773/2059783 FAX. (02) 2026510 4050-191 PORTO – PORTUGAL EDIÇÕES GLOBO, LDA. R.S. FILIPE NERY, 37-A (AO RATO) TELEF. (01) 3857619 1250-225 LISBOA – PORTUGAL
EXECUÇÃO GRÁFICA:	G.C. – GRÁFICA DE COIMBRA, LDA. ABRIL, 1999
DEPÓSITO LEGAL:	136303/99

Toda a reprodução desta obra, por fotocópia ou outro qualquer processo, sem prévia autorização escrita do Editor, é ilícita e passível de procedimento judicial contra o infractor.

Aos meus tios

*Lídia, José Firmino e Carlos
de Herédia da Veiga Ventura*

Agradecimentos

Gostaria de agradecer aos Srs. Drs. Amadeu José Ferreira, Frederico de Lacerda da Costa Pinto, João Severino Raposo e Jorge Costa Santos pelo estímulo que sempre deram para a publicação dos meus trabalhos e por acreditarem que a investigação não se tem de confinar aos meios académicos.

Não obstante a qualidade de jurista da Comissão do Mercado de Valores Mobiliários do autor, é por demais evidente que as opiniões expressas no presente trabalho são emitidas a título meramente pessoal, não vinculando de nenhum modo a citada Comissão.

SIGLAS	SIGNIFICADO
Cd.MVM	Código do Mercado de Valores Mobiliários
COB	Commission des Opérations de Bourse (França)
CVM	Comissão de Valores Mobiliários (Brasil)
CONSOB	Commissione Nazionale Per Le Società e La Borsa (Itália)
DLFIM	Dec.-Lei nº 276/94, de 2 de Novembro, com as alterações dos Dec.-Lei nº 308/95, de 20 de Novembro, Dec.-Lei nº 323/97, de 26 de Novembro
DLFII	Dec.-Lei nº 294/95, de 17 de Novembro, com as alterações do Dec.-Lei nº 323/97, de 26 de Novembro
DFI	Directiva dos Fundos de Investimento Directiva do Conselho 85/611/CEE, de 20 de Dezembro de 1985, publ. no JOCE L 375/3 de 1985; alterada pela Directiva do Conselho nº 88/220/CEE, de 22 de Março de 1988, publ. no JOCE L 100/31, de 1988.
FSA	Financial Services Authority (Reino Unido)
RGICSF	Regime Geral das Instituições de Crédito e das Sociedades Financeiras
SEC	Securities and Exchange Commission (Estados Unidos)

SUMÁRIO

SUMÁRIO

PARTE I INTRODUÇÃO

PARTE II PRINCÍPIOS GERAIS

CAPÍTULO I PRINCÍPIOS SUBJECTIVOS
SECÇÃO I TIPICIDADE DAS ENTIDADES GESTORAS
SECÇÃO II PRINCÍPIO MITIGADO DA SEPARAÇÃO DE GESTÃO

CAPÍTULO II PRINCÍPIOS OBJECTIVOS
SECÇÃO I TIPICIDADE DE NATUREZA DOS FUNDOS
SECÇÃO II TIPICIDADE DE COMPOSIÇÃO
SECÇÃO III CONSERVAÇÃO DA NATUREZA DOS FUNDOS

CAPÍTULO III PRINCÍPIOS OPERACIONAIS
SECÇÃO I DIVISÃO DE RISCOS
SECÇÃO II CONFLITOS DE INTERESSES
SECÇÃO III TRANSPARÊNCIA

PARTE III FONTES DO REGIME DOS FUNDOS. O REGULAMENTO DE GES-TÃO

CAPÍTULO I CONTEÚDO DO REGULAMENTO DE GESTÃO
SECÇÃO I ELEMENTOS FORMAIS
SECÇÃO II ELEMENTOS ESTRATÉGICOS
SECÇÃO III ELEMENTOS ECONÓMICOS
SECÇÃO IV ELEMENTOS SUPLEMENTARES

CAPÍTULO II VICISSITUDES DO REGULAMENTO

CAPÍTULO III CLÁUSULAS CONTRATUAIS GERAIS E CONTRATAÇÃO INDIVI-DUALIZADA

CAPÍTULO IV GARANTIA DO REGULAMENTO DE GESTÃO

PARTE IV REGIME GERAL

CAPÍTULO I A DIMENSÃO SUBJECTIVA
SECÇÃO I AS ENTIDADES GESTORAS

SUBSECÇÃO I REGIME GERAL

SUBSECÇÃO II SOCIEDADES GESTORAS

SUBSECÇÃO III OUTRAS ENTIDADES GESTORAS

SECÇÃO II OS DEPOSITÁRIOS

SUBSECÇÃO I. INSTITUIÇÃO E VICISSITUDES. A NATUREZA DOS VALORES DEPOSITÁVEIS

SUBSECÇÃO II. FUNÇÕES

SUBSECÇÃO III. REGIME OPERACIONAL

SECÇÃO III REGIME COMUM ÀS ENTIDADES GESTORAS E DEPOSITÁRIOS

SUBSECÇÃO I SEGREGAÇÃO DE FUNÇÕES

SUBSECÇÃO II RESPONSABILIDADE SOLIDÁRIA

SUBSECÇÃO III RELAÇÕES DE DEPÓSITO

SUBSECÇÃO IV REMUNERAÇÕES

SECÇÃO IV AS ENTIDADES DE GUARDA DOS VALORES

SECÇÃO V AS ENTIDADES COLOCADORAS

SUBSECÇÃO I. INSTITUIÇÃO. VICISSITUDES.

SUBSECÇÃO II. FUNÇÕES.

SUBSECÇÃO III. REGIME OPERACIONAL.

SECÇÃO VI OS CONSULTORES

SECÇÃO VII OS TERCEIROS PRESTADORES DE SERVIÇOS

SECÇÃO VIII OS PARTICIPANTES

SECÇÃO IX AS ENTIDADES DE SUPERVISÃO

SUBSECÇÃO I A CMVM

SUBSECÇÃO II O BANCO DE PORTUGAL

CAPÍTULO II A DIMENSÃO OBJECTIVA

SECÇÃO I OS FUNDOS 111

SUBSECÇÃO I TIPOLOGIA DOS FUNDOS

SUBSECÇÃO II OBJECTO DOS FUNDOS

SUBSECÇÃO III VICISSITUDES DOS FUNDOS

SECÇÃO II AS UNIDADES DE PARTICIPAÇÃO

SUBSECÇÃO I AS UNIDADES DE PARTICIPAÇÃO COMO VALORES MOBILIÁRIOS

SUBSECÇÃO II VICISSITUDES DAS UNIDADES DE PARTICIPAÇÃO

CAPÍTULO III A DIMENSÃO OPERACIONAL

SECÇÃO I. DOMICILIAÇÃO

SECÇÃO II. CONTABILIDADE

SECÇÃO III. INFORMAÇÃO E PUBLICIDADE

SECÇÃO IV. COBERTURA DE RISCOS

SECÇÃO V ENCARGOS E RECEITAS DOS FUNDOS

SECÇÃO VI AVALIAÇÃO DOS FUNDOS

SECÇÃO VII SUSPENSÃO DA EMISSÃO E DO RESGATE

SECÇÃO VIII EXECUÇÃO PREFERENCIAL DE OPERAÇÕES EM BOLSA

CAPÍTULO IV A DIMENSÃO EXTERNA

SECÇÃO I REPRESENTAÇÃO GERAL DOS FUNDOS

SECÇÃO II AS CONTAS DOS FUNDOS

SECÇÃO III AS UNIDADES DE PARTICIPAÇÃO E O SISTEMA DE REGISTO/ /DEPÓSITO E CONTROLE DE VALORES

SECÇÃO IV A EXECUÇÃO DE ORDENS DOS FUNDOS

SECÇÃO V RELEVÂNCIA DOS FUNDOS NA VIDA DAS EMITENTES

SECÇÃO VI REPRESENTAÇÃO DOS FUNDOS EM JUÍZO E PERANTE ENTI-DADES PÚBLICAS

PARTE V OS FUNDOS DE INVESTIMENTO MOBILIÁRIO

CAPÍTULO I FONTES. REGULAMENTO DE GESTÃO

CAPÍTULO II DIMENSÃO SUBJECTIVA

SECÇÃO I ENTIDADES GESTORAS

SECÇÃO II DEPOSITÁRIOS

CAPÍTULO III DIMENSÃO OBJECTIVA

SECÇÃO I FUNDOS. OBJECTO DOS FUNDOS

SECÇÃO II UNIDADES DE PARTICIPAÇÃO

CAPÍTULO IV DIMENSÃO OPERACIONAL

SECÇÃO I AVALIAÇÃO DOS FUNDOS

CAPÍTULO V DIMENSÃO EXTERNA

CAPÍTULO VI TIPOS DE FUNDOS. FUNDOS ABERTOS E FUNDOS FE-CHADOS

SECÇÃO I FUNDOS FECHADOS

SUBSECÇÃO I DIMENSÃO SUBJECTIVA

SUBSECÇÃO II DIMENSÃO OBJECTIVA. FUNDOS

SECÇÃO II FUNDOS ABERTOS

CAPÍTULO VII CONEXÃO COM O ESTRANGEIRO

SECÇÃO I UNIDADES ESTRANGEIRAS COMERCIALIZADAS EM PORTUGAL

SUBSECÇÃO I REGIME GERAL

SUBSECÇÃO II FUNDOS NÃO HARMONIZADOS

SUBSECÇÃO III REGIME COMUNITÁRIO. FUNDOS HARMONIZADOS

SECÇÃO II UNIDADES PORTUGUESAS COMERCIALIZADAS NO ESTRAN-GEIRO

SUBSECÇÃO I REGIME GERAL

SUBSECÇÃO II REGIME ESPECIAL DOS PAÍSES DA UNIÃO EURO-PEIA

CAPÍTULO VIII FUNDOS DE TESOURARIA

CAPÍTULO IX FUNDOS DE FUNDOS

PARTE VI OS FUNDOS DE INVESTIMENTO IMOBILIÁRIO

CAPÍTULO I FONTES. REGULAMENTO DE GESTÃO

CAPÍTULO II DIMENSÃO SUBJECTIVA

CAPÍTULO III DIMENSÃO OBJECTIVA

SECÇÃO I FUNDOS

SUBSECÇÃO I OBJECTO DOS FUNDOS

SUBSECÇÃO II VICISSITUDES

SECÇÃO II UNIDADES DE PARTICIPAÇÃO

CAPÍTULO IV DIMENSÃO OPERACIONAL

SECÇÃO I INFORMAÇÃO

SECÇÃO II AVALIAÇÃO DOS IMÓVEIS

CAPÍTULO V DIMENSÃO EXTERNA

CAPÍTULO VI TIPOS DE FUNDOS. FUNDOS ABERTOS E FUNDOS FE-CHADOS

SECÇÃO I FUNDOS FECHADOS

SECÇÃO II FUNDOS ABERTOS

CAPÍTULO VII CONEXÃO COM O ESTRANGEIRO

SECÇÃO I COMERCIALIZAÇÃO EM PORTUGAL DE FUNDOS ESTRAN-
GEIROS

SECÇÃO II COMERCIALIZAÇÃO NO ESTRANGEIRO DE FUNDOS PORTU-
GUESES

PARTE VII. A DOGMÁTICA DOS FUNDOS

CAPÍTULO I NATUREZA DOS FUNDOS

SECÇÃO I PRIMEIRA APRECIAÇÃO CRÍTICA DA DEFINIÇÃO LEGAL

SECÇÃO II ENQUADRAMENTO DOGMÁTICO

CAPÍTULO II FUNDOS E ESTRUTURAS DE INVESTIMENTO COLECTIVO

CAPÍTULO III FUNDOS DE INVESTIMENTO E FIGURAS DE FRONTEIRA

SECÇÃO I FALTA DO ELEMENTO ESTRUTURAL
SUBSECÇÃO I REPRESENTAÇÃO
SUBSECÇÃO II NEGOCIAÇÃO DE CARTEIRAS
SUBSECÇÃO III GESTÃO DE CARTEIRAS
SUBSECÇÃO IV GESTÃO DE PATRIMÓNIOS
SUBSECÇÃO V CONTITULARIDADE DE CONTAS
SUBSECÇÃO VI CLUBES DE INVESTIDORES
SUBSECÇÃO VII CONTAS JUMBO
SUBSECÇÃO VIII SEGUROS DE VIDA
SUBSECÇÃO IX CONSÓRCIO
SUBSECÇÃO X SOCIEDADES

SECÇÃO II FALTA DO ELEMENTO DINÂMICO

SECÇÃO III FALTA DO ELEMENTO TELEOLÓGICO
SUBSECÇÃO I FUNDOS DE GARANTIA
SUBSECÇÃO II FUNDOS DE PENSÕES

SUBSECÇÃO III PLANOS DE POUPANÇA EM ACÇÕES COM A
FORMA DE FUNDO DE PENSÕES

CAPÍTULO IV FUNDOS ESPECIAIS

SECÇÃO I FUNDOS DE INVESTIMENTO DE CAPITAL DE RISCO

SECÇÃO II FUNDOS DE RESTRUTURAÇÃO E INTERNACIONALIZAÇÃO
EMPRESARIAL

SECÇÃO III FUNDOS DOS TRABALHADORES NAS PRIVATIZAÇÕES

SECÇÃO IV PLANOS DE POUPANÇA EM ACÇÕES COM A FORMA DE FUN-DOS DE INVESTIMENTO

CAPÍTULO V AS PERSONAGENS DOS FUNDOS

CAPÍTULO VI AS DIMENSÕES OPERACIONAL E EXTERNA DOS FUNDOS

BIBLIOGRAFIA

SUMÁRIO ANALÍTICO

PARTE I

INTRODUÇÃO

É já um lugar comum afirmar-se que os anos de 1980 trouxeram, juntamente com a liberalização dos mercados, a eclosão de novos produtos financeiros. Mas, para além dos novos produtos financeiros, trouxeram novos fenómenos para os mercados. A mobiliarização (*securitisation*, *titrisation*), a derivação, a hibridação de produtos, a hibridação de mercados primários e secundários, o efeito de carteira, a conglobação de poupanças, a desintermediação financeira contam-se entre os mais importantes. Os fundos são dificilmente enquadráveis em cada um deles.

A mobiliarização (à falta de melhor expressão em Português) é a transformação de activos que são de outros mercados (activos monetários, activos reais, activos financeiros não mobiliários) em valores mobiliários. É o que acontece com as obrigações hipotecárias, ou com os futuros e opções sobre valores do mercado monetário. A derivação em sentido lato é a criação de valores mobiliários com base noutros valores, como se passa com os warrants, e os derivados em geral. Na hibridação de produtos encontramos exemplos como as obrigações com juro variável, em que a fronteira tradicional entre valores de rendimento variável e fixo (classicamente as acções e obrigações) se esbate. A hibridação de mercados ocorre nomeadamente nos derivados, em que a emissão e a transação se fundem num só momento. O efeito de carteira é hoje em dia utilizado pela detenção de vários activos com natureza diferente com a expressa intenção de obter um activo global com um comportamento financeiro que não se encontra frequentemente disponível no mercado (os derivados sobre carteiras, as opções exóticas, por exemplo). A conglobação de poupanças encontra-se em fenómenos como as contas "jumbo" em que muitos pequenos accionistas representados por um mesmo intermediário conseguem por vezes obter posições importantes de controlo societário. A desintermediação financeira (objectiva) corresponde à passagem do risco para os clientes, sem o filtro da responsabilização do profissional, como vemos pela diminuição relativa de importância dos depósitos a prazo ou outros produtos de rendimento fixo em relação aos produtos em que o cliente participa do risco das operações.

Os fundos, para poderem ser compreendidos, não podem ser reduzidos a cada um destes fenómenos. Na sua aparente simplicidade são dos fenómenos mais complexos do mercado de valores mobiliários exactamente porque participam de todos eles. Conduzem a uma *mobiliarização* mais ou menos intensa, na medida em que contêm sempre activos não mobiliários em maior ou menor grau (liquidez, activos monetários, imobiliários, instrumentos de dívida). Geram um fenómeno de *derivação* na medida em que, tendo como activo subjacente, pelo menos parcialmente, valores mobiliários, geram outros valores que sobre eles incidem (as unidades de participação). Participam da *hibridação de produtos*, na medida em que reúnem activos de risco e modelos de remuneração diferentes (acções, obrigações). Contêm elementos de *hibridação de mercados*, na medida em que, pelo menos no caso dos fundos abertos, a forma mais característica de transação das unidades de participação é a emissão e o resgate. Visam um *efeito de carteira* (de que o princípio de divisão de riscos é um desenvolvimento) na medida em que se visa diluir o risco obtendo o maior grau de mais valias, ou seja personalizando comportamentos financeiros. Finalmente enquadram-se num movimento geral de *conglobação de carteiras* em que se visam efeitos de escala, efeitos de escala esses que se traduzem frequentemente nesta ideia simples: o acesso a certos mercados e produtos, e em certas condições, depende da dimensão e profissionalização. O investidor comum não tem nem uma nem outra. As gestoras dos fundos fazem com que o investidor comum tenha acesso, na proporção da sua participação, a condições e mercados a que nunca poderia aceder. Se se quiser, a ideia é a do investidor comum poder aceder ao mercado grossista, com as vantagens, nomeadamente de preço, variedade e diversificação de investimentos, que se lhe conhecem. De igual modo, participam do fenómeno de *desintermediação*, na medida em que os participantes assumem integralmente o risco dos produtos que são adquiridos para os fundos.

É à luz desta sua participação complexiva em todos os novos fenómenos do mercado financeiro que os fundos têm de ser compreendidos. A questão não é meramente económica mas dogmática. É que o regime de protecção dos investidores, de composição dos fundos, de divisão de riscos, de emissão das unidades de participação está conformado sobre esta estrutura prévia.

Parte I – Introdução

A maior parte dos autores vêem nos fundos apenas uma parte do problema. Relacionando os fundos com a *titrisation* ver PEZARD, Alice; *Droit des Marchés Monétaire et Boursier*; Editions du J.N.A., Paris, 1994, p.294 ss.. Em Espanha, mas apenas para os fundos de titulização hipotecária ARRANZ PUMAR, Gregorio; Los Fondos de Titulización Hipotecaria y sus Sociedades Gestoras, in: ALONSO UREBA, Alberto, MARTINEZ-SIMANCAS Y SANCHEZ; Julian; *Derecho del Mercado Financiero*; Tomo I, Volume 1, *Entidades del Mercado Financiero*, Editorial Civitas, Madrid, 1994, p. 601 ss.. Chama-lhes produtos de carteira, chamando a atenção para o efeito de carteira MOTA, António, S. Gomes; TOMÉ, Jorge H. Correia; *Mercado de Títulos, Uma abordagem integrada*, Ed. Texto Editora, 2ª ed, Lisboa, 1991, pp. 125 ss. CAUSSE, Hervé; *Les Titres Négotiables*, LITEC, Paris, 1993, p. 399 – 400 vê mesmo nos fundos mobiliários o paradigma da "titrisation", reconhecendo o elemento de desintermediação e profissionalização na p. 399, embora não as nomine expressamente. As vantagens dos fundos igualmente em MERLE, Philippe; *Droit Commercial, Sociétés Commerciales*, Dalloz, 4ª ed., Paris, 1994, p. 249, 312. Referindo a integração em grupos bancários dos fundos e associando-os à desintermediação, agora em termos quantitativos ver Itália PIATTI, Laura; SUSI, Neomisio; Struttura dell'Industria, Asseti Proprietari e Profili di Informativa: Un' Analisi dei Fondi Comuni di Investimento Italiani; in CONSOB, *Quaderni di Finanza, Studi e Ricerche*, Volume II, nº 22 Novembre 1997, p. 140.

Mas as vantagens e a complexidade dos fundos assentam num outro pilar, o da massificação. É um facto bem conhecido o de que o cidadão comum não acede a produtos complexos sem riscos. São as próprias vantagens que acarretam perigos para o seu utilizador. A maioria dos utentes dos computadores beneficiam dos seus serviços mas ignoram de todo como funciona a máquina e as suas estruturas lógicas, mesmo nos seus aspectos mais elementares. É extremamente difícil fazer escolhas e controlar permanentemente a sua qualidade depois destas feitas. De igual forma com os fundos o investidor encontra-se perdido frequentemente pela variedade de escolha, pela diversidade de promessas, e pela complexidade do seu comportamento e dos seus efeitos. Se o valor da sua unidade de participação desce de repente muitas vezes não consegue perceber que isso tem a mesma raiz das mais valias elevadas que até então obteve: o risco dos activos que compõem o fundo. Se o valor da sua unidade não cresce muito não percebe porque razão o seu vizinho ganha mais com outro fundo: uma menor rentabilidade ligada por vezes ao menor risco. Daí a necessidade de normas de transparência, de composição dos fundos, de organização de papéis dos intervenientes na actividade.

Daí que ao longo do presente estudo se venha a encontrar frequentemente a ideia de massificação como fundamento dos regimes estabelecidos pelo legislador. O cliente da entidade gestora não está sozinho no investimento. Comunga com outros das suas vantagens e riscos, outros que desconhece, nos quais não confia nem deixa de confiar, e em relação aos quais tem quase nulas possibilidades de contacto e de formação de uma vontade comum. Os fundos são, neste sentido, e salvo em alguns casos regulados na lei, investimentos em que o investidor tem um espaço de manobra da sua vontade quase nulo. Reduz-se praticamente à disposição da sua participação. Pode-se afirmar que isto tem pouca novidade em relação a outros investimentos. Com efeito, também o pequeno accionista ou obrigacionista não tem influência na decisão societária, pelo que não pode influenciar os fundamentos reais (*fundamentals*) que sustentam a valorização do seu valor. De igual modo quem adquire um derivado sobre um índice não influencia o comportamento deste índice[1]. É evidente que nenhum fenómeno é totalmente novo. É evidente que, por isso mesmo, existem princípios comuns a todos estes valores e mercados, como o da transparência e da substância do mercado. Mas quem comprar um cada vez maior número de acções (ou mesmo de obrigações, pelo seu peso credor) tem uma posição de influência crescente na sociedade. Quem adquire derivados directamente pode compor como bem entender a sua carteira, é um profissional que em princípio faz escolhas conscientemente definidas com base na análise de comportamentos de activos financeiros que não domina, mas que ninguém domina ou deve dominar. Quem adquire uma unidade de participação compra um produto cujo valor final depende uma vontade que não a sua, na medida em que não pode escolher ele mesmo quais os activos que compõem o fundo. Daí que esta vontade seja enquadrada por um quadro de actuação, o regulamento de gestão, que implica uma política de investimentos e limites à aquisição de certos activos.

O sucesso dos fundos deve-se à confluência de vários factores. Na perspectiva dos profissionais da área, enquadra-se no movimento geral de desintermediação objectiva, de transferência de risco, que antes se referiu. Na perspectiva dos Estados, corresponde a uma dupla preocupação: a de incentivar a poupança pelo apelo a novos investidores e pela diversificação das formas de investimento[2]; por outro lado, pela tentativa de criar

---

[1] Ou pelo menos é bom que não o possa fazer, sob pena de estarmos perante um caso de manipulação de mercado.

[2] Em certos países, o regime está moldado por forma a impedir o investimento no estrangeiro e a permitir o investimento estrangeiro no próprio território, como acon-

novas formas de complemento de rendimentos ou que apoiem este complemento, por forma a não sobrecarregar mais ou mesmo a aliviar os mecanismos da segurança social[3]. O papel dos fundos como substitutivos parciais de mecanismos de segurança social traduz-se no fim de contas por os rendimentos complementares dependerem integralmente do funcionamento geral da economia (ou, pelo, menos de certos sectores dela) e não terem o amortecedor do Estado (que se paga mais tarde ou mais cedo de forma mais ou menos diluída por toda a população). Independentemente da valia dos pressupostos económicos e ideológicos que subjazem a este movimento, o facto é que existe e caracteriza a importância que se tem dado aos fundos. Finalmente, na perspectiva das motivações dos utentes destes serviços (famílias, e empresas), existe uma procura de outros serviços financeiros que conciliam em grau diferenciado maiores rendimentos que os depósitos a prazo e menos riscos que os investimentos directos em valores mobiliários de base, acumulado com a obtenção de serviços especializados minimamente uniformizados e com garantias formais de qualidade. Em última análise, os fundos reduzem-se ao adágio da "união faz a força" (desde que esta força seja usada em benefício dos utentes e não dos profissionais, ideia que orienta o seu regime). Muitos produtos ou condições de acesso a certos produtos dependem de uma dimensão crítica, que os pequenos e médios investidores não têm. Em conjunto podem beneficiar proporcionalmente destes benéficos dos efeitos de escala[4].

O afastamento dos investidores individuais dos mercados de valores tem sido um factor progressivamente sentido e que preocupa os próprios mercados, levando a soluções, como as "wrap accounts" nos Estados Unidos da América, que não dão lugar à devida protecção dos investidores (PEZARD, Alice; *Droit des Marchés Monétaire et Boursier*; Editions du J.N.A., Paris, 1994, p. 256 ss.). O seu papel de chamamento de poupanças do pequeno e médio investidor encontra-se em SILVA, Aníbal António Cavaco; O Mercado de Capitais Português no Período 1961 – 1965; in: *Economia e*

---

tece no Brasil (ver a Resolução n° 2.248, de 8 de Fevereiro de 1996 do Banco Central do Brasil, que permite a aquisição de quotas por não residentes, quando regime dos fun-dos mobiliários e imobiliários proíbe o investimento no exterior pelos fundos brasileiros).

[3] Assim em Espanha com os fundos de pensões, de acordo com o preâmbulo da Ley 8/1987, de 8 de Junio.

[4] Por exemplo, o acesso aos mercados interbancários e aos mercados de operações por grosso compreendem-se nesta perspectiva.

O 1° Dec.-Lei n.° 46 342, de 20 de Maio de 1965, deixava bem clara esta ideia de conglobação de pequenas e média poupanças.

Finanças, Anais do Instituto Superior de Ciências Económicas e Finan-ceiras, Tomo I, vol. XXXIV, Universidade Técnica de Lisboa, Lisboa, 1966, p. 53 – 54. Associa-os ao capitalismo popular ANDRÉ, J. L. da Costa; As pequenas poupanças perante a sociedade anónima; in: *Econo-mia e Finanças, Anais do Instituto Superior de Ciências Económicas e Financeiras*, Tomo III, vol. XXVI, Universidade Técnica de Lisboa, Lis-boa, 1960, p. 972, devendo, no entanto, ser apreciado à luz da época e de uma determinada ideologia. Opõe-nos ao capitalismo popular MERLE, Philippe; *Droit Commercial, Sociétés Commerciales*, Dalloz, 4ª ed., Paris, 1994, p. 230, contrapondo-os com a participação social clássica. A diver-sificação, liquidez e profissionalização como vantagens das "investment companies" nos Estados Unidos são referidas em DOWNES, John; GOODMAN, Jordan Elliot; *Dictionary of Finance and Investment Terms*, Barron's, 4ª ed., New York, 1995, p. 274. Na Itália, ideias semelhantes em SABATELLI, Emma; *La Responsabilità per la Gestione dei Fondi Comuni di Investimento Mobiliare, Contributo allo studio del D.Lgs. 25 gennaio 1992, n. 83*, Casa Editrice Giuffrè, Milano, 1995, p. 5 – 6. As vantagens dos fundos na óptica do investidor, das empresas e macro-económica vê-se em MOTA, António, S. Gomes; TOMÉ, Jorge H. Correia; *Mercado de Títulos, Uma abordagem integrada*, Ed. Texto Editora, 2ª ed, Lisboa, 1991, pp. 129-130. O seu efeito estabilizador dos mercados de bolsa em PASSEIRO, José Manuel; Fundos de Investimento; in: *Revista Bancária*, Ano IV, nº 12, Abril - Junho de 1968, Lisboa, p. 25 – 26. A massificação é particularmente evidente pelos dados que se têm do mercado francês em 1990. Num total de 12 milhões de investidores em valores mobiliá-rios, 11 milhões são detentores de unidades de participação (PILVERDIER-LATREYTE, Josette, *Le Marché Financier Français*, Economica,3ª ed., Paris, 1991, p. 36; *O.P.C.V.M. 90, Où et Comment s'Implanter en Europe?,* Séminaire de Direction de Banque, La Revue Banque Éditeur, Tome II, Paris 1990, p. 337). Para os motivos do êxito dos fundos já se encontram considerações em PASSEIRO, José Manuel; Fundos de Investimento; in: *Revista Bancária*, Ano IV, nº 12, Abril - Junho de 1968, Lisboa, p. 16. Referindo a dimensão de instrumento de aplicação de pequenos capitais, embora reduzindo a questão ao investimento em bolsa, e não se referindo a outros mercados (no caso de valores mobiliários, dado que trata apenas dos fundos mobiliários) TOMÉ, Maria João Romão Carreiro Vaz; *Fundos de Investimento Mobiliário Abertos*, Almedina, Coimbra, 1997, p. 11–14. Ver também *ibidem*, pp. 17 ss. Late-ralmente, os fundos também têm sofrido um fenómeno que não lhes inere mas que é relativamente recente nos mesmos, o da sua internacionalização (*O.P.C.V.M. 90, Où et Comment s'Implanter en Europe?*, Séminaire de Direction de Banque, La Revue Banque Éditeur, Tome I, Paris 1990, p. 5).

    O regime dos fundos é todo ele construído na perspectiva da defesa do investidor. A lei americana enuncia claramente este fundamento, cha-

Parte I – Introdução 25

mando a atenção para o facto de haver tendência para as "investment companies" defenderem interesses dos seus próprios membros, de outras empresas, ou de terceiros e não dos investidores, o que justifica a regulação federal sobre a matéria (Sec. 1 (b) (2) Investment Company Act of 1940). No mesmo semtido HAZEN, Thomas Lee; *The Law of Securities Regulation*, West Publishing Co., 2ª ed., St. Paul, Minn., 1990. p. 833. De igual forma em França ver <u>Funcionamento das Sociedades de Investimento de Capital Variável (S.I.C.A.V.) em França – Relatório Lorain, de Janeiro de 1968</u>; in: *Revista Bancária*, Ano IV, nº 14, Outubro - Dezembro de 1968, Lisboa, p. 59; *O.P.C.V.M. 90, Où et Comment s'Implanter en Europe?*, Séminaire de Direction de Banque, La Revue Banque Éditeur, Tome II, Paris 1990, p. 431 - 432. Em Itália PIATTI, Laura; SUSI, Neomisio; <u>Struttura dell'Industria, Asseti Proprietari e Profili di Informativa: Un' Analisi dei Fondi Comuni di Investimento Italiani</u>; in CONSOB, *Quaderni di Finanza, Studi e Ricerche*, Volume II, nº 22 Novembre 1997, p. 84, 117. Para os fundos imobiliários em Espanha AZA CAMPOS, Alicia; <u>La Reforma de la Ley de Arrendamientos Urbanos y los Fondos de Inversión Inmobiliaria</u>, in: ALONSO UREBA, Alberto, MARTINEZ-SIMANCAS Y SANCHEZ; Julian; *Derecho del Mercado Financiero*; Tomo I, Volume 1, *Entidades del Mercado Financiero*, Editorial Civitas, Madrid, 1994, p. 402. Na Alemanha ASMANN, Heinz-Dieter; SCHÜTZE, Rolf A.; *Handbuch des Kapitalanlagerechts*, C.H. Beck'sche Verlagsbuchhandlung, 2ª ed., München, 1997, p. 761. A finalidade de protecção dos investidores como fundamento do regime dos fundos é expressamente consagrada no art. 1. Loi Fédérale sur les Fonds de Placement, du 18.03.1994 suíça.

Este enquadramento geral explica as configurações concretas do regime e a sua estrutura geral. Mas não dispensa uma referência expressa ao método adoptado. Optou-se pelo estudo conjunto dos fundos mobiliários e imobiliários[5]. É que o regime de uns e de outros tem mais de comum que de diferente. De diferenças existem regras relativas à sua composição, com todas as suas consequências, e regras decorrentes da harmonização comunitária de alguns fundos mobiliários. A prova que o regime comum é mais vasto que o regime específico de cada um deles encontra-se ao longo do texto. A existência de diferentes diplomas para reger uns e outros fundos reside mais em razões de política legislativa que dogmáticas. Não é tanto a sua diferente natureza que a fundou, mas antes o facto de os fundos imobiliários não serem harmonizados e de os mo-

---

[5] Este regime encontrava-se unificado nos termos do 1º Dec.-Lei nº 229- C/88, de 4 de Julho.

biliários o poderem ser. Por forma a deixar o regime dos fundos imobiliários incólume, invariante, em relação a alterações do Direito Comunitário Derivado, preferiu-se regular a matéria em diploma autónomo. Ora esta opção, que não se critica (era uma entre outras possibilidades, todas elas com fundamentos sérios) não pode fascinar o intérprete e levá-lo a seguir cegamente a estrutura legal. A enunciação de um regime geral dos fundos de investimento permite obter algumas conclusões importantes. É que vastas partes do regime são inerentes à natureza de fundos de investimento e não respeitam de todo aos activos que os compõem, nem são por eles influenciados. Por outro lado, permite-nos apreciar das diferenças quase residuais de regimes que se fundamentam duplamente: na diferente composição, e na existência de harmonização comunitária. Finalmente permite-nos fazer uma apreciação geral dos regimes dos fundos de investimento especiais com outra profundidade.

Outro aspecto metodológico que tem de ser salientado respeita ao facto de a parte dogmática, que enuncia conceitos que são essenciais para se perceber na devida profundidade o regime jurídico, apenas é exposta no fim. O facto é intencional e ponderado. Podia ter-se optado por uma apreciação dogmática prévia que esclareceria o regime que posteriormente se exporia. Mas esta opção padeceria de um vício importante. É que sem o estudo do regime concreto esta dogmática seria, ora meramente conceptualista, ora deveria antecipar um conhecimento do regime que ainda não teria sido exposto. Mas, reconhece-se, a solução porque se optou não deixa de ter desvantagens. É que a estrutura escolhida não é invariante em relação a uma determinada dogmática e a solução de alguns problemas institucionais pressupõe, pelo menos para uma compreensão profunda, elementos dogmáticos. A verdade é que em relação aos fundos este problema é relativamente pouco grave. Existe uma vasta parte do regime dos fundos que pode ser descrita praticamente sem apoio dogmático, embora se reconheça que o seu enquadramento dogmático aprofunde a sua compreensão. Finalmente, há que ter em conta que não existiu a preocupação de encontrar uma dogmática simétrica, completa, de tessitura uniforme. Os fundos não constituem um problema sistémico central. E se mesmo em relação a este tipo de problemas se reconhece a sua não uniformidade, por maioria de razão a dogmática de uma figura periférica tem de ser fragmentária. Muito do regime dos fundos se recolhe no regime geral do mercado de valores mobiliários, e, em consequência, do regime de Direito Privado, Direito Administrativo, Direito Penal, Direito das Contra-ordenações, Direitos Processuais, entre muitos outros. Por outro lado, embora se reconheça que a dogmática dos fundos pudesse merecer um maior desenvolvimento, este seria desproporcionado em relação ao objectivo do presente trabalho. Os fundos carecem ainda, como quase todas as matérias (para não dizer todas) relativas ao mercado de valores mobiliários, de um acervo crítico mais maturado, por forma a que se consiga deslindar, de entre os institutos, normas e princípios vigentes, estruturas mais gerais que os sustentam.

Em coerência começa-se pelo estudo das matérias dogmaticamente mais inertes, as relativas à dimensão subjectiva. As suas regras são genericamente regras de protecção e segurança, por demais conhecidas nos mercados financeiros, apenas com contornos específicos, embora de monta. Segue-se a dimensão objectiva, bem mais pesada sob o ponto de vista dogmático, mas sem a qual as restantes dimensões não poderiam ser enquadradas. A dimensão operacional e a externa pressupõem, com efeito, um enquadramento prévio de todo o principal suporte do regime, sem o que ficariam desfigurados os seus contornos. A divisão nestas quatro dimensões tem evidentemente algo de artificial. Seria pura cegueira esquecer que as várias dimensões se interpenetram e que há elementos que participam de mais de uma dimensão, bem como é verdade que apenas como um todo podem ser compreendidas. A afirmação é tão banal que não merece desenvolvimentos adicionais. O que há que justificar, não obstante, é a escolha destas quatro dimensões. O que se procurou foi antes de tudo um esquema operatório que permitisse descrever as várias vertentes em que o regime se ramifica. Ora os fundos implicam a actuação de vários agentes, de várias personagens. (dimensão subjectiva). Desdobram-se no seu suporte objectivo nos fundos e nas unidades de participação, que se poderia dizer, não fora a impopularidade destas fórmulas, são uma segregação dos mesmos fundos (dimensão objectiva). Por outro lado, em nome dos fundos desenvolve-se uma actividade que tem um regime fragmentário mas muito específico (dimensão operacional - a que pertencem as relações com o estrangeiro, mas que foram autonomizadas, por força dos regimes muito diferentes dos fundos mobiliários e imobiliários por força da harmonização comunitária). Finalmente, o regime dos fundos entra em contacto com muitos outros regimes, alguns dos quais oferecem correlações triviais ou quase (contratação e seu regime geral, por exemplo) e que não merecem por isso mesmo estudo particular nesta sede sob pena de se repetirem manuais gerais, mas outros tantos em que existem fracturas sistémicas importantes que decorrem dos regimes com que entram em relação não estarem preparados (nem eles nem aliás o regime dos próprios fundos) para responder a esta realidade tão diferente que a que lhes serviu de base como pano de fundo (dimensão externa).

Finalmente há dois aspectos cuja importância não se pode desconhecer, tanto sob o ponto de vista jurídico, como económico social, mas que não merecerem estudo específico. São estes a dimensão fiscal e infraccional dos fundos. Apesar desta última ter sido referida ocasionalmente. a verdade é que mereceria estudo institucionalizado nas áreas infraccionais mais especificas em que se integra (por exemplo, como desdobramento do estudo da manipulação, do abuso de informação[6], do abuso de confiança, na burla, nos crimes em geral, mas também num plano contra-ordenacional e disciplinar)[7]. A dimensão fiscal, pela sua volatilidade e pela sua especificidade requeria monografia autónoma. Não se pode negar que grande parte da política relativa aos fundos passou por incentivos fiscais. É assim nomeadamente nos países latinos cuja legislação foi consultada e que se encontra profusamente citada ao longo do texto[8]. No entanto, independentemente dos méritos ou deméritos da intervenção fiscal nesta área, ou em geral nos mercados, sob o ponto de vista jurídico merece igualmente um tratamento monográfico específico.

---

[6] Existe aliás no Brasil, e para os fundos imobiliários, norma de segurança de protecção do "insider trading", que impõe à entidade gestora dos fundos imobiliário que impeça os seus funcionários de se aproveitariam de informação no 14.X. Instrução CVM n° 205, de 14 de Janeiro de 1994.

[7] Para a Espanha ver RODRÍGUEZ ARTIGAS, Fernando; Instituciones de Inversión Colectiva, in: ALONSO UREBA, Alberto, MARTINEZ-SIMANCAS Y SANCHEZ; Julian; Derecho del Mercado Financiero; Tomo I, Volume 1, Entidades del Mercado Financiero, Editorial Civitas, Madrid, 1994, p. 322. Na França, a venda de partes de OICVM não autorizados constitui crime (PEZARD, Alice; Droit des Marchés Monétaire et Boursier; Editions du J.N.A., Paris, 1994, p. 244). Na Suíça, existem ilícitos criminais e contravencionais específicos dos fundos, constantes dos 69. a 71. Loi Fédérale sur les Fonds de Placement, du 18.03.1994. Nos Estados Unidos prevêem-se "money penalties in administrative proceedings" na Sec. 9 (d) Investment Company Act of 1940, bem como outro tipo de sanções e procedimentos afins (como o "disgorgement", figura extremamente complexa que não nos pode infelizmente ocupar nesta sede) na Sec. 9 (e), (f) Investment Company Act of 1940. São previstas sanções monetárias ou criminais nas Sec. 42 e 49 Investment Company Act of 1940. De igual forma existe regra específica sobre imputação da conduta na Sec. 48 Investment Company Act of 1940.

[8] Para Espanha ver RODRÍGUEZ ARTIGAS, Fernando; Instituciones de Inversión Colectiva, in: ALONSO UREBA, Alberto, MARTINEZ-SIMANCAS Y SANCHEZ; Julian; Derecho del Mercado Financiero; Tomo I, Volume 1, Entidades del Mercado Financiero, Editorial Civitas, Madrid, 1994, p. 341. Para a Alemanha ver ASMANN, Heinz-Dieter; SCHÜTZE, Rolf A.; Handbuch des Kapitalanlagerechts, C.H. Beck'sche Verlagsbuchhandlung, 2ª ed., München, 1997, p. 771 ss. Na Europa em geral ver O.P.C.V.M. 90, Où et Comment s'Implanter en Europe?, Séminaire de Direction de Banque, La Revue Banque Éditeur, Tome I, Paris 1990, p. 60 – 99; O.P.C.V.M. 90, Où et Comment s'Implanter en Europe?, Séminaire de Direction de Banque, La Revue Banque Éditeur, Tome II, Paris 1990, p. 322 ss..

Direito português

Em Portugal o primeiro diploma legal que referiu os fundos, de que se tenha conhecimento, foi o Dec.-Lei nº 46 302, de 27 de Abril de 1965, que apenas consagrou as sociedades gestoras de fundos de investimento mobiliário ou imobiliário como instituições de crédito (1º/1º; 1º/§único). No entanto, já existiam dois fundos antes da publicação deste primeiro diploma sobre os fundos: o Fundo de Investimentos Atlântico e o Fundo de Investimentos para o Desenvolvimento Económico e Social (FIDES) (ver também PASSEIRO, José Manuel; Fundos de Investimento; in: *Revista Bancária*, Ano IV, nº 12, Abril - Junho de 1968, Lisboa, p. 27; SILVA, Aníbal António Cavaco; O Mercado de Capitais Português no Período 1961 – 1965; in: *Economia e Finanças, Anais do Instituto Superior de Ciências Económicas e Financeiras*, Tomo I, vol. XXXIV, Universidade Técnica de Lisboa, Lisboa, 1966, p. 54 - 56). Os fundos mobiliários (abertos, tendo em conta os 10º e 12º Dec.-Lei n.º 46 342, de 20 de Maio de 1965[9]) foram objecto de regulação no Dec.-Lei n.º 46 342, de 20 de Maio de 1965, e posteriormente pelo Dec.-Lei n.º 134/85, de 2 de Maio, que revogou o anterior. No mesmo ano surge o Dec.-Lei n.º 246/85, de 12 de Julho, respeitante a fundos imobiliários. Com o Dec.-Lei n.º 229-C/88, de 4 de Julho, estes diplomas foram revogados, tendo-se unificado o regime dos fundos mobiliários e imobiliários, e denunciando uma tendência mais liberalizadora na matéria. Este diploma foi alterado pelo Dec.-Lei n.º 417/91, de 26 de Outubro, que veio a acolher as alterações resultantes da aprovação do Cd.MVM, nomeadamente as respeitantes à supervisão da CMVM. No entanto, com a aprovação da DFI veio-se a consagrar um novo regime para os fundos mobiliários, o DLFIM, e mais tarde para os imobiliários, o DLFII. Como se vê o legislador português tem vindo a oscilar entre uma regulamentação separada e uma regulamentação unificada dos fundos mobiliários e imobiliários. Só que desta última vez encontra algum fundamento pelo facto de existir harmonização comunitária em relação aos fundos mobiliários abertos.

Entre os vários regulamentos da CMVM que surgiram com interesse nesta matéria, convém salientar os que respeitam directamente aos fundos:

a) o Reg 95/2 regulou a publicação de informações pelos fundos de investimento mobiliário,

---

[9] Este diploma é aliás pioneiro no nosso sistema jurídico na medida em que é o primeiro em que utiliza a expressão "valores mobiliários" com alguma pretensão de rigor, sendo certo no entanto, que acaba por recorrer à expressão "títulos" posteriormente (FERREIRA, Amadeu José; *Valores Mobiliários Escriturais, Um Novo Modo de representação e Circulação de Direitos*; Almedina, Coimbra, 1997, p. 27).

b) o Reg 95/3 as técnicas e instrumentos destinados à cobertura de riscos de câmbio nos fundos de investimento mobiliário,
c) o Reg 95/5 as entidades colocadoras de unidades de participação dos fundos de investimento mobiliário,
d) o Reg 95/6 a divulgação de medidas de rendibilidade de fundos de investimento mobiliário, revogado pelo Reg 10/97
e) o Reg 95/14, a contabilidade dos fundos de investimento mobiliário
f) o Reg 96/1 rege os agrupamentos de fundos de investimento mobiliário
g) o Reg 96/3 a informação sobre os fundos de investimento mobiliário
h) o Reg 96/16 aprovou as regras de contabilidade dos fundos de investimento imobiliário
i) o Reg 10/97 que rege a divulgação de medidas de rendibilidade de fundos de investimento mobiliário, tendo revogado o Reg 95/6
j) o Reg 11/97 sobre a avaliação de imóveis nos fundos de investimento imobiliário
k) o Reg 5/98 sobre arrendamentos de imóveis dos fundos celebrados com a mesma entidade ou entidades ligadas entre si

Este trabalho regulamentar tem sido intenso, mas sofre pelo facto de o regime legal se encontrar cindido. A duplicação de normas é, assim, inevitável.

Outros Direitos

A opção espanhola é diferente. Existe um regime comum das instituições de investimento colectivo, sendo o regime dos fundos mobiliários, sejam eles personalizados ou não, o paradigma dos fundos imobiliários, com excepções especificamente indicadas na lei (33. Ley 46/1984, de 26 deciembre, 71. Reglamento de la Ley 46/1984, de 26 de deciembre, aprovado pelo Real Decreto 1393/1990, de 2 noviembre, da redacção do Real Decreto 686/1993, de 7 de mayo). No entanto, os fundos imobiliários vieram mais tarde a sofrer maior desenvolvimento legal com a Ley 19/1992, de 7 de julio. O regime dos fundos mobiliários é ainda o paradigma de outros fundos, mesmo os que não são de investimento, como se passa com os fundos de regularização do mercado hipotecário, nos termos do 94. Real Decreto 1669/1980, de 31 de julio. As instituições de investimento colectivo viram o seu regime ser desenvolvido pelo Reglamento de la Ley 46/1984, de 26 de deciembre, aprovado pelo Real Decreto 1393/1990, de 2 noviembre. Em geral ver RODRÍGUEZ ARTIGAS, Fernando; Instituciones de Inversión Colectiva, in: ALONSO UREBA, Alberto, MARTINEZ-SIMANCAS Y SANCHEZ; Julian; *Derecho del Mercado Financiero*; Tomo I, Volume 1,

Entidades del Mercado Financiero, Editorial Civitas, Madrid, 1994, p. 263 ss. Existe uma cláusula geral relativa a instituições de investimento colectivo não financeiro, que podem abranger fundos de obras de arte, moedas, filatélicos, ou mesmo fundos mistos de investimentos financeiros e não financeiros (RODRÍGUEZ ARTIGAS, Fernando; Instituciones de Inversión Colectiva, in: ALONSO UREBA, Alberto, MARTINEZ-SIMANCAS Y SANCHEZ; Julian; *Derecho del Mercado Financiero*; Tomo I, Volume 1, *Entidades del Mercado Financiero*, Editorial Civitas, Madrid, 1994, p. 333).

Em França as "sociétés d'investissement" foram criadas pela Ordonnance n° 45-2710 du 2 novembre 1945, tendo consagrado não apenas sociedades de capital fixo, como igualmente de capital variável, embora em relação a estas a legislação tenha sido revogada pela Loi n° 79-12 du 3 janvier 1979. Em 1949 foi criada a sociedade nacional de investimento, que visava gerir os valores mobiliários detidos pelo Estado (Funcionamento das Sociedades de Investimento de Capital Variável (S.I.C.A.V.) em França – Relatório Lorain, de Janeiro de 1968; in: *Revista Bancária*, Ano IV, n° 14, Outubro - Dezembro de 1968, Lisboa, p. 42). Os fundos de investimento (F.C.P., "fonds communs de placement") foram objecto de regulamentação em França pela primeira vez pelo Décret du 28 décembre 1957 (JUGLART, Michel de; IPPOLITO, Benjamin; *Traité de Droit Commercial, Tome 7, Banques et Bourses*, Montchrestien, 3 ed., Paris, 1991, p. 608 - -609; embora em PILVERDIER-LATREYTE, Josette, *Le Marché Financier Français*, Economica, 3ª ed., Paris, 1991, p. 38 se afirme que só desde 1979 se desenvolveram). A Loi n° 88-1201 du 23 décembre rege os S.I.C.A.V e os fundos de investimento. Esta lei foi regulamentada pelos Décret 89-623 du 6 septembre 1989 e Décret 89-624 du 6 septembre 1989. Esta lei de 1988 é considerada como um verdadeiro código dos O.P.C.V.M. (MERLE, Philippe; *Droit Commercial, Sociétés Commerciales*, Dalloz, 4ª ed., Paris, 1994, p. 249). A doutrina reconhece que a introdução em França dos "Fonds communs de placement" se inspirou nos "mutual funds" americanos e "unit trusts" britânicos (GRENIER, Rémi; *Le Second marché, Règles et Fonctionnement*, EDIC – Economica, Paris, 1988, p. 66). Os primeiros S.I.C.A.V. apareceram em 1964 (Funcionamento das Sociedades de Investimento de Capital Variável (S.I.C.A.V.) em França – Relatório Lorain, de Janeiro de 1968; in: *Revista Bancária*, Ano IV, n° 14, Outubro - Dezembro de 1968, Lisboa, p. 41 – cf. também para a História do regime dos fundos, pp. 43 - 44).

Na Suíça a matéria é regida pela Loi Fédérale sur les Fonds de Placement, du 18.03.1994, que substituiu uma lei federal de 1.7.1966 sobre a mesma matéria. Nela se consagram e protegem denominações como "fonds de placement" e "fonds d'investissement" no seu art. 5. Por outro lado são tratados universalmente os fundos mobiliários, imobiliários e outros fundos (32. Ss. Loi Fédérale sur les Fonds de Placement, du 18.03.1994).

Em princípio apenas são consagrados fundos abertos ou pelo menos de resgate contínuo, na medida em que se consagra um direito de denúncia a todo o tempo pelo participante do seu contrato no 24.1. Loi Fédérale sur les Fonds de Placement, du 18.03.1994. Esta lei foi regulamentada pela Ordonnance du Conseil Fédéral sur les Fonds de Placement du 19.10.1994, tendo sido esta última objecto de rguelamentação pela Ordonnance de la Commission Fédérale des Banques sur les Fonds de Placement du 27.10.1994. A Suíça, nos anos 60, era considerada, juntamente com os Estados Unidos, o país em que os fundos de investimento se encontrava mais desenvolvidos, tanto sob o ponto de vista económico, como sob o ponto de vista do regime.

Em Itália os "fondi comuni d'investimento mobiliare" foram regulados pela Legge 23 marzo 1983, n. 77 (in G.U. 28 marzo 1983, n. 85), que regula fundos abertos. Por outro lado, a "società di investimento a capitale variabile" (SICAV) foi introduzida pelo 12. da referida lei e pelo Decreto Legislativo 25 gennaio 1992, n. 84 (in G.U. 14 febbraio 1992, n. 37), assumidamente por influxo da DFI, neste último caso. O sistema italiano toma como paradigma os fundos de investimento (não personalizados) abertos e os SICAV como desenvolvimento, nos termos do 1.2. Decreto Legislativo 25 gennaio 1992, n. 84 (in G.U. 14 febbraio 1992, n. 37). O regime italiano sofreu uma importante modificação com a publicação do "Testo unico delle dispozione in materia di intermediazione finanziaria", consagrado pelo Decreto Legislativo 24 febbraio 1998, n. 58 (G.U. 26 marzo 1998). De igual modo o "Regolamento di attuazione del Decreto Legislativo 24 febbraio 1998, n.58, concernente la disciplina degli intermediari (Deliberazione CONSOB n. 11522)" contém normas de fundamental importância nesta matéria. Tendo em conta a sua relativamente recente publicação não se tornou possível a sua análise aprofundada. Para o desenvolvimento dos fundos nos anos 90 ver PIATTI, Laura; SUSI, Neomisio; Struttura dell'Industria, Asseti Proprietari e Profili di Informativa: Un' Analisi dei Fondi Comuni di Investimento Italiani; in CONSOB, *Quaderni di Finanza, Studi e Ricerche*, Volume II, nº 22 Novembre 1997, p. 83 ss.

Na Alemanha os "investment fonds" eram nos anos 60 regidos pela lei de 16 de Abril de 1957, sendo fundos abertos (Funcionamento das Sociedades de Investimento de Capital Variável (S.I.C.A.V.) em França – Relatório Lorain, de Janeiro de 1968; in: *Revista Bancária*, Ano IV, nº 14, Outubro - Dezembro de 1968, Lisboa, p. 55). A primeira experiência alemã nesta área é, no entanto, do ano de 1923, surgindo em 1959 a primeira experiência com um fundo imobiliário (ASMANN, Heinz-Dieter; SCHÜTZE, Rolf A.; *Handbuch des Kapitalanlagerechts*, C.H. Beck'sche Verlagsbuchhandlung, 2ª ed., München, 1997, p. 705-706).

Na Holanda não existia legislação específica nos anos 60, salvo algumas disposições fiscais, havendo tanto fundos fechados (mas que têm

Parte I – Introdução

uma actuação próxima dos abertos, chamando-se por isso de fundos semi-abertos) como abertos (Funcionamento das Sociedades de Investimento de Capital Variável (S.I.C.A.V.) em França – Relatório Lorain, de Janeiro de 1968; in: *Revista Bancária*, Ano IV, nº 14, Outubro - Dezembro de 1968, Lisboa, p. 56 – 57).

Na Bélgica existiam nos anos 60 fundos abertos (Funcionamento das Sociedades de Investimento de Capital Variável (S.I.C.A.V.) em França – Relatório Lorain, de Janeiro de 1968; in: *Revista Bancária*, Ano IV, nº 14, Outubro - Dezembro de 1968, Lisboa, p. 57 – 58).

No Reino Unido rege o Financial Services Act 1986 que até pela sua configuração dogmática completamente diferente, é um bom suporte de testes dos regimes continentais (embora para os "unit trusts" já existissem o Prevention of Fraud Investments Act 1958 e o Trustees Investment Act 1961 - Funcionamento das Sociedades de Investimento de Capital Variável (S.I.C.A.V.) em França – Relatório Lorain, de Janeiro de 1968; in: *Revista Bancária*, Ano IV, nº 14, Outubro - Dezembro de 1968, Lisboa, p. 54). De acordo com o que se pode estabelecer pelo disposto na Sec. 75(5) (a) Financial Services Act 1986, conjugada com o Schedule 1 Financial Services Act 1986 apenas são consagrados como instituições de investimento colectivo aquelas que têm por objecto valores mobiliários do "spot", unidades de participação e contratos de seguros a longo prazo[10]. No entanto, referem-se como parte do património dos fundos bens imóveis nos termos da Sec. 76(6) Financial Services Act 1986. Foi conferido ao "Secretary of State" o poder de regulamentar a matéria nos termos conjugados da Sec. 2, Sec. 75(9), Sec. 81 Financial Services Act 1986. A tradição britânica nesta área é, no entanto, bem mais antiga, na medida em que já existem "investment trusts" desde a segunda metade do século XIX com a função exactamente de diversificação de riscos. No entanto, tendo em conta serem fundos fechados têm tido menos sucesso que os "unit trusts", que são fundos abertos (GONNEAU, Jean-Claude; *La Bourse de Londres*, Economica, Paris, 1990, p. 59). Estes apenas surgiram na década de 1930 (GONNEAU, Jean-Claude; *La Bourse de Londres*, Economica, Paris, 1990, p. 60). Semelhante referência à precedência britânica, seguida pelos Estados Unidos em final do século XIX, em confronto com a Europa continental, que só depois da Segunda Guerra Mundial os desenvolveu em PASSEIRO, José Manuel; Fundos de Investimento; in: *Revista Bancária*, Ano IV, nº 12, Abril - Junho de 1968, Lisboa, p. 16 – 17. Segundo parece, e mais especificamente, os primeiros fundos surgiram na Escócia na década de 1860

---

[10] A referência aos seguros não nos deve espantar. Também no sistema americano, quando o seguro implica pagamentos variáveis, as empresas que os emitem estão sujeitas ao regime das "investment companies" (HAZEN, Thomas Lee; *The Law of Securities Regulation*, West Publishing Co., 2ª ed., St. Paul, Minn., 1990, p. 846 ss.).

(Funcionamento das Sociedades de Investimento de Capital Variável (S.I.C.A.V.) em França – Relatório Lorain, de Janeiro de 1968; in: *Revista Bancária*, Ano IV, nº 14, Outubro - Dezembro de 1968, Lisboa, p. 54). O "investment trust" esconde sob o mesmo *nomen iuris* várias realidades diferentes, desde o "trust" em sentido restricto, até à sociedade, passando pelo mero contrato (TOMÉ, Maria João Romão Carreiro Vaz; *Fundos de Investimento Mobiliário Abertos*, Almedina, Coimbra, 1997, p. 14 –15).

No Brasil, a regulamentação dos fundos mobiliários decorre da conjugação da Lei nº 4.595, de 31 de Dezembro de 1964, do Dec.-Lei nº 1.290, de 3 de Dezembro de 1973 e da Resolução nº 2.183, de 21 de Julho de 1995, do Conselho Monetário Nacional do Brasil. Regulamentados pelo Regulamento Anexo à Circular nº 2.594, de 21 de Julho de 1995, do Banco Central do Brasil, este veio a ser substituído pelo Regulamento Anexo à Circular nº 2.616, de 18 de Setembro de 1995 do Banco Central do Brasil. Os fundos imobiliários, assim mesmo designados neste país, foram objecto de consagração pela Lei nº 8.668, de 25 de Junho de 1993.

Nos Estados Unidos desde 1900 que existem empresas desta natureza (PILVERDIER-LATREYTE, Josette,*Le Marché Financier Français*, Economica,3ª ed., Paris, 1991, p. 38), e a matéria é regida pelo Investment Company Act of 1940 alterado pelo Investment Company Amendments Act of 1970 (cf. Sec. 22 (b) (2) Investment Company Act of 1940). No entanto, há que ter em conta, neste país talvez ainda mais que no Reino Unido, a pluralidade de fontes jurídicas jurisprudenciais, legislativas e regulamentares que decorrem da estrutura federal do país e do facto de existirem vários níveis de supervisão do mercado de valores mobiliários. A Sec. 1 Investment Company Act of 1940 explicita os fundamentos da regulação federal dos fundos (personalizados, no caso), chamando à colação muitos dos tópicos que encontraremos ao longo do presente trabalho. A informação aos investidores, a manutenção do seu poder votante e social em geral, o risco dos fundos serem usados para interesses diferentes dos investidores (nomeadamente dos seus gestores, depositários ou outros), a necessidade de uma contabilidade sã, as vicissitudes dos fundos, a transmissão da gestão, o recurso ao crédito excessivo, a necessidade de fundos próprios, são temas que fundamentam a legiferação na matéria. A Sec. 6 Investment Company Act of 1940 estabelece excepções umas específicas aos Estados Unidos, outras que se referem nomeadamente aos processos de comercialização das unidades de participação ou a sistemas específicos de poupança colectiva (ver também HAZEN, Thomas Lee; *The Law of Securities Regulation*, West Publishing Co., 2ª ed., St. Paul, Minn., 1990, p. 848 ss.). A Sec. 47 Investment Company Act of 1940 deixa bem claro que as normas relativas às "investment companies" têm natureza injuntiva, sendo inválidos todos os contratos que as contradigam. São aplicáveis a estas empresas e aos valores que emitem os Securities Act of 1933 e

Securities Exchange Act of 1934 (HAZEN, Thomas Lee; *The Law of Securities Regulation*, West Publishing Co., 2ª ed., St. Paul, Minn., 1990, pp. 834 – 835). O regime americano das "investment companies" está, por outro lado, orientado sobretudo para empresas que investem em valores mobiliários pelo que tendencialmente as "investment companies" são fundos mobiliários (HAZEN, Thomas Lee; *The Law of Securities Regulation*, West Publishing Co., 2ª ed., St. Paul, Minn., 1990, p. 841).

No Japão não existiam nos anos 60 senão fundos abertos (<u>Funcionamento das Sociedades de Investimento de Capital Variável (S.I.C.A.V.) em França – Relatório Lorain, de Janeiro de 1968</u>; in: *Revista Bancária*, Ano IV, nº 14, Outubro - Dezembro de 1968, Lisboa, p. 58). Em *O.P.C.V.M. 90, Où et Comment s'Implanter en Europe?*, Séminaire de Direction de Banque, La Revue Banque Éditeur, Tome I, Paris 1990, p. 162 vemos as tradicionais queixas contra o proteccionismo japonês também na área dos fundos.

Escusado será dizer que o presente trabalho não versa o Direito Estrangeiro. Daí que, apesar de uma constante preocupação de actualização, a verdade é que as garantias da mesma quando se estudam regimes de outros países nunca são tão grandes quanto as que respeitam aos regimes nacionais. Daí que, sem prejuízo da tentativa da descrição dos sistemas jurídicos estrangeiros da forma a mais aproximada possível da sua configuração actual, a maior atenção tenha sido dada à diversidade de experiências e soluções existentes, demonstrando que existem outras possibilidades de resolução de problemas que se colocam neste âmbito, que muitas das soluções propostas, de direito constituído ou a constituir, não são tão estranhas quanto possam parecer numa primeira leitura por já se encontrem noutros ordenamentos jurídicos (soluções que foram encontradas frequentemente com independência em relação às propostas no texto), e que semelhantes problemas económicos podem ter diferentes soluções jurídicas e inversamente semelhantes soluções jurídicas podem satisfazer diferentes necessidades económicas. Numa perspectiva mais pragmática, o método utilizado teve outra preocupação. É que perante o espaço da União Europeia, existe todo o interesse em aproximar soluções mesmo para além das imposições da harmonização. A diversidade de regimes jurídicos, muitas vezes não correspondentes com as exigências reais da economia e de regulação, mas influenciados sobretudo por tradições jurídicas que muitas vezes já pouco têm de substancial e pouco mais são que folclóricas, em nada contribui para uma racional regulação dos problemas económicos que a integração coloca ou que independentemente dela se colocam.

História

A História do sector financeiro não tem merecido a atenção devida, sobretudo se tivermos em conta o grande desenvolvimento que a História económica teve desde o fim do século XIX. No caso específico, apenas se podem lançar algumas linhas de orientação. A conglobação de bens, a divisão de riscos, a disseminação de atribuições patrimoniais decorrente de um só património, tudo elementos que de uma forma ou de outra atravessam o regime dos fundos, também as encontramos na História das sociedades, dos seguros, dos fundos (nomeadamente municipais) com finalidades sociais, na experiência mutualista. Entrar em exagero por esta via é esquecer que, se existe um tronco comum para todas estas actividades, quando se estuda um dos ramos, é a História desse ramo que deve ser estudada, sob pena se cair nas anedóticas referências aos babilónios, ou aos japoneses, ou mesmo aos kurganes. Os elementos que se conseguiram triar dão a sua origem na Escócia na década de 1860, o que carece de melhor estudo. Com efeito, ASMANN, Heinz-Dieter; SCHÜTZE, Rolf A.; *Handbuch des Kapitalanlagerechts*, C.H. Beck'sche Verlagsbuchhandlung, 2ª ed., München, 1997, p. 705 refere como sociedades de investimento mais antigas a Société Générale des Pays-Bas em 1822 e em 1852 o Crédit Mobilier parisiense. No entanto, nada espantaria que nos Países Baixos católicos ou protestantes se encontrassem exemplos ainda mais antigos, como é costume acontecer na área financeira, ou mesmo na Itália renascentista. Todavia, este é um campo que ainda não encontrou estudo à altura, pelo que se deixa como mero apontamento de reflexão.

PARTE II
PRINCÍPIOS GERAIS

Os fundos de investimento, apesar da sua recente consagração legislativa em Portugal, e não obstante estarem inseridos no âmbito do Direito Económico, que é bem conhecido pela sua volatilidade, apresentam, no entanto, aspectos centrais de alguma estabilidade, que correspondem a opções de fundo de política económica nos mercados financeiros.

Alguns dos princípios por que se regem decorrem da natureza dos agentes que os gerem, enquanto intermediários financeiros (607°, 608°/i Cd.MVM), mas que não são específicos dos fundos. Outros decorrem da sua inserção num mercado financeiro, o mercado de valores mobiliários, pelo que não merecem igualmente atenção específica nesta sede. Aqueles que nos interessam são apenas os princípios que são estruturantes dos fundos, que os explicam enquanto fenómeno jurídico, e que são aptos a enquadrar, interpretar e aplicar o seu regime.

CAPÍTULO I
PRINCÍPIOS SUBJECTIVOS

SECÇÃO I
TIPICIDADE DAS ENTIDADES GESTORAS

O primeiro princípio é o da tipicidade de entidades gestoras[11]. Apenas podem ser entidades gestoras as que se encontram como tal consagradas na lei. Este é um corolário do princípio da especialização consagrado no artº 613º Cd.MVM. As entidades gestoras apenas podem ser algumas instituições de crédito e apenas uma espécie de sociedade financeira.
Podem ser entidades gestoras:

a) as sociedades gestoras de fundos de investimento (6º/1/d RGICSF)
b) os bancos (3º/a RGICSF)
c) a Caixa geral de Depósitos, Crédito e previdência (3º/b RGICSF)
d) as caixas económicas (3º/c RGICSF)
e) a Caixa Central de Crédito Agrícola Mútuo (3º/d RGICSF)
f) as caixas de crédito agrícola mútuo (3º/e RGICSF)
g) as sociedades de investimento (3º/f RGICSF).

Não podem, pois, ser entidades gestoras as restantes sociedades financeiras, nem, de entre as instituições de crédito, as sociedades de locação financeira, de factoring, as sociedades financeiras para aquisição de crédito ou outras como tal qualificadas na lei (3º/g, h, i, j RGICSF).

Mas a lei exige, em relação às instituições de crédito mais um requisito: é que apenas podem ser entidades gestoras caso disponham de fundos próprios não inferior a 1, 5 milhões de contos[12]

---

[11] 5º DLFIM, 6º DLFII. Também, mas em termos diferentes, o 4º Dec.-Lei nº 229-C/88, de 4 de Julho.

[12] Também em França existe desde há muito um princípio de tipicidade de entidades gestoras. Apenas o podem ser as instituições de crédito, as sociedades corretoras

40   *Fundos de Investimento Mobiliário e Imobiliário*

A tipicidade das entidades gestoras é igualmente consagrada no 19.§1° e 27. Ley 46/1984, de 26 deciembre, em Espanha (e 40.§1° Reglamento de la Ley 46/1984, de 26 de deciembre, aprovado pelo Real Decreto 1393/ /1990, de 2 noviembre). Estas sociedades têm por sigla S.G.I.I.C.(53. Reglamento de la Ley 46/1984, de 26 de deciembre, aprovado pelo Real Decreto 1393/1990, de 2 noviembre). No entanto, podem ser entidades gestoras mas não emissoras de unidades de participação igualmente as sociedades de valores, que equivalem *grosso modo* às sociedades financeiras de corretagem, nos termos do 71.b. Ley del Mercado de Valores (Ley 24/1988, de 28 de julio). Em certos fundos especiais existem entidades gestoras específicas como as "Sociedades Gestoras e Fondos de Titulización Hipotecária" e as Sociedades Gestoras de Fondos de Titulización" (5.5. disposição adicional da Ley 3/1994, de 14 de abril). De igual modo, para fundos que não de investimento, os fundos de regulação do mercado hipotecário, prevêem-se outras entidades gestoras no 86.1. Real Decreto 1669/ 1980, de 31 de Julio. Para o fundo de regulação do mercado hipotecário de carácter público esta sociedade gestora é promovida pelo Banco Hipotecário de Espanha (86.2. Real Decreto 1669/1980, de 31 de Julio). Cf. ARRANZ PUMAR, Gregorio; <u>Los Fondos de Titulización Hipotecaria y sus Sociedades Gestoras</u>, in: ALONSO UREBA, Alberto, MARTINEZ-SIMANCAS Y SANCHEZ; Julian; *Derecho del Mercado Financiero*; Tomo I, Volume 1, *Entidades del Mercado Financiero*, Editorial Civitas, Madrid, 1994, p. 631 ss.

Embora os conceitos não possam ser automaticamente transpostos, a questão merece tratamento no Reino Unido especificamente apenas no âmbito da União Europeia, levando a lei a qualificar como pessoas autorizadas para o exercício de actividades financeiras, as estabelecidas nos Estados membros (Sec. 24 Financial Services Act 1986). Por outro lado estatui-se que os "managers" de um "unit trust scheme" têm de ser "authorized persons" (Sec. 78(4) Financial Services Act 1986).

Nos fundos mobiliários e nos fundos de fundos permite-se que a administração dos mesmos possa ser feita por banco múltiplo, banco comercial, caixa económica, banco de investimento, sociedade de crédito, financiamento e investimento, sociedade corretora de títulos e valores mobiliários ou sociedade distribuidora de títulos e valores mobiliários, desde que credenciados no Sistema de Informações do Banco Central (SISBACEN) (6. Regulamento Anexo à Circular n° 2.594, de 21 de Julho de 1995, do Banco Central do Brasil; 6. Regulamento Anexo à Circular n° 2.616, de 18 de Setembro de 1995 do Banco Central do Brasil). As corretoras

---

e as companhias de seguros (JUGLART, Michel de; IPPOLITO, Benjamin; *Traité de Droit Commercial, Tome 7, Banques et Bourses*, Montchrestien, 3 ed., Paris, 1991, p.609). Apesar do elenco ser diferente do português, dado que as companhias de seguros não estão aqui incluídas, a verdade é que existem fundos especiais, como os fundos de pensões, em que as seguradoras podem ser entidades gestoras. Mas estas encontram-se fora do regime comum.

e distribuidores apenas podem fazer administração de fundos caso tenham o seu capital mínimo realizado e disponham de um património líquido mínimo definido regulamentarmente (6.§3º Regulamento Anexo à Circular nº 2.594, de 21 de Julho de 1995, do Banco Central do Brasil; 6.§3º Regulamento Anexo à Circular nº 2.616, de 18 de Setembro de 1995 do Banco Central do Brasil). Nos fundos imobiliários podem ser apenas instituições administradoras um banco múltiplo com carteira de investimento ou com carteira de crédito imobiliário, um banco de investimento, uma sociedade de crédito imobiliário, uma sociedade corretora ou uma sociedade distribuidora de títulos e valores mobiliários ou outras entidades legalmente equiparadas nos termos do 5. Lei nº 8.668, de 25 de Junho de 1993 e do 11. Instrução CVM nº 205, de 14 de Janeiro de 1994, exigindo-se na mesma norma a existência de técnicos especializados na área do imobiliário.

SECÇÃO II
PRINCÍPIO MITIGADO DA SEPARAÇÃO DE GESTÃO

A lei impede, quanto às sociedades gestoras, a possibilidade de gerirem simultaneamente fundos de investimento mobiliário e imobiliário[13]. Este princípio, que não se aplica às instituições de crédito, parece não merecer o lugar central que aqui lhe é conferido. Deveria aparentemente ser referido apenas no que respeita ao regime das sociedades gestoras. No entanto, é indispensável para se compreender a ideia de fundo que está por detrás do regime estudado.

É que, se às instituições de crédito não é imposta esta limitação, isto acontece porque têm uma vocação universal absoluta (como os bancos e instituições equiparadas) ou tendencialmente universal. Por outro lado, trata-se de instituições que são obrigadas, nos termos da lei, e para poderem gerir fundos de investimento, a dispor de fundos próprios no valor de pelo menos 1, 5 milhões de contos[14]. Tanto a sua vocação especializada, como os fundos próprios exigidos[15] mostram que a aparente excepção é a regra. Não é por lidarem com fundos de investimento que as instituições de crédito podem gerir tanto fundos mobiliários como imobiliários: é por serem instituições de crédito com um certo nível de fundos próprios. Em princípio quem lida com fundos de investimento tem de se especializar em fundos de investimento mobiliário ou imobiliário.

---

[13] 6º/2 DLFIM.
[14] 5º/2 DLFIM, 6º/2 DLFII.
[15] 150.000 contos (9º DLFIM, 10º DLFII).

CAPÍTULO II
PRINCÍPIOS OBJECTIVOS

SECÇÃO I
TIPICIDADE DE NATUREZA DOS FUNDOS

Embora a lei não expresse este princípio de modo sistemático, a verdade é que o mesmo princípio decorre do disposto no 1º/1 DLFIM, sendo válido para todas a formas de investimento colectivo. Com efeito, afirma que a constituição, o funcionamento das instituições de investimento colectivo "obedecem às normas do presente diploma", remetendo, no 1º/2 DLFIM, para legislação especial quanto aos restantes.

Outras normas conduzem ao mesmo resultado, quando a lei refere que os fundos podem ser abertos ou fechados[16], ou a dependência de autorização pela CMVM[17].

No entanto, e mais importante, são as razões materiais que fundamentam este princípio. Com efeito, os fundos de investimento geram comunhões de patrimónios de pessoas que não se conhecem entre si, sem relações de confiança que entre si existam, e que geralmente são a base das comunhões de direitos, como se passa no Direito da Família, ou nas sociedades pessoais. Por outro lado, pela sua dimensão potencial juntam numa mesma comunhão uma grande quantidade de pessoas e grandes volumes de capital. A única forma de as relações de comunhão serem claras e transparentes é a sua tipificação. No fim de contas, o fundamento é algo semelhante ao da tipicidade das sociedades do Direito Societário, *maxime*, quando pensamos nas sociedades anónimas. A união de poupanças entre várias pessoas que se desconhecem entre si, ou que entram em contacto com terceiros que desconhecem as relações concretas entre elas,

---

[16] 4º DLFIM, 3º DLFII.
[17] 17º/1 DLFIM, 18º/1 DLFII.

44 Fundos de Investimento Mobiliário e Imobiliário

ou que não têm o dever de as conhecer, pressupõe uma padronização das relações entre os participantes.[18]

Em Espanha, prevêem-se, não obstante, outras instituições de investimento colectivo não tipificadas na Ley 46/1984, de 26 deciembre (30. Ley 46/1984, de 26 deciembre), mas de onde não se pode deduzir um princípio de atipicidade. Com efeito, também na lei portuguesa existem fundos especiais, sem que por isso a tipicidade seja excluída, mas tão só alargada. O mesmo regime se encontra no 59. Reglamento de la Ley 46//1984, de 26 de deciembre, aprovado pelo Real Decreto 1393/1990, de 2 noviembre.

SECÇÃO II

TIPICIDADE DE COMPOSIÇÃO

Os activos que constituem os fundos são apenas aqueles que se encontram previstos por lei para cada uma das suas modalidades[19]. O fundamento desta tipicidade é fácil de compreender. Mais uma vez se torna necessária uma padronização que é consequência da natureza massificada do produto. Neste caso, e dado que os fundos valem pelos activos que os compõem, a lei considerou necessário delimitar aqueles que são idóneos para constituir um património que seja credível e comparável com outros fundos.

Em geral, os fundos podem ser constituídos de liquidez e de valores mobiliários. O que varia entre eles são os graus de liquidez dos activos previstos (os fundos de tesouraria têm maiores exigências de liquidez que os fundos mobiliários comuns, por exemplo), ou os activos que podem pertencer aos fundos (por exemplo, o direito de propriedade sobre imóveis deve constar dos fundos de investimento imobiliários enquanto não podem fazer parte dos mobiliários).

---

[18] Esta tipicidade tem uma consequência no plano comunitário. É que os OICVM que preenchem os requisitos da DFI não se podem transformar em figuras que não estejam abrangidas por ela. Nomeadamente, e em geral, isto significa que um fundo harmonizado não se pode transformar em fundo não harmonizado. No caso concreto português, isto significa que um fundo mobiliário não se pode transformar em imobiliário, ou num dos fundos especiais que são referidos na parte final deste trabalho (1º/5 DFI).

[19] 42º, 51º, 53º, 56º DLFIM, 5º DLFII.

Em Itália, para os fundos mobiliários abertos consta expressamente este princípio no 3.1. Legge 23 marzo 1983, n. 77 (in G.U. 28 marzo 1983, n. 85). Na Suíça consta idêntico princípio para os fundos mobiliários (32. Loi Fédérale sur les Fonds de Placement, du 18.03.1994).

Para os fundos mobiliários proíbe-se a aplicação em activos financeiros ou modalidades operacionais fora do âmbito do mercado financeiro no 10.III. Regulamento Anexo à Circular nº 2.594, de 21 de Julho de 1995, do Banco Central do Brasil e 10.III. Regulamento Anexo à Circular nº 2.616, de 18 de Setembro de 1995 do Banco Central do Brasil.

SECÇÃO III

CONSERVAÇÃO DA NATUREZA DOS FUNDOS

O princípio da conservação da natureza dos fundos não pode ser confundido com o anterior. O princípio da tipicidade diz que apenas certos activos podem fazer parte dos fundos. O princípio da conservação da natureza exige que os fundos devem ter activos de certa natureza em pelo menos uma certa percentagem do seu valor, sob pena de se descaracterizarem[20].

Repare-se que a lei não impede modificações dos fundos. No entanto, exige-se que o "nomen iuris", coincida com a natureza dos fundos. Quando um fundo é constituído este deve manter a natureza inicial.

---

[20] 42º/2, 3, 51º/2/a, 53º/1, 2, 3, 55º/1 DLFIM, 5º/2 DLFII.

CAPÍTULO III
PRINCÍPIOS OPERACIONAIS

SECÇÃO I
DIVISÃO DE RISCOS

O princípio da divisão de riscos é o único que é tratado expressa e sistematicamente nos diplomas legais pertinentes[21]. A expressão legal merece críticas, na medida em que considera fundante do conceito de fundo algo que mais não é que parte do regime das suas consequências jurídicas. Dito por outras palavras, é por serem fundos que têm de obedecer a um princípio de divisão de riscos e não é por obedecerem a este princípio que são fundos. A divisão de riscos é um dever e não um pressuposto[22].

A divisão de riscos significa que os activos que compõem o fundo, cada fundo, não podem padecer do seu inverso, a concentração de riscos. Com efeito, o afastamento entre os titulares do património, os participan-

---

[21] 2°/1 DLFIM, 2°/1 DLFII.

Já era consagrado no 2°/2 Dec.-Lei n.º 134/85, de 2 de Maio, e no 2°/2 Dec.-Lei nº 246/85, de 12 de Julho. No 3° Dec.-Lei n.º 46 342, de 20 de Maio de 1965, falava--se numa "carteira diversificada de títulos, em ordem a compensar os riscos e as rentabilidades dos vários investimentos".

[22] No entanto, a divisão de riscos constitui-se elemento de imputação para efeitos de definição de fundos harmonizados, nos termos do 1°/2/1° travessão DFI. Com efeito, apenas as OICVM que se podem considerar como gestoras de fundos harmonizados são aquelas que estejam sujeitas a um regime de repartição de riscos. Não existe nenhuma contradição entre uma e outra situação. É que para o Direito interno português o desrespeito deste princípio viola os interesses dos clientes, pelo que constitui infracção nos termos do 671°-A Cd.MVM. Para o Direito Comunitário, a obediência a este princípio de divisão de riscos é pressuposto de vantagens, a livre circulação em condições harmonizadas. Conjugando os dois aspectos, sempre se pode dizer que para se ter certas vantagens é necessário cumprir certos deveres.

48   *Fundos de Investimento Mobiliário e Imobiliário*

tes e quem os gere, exige que se actue de acordo com normas de segurança mais rígidas que aquelas que decorreriam de uma gestão de activos de terceiros personalizada, em que o cliente, depois de devidamente esclarecido, poderia assumir um grau de risco muito concentrado numa entidade, numa actividade ou num valor. A massificação exige que mais uma vez limitações de actuação, padronizações de condutas.

Este é o princípio mais específico dos fundos, pelo que em certa medida tem razão o legislador quando o salienta. Porque, como antes se viu, os restantes princípios (exceptuando em parte o da separação de gestão) são corolários de princípios gerais. Ora, se o que tem de específico um fundo é a distanciação entre o titular do património e a gestão do mesmo compreende-se que o risco seja limitado de modo peremptório.

Este princípio tem uma natureza mais multifacetada que os outros. Se em relação a todos eles se pode dizer que influenciam todas as dimensões dos fundos (subjectiva, objectiva e operacional), o princípio da divisão de riscos, mais que qualquer outros, tem uma natureza anfíbia. Com efeito, se é um princípio operacional, na medida em que conforma a actividade dos fundos, é igualmente objectivo, na medida em que determina a sua composição.

A divisão de riscos encontra desenvolvimentos concretos numa perspectiva subjectiva (os emitentes dos valores)[23] e objectiva (os activos em si mesmos)[24].

> Embora TOMÉ, Maria João Romão Carreiro Vaz; *Fundos de Investimento Mobiliário Abertos*, Almedina, Coimbra, 1997, p. 21 chame a atenção para o facto de este princípio não se dirigir à concentração no mesmo sector, não se pode afirmar, em sede de teoria geral dos fundos, que respeite exclusivamente à concentração na mesma entidade emitente. Como efeito, e como vimos, tem também desenvolvimentos objectivos. Por outro lado, mesmo a concentração num mesmo sector obedece a restrições que passam pela permissão da política de investimentos consagrada no regulamento do fundo.
>
> A divisão de riscos encontra-se prevista no 2.2. e 33.3 Ley 46/1984, de 26 deciembre, espanhola, este último na redacção do 2. Ley 19/1992, de 7 de julio (e 71.4. Reglamento de la Ley 46/1984, de 26 de diciembre, aprovado pelo Real Decreto 1393/1990, de 2 noviembre, na redacção do Real Decreto 686/1993, de 7 de mayo). Tem um desenvolvimento especí-

---

[23] 43º, 44º DLFII, 51º/2/b, 56º/3, 3 DLFIM, 21º DLFII
[24] 5º/2/e DLFII.

Parte II – Princípios gerais

fico nos fundos imobiliários, quando se exige que o fundo invista em pelo menos sete imóveis (2.3. Orden de 24 de septiembre de 1993).

O art. 2 Loi Fédérale sur les Fonds de Placement, du 18.03.1994 na Suíça consagra expressamente este princípio de repartição de riscos, desenvolvendo-o no 33. e 37., respectivamente para os fundos mobiliários e imobiliários.

Para a Alemanha ver ASMANN, Heinz-Dieter; SCHÜTZE, Rolf A.; *Handbuch des Kapitalanlagerechts*, C.H. Beck'sche Verlagsbuchhandlung, 2ª ed., München, 1997, p. 762.

No Brasil refere-se expressamente a diversificação da carteira nos fundos de investimento financeiro, nos termos do 1.I. Resolução nº 2.183, de 21 de Julho de 1995, do Conselho Monetário Nacional do Brasil.

Nos Estados Unidos distinguem-se as "diversified companies" que obedecem à divisão de riscos das "non diversified companies", que não têm de obedecer a esta divisão de riscos (Sec 5 (b), 12 (c) Investment Company Act of 1940) Ver HAZEN, Thomas Lee; *The Law of Securities Regulation*, West Publishing Co., 2ª ed., St. Paul, Minn., 1990, p. 851. A alteração de uma categoria para a outra pressupõe a autorização dos sócios nos termos da Sec. 13 Investment Company Act of 1940. Por outro lado, as non-diversified", no caso de serem "unit investment trusts" obedecem ao regime da Sec. Sec. 26 (b) Investment Company Act of 1940.

Este princípio não é criação do regime dos fundos, apenas nele tendo especificidades. Como em muitas outras áreas (liquidez, fundos próprias, avaliação), recolheram-se técnicas e institutos da área financeira geral. A divisão de riscos já se encontrava consagrada no sector bancário desde há muito, como se vê em REMÉDIO, Mário A. Boavida; Ratios e Fundos Próprios da Banca. A Experiência Belga e a Actual Situação em Portugal; in: *Revista Bancária*, Ano II, nº 4, Abril - Junho de 1966, Lisboa, p. 47 ss. Na sua relação com a defesa do investidor ver PIATTI, Laura; SUSI, Neomisio; Struttura dell'Industria, Asseti Proprietari e Profili di Informativa: Un' Analisi dei Fondi Comuni di Investimento Italiani; in CONSOB, *Quaderni di Finanza, Studi e Ricerche*, Volume II, nº 22 Novembre 1997, p. 117.

SECÇÃO II

CONFLITOS DE INTERESSES

O regime do conflito de interesses é comum a toda a actuação dos intermediários financeiros (660º Cd.MVM). No entanto, assume, pelas razões antes invocadas, uma dimensão mais rígida nos fundos de investimentos. No atendimento atomizado a clientes, estes podem ser informados dos interesses que os intermediários financeiros têm em certos activos

(645°, 663°/b) por forma a que estes possam decidir em consciência da isenção do intermediário e do valor objectivo da operação. Nos fundos, pela sua massificação, tornar-se-ia impossível a formação de uma vontade consensual dos participantes num ou noutro sentido. A gestão dos fundos tornar-se-ia impossível se a cada operação que gerasse conflitos de interesses as entidades gestoras tivessem de consultar todos os participantes por forma a que estes expressassem a sua vontade.

Mas não se entende que o regime geral do Cd.MVM se encontra substituído plenamente pelo regime institucional dos fundos. Apenas se encontram excluídos os aspectos do regime geral que pressuponham um possibilidade de contacto directo com o cliente, quando esta possibilidade não exista nos fundos. Dito por outra forma; como a relação personalizada com o cliente ocorre com a transação da participação (aquisição, venda, e em geral as restantes vicissitudes), em todas estas situações se aplica na íntegra o regime geral do conflito de interesses. Apenas na gestão dos fundos enquanto tais (aquisição e alienação de activos para os fundos), e quando a lei não permita a actuação dos participantes nesta gestão, se excepcionam as normas relativas aos conflitos de interesses que pressuponham a possibilidade deste contacto directo com o cliente (v.g., comunicação prévia de conflitos de interesses ao cliente).

Como em todos os casos em que há padronização, a elasticidade é substituída pela rigidez. Como não é possível aos clientes, a todos eles, apreciar da bondade de cada operação, o legislador substituiu ao regime mais livre do Cd.MVM o regime mais apertado das proibições, mesmo que depois a venha excepcionar em alguns casos. Estas proibições têm sempre a ver com a disposição de activos que estão na titularidade ou foram emitidos por entidades que têm relações institucionais com a sociedade gestora[25].

A rigidez verte-se aliás na enunciação pela lei do princípio geral de que as entidades gestoras actuam no exclusivo interesse dos participantes[26]. No entanto, esta norma não constitui excepção ao regime geral dos intermediários financeiros (660° Cd.MVM). Seria pura ficção ignorar que existe um interesse da entidade gestora, enquanto sociedade comercial. Vale aqui, como em geral um princípio de absoluta prevalência dos interesses dos clientes. O que a norma em apreço visa é indicar que, na gestão

---

[25] 21° DLFIM, 22° DLFII.

[26] 8° (corpo) DLFIM, 9° (corpo) DLFII.

Esta norma tem a sua primeira fonte no 4°/§único e 6°/a Dec.-Lei n.° 46 342, de 20 de Maio de 1965.

dos fundos, a entidade gestora não pode ter em conta nunca o seu interesse mas os dos participantes. A forma de gerir os seus interesses apenas pode passar por uma boa gestão dos fundos.

Nos fundos de investimento imobiliários no Brasil, existe regra específica sobre proibição de conflitos de interesses na entidade gestora ou entre esta e o empreendedor nos termos do 12.VII. Lei nº 8.668, de 25 de Junho de 1993. Para os conflitos de interesses como estruturantes dos fundos em Itália ver PIATTI, Laura; SUSI, Neomisio; <u>Struttura dell'Industria, Asseti Proprietari e Profili di Informativa: Un' Analisi dei Fondi Comuni di Investimento Italiani</u>; in CONSOB, *Quaderni di Finanza, Studi e Ricerche*, Volume II, nº 22 Novembre 1997, p. 84 – 85, 113 ss., 141.

SECÇÃO III

TRANSPARÊNCIA

Existem normas específicas de transparência no regime dos fundos. É igualmente certo, por outro lado, que existem documentos específicos de informação (prospecto, relatório, etc.), bem como deveres específicos de informação que são consagrados a propósito dos fundos. Mas nenhum destes institutos específicos justificaria a autonomização de um princípio de transparência especial dos fundos. Mais não seriam que desenvolvimentos de um princípio geral de transparência dos mercados de valores mobiliários (4º/c, d, 5º Cd.MVM, nomeadamente).

O que torna particularmente diferente o princípio da transparência nos fundos é o seu objecto. É que, se bem reparamos, os fundos são um património de clientes[27] de intermediários financeiros (607º, 608º/i, j Cd.MVM). A verdade é que, nos termos gerais, esta matéria deveria ficar integralmente sujeita ao regime de segredo profissional (650º Cd.MVM). Mas a lei, como veremos a propósito da dimensão operacional dos fundos, manda publicar um grande conjunto de informações sobre a situação do fundo, desde a sua situação patrimonial até à sua gestão. Não que deixe de existir um dever de sigilo, em relação às matérias que não estão abrangidas por estes deveres de informação. Mas os deveres de informação ao público abrangem matérias que em princípio deveriam ser objecto de sigilo, se lidássemos com clientes comuns de intermediários financeiros.

---

[27] 3º/2 DLFIM, 2º/2 DLFII.

Em certo sentido, esta inflexão nos princípios gerais não nos deve provocar espanto. Por um lado, corresponde a uma aproximação entre o fundo e o regime empresarial. Os fundos, por força da sua autonomia patrimonial e do tipo de actividades que desenvolvem, têm uma estrutura de actividades de natureza empresarial. Ora as empresas têm vindo a habituar-se nos mercados continentais à ideia de transparência. É que, e como acontece com os fundos, as empresas são cada vez menos empresas de uma só pessoa ou de uma só família, ou, mesmo que ainda o sejam, recorrem a credores disseminados. A dispersão de terceiros interessados cinde a titularidade e os interesses em perigo com a sua actividade. Isto acontece com as empresas e com os fundos, de onde se compreende que o seu regime de informação se aproxime do das empresas. Por outro lado, esta cisão entre a titularidade e a gestão é muito mais acentuada nos fundos que nas empresas, dado que é igualmente formal e mais extensa[28]. Explica-se, assim, que nos fundos a necessidade de transparência tenha fundamentos específicos, que não passam apenas pela aproximação ao regime das empresas, mas que se escoram nesta cisão entre titularidade e gestão. Como não têm quase nenhum poder de influenciar a gestão dos fundos, os participantes actuais ou potenciais têm o direito a ser informados, bem como o público em geral, da situação do fundo, da sua actividade, do valor do seu património. A sua decisão soberana em relação aos fundos é, em geral, quase tão só a de se desfazerem da sua posição de participantes, seja nuns casos pela alienação, seja noutros pelo resgate das participações, em termos que abaixo serão expostos[29].

A originalidade mais profunda do princípio da transparência no caso dos fundos encontra-se assim, mais que no regime concreto, que oferece especialidades que não se negam, no fundamento do mesmo princípio.

> PIATTI, Laura; SUSI, Neomisio; Struttura dell'Industria, Asseti Proprietari e Profili di Informativa: Un' Analisi dei Fondi Comuni di Investimento Italiani; in CONSOB, *Quaderni di Finanza, Studi e Ricerche*, Volume II, nº 22 Novembre 1997, p. 118 estabelece uma distinção fundamental entre a informação que precede o investimento e a que é dada depois deste.

---

[28] Numa sociedade formalmente todos os accionistas (mesmo em certas condições, os que não têm direito de voto) podem assumir poderes de decisão sobre a vida da empresa. E mesmo se materialmente se sabe que os pequenos accionistas em pouco influenciam a vida da sociedade, a verdade é que têm sempre a possibilidade de se unir para exercer influência sobre esta gestão. Os participantes, como veremos, têm um âmbito de poderes muito mais restrito.

[29] Na parte relativa às vicissitudes das unidades de participação.

PARTE III
FONTES DO REGIME DOS FUNDOS.
O REGULAMENTO DE GESTÃO

Não haveria que ocupar um espaço com esta questão das fontes do regime dos fundos de investimento caso não existissem especialidades de monta na matéria.

Com efeito, se para além do Cd.MVM[30], do DLFIM, do DLFII, do RGICSF e da regulamentação das entidades de supervisão (*maxime* da CMVM) não existissem outras fontes para além da vontade das partes envolvidas, seria desproporcionado dedicar a nossa atenção a este problema.

No entanto, os fundos oferecem uma especialidade que lhes é pe-culiar, o regulamento de gestão[31].

Quanto à sua necessidade, esta é fácil de compreender. Nos fundos há uma conglobação de poupanças provenientes de vários participantes que em princípio não se conhecem entre si. O regulamento visa exactamente definir regras de actuação dos fundos na falta da possibilidade de actuação atomizada de vontades. Em certo sentido, pode-se afirmar que é o estabelecimento de um mecanismo de formação de vontades negociais conglobadas, o quadro que estabelece os limites da sua formação[32].

Mas o regulamento de gestão tem um outro papel, este de natureza económica, relevante igualmente para a apreciação da boa gestão, e consequentemente, numa perspectiva jurídica, da responsabilização das

---

[30] Para além de outras, que têm consequência de monta, *ex professo* encontramos os 7°/1/m, 7°/2, 28°/1/i, 130°/1/c, 130°/2, 218°/5, 269°/1/c, 292°/1/d, 327°/d, 608°/i, j, 610°/3/c Cd.MVM.

[31] 18° DLFIM, 19° DLFII.

6°/e, 8°/2°, Dec.-Lei n.° 46 342, de 20 de Maio de 1965, 11° Dec.-Lei nº 229- C//88, de 4 de Julho. 12° do Dec.-Lei nº 134/85, de 2 de Maio. 12° Dec.-Lei nº 246/85, de 12 de Julho.

[32] Em sentido semelhante vai TOMÉ, Maria João Romão Carreiro Vaz; *Fundos de Investimento Mobiliário Abertos*, Almedina, Coimbra, 1997, p. 50 quando afirma que a obrigação da entidade gestora é indivisível.

54 *Fundos de Investimento Mobiliário e Imobiliário*

entidades gestoras perante os participantes. É que, definindo o regulamento dos fundos a estratégia de actuação, a sua política de investimento[33], o regulamento define também o produto que se está a vender aos clientes. Com efeito, quando alguém investe nos fundos, não está apenas a adquirir uma participação tal como actualmente existe. Está a assumir uma legítima expectativa no sentido de o fundo vir a ter um certo comportamento no futuro. Uns fundos têm uma política mais orientada para o risco, outros são mais conservadores, uns são mais virados para a internacionalização, outros mais dirigidos ao mercado nacional, por exemplo. Não é indiferente a aquisição de um participação num ou noutro fundo. Se alguém adquirir uma participação num fundo que tem uma política deliberadamente de risco, dentro dos limites que a lei comporta, não pode vir a invocar contra a entidade gestora as perdas que sofreu por este ter sido coerente com a sua política. Se alguém optou por um fundo mais conservador, não pode vir a invocar contra a entidade gestora o mais baixo rendimento, se este apenas foi a lógica decorrência de uma actuação dentro dos limites de uma política conservadora previamente enunciada.

Questão é a de saber qual o papel deste regulamento de gestão no conjunto das fontes. Por força do princípio da hierarquia das fontes, é evidente que este não pode violar a lei nem a regulamentação aplicáveis. No entanto, tem de se entender que prevalece sobre quaisquer acordos que os participantes celebrem com a entidade gestora, ou que esta celebre com terceiros[34]. Com efeito, o regulamento de gestão determina, como antes se afirmou, a conformação do fundo, a sua identidade, carecendo mesmo de aprovação pela CMVM para a sua constituição ou modificação[35]. A sua modificação, mesmo que parcial, pressupõe sempre aprovação prévia da CMVM, pelo que não pode ser operada pela mera vontade de partes, sejam elas quais forem[36]. Em termos meramente impressivos, o regulamento de gestão é a lei interna dos fundos, a expressão da von-

---

[33] 18º/3/f DLFIM, 19º/3f DLFII. Antes falava-se na "política de aplicações" (6º/e Dec.-Lei n.º 46 342, de 20 de Maio de 1965). embora a terminologia fosse oscilante e se referisse expressamente a "política de investimentos" (9º/f Dec.-Lei n.º 46 342, de 20 de Maio de 1965).

35.1.f. Reglamento de la Ley 46/1984, de 26 de deciembre, aprovado pelo Real Decreto 1393/1990, de 2 noviembre.

[34] Ver 13º/2/c, 14º/3 DLFIM, 14º/2/a, 15º/3 DLFII.

[35] 17º/1, 18º/5 DLFIM, 18º/1, 19º/5 DLFII.

[36] Isto, obviamente, sem prejuízo da responsabilidade que possa caber à entidade gestora por violação do dever de informação constate no 646º/1/a Cd.MVM, caso não informe o cliente da impossibilidade de alterar contratualmente as regras do fundo.

Parte III – Fontes do regime dos fundos. O regulamento de gestão 55

tade comum dos participantes no fundo e o quadro de actuação da entidade gestora no mesmo.

Cada fundo tem de ter um regulamento de gestão[37].

Em Portugal, logo no primeiro diploma que foi dedicado aos fundos (no caso mobiliários abertos) se consagrou o regulamento de gestão do fundo (8°, 9°/f, 11°/§3°, 12°/§único, 20° Dec.-Lei n.° 46 342, de 20 de Maio de 1965).

Em Espanha existem dois actos de natureza diferente para cada fundo. Um contrato, celebrado por escritura pública (17.1 Ley 46/1984, de 26 deciembre), e o regulamento de gestão (17.1.e Ley 46/1984, de 26 deciembre). Também para os fundos de pensões se segue esta estrutura dividindo a escritura pública de constituição (28.1. Real Decreto 1307/1988, de 30 septiembre) e as "normas de funcionamento" (28.2. Real Decreto 1307/1988, de 30 septiembre). Este facto é significativo, na medida em que se respeitam as mesmas estruturas em relação a quase todos os fundos. Trata-se de regimes de instituição, que inerem a determinadas concepções de segurança de dado ordenamento jurídico e não tanto a cada instituto.

Na Suíça é previsto um regulamento que tem por base um contrato de investimento colectivo (art. 6, 7 Loi Fédérale sur les Fonds de Placement, du 18.03.1994).

Em Itália é previsto o regulamento de gestão para os fundos mobiliários abertos (2. Legge 23 marzo 1983, n. 77 (in G.U. 28 marzo 1983, n. 85)).

No Reino Unido o conteúdo do "trust deed" depende de regulamentação do Secretary of State, deixando-se claro que as normas legais e regulamentares sobre a matéria são imperativas, não podendo ser afastadas pela escritura constitutiva do "unit trust scheme" (Sec. 81(3) Financial Services Act 1986).

Também é previsto um "regulamento do fundo" no 3., 4. Regulamento Anexo à Circular n° 2.594, de 21 de Julho de 1995, do Banco Central do Brasil (e 3., 4. Regulamento Anexo à Circular n° 2.616, de 18 de Setembro de 1995 do Banco Central do Brasil), para os fundos de investimento financeiro e fundos de aplicação de quotas de fundos de investimento (fundos de fundos). Um regulamento é igualmente previsto no 10. Lei n° 8.668, de 25 de Junho de 1993 para os fundos de investimento imobiliário.

---

[37] 18°/1 DLFIM, 19°/1 DLFII.
11°/1 Dec.-Lei n° 229- C/88, de 4 de Julho.

CAPÍTULO I
CONTEÚDO DO REGULAMENTO DE GESTÃO

SECÇÃO I
ELEMENTOS FORMAIS

Os elementos formais são sobretudo de identificação[38]. São importantes, na medida em que a informação que contêm é por vezes a mais acessível aos participantes quando da subscrição [39].

Em primeiro lugar, a denominação do fundo. Em geral não pode estar em desacordo com a natureza e a política de investimentos e distribuição do fundo. Nomeadamente, não pode um fundo que tenha uma política sobretudo de capitalização, chamar-se fundo "de alto rendimento", ou um outro baseado em acções asiáticas "fundo baixo risco", apenas para dar alguns exemplos. O nome do fundo é de particular importância para a transparência. É bem sabido que muitos investidores nos fundos pouco mais conhecem deles que o seu nome. Investem frequentemente sugestionados pela sua denominação, pelo menos parcialmente. É tendo em conta a necessidade de transparência do mercado que esta denominação assume grande importância.

No caso do 19°/3/a DLFII, exige-se especialmente que contenha a menção de que se trata de um fundo de investimento imobiliário. No caso dos fundos de tesouraria, deve ter a menção de que se trata de fundos de tesouraria (52°/2 DLFIM). No fundos de fundos, estes devem conter esta menção (55°/2 DLFIM).

O 1°/2 Dec.-Lei n° 229- C/88, de 4 de Julho já afirmava que a designação fundos de investimento apenas pode ser utilizada em relação a

---

[38] 18°/2, 18°/3/a, b, c, d, e DLFIM, 19°/2, 19°/3/a, b, c, d, e DLFII.
12°/2 do Dec.-Lei n° 134/85, de 2 de Maio.
[39] 28°/2 DLFIM, 31°/2 DLFII.

58 *Fundos de Investimento Mobiliário e Imobiliário*

fundos constituídos nos seus termos, embora não se possa fazer equivaler totalmente as normas.

Em Espanha consagra-se um regime algo diferente, apenas na medida em que se proíbe expressamente que as designações relativas às instituições de investimento colectivo sejam usadas por outras entidades, segundo o 8.7. Ley 46/1984, de 26 deciembre. No entanto, este aspecto é resolvido pelo regime geral das denominações na lei portuguesa. De igual modo, se exige que conste do regulamento a expressão "FIM", "fundo de investimento mobiliário" (17.1.a. Ley 46/1984, de 26 deciembre; 34.2.a. Reglamento de la Ley 46/1984, de 26 de deciembre, aprovado pelo Real Decreto 1393/1990, de 2 noviembre). No caso das instituições de investimento imobiliário, as denominação são de F.I.I., para os fundos, e de S.I.I. para as sociedades de investimento imobiliário (3. Orden de 24 de septiembre de 1993).Para as várias denominações possíveis, ver o 11., 35.1.a. Reglamento de la Ley 46/1984, de 26 de deciembre, aprovado pelo Real Decreto 1393/1990, de 2 noviembre. Ver RODRÍGUEZ ARTIGAS, Fernando; Instituciones de Inversión Colectiva, in: ALONSO UREBA, Alberto, MARTINEZ-SIMANCAS Y SANCHEZ; Julian; *Derecho del Mercado Financiero*; Tomo I, Volume 1, *Entidades del Mercado Financiero*, Editorial Civitas, Madrid, 1994, p. 269.

A denominação do fundo consta igualmente do regulamento na Suíça segundo o 7.3.a. Loi Fédérale sur les Fonds de Placement, du 18.03.1994, nos termos do 7.4. do mesmo diploma afirmando-se que não pode induzir em erro esta denominação.

A denominação do fundo encontra-se prevista no 2.2.a. Legge 23 marzo 1983, n. 77 (in G.U. 28 marzo 1983, n. 85). No caso dos SICAV exige-se que contenham expressamente esta designação (2.2. Decreto Legislativo 25 gennaio 1992, n. 84 (in G.U. 14 febbraio 1992, n. 37)).

No Reino Unido exige-se que a identificação do fundo não seja enganosa (Sec. 78(5) Financial Services Act 1986.

Também nos fundos de investimento financeiro igual norma no 1.§único Regulamento Anexo à Circular n° 2.594, de 21 de Julho de 1995, do Banco Central do Brasil e 1.§único Regulamento Anexo à Circular n° 2.616, de 18 de Setembro de 1995 do Banco Central do Brasil. Nos fundos imobiliários exige-se que o fundo tenha como denominação "Fundo de Investimento Imobiliário" (1.§único Instrução CVM n° 205, de 14 de Janeiro de 1994).

Nos Estados Unidos, a denominação de uma "investment company" não deve ser enganosa nos termos da Sec. 35 (d) Investment Company Act of 1940.

De igual modo, a denominação e a sede da entidade gestora e do depositário, por forma a permitir ao participante o exercício dos seus

Parte III – Fontes do regime dos fundos. O regulamento de gestão 59

direitos contra entidades que não sejam invisíveis, com sedes desconhecidas, nomeadamente.

A denominação do depositário não se reduz, não obstante, e ao contrário do que poderia parecer, a um mero problema formal. Com efeito, e como posteriormente veremos, os valores que cada depositário pode ter em depósito obedecem a regimes diferentes, que impõem diferentes exigências para os intermediários financeiros. Se estes não preencherem os requisitos do 59° e 87°/1 Cd.MVM não podem ser depositários de valores mobiliários escriturais ou situados dentro do sistema, implicando isto que praticamente não podem ser depositários de valores adquiridos em bolsa. Se assim é, e dado que cada fundo apenas pode ter um depositário, isto implica que a indicação do depositário pré-determina quais os valores que podem constituir o fundo. Sob o ponto de vista da validade do regulamento de gestão, isto pode implicar a sua nulidade. Com efeito, se o regulamento de gestão indicar um depositário que não preencher os citados requisitos, mas indicar que o fundo em causa terá por objecto valores adquiridos em bolsa, esta aquisição é legalmente impossível, pelo que haveria preenchimento do 280° C. Civil, havendo nulidade da cláusula da composição dos fundos quanto aos valores. O regulamento de gestão não poderia ser autorizado pela CMVM neste caso.

Idêntica menção é exigida no 17.1.d Ley 46/1984, de 26 deciembre, em Espanha (e no 34.2.d., 35.1.b. Reglamento de la Ley 46/1984, de 26 de deciembre, aprovado pelo Real Decreto 1393/1990, de 2 noviembre). De igual modo em Itália prevê-se para os fundos de investimento que conste o depositário nos termos do 2.2.b. Legge 23 marzo 1983, n. 77 (in G.U. 28 marzo 1983, n. 85). Nas SICAV tem de constar do pacto social segundo o 2.3.c. Decreto Legislativo 25 gennaio 1992, n. 84 (in G.U. 14 febbraio 1992, n. 37).

A identificação da entidade gestora nos fundos imobiliários consta no Brasil do 10.I. Lei n° 8.668, de 25 de Junho de 1993. Deve igualmente constar no regulamento dos fundos imobiliários no 10.X. Instrução CVM n° 205, de 14 de Janeiro de 1994.

Finalmente, deve constar a identificação das entidades colocadoras desse fundo concreto.

Estes elementos têm um papel informativo para o participante, como antes se afirmou, mas têm igualmente um papel vinculante para a entidade gestora. Alterá-los, como a quaisquer outros implica alteração da configuração do fundo. Daí que, em geral, como abaixo se verá, as suas alterações pressuponham sempre a aprovação da CMVM.

SECÇÃO II

ELEMENTOS ESTRATÉGICOS

Estes elementos correspondem à definição da política de investimento[40]. Esta define-se genericamente pelo estabelecimento:

a) dos objectivos do fundo
b) do nível de especialização se existir, nomeadamente geográfico e sectorial [41]
c) as técnicas de cobertura dos riscos[42]
d) e dos limites do endividamento.

Os elementos estratégicos definem a actuação pretendida para o fundo. Não são uma mera declaração de intenções, na medida em que são dotados de uma juridicidade própria. Com efeito, e na medida em que o

---

[40] 18º/3/f DLFIM, 19º/3/f DLFII. Devia igualmente constar a política de aplicações do regulamento, nos termos do 6º/e Dec.-Lei n.º 46 342, de 20 de Maio de 1965.

Em Espanha, o regime é menos desenvolvido no 17.1.b Ley 46/1984, de 26 deciembre, na medida em que apenas se refere o objecto do fundo. No entanto, no 17-1-e Ley 46/1984, de 26 deciembre refere-se expressamente a política de investimentos (também o 34.2.b. e 34.2.e. e 35.1.f. Reglamento de la Ley 46/1984, de 26 de deciembre, aprovado pelo Real Decreto 1393/1990, de 2 noviembre).

A "política de investimento" também consta de regulamento do fundo nos fundos mobiliários e fundos de fundos no 4.III. e 4.§único Regulamento Anexo à Circular nº 2.594, de 21 de Julho de 1995, do Banco Central do Brasil. e idênticos artigos do Regulamento Anexo à Circular nº 2.616, de 18 de Setembro de 1995 do Banco Central do Brasil. De igual modo nos fundo imobiliários nos termos do 10.II. Lei nº 8.668, de 25 de Junho de 1993.

[41] A especialização por instrumentos financeiros não se aplica aos fundos de investimento imobiliário, dado que, por um lado já existe por lei esta especialização em valores imobiliários e porque os valores não têm o mesmo peso nos fundos imobiliários que têm nos fundos mobiliários. Igual raciocínio se aplica às técnicas de gestão de carteiras.

[42] Apesar do 19º/3/f DLFII ser omisso nesta menção, ao contrario do 18º/3/f DLFIM, a verdade é que o DLFII tem um artigo 25º correspondente ao 24º DLFIM, sendo que as técnicas de cobertura de riscos são cada vez mais importantes na gestão de activos, seja de que natureza for. Daí que esta menção me pareça genericamente aplicável também aos fundos de investimento imobiliário.

Inversamente no Brasil a realização de aplicações que possam colocar em risco o património do fundo deve constar da política de investimentos (4.§único Regulamento Anexo à Circular nº 2.594, de 21 de Julho de 1995, do Banco Central do Brasil; 4.§único Regulamento Anexo à Circular nº 2.616, de 18 de Setembro de 1995 do Banco Central do Brasil).

Parte III – Fontes do regime dos fundos. O regulamento de gestão　　61

participante prove um dano e a ligação entre este dano e o afastamento da política do fundo, tem direito a ser ressarcido deste facto. Quando adquire uma unidade de participação, tem direito a uma política de investimentos tal como foi definida no regulamento. Em termos impressivos, também "comprou" uma política de investimentos[43].

Mais concretamente, a menção de certos valores que podem ser objecto do fundo pode alterar as regras gerais da sua composição. Se se referir que têm por objecto valores emitidos ou garantidos por Estados que não são membros da União Europeia podem fazer estes valores parte do fundo sem limites para além dos decorrentes do próprio regulamento de gestão e das regras de boa administração. No caso contrário, apenas podem fazer parte até 10% do emissão[44].

Compete igualmente ao regulamento definir o momento relevante para a avaliação do preço de subscrição das unidades de participação[45]

> Para a política de investimentos ver TOMÉ, Maria João Romão Carreiro Vaz; *Fundos de Investimento Mobiliário Abertos*, Almedina, Coimbra, 1997, p. 63.
> A alteração da política de investimentos confere o direito aos participantes de pedir o reembolso das suas participações em custas em Espanha (35.2. Reglamento de la Ley 46/1984, de 26 de deciembre, aprovado pelo Real Decreto 1393/1990, de 2 noviembre, regulamentado pela Circular CNMV 1/1994, de 16 de marzo).
> A política de investimento e os seus riscos constam de regulamento na Suíça nos termos do 7.3.b. Loi Fédérale sur les Fonds de Placement, du 18.03.1994. De igual modo se estatui que o regulamento deve indicar os investimentos que são autorizados por género e por sector económico, país ou grupo de países (4.1. Ordonnance du Conseil Fédéral sur les Fonds de Placement du 19.10.1994). Nos fundos residuais, não mobiliários e não

---

[43] Repare-se que a diligência devida não é da do *bonus pater familias* como no Direito Civil, mas de acordo com critérios de levados de diligência e competência profissional nos termos do 8° DLFIM, 9° DLFII e 658° Cd.MVM.
O controlo do respeito pela política de investimento, como em geral do regulamento de gestão, é igualmente da responsabilidade do depositário nos termos do 13°/1/f DLFIM, 14°/1/f DLFII. Esta norma salienta a natureza vinculativa do regulamento de gestão e da política de investimentos.
[44] 20°/3/b DLFIM, 21°/2/b DLFII.
[45] 28°/6 DLFIM, 31°/6 DLFII.
Assim também para a avaliação dos valores mobiliários que são activos do fundo nos termos do 43.2. Reglamento de la Ley 46/1984, de 26 de deciembre, aprovado pelo Real Decreto 1393/1990, de 2 noviembre.

imobiliários, o regulamento deve indicar o risco dos investimentos igualmente (4.2. Ordonnance du Conseil Fédéral sur les Fonds de Placement du 19.10.1994).

A política de investimentos encontra-se no 2.2.d. Legge 23 marzo 1983, n. 77 (in G.U. 28 marzo 1983, n. 85). Nos SICAV tem de constar do pacto social, nos termos do 3.3.a. Decreto Legislativo 25 gennaio 1992, n. 84 (in G.U. 14 febbraio 1992, n. 37). É nesta perspectiva que se deve entender que o regulamento de gestão define o programa de investimentos que confere unidade à gestão dos interesses dos vários particpnates (SABATELLI, Emma; *La Responsabilità per la Gestione dei Fondi Comuni di Investimento Mobiliare, Contributo allo studio del D.Lgs. 25 gennaio 1992, n. 83*, Casa Editrice Giuffrè, Milano, 1995, p. 6). Para uma tipologia de políticas de investimento ver PIATTI, Laura; SUSI, Neomisio; Struttura dell'Industria, Asseti Proprietari e Profili di Informativa: Un' Analisi dei Fondi Comuni di Investimento Italiani; in CONSOB, *Quaderni di Finanza, Studi e Ricerche*, Volume II, nº 22 Novembre 1997, p. 122 – 132.

A lei britânica curiosamente dirige-se igualmente ao mérito da política de investimentos, ao contrário do que certas visões ideológicas poderiam levar a crer. Estatui-se que "the purposes of the scheme must be reasonably capable of being succesfully carried into effect" (sec. 78(5) Financial Services Act 1986). Este país tem aliás grande tradição nesta área de limitação de poderes de administração de interesses alheios. Também no caso dos "trusts", mesmo não havendo em sentido próprio cisão entre gestão e titularidade como acontece nos fundos e se analisará melhor na parte dogmática deste trabalho, na medida em que segundo a "common law" o "trustee" é o titular dos bens dos "trust", a verdade é que a natureza funcional da sua actividade implica que o acto constitutivo do "trust" estabeleça claramente os seus poderes (CUTLER, Andrew J. (ed.) ; *Equity and Trusts*, HLT Publications, 18ª ed., London, 1996, pp. 221 – 222).

O Investment Act of 1940 nos Estados Unidos impõe que os objectivos dos fundos constem do registo dos mesmos e do prospecto (DOWNES, John; GOODMAN, Jordan Elliot; *Dictionary of Finance and Investment Terms*, Barron's, 4ª ed., New York, 1995, p. 275). Junto da Securities and Exchange Commission as "investment companies" têm de apresentar "a recital of the policy of the registrant" (Sec. 8 (b) Investment Company Act of 1940). A alteração das políticas de investimento, não previstas na Sec. 8 (b) (1) carecem de aprovação dos sócios nos termos da Sec. 8 (b) (2) Investment Company Act of 1940. Ver também Sec. 13 Investment Company Act of 1940. As "management companies" não podem conceder empréstimos se estes não estiverem previstos na política de investimentos declarada à SEC (Sec. 21 (a) Investment Company Act of 1940).

Parte III – Fontes do regime dos fundos. O regulamento de gestão

SECÇÃO III
ELEMENTOS ECONÓMICOS

Os elementos económicos definem em síntese dois aspectos: os custos para o participante e das atribuições ao participante[46].

Os custos para o participante referem-se aos preços de emissão das unidades de participação, às comissões de gestão, depósito e demais encargos, bem como o número mínimo de unidades de participação que poderá ser exigido em cada subscrição[47].

A definição das atribuições para o participante passa pela determinação dos preços de resgate das unidades de participação, o prazo máximo de resgate, a política de distribuição de rendimentos[48].

De igual modo devem fazer parte do regulamento de gestão a definição do momento do dia a que se reporta o cálculo do valor da sua carteira[49].

---

[46] 18º/3/g, h, i, j, l, m, n DLFIM, 19º/3/g, h, i, j, l, m, n, o DLFII.

[47] 18º/3/g, h, m, n DLFIM, 19º/3/g, h, m, n DLFII.
As comissões de gestão encontram-se previstas em Espanha de acordo com estipulado no regulamento de gestão, nos termos do 22. Ley 46/1984, de 26 deciembre e no 35.1.k., 45. Reglamento de la Ley 46/1984, de 26 de deciembre, aprovado pelo Real Decreto 1393/1990, de 2 noviembre.
As comissão es de subscrição e reembolso estão para as SICAV no 2.3.f. Decreto Legislativo 25 gennaio 1992, n. 84 (in G.U. 14 febbraio 1992, n. 37).
As comissões de gestão e de depósito têm de constar taxativamente do regulamento do fundo na Suíça, nos termos do 7.3.e. Loi Fédérale sur les Fonds de Placement, du 18.03.1994,.

[48] 18º/3/h, i, j, l DLFIM, 18º/3/h, i, j, l DLFII.
A distribuição de resultados encontra-se prevista no 17.1.e Ley 46/1984, de 26 deciembre em Espanha.
O cálculo do preço de emissão e de "rachat" de unidades de participação encontra-se igualmente no regulamento do fundo na Suíça, nos termos do 7.3.c. Loi Fédérale sur les Fonds de Placement, du 18.03.1994.
A fixação do intervalo de actualização do valor da quota para fins de resgate das quotas no 4.V. Regulamento Anexo à Circular nº 2.594, de 21 de Julho de 1995, do Banco Central do Brasil e no 4.V. Regulamento Anexo à Circular nº 2.616, de 18 de Setembro de 1995 do Banco Central do Brasil. Já nos fundos imobiliários se deixa claro que compete ao regulamento fixar os critérios de determinação dos valores das unidades de participação, com as limitações de regulamento da Comissão de Valores Mobiliários, no 10.XV. Instrução CVM nº 205, de 14 de Janeiro de 1994.

[49] 30º/2 DLFIM, 33º/2 DLFII.
Esta referência ao momento do dia pode parecer um preciosismo. Mas de novo é mais um sintoma do enfoque especial que os valores mobiliários têm no regime dos

64 Fundos de Investimento Mobiliário e Imobiliário

Em Espanha, existem outras dimensões económicas dos regulamentos dos fundos. Daí que se deva incluir no regulamento o património do fundo no momento da sua constituição (17.1.c Ley 46/1984, de 26 deciembre, património este que tem de ser de 500 milhões de pesetas, nos termos do 34.2.c. Reglamento de la Ley 46/1984, de 26 de deciembre, aprovado pelo Real Decreto 1393/1990, de 2 noviembre)[50]. Em Portugal, esta menção não teria grande sentido. Com efeito, os fundos só adquirem património depois da sua constituição. Compete igualmente ao regulamento de gestão estabelecer os períodos de determinação dos resultados bem como a sua forma de distribuição (44.3. Reglamento de la Ley 46/1984, de 26 de deciembre, aprovado pelo Real Decreto 1393/1990, de 2 noviembre; 23. Orden de 24 de septiembre de 1993).

O destino das receitas dos fundos resultante de rendimentos ou mais valias, deve constar do regulamento dos fundos na Suíça segundo o 7.3.d. Loi Fédérale sur les Fonds de Placement, du 18.03.1994.

Em Itália ver o 2.2.e. Legge 23 marzo 1983, n. 77 (in G.U. 28 marzo 1983, n. 85). O destino das receitas nos SICAV tem de constar do pacto social nos termos do 2.3.a. Decreto Legislativo 25 gennaio 1992, n. 84 (in G.U. 14 febbraio 1992, n. 37).

---

fundos. A avaliação dos activos do fundo pode variar muito consoante seja referente a uma hora ou outra. Existe alguma tendência em alguns mercados para a chamada na gíria "puxada de cotação de fecho", que é uma prática manipulativa do mercado. Esta traduz-se em fazer subir (ou descer, mas mais raramente) a cotação de fecho dos valores, na medida em que este é o preço público e legal dos mesmos (436°/1, 359°/4 Cd.MVM). Com esta norma excepciona-se o regime do Cd.MVM na matéria por forma a impedir que os fundos estejam forçosamente sujeitos ao perigo destas "puxadas". Alguns fundos estabelecem, por isso que o momento relevante é diferente do da hora de fecho da sessão de bolsa.

Este aspecto é importante para se poder perceber a extensão da norma que ora estudamos. É que, tendo em conta ser esta a sua finalidade, nada impede que este momento seja definido, não de modo taxativo, mas em função de uma antecedência fixa em relação à hora de fecho da sessão de uma bolsa determinada, na medida em que regulamentarmente esta hora de fecho pode ser variável. Se assim for, e sobretudo caso a bolsa seja estrangeira, a entidade gestora tem de estar apetrechada para produzir prova perante os participantes (663° Cd.MVM) e entidades de supervisão, bem como perante os depositários e as entidades colocadoras, nas suas funções de "compliance", que abaixo estudaremos, da hora de fecho da sessão na bolsa escolhida.

Nada impede que esta bolsa seja estrangeira, sobretudo se os fundos forem especializados em valores desse mercado. O que não pode é ser escolhida uma hora diferenciada para cada tipo de valor. Neste aspecto a lei é peremptório. Um momento do dia, e só um é relevante.

[50] Considera-se, no entanto, que o "Fondo Público de Regulación del Mercado Hipotecário" reúne este requisito, independentemente de facticamente o fazer (1. Orden de 26 febrero de 1991).

Parte III – Fontes do regime dos fundos. O regulamento de gestão   65

As taxas de administração e demais taxas ou despesas constam igualmente do regulamento de gestão dos fundos mobiliários e fundos de fundos nos 4.I. e 4.II. Regulamento Anexo à Circular nº 2.594, de 21 de Julho de 1995, do Banco Central do Brasil e 4.I., 4.II. Regulamento Anexo à Circular nº 2.616, de 18 de Setembro de 1995 do Banco Central do Brasil. As taxas de administração e de ingresso (de emissão) ou o critério para a fixação destas últimas, bem como as despesas e encargos dos fundos constam do regulamento de gestão nos fundos imobiliários nos termos do 10. Lei nº 8.668, de 25 de Junho de 1993 e do 10.IV. Instrução CVM nº 205, de 14 de Janeiro de 1994. A remuneração da instituição administradora e do consultor de investimentos, se o houver, consta do regulamento dos fundos imobiliários, nos termos do 10.XIII. Instrução CVM nº 205, de 14 de Janeiro de 1994, bem como os encargos do fundo nos termos do 10.XIV. da mesma instrução.

SECÇÃO IV

ELEMENTOS SUPLEMENTARES

Para além dos elementos obrigatórios antes referidos, os regulamentos de gestão dos fundos podem conter outros impostos pela CMVM[51].

Podem igualmente conter regras relativas à liquidação[52].

Por outro lado podem conter regras sobre os deveres de informação da entidade gestora[53].

---

[51] 18º/0 DLFII. Apesar de ser apenas esta norma relativa aos fundos imobiliários que tem enquadramento sistemático no artigo relativo ao regulamento de gestão, a verdade é que nos termos do 17º/1, 3, 18º/5 DLFIM (como aliás dos 18º/1, 3, 19º/5 DLFII), estando dependente da aprovação da CMVM a emissão e a alteração do regulamento, esta sempre pode definir elementos que considere necessários. Ou seja, esta norma é geral numa perspetiva de supervisão caso a caso dos fundos. De igual modo, se a norma remete para os poderes regulamentares da CMVM, em que esta exigia em geral para os fundos, ou para certas tipos de fundos, a indicação de certas menções nos regulamentos de gestão, também este regime é geral nos termos do 36º DLFIM, 39º DLFII e 14º Cd.MVM.

[52] 25º/3 DLFIM, 26º/3 DLFII.

Também 24º/1 Dec.-Lei nº 229-C/88, de 4 de Julho. 12º/§único Dec.-Lei n.º 46 342, de 20 de Maio de 1965.

As regras de dissolução e liquidação do fundo são previstas em regulamento de gestão nos termos do 17.1.e Ley 46/1984, de 26 deciembre, em Espanha e 35.1.p. Reglamento de la Ley 46/1984, de 26 de diciembre, aprovado pelo Real Decreto 1393/ 1990, de 2 noviembre.

[53] 8º/f DLFIM, 9º/f DLFIM.

Podem igualmente conter regra sobre a data relevante para efeitos de reembolso da unidade de participação[54].

No 12º/3/i do Dec.-Lei nº 134/85, de 2 de Maio, (e 12º/3/i Dec.-Lei nº 246/85, de 12 de Julho) exigia-se que o regulamento de gestão contivesse o regime fiscal do fundo. No entanto, a volatilidade das leis fiscais impediu que se mantivesse essa exigência, que foi remetida para o prospecto, que, esse sim, carece de actualização permanente.

Em Espanha, a conversão do fundo em sociedade (fundo personalizado) depende do regime estabelecido no regulamento de gestão (17.1.e Ley 46/1984, de 26 deciembre). De igual modo, prevê-se que o fundo possa estabelecer o número de unidades máximo de que pode ser titular cada participante (35.1.i. Reglamento de la Ley 46/1984, de 26 de deciembre, aprovado pelo Real Decreto 1393/1990, de 2 noviembre). No caso da Itália, a indicação de um gestor diferente da SICAV tem de constar do pacto social identificando-o (2.3.b. Decreto Legislativo 25 gennaio 1992, n. 84 (in G.U. 14 febbraio 1992, n. 37)).

Outros elementos que podem constar do regulamento dos fundos na Suíça encontram-se no 7.3. Loi Fédérale sur les Fonds de Placement, du 18.03.1994.

As informações prestadas ao quotista, bem como o regime da assembleia geral de quotistas e critérios de subscrição de quotas por um mesmo quotista consta do regulamento dos fundos imobiliários no Brasil nos termos do 10.V. Lei nº 8.668, de 25 de Junho de 1993.

---

[54] 29º/2 DLFIM, 32º/4 DLFII.
Também o 17.1.e Ley 46/1984, de 26 deciembre e 53.1.g. Reglamento de la Ley 46/1984, de 26 de deciembre, aprovado pelo Real Decreto 1393/1990, de 2 noviembre.

CAPÍTULO II
VICISSITUDES DO REGULAMENTO

A emissão do regulamento depende de aprovação implícita da CMVM quando da autorização do fundo[55]. O regulamento é um acto da entidade gestora, que apenas a responsabiliza a ela. No entanto, torna-se necessária a sua aprovação por uma entidade pública tendo em conta mais uma vez a massificação do produto.

De igual modo, as alterações ao regulamento requerem em princípio aprovação da CMVM (na redacção original também parecer favorável do Banco de Portugal)[56]. Há, no entanto, dois tipos de regimes especiais, um mais exigente, outro menos. Mais exigente é o regime de alteração das comissões a pagar pelos participantes ou da política de investimentos, que apenas entram em vigor 90 dias após a sua publicação no boletim de cotações de uma das bolsas e num jornal de grande circulação[57]. De igual modo, a alteração do depositário impõe que esta seja publicada nos mesmos locais com a antecedência de 15 dias sobre a data em que a substituição produzirá os seus efeitos[58]. Por outro lado, no caso de substituição de

---

[55] 17º/1 DLFIM, 18º/1 DLFII. O que decorre do 4º/2 DFI.

[56] 18º/5 DLFIM, 19º/5 DLFII.

Este regime altera substancialmente o disposto no 11º/5, 6 Dec.-Lei nº 229- C/88, de 4 de Julho, embora de este já constasse um princípio de aprovação. De igual modo, no 13º/5 do Dec.-Lei nº 134/85, de 2 de Maio, as alterações ao regulamento de gestão eram aprovadas pelo Ministro das Finanças e do Plano.

[57] 18º/8 DLFIM, 19º/8 DLFII. Antes era no Diário da República (11º/8 Dec.-Lei nº 229- C/88, de 4 de Julho).

Neste caso os participantes têm direito a reembolso da s suas unidades sem quaisquer comissões, nos termos do 35.2. Reglamento de la Ley 46/1984, de 26 de deciembre, aprovado pelo Real Decreto 1393/1990, de 2 noviembre. Estas modificações devem ser publicitadas nos termos do 10.1.c., de acordo com o 45.2. Reglamento de la Ley 46/1984, de 26 de deciembre, aprovado pelo Real Decreto 1393/1990, de 2 noviembre.

[58] 13º/4 DLFIM, 14º/4 DLFII. Com efeito, a instituição depositária é incluída no regulamento de gestão, pelo que a alteração desta constitui vicissitude do regulamento citado.

Em Espanha, a substituição do depositário encontra-se no 28 Ley 46/1984, de 26 deciembre e no 35.1.c. Reglamento de la Ley 46/1984, de 26 de deciembre, aprovado pelo Real Decreto 1393/1990, de 2 noviembre. Esta substituição dá o direito de reem-

68 Fundos de Investimento Mobiliário e Imobiliário

entidade gestora, exige-se, além da aprovação antes referida, e das publicações nos locais mencionados, agora com 30 dias de antecedência sobre a data da produção de efeitos da alteração, o acordo do depositário[59] Menos exigente é o regime relativo às alterações das sedes e denominações (das entidades gestoras, depositários ou entidades colocadoras), que dispensa aprovação da CMVM, bastando-se com uma mera comunicação à mesma[60].

Em geral, tanto a emissão como as alterações do regulamento requerem publicação no boletim de cotações de uma das bolsas[61].

Questão mais complexa é a de saber quais os casos em que se extingue a vigência do regulamento do fundo. No caso de fundos com duração determinada[62], o regulamento cessa a sua vigência depois de decorrido o prazo acrescido do tempo de liquidação. Em geral, cessa a sua vigência em geral depois da liquidação do fundo[63]. A vigência do fundo cessa igualmente pela revogação da autorização do fundo pela CMVM[64].

A necessidade de aprovação de uma realidade com projecção contratual é correctamente qualificada de sobreposição do público sobre o privado numa perspectiva de protecção da parte mais fraca por TOMÉ, Maria João Romão Carreiro Vaz; *Fundos de Investimento Mobiliário Abertos*, Almedina, Coimbra, 1997, p. 44 - 45.

---

bolso das participações sem quaisquer custas (35.2. Reglamento de la Ley 46/1984, de 26 de deciembre, aprovado pelo Real Decreto 1393/1990, de 2 noviembre).

[59] 6º/4 DLFIM, 7º/3 DLFII.

Ver o regime do 28 Ley 46/1984, de 26 deciembre e do 35.1.c. Reglamento de la Ley 46/1984, de 26 de deciembre, aprovado pelo Real Decreto 1393/1990, de 2 noviembre. Neste caso os participantes podem pedir o reembolso sem quaisquer custas (35.2. Reglamento de la Ley 46/1984, de 26 de deciembre, aprovado pelo Real Decreto 1393//1990, de 2 noviembre). Em Itália, o 2-ter. Legge 23 marzo 1983, n. 77 (in G.U. 28 marzo 1983, n. 85).

[60] 18º/6 DLFIM, 19º/6 DLFII.

De igual forma em Espanha, nos termos do 9.5.a.III. Reglamento de la Ley 46//1984, de 26 de deciembre, aprovado pelo Real Decreto 1393/1990, de 2 noviembre.

[61] 18º/7 DLFIM, 19º/ DLFII.

Em Espanha, exige-se publicação no Boletim oficial e comunicação a todos os participantes no prazo de dez dias depois da autorização da modificação nos termos do 35.2. Reglamento de la Ley 46/1984, de 26 de deciembre, aprovado pelo Real Decreto 1393/1990, de 2 noviembre. Também o 22.1. Orden de 24 de septiembre de 1993, par os fundos imobiliários.

[62] 18º/3/b DLFIM, 19º/3/b DLFII.

[63] cf. 25º DLFIM, 26º DLFII.

[64] 17º/7 DLFIM, 18º/7 DLFII.

Parte III – Fontes do regime dos fundos. O regulamento de gestão

Em Espanha, o regulamento de gestão é incorporado num contrato celebrado por escritura pública, ao contrário do sistema português, que se basta com o simples documento particular (17.2 Ley 46/1984, de 26 deciembre). Os requisitos da modificação deste contrato e do regulamento de gestão têm de constar do regulamento de gestão (17.1.e Ley 46/1984, de 26 deciembre)[65]. A escritura de constituição do fundo é outorgada pela sociedade gestora e pelo depositário e é inscrita no registo comercial, bem como no registo especial administrativo junto da CNMV (17.2 Ley 46/ /1984, de 26 deciembre)[66]. As alterações ao regulamento de gestão dependem de aprovação da CNMV (17.1.e.§2º Ley 46/1984, de 26 deciembre). A modificação do regulamento em certos casos dá direito ao participante de reembolso imediato da sua participação (17.1.e.§2º Ley 46/1984, de 26 deciembre). As modificações do regulamento de gestão e do contrato constitutivo merece desenvolvimento no 9.5. Reglamento de la Ley 46/ /1984, de 26 de deciembre, aprovado pelo Real Decreto 1393/1990, de 2 noviembre. O regulamento de gestão entra-se previsto igualmente no 34.2.e. e 35. Reglamento de la Ley 46/1984, de 26 de deciembre, aprovado pelo Real Decreto 1393/1990, de 2 noviembre. Ver, nos fundos imobiliários, o 29.1. Orden de 24 de septiembre de 1993. A constituição dos fundos por acordo entre a entidade gestora e um banco depositário era o modelo regra nos anos 60 de acordo com PASSEIRO, José Manuel; Fundos de Investimento; in: *Revista Bancária*, Ano IV, nº 12, Abril - Junho de 1968, Lisboa, p. 17. Ver RODRÍGUEZ ARTIGAS, Fernando; Instituciones de Inversión Colectiva, in: ALONSO UREBA, Alberto, MARTINEZ-SIMANCAS Y SANCHEZ; Julian; *Derecho del Mercado Financiero*; Tomo I, Volume 1, *Entidades del Mercado Financiero*, Editorial Civitas, Madrid, 1994, p. 269 – 270.

Na Suíça, o regulamento do fundo decorre de um contrato de investimento colectivo, de que o depositário é parte, e tem de ser aprovado pela comissão federal dos bancos (7.1., 56. Loi Fédérale sur les Fonds de Placement, du 18.03.1994). De igual modo, as suas alterações carecem de aprovação da mesma entidade, a pedido do gestor e do banco depositário (8. da mesma lei). No entanto, quando existem objecções dos investidores, o caso é julgado por um tribunal, que aprecia as objecções. A alteração do regulamento dá direito ao resgate da unidade de participação, sendo que no caso dos fundos imobiliários, o investidor pode optar entre a venda em bolsa ou fora de bolsa da sua unidade de participação (8. Ordonnance du Conseil Fédéral sur les Fonds de Placement du 19.10.1994).

---

[65] Também nos fundos de pensões, nos termos do 28.3.i. Real Decreto 1307/1988, de 30 septiembre.

[66] Os fundos de pensões são registados no registo comercial e em registo administrativo especial junto do Ministério das Finanças em Espanha, nos termos do 28.5., 6. Real Decreto 1307/1988, de 30 septiembre.

Em Itália, o regulamento do fundo é aprovado pelo Banco de Itália (7.3.b. Legge 23 marzo 1983, n. 77 (in G.U. 28 marzo 1983, n. 85)). O Banco de Itália, no caso das SICAV, pode exigir a indicação de elementos adicionais no pacto social das mesmas, bem como deve aprovar as suas alterações, nos termos do 2.4., 9.2. Decreto Legislativo 25 gennaio 1992, n. 84 (in G.U. 14 febbraio 1992, n. 37).

No Brasil, as alterações dos regulamentos dos fundos mobiliários dependem sempre de decisão da assembleia geral de condôminos (participantes) nos termos do 22.II. Regulamento Anexo à Circular nº 2.594, de 21 de Julho de 1995, do Banco Central do Brasil (substituído pelo 22.II. Regulamento Anexo à Circular nº 2.616, de 18 de Setembro de 1995 do Banco Central do Brasil), devendo ser comunicadas ao Banco Central do Brasil nos termos do 40. Regulamento Anexo à Circular nº 2.594, de 21 de Julho de 1995, do Banco Central do Brasil e 38. Regulamento Anexo à Circular nº 2.616, de 18 de Setembro de 1995 do Banco Central do Brasil. Nos fundos imobiliários a alteração dos regulamentos depende de autorização da CVM nos termos do 7.I. Instrução CVM nº 205, de 14 de Janeiro de 1994. Por outro lado, a CVM pode alterar unilateralmente este regulamento nos termos do 23.§2º Instrução CVM nº 205, de 14 de Janeiro de 1994.

CAPÍTULO III
CLÁUSULAS CONTRATUAIS GERAIS E CONTRATAÇÃO INDIVIDUALIZADA

Existe infelizmente alguma tendência, que se reconhece tende a atenuar-se, para isolar as cláusulas contratuais gerais (CCG's), estudando-as "ex professo" quando esse é o centro do trabalho, mas esquecendo-as quando transversalmente atravessam o tema que se trata. A verdade é que as cláusulas contratuais, ou melhor, o seu regime, tem um âmbito de aplicação que se estende a toda a contratação independentemente da matéria que se trata.

É este o caso em presença. É que, se o regulamento de gestão não é em si mesmo directamente um conjunto de cláusulas contratuais gerais, é enquanto tal um regulamento interno, de auto-vinculação da entidade gestora[67], a verdade é que apenas atinge o seu escopo quando referida aos participantes. Com efeito, o regulamento de gestão é igualmente um sistema de propostas contratuais aos participantes. Contém, nestes termos, cláusulas contratuais gerais[68].

Levantam-se, nesta sede dois grandes grupos de problemas. O primeiro é o da conformidade do regulamento de gestão com o regime das cláusulas contratuais gerais. O segundo é o da licitude de cláusulas contratuais gerais à luz do papel que o regulamento de gestão tem nos fundos.

Quanto ao primeiro problema a resposta hoje em dia é inequívoca. À luz da inicial redacção do artº 3º/1/c do Dec.-Lei n.º 446/85, de 25 de

---

[67] Embora mitigada esta natureza reflexa da vinculação pela intervenção da CMVM.

[68] É neste sentido que o 28º/5 DLFIM, e 31º/5 DLFII estatuem que " a subscrição das unidades de participação implica aceitação do regulamento de gestão...".

Também o fazia o 11º/§2º Dec.-Lei n.º 46 342, de 20 de Maio de 1965, o 16º do Dec.-Lei nº 134/85, de 2 de Maio e o 16º Dec.-Lei nº 246/85, de 12 de Julho.

Idêntico regime no 41.5. Reglamento de la Ley 46/1984, de 26 de deciembre, aprovado pelo Real Decreto 1393/1990, de 2 noviembre (e no 18.3. Orden de 24 de septiembre de 1993, para os fundos imobiliários).

Outubro, o regime das cláusulas contratuais gerais não se aplicava às cláusulas aprovadas por entidades públicas com competência para limitar a autonomia privada. Queria isto dizer, que à luz do então 3º/2 do mesmo diploma, apenas os princípios gerais das cláusulas contratuais gerais teriam de ser tidos em conta. No entanto, desde o Dec.-Lei n.º 220/95, de 31 de Agosto que esta alínea se encontra revogada na sua anterior redacção. Significa isto que, mesmo quando as cláusulas são aprovadas por entidades públicas, como é o caso do regulamento de gestão, se encontram sujeitas ao regime das cláusulas contratuais gerais. Este novo regime é mais consentâneo com a defesa dos aceitantes, e com uma ordenação igualitária dos mercados. A filosofia anterior era a de que, havendo intervenção tutelar do estado, os potenciais aceitantes se encontrariam suficientemente protegidos, eventualmente até por excesso. A prática veio a demonstrar o contrário. Nos casos em que havia obrigatoriamente aprovação por entidade pública os aceitantes potenciais encontravam-se francamente mais desprotegidos que os que beneficiavam do regime geral.

O fundamento material da alteração desta norma permite fazer uma apreciação mais aprofundada do actual regime. O regulamento de gestão é aprovado pela CMVM. Como as cláusulas contratuais integram o conteúdo do mesmo regulamento mesmo que a CMVM as aprove, não deixam por isso de sofrer as consequências do pertinente regime. Se violarem o disposto no Dec.-Lei n.º 446/85 não apenas são nulas (artº 12º, 24º), como se encontram sujeitas à acção de inibição prevista nos artigos 25º e seguintes.

De igual forma, o acto de aprovação da CMVM sobre cláusulas do regulamento de gestão que sejam contrárias ao regime das CCG's padece de vício de violação de lei, sendo anulável nos termos do 135º CPA.

O segundo problema é de mais difícil solução. Em primeiro lugar, há que ter em conta os casos de cláusulas contratuais gerais que violem o regulamento de gestão. Neste caso, as mesmas são nulas por força do 294º C. Civil, por padecerem de ilegalidade indirecta. Se em acréscimo violarem o regime das CCG's estão sujeitas às consequências do mesmo. Em segundo lugar, temos a questão de saber se é possível cláusulas contratuais gerais *praeter* regulamento de gestão. Este é o mais difícil dos problemas, merecendo tratamento pausado.

Em primeiro lugar, como se viu, as cláusulas *praeter* regulamento não podem violar o regulamento de gestão. Com efeito, pode-se dar o caso de, apesar de as cláusulas tratarem matéria que não está tratada no regulamento, esta esvaziarem de conteúdo cláusulas regulamentares.

Parte III – Fontes do regime dos fundos. O regulamento de gestão

Em segundo não podem violar o regime das cláusulas contratuais gerais.

Em terceiro lugar, não podem violar o regime dos fundos.

Em quarto lugar, não podem limitar os direitos dos participantes constantes da lei geral, *maxime* do Cd.MVM e do RGICSF.

Em quinto lugar, e caso os participantes sejam clientes particulares, não profissionais actuando enquanto tais, não se podem violar a garantias da defesa do consumidor[69].

Tendo em conta estas limitações, vê-se muito pouco espaço de manobra para a actuação da autonomia privada da entidade gestora na conformação contratual dos fundos, para além da definição do seu enquadramento tipológico (abertos, fechados, com distribuição ou de capitalização, etc.), da política de investimentos ou elementos acessórios no momento da sua constituição. Mesmo em aspectos meramente instrumentais (comunicações aos participantes, meios de pagamento de remunerações do investimento[70]) é extremamente difícil que não se colida com regimes de protecção do participante.

Quanto à contratação individualizada, as soluções são semelhantes às anteriores quanto à hierarquia das fontes (o contrato individual não pode violar o regulamento de gestão), pelas mesmas razões, apenas sendo alteradas as consequências jurídicas que são específicas das CCG's. Quanto à questão de saber se são possíveis contratos *praeter* regulamento de gestão são válidos igualmente os argumentos anteriores, salvo os que respeitam exclusivamente ao regime das CCG's. No entanto, suscita-se nesta sede ainda mais um problema, que é o da igualdade dos participantes. Nos termos do artº 659º Cd.MVM rege um princípio de igualdade de tratamento dos clientes. Não pode a entidade gestora estabelecer condições discriminatórias dos clientes, mesmo em questões instrumentais (por exemplo, pagando as remunerações a uns em qualquer banco por transferência bancária e exigindo a outros a presença física nas suas instalações ou dos depositários para pagamento).

TOMÉ, Maria João Romão Carreiro Vaz, *Fundos de Investimento Mobiliário Abertos*, Almedina, Coimbra, 1997, p. 120 tem razão, não obstante, quando afirma que as cláusulas em questão não individualizam plenamente o contrato. Por exemplo, a definição das quantidades adquiri-

---

[69] Lei nº 24/96, de 31 de Julho.

[70] Por exemplo, impondo aos participantes que tenham conta num banco para onde sejam creditadas a remunerações do capital investido.

das ou alienadas depende do contrato individualizado. Já quanto aos preços (de subscrição ou resgate) não podem as entidades comercializadoras defini-lo, encontrando-se estatuído por lei injuntivamente. O que pode acontecer é que o participante renuncie parcialmente a parte do preço a que tem direito no resgate. Mas este facto depende exclusivamente da sua vontade. Mesmo que se traduza num contrato de renúncia parcial ao preço de resgate nada o obriga a tal. A entidade gestora está obrigada ao preço legalmente estatuído. A sua liberdade de actuação encontra-se na gestão do património do fundo, dentro dos limites da lei e do regulamento. Para a importância da igualdade de tratamento na gestão colectiva ver <u>Lavori Preparatori per il Testo Único della Finanza</u>, in : CONSOB, *Quaderni di Finanza, Documenti*, nº 28 Giugno 1998, p. 9.

Este regime extremamente apertado compreende-se mais uma vez pela massificação do produto. Quem quer investir directamente nos activos subjacentes aos fundos pode fazê-lo por sua conta ou por usando um mecanismo de representação não institucional ou institucional (gestão de carteiras, gestão de patrimónios, por exemplo). Tem aí disponível toda a liberdade e todo o risco que pretende assumir, dento dos limites da lei. Quem o faz através de um fundo compra um produto que é mais rígido, mas que o tem de ser para protecção dos participantes, para uniformidade do produto e sua maior transparência[71].

TOMÉ, Maria João Romão Carreiro Vaz; *Fundos de Investimento Mobiliário Abertos*, Almedina, Coimbra, 1997, p. 119 ss. refere-se aos contratos de adesão. Não se percebe, no entanto, porque razão a A. considera que se trata no caso de um mero convite a contratar. Tratando-se de uma comercialização por estabelecimentos abertos ao público, como veremos pelo regime geral das entidades comercializadoras (entidade gestora, depositário, entidades colocadoras) não me parece que adira à realidade a sua posição de se trata um mero convite a contratar. Será que um restaurante emite um mero convite a contratar em relação aos seus clientes? Tem razão que a conformação da declaração negocial não se encontra completa antes do contrato definitivo. Mas isto apenas significa que se trata de uma proposta contratual aberta, definida quanto à sua abertura pela lei e pelo regulamento da negociação. Enquanto estabelecimento aberto ao público não pode recusar a prestação de serviços. No caso dos fundos fechados, tal pode acontecer, na medida em que não haja mais unidades de participação

---

[71] para a comparação entre estes dois produtos ver JUGLART, Michel de; IPPOLITO, Benjamin; *Traité de Droit Commercial, Tome 7, Banques et Bourses*, Montchrestien, 3 ed., Paris, 1991, p.607.

Parte III – Fontes do regime dos fundos. O regulamento de gestão   75

disponíveis. No caso dos fundos abertos, a existência de pedidos de subscrição em excesso pode suscitar quando muito o incidente, que depois se estudará da suspensão da subscrição ou do resgate. Enquanto intermediários financeiros, estão obrigadas as entidades comercializadoras à igualdade de tratamento dos clientes (660º Cd.MVM). Se fosse um mero convite a contratar isto significaria que poderiam determinar com quem contratam, que não estariam nunca vinculados à formação contratual (sendo responsabilizados quando muito nos termos do 227º Cd. Civil). Esta tese, repete-se, não adere à realidade. As unidades de participação são um produto massificado, cujos contornos são definidos pelo regulamento de gestão e pela lei. O produto é construído pela entidade gestora na altura da constituição do fundo. Se o quiser alterar, pode fazê-lo nos termos do regime das vicissitudes dos fundos que posteriormente será analisado. Mas os fundos, até por força desta igualdade de tratamento, e por razões de transparência do mercado, são um produto massificado, uniformizado. É essa uniformização que justifica que beneficiem das vantagens da mobiliarização, que sejam consideradas como valores mobiliários as unidades de participação, com as vantagens inerentes de circulação simplificada, vantagens essas que se incorporam no seu valor. Este aspecto nada tem de novo no nosso direito. Também nas acções e obrigações as condições de comercialização pelas entidades emitentes encontram-se forçosamente definidas nas condições de emissão. É certo que estas condições podem ser diferenciadas, atribuindo-se direitos de preferência, modelos de subscrição diferentes para destinatários diferentes (parcialmente por subscrição particular, parcialmente por subscrição pública – cf. 116º Cd.MVM), podem-se criar categorias diferentes de valores das mesma natureza (v.g. acções ou obrigações de categorias diferentes). No entanto, e sem prejuízo do que posteriormente se estudar acerca do direito de preferência na subscrição de unidades de participação quando das vicissitudes dos fundos, a lei portuguesa, e ao contrário por exemplo, da americana, não admite diferenciações categoriais entre as unidades de participação de um mesmo fundo, nem modelos de comercialização diferenciados. A razão de ser é muito simples. Os riscos de transparência, mas também os perigos associados genericamente à gestão conglobada de patrimónios alheios são muito elevados. O estabelecimento de condições especiais, por exemplo de preço, para certos participantes, traduz-se numa descapitalização relativa dos fundos. Isto traria como resultado que os fundos servissem como instrumento de financiamento fácil para certos agentes económicos. Ora todo o regime legal se encontra construído para impedir que os fundos sejam usados como instrumento de financiamento barato por grandes agentes económicos ou de financiamento directo de actividades empresariais. Existem fundos especiais, que serão estudados na parte dogmática, que têm esta função. Por outro lado não vale o seu argumento de que a sociedade gestora, mas o que poderia ser referido para as entidades gestoras em geral, pode modificar unilateralmente o contrato (*ibidem*, p. 123). É que a A. esquece-se de dizer que esta modificação unilateral depende de aprovação da CMVM, como veremos a propósito das vicissitudes dos fundos. Tem razão no sentido em que em princípio, mas só em princípio, como vimos pelas vicissitudes do regulamento, a lei se basta com esta aprovação pela CMVM sem qualquer participação dos participantes. Mas isto ocorre exactamente pela massificação das situações jurídicas, e pela inexistência na lei portuguesa dos fundos de mecanismos desenvolvidos de decisão colectiva dos participantes. Desta modificação unilateral, porque supervisionada e porque decorrente da ausência de dogmatização em sede de decisões colectivas, não se pode extrair que a entidade gestora seja livre para contratar ou não.

CAPÍTULO IV
GARANTIA DO REGULAMENTO DE GESTÃO

Embora a expressão "garantia" esteja algo em desuso, torna-se particularmente eficaz para englobar todo um conjunto de questões que respeitam à concretização da sua natureza jurídica. Com efeito, tem-se vindo a salientar a natureza vinculativa do regulamento de gestão, contra uma tendência que se verifica em sede de Direito Económico, e nomeadamente de Direito dos Mercados Financeiros, para se pensar em vinculatividades mitigadas, em *soft law*, em meras normas técnicas, ou quase – Direito.

Quando se afirma a vinculatividade deste regulamento, este facto não deixa de ter implicações, que sumariamente se enunciarão, sem prejuízo de melhor estudo posterior.

Em primeiro lugar, a entidade gestora, o depositário, bem como as entidades colocadoras, são obrigadas ao cumprimento deste regulamento e a controlar, cada um nos seus limites, a legalidade e a conformidade com o regulamento de gestão dos actos da entidades gestora[72].

> A lei espanhola deixa bem claro que a entidade gestora é obrigada a exercer a sua administração de acordo com o regulamento de gestão no 40. Reglamento de la Ley 46/1984, de 26 de deciembre, aprovado pelo Real Decreto 1393/1990, de 2 noviembre.
>
> No Brasil para os fundos imobiliários a sujeição ao regulamento de gestão, sob pena de responsabilidade, encontra-se expressamente consagrada no 8. Lei nº 8.668, de 25 de Junho de 1993.

Em segundo lugar, a entidade gestora, e solidariamente com esta o depositário, e, embora em termos restritos às suas funções, as entidades colocadoras, são responsáveis perante os participantes pela violação do regulamento de gestão, bem como dos seus deveres de controle da conformidade dos actos com este regulamento[73].

---

[72] 8º DLFIM, 9º DLFII, 13º DLFIM, 14º DLFII, 28º/4 DLFIM, 31º/4 DLFII.

[73] 15º/1, 28º/4 DLFIM, 16º/1, 31º/4 DLFII. Também o 28º Dec.-Lei n.º 134/85, de 2 de Maio e o 28º Dec.-Lei nº 246/85, de 12 de Julho.

Em terceiro lugar a violação reiterada do regulamento do fundo legitima a liquidação compulsiva do fundo pela CMVM(na redacção original, ouvido o Banco de Portugal, audição prévia que já não é exigida)[74].

A violação dos deveres de controle da conformidade dos actos com o regulamento de gestão constitui a entidade gestora, o depositário e as entidades colocadoras em responsabilidade contra-ordenacional (671°-A Cd.MVM)[75].

É fácil de verificar que não é impunemente que se viola o regulamento de gestão, nem que estamos perante uma mera declaração de boas intenções. Existem sanções fortes para o seu incumprimento e mecanismos de controle do seu respeito.

---

[74] 25°/5 DLFIM, 26°/5 DLFII.

[75] Tratando-se de uma relação contratual a do subscritor com a entidade gestora cujas cláusulas são as que constam do regulamento de gestão torna-se necessário saber se a violação do regulamento de gestão permite a resolução contratual nos termos gerais. O tema mereceria desenvolvimento monográfico próprio, pelo que aqui não será desenvolvido. A verdade é que a solução tem de passar igualmente pela ponderação da segurança dos restantes investidores e da massificação das relações. Repare-se que o regime da resolução não tem as mesmas consequências que o do resgate. Com efeito, o preço do resgate não é idêntico (porque actualizado ao momento do seu pedido) à devolução do preço de emissão (que é um preço histórico). Sobretudo quando há descidas de preços nas unidades de participação existe o perigo de os investidores quererem usar a resolução para se escusarem de padecer dos efeitos desta descida. Nos fundos abertos, o tipo de fundos em questão em nada colide com a possibilidade de resolução. Nos fundos fechados, poder-se-ia pensar que a natureza fechada dos fundos impediria esta resolução. Não é assim. Também nas sociedades comerciais portuguesas, que à luz do Direito vigente apenas podem fazer emissões fechadas (como os fundos fechados), tem de ser possível a resolução. No entanto, nestes fundos coloca-se o problema adicional da subscrição incompleta que resultaria da resolução dos contratos de subscrição.

PARTE IV
REGIME GERAL

Como antes se afirmou, a compreensão do regime dos fundos pode-se compreender em quatro dimensões distintas, não obstante a sua evidente interligação: subjectiva, objectiva, operacional e externa. É nesta perspectiva que se desenrolará a sua análise. Nesta parte veremos demonstrada a asserção que antes se produziu no sentido em que o regime dos fundos mobiliários e imobiliários têm mais pontos em comum que traços distintivos, que merecem a elaboração de um regime geral, tal como foi opção de outros países.

CAPÍTULO I

A DIMENSÃO SUBJECTIVA

Na sua dimensão subjectiva, os fundos fazem actuar obrigatoriamente quatro modalidades de entidades, cada uma delas com papéis bem definidos na lei. Quem gere os fundos, quem é depositário dos activos dos fundos, quem os coloca, quem é titular do património dos fundos e quem faz a supervisão do mercado. Esta divisão de papéis no mercado justifica a existência de quatro regimes diferentes. No entanto, a lei reconheceu a similitude de posições, embora não de papéis que as entidades gestoras e os depositários tinham neste processo. Daí que tenha consagrado um regime parcialmente comum, que no fim de contas tem a ver com o facto de em ambos os casos estarmos perante intermediários financeiros.

SECÇÃO I

AS ENTIDADES GESTORAS

Compreende-se a diferenciação do regime das sociedades gestoras e das restantes entidades gestoras. Em primeiro lugar, porque as primeiras são entidades cuja razão de ser se encontra apenas na gestão de fundos. Em segundo lugar, porque, e por força deste fundamento, se encontram exclusivamente destinadas a exercer esta actividade. Em terceiro lugar, porque o seu fundamento e a sua função se vertem num regime muito diferente das restantes, em que esta actividade é apenas uma entre muitas outras.

No entanto, têm aspectos gerais de regime, que se vertem na sua relação com os fundos e com a actividade da sua gestão.

SUBSECÇÃO I

REGIME GERAL

I. *Instituição e vicissitudes*

As entidades gestoras são qualificadas por lei como intermediários financeiros[76], aplicando-se o regime geral dos intermediários financeiros[77].

Uma das implicações que advém da aplicação deste regime geral é a da comunicação de participações importantes nas entidades gestoras, tal como consta do 648° Cd.MVM. Se em Portugal, isto não oferece especialidades de maior, no caso de países onde existem fundos personalizados tem implicações de monta. É que a participação nas instituições de investimento colectivo se traduz numa participação social, nomeadamente de natureza accionista. Por isso mesmo, e em consequência, a lei espanhola estatui que a aquisição de acções de sociedades de investimento colectivo implicam a comunicação das mesmas, nos termos do 5. Ley 46/1984, de 26 deciembre. Este regime recebeu desenvolvimento no 5. e 6. Reglamento de la Ley 46/1984, de 26 de deciembre, aprovado pelo Real Decreto 1393//1990, de 2 noviembre (para os fundos imobiliários, ver o 9. Orden de 24 de septiembre de 1993, que estatui em especial para as sociedades de investimento imobiliário que a participação significativa seja de 0,5% do capital social). Cf. RODRÍGUEZ ARTIGAS, Fernando; Instituciones de Inversión Colectiva, in: ALONSO UREBA, Alberto, MARTINEZ-SIMANCAS Y SANCHEZ; Julian; *Derecho del Mercado Financiero*; Tomo I, Volume 1, *Entidades del Mercado Financiero*, Editorial Civitas, Madrid, 1994, p. 275 ss..

Em Itália, a comunicação das participações em sociedades gestoras encontra-se no Provvedimento Banca d'Italia 12 maggio 1992 (in s.o. alla G.U. 15 maggio 1992, n. 112). De igual modo, para a aplicação de um

---

[76] 607°, 608° Cd.MVM. As entidades gestoras e não os fundos como afirma TOMÉ, Maria João Romão Carreiro Vaz; *Fundos de Investimento Mobiliário Abertos*, Almedina, Coimbra, 1997, p. 34. Só em termos impressivos se pode afirmar a natureza dos fundos como sendo intermediários financeiros. Só quando houver em Portugal, se tal vier a acontecer, fundos personalizados com auto-gestão estes poderão eventualmente ser qualificados de intermediários financeiros.

No Reino Unido considera-se a sua actividade como "investment business" nos termos do 6 e 12 Schedule 1 Financial Services Act 1986.

[77] Daí que não fosse necessária a repetição da norma constante do 4°/3 DFI. Os requisitos das entidades gestoras já são requisitos gerais da sua actividade, e encontram--se previstos no seu regime geral.

Parte IV – Regime geral

princípio de igualdade de tratamento dos clientes, estendido à gestão colectiva ver Lavori Preparatori per il Testo Único della Finanza, in: CONSOB, *Quaderni di Finanza, Documenti*, nº 28 Giugno 1998, p. 9.

Uma das implicações desta qualificação é a que se traduz no dever pelos tribunais de comunicarem decisões judiciais sobre intermediários financeiros, constante do 653º do Código do Mercado de Valores Mobiliários. Na Suíça existe um lugar paralelo no 61.3. Loi Fédérale sur les Fonds de Placement. Nos Estados Unidos a Sec. 33 Investment Company Act of 1940 tem um regime semelhante, mas exige que sejam as próprias "investment companies" a proceder à comunicação à SEC e ainda antes de qualquer decisão judicial.

Apenas podem ser entidades gestoras aquelas que são tipicamente permitidas a fazê-lo na lei, como antes se salientou a propósito do princípio da tipicidade das entidades gestoras [78]. Decorre da lei, por outro lado, que apenas pessoas colectivas podem ser entidades gestoras. Esta regra insere-se num movimento mais vasto de afastamento das pessoas físicas do mercado de valores mobiliários, por razões de transparência dos níveis e capacidade de responsabilização.

Também em Espanha, nos termos do 19., 27., 41. Ley 46/1984, de 26 deciembre, apenas as sociedades gestoras referidas na lei podem proceder à gestão dos fundos mobiliários (40.§1º Reglamento de la Ley 46/1984, de 26 de diciembre, aprovado pelo Real Decreto 1393/1990, de 2 noviembre). Exige-se para os gestores de instituições de investimento colectivo que sejam sempre sociedades anónimas. Impõe-se igualmente que estejam registados junto da CNMV, tenham um capital social mínimo e liberado nos termos regulamentares, bem como um nível mínimo de fundos próprios, salvo no caso de serem os gestores do 12.4. da citada lei (27.1.a Ley 46/1984, de 26 deciembre). Em qualquer caso as suas acções são nominativas, terão como objecto exclusivo a gestão de instituição de investimentos colectivos e deverão ter um conselho de administração 827.1.b. a c. Ley 46/1984, de 26 deciembre). Estas entidades têm de estar

---

[78] 5º DLFIM, 6º DLFII.

As sociedades gestoras encontraram o seu assento no 2º/§único Dec.-Lei n.º 46 342, de 20 de Maio de 1965. Nos termos do 1º e 3º Dec.-Lei n.º 134/85, de 2 de Maio, apenas as sociedades gestoras de fundos podiam ser entidades gestoras. Também no 1º e 3º Dec.-Lei nº 246/85, de 12 de Julho.

Enquanto instituições de crédito e sociedades financeiras aplica-se-lhes o GRICSF. Veja-se TOMÉ, Maria João Romão Carreiro Vaz; *Fundos de Investimento Mobiliário Abertos*, Almedina, Coimbra, 1997, p. 81 – 94, sobre a aplicabilidade dos 102º ss. RGICSF.

84 Fundos de Investimento Mobiliário e Imobiliário

domiciliadas em Espanha em princípio salvo regulamentação em contrário (27.2 Ley 46/1984, de 26 deciembre).

Na França apenas podem gerir os fundos sociedades que têm por objecto exclusivo esta gestão (PEZARD, Alice; *Droit des Marchés Monétaire et Boursier*; Editions du J.N.A., Paris, 1994, p.242).

Na Suíça, apenas podem ter a "direction du fonds" sociedades cujo objecto exclusivo é a gestão de fundos (9.1. Loi Fédérale sur les Fonds de Placement, du 18.03.1994). As instituições de crédito não podem gerir fundos em sentido próprio mas apenas carteiras colectivas dentro dos limites do 4. Loi Fédérale sur les Fonds de Placement, du 18.03.1994 e 3. Ordonnance du Conseil Fédéral sur les Fonds de Placement du 19.10.1994.

Nos "unit trust schemes" no Reino Unido apenas podem ser *managers* as pessoas autorizadas (Sec. 78(4) Financial Services Act 1986).

A administração dos fundos mobiliários compete a "administradores" e "instituições administradoras" nos termos do 1.§1°..I Resolução n° 2.183, de 21 de Julho de 1995, do Conselho Monetário Nacional do Brasil. Os fundos de investimento imobiliário são geridos por instituições administradoras nos termos do 5. Lei n° 8.668, de 25 de Junho de 1993.

No sistema americano das "investment companies" estatui-se que estas devem ser registadas na Securities and Exchange Comission (Sec. 8 Investment Company Act of 1940) sob pena de não poderem exercer nenhuma das actividades refereidas na Sec. 7 Investment Company Act of 1940 (cf. HAZEN, Thomas Lee; *The Law of Securities Regulation*, West Publishing Co., 2ª ed., St. Paul, Minn., 1990, p. 835, pp. 880 - 883). As proibições de certas pessoas terem actividade nesta área encontram-se na Sec. 9 Investment Company Act of 1940. Os "directors" destas empresas obdecem às regras das Sec. 10 e 16 Investment Company Act of 1940.

Por outro lado, a função de gestão é indisponível, não podendo ser transmitida a outra entidade[79]. Esta norma legal compreende-se com facilidade. Visa-se, por um lado, a responsabilização directa da entidade gestora. Sendo o produto massificado e havendo várias entidades com repartição de responsabilidades teríamos uma responsabilização em cascata que na prática inviabilizaria qualquer actuação dos participantes contra a entidade gestora. A visibilidade da real entidade gestora tem também um fundamento ligado à credibilização da mesma. Com efeito, a não ser assim, facilmente algumas entidades apareceriam com o seu nome, a sua credibilidade, a sua imagem formada junto do público (nomeadamente bancos de retalho) quando na realidade quem faria a gestão seriam empresas do

---

[79] 6°/3 DLFIM, 7°/2 DLFII.

mesmo grupo ou mesmo sem relação com elas que geririam substancialmente os fundos. Os resultados são simples de observar. A entidade visível chamaria clientela e seria remunerada realmente, não pelo seu trabalho de gestão de fundo, mas de prospecção de investidores pela real gestora dos fundos. Simultaneamente desresponsabilizar-se-ia substancialmente pela intervenção provocada de uma terceira, quarta ou n-ésima entidade que realmente geriria o fundo.

Diferente é o regime espanhol que consta do 12.4 Ley 46/1984, de 26 deciembre. Com efeito, para as sociedades de investimento mobiliário prevê-se que, caso os estatutos o permitam, a gestão seja conferida a um gestor. No entanto, esta especialidade compreende-se na medida em que os participantes são accionistas desta sociedade. Daí que os órgãos sociais possam não oferecer garantias suficientes de isenção. Por outro lado, a garantia do capital obedece às regras da garantia do capital societário. No caso da gestão heterogénea prevista antes, a gestora obedece ao regime menos apertado do 27.1.a.§3° Ley 46/1984, de 26 deciembre. Podem ser entidades gestoras delegadas (heterogestão) as sociedades de valores, que correspondem *grosso modo* às sociedades financeiras de corretagem (70.b. Ley del Mercado de Valores (Ley 24/1988, de 28 de julio)). No entanto, já para os fundos de investimento já não é possível qualquer delegação de funções de gestão (40.§1° Reglamento de la Ley 46/1984, de 26 de deciembre, aprovado pelo Real Decreto 1393/1990, de 2 noviembre). Ver RODRÍGUEZ ARTIGAS, Fernando; Instituciones de Inversión Colectiva, in: ALONSO UREBA, Alberto, MARTINEZ-SIMANCAS Y SANCHEZ; Julian; *Derecho del Mercado Financiero*; Tomo I, Volume 1, *Entidades del Mercado Financiero*, Editorial Civitas, Madrid, 1994, p. 293. As sociedades de investimento imobiliário podem também ter um regime de heterogestão, nos termos do 14.1. Orden de 24 de septiembre de 1993.

Na Suíça prevê-se a possibilidade de delegação de tarefas de gestão noutras entidades. No entanto, a lei deixa bem claro que as sociedades gestoras são integralmente responsáveis pelos actos destes seus mandatários (11.2. Loi Fédérale sur les Fonds de Placement, du 18.03.1994). Por outro lado, a sociedade gestora deve renunciar às remunerações que lhe são devidas, na medida em que os serviços lhe sejam prestados por terceiros (14.3. Ordonnance du Conseil Fédéral sur les Fonds de Placement du 19.10.1994).

Em Itália a sociedade gestora de fundos abertos precisa de autorização do Ministro do Tesouro, ouvido o Banco de Itália (1.1. Legge 23 marzo 1983, n. 77 (in G.U. 28 marzo 1983, n. 85)). Igualmente se prevê que as sociedades de investimento de capital variável sejam geridas por uma sociedade gestora (12. Legge 23 marzo 1983, n. 77 (in G.U. 28 marzo 1983,

86 *Fundos de Investimento Mobiliário e Imobiliário*

n. 85)). Nestes casos, o pacto social das SICAV deve indicar a existência da heterogestão, mas igualmente a identificação do gestor (2.3.b. Decreto Legislativo 25 gennaio 1992, n. 84 (in G.U. 14 febbraio 1992, n. 37)), que tem de ser uma sociedade gestora de fundos de investimento (7.4., 7.5. Decreto Legislativo 25 gennaio 1992, n. 84 (in G.U. 14 febbraio 1992, n. 37)). Os perigos da heterogestão estão igualmente associados ao facto de a maioria das entidades gestoras pertencerem a grupos bancários (PIATTI, Laura; SUSI, Neomisio; Struttura dell'Industria, Asseti Proprietari e Profili di Informativa: Un' Analisi dei Fondi Comuni di Investimento Italiani; in CONSOB, *Quaderni di Finanza, Studi e Ricerche*, Volume II, n° 22 Novembre 1997, p. 97 - 98).

A heterogestão encontra-se igualmente prevista no Reino Unido na Sec. 75(3)(a) Financial Services Act 1986 ("managed (...) by or *on behalf* of the operator of the scheme"). Na Sec. 75(8).§5° Financial Services Act 1986 os heterogestores são chamados de "operator". Ver *O.P.C.V.M. 90, Où et Comment s'Implanter en Europe?*, Séminaire de Direction de Banque, La Revue Banque Éditeur, Tome II, Paris 1990, p. 305 – 306, para os gestores independentes.

No Brasil pode ser contratada pessoa jurídica para a administração do fundo, sem prejuízo da responsabilidade da instituição administradora e do administrador designado (1.§2° Resolução n° 2.183, de 21 de Julho de 1995, do Conselho Monetário Nacional do Brasil). Esta pessoa deve ser identificada no regulamento de gestão nos fundos mobiliários e fundos de fundos nos termos do 4.VII. Regulamento Anexo à Circular n° 2.594, de 21 de Julho de 1995, do Banco Central do Brasil (substituído pelo 4.VII. Regulamento Anexo à Circular n° 2.616, de 18 de Setembro de 1995 do Banco Central do Brasil). No entanto, esta heterogestão é taxativamente descrita na lei nos termos do 10.X. Regulamento Anexo à Circular n° 2.594, de 21 de Julho de 1995, do Banco Central do Brasil e 10.X. Regulamento Anexo à Circular n° 2.616, de 18 de Setembro de 1995 do Banco Central do Brasil.

O facto de não ser disponível a gestão não impede a prestação de serviços por parte de terceiros, nomeadamente de consultoria. No entanto, a lei deixa bem claro que a gestão permanece na entidade gestora, que a responsabilidade cabe-lhe sempre a si, e que a prestação de serviços por terceiros não pode invadir o campo do depositário[80]. A lei visa com esta norma não só proteger as funções de gestão e depósito como deixar bem claro que estas são intangíveis, que os papéis de cada interveniente nesta

---

[80] 6°/3 DLFIM, 7°/2 DLFII

Parte IV – Regime geral

actividade são bem definidos, por forma a que a sua responsabilidade o seja igualmente.

Se a função de gestão é indisponível, já não é imutável. Em certos casos, a entidade gestora pode mudar. No entanto, este regime é muito apertado, pressupondo[81]:

a) circunstâncias excepcionais, que podem ter a ver com a situação económico-financeira da entidade gestora, pela modificação da suas condições operacionais (incapacidade técnica superveniente para lidar com certos tipos de investimentos, sectores ou áreas geográficas), mudança de objecto social, nomeadamente uma entidade gestora de fundos imobiliários que passa a sê-lo de mobiliários ou vice-versa[82], emergência de situações de conflitos de interesses decorrente de uma aquisição da entidade gestora por uma empresa cujos valores integram os seus fundos[83], entre outras que possam ocorrer;

b) autorização da CMVM (na redacção original dos diplomas, precedida de parecer do Banco de Portugal, hoje em dia não previsto), por forma a que a transferência da gestão não implique diminuição de garantias para os participantes, nem de qualidade de gestão;

c) acordo do depositário, que pode não estar legitimamente interessado por razões operacionais ou de credibilidade em trabalhar com a nova entidade gestora;

d) comunicação individual do teor da autorização aos participantes, dado que, de todos os elementos do fundo, este é o mais importante para a sua credibilização junto dos mesmos;

e) publicação em boletim de cotações e jornal diários de grande circulação com antecedência de 30 dias sobre a data em que a substituição produza os seus efeitos, por forma a dar tempo aos participantes de repensarem a sua estratégia de investimentos em função da nova entidade gestora.

---

[81] 6°/4 DLFIM, 7°/3 DLFII. 11° DFI.
A substituição da entidade gestora depende dos mecanismos instituídos no regulamento de gestão em Espanha, nos termos do 17.1.e Ley 46/1984, de 26 deciembre. Ver igualmente o disposto no 28° Ley 46/1984, de 26 deciembre.

[82] 6°/2 DLFIM.

[83] Criando situações supervenientes de violação do 21° DLFIM ou 22° DLFII que são insuperáveis, ou que o são apenas com grande prejuízo dos participantes.

A substituição de entidade gestora implica a faculdade de pedir o reembolso da unidades de participação sem custos nos termos do 35.2. Reglamento de la Ley 46/1984, de 26 de deciembre, aprovado pelo Real Decreto 1393/1990, de 2 noviembre (regulamentado pela Circular CNMV 1/1994, de 16 de marzo). Nos fundos imobiliários, este regime sofre as inflexões do 22.2., 22.3., 22.4. Orden de 24 de septiembre de 1993. No Reino Unido, a alteração do "manager" depende de autorização do Secretary of State, nos termos da Sec. 82(3) Financial Services Act 1986.

A substituição da entidade gestora depende de decisão de assembleia geral de participantes para decidir da sua substituição ou determinar a sua liquidação (11. Regulamento Anexo à Circular nº 2.594, de 21 de Julho de 1995, do Banco Central do Brasil e 11. Regulamento Anexo à Circular nº 2.616, de 18 de Setembro de 1995 do Banco Central do Brasil). Nos fundos imobiliários, no caso de renúncia da instituição administradora sem que seja nomeado substituto no prazo de trinta dias do acto da liquidação da mesma instituição, o Banco Central do Brasil nomeia uma instituição liquidatária para o fundo (11.§3º Lei nº 8.668, de 25 de Junho de 1993). Nos fundos imobiliários a substituição do director responsável pela gestão do fundo ou da entidade gestora depende de aprovação da CVM (7.III., 7.IV. Instrução CVM nº 205, de 14 de Janeiro de 1994).

No caso da revogação da autorização a lei suíça deixa bem claro que a gestora fica inibida de dispor dos activos do fundo (57.3. Loi Fédérale sur les Fonds de Placement, du 18.03.1994).

II. *Funções*

Pela sua natureza, a função de gestão é sempre por conta dos participantes e no interesse exclusivo destes [84]. Como acima se afirmou, isto não significa ficcionar que a entidade gestora não tem interesses enquanto pessoa jurídica autónoma. O que significa é que os seus interesses se devem reduzir à sua remuneração licitamente estabelecida no regulamento de gestão e em geral aos interesse comerciais comuns (expansão da actividade, nomeadamente) mas sempre nos limites de uma boa gestão dos fundos.

A administração nos termos gerais deve obedecer:

a) a critérios de boa administração do fundo

---

[84] 8º DLFIM; 9º DLFII.

Esta norma decorreu de um aperfeiçoamento do 5º/3 Dec.-Lei nº 229- C/88, de 4 de Julho. Também, para os fundos mobiliários, ver o 5º/2 do Dec.-Lei nº 134/85, de 2 de Maio. Também 5º/2 Dec.-Lei nº 246/85, de 12 de Julho.

Parte IV – Regime geral

b) de acordo com critérios de levada diligência e competência profissional
c) nos limites da política de investimento do fundo
d) e ser realizada de acordo com o exclusivo interesse dos particpantes.

A doutrina portuguesa nos anos 60 chamava já a atenção para o facto de a gestão dos fundos não poder ter objectivos especulativos ou de controlo de empresas, havendo um dever de acompanhamento permanente do mercado (PASSEIRO, José Manuel; Fundos de Investimento; in: *Revista Bancária*, Ano IV, nº 12, Abril - Junho de 1968, Lisboa, p. 23; Funcionamento das Sociedades de Investimento de Capital Variável (S.I.C.A.V.) em França – Relatório Lorain, de Janeiro de 1968; in: *Revista Bancária*, Ano IV, nº 14, Outubro - Dezembro de 1968, Lisboa, p. 59 - 60). TOMÉ, Maria João Romão Carreiro Vaz; *Fundos de Investimento Mobiliário Abertos*, Almedina, Coimbra, 1997, p. 50 ss. qualifica o contrato que está na base de prestação de serviços com elementos fiduciários que não descaracterizam a sua natureza de contrato de investimento, afirmando que a obrigação da entidade gestora é indivisível, não sendo os actos em que a prestação poderia ser decomposta proporcional e homogeneamente equivalentes ao todo. SABATELLI, Emma; *La Responsabilità per la Gestione dei Fondi Comuni di Investimento Mobiliare, Contributo allo studio del D.Lgs. 25 gennaio 1992, n. 83*, Casa Editrice Giuffrè, Milano, 1995, p. 30 extrai do mesmo pressuposto que a responsabilidade por violação dos interesses dos clientes tem de ser apreciada em função da gestão incindível dos interesses dos clientes. Também TOMÉ, Maria João Romão Carreiro Vaz; *Fundos de Investimento Mobiliário Abertos*, Almedina, Coimbra, 1997, p. 53 defende, com razão, que a actividade da entidade gestora não pode ter fins especulativos, ou de financiamento directo e de controlo das empresas. Por outro lado, defende, e com razão, que se trata de um poder-dever (no fim de contas, de um poder funcional), estando em causa a actividade e não apenas cada um dos actos concretos (TOMÉ, Maria João Romão Carreiro Vaz; *Fundos de Investimento Mobiliário Abertos*, Almedina, Coimbra, 1997, p. 55). Referindo que a entidade gestora não tem o gozo, mas também não partilha do risco, salvo sua responsabilidade *ibidem*, p.57. De igual modo o interesse dos participantes como critério de valoração da administração em TOMÉ, Maria João Romão Carreiro Vaz; *Fundos de Investimento Mobiliário Abertos*, Almedina, Coimbra, 1997, p. 59. Esta responsabilidade é qualificada de contratual em TOMÉ, Maria João Romão Carreiro Vaz; *Fundos de Investimento Mobiliário Abertos*, Almedina, Coimbra, 1997, p. p. 74.

Critérios semelhantes se encontram no 40. Reglamento de la Ley 46//1984, de 26 de deciembre, aprovado pelo Real Decreto 1393/1990, de 2 noviembre.

A grande flexibilidade que é atribuída à gestão tem como contrapartida a preocupação legal com a total garantia da segurança das operações (*O.P.C.V.M. 90, Où et Comment s'Implanter en Europe?*, Séminaire de Direction de Banque, La Revue Banque Éditeur, Tome I, Paris 1990, p. 31).

No Brasil inversamente prevê-se a responsabilidades nos fundos imobiliários por má gestão (boa administração), gestão temerária (inversamente, gestão prudente), conflito de interesses, ou violação do regulamento do fundo ou de deliberação da assembleia de quotistas. No entanto, no caso dos fundos imobiliários estatui-se que devem actuar no único e exclusivo interesse dos participantes, actuando com diligência e não onerando o fundo com despesas ou gastos acima do razoável no 14.IV. e 14.V. Instrução CVM nº 205, de 14 de Janeiro de 1994.

Na Itália, salienta-se o dever de gerir o fundo de acordo com os interesses dos participantes (SABATELLI, Emma; *La Responsabilità per la Gestione dei Fondi Comuni di Investimento Mobiliare, Contributo allo studio del D.Lgs. 25 gennaio 1992, n. 83*, Casa Editrice Giuffrè, Milano, 1995, p. 2, 15, 20 -21). *Ibidem*, a p. 12 -13 chama a atenção para o facto de a sua actividade não ser meramente conservativa mas dever ser produtiva. Nas mesmas páginas considera a sua obrigação uma mera obrigação de meios. No entanto, tudo depende do regulamento de gestão, nomeadamente no caso dos fundos garantidos, em que existe um elemento de resultado na obrigação (cf., numa perspectiva económica, BARROS, José Manuel; Fundos Garantidos, in: *Cadernos do Mercado de Valores Mobiliários*, nº 2, 1º Trimestre 1998, Ed. da Comissão do Mercado de Valores Mobiliários, p. 11 ss.). Numa perspectiva económica, mas que não é isenta de consequências jurídicas, considera-se que a função de intermediação financeira em geral, mas com especial relevo a actividade de gestão dos fundos de investimento visa anular as disparidades informativas entre profissionais e não profissionais (PIATTI, Laura; SUSI, Neomisio; Struttura dell'Industria, Asseti Proprietari e Profili di Informativa: Un' Analisi dei Fondi Comuni di Investimento Italiani; in CONSOB, *Quaderni di Finanza, Studi e Ricerche*, Volume II, nº 22 Novembre 1997, p. 116). Esta asserção, aparentemente apenas económica, tem consequências jurídicas na medida em que a manutenção de disparidades informativas incorporadas no valor do produto (carteira do fundo) em relação ao que resultaria de uma gestão por um profissional é um critério importante de aferição da boa ou má gestão dos fundos. De igual modo a qualidade de informação distribuída aos participantes é um critério indiciário desta boa gestão. Critérios gerais de apreciação do mérito da gestão em PIATTI, Laura; SUSI, Neomisio; Struttura dell'Industria, Asseti Proprietari e Profili di Informativa: Un' Analisi dei Fondi Comuni di Investimento Italiani; in CONSOB, *Quaderni di Finanza, Studi e Ricerche*, Volume II, nº 22 Novembre 1997, p. 118. De igual modo, *ibidem*, a p. 137 – 138, a importância do *benchmark* como critério de aferição da boa gestão.

Na Suíça, a boa execução contratual dos deveres das sociedades gestoras é tutelada por um direito de acção judicial de cada participante contra a sociedade gestora (ou o banco depositário, consoante os deveres em causa) impondo o bom cumprimento destes mesmos deveres (27. Loi Fédérale sur les Fonds de Placement, du 18.03.1994).

No Reino Unido, e em geral em relação aos "trusts" a jurisprudência estabeleceu desde pelo menos 1984 que os "trustees" devem actuar no interesse dos beneficiários sem ter em conta as suas posições sociais ou políticas (no caso tratava-se do favorecimento da indústria mineira por um sindicato de mineiros) (CUTLER, Andrew J. (ed.) ; *Equity and Trusts*, HLT Publications, 18ª ed., London, 1996, pp. 220 – 221). Já quanto à substância económico-financeira dos métodos de gestão distinguem-se a gestão discricionária da gestão baseada em modelos económicos mais rígidos (*O.P.C.V.M. 90, Où et Comment s'Implanter en Europe?,* Séminaire de Direction de Banque, La Revue Banque Éditeur, Tome II, Paris 1990, p. 301, cf. também, p. 393 para as funções dos "trustees", nomedamente de custódia e registo dos participantes).

Nos Estados Unidos, o incumprimento dos seus deveres pelos profissionais ("breach of fiduciary duty") legitima a SEC para propor a sua inibição permanente ou temporária do exercício da sua actividade segundo a Sec. 36 Investment Company Act of 1940. Os participantes também podem propor acção contra "o investment adviser" por não ter cumprido os seus deveres gerando uma má gestão do fundo, cabendo no entanto o ónus da prova ao participante (HAZEN, Thomas Lee; *The Law of Securities Regulation*, West Publishing Co., 2ª ed., St. Paul, Minn., 1990, p. 839, p. 893 ss.). Para os limites dos deveres dos "directors" ver HAZEN, Thomas Lee; *The Law of Securities Regulation*, West Publishing Co., 2ª ed., St. Paul, Minn., 1990, p. 867 – 868. Para o regime dos "investment advisors" ver HAZEN, Thomas Lee; *The Law of Securities Regulation*, West Publishing Co., 2ª ed., St. Paul, Minn., 1990, p. 887.

Por boa administração do fundo tem de se entender aquela que mais satisfaz os interesses do participantes.

A elevada diligência e competência tem as enunciações que decorrem do regime geral (658º do Código do Mercado de Valores Mobiliários), pelo que não merecem desenvolvimento específico nesta sede.

Elemento específico delimitador da gestão dos fundos é a obediência à política de investimentos, tendo em conta nomeadamente a natureza negocial do mesmo como contrato definindo as relações entre os participantes a entidade gestora.

A lei especifica exemplificativamente algumas das actividades da entidade gestora que são as mais importantes. Umas relativas directamente ao fundos, outras relativas às unidades de participação.

92 Fundos de Investimento Mobiliário e Imobiliário

Em relação aos fundos, as entidades gestoras:

a) têm poderes de *disposição* sobre os valores que os compõem[85]
b) têm poderes de *administração* dos valores, pelo exercício dos direitos relacionados com os actos do fundo[86]
c) seleccionam os valores que o constituem[87]
d) mantêm em ordem a escrita do fundo[88]
e) dão cumprimento aos deveres de informação[89].

Em Espanha preferiu-se uma formulação negativa, quando se afirma que os actos das entidades gestoras não são impugnáveis por falta de poderes de administração e disposição, desde que estes sejam praticados no âmbito das suas funções (19.§2° Ley 46/1984, de 26 deciembre; 40.§2° Reglamento de la Ley 46/1984, de 26 de deciembre, aprovado pelo Real

---

[85] 8°/a DLFIM, 9°/a DLFII.
4°/§único, 6°/a, e Dec.-Lei n.° 46 342, de 20 de Maio de 1965.
4.1. Legge 23 marzo 1983, n. 77 (in G.U. 28 marzo 1983, n. 85).
[86] 8°/a DLFIM, 9°/a DLFII.
4°/§único, 6°/b Dec.-Lei n.° 46 342, de 20 de Maio de 1965.
8°/a do Dec.-Lei n° 134/85, de 2 de Maio. 8°/a Dec.-Lei n° 246/85, de 12 de Julho.
53.b. Reglamento de la Ley 46/1984, de 26 de deciembre, aprovado pelo Real Decreto 1393/1990, de 2 noviembre. 4.1. Legge 23 marzo 1983, n. 77 (in G.U. 28 marzo 1983, n. 85). 11.1. Loi Fédérale sur les Fonds de Placement, du 18.03.1994. 7. Regulamento Anexo à Circular n° 2.594, de 21 de Julho de 1995, do Banco Central do Brasil e 7. Regulamento Anexo à Circular n° 2.616, de 18 de Setembro de 1995 do Banco Central do Brasil. Para os fundos imobiliários rege o 14.III. Instrução CVM n° 205, de 14 de Janeiro de 1994.
[87] 8°/d DLFIM, 9°/d DLFII. 26.b., 26.c. Orden de 24 de septiembre de 1993.
8°/d do Dec.-Lei n° 134/85, de 2 de Maio. 8°/d Dec.-Lei n° 246/85, de 12 de Julho.
53.h. Reglamento de la Ley 46/1984, de 26 de deciembre, aprovado pelo Real Decreto 1393/1990, de 2 noviembre.
11.1- Loi Fédérale sur les Fonds de Placement, du 18.03.1994.
[88] 8°/e DLFIM, 9°/e DLFII.
Também 6°/f Dec.-Lei n.° 46 342, de 20 de Maio de 1965, 8°/e do Dec.-Lei n° 134/85, de 2 de Maio. 8°/e Dec.-Lei n° 246/85, de 12 de Julho.
Igualmente em Espanha, pelo 54.c. Reglamento de la Ley 46/1984, de 26 de deciembre, aprovado pelo Real Decreto 1393/1990, de 2 noviembre. Igualmente em Itália, quanto ao que respeita ao "libro giornale del fondo" (5.a. Legge 23 marzo 1983, n. 77 (in G.U. 28 marzo 1983, n. 85)). No Reino Unido, esta matéria depende de regulamentação do Secretary of State, nos termos da Sec. 81(2)(e) Financial Services Act 1986. No Brasil para os fundos mobiliários rege o 8.I. Regulamento Anexo à Circular n° 2.594, de 21 de Julho de 1995, do Banco Central do Brasil e 8. I. Regulamento Anexo à Circular n° 2.616, de 18 de Setembro de 1995 do Banco Central do Brasil. Nos fundos imobiliários rege o 14.II. Instrução CVM n° 205, de 14 de Janeiro de 1994.
[89] 8°/f DLFIM 9°/f DLFIM.

Decreto 1393/1990, de 2 noviembre). Por outro lado, existe norma enunciativa que se refere à aquisição e alienação de bens imóveis (26.a. Orden de 24 de septiembre de 1993), mas que seria desnecessária em Portugal dado que o conceito de valores abrange no caso dos fundos imobiliários, o de valores imobiliários, e portanto, o de imóveis.

Na França entende-se que a sociedade age por conta dos fundos e represnta-o em juízo (PEZARD, Alice; *Droit des Marchés Monétaire et Boursier*; Editions du J.N.A., Paris, 1994, p.242). Os poderes de disposição têm de ser devidamente entendidos. Em relação ao património como um todo, no que respeita à gestão de carteiras um acórdão de 2 de Junho de 1993 da "Cour de Cassation" entendeu que a compra e venda de valores tem de ser referida à carteira como um conjunto de actos de administração e não de disposição (VAUPLANE, Hubert de; BORNET, Jean-Pierre; *Droit de la Bourse*, LITEC- Librairie de la Cour de Cassation, Paris, 1994, p, 340). Esta posição é a mais correcta. Toda actividade de administração pressupõe actos de disposição em princípio, sejam eles de consumo de bens ou de sua alienação. Também aqui o facto de haver actos de disposição de valores concretos não descaracteriza a actividade da entidade gestora como um todo como sendo de administração.

No Brasil deixou-se expresso que dentro destes poderes se incluem o de acção e de comparecer e votar em assembleias gerais e especiais nos fundos mobiliários (7. Regulamento Anexo à Circular nº 2.594, de 21 de Julho de 1995, do Banco Central do Brasil e 7. Regulamento Anexo à Circular nº 2.616, de 18 de Setembro de 1995 do Banco Central do Brasil). Idêntica norma no que respeita aos fundos imobiliários no 12. Instrução CVM nº 205, de 14 de Janeiro de 1994. Por outro lado, no que respeita à relação entre o fundo imobiliário e a entidade gestora declara-se a sua natureza fiduciária no 6. e 7. Lei nº 8.668, de 25 de Junho de 1993 e no 13. Instrução CVM nº 205, de 14 de Janeiro de 1994.

Deveres de registo e contabilidade encontram-se na Sec. 31 e Sec. 34 Investment Company Act of 1940. As "investment companies" devem ter uma "prudent management" (HAZEN, Thomas Lee; *The Law of Securities Regulation*, West Publishing Co., 2ª ed., St. Paul, Minn., 1990, p. 837).

Em relação às unidades de participação:

a) emitem-nas, em ligação com o depositário[90]

---

[90] 8º/b DLFIM, 9º/b DLFII.

6º/c Dec.-Lei n.º 46 342, de 20 de Maio de 1965, 8º/b do Dec.-Lei nº 134/85, de 2 de Maio. 8º/b Dec.-Lei nº 246/85, de 12 de Julho.

53.e. Reglamento de la Ley 46/1984, de 26 de deciembre, aprovado pelo Real Decreto 1393/1990, de 2 noviembre.

11.1. Loi Fédérale sur les Fonds de Placement, du 18.03.1994.

b) autorizam o seu reembolso[91]

c) determinam o seu valor[92].

Qual o significado preciso de cada uma destas figuras, só se pode apreciar depois de estudados os regimes dos fundos e das unidades de participação, pelo que para eles se remete. Nesta sede importa apenas salientar que este regime deixa bem claro qual o papel das entidades gestoras. Estas assumem o papel que costuma ser acometido ao titular dos valores, substitui-o na disposição e administração dos valores, em tudo o que respeita à disposição, administração e selecção de estratégia de investimento. O restante regime decorre desta substituição de papéis. A escrita do fundo, os deveres de informação e o regime das unidades de participação decorre desta substituição[93].

Em Espanha, as funções da entidade gestora são definidas no regulamento de gestão (19. Ley 46/1984, de 26 deciembre; 40., 53. Reglamento de la Ley 46/1984, de 26 de deciembre, aprovado pelo Real Decreto 1393/1990, de 2 noviembre). As funções das entidades gestoras nos fundos imobiliários encontram-se no 26. Orden de 24 de septiembre de 1993, que deixa bem claro que estas comercializam as unidades de participação..

Na Suíça, as tarefas das sociedades gestoras dos fundos em geral constam do 11. Loi Fédérale sur les Fonds de Placement, du 18.03.1994. Referência expressa é feita à sua função de determinar a distribuição de receitas dos fundos no 11.1.

Nos Estados Unidos, o equilíbrio de funções é algo diferente. Os directores das "investment companies" têm mais uma função de vigilância sobre os interesses dos participantes, sendo quem gere na prática os fundos os "investment advisers" com frequência (HAZEN, Thomas Lee; *The Law of Securities Regulation*, West Publishing Co., 2ª ed., St. Paul, Minn., 1990, p. 865).

---

[91] 8°/b DLFIM, 9°/b DLFII.

De igual modo o 6ª/c Dec.-Lei n.º 46 342, de 20 de Maio de 1965.

53.f. Reglamento de la Ley 46/1984, de 26 de deciembre, aprovado pelo Real Decreto 1393/1990, de 2 noviembre.

[92] 8°/c DLFIM, 9°/c DLFII

6°/e Dec.-Lei n.º 46 342, de 20 de Maio de 1965, 8°/c do Dec.-Lei nº 134/85, de 2 de Maio. 8°/c Dec.-Lei nº 246/85, de 12 de Julho.

53.d. Reglamento de la Ley 46/1984, de 26 de deciembre, aprovado pelo Real Decreto 1393/1990, de 2 noviembre.

11.1. Loi Fédérale sur les Fonds de Placement, du 18.03.1994.

[93] para a fonte deste regime, ver o 7º Dec.-Lei nº 229- C/88, de 4 de Julho.

III. *Regime operacional*

O regime operacional das entidades gestoras apresenta dois níveis diferentes.

O primeiro respeita a cada fundo, e só em relação a ele pode ser aferido. É óbvio que a actividade em relação a cada fundo é uma actividade da entidade gestora. É evidente que algumas das limitações operacionais em relação a cada fundo têm a ver com a existência de outros fundos[94], pelo que faz parte da actividade global das entidades gestoras. No entanto, estas limitações operacionais têm a ver com a configuração de cada um dos fundos que a entidade gere. Daí que tenha melhor cabimento a propósito do regime dos fundos propriamente ditos, pelo que para essa parte se remete.

O segundo nível é o das possibilidades e limitações operacionais inerentes às entidades gestoras. É este que nos vai ocupar.

Mais uma vez temos de ter em conta que os desdobramentos que se têm em consideração são determinados por um concreto regime jurídico e não correspondem a um mero desenvolvimento lógico de possibilidades. No Brasil, por exemplo, proíbe-se a aplicação directa de recursos no exterior nos fundos mobiliários, de acordo com o 10.IV. Regulamento Anexo à Circular nº 2.594, de 21 de Julho de 1995, do Banco Central do Brasil, o que violaria as imposições comunitárias (ver o 10.IV. Regulamento Anexo à Circular nº 2.616, de 18 de Setembro de 1995 do Banco Central do Brasil). Nos fundos imobiliários idêntica regra se encontra no 12.III. Lei nº 8.668, de 25 de Junho de 1993. Na Suíça, proíbe-se o pagamento de investimentos feitos pelo fundo com unidades de participação do mesmo (31. Loi Fédérale sur les Fonds de Placement, du 18.03.1994). Este problema é de certa forma o inverso daquele que será tratado a propósito do pagamento da subscrição (na constituição das unidades de participação, em sede das suas vicissitudes), pelo que para ele se remete.

i) *Acesso ao mercado interbancário*

A lei permite o acesso das entidades gestoras ao mercado interbancário nas condições definidas pelo Banco de Portugal[95].

---

[94] Cf. 21º/1/a DLFIM e 22º/1/a DLFII.

[95] 10º DLFIM, 11º DLFII.

Ver o 8º Dec.-Lei nº 229- C/88, de 4 de Julho. Também o 9º do Dec.-Lei nº 134//85, de 2 de Maio, para os fundos mobiliários, e o 9 Dec.-Lei nº 246/85, de 12 de Julho, para os imobiliários.

96 Fundos de Investimento Mobiliário e Imobiliário

O mercado interbancário é um mercado monetário e não de valores mobiliários em sentido restrito. Esta norma torna-se assim necessária na medida em que permite o acesso, e pelo menos em abstracto, às entidades gestoras a um mercado a que, enquanto tais, não teriam acesso, mesmo que a ele pudessem aceder por força da sua natureza (como as instituições de crédito).

Mas a norma vem afirmar algo mais. É que poder-se-ia dar o caso de as entidades gestoras poderem aceder em abstracto, por força da sua natureza, ao mercado interbancário, mas que não o pudessem fazer no exercício das suas funções de entidade gestora. Dito por outras palavras, alguns dos activos que podem adquirir, apenas o poderiam ser no segundo segmento dos mercados monetários, geralmente o único acessível a não especialistas, mesmo que no exercício das suas restantes actividades pudessem operar nos mercados interbancários.

Estes activos do mercado interbancário são da mais variada espécie, e embora não possam representar percentagens muito significativas dos fundos, constituem meios de rentabilização de liquidez que de outra forma estaria parada ou seria menos bem remunerada[96].

O escopo deste regime é duplo. Numa perspectiva macro-económica, pretende-se que as poupanças dos fundos sejam dirigidas também, pelo menos em parte e em condições atraentes, para mercados que visam regular a liquidez da economia ou dentro do sistema bancário. Numa perspectiva de defesa dos participantes, visa-se que estes acedam a um mercado que lhes dá mais vantagens que os mercados dos não iniciados para a compra de alguns dos activos que podem ser integrados nos fundos.

> Em Espanha, prevê-se igualmente o acesso ao mercado monetário dos fundos de regularização do mercado hipotecário, nos termos do 91. Real Decreto 1669/1980, de 31 de Julio.

ii) *Operações vedadas*

As entidades gestoras estão proibidas de realizar certas operações em absoluto, independentemente dos fundos que gerem, proibições essas que visam a protecção dos fundos contra uma gestão irresponsável que

---

[96] Cf. 42°/2/b (fundos mobiliários abertos), 51°/2/a (fundos mobiliários fechados), 53°/2 (fundos de tesouraria) DLFIM, e 5°/1 (fundos imobiliários, quando se refere a títulos de divida pública, pelo menos alguns deles) DLFII.

ponha em causa a boa situação económico-financeira da gestora, dos fundos ou que descaracterize a sua função fundamental de gestão de fundos, nomeadamente pelo aproveitamento de poupanças alheias para obter sem custos para si ou para o seu grupo o domínio de outras sociedades.

Os fundos são instrumento de gestão de activos e não de crédito ou de gestão de participações sociais.

Embora os regimes se entrecruzem, a forma mais expressiva de sistematizar estas proibições é, não distinguir as operações por conta própria das operações por conta dos fundos, mas segundo a natureza das operações.

> A razão de ser destas proibições tem a ver com o risco que lhes inere (TOMÉ, Maria João Romão Carreiro Vaz; *Fundos de Investimento Mobiliário Abertos*, Almedina, Coimbra, 1997, p. 65). SABATELLI, Emma; *La Responsabilità per la Gestione dei Fondi Comuni di Investimento Mobiliare, Contributo allo studio del D.Lgs. 25 gennaio 1992, n. 83*, Casa Editrice Giuffrè, Milano, 1995, pp. 10 – 11 chama a atenção, e bem, para o facto de não se poder restringir a análise ao estudo das operações proibidas ou permitidas, sob pena de perder o elemento mais importante na sua actividade, o seu carácter dinâmico.

A) Concessão de crédito por conta dos fundos

A lei proíbe às entidades gestoras a concessão de crédito por conta dos fundos[97].

Questão é de saber se lhes é interdita a concessão de crédito em sentido estrito ou se é permitida alguma forma de concessão de crédito indirecta, como vendas a prestações[98], moratórias, reportes[99], contas margens ou outras.

---

[97] 11º/1/g DLFIM, 12º/1/f DLFII. Também o 41º/1 DFI.
Na origem, encontra-se o disposto no 10º/g do Dec.-Lei nº 134/85, de 2 de Maio.

[98] Que são expressamente proibidas quanto às vendas das próprias quotas no 10.VII. Regulamento Anexo à Circular nº 2.594, de 21 de Julho de 1995, do Banco Central do Brasil e 10.VII. Regulamento Anexo à Circular nº 2.616, de 18 de Setembro de 1995 do Banco Central do Brasil.

[99] Salvo os reportes para financiamento dos fundos, que materialmente são contracções de empréstimos, e que merecem tratamento posterior. Tanto uma como outra hipóteses encontram-se previstas na Sec. 2 (a) (23) Investment Company Act of 1940 que faz equivaler aos empréstimos os reportes num e noutro sentido.

Sobre os reportes (e os deportes) ver MESSINEO, Francesco, *Operaciones de Bolsa y de Banca*, Estudios Jurídicos, BOSCH, Barcelona, 1957, pp. 62, 153, 157, 161, 176, 190 ss.

Também não é permitida a celebração de contratos de abertura de crédito com garantia pelas mesmas razões (cf. MESSINEO, Francesco, *Operaciones de Bolsa y de Banca*, Estudios Jurídicos, BOSCH, Barcelona, 1957, pp. 336.

Embora a lei não use a expressão "concessão de crédito sob qualquer forma", como preferiu utilizar noutros diplomas[100], parece que é este o seu sentido. Com efeito, é referida a prestação de garantias, uma forma indirecta de crédito e afirma-se que esta norma se aplica sem prejuízo da aquisição de valores representativos de dívida. Ou seja, a norma tem de ser interpretada no sentido de que as formas de concessão de crédito indirectas são proibidas salvo a aquisição de valores representativos de dívida.

Em sentido semelhante encontramos TOMÉ, Maria João Romão Carreiro Vaz; *Fundos de Investimento Mobiliário Abertos*, Almedina, Coimbra, 1997, p. 67 – 68.

A proibição de concessão de crédito pelas entidades gestoras compreende-se pelo princípio da especialização. As entidades gestoras enquanto tais não têm como função a concessão de crédito, mas a gestão de fundos. Mas compreende-se, quando se trata de concessão de crédito por conta dos fundos, por uma ideia de protecção patrimonial dos mesmos. As técnicas operacionais de gestão dos fundos não podem passar por esta via de rendibilização do seu património. A concessão de empréstimos tem sempre um risco incorporado. Aquilo que o legislador proíbe é a assunção pelos fundos de risco por esta via. Por outro lado, há um fundamento de transparência por detrás de este regime. É que é extremamente difícil a avaliação do risco nos empréstimos. Se os valores ou a liquidez saiem dos fundos para empréstimo, a verdade é que o crédito futuro pode não compensar em avaliação actual o risco. Estabelecer o valor actual da remuneração do empréstimo por confronto com os activos cedidos tem sempre um grau de subjectividade que a avaliação dos fundos não suporta. Por outro lado, pode gerar situações de desigualdade entre os participantes. Quem se desfizer da sua participação antes de se conhecer do não paga-

---

[100] Para as sociedades corretoras ver o 13º/2/a Dec.-Lei nº 229-I/88, de 4 de Julho.

Parte IV – Regime geral

mento do empréstimo obtém um valor pela sua unidade desproporcionada em relação ao risco realmente já existente e muito maior que a aqueles que permaneceram no fundo. Por outro lado, violaria o princípio da divisão de riscos. É que não existe nenhum limite estabelecido por lei para as formas de crédito indirecto que eventualmente fossem admitidas, para quem perfilhe esta tese. Chegaríamos, assim, a um resultado absurdo. Seria proibida e absoluto a concessão de crédito directa, mas já não haveria qualquer limite para a concessão de crédito indirecta, salvo os limites gerais e algo fluidos da boa administração, diligência e competência e política de investimentos[101].

Questão que se tem suscitado é a de saber se é possível aos fundos emprestar valores para operações em conta margem ou reportes. Com efeito, a detenção de valores sem que estes possam ser rendibilizados implica perdas de mais valias potenciais que esses valores poderiam gerar. Em certo sentido, implica uma gestão ineficaz dos mesmos valores. No entanto, pelas razões antes invocadas não parece que possam ocorrer estas operações. É óbvio que qualquer proibição é geradora de uma ineficácia relativa. As instituições de crédito (que não os bancos e equiparados), as sociedades financeiras, bem como em geral os intermediários financeiros estão sujeitos a um princípio de especialidade. Por definição a especialidade gera ineficácias, na medida em que não estão disponíveis todos os meios para rendibilizar os activos que se encontram disponíveis. A limitação de possibilidades gera sempre escolhas potencialmente menos eficazes por comparação com aqueles que têm escolhas ilimitadas. Não se pode, por isso invocar a ineficácia de gestão que geraria a impossibilidade de conceder crédito indirecto por conta dos fundos. Esta ineficácia relativa é desejada pelo legislador como o preço da segurança da gestão do risco.

A DFI (41º/2 DFI) afirma que a proibição de concessão de crédito não impede a possibilidade de aquisição de valores mobiliários não inteiramente realizados. É evidente que a aquisição de que aqui se trata não é originária. Com efeito, se assim fosse, seria a entidade emitente que concederia crédito à entidade gestora. Quem seria devedor do preço restante seria o fundo. A hipótese em que se pensa é a de um fundo que adquirir valores a um terceiro sem que este os tenha integralmente liberado quando adquira por aquisição originária (subscrição). Neste caso, o alienante vai receber o preço total pelo seu activo quando só pagou uma parte por ele.

---

[101] 8º DLFIM, 9º DLFII.

Daí que haja a possibilidade de haver um crédito encoberto por esta operação. A verdade é que me parece que a norma da DFI tem de sofrer interpretação restritiva. Com efeito, alguém que vende valores não integralmente realizados pode ter necessidade de liquidez imediata, gerando assim um bom preço para o fundo, oportunidade que seria pouco racional desperdiçar por parte do fundo. No entanto, tal só pode ocorre caso a operação for real. Se houver simulação, e na medida em que o negócio dissimulado é proibido (concessão de empréstimo), o negócio é nulo (241º/1 Cd.Civil).

Em Espanha o 16.1 Ley 46/1984, de 26 deciembre vai mais longe para as SIMCAV (fundos personalizados abertos) obrigando à compra e venda a contado dos valores, incluindo, nestes termos, implicitamente na concessão de crédito ou na contracção de empréstimos as compras e vendas a prazo ou com liquidação diferida (16.1. Ley 46/1984, de 26 deciembre). No entanto, tanto para as instituições de investimento colectivo personalizadas como para os fundos de investimento mobiliários, admite o 1.1. Orden de 31 de julio de 1991, que estas possam emprestar os seus valores para operações em conta margem. No entanto, o valor efectivo global emprestado nunca pode exceder 50% do valor efectivo global dos fundos (1.2. Orden de 31 de julio de 1991). Exige-se, por outro lado, que os empréstimos sejam sempre feitos a preços de mercado (1.3. Orden de 31 de julio de 1991), o que visa evidentemente impedir descapitalizações dos fundos. Além disso, permite-se que existam operações a prazo no mercado de dívida pública escritural, nos termos do 1.2.b. e 1.3.b. Orden de 6 de julio de 1992. No que respeita às instituições de investimento colectivo imobiliário proíbe-se que o prazo para pagamento de preço a estas mesmas instituições vá além de seis meses desde a celebração da escritura (4.9. Orden de 24 de septiembre de 1993). Visa-se evidentemente impedir que tenham uma função creditícia encapotada, ou que sejam usadas como instrumento de financiamento. Para o valor efectivo ver RODRÍGUEZ ARTIGAS, Fernando; Instituciones de Inversión Colectiva, in: ALONSO UREBA, Alberto, MARTINEZ-SIMANCAS Y SANCHEZ; Julian; *Derecho del Mercado Financiero*; Tomo I, Volume 1, *Entidades del Mercado Financiero*, Editorial Civitas, Madrid, 1994, p. 273.

Em França o 5. Décret 89-624 du 6 septembre 1989 permite que os OICVM emprestem títulos até ao limite de 10% do seu activo. Nomeadamente no que respeita às operações em conta margem isto constitui-se como limite. Em geral os OICVM não podem emprestar ou pedir emprestado mais de 10% dos seus activos (25. Loi 88-1201 du 23 décembre 1988). Ver também PEZARD, Alice; *Droit des Marchés Monétaire et Boursier*; Editions du J.N.A., Paris, 1994, p. 253, 273.

Na Suíça, o empréstimo de activos do fundo é relativamente proibido, nos termos do 34.2.a. Loi Fédérale sur les Fonds de Placement, du 18.03.1994. Nos fundos mobiliários, o empréstimo de valores mobiliários

Parte IV – Regime geral

encontra-se regido pelo 33. Ordonnance du Conseil Fédéral sur les Fonds de Placement du 19.10.1994. No entanto, outros tipos de empréstimos pelos fundos são proibidos, nos termos do 34.1. Ordonnance du Conseil Fédéral sur les Fonds de Placement du 19.10.1994. O empréstimo de valores mobiliários merece tratamento pormenorizado nos 12. a 25. Ordonnance de la Commission Fédérale des Banques sur les Fonds de Placement du 27.10.1994.

Em Itália a concessão de empréstimos sob qualquer forma (seja por conta própria seja por conta dos fundos) encontra-se proíbida no 4.2.b. Legge 23 marzo 1983, n. 77 (in G.U. 28 marzo 1983, n. 85) para os fundos e no 7.1. Decreto Legislativo 25 gennaio 1992, n. 84 (in G.U. 14 febbraio 1992, n. 37) para as SICAV. No entanto, há que ter em conta que se trata de sociedades gestoras.

No Brasil para os fundos mobiliários proíbe-se a concessão de empréstimos, adiantamentos ou créditos sob qualquer outra modalidade (10.I. Regulamento Anexo à Circular nº 2.594, de 21 de Julho de 1995, do Banco Central do Brasil e 10.I. Regulamento Anexo à Circular nº 2.616, de 18 de Setembro de 1995 do Banco Central do Brasil). Também nos fundos imobiliários a concessão de empréstimos, adiantamentos de rendas futuras aos quotistas ou a abertura de créditos sob qualquer modalidade é proibída no 12.I. Lei nº 8.668, de 25 de Junho de 1993.

A concessão de empréstimos pelas "investment companies" não é proibida nos Estados Unidos, mas deve ser declarada a sua política nesta matéria junto da Securities and Exchange Commission nos termos da Sec. 8 (b) (1) (G) Investment Company Act of 1940. Caso não seja permitida pela política de investimentos, a concessão de empréstimos apenas pode ocorre com autorização dos sócios, nos termos da Sec. 13 (a) (2) Investment Company Act of 1940. Nas "management companies", apenas é permitida a concessão de empréstimos caso esta esteja declarada na política de investimentos, sendo sempre proibida nos casos de sociedades controladas ou que controlam a mesma (Sec. 21 Investment Company Act of 1940).

B) Contracção de empréstimos por conta dos fundos

A lei proíbe a contracção de empréstimos pelas entidades gestoras por conta dos fundos[102].

---

[102] 11º/1/b DLFIM, 12º/1/b DLFII. 36º/1 DFI, embora esta norma permita a aquisição de divisas por um empréstimo "back-to-back". O *Dictionnaire Anglais des Affaires, du Commerce et de la Finance*, Routledge, London, 1996, p. 538 define-o como "crédit face à face". Parece que o seu significado é o de créditos prestados individualmente, não padronizados ou massificados, nem praticados profissionalmente.

Também o 7º/a Dec.-Lei n.º 46 342, de 20 de Maio de 1965, 10º/a do Dec.-Lei nº 134/85, de 2 de Maio. 10º/a Dec.-Lei nº 246/85, de 12 de Julho.

102 *Fundos de Investimento Mobiliário e Imobiliário*

No entanto, esta proibição é relativa. Permite a contracção de empréstimos pelos fundos com dois limites.

O primeiro é objectivo - o valor do empréstimo não pode ultrapassar 10% do valor do fundo[103]. O que há que definir é o que se entende do valor do empréstimo. Abrange apenas o capital emprestado ou também os juros e outros encargos decorrentes do empréstimo? A resposta apenas se encontra tendo em conta o fim da norma. O que se visa é limitar os encargos dos fundos. Com efeito, o empréstimo pressupõe sempre em comércio uma remuneração. Ora o encargo de um empréstimo não é apenas o reembolso do capital mas o pagamento dos juros e outras remunerações. Por outro lado, a ponderação do resultado das interpretação leva-nos à mesma conclusão. A tese contrária favoreceria os empréstimos mais caros em relação àqueles que têm taxas de encargos mais baixos. Uma entidade gestora não teria de se preocupar com a taxa de encargos numa perspectiva de normas operacionais[104]. Por outro lado, isto significaria que a norma em presença que visa a protecção do património dos fundos dependeria para a sua eficácia das taxas de juros parasitárias. Se fossem de 5%, o empréstimo poderia atingir 10,5% do património do fundo. Se fosse de 30% (e Portugal não foi estranho a estes níveis de taxa de juro) poderia ir até 13% do património do mesmo fundo. Consoante mais elevada a taxa de juro maior o risco que poderia ser assumido pelo fundo, o que não faria sentido.

A lei espanhola é mais completa. Com efeito o 11.1 Ley 46/1984, de 26 deciembre (sancionado pelo 32.3.c., na redacção do 1.2. Ley 19/1992, de 7 de julio), distingue duas situações diferentes. Por um lado, quanto aos empréstimos, estabelece um limite idêntico de 10%. Mas em geral proíbe que as obrigações perante terceiros excedam a cada momento 20% do valor do fundo. Isto implica que as compras e vendas que um fundo faça, e se encontrem ainda em fase de liquidação, não possam ser superiores a 20% do valor dos fundos. Vai-se, pois, além do regime dos empréstimos. Este regime é desenvolvido no 19. Reglamento de la Ley 46/1984, de 26 de deciembre, aprovado pelo Real Decreto 1393/1990, de 2 noviembre. Para um estudo desenvolvido sobre as novas funções que o empréstimo de valores tem assumido no mercado espanhol ver CACHÓN BLANCO, José Enrique; El Contrato de Préstamo de Valores Negociables (Especialmente Acciones Cotizadas en Bolsa); in: IGLESIAS PRADA, Juan Luis (coord.);

---

[103] 36º/2 DFI.

[104] Obviamente que teria de se preocupar numa perspectiva de rendibilidade do fundo. Um empréstimo mais caro implica menores mais valias e menor valorização dos fundos em consequência.

Estudios Juridicos en Homaje al Profesor Aurelio Menendez, III, *Contratos Mercantiles, Derecho Concursal y Derecho de la Navigación*, Editorial Civitas, Madrid, 1996, p. 3163 ss.

Em França, para os S.I.C.A.V. e os fundos de investimento este não pode emprestar ou pedir emprestado mais de 10% dos seus activos nos termos do 25. Loi nº 88-1201 du 23 décembre 1988. Ver PEZARD, Alice; *Droit des Marchés Monétaire et Boursier*; Editions du J.N.A., Paris, 1994, p. 273 a 274.

Em Itália permite-se nos fundos a contracção de empréstimos para a compra de moeda estrangeira quando se pretende adquirir valores denominados em moeda estrangeira (4.4. Legge 23 marzo 1983, n. 77 (in G.U. 28 marzo 1983, n. 85)). Em geral podem pedir empréstimos até 10% do valor do fundo, e durante do período que for determinado pelo Banco de Itália (4.5. Legge 23 marzo 1983, n. 77 (in G.U. 28 marzo 1983, n. 85)). As SICAV podem contrair empréstimos para adquirir bens imóveis necessários ao seu funcionamento (7.6. Decreto Legislativo 25 gennaio 1992, n. 84 (in G.U. 14 febbraio 1992, n. 37)). Esta matéria no Reino Unido depende de regulamentação do Secretary of State, nos termos da Sec. 81(2)(d).

Nos Estados Unidos o "excessive borrowing" justificou a regulação federal na matéria (Sec. 1 (b) (7) Investment Company Act of 1940). Por outro lado, a política de pedidos de empréstimos deve ser declarada à Securities and Exchange Commission quando do registo da "investment company" junto desta (Sec. 8 (b) (1) (B) Investment Company Act of 1940). É por outro lado proibida a aquisição de valores mobiliários em conta margem, ou seja, com recurso a crédito de corretores, salvo para satisfazer liquidações e a curto prazo (Sec. 12 (a) (1) Investment Company Act of 1940). A contracção de empréstimos em dinheiro, não estando permitida pela política de investimentos, apenas é possível com autorização dos sócios (Se. 13 (a) (2) Investment Company Act of 1940). A emissão de valores representativos de dívida apenas é permitida, por outro lado às "closed-end companies", mas não às "open-end" (HAZEN, Thomas Lee; *The Law of Securities Regulation*, West Publishing Co., 2ª ed., St. Paul, Minn., 1990, p. 856).

O segundo é temporal[105]. No espaço de um ano o tempo máximo de endividamento apenas pode ser de 120 dias seguidos ou interpolados. Este requisito temporal compreende-se na medida em que nos fundos a contracção de empréstimos é sempre uma forma acessória de gestão. Em princípio pretende-se que os fundos sejam geridos em função das poupanças que conseguem congregar. Reconheceu a lei, no entanto, que o empréstimo pode ser uma forma útil de aproveitar oportunidades de negócio.

---

[105] 36º/2 DFI.

No entanto, apenas permite que o ciclo de vida dos empréstimos compreenda por ano a um máximo de cerca de um quarto da vida anual dos fundos. Existe um terceiro limite que não é enunciado directamente pela lei mas é pressuposto. É o da finalidade dos empréstimos. Estes apenas podem ser contraídos para pagar encargos dos fundos ou em geral para o desenvolvimento das actividades permitidas dos fundos[106]. Não pode ser pedido um empréstimo por conta dos fundos para adquirir activos que não podem dele fazer parte, por exemplo.

Também como nas concessões de empréstimos, também parecem ser proibidas as contracções de empréstimos indirectas, pelas mesmas razões antes invocadas. Nesse sentido, a lei espanhola, no 11.2. Ley 46/1984, de 26 deciembre, proíbe algumas destas formas de crédito aos fundos (cuja violação é sancionada pelo 32.3.d., na redacção do 1.3. Ley 19/1992, de 7 de julio). Em lugar paralelo, nas sociedades de investimento de capital fixo proíbe em França a emissão de obrigações pelo 7.§2° Ordonnance n° 45-2710 du 2 novembre 1945. Em Itália as SICAV estão proibidas de emitir obrigações ou acções sem direito de voto (4.2. Decreto Legislativo 25 gennaio 1992, n. 84 (in G.U. 14 febbraio 1992, n. 37)).

Na Suíça estabelece-se que os empréstimos pedidos pelos fundos apenas podem ser feitos com limites objectivos e temporais no 34.2.c. Loi Fédérale sur les Fonds de Placement, du 18.03.1994. O 34.2. Ordonnance du Conseil Fédéral sur les Fonds de Placement du 19.10.1994 esclarece que a contracção de empréstimos tem de ser temporária e apenas até 10% do valor dos fundos, no caso dos fundos mobiliários.

C) Oneração dos valores dos fundos

É igualmente proibida a oneração, sob qualquer forma dos valores dos fundos[107]. Por valores tem de ser entender activos, na medida em que se pode estar a referir nomeadamente a imóveis, ou activos não mobiliários em sentido estrito, consoante a natureza dos fundos. Daí que a norma se refira a hipoteca, penhor, limitações de disponibilidades dos valores em geral.

---

[106] Nos termos do art° 8° DLFIM, 9° DLFII.

[107] 11°/1/c DLFIM 12°/1/c DLFII.

Também nos 7°/a Dec.-Lei n.° 46 342, de 20 de Maio de 1965, 9°/b Dec.-Lei n° 229- C/88, de 4 de Julho. 10°/b do Dec.-Lei n° 134/85, de 2 de Maio e 10°/b Dec.-Lei n° 246/85, de 12 de Julho.

Idêntico regime se encontra no 10.3 Ley 46/1984, de 26 deciembre, em Espanha.

No Brasil nos fundos imobiliários, o mesmo regime se encontra no 7.VI. Lei n° 8.668, de 25 de Junho de 1993.

Parte IV – Regime geral 105

Esta norma tem apenas uma excepção funcional. Os valores podem ser onerados apenas como garantia dos empréstimos nos termos antes referidos.

TOMÉ, Maria João Romão Carreiro Vaz; *Fundos de Investimento Mobiliário Abertos*, Almedina, Coimbra, 1997, p. 60 – 61 considera esta uma excepção ao princípio de que os activos do fundo não podem ser agredidos por actividades da entidade gestora. No entanto, esta regra não parece ser excepção a nenhum princípio de relação entre fundo e entidade gestora. Com efeito, esta oneração ocorre dentro da actividade de gestão dos fundos, tem como limite funcional a actividade os interesses do fundo e não os da entidade gestora.

Em Espanha isto tem uma implicação específica. É que as institui-ções de investimento colectivo podem financiar a aquisição ou a reabili-tação de imóveis (dentro dos limites normativos) de imóveis com garantia hipotecária, mas só até 20% do valor do fundo (5. Orden de 24 de septiembre de 1993). Ver igualmente AZA CAMPOS, Alicia; <u>La Reforma de la Ley de Arrendamientos Urbanos y los Fondos de Inversión Inmobiliaria</u>, in: ALONSO UREBA, Alberto, MARTINEZ-SIMANCAS Y SANCHEZ; Julian; *Derecho del Mercado Financiero*; Tomo I, Volume 1, *Entidades del Mercado Financiero*, Editorial Civitas, Madrid, 1994, p. 409 ss..

A proibição relativa de oneração de activos dos fundos encontra-se igualmente no 34.2.d. Loi Fédérale sur les Fonds de Placement, du 18.03.1994. No entanto, para os fundos imobiliários existe regra especí-ca, que permite que a oneração atinja até metade do valor venal dos imó-veis do fundo (40.3. Loi Fédérale sur les Fonds de Placement, du 18.03.1994). Nos fundos mobiliários permite-se o penhor ou a colocação como garantia de activos do fundo até 2% do seu património, não podendo no entanto ser onerado por cauções (35. Ordonnance du Conseil Fédéral sur les Fonds de Placement du 19.10.1994).

A oneração de bens dos fundos tem como limite a aplicação dos seus activos como margens para operações de derivados nos fundos mobiliários (10.II., 38. Regulamento Anexo à Circular n° 2.594, de 21 de Julho de 1995, do Banco Central do Brasil; 10.II., 36. Regulamento Anexo à Cir-cular n° 2.616, de 18 de Setembro de 1995 do Banco Central do Brasil). Também em Portugal parece que esta limitação da norma tem de ocorrer na medida, e só nela, em que os fundos possam investir em derivados, o que se verá a propósito do objecto dos fundos. Nos fundos imobiliários a oneração é estrictamente proibida no Brasil, nos termos do 7.VI. e 12.II. Lei n° 8.668, de 25 de Junho de 1993 (o que é consistente com o facto de estes fundos não poderem investir em futuros e opções nos termos do 19.X. Instrução CVM n° 205, de 14 de Janeiro de 1994).

Para o empréstimo com penhor ver MESSINEO, Francesco, *Operaciones de Bolsa y de Banca*, Estudios Jurídicos, BOSCH, Barcelona, 1957, p. 363.

Significa isto que o tempo de oneração dos valores não pode nunca exceder o tempo dos empréstimos acrescido do tempo do seu cumprimento. Ou seja, a oneração caduca com o cumprimento das obrigações por parte da entidade gestora em representação do fundo, mesmo que as partes tenham acordado o contrário, na medida em que estamos perante uma norma imperativa.

Problema que a lei levanta é o facto de não ter estabelecido limites quantitativos para esta oneração. Com efeito, nada impede logicamente que a garantia seja maior em valor que a quantia emprestada. No entanto, a lei tem de ser entendida no sentido de não poderem ser onerados mais de 10% do valor do fundo à data da concessão do empréstimo. É que, na hipótese contrária, teríamos que por força de um empréstimo até 10% do valor do fundo poderia ver todo o património do fundo onerado. Pode-se contra-argumentar que isto limita muito as possibilidades de os fundos obterem financiamento para o desenvolvimento das sua actividades. Mas mais uma vez as necessidades de segurança parecem militar em favor da tese defendida no texto.

A natureza do empréstimo também não é definida na lei. Trata-se de empréstimo em numerário, em valores mobiliários ou coisas? Parece que a lei se refere desde logo a empréstimos em numerário. Em relação a valores veremos melhor a propósito das vendas a descoberto, embora as contas margens não devam ser liminarmente excluídas da actividade dos fundos, tendo em conta existiram limites apertados na lei para os empréstimos que limitam o risco. Em relação a coisas, ver-se-á melhor nos fundos imobiliários.

D) Aquisição de unidades de participação

Em geral às entidades gestoras é apenas permitido adquirir unidades de participação em fundos de tesouraria que não sejam por si administrados[108]

---

[108] 11°/1/e DLFIM, 12°/1/d DLFII (esta última norma não refere a expressão "que não sejam por si administrados", na medida em que, evidentemente as entidades gestoras de fundos de investimento imobiliário não gerem nunca fundos de tesouraria). Por isso, o princípio geral mantém-se válido.

Também assim rezava o 9°/ de 13°/4 Dec.-Lei n° 229- C/88, de 4 de Julho. 10°/d Dec.- Lei n° 134/85, de 2 de maio. 10°/c Dec.-Lei n° 246/85, de 12 de Julho. O regime do 7°/c Dec.-Lei n.° 46 342, de 20 de Maio de 1965 era mais generoso, na medida em que restringia esta proibição às unidades de participação dos fundos que a gestora administrava.

E) Vendas a descoberto por conta dos fundos

A lei proíbe em geral as vendas a descoberto por conta dos fundos[109].

A expressão não pode ser mais infeliz, na medida em que por vendas a descoberto visa-se traduzir a expressão "short selling" que tem as mais variadas acepções no Direito anglo-saxónico.

Com efeito, pode significar:

a) vendas em que não existe titularidade dos valores nem legitimidade para o fazer

b) vendas em que existe a titularidade dos valores mas não há legitimidade

c) vendas em que não existe titularidade mas há legitimidade.

Em certos países a primeira modalidade é permitida com certos limites, mas dentro de certas garantias. Por exemplo, no caso das operações firmes a prazo podem-se vender hoje valores que só amanhã se terão. De igual modo, mesmo nas operações a contado, dado que existe um prazo de liquidação (esta não é imediata) é admitido que se vendam dentro de certos limites valores que só se vêm a adquirir para liquidação.

> Neste sentido ver MESSINEO, Francesco, *Operaciones de Bolsa y de Banca*, Estudios Jurídicos, BOSCH, Barcelona, 1957, p. 180.

A segunda modalidade ocorre nos casos em que existe um nexo de representação (gestão de carteiras, gestão de patrimónios, a própria gestão dos fundos, relação paternal, procuração) ou qualquer outro título de legitimação (na execução de valores de terceiros penhorados, ou nos valores emprestados nas contas margens, por exemplo).

A terceira modalidade em que o titular pretende vender valores mas ainda não se encontra legitimado, por inscrição em conta de valores mobiliários, por exemplo.

Estas situações são bem diferentes entre si, e merecem tratamentos jurídicos diferenciados consoante se trate de uma venda em mercado secundário, ou fora deles, em bolsa ou fora dela, entre outras hipóteses. Não é este o lugar mais adequado para apreciar da licitude da chamada venda a descoberto em geral, mas apenas se visa apreciar qual a extensão da norma e qual o seu significado no regime dos fundos.

---

[109] 11º/1/i DLFIM, 12º/1/h DLFII.

108 *Fundos de Investimento Mobiliário e Imobiliário*

A norma parece abranger apenas a primeira e terceira modalidades. Com efeito, a segunda modalidade nas suas variantes não parece caber no seu âmbito. Legitimidade no sentido de representação (e dado que se trata de uma norma relativa à actividade da entidade gestora em relação aos fundos que administra) existe sempre. Nos raros casos em que o fundo pode ser credor pignoratício (raros porque não pode conceder crédito, apenas o podendo ser como garantia de uma dívida de que seja credor por actividades que se podem desenvolver para os fundos) não se vê porque esteja impedido de executar a garantia como qualquer outro credor. Quanto aos empréstimos nas contas margens, como antes vimos, e como existem limites legais para a sua actividade nesta área, também não parece existir impedimento.

O que a norma visa enunciar é que a entidade apenas pode vender bens do fundo dos quais este seja titular legitimado, ou tenha pelo menos legitimidade para tal. Quando não é titular e não tem legitimidade ou mesmo sendo titular, não a tenha, não pode vender estes valores[110].

A expressão vendas a descoberto vem do 42º DFI. A versão inglesa fala em "uncovered sales of transferable securities", o que vem reforçar a posição defendida no texto. Em França estatui-se expressamente, quanto aos empréstimos de valores pertencentes aos S.I.C.A.V. e fundos de investimento, que estas não podem ultrapassar os 10% (5. Décret 89-624 du 6 septembre 1989). A proibição das vendas "allo scoperto" encontra-se em Itália no 4.2.c. Legge 23 marzo 1983, n. 77 (in G.U. 28 marzo 1983, n. 85) nos fundos e no 7.1. Decreto Legislativo 25 gennaio 1992, n. 84 (in G.U. 14 febbraio 1992, n. 37) para as SICAV. Na Suíça proíbe-se expressamente a "vente à découvert" por conta dos fundos no 34.2.b. Loi Fédérale sur les Fonds de Placement, du 18.03.1994, permitido-se, não obstante que estes emprestem valores dentro de certos limites no 33. Ordonnance du Conseil Fédéral sur les Fonds de Placement du 19.10.1994.

Nos Estados Unidos, as "investment companies" estão em princípio proibidas de realizar "short sales" de quaisquer valores nos termos da Sec. 12 (a) (3) Investment Company Act of 1940.

---

[110] São os casos, por exemplo, de falta de legitimidade registral ou depositária, quando os valores estão dentro do sistema de registo/depósito e controle de valores mobiliários, previstos no artº 58º e 85º, 86º do Código do Mercado de Valores Mobiliários, por exemplo.

SUBSECÇÃO II

SOCIEDADES GESTORAS

I. *Instituição. Vicissitudes*

As sociedades gestoras de fundos de investimento são sociedades financeiras[111]. Obedecem, nestes termos, a um princípio de especialidade. Apenas podem desenvolver as actividades que a lei lhes permita[112].

Este princípio constava expressamente do 4° Dec.-Lei n.° 46 342, de 20 de Maio de 1965, 5°/1 do Dec.-Lei n° 134/85, de 2 de Maio, e do 5°/1 Dec.-Lei n° 246/85, de 12 de Julho.

Também existe o mesmo princípio de exclusividade em Espanha para as sociedades de investimento mobiliário de capital variável (SIMCAV) nos termos do 15.3.b Ley 46/1984, de 26 deciembre, que se podem qualificar à luz da lei portuguesa como fundos personalizados, como veremos. Igual regra no 53.1.c. Reglamento de la Ley 46/1984, de 26 de deciembre, aprovado pelo Real Decreto 1393/1990, de 2 noviembre. Em Itália, igualmente, têm como actividade exclusiva a gestão de fundos mobiliários abertos (1.1. Legge 23 marzo 1983, n. 77 (in G.U. 28 marzo 1983, n. 85)). No Reino Unido, igualmente, nos termos da Sec. 83 Financial Services Act 1986.

As suas vicissitudes (constituição, modificação, extinção) obedecem, por isso ao regime geral estabelecido por lei nesta sede[113].

---

[111] 6°/1/d RGICSF.
Cf. 4°/1 Dec.-Lei n° 229- C/88, de 4 de Julho. Antes eram qualificadas como instituições parabancárias (1° Dec.-Lei n° 46 302, de 27 de Abril de 1965; 2°/§único Dec.-Lei n.° 46 342, de 20 de Maio de 1965; 5° Dec.-Lei n° 229- C/88, de 4 de Julho). No caso dos fundos mobiliários, já eram qualificadas como instituições parabancárias à luz do 1°/2, 35° Dec.-Lei n.° 134/85, de 2 de Maio. No caso dos imobiliários tinham igual qualificação pelo 1°/2, 35° Dec.-Lei n° 246/85, de 12 de Julho.

[112] 7° RGICSF. 6°/1 DLFIM, 7°/1 DLFII. Também, e mais especificamente o 6° DFI. Cf. no entanto, 56° DFI.

[113] 174° ss. RGICSF. Ver, no entanto, o 29°-A e 181° RGICSF.
O regime anterior constava do 6° Dec.-Lei n° 229- C/88, de 4 de Julho. Igualmente, para os fundos mobiliários, o 6° do Dec.-Lei n° 134/85, de 2 de Maio, e para os imobiliários o 6° Dec.-Lei n° 246/85, de 12 de Julho.
A obediência ao regime geral dispensa regras específicas sobre a competência e idoneidade do seus administradores, tal como constam do 5.c., 6., 7. Legge 23 marzo 1983, n. 77 (in G.U. 28 marzo 1983, n. 85). De igual modo, se tornam dispensáveis regras

No entanto, têm a sua actividade exclusiva em área dos valores mobiliários, e são manifestação de um complexo fenómeno de massificação de poupanças, como desde o início se salientou. Isto explica aspectos muito especiais do seu regime.

Desde logo têm de ter a sua sede e administração em Portugal[114]. Atente-se no facto de a lei não se bastar com a sede formal. Exige que a administração se encontre em Portugal.

Têm igualmente de ter a forma de sociedades anónimas[115]. Ou seja, não lhes é permitido, como a outras sociedades financeiras, assumir a forma de sociedades por quotas. De igual modo o seu capital social

---

como as respeitantes à dissolução da sociedade gestora (8. Legge 23 marzo 1983, n. 77 (in G.U. 28 marzo 1983, n. 85)).

Na Suíça, as sociedades gestoras têm de ser autorizadas previamente pela autoridade de supervisão, a comissão federal dos bancos (10., 56. Loi Fédérale sur les Fonds de Placement, du 18.03.1994).

[114] 5º/3 DLFIM, 6º/3 DLFII. No que respeita ao fundos mobiliários, tendo em conta a harmonização comunitária, esta regra não tem aplicação simples. Com efeito, nos termos 37º a 40º DLFIM outras entidades da União Europeia podem participar do mercado português. Tendo em conta este regime, apenas se pode concluir que, quem não cumpra esta norma, das duas uma: ou se encontra dotado do "passaporte comunitário", ou então sujeita-se ao regime do 40º DLFIM, muito mais apertado.

Por outro lado, o critério da localização dos fundos que se pretendem criar não pode ser usado como pressuposto deste dever. Com efeito, a regar é a inversa. Os fundos estão domiciliados de acordo com a domiciliação a de entidade gestora (19º DLFIM; 20º DLFII), e não o inverso.

Quando muito pode-se colocar a hipótese de esta norma ter uma aplicação residual em sede de ilicitude na medida em que, não havendo elementos suficientes de extraneidade sem fraude à lei quanto aos elementos constitutivos da sociedade gestora (nacionalidade dos sócios, dos órgãos de administração, sua residência habitual, etc.), se pode entender que há violação de um dever de constituir a sociedade com sede e administração em Portugal.

Já vinha esta regra do 5º/a Dec.-Lei n.º 46 342, de 20 de Maio de 1965.

Na Suíça a sede e administração da sociedade obedecem à mesma regra (9.1. Loi Fédérale sur les Fonds de Placement, du 18.03.1994;9. Ordonnance du Conseil Fédéral sur les Fonds de Placement du 19.10.1994). Igualmente no Luxemburgo (*O.P.C.V.M. 90, Où et Comment s'Implanter en Europe?,* Séminaire de Direction de Banque, La Revue Banque Éditeur, Tome II, Paris 1990, p. 404).

[115] 7º/1 DLFIM, 8º/1 DLFII.

Já assim era à luz do 5º Dec.-Lei n.º 46 342, de 20 de Maio de 1965, 7º do Dec.-Lei nº 134/85, de 2 de Maio, e do 7º Dec.-Lei nº 246/85, de 12 de Julho.

Também na Suíça, nos termos do 9.1. Loi Fédérale sur les Fonds de Placement, du 18.03.1994.

Parte IV – Regime geral

deve estar representado por acções nominativas ou ao portador registadas[116].

As sociedades gestoras não podem administrar simultaneamente fundos de investimento mobiliários e imobiliários[117]. Com esta norma, o legislador levou até às suas últimas consequências o princípio da especialização. A segregação entre o sector mobiliário e o imobiliário tem de ser devidamente entendida no seu fundamento. Pode-se contra-argumentar que as sociedades gestoras de fundos imobiliários também podem comprar valores mobiliários, como veremos, pelo que a sua especialização no mercado de valores mobiliários também deve ser tida em conta. De igual modo, as gestoras de fundos mobiliários podem adquirir valores mobiliários que sejam considerados imobiliários[118] pela lei. No entanto, depois de compulsado o respectivo regime facilmente se verifica que o peso dos valores mobiliários (sejam ou não considerados imobiliários pela lei) é completamente diferente nos dois tipos de fundos. Nos fundos imobiliários a actividade mobiliária é sempre uma percentagem minoritária no conjunto das suas operações. Inversamente, nos mobiliários esta é maioritária. Daí que os níveis de especialização tenham de ser diferentes. Mas se o fundamento desta norma é de natureza operacional, protege igualmente os fundos de riscos sistémicos potenciais. A possibilidade de contaminação de uns sectores por outros não foi desejada pela lei. É certo que a divisão de riscos (agora não em relação a cada fundo, mas em relação à actividade geral da sociedade como um todo) poderia aconselhar a diversificação das carteiras geridas pelas sociedades em causa, por forma a oferecerem aos seus clientes participações de diferentes fundos com a mais diversa natureza. Mas a necessidade de especialização e de separação de riscos prevaleceram na opção legislativa.

A ideia de segregação vai mais longe ainda quanto aos membros de órgãos de administração das sociedades gestoras e os seus trabalhadores. É que apenas podem exercer funções nessa sociedade gestora mas não

---

[116] O seu regime é assim mais próximo do das instituições de crédito (14º RGICSF) que do das sociedades financeiras, nestes aspectos (174º RGICSF).

Exigia que tivessem acções nominativas o 5º/b Dec.-Lei n.º 46 342, de 20 de Maio de 1965.

Impõe-se na Suíça que as acções sejam nominativas no 9.3. Loi Fédérale sur les Fonds de Placement, du 18.03.1994.

[117] 6º/2 DLFIM.

[118] Esta aparente contradição nas expressões merecerá tratamento posterior a propósito dos fundos de investimento imobiliário.

112 Fundos de Investimento Mobiliário e Imobiliário

outras de quaisquer espécies noutras[119]. Ou seja, não lhes é permitido, por exemplo, exercer funções de consultadoria noutras sociedades gestoras, façam-no a título pessoal, ou como avençados ou trabalhadores de uma empresa que dá consultadoria à sociedade gestora. No entanto, já podem ter cargos noutras empresas, mesmo que pertencentes ao mesmo grupo, desde que de natureza diferente, e ainda que estas empresas, por serem instituições financeiras, sejam entidades gestoras[120].

A primeira sociedade gestora aprovada em Portugal foi a SOGESTIL, aprovada por despacho do ministro das Finanças de 9 de Abril de 1965 (PASSEIRO, José Manuel; Fundos de Investimento; in: *Revista Bancária*, Ano IV, nº 12, Abril-Junho de 1968, Lisboa, p. 28). Para o princípio da exclusividade e seus fundamentos, nomeadamente no que respeita à proibição de aquisição de acções próprias ver TOMÉ, Maria João Romão Carreiro Vaz; *Fundos de Investimento Mobiliário Abertos*, Almedina, Coimbra, 1997, p. 49.

Na Suíça exige-se um capital mínimo a fixar pelo conselho federal nos termos do 9.2. Loi Fédérale sur les Fonds de Placement, du 18.03.1994. Outras regras consagradas no mesmo art. 9. são regras gerais de idoneidade das pessoas e de boa organização, que em Portugal se constituem como regras gerais válidas para todos os intermediários financeiros. Nos termos do 11. Ordonnance du Conseil Fédéral sur les Fonds de Placement du 19.10.1994, este capital tem de ser no mínimo de um milhão de francos suíços integralmente liberados. A organização do conselho de administração, bem como a sua relação com o órgão da sociedade responsável pela gestão dos fundos encontra-se regulamentada no 12. Ordonnance du Conseil Fédéral sur les Fonds de Placement du 19.10.1994.

II. *Regime operacional*

i) *Fundos próprios*

Os fundos próprios das sociedades gestoras têm de ser pelo menos iguais a uma parte do valor líquido global dos fundos que administram[121].

---

[119] 7º/2 DLFIM, 8º/2 DLFII.

[120] A proibição deixa de ser absoluta, mas daqui não se segue que haja um regime de permissão absoluta. Além de estarem sujeitos a um regime de sigilo profissional em relação aos clientes que a sociedade gestora tem (650º Cd.MVM), tanto a sociedade gestora, como a outra instituição financeira devem ter os procedimentos de segurança previstos no 662º Cd.MVM, devendo evitar a formação de conflitos de interesses.

[121] 9º DLFIM, 10º DLFII. Como decorre do princípio do 5º DFI.
Este valor tinha um método de cálculo no 18º/2 Dec.-Lei nº 229- C/88, de 4 de Julho.

Parte IV – Regime geral

Esta parte corresponde a 1% até 15 milhões de contos e no excedente a 1/1000 no excedente. Quer dizer que até à primeira escala têm de ter 150 mil contos, e a partir daí 1/1000 do restante[122].

O conceito de fundos próprios tem a sua origem no sector bancário, como se pode ver em REMÉDIO, Mário A. Boavida; Ratios e Fundos Próprios da Banca. A Experiência Belga e a Actual Situação em Portugal; in: *Revista Bancária*, Ano II, nº 4, Abril - Junho de 1966, Lisboa, p., 18 ss. Ver TOMÉ, Maria João Romão Carreiro Vaz; *Fundos de Investimento Mobiliário Abertos*, Almedina, Coimbra, 1997, p. 47 – 48.

Em Espanha devem ter um capital social mínimo de 50 milhões de pesetas, a que acresce uma percentagem de recursos próprios em função do somatório dos patrimónios dos fundos que gerem (53.1. Reglamento de la Ley 46/1984, de 26 de deciembre, aprovado pelo Real Decreto 1393/1990, de 2 noviembre). Esta questão mereceu regulamentação pelo 2. Orden de 31 de julio de 1991.

Na Suíça, as sociedades gestoras devem ter um nível de fundos próprios mínimo definido pelo conselho federal nos termos do 13.1. Loi Fédérale sur les Fonds de Placement, du 18.03.1994. Estes fundos próprios obrigatórios não podem ser usados para adquirir partes de fundos por si administrados, nem serem emprestados aos seus accionistas ou às pessoas singulares ou colectivas que lhe são próximas (13.2. Loi Fédérale sur les Fonds de Placement, du 18.03.1994). Os fundos próprios foram objecto de regulamentação pelos 15. e 16. Ordonnance du Conseil Fédéral sur les Fonds de Placement du 19.10.1994.

Em Itália esclarece-se que cada sociedade gestora pode ser autorizada a gerir mais de um fundo. No entanto, isto depende do seu grau de especialização e da sua dimensão (1.2. Legge 23 marzo 1983, n. 77 (in G.U. 28 marzo 1983, n. 85)). Exige-se, por outro lado, que tenha como capital mínimo 2.000 milhões de liras (5.a. Legge 23 marzo 1983, n. 77 (in G.U. 28 marzo 1983, n. 85)), e "mezzi patrimoniali" definidos por decreto ministerial (9. Legge 23 marzo 1983, n. 77 (in G.U. 28 marzo 1983, n. 85)). O Decreto Ministro del Tesoro 27 giugno 1992 (in G.U. 9 luglio,

---

[122] Esta exigência relativa às sociedades gestoras pode parecer excessiva à primeira vista. No entanto, se comparar este número com os fundos próprios exigidos às instituições de crédito no 5º/2 DLFIM e 6º/2 DLFII, a saber, 1,5 milhões de contos, poderemos verificar que não há um tratamento de desfavor em relação as sociedades gestoras. Estas, para precisarem de fundos próprios no valor de 1,5 milhões de contos, precisam de ter um valor líquido global dos fundos de 1350 milhões de contos. Ou seja, já atingiriam uma dimensão típica das instituições de crédito.
A fonte desta norma encontra-se no 5º/c Dec.-Lei n.º 46 342, de 20 de Maio de 1965.

n. 160) estabelece que as sociedades com 2.000 milhões de liras de capital social pode gerir até dez fundos (2.1.) devendo ter pelo menos 3.000 milhões de liras de capital social para gerir mais de dez fundos (2.2.). Devem ter em fundos próprios pelo menos 0,5% do total do valor dos fundos geridos e 0,25% do total do património das sociedades de investimento de que fazem a gestão. Quer isto dizer que o sistema italiano é menos exigente que o português nas condições de partida mas muito mais exigente para com os patrimónios somados de fundos de maiores dimensões (de mais de 15 milhões de contos).

Os fundos próprios, embora relativos a fundos personalizados, como as "investment companies" justificaram nos Estados Unidos a existência de lei federal (Sec. 1 (b) (8) Investment Company Act of 1940; ver também a Sec. 14 (a)).

ii) *Operações vedadas*

A) Concessão de crédito por conta própria

À sociedades gestoras é proibido conceder crédito por conta própria[123].

Esta regra não tem grandes especialidades em relação ao regime geral das entidades gestoras. Com efeito, quanto ao que seja crédito, abrangendo também o crédito indirecto, já antes foi tratado. Mas existem duas especialidades: a primeira é objectiva, que se tratará a propósito da aquisição de valores mobiliários por conta própria. A segunda, a mais relevante para esta norma, é a de que, aos contrário das restantes entidades gestoras, as sociedades gestoras não podem conceder crédito por conta própria e não apenas por conta dos fundos.

Este regime não nos deve espantar. As sociedades gestoras são sociedades financeiras e não instituições de crédito. Estão por outro lado, sujeitas a um regime de especialização, como antes se viu. Neste sentido, esta limitação operacional não é tanto uma protecção (pelo menos directa) dos fundos, mas da especialização.

---

[123] 11º/1/g DLFIM, 12º/1/f DLFII.

Ver o 9º/g Dec.-Lei nº 229- C/88, de 4 de Julho. Dado que não podem conceder crédito por conta dos fundos, o sentido deste artigo 9º mantém plenamente em vigor. De igual forma, para os fundos mobiliários, o 10º/g do Dec.-Lei nº 134/85, de 2 de Maio. Igualmente o 10º/g Dec.-Lei nº 246/85, de 12 de Julho.

B) Contracção de empréstimos por conta própria

Este regime[124], mais uma vez específico das sociedades gestoras, decorre já não tanto de um princípio de especialização, mas de protecção indirecta do património dos fundos. Numa sociedade gestora endividada a tentação é maior para se financiar com o património dos fundos, fundos esses que se encontram facilmente à sua disposição.

Em Espanha são proibidas as emissões por estas sociedades de valores representativos de dívida e só podem recorrer ao crédito para certos financiamentos e até ao limite de 20% dos seus recurso próprios (53.1.f. Reglamento de la Ley 46/1984, de 26 de deciembre, aprovado pelo Real Decreto 1393/1990, de 2 noviembre). Ver igualmente o 2. Orden de 31 de julio de 1991.

Na Suíça proíbem-se apenas os empréstimos aos accionistas e às pessoas físicas e colectivas que são próximas das sociedades gestoras usando os fundos próprios obrigatórios (13.2. Loi Fédérale sur les Fonds de Placement, du 18.03.1994).

C) Aquisição de unidades de participação proibida

Às sociedades gestoras é proibida a aquisição de unidades de participação de fundos de investimento[125]. Unidades de participação, seja a que fundos pertençam, independentemente da sua natureza, sejam ou não geridos pela sociedade gestora em questão. Por outro lado, é evidente que apenas é proibida a aquisição por conta própria. É que a aquisição por conta dos fundos é permitida por definição, na medida em que esta constitui o seu objecto social[126].

No caso das sociedades gestoras a única excepção é a dos fundos de tesouraria que não sejam por si administrados.

Em face do exposto no texto, tem de se restringir a posição de TOMÉ, Maria João Romão Carreiro Vaz; *Fundos de Investimento Mobiliário Abertos*, Almedina, Coimbra, 1997, p. 108 quando afirma que as sociedades financeiras podem adquirir unidades de participação. As socie-

---

[124] 11°/1/a DLFIM, 12°/1/a DLFII. ver também 7°/a Dec.-Lei n.º 46 342, de 20 de Maio de 1965, 9°/a Dec.-Lei nº 229- C/88, de 4 de Julho e o 10°/a do Dec.-Lei nº 134/ 85, de 2 de Maio.

[125] 11°/1/e DLFIM, 12°/1/d DLFII.

[126] Também não é permitida a aquisição de unidades de participação para terceiros, por força do princípio da especialidade das sociedades financeiras.

116 *Fundos de Investimento Mobiliário e Imobiliário*

dades gestoras, na medida em que são sociedades financeiras, não o podem fazer por conta própria.O regime suíço é menos apertado. O que se exige é que não se possa adquirir unidades de participação de fundos por si administrados com fundos próprios da própria sociedade gestora dentro do limite dos fundos próprios obrigatórios (13.2. Loi Fédérale sur les Fonds de Placement, du 18.03.1994).

D) Aquisição de valores mobiliários limitada

Apenas podem ser adquiridos pelas sociedades gestoras e por conta própria os valores mobiliários que são taxativamente indicados por lei[127]. Estes agrupam-se em três categorias:

a) títulos de participação
b) valores de dívida pública
c) obrigações de empresas cotadas com notação pelo menos A ou equivalente por uma empresa de *rating* registada na CMVM ou internacionalmente reconhecida.

Elemento comum a todos estes valores é a sua especial credibilidade, estabilidade e liquidez (pelo menos em princípio). Compreende-se esta restrição. É que, trabalhando as sociedades gestoras com valores que se caracterizam por uma maior ou menor volatilidade, por um maior ou menor risco, se as sociedades gestoras pudessem adquirir para si valores com maior risco, haveria sempre o perigo de indirectamente gerirem a sua carteira por forma a transporem o risco para os fundos. Por outro lado, a sua função não é de negociação por conta própria. Os valores em questão aproximam-se das aplicações monetárias, tais como quaisquer cidadão as pode fazer sem necessitar de conhecer especialmente o funcionamento do mercado de valores mobiliários. Ou seja, e numa perspectiva de carteira própria da sociedade gestora, a lei visa impedir que haja o perigo de esta ser gerida profissionalmente. Mais uma vez é uma ideia de conflitos de interesses que subjaz a este regime.

---

[127] 11º/1/f DLFIM, 12º/1/e DLFII.

Fica, assim vedada igualmente a aquisição de acções próprias, por definição, como exigia o 9º/e Dec.-Lei nº 229- C/88, de 4 de Julho.

O regime actual é no entanto mais permissivo que o anterior, que apenas excepcionava os valores da dívida pública (9º/f Dec.-Lei nº 229- C/88, de 4 de Julho, 10º/f Dec.-Lei nº 134/85, de 2 de Maio; 10º/f Dec.-Lei nº 246/85, de 12 de Julho).

O registo das sociedades de notação de risco (*rating*) encontra-se prevista no Reg 91/2 da CMVM e no 614º Cd.MVM.

O *rating* é uma forma de avaliação do risco das emissões por empresas especializadas na matéria. Para uma descrição sumária do *rating* ver MOTA, António, S. Gomes; TOMÉ, Jorge H. Correia; *Mercado de Títulos, Uma abordagem integrada*, Ed. Texto Editora, 2ª ed, Lisboa, 1991, pp. 187 ss. Para a listagem de várias notações de risco de algumas das empresas de consultoria mais importantes ver GONNEAU, Jean-Claude; *La Bourse de Londres*, Economica, Paris, 1990, pp. 100 – 101.

E) Aquisição de imóveis para além dos fundos próprios

É vedado às sociedades gestoras a aquisição de imóveis para além dos seus fundos próprios[128].

Compreende-se esta norma mais uma vez por duas razões: a protecção da especialidade e a estabilidade financeira da sociedade gestora. Protecção da especialidade, por forma a impedir que a sociedade gestora faça de uma parte significativa da sua actividade o investimento em imóveis. A lei, não proibindo absolutamente este investimento, equipara-as de certa forma aos não profissionais. Estabilidade financeira, na medida em que, como acima se referiu, a estabilidade financeira da sociedade gestora é garantia da estabilidade da gestão dos fundos.

As limitações à aquisição de imóveis são uma constante nas regulamentações desta actividade. Visa-se com isso não apenas garantir a estabilidade financeira da instituição, como impedir desvios do objecto social. Já em relação às "sociétés d'investissement" francesas o 6.§5º Ordonnance nº 45-2710 du 2 novembre 1945 proibia a aquisição de imóveis para além dos estrictamente necessários ao seu funcionamento. No caso das SICAV italianas permite-se a contracção de empréstimos necessários para o exercício da sua actividade, bem como a sua aquisição nos mesmos termos (7.6. Decreto Legislativo 25 gennaio 1992, n. 84 (in G.U. 14 febbraio 1992, n. 37)).

---

[128] 11º/1/h DLFIM, 12º/1/g DLFII.

Também o 9º/h Dec.-Lei nº 229- C/88, de 4 de Julho. O 5º/d Dec.-Lei n.º 46 342, de 20 de Maio de 1965 continua um regime mais próximo do dos fundos personalizados franceses. É que lhes era permitido adquirir apenas os imóveis necessários às sua instalações. No entanto, esta era uma limitação que se pode compreender em relação aos fundos personalizados, mas não em relação às sociedades gestoras, na medida em que, ao contrário dos primeiros, estas não são instrumentos de investimento funcionalizados, mas empresas com um determinado património cuja gestão tem de ter limites, sem dúvida, em função da segurança e da protecção do património dos seus clientes, é evidente, mas em que não se justifica uma limitação tão drástica.

Nos Estados Unidos, permite-se a aquisição de imóveis às "investment companies" dentro dos limites da política de investimentos declarada à Securities and Exchange Commission, limites para além dos quais apenas se podem adquirir ou vender imóveis com autorização dos sócios (Sec 13 (a) (2) Investment Company Act of 1940).

F) Vendas a descoberto por conta própria

Quanto ao que sejam descobertos para efeitos da lei, a questão já se encontra acima tratada. Específico desta norma é que é vedado às sociedades gestoras proceder a vendas a descoberto. Repare-se que este regime não se aplica às restantes entidades gestoras[129]. Isto não significa que às outras entidades seja lícito realizar esta operações. Não se pretende com esta norma decidir ou pré-julgar sobre o problema geral da licitude das vendas a descoberto. Apenas se estatui que é constitutivo do estatuto das sociedades gestoras a proibição das vendas a descoberto. Inere-lhes esta proibição.

iii) *Acesso restrito ao mercado interbancário*

Problema específico que se coloca nesta sede de contracção de empréstimos, bem como no da concessão de crédito, é a colisão deste regime com a possibilidade de acesso ao mercado interbancário[130]. Com efeito, umas operações que nele se praticam têm substancialmente a natureza de contracções de empréstimos. Quando actuam por conta dos fundos, a lei estabelece limites antes estudados, pelo que não se oferecem problemas. Questão é a de saber se esta norma tem de ser restringida quando acedem ao mercado interbancário. Esta questão é de simples solução. Quando acedem ao mercado interbancário apenas o podem fazer nos limites da lei, das condições definidas pelo Banco de Portugal, e no exercício das suas funções. Ora as suas funções são de gestão de fundos. Assim sendo, as sociedades gestoras nunca podem actuar por conta própria no mercado interbancário[131].

---

[129] 11º/3 DLFIM, 12º/3 DLFII:
[130] 10º DLFIM, 11º DLFII.
[131] Esta norma tem por fonte o 8º Dec.-Lei nº 229- C/88, de 4 de Julho.

SUBSECÇÃO III

OUTRAS ENTIDADES GESTORAS

I. *Instituição e vicissitudes*

Como instituições de crédito, obedecem ao regime geral nesta matéria, pelo que não carece de desenvolvimento nesta sede.

No entanto, e numa perspectiva de objecto, as restantes entidades gestoras estão limitadas à administração de fundos de investimento fechados[132].

II. *Regime operacional*

O regime operacional das restantes entidades gestoras é muito mais reduzido que o das sociedades. Compreende-se que assim seja. Trata-se de instituições de crédito, em que a actividade de gestão dos fundos é apenas uma parcela, frequentemente não significativa, da sua actividade. Mas daqui não se pode retirar que não existam limites operacionais. Existem, mas têm um regime de diferente natureza:

a) em primeiro lugar o regime geral das entidades gestoras

b) em segundo lugar, regras operacionais específicas das instituições de crédito, geralmente de natureza prudencial, em que a sua actividade de gestão dos fundos é apreciada no globo da sua actuação

c) em terceiro lugar, regras específicas enquanto outras entidades gestoras de fundos.

Não se pode escamotear, no entanto, o regime relativamente menos apertado a que obedecem enquanto entidades gestoras. O que pode suscitar nalguns espíritos a questão de saber porque razão ainda se constituem sociedades gestoras tendo em conta que pertencem na sua maioria a grupos financeiros, e as instituições de crédito que as eles pertencem poderiam gerir os fundos com maior liberdade. Por um lado, é verdade que as instituições de crédito estão limitadas à administração de fundos de investimento fechados. Mas é igualmente verdade que por detrás da criação de

---

[132] 5º/2 DLFIM, 6º/2/DLFII. Cf. TOMÉ, Maria João Romão Carreiro Vaz; *Fundos de Investimento Mobiliário Abertos*, Almedina, Coimbra, 1997, p. 45. Nas sociedades de investimento, ver especificamente o artº 3º/g Dec.-Lei nº 260/94, de 22 de Outubro. Este regime tem por fonte o 4º/2, 3 Dec.-Lei nº 229- C/88, de 4 de Julho.

120   *Fundos de Investimento Mobiliário e Imobiliário*

sociedades gestoras de fundos hoje em dia está, mais que uma mera inevitabilidade de um grupo de não profissionais do mercado que pretendem actuar na área, uma opção de gestão. A criação de sociedades gestoras permite por um lado a limitação da responsabilidade na actividade de gestão e a concentração de profissionais especializados numa empresa. Mas é esta mesma realidade que hoje em dia impõe substancialmente um regime comparativamente mais apertado para as sociedades gestoras. Se as instituições de crédito querem ter a vantagem da limitação da responsabilidade e concentração de "know-how" não podem ter simultaneamente as vantagens de actuar enquanto instituições de crédito. Não arriscando o seu património na gestão dos fundos, não podem ter simultaneamente a latitude de actuação que teriam enquanto instituições de crédito.

i) *Fundos próprios*

Nem todas as instituições de crédito podem ser entidades gestoras. Apenas as que tenham pelo menos 1,5 milhões de contos de fundos próprios[133].

Esta limitação compreende-se tendo em conta a dimensão que os fundos podem atingir. Pressupõe-se que a entidade gestora tenha uma capacidade e dimensão financeira mínima para garantir a estabilidade na gestão dos fundos.

ii) *Operações limitadas*

Nos termos da lei[134] as entidades gestoras são excluídas de quase todas as limitações que não caibam no regime geral antes exposto. Em todos os casos são excluídas as limitações de actuação de conta própria. As actuações por conta dos fundos fazem parte mais caracteristicamente do regime geral.

Específico das restantes entidades gestoras é a permissão limitada de aquisição de unidades de participação. Podem em geral adquirir unidades de participação sem limites[135]. Podem igualmente adquirir unidades de participação de fundos que sejam por si geridos. No entanto, apenas o podem fazer até 25% do valor global de cada fundo. A lei não afirma que podem adquirir até 25% da totalidade dos fundos que administram. É em relação a cada fundo que tem de ser aferido o mencionado limite.

---

[133] 5°/2 DLFIM, 6°/2 DLFII. De igual modo, o disposto no 5° DFI.
[134] 11°/3 DLFIM, 12°/3 DLFII.
[135] É o que decorre da conjugação do 11°/1/e, 2, 3 DLFIM, 12°/1/d, 2, 3 DLFII.

Parte IV – Regime geral

Repare-se que esta aquisição não se encontra apenas limitada por esta regra. As regras de conflitos de interesses têm de ser igualmente seguidas (660° Cd.MVM)[136].

SECÇÃO II
OS DEPOSITÁRIOS

De entre as entidades que participam nesta actividade complexiva surge em segundo lugar o depositário. A própria figura merece explicação. Poderia pôr-se a hipótese de a lei se desinteressar por quem fosse o depositário dos valores que constituem os fundos. Caberia assim à entidade gestora, eventualmente com as limitações constantes no regulamento do fundo, determinar quem fosse o ou os depositários. No entanto, facilmente se compreendem os riscos que este regime de total liberdade traria. A base, o suporte do valor dos fundos, e consequentemente das unidades de participação, são os valores que os constituem. Sem esses valores, os fundos nada valem, são uma mera inscrição. Os activos subjacentes dos fundos requerem, nestes termos, uma atenção especial. Daí que quem os guarda tenha de ter um regime específico.

SUBSECÇÃO I
INSTITUIÇÃO E VICISSITUDES.
A NATUREZA DOS VALORES DEPOSITÁVEIS

Todos os fundos têm de ter um depositário. E um só depositário[137]. Mas se cada fundo apenas pode ter um depositário, isto não implica que cada entidade gestora apenas tenha de ter um depositário. Nada impede que uma mesma entidade gestora trabalhe com diferentes depositários, um para cada fundo ou para vários fundos.

---

[136] Com as implicações resultantes, nomeadamente no 664°/d, e Cd.MVM.

[137] 12°/1 DLFIM, 13°/1 DLFII. Ver também 7°/1 DFI. Nos termos do 55° DFI é possível noutros países da união Europeia que existam vários depositários, caso o Estado membro o permita e se cumpram os requisitos do mesmo 55° DFI.

Nos termos do 20°/1 Dec.-Lei n° 229-C/88, de 4 de Julho existia já o dever de haver depositário. No entanto, admitia-se que houvesse vários depositários. De igual modo assim era, para os fundos mobiliários, nos termos do 4° Dec.-Lei n.° 134/85, de 2 de Maio. Também para os imobiliários, segundo o disposto no 4° Dec.-Lei n° 246/85, de 12 de Julho. A existência de vários depositários já constava do 2°/§único Dec.-Lei n.° 46 342, de 20 de Maio de 1965.

TOMÉ, Maria João Romão Carreiro Vaz; *Fundos de Investimento Mobiliário Abertos*, Almedina, Coimbra, 1997, p. 45 salienta com razão que a lei visou, com a figura do depositário, impedir a concentração numa só entidade das funções de gestão e de custódia dos valores.

Em Espanha é igualmente obrigatória a existência de depositários, nos termos do 19.§3° e 27 ss. Ley 46/1984, de 26 deciembre. De igual modo apenas pode haver um só depositário (27.4. Ley 46/1984, de 26 deciembre; 55.6. Reglamento de la Ley 46/1984, de 26 de deciembre, aprovado pelo Real Decreto 1393/1990, de 2 noviembre). O mesmo regime se encontra para os fundos de pensões nos termos do 29. Real Decreto 1307/1988, de 30 septiembre. Nos termos do 18.2., 38. Reglamento de la Ley 46/1984, de 26 de deciembre, aprovado pelo Real Decreto 1393/1990, de 2 noviembre, exige-se de novo este depósito. Os depositários nos fundos imobiliários devem ser autorizados pela CNMV nos termos do 29.1. Orden de 24 de septiembre de 1993. A denominação "depositário de IIC" é apenas lícita aos depositários (RODRÍGUEZ ARTIGAS, Fernando; Instituciones de Inversión Colectiva, in: ALONSO UREBA, Alberto, MARTINEZ-SIMANCAS Y SANCHEZ; Julian; *Derecho del Mercado Financiero*; Tomo I, Volume 1, *Entidades del Mercado Financiero*, Editorial Civitas, Madrid, 1994, p. 339).

Em França para os S.I.C.A.V. é igualmente obrigatória a existência de um depositário e de um só nos termos do 3.§1° Loi n° 88-1201 du 23 décembre 1988.

Na Suíça o art. 6.2. Loi Fédérale sur les Fonds de Placement, du 18.03.1994 estabelece que o banco depositário é parte no contrato de investimento colectivo, devendo ter a natureza de um banco (17. Loi Fédérale sur les Fonds de Placement, du 18.03.1994). Em especial, as pessoas que no caso trabalham nos fundos devem ser indicadas ao revisor das contas por este banco (19. Ordonnance du Conseil Fédéral sur les Fonds de Placement du 19.10.1994). Mais especificamente, os fundos de investimento com vários segmentos devem ter um só depositário para cada fundo (20. Ordonnance du Conseil Fédéral sur les Fonds de Placement du 19.10.1994).

Em Itália, nas SICAV o depositário tem de constar do pacto social (2.3.c. Decreto Legislativo 25 gennaio 1992, n. 84 (in G.U. 14 febbraio 1992, n. 37)).

O depositário é igualmente previsto na Alemanha (ASMANN, Heinz--Dieter; SCHÜTZE, Rolf A.; *Handbuch des Kapitalanlagerechts*, C.H. Beck'sche Verlagsbuchhandlung, 2ª ed., München, 1997, p. 736 ss.).

No Reino Unido prevê-se a existência de um "trustee". No caso dos fundos estrangeiros, este é identificado com a entidade de custódia dos valores, ou seja, o depositário. No caso de um "unit trust scheme, means the person holding the property in question on trust for the participants" (Sec. 75(8).§3° Financial Services Act 1986).

Parte IV – Regime geral

No Brasil apenas se tem conhecimento de ser obrigatória a existência de um depositário instituição bancária nos fundos imobiliários no 5.§2º e 14.VII. Instrução CVM nº 205, de 14 de Janeiro de 1994.

Nos Estados Unidos da América existem os "mutual fund custodians" que são em princípio bancos comerciais ou "trust companies", podendo actuar também como "transfer agents" dos fundos, ou seja como entidades de transferência dos valores algo como, e *grosso modo*, uma Central de Valores Mobiliários para os valores emitidos pelos fundos (DOWNES, John; GOODMAN, Jordan Elliot; *Dictionary of Finance and Investment Terms*, Barron's, 4ª ed., New York, 1995, p. 352). Para o conceito de banco nesta sede ver a Sec. 2 (a) (5) Investment Company Act of 1940. A Sec. 7 (b) Investment Company Act of 1940 refere a categoria do "depositor" estatuindo que este não pode desenvolver as actividades enunciadas na mesma secção caso não se encontre registado junto da Securities and Exchange Commission. As "management companies" devem ter obrigatoriamente um ou mais depositários para as suas "securities and similar investments", que podem depositar os seus valores num "system for the central handling of securities" estabelecido por uma bolsa, uma associação prestadora de serviços nacional ou outra entidade em termos que sejam estabelecidos pela SEC (Sec. 17 (f) Investment Company Act of 1940). Os "unit investment trusts" apenas podem ter como depositários bancos (Sec. 26 (a) (1) Investment Company Act of 1940).

Os depositários são expressamente qualificados por lei como intermediários financeiros (607º, 608º/j Cd.MVM), implicando isto que se lhes aplicam as disposições gerais a eles respeitantes.

No Reino Unido, esta sua actividade é expressamente qualificada como "investment business", nos termos do 16 Schedule 1 Financial Services Act 1986.

Apenas podem ser depositários instituições de crédito preenchendo exactamente as mesmas condições que as exigidas para as entidades gestoras que não sociedades gestoras quanto à sua natureza e à dimensão dos fundos próprios[138]. As sociedades gestoras não podem ser depositários em consequência[139].

---

[138] 12º/2 DLFIM; 13º/2 DLFII. 8º/2, 3 DFI.

A exigência de um só depositário encontra-se também em Espanha para as SIMCAV nos termos do 15.3.f Ley 46/1984, de 26 deciembre. Os fundos próprios no 2-bis.4. Legge 23 marzo 1983, n. 77 (in G.U. 28 marzo 1983, n. 85). No Reino Unido exige-se que sejam pessoas autorizadas para o exercício da actividade (Sec. 78(4) Financial Services Act 1986.

[139] Também em França, os depositários têm de ser instituições de crédito (JUGLART, Michel de; IPPOLITO, Benjamin; *Traité de Droit Commercial, Tome 7, Banques et Bourses*,

124   *Fundos de Investimento Mobiliário e Imobiliário*

As suas vicissitudes são, nestes termos, os das instituições de crédito em geral, salvo as que lhes são especificas enquanto depositários.

Ora o depositário inere a um fundo, caracteriza-o, encontrando-se previsto no regulamento de gestão[140]. A alteração do depositário implica uma alteração deste regulamento, para o qual a lei exige a aprovação da CMVM (não sendo hoje prevista a necessidade de parecer favorável do Banco de Portugal), devendo ser publicada com 15 dias de antecedência sobre a data em que a substituição produzirá os seus efeitos num boletim de cotações e num jornal diário de grande circulação[141].

Anteriormente, a substituição de depositário dependia de autorização do Ministro das Finanças, nos termos do 20°/3 Dec.-Lei n° 229-C/88, de 4 de Julho. Para o regime original do DLFIM ver TOMÉ, Maria João Romão Carreiro Vaz; *Fundos de Investimento Mobiliário Abertos*, Almedina, Coimbra, 1997, p. 103.

A qualidade de depositário depende de autorização da CNMV em Espanha nos termos do 8.3. Ley 46/1984, de 26 deciembre. A substituição de depositário de um fundo mobiliário depende do que estiver estabelecido no regulamento de gestão, nos termos do 17.1.e Ley 46/1984, de 26 deciembre. A substituição encontra-se igualmente no 28. Ley 46/1984, de 26 deciembre e no 57. Reglamento de la Ley 46/1984, de 26 de deciembre, aprovado pelo Real Decreto 1393/1990, de 2 noviembre.

A constituição e substituição de depositário depende da aprovação da comissão federal dos bancos na Suíça, salvo se houver oposição dos participantes, caso em que compete ao tribunal, nos termos do 20. Loi Fédérale sur les Fonds de Placement, du 18.03.1994.

Por outro lado, implica a obrigação de alteração de depositário a alteração do objecto social para uma entidade que não as previstas na lei[142] ou a diminuição dos fundos próprios para além do previsto na mesma lei[143]. E obrigação de quem? Obrigação da entidade gestora de promover

---

Montchrestien, 3 ed., Paris, 1991, p.609). Em Itália, o 2-bis.4. Legge 23 marzo 1983, n. 77 (in G.U. 28 marzo 1983, n. 85).

[140] 18°/3/d DLFIM, 19°/3/d DLFII.

Na Suíça exige-se que seja previamente autorizado a actuar como tal nos termos do 18. Loi Fédérale sur les Fonds de Placement, du 18.03.1994. Em Portugal o sistema é diferente, na medida em que apenas a qualidade de depositário de um fundo concreto carece de intervenção da autoridade administrativa, em sede de aprovação do regulamento do fundo.

[141] 13°/4 DLFIM, 14°/4 DLFII.

[142] Os já referidos 12°/2 DLFIM, 13°/2 DLFII.

[143] Fala-se em obrigação da alteração do depositário e não em caducidade da posição de depositário, tendo em conta a ponderação de resultados da interpretação.

Parte IV – Regime geral   125

a alteração, mas igualmente obrigação do depositário de dar o facto ao conhecimento tempestivo da entidade gestora, sendo ambos solidariamente responsáveis dos prejuízos que daí advenham para os investidores[144].

A alteração de depositário atribui aos participantes o direito de pedir o reembolso sem custas em Espanha nos termos do 35.2. Reglamento de la Ley 46/1984, de 26 de deciembre, aprovado pelo Real Decreto 1393/ /1990, de 2 noviembre. Esta alteração em Itália gera os deveres de dupla publicação prévia à produção dos seus efeitos, salvo se os interesses dos participantes exigirem o contrário, caso em que, com autorização do Banco de Itália, pode produzir efeitos imediatamente, nos termos do 2-bis.5. Legge 23 marzo 1983, n. 77 (in G.U. 28 marzo 1983, n. 85). No caso das SICAV, o mesmo regime é aplicável por força do 6.2. Decreto Legislativo 25 gennaio 1992, n. 84 (in G.U. 14 febbraio 1992, n. 37). A alteração de depositário é regida na Suíça pelas regras de alteração do regulamento do fundo, nos termos do 21. Ordonnance du Conseil Fédéral sur les Fonds de Placement du 19.10.1994. A modificação do "trustee" tem de ser autorizada pelo Secretary of State no Reino Unido, nos termos da Sec. 82(3) Financial Services Act 1986. A renúncia do depositário de um "unit investment trust" nos Estados Unidos apenas pode ocorre quando se arranja um substituto obedecendo aos mesmos requisitos legais ou o fundo foi liquidado (Sec. 26 (a) (3) Investment Company Act of 1940).

Devem ter a sua sede em Portugal. No caso de ter a sua sede noutro Estado membro este deve ter em Portugal a sua sucursal[145].

Em França os depositários dos S.I.C.A.V. devem ter a sua sede igualmente em França (3. Loi n° 88-1201 du 23 décembre 1988). Em Itália, devem ter a sua sede em Itália, ou se a tiverem num país da União Europeia, devem ter sucursal em Portugal (2-bis.4. Legge 23 marzo 1983, n. 77 (in G.U. 28 marzo 1983, n. 85) (o mesmo regime para as SICAV, nos termos do 6.2. Decreto Legislativo 25 gennaio 1992, n. 84 (in G.U. 14

Com efeito, se de caducidade se tratasse, não apenas a garantia teria sido diminuída pela mudança de objecto social ou de fundos próprios, como ainda por cima a responsabilidade depositária caducaria. Aquela que é uma norma de garantia dos investidores não pode ser lida em termos tais que em nome de um aparente rigor jurídico se cheguem a conclusões que são contrárias aos valores defendidos.

[144] 15°/1 DLFIM, 16°/1 DLFII.

[145] 12°/3 DLFIM, 13°/3 DLFII. É o princípio do 8°/1 DFI.

O 3. Reglamento de la Ley 46/1984, de 26 de deciembre, aprovado pelo Real Decreto 1393/1990, de 2 noviembre, espanhol exige que tenha a sua domiciliação em território espanhol e igualmente neste território a sua administração central.

126 Fundos de Investimento Mobiliário e Imobiliário

febbraio 1992, n. 37)). No Luxemburgo, idêntica regra se encontra enunciada em *O.P.C.V.M. 90, Où et Comment s'Implanter en Europe?*, Séminaire de Direction de Banque, La Revue Banque Éditeur, Tome II, Paris 1990, p. 404. No Reino Unido têm igualmente de ser sociedades com sede e administração efectiva neste país ou noutro Estado membro (Sec. 78(3) Financial Services Act 1986).

Há que determinar, por outro lado, qual o conceito de valores que subjaz ao disposto na lei[146] para efeitos da definição do que é objecto da actividade do depositário. Ora, a definição do conceito de valores não se pode separar da natureza da instituição de crédito em causa, como veremos. Daí que a delimitação dos valores e do âmbito de actuação dos depositários não se possa desligar, deva ser tratada em conjunto.

A noção de depositário tem de ser devidamente entendida. Havendo valores escriturais, em bom rigor não se trata de um depositário mas de uma entidade registadora quanto a estes valores. No entanto, o legislador manteve a expressão tradicional por razões de simplicidade.

Por outro lado, a norma tem de merecer entendimento restritivo no sentido em que nesta sede é de mero enquadramento e não directamente permissiva. Dito por outra forma: não basta que preencha os requisitos do DLFIM e DLFII caso seja depositária de valores escriturais. É necessário que seja uma instituição de crédito que preencha os requisitos do 59º Cd.MVM, caso os valores em presença sejam escriturais. É necessário que seja uma instituição de crédito prevista no 87º/1 Cd.MVM para que possa ser depositária de valores titulados dentro do sistema de depósito e controle de valores mobiliários. Repare-se que a lei não impede directamente entidades que não preencham estes requisitos de virem a ser depositários nos fundos. No entanto, e dado que cada fundo apenas pode ter um depositário, caso não preenchessem estes requisitos os fundos que custodiam não poderiam nunca adquirir valores dentro do sistema de registo/depósito de valores previsto nos artigos 59º, 85º e 86º Cd.MVM.

Mas não bastara esta limitação, que já é gravosa, na medida em que os valores mais significativos se encontram integrados no mencionado sistema, como ainda estariam limitados na sua actividade noutra perspectiva. É que não poderiam ser depositários de praticamente nenhum valor adquirido em bolsas portuguesas[147].

---

[146] Os citados 12º/1 DLFIM, 13º/1 DLFII

[147] A demonstração desta tese é relativamente complexa. No entanto, a verdade é que, salvo no que respeita ao se valores que já se encontravam admitidos em bolsa antes da entrada em vigor do Cd.MVM e do regulamento da negociação (Reg 91/10 da CMVM),

Restar-lhes-iam apenas valores fora do sistema de registo/depósito de valores mobiliários e adquiridos em mercado de balcão ou fora de mercado secundário, ou em mercados estrangeiros, nos limites em que a lei o permita.

Não sendo obrigatória para os depositários o preenchimento dos requisitos do 59º e 87º/1 Cd.MVM, facilmente verificamos que a falta de preenchimento destes requisitos limita drasticamente a sua actividade.

O cotejo do regime dos fundos mobiliários e imobiliários, quando define de igual modo as funções dos depositários, permite-nos afirmar que se encontram excluídos os valores imobiliários que não sejam mobiliários[148].

Por outro lado, há que saber se os valores abrangem apenas valores mobiliários em sentido estrito ou igualmente valores monetários, bem como outros activos[149].

Para se saber se o conceito de valores abrange igualmente os valores monetários e outros que pertencem aos fundos há que procurar a finalidade da norma. A entidade gestora, como o próprio nome indica, gere os fundos. O depositário é o responsável pela custódia dos valores que os compõem, independentemente da sua natureza, e apenas com exclusão dos activos imobiliários que não sejam valores mobiliários, quando a lei o permita. A figura é de responsabilização, não tanto de actividade material. Daí que se compreenda igual exigência em matéria de fundos próprios que aquele que existe para as entidades gestoras instituições de

---

que podem continuar a ser liquidados fora do sistema, todos os valores admitidos à negociação em bolsa têm de estar integrados no sistema de registo/depósito e controle de valores mobiliários, como decorre da conjugação do 8º/4, 12º do Dec.-Lei nº 142-A/91, de 10 de Abril, 410º/6, 429º/2/b, 459º/2, 5 Cd.MVM e 1º/1 e 55º Reg 91/10 da CMVM.

[148] 13º DLFIM, 14º DLFII. Ou seja, os referidos no 4º/1/a DLFII.

[149] Pense-se também nos metais preciosos e certificados (42º/4, 51º, 53º DLFIM); bem como na necessidade de liquidez para as compras e facilitar a liquidação das vendas.

A proibição de aquisição de metais preciosos e certificados dos mesmos nos fundos mobiliários abertos encontra-se em Itália no 4.2.a. Legge 23 marzo 1983, n. 77 (in G.U. 28 marzo 1983, n. 85).

Pelo contrário admite-se que façam parte dos fundos ouro nos termos do 13.§3º Regulamento Anexo à Circular nº 2.594, de 21 de Julho de 1995, do Banco Central do Brasil, desde que adquirido em bolsas de mercadorias e de futuros. De igual modo o 13.§3º Regulamento Anexo à Circular nº 2.616, de 18 de Setembro de 1995 do Banco Central do Brasil.

Estes metais preciosos são integrados em "commodity funds", fundos de activos reais (DOWNES, John; GOODMAN, Jordan Elliot; *Dictionary of Finance and Investment Terms*, Barron's, 4ª ed., New York, 1995, p. 430).

128   *Fundos de Investimento Mobiliário e Imobiliário*

crédito. Daí que se compreenda que seja uma mesma entidade a custodiar os valores, seja que natureza tenham, dos fundos. Como antes se afirmou, os fundos valem pelos seus activos subjacentes, significando isto que a custódia destes activos tem de ser unitária.

Mas para que não haja dúvidas que é este o regime enunciado pelo legislador, há que saber se todas as instituições de crédito em presença podem receber fundos reembolsáveis e outros activos em depósito. Com efeito, este seria um indício forte no sentido de que o legislador pretendeu que fosse a mesma instituição a depositária dos valores mobiliários e dos monetários.

A lei Suíça, apesar de mais impressiva no conceito usado, é mais inequívoca. É que no 19.1. Loi Fédérale sur les Fonds de Placement, du 18.03.1994 se deixa bem claro que compete ao banco depositário a guarda da "fortuna" do fundo, ou seja, de todo o seu património. Mais se esclarece no 20. Ordonnance du Conseil Fédéral sur les Fonds de Placement du 19.10.1994 que o banco depositário responde pelas contas bancárias dos fundos, conserva as cédulas hipotecárias e as acções de sociedades imobiliárias, embora possam ser abertas contas junto de terceiros para gestão de contas de valores imobiliários.

Os bancos (3°/a RGICSF) e a Caixa Geral de Depósitos, Crédito e Previdência (3°/b RGICSF) por definição podem ser depositários de todas as espécies de valores (4°/1, 2 RGICSF). As caixas económicas (3°/c RGICSF) também podem receber depósitos em numerário, e outros activos[150].A Caixa Central de Crédito Agrícola Mútuo (3°/d RGICSF) pode receber depósitos e outros fundos reembolsáveis e prestar serviços de guarda de valores[151]. De igual forma, as caixas de crédito agrícola mútuo (3°/e RGICSF) podem receber depósitos e prestar serviços de guarda de valores[152]. No entanto, as sociedades de investimento (3°/f RGICSF) já não podem receber fundos reembolsáveis, nem é referida a sua possibilidade de guardar outras espécies de valores, pelo que se poderia levantar o problema de saber se seria possível serem depositários nos fundos[153].

---

[150] Art°s 1°, 13°, 15° Dec.-Lei n° 136/79, de 18 de Maio.

[151] Art°s 57°/a, 59° do Regime Jurídico do Crédito Agrícola Mútuo e das Cooperativas de crédito Agrícola, aprovado pelo Dec.-Lei n° 24/91, de 11 de Janeiro.

[152] Art°s 26°/a, 35° do Regime Jurídico do Crédito Agrícola Mútuo e das Cooperativas de crédito Agrícola, aprovado pelo Dec.-Lei n° 24/91, de 11 de Janeiro.

[153] 3° Dec.-Lei n° 260/94, de 22 de Outubro.

Parte IV – Regime geral   129

Todavia, a lei específica das sociedades de investimento resolve expressamente este problema quando estatui que podem exercer esta actividade[154].

Nos termos do 9° Dec.-Lei n.° 46 342, de 20 de Maio de 1965 podiam ser depositários os bancos de investimento e as instituições de crédito previstas nas alíneas a) a c) do art° 3° Dec.-Lei n° 41 403, de 27 de Novembro de 1957, a saber, os institutos de crédito do Estado, os bancos emissores e os bancos comerciais. A literatura na matéria salientava a importância que tinha esta actividade de depositário como forma de alargamento das actividades bancárias (PASSEIRO, José Manuel; Fundos de Investimento; in: *Revista Bancária*, Ano IV, n° 12, Abril - Junho de 1968, Lisboa, p. 17).

À luz do 20°/2 Dec.-Lei n° 229- C/88, de 4 de Julho poderiam ser depositários bancos comerciais e de investimento estabelecidos no território nacional. Esta distinção deixou de ter sentido juridicamente à luz do RGICSF. Por outro lado, como se verifica, a nova lei alargou significativamente as entidades depositárias. Veja-se também o 20°/5 Dec.-Lei n° 229-C/88, de 4 de Julho. O 21° Dec.-Lei n.° 134/85, de 2 de Maio, previa igualmente que pudessem ser depositários os bancos comerciais e de investimento.

Em Espanha, podem ser depositários os bancos, as "cajas de ahorro", a "Confederación Española de Cajas de Ahorro", a "caja Postal" e as sociedades e agências de valores (correspondentes às nossas corretoras, como se vê pelos 62. ss. Ley del Mercado de Valores (Ley 24/1988, de 28 de julio)) (27.3. Ley 46/1984, de 26 deciembre). Em igual sentido o disposto no 71.l., 71.§2°, 76.§2°.a. Ley del Mercado de Valores (Ley 24/1988, de 28 de julio). Também podem ser depositários as cooperativas de crédito (71.§2°.b Ley del Mercado de Valores (Ley 24/1988, de 28 de julio)). De igual modo, o disposto no 55. Reglamento de la Ley 46/1984, de 26 de deciembre, aprovado pelo Real Decreto 1393/1990, de 2 noviembre. Nos fundos imobiliários, aplica-se o mesmo regime nos termos do 29.2. Orden de 24 de septiembre de 1993. Em Espanha, para os fundos de regularização, que não são fundos de investimento, prevêem-se igualmente como depositários as instituições antes referidas (87.§1° Real Decreto 1669/1980, de 31 de Julio) e no caso do fundo de regularização do mercado hipotecário de carácter público, o depositário será o Banco Hipotecário de Espanha. (87.§2° Real Decreto 1669/1980, de 31 de Julio).

Na Suíça, apenas podem ser depositários bancos nos termos do 17. Loi Fédérale sur les Fonds de Placement, du 18.03.1994.

Em Itália, pode ser depositário nos fundos mobiliários uma "banca depositaria" (2-bis. Legge 23 marzo 1983, n. 77 (in G.U. 28 marzo 1983, n. 85). Nas SICAV, o mesmo regime aparece no 6.1. Decreto Legislativo 25 gennaio 1992, n. 84 (in G.U. 14 febbraio 1992, n. 37).

---

[154] 3°/h Dec.-Lei n° 260/94, de 22 de Outubro.

130   *Fundos de Investimento Mobiliário e Imobiliário*

Este quadro descritivo não nos exime de uma apreciação crítica da opção legislativa. É que, como vimos, os bancos e a Caixa Geral de Depósitos podem exercer esta actividade de depositário. Nada há que estranhar no facto. São instituições de crédito com vocação universal, com uma dimensão mínima imposta por lei. Mais estranha é a posição que a lei atribui às caixas económicas, à Caixa Central de Crédito Agrícola Mútuo e às caixas de crédito agrícola mútuo. Com efeito, estas instituições estão particularmente delimitadas por finalidades de natureza social e sectorial. Compreender-se-ia que esta actividade fosse eventualmente permitida em relação a fundos que tivessem directamente a ver com o escopo deste tipo de entidades. No entanto, a lei é aparentemente mais generosa. Já menos peculiar é a posição das sociedades de investimento, espécie que se poderia dizer em vias de extinção, e que foi criada com a finalidade de obviar à limitações de acesso ao sector bancário que existiam na altura da sua instituição.

A verdade é que o regime mais generoso da lei se enquadra num movimento mais geral de, respeitando o princípio da especialidade, aproveitar competências e dimensões realmente existentes. Não se pode confundir uma instituição de crédito de pequena dimensão com uma mais profissionalizada e de maior dimensão, embora de escopo limitado[155]. Por outro lado, convém não esquecer que a lei não se basta com uma restrição típica das entidades que podem ser depositárias. Exige fundos próprios bastante elevados, que se constituem como garantia da sua dimensão, estabilidade e capacidade de enfrentar as responsabilidades inerentes à sua actividade de depositários[156].

Em Espanha, existe um lugar paralelo que reforça esta acepção lata de valores. É que a função dos depositários é a do depósito não apenas dos valores mobiliários, como dos restantes activos financeiros e numerário ("efectivo") (19.§3º Ley 46/1984, de 26 deciembre). No 18.2. Reglamento de la Ley 46/1984, de 26 de deciembre, aprovado pelo Real Decreto 1393//1990, de 2 noviembre, repete-se que os valores mobiliários e os demais activos financeiros têm de estar na custódia dos depositários correspondentes. Exige-se, por outro lado, que o "efectivo", o numerário, esteja

---

[155] No mesmo sentido vai o 36º-A do Regime Jurídico do Crédito Agrícola Mútuo e das Cooperativas de crédito Agrícola, aprovado pelo Dec.-Lei nº 24/91, de 11 de Janeiro.

[156] Par além de obedecerem às restantes normas prudenciais enquanto instituições de crédito.

sempre depositado no depositário (38. Reglamento de la Ley 46/1984, de 26 de deciembre, aprovado pelo Real Decreto 1393/1990, de 2 noviembre).

Em Itália, a expressão é mais inequívoca, na medida em que se afirma peremptoriamente que o depositário tem o dever de custódia do *património* dos fundos (2-bis. (corpo) Legge 23 marzo 1983, n. 77 (in G.U. 28 marzo 1983, n. 85)). No caso dos SICAV (para valores mobiliários) refere-se que os depositários guardam os "titoli *e le disponibilità liquide* della società" (2.3.c. Decreto Legislativo 25 gennaio 1992, n. 84 (in G.U. 14 febbraio 1992, n. 37); cf. 6.1., 6.2.).

Nos Estados Unidos exige-se, para os "unit investment trusts" que os seus depositários tenham fundos próprios no valor mínimo de 500.000 dólares (Sec. 26 (a) (1) Investment Company Act of 1940). De igual modo se refere, como activos depositados "securities and other property" (Sec. 26 (a) (2) Investment Company Act of 1940).

Os depositários podem ter outras funções, nomeadamente quando existem fundos personalizados. No caso dos SIMCAV espanhóis, sociedades de investimento de capital variável, as acções representativas do capital máximo que não tenham sido ainda subscritas ou que tenham sido posteriormente adquiridas pela sociedade têm de estar em depósito do depositário até serem postas em circulação nos termos do 15.6. Ley 46/ /1984, de 26 deciembre. De igual forma, as acções próprias que forem adquiridas pelas SIMCAV têm de se encontrar custodiadas por este depositário (1.4. Orden de 6 de julio de 1993). Este regime é evidentemente conexo com o anterior. É que em ambos os casos as acções não representam nenhum património. Isto tanto mais quanto estas entidades não têm limites à aquisição de acções próprias, ao contrário das sociedades comuns (1.3. Orden de 6 de julio de 1993).

SUBSECÇÃO II

FUNÇÕES

O depositário, como já vimos, não é uma mera entidade de custódia de valores. Tem um papel bem mais vasto no quadro da distribuição das responsabilidades na actividade dos fundos[157].

---

[157] No regime comum ver-se-á igualmente desenvolvimentos desta ideia, nomeadamente pelo facto de não ser possível acumular funções de depositário e entidade gestora. Ver igualmente 7º/3 DFI.

As funções do depositário dependem de regulamentação em Espanha, nos termos do 27.3.§3º Ley 46/1984, de 26 deciembre.

132 *Fundos de Investimento Mobiliário e Imobiliário*

A sua actividade encontra-se subordinada às instruções da entidade gestora nos termos da lei e do contrato entre eles celebrado[158]. O depositário limita-se a cumprir estas instruções em tudo o que respeita a matéria de gestão dos fundos. No entanto, não existe uma mera relação de subordinação. Tem igualmente uma função de controle de legalidade (da lei, regulamentos e regulamento de gestão) destas instruções, devendo-se recusar a aceitar instruções que sejam contrárias à lei[159].

Idêntico regime em Itália no 2-bis.c. Legge 23 marzo 1983, n. 77 (in G.U. 28 marzo 1983, n. 85) e no 6. Decreto Legislativo 25 gennaio 1992, n. 84 (in G.U. 14 febbraio 1992, n. 37) para os SICAV.

Neste âmbito, a lei atribui-lhe um conjunto de funções que se podem dividir em quatro campos: operacionais, financeiras, de controlo e administrativas.

Numa perspectiva contratual TOMÉ, Maria João Romão Carreiro Vaz; *Fundos de Investimento Mobiliário Abertos*, Almedina, Coimbra, 1997, p. 96 – 97 defende que o contrato entre a entidade gestora e o depositário tem elementos do contrato de administração dirigidos a uma prestação de serviços, de contrato de abertura de conta e de depósito. É certo. No entanto, e mesmo numa perspectiva contratual, a sua actividade não se resume a estes aspectos. Existem elementos de um contrato de abertura de conta de valores escriturais, de comercialização (das unidades de participação). Por outro lado, as suas funções de controlo não são recondutíveis ao esquema contratual. *Ibidem*, p. 99 qualifica-o de contrato misto típico, o que não é incorrecto, desde que se tenha em conta que as relações entre depositário e entidade gestora se fundam no contrato, mas não se reduzem a deveres de natureza meramente contratual, como reconhece a p. 102.

Em Espanha ver, para funções na constituição dos fundos, RODRÍGUEZ ARTIGAS, Fernando; Instituciones de Inversión Colectiva, in: ALONSO UREBA, Alberto, MARTINEZ-SIMANCAS Y SANCHEZ; Julian; *Derecho del Mercado Financiero*; Tomo I, Volume 1, *Entidades del Mercado Financiero*, Editorial Civitas, Madrid, 1994, p. 339.

Na Suíça estatui-se expressamente que o regulamento dos fundos pode alargar os deveres dos depositários (19.3. Loi Fédérale sur les Fonds

---

[158] 13º/2/c, 14º/3 DLFIM, 14º/2/a, 15º/3 DLFII.

No Brasil existe uma regra de segurança em relação a este dever de execução nos fundos imobiliários: é que apenas podem ser cumpridas as ordens assinadas pelo director responsável pela administração do fundo ou por quem tenha sua procuração no 14.XVII. Instrução CVM nº 205, de 14 de Janeiro de 1994.

[159] 13º/2/c, 14º/3 DLFIM, 14º/2/a, 15º/3 DLFII

Parte IV – Regime geral

de Placement, du 18.03.1994). Por outro lado, consagrou-se um direito de acção judicial de cada participante contra o banco depositário (ou a entidade gestora, consoante a natureza dos deveres em causa) para exigir o cumprimento dos deveres de boa gestão e depósito no 27. Loi Fédérale sur les Fonds de Placement, du 18.03.1994.

Na Alemanha têm outras funções operacionais. Por exemplo a avaliação dos fundos compete ao depositário (ASMANN, Heinz-Dieter; SCHÜTZE, Rolf A.; *Handbuch des Kapitalanlagerechts*, C.H. Beck'sche Verlagsbuchhandlung, 2ª ed., München, 1997, p. 753).

I. *Funções operacionais*

i) *Compras e vendas de valores para o fundo*

O depositário efectua as compras e vendas dos valores de que a entidade gestora o incumba[160]. A norma, na sua aparente simplicidade, esconde limitações que só numa perspectiva sistemática podem ser apreciadas. É possível às entidades gestoras darem ordens aos depositários para compra ou venda de valores, mas apenas caso a caso. Já não é possível a celebração de contratos de gestão de carteiras, nem de gestão de patrimónios com estes depositários. Com efeito, as funções de administração dos fundos são indisponíveis como antes se afirmou[161].

Questão diferente é a de saber se a entidade gestora pode dar ordens a outros intermediários financeiros para a realização das operações e se pode ela mesmo realizar estas operações. Em ambos os casos a resposta é afirmativa. No entanto, requer enunciação. Em primeiro lugar, poder-se-ia contestar que esta faculdade violaria a ideia de segurança que está por detrás da separação de funções. Não é assim. De qualquer modo, deve ser dado ao depositário conhecimento tempestivo destas operações, sob pena de violação dos deveres de boa administração. Por outro lado, o recurso obrigatório a um terceiro (o depositário) ou a proibição de recurso a outros intermediários pode implicar a realização de operações em condi-

---

[160] 13°/1/b DLFIM, 14°/1/b DLFII.

20°/2/b Dec.-Lei nº 229- C/88, de 4 de Julho. 21°/b Dec.-Lei n.º 134/85, de 2 de Maio. 21°/b Dec.-Lei nº 246/85, de 12 de Julho.

56.g. Reglamento de la Ley 46/1984, de 26 de deciembre, aprovado pelo Real Decreto 1393/1990, de 2 noviembre.

[161] 6°/3 DLFIM, 7°/2 DLFII.

Por força do regime geral espanhol veja-se o 71.j. Ley del Mercado de Valores (Ley 24/1988, de 28 de julio.

ções mais onerosas, ou com custos de oportunidade maiores. Para uma compra ou venda directa de um lote de valores cuja negociação é integralmente do mérito da entidade gestora esta ver-se-ia, na tese contrária, obrigada a passar por uma mediação que traria uma mais valia nula ao resultado final da operação e podia mesmo impedir a sua realização pelo atraso que implicasse. Em segundo lugar, pode-se contra-argumentar com a natureza solidária da responsabilidade da entidade gestora e do depositário. Se a responsabilidade é solidária, como se pode conceber tal regime se a entidade gestora pode actuar sem o controle prévio do depositário? Também este argumento não tem a força que parece possuir numa primeira análise. É que no nosso Direito existem responsabilidades solidárias independentemente de qualquer conhecimento da acção do agente (pense-se no 500º Cd. Civil, por exemplo). Uma entidade gestora que coloque o seu depositário numa situação de responsabilização sem o seu controle legitima o seu direito de regresso contra ela, por um lado, e eventualmente medidas administrativas contra a entidade gestora, que podem passar inclusivé pela revogação da autorização do fundo. No entanto, o regime legal caracteriza-se pela responsabilidade solidária perante factos de terceiros sob os quais o controle é sempre imperfeito. Também se o depositário elaborar mal os seus registos, de forma incontrolável para a entidade gestora, de tal forma que isso prejudique a posição dos participantes, estes têm direito de acção contra a entidade gestora. Se neste caso se reconhece que a entidade gestora é responsável, mesmo por factos que não pode controlar directamente, de igual modo, não se pode invocar a responsabilidade solidária contra a liberdade de escolher o executor das ordens. Em terceiro lugar, a escolha de terceiro executor não é livre apenas no sentido geral. Ou seja, apenas pode dar ordens para intermediário financeiro competente para o mercado e para os valores em questão. Por exemplo, se não puder negociar em bolsa, este terceiro não pode ser executor de uma ordem de bolsa. Em quarto lugar, e como antes se afirmou, a entidade gestora é obrigada a comunicar tempestivamente a operação ao depositário, nos termos do dever de boa administração, mas também por força da sua posição de depositário em sentido restrito. os activos vendidos têm sempre de ser debitados da conta junto do depositário. Os activos adquiridos têm sempre de ser integrados na conta do mesmo depositário[162].

---

[162] Aqui a casuística é por demais complexa, devendo-se distinguir consoante a natureza dos activos e dos mercados. No entanto, e no que respeita à compra e venda de valores mobiliários dentro do sistema, há que lembrar que enquanto entidade de custódia

O sistema do 9º Dec.-Lei n.º 46 342, de 20 de Maio de 1965 era diferente. O depositário efectuava todas as operações de compra e venda dos fundos. No entanto, há que ter em conta que à luz do mesmo diploma, nos termos do seu artº 2º/§único, poderia haver vários depositários, pelo que entre eles se poderia instalar um sistema de concorrência. Por outro lado, os mecanismos protectivos das operações, sobretudo com valores mobiliários, eram muito menos rigorosos na época. Daí que se compreendesse esta norma de segurança mais rígida. TOMÉ, Maria João Romão Carreiro Vaz; *Fundos de Investimento Mobiliário Abertos*, Almedina, Coimbra, 1997, p. 105 salienta que o depositário intervém apenas na fase executiva da operação, sem prejuízo das suas funções de controlo.

ii) *Subscrição e resgate de unidades de participação*

Os depositários devem receber e satisfazer os pedidos de subscrição e resgate das unidades de participação[163]. Esta função não é exclusiva das entidades depositárias. Com efeito, partilham esta função com as entidades gestoras e com as entidades colocadoras[164]. Esta função tem uma natureza operacional (a aceitação da subscrição e do resgate), mas igualmente financeira (o depósito das quantias decorrente da subscrição ou o pagamento decorrente do resgate).

---

cumpre ao depositário operar os bloqueios do 68º, 69º, 93º Cd.MVM, quando seja o caso, e às transferências em conta do 65º e 89º Cd.MVM, entre os restantes deves constantes nomeadamente do 410º, 425º, 502º Cd.MVM.

[163] 13º/1/c DLFIM, 14º/1/c DLFII. 7º/3/a DFI.

Ver os 9º/c, d Dec.-Lei n.º 46 342, de 20 de Maio de 1965, 20º/2/c, de Dec.-Lei nº 229- C/88, de 4 de Julho. 21º/c, de Dec.-Lei n.º 134/85, de 2 de Maio. 21º/c, de Dec.- -Lei nº 246/85, de 12 de Julho.

56.c., d., e. Reglamento de la Ley 46/1984, de 26 de deciembre, aprovado pelo Real Decreto 1393/1990, de 2 noviembre. As mesmas funções no caso dos fundos imobiliários, nos termos do 29.3.§4º Orden de 24 de septiembre de 1993.

Também o 19.3. Loi Fédérale sur les Fonds de Placement, du 18.03.1994.

[164] 28º DLFIM, 31º DLFII. Este é um curioso desvio ao princípio da segregação de funções de entidade gestora e depositário., constante do 14º DLFIM e 15º DLFII. Com efeito, sem prejuízo da validade deste princípio, a verdade é que não se compreenderia que se impedisse as entidades gestoras de fazer subscrever os registar nos seus balcões as unidades de participação. Seria impor uma regras de invisibilidade das entidades gestoras, que não teriam contacto directo com os participantes, contrária à ideia de transparência e que em nada afecta a razão de ser da segregação, como baixo veremos a propósito do regime comum às entidades gestoras e depositários.

136 *Fundos de Investimento Mobiliário e Imobiliário*

Paralelo a este dever, encontra-se na Suíça o do depositário ter de garantir a gestão dentro e fora de bolsa das unidades de participação (42. Loi Fédérale sur les Fonds de Placement, du 18.03.1994).

iii) *Garantia do cumprimento*

Os depositários devem assegurar que a liquidação física e financeira das operações que realizem, independentemente dos mercados em que se realizem, e independentemente desta liquidação ocorrer em sistema ou fora dele (458° ss. Cd.MVM), e em geral respeitem aos activos dos fundos, sejam eles valores mobiliários, imobiliários, monetários ou outros, se processe nos prazos conformes à prática do mercado[165].

Repare-se que não se exige que se assegure o cumprimento nos prazos estabelecidos por lei. Com efeito, quando as liquidações ocorrem em sistema, o prazo desta liquidação não depende deles integralmente, dado que se encontra estabelecido pelas regras do sistema. O que se exige é que o cumprimento das obrigações em relação ao fundo se opere nos prazos normais do mercado a que os activos pertencem. Este regime tem duas implicações:

a) em primeiro lugar, a de que todos os factos de que dependa o cumprimento que sejam da sua responsabilidade têm de ser tempestivamente praticados e de acordo com elevados critérios de diligência e competência (658° Cd.MVM), sob pena de responsabilidade, nomeadamente a especificação, a aceitação da especificação, as transferências em conta de valores, numerário ou outros

b) em segundo lugar, que qualquer cumprimento que ocorra fora deste prazo normal do mercado[166] é da sua responsabilidade se não tiver desenvolvido todos os esforços exigíveis a quem é dotado de elevados níveis de competência e diligência (658° Cd.MVM) para que o cumprimento ocorra tempestivamente.

---

[165] A expressão vem do 7°/3/d DFI.

[166] Não esquecendo que a remissão para a prática do mercado não é meramente fáctica. Caso estejamos perante um mercado de profissionais a quem é exigida uma diligência especial, não se pode invocar a ocorrência de atrasos normais sem mais. É necessário verificar se estes atraso ocorrem por incúria dos seus agentes. o tipo usado pela lei tem uma dimensão normativa, como todos os tipos-de-frequência.

Tomé, Maria João Romão Carreiro Vaz; *Fundos de Investimento Mobiliário Abertos*, Almedina, Coimbra, 1997, p. 106 enuncia este dever num dos seus aspectos, o de terem de verificar a correcção do comportamento da contraparte negocial relativamente à tempestividade da execução da prestação, e não apenas o comportamento da entidade gestora.

A lei mais próxima à portuguesa nesta sede é a italiana, nos fundos mobiliários, em que se refere mesmo a expressão "la contraprestazione le sai rimessa nei termini d'uso" (2-bis.b. Legge 23 marzo 1983, n. 77 (in G.U. 28 marzo 1983, n. 85). e nas SICAV no 6. Decreto Legislativo 25 gennaio 1992, n. 84 (in G.U. 14 febbraio 1992, n. 37).

II. *Funções financeiras*

i) *Exercício de direitos*

Também lhe competem funções de exercício dos direitos de natureza patrimonial[167]. Este exercício pelo depositário não carece de mandato especial da entidade gestora, é dever directo do depositário. Mas quer isto igualmente dizer que os direitos de natureza social apenas podem ser exercidos pelas entidades gestoras e não pelos depositários, no âmbito geral das suas funções.

Questão é a saber se se considera parte do exercício de direitos patrimoniais a venda de direitos de aquisição (originária ou derivada) de valores (*maxime*, do direito de subscrição de valores) para obter os respectivos proventos[168], e o exercício do direito de aquisição de valores. Parece que não. O exercício de direitos patrimoniais em causa refere-se àquelas que são qualificáveis de rendimento. As situações ora elencadas melhor cabem na ideia de administração dos fundos, na medida em que correspondem a opções de gestão e não a efeitos automáticos dos próprios valores. Quem adquire um valor que gera rendimentos deseja evidentemente recebê-los. Nada há que decidir nesta área. Exercer um direito de aquisição ou vendê-lo implica uma decisão onerosa ou pelo menos

---

[167] 13º/1/b DLFIM, 14º/1/b DLFII.

20º/2/b Dec.-Lei nº 229- C/88, de 4 de Julho. No 9º/b Dec.-Lei n.º 46 342, de 20 de Maio de 1965 referiam-se apenas os direitos de subscrição.

56.g. Reglamento de la Ley 46/1984, de 26- de deciembre, aprovado pelo Real Decreto 1393/1990, de 2 noviembre.

19.3. Loi Fédérale sur les Fonds de Placement, du 18.03.1994.

[168] E em geral do exercício de warrants, na sua acepção mais geral.

138 Fundos de Investimento Mobiliário e Imobiliário

arriscada pelo fundo. Este incumbe à entidade gestora. No entanto, nada impede que a entidade gestora incumba o depositário para cada uma destas operações[169].

Já diferente é o problema relativo às operações decorrentes do exercício de outros direitos de natureza patrimonial relativos aos mesmos valores[170]. Estas decorrem de um exercício de direitos que já ocorreu. É o caso das operações necessárias à aquisição de acções cujo direito de subscrição se exerceu, nomeadamente o seu pagamento e restantes formalidades. Estas incumbem ao depositário, independentemente de mandato expresso, bastando para isso que a entidade gestora os tenha exercido[171].

ii) *Pagamento de quota parte nos lucros do fundo*

São as entidades depositárias que procedem ao pagamento da quota parte dos lucros do fundo aos participantes e não as entidades gestoras[172]. De igual modo, como veremos em abstracto as entidades colocadoras podem desempenhar este papel[173].

Liga-a também às funções de controlo TOMÉ, Maria João Romão Carreiro Vaz; *Fundos de Investimento Mobiliário Abertos*, Almedina, Coimbra, 1997, p. 104.

---

[169] A primeira parte dos 13°/1/b DLFIM e 14°/1/b DLFII vai nesse sentido. Substantivamente, estas operações traduzem-se na aquisição de valores ou na sua alienação, seja a título originário, seja a título derivado.

[170] 13°/1/b *in fine* DLFIM, 14°/1/b *"in fine"* DLFII.

[171] Caso a entidade gestora tenha exercício estes direitos por si mesma, mas nada diga ao intermediário financeiro, e este ignore sem culpa o exercício dos direitos (pense-se no caso do exercício de direitos de subscrição de acções, por exemplo), será responsável a entidade gestora elos prejuízos que ocorreram mas não o depositário.

[172] 13°/1/d DLFIM, 14°/1/d DLFII.

Confrontar com os 9°/e Dec.-Lei n.° 46 342, de 20 de Maio de 1965, 20°/2/e Dec.-Lei n° 229- C/88, de 4 de Julho. 21°/e Dec.-Lei n.° 134/85, de 2 de Maio. 21°/e Dec.-Lei n° 246/85, de 12 de Julho.

Também no 56.f. Reglamento de la Ley 46/1984, de 26 de deciembre, aprovado pelo Real Decreto 1393/1990, de 2 noviembre.

[173] 28°/3 DLFIM, 31°/3 DLFII.

Parte IV – Regime geral 139

III. *Funções de controlo*

Os depositários têm uma função de controlo da legalidade e regularidade da gestão do fundo[174]. A sua função é a de garantir a boa gestão do fundo pela entidade gestora, nomeadamente do cumprimento do regulamento de gestão, perante os participantes. A violação deste dever gera responsabilidade autónoma dos depositários.

Mais especificamente, estatui-se que compete ao depositário a fiscalização da legalidade e da conformidade com o regulamento de gestão:

a) da venda, emissão e o reembolso e anulação das unidades de participação[175];
b) do cálculo do valor das unidades de participação[176];
c) da aplicação dos rendimentos do fundo[177].

Estas funções de controlo de legalidade em sentido lato (abrangendo a lei, os regulamentos, e o regulamento de gestão) é um traço essencial da actividade do depositário, mas em nada escusa a entidade gestora nessa sede. O que se pretende é estabelecer um duplo controlo da "compliance", como veremos a propósito da separação de funções.

TOMÉ, Maria João Romão Carreiro Vaz; *Fundos de Investimento Mobiliário Abertos*, Almedina, Coimbra, 1997, p. 94 ss. refere esta função de controlo.

As mesmas funções de controlo de legalidade encontram-se em Espanha à luz do 29.1. Ley 46/1984, de 26 deciembre. Nos fundos imobiliários, o 29.3. Orden de 24 de septiembre de 1993 rege esta matéria, indicando, ainda com mais desenvolvimento, o mesmo tipo de funções. Há que salientar, não obstante, uma originalidade do sistema espanhol no caso dos fundos imobiliários. É que no âmbito das suas funções de vigilância,

---

[174] 13°/1/f DLFIM, 14°/1/f DLFII. 7°/3 DFI.
Este regime já se encontrava, embora menos desenvolvido, no 20°/2/g Dec.-Lei n° 229- C/88, de 4 de Julho. Também no 21°/g Dec.-Lei n.° 134/85, de 2 de Maio e 21°/g Dec.-Lei n° 246/85, de 12 de Julho. Já no 9°/f Dec.-Lei n.° 46 342, de 20 de Maio de 1965, constava esta função mas apenas em relação ao regulamento de gestão e no que respeitava sobretudo à política de investimentos.
56.b. Reglamento de la Ley 46/1984, de 26 de deciembre, aprovado pelo Real Decreto 1393/1990, de 2 noviembre.
[175] 13°/2/a DLFIM, 14°/2/a DLFII.
[176] 13°/2/b DLFIM, 14°/2/b DLFII.
[177] 13°/2/e DLFIM, 14°/2/e DLFII.

140 Fundos de Investimento Mobiliário e Imobiliário

os depositários devem comunicar à CNMV todas as anomalias na gestão dos fundos (29.3.§3° Orden de 24 de septiembre de 1993). RODRÍGUEZ ARTIGAS, Fernando; Instituciones de Inversión Colectiva, in: ALONSO UREBA, Alberto, MARTINEZ-SIMANCAS Y SANCHEZ; Julian; *Derecho del Mercado Financiero*; Tomo I, Volume 1, *Entidades del Mercado Financiero*, Editorial Civitas, Madrid, 1994, p. 338 fala a propósito de funções gerais de controlo.

Em França têm igualmente funções de controlo da regularidade das decisões das S.I.C.A.V. (3. Loi n° 88-1201 du 23 décembre 1988). Tanto nas S.I.C.A.V. como nos fundos de investimento têm funções de controlo da elaboração do inventário 29. Loi n° 88-1201 du 23 décembre 1988). A doutrina afirma com razão que o seu papel não se limita à conservação dos activos. O depositário assegura a regularidade das decisões dos S.I.C.A.V. (PEZARD, Alice; *Droit des Marchés Monétaire et Boursier*; Editions du J.N.A., Paris, 1994, p. 241, 470).

Na Suíça igualmente se consagram funções de controlo da sociedade gestora no cumprimento da lei e do regulamento do fundo no 19.2. Loi Fédérale sur les Fonds de Placement, du 18.03.1994.

A lei italiana é muito semelhante à portuguesa, na medida em que se estabelece que têm o dever de controlar o respeito da lei, do regulamento do fundo e das prescrições da comissão de fiscalização do fundo (2-bis. a. Legge 23 marzo 1983, n. 77 (in G.U. 28 marzo 1983, n. 85)). Para as SICAV o mesmo regime no 6. Decreto Legislativo 25 gennaio 1992, n. 84 (in G.U. 14 febbraio 1992, n. 37).

IV. *Funções administrativas*

i) *Depósito e registo de valores*

Compete ao depositário receber em depósito ou inscrever em registo os valores do fundo[178]. Como vimos antes, a acepção de valores é aqui mais vasta que a de simples valores mobiliários em sentido estrito. Abrange os valores monetários, metais preciosos, caso as lei os permita, e outros. Esta norma tem assim, um significado autónomo em relação às normas correspondentes do Cd.MVM sobre a inscrição em conta de va-

---

[178] 13°/1/a DLFIM, 14°/1/a DLFII.
Ver os 9°/a Dec.-Lei n.° 46 342, de 20 de Maio de 1965, 20°/2/a Dec.-Lei n° 229--C/88, de 4 de Julho. 21°/a Dec.-Lei n.° 134/85, de 2 de Maio. 21°/a Dec.-Lei n° 246/85, de 12 de Julho.
56.h., 56.i. Reglamento de la Ley 46/1984, de 26 de deciembre, aprovado pelo Real Decreto 1393/1990, de 2 noviembre.

Parte IV – Regime geral

lores mobiliários. Para elas remete quando de valores mobiliários se trata, mas exige uma inscrição própria do numerário, de valores monetários em geral e outros que estejam na custódia do depositário.

TOMÉ, Maria João Romão Carreiro Vaz; *Fundos de Investimento Mobiliário Abertos*, Almedina, Coimbra, 1997, p. 97 defende, com razão, que daqui decorrem deveres de guarda do património autónomo, devendo preservar a sua integridade física, jurídica e económica.

Em Espanha, devem ser depositados em conta especial junto do depositário os activos entregues em pagamento das subscrições no caso de fundos constituídos com recurso a subscrição pública (17.3 Ley 46/1984, de 26 deciembre). Embora não se reduzam ao contrato de depósito bancário de valores, consulta-se com utilidade a enunciação em TAPIA HERMIDA, Alberto Javier; <u>Los Contratos Bancarios de Depósito, Administración y Gestión de Valores</u>, in: ALONSO UREBA, Alberto, MARTINEZ-SIMANCAS Y SANCHEZ; Julian; *Derecho del Mercado Financiero*; Tomo II, Volume 2, *Operaciones Bancarias de Gestión. Garantias. Operaciones Bursátiles*, Editorial Civitas, Madrid, 1994, p. 123.

Os procedimentos de "back office" são bastante diferentes de país para país. Em França, com os valores desmaterializados (escriturais) e muito poucas acções nominativas, são muito diferentes dos do Reino Unido, por exemplo (*O.P.C.V.M. 90, Où et Comment s'Implanter en Europe?*, Séminaire de Direction de Banque, La Revue Banque Éditeur, Tome II, Paris 1990, p. 289).

Nos Estados Unidos, para os "unit investment trusts" exige-se o depósito de todos os activos dos fundos nos depositários e a segregação de contas dos fundos (Sec. 26 (a) (2) Investment Company Act of 1940).

Estes deveres de custódia obedecem ao regime geral dos activos em questão. Nomeadamente, caso se trate de activos titulados, trata-se de depósito irregular. Parece duvidoso que no caso português se possa convencionar a infungibilidade dos bens depositados no caso dos activos monetários e dos valores mobiliários titulados, o chamado depósito "a dossier" (MESSINEO, Francesco, *Operaciones de Bolsa y de Banca*, Estudios Jurídicos, BOSCH, Barcelona, 1957, p. 362). No caso dos valores mobiliários, esta infungibilidade apenas pode existir nos casos previstos na lei (77º a 84º Cd.MVM). Não se vê, no entanto, que interesse exista para a entidade gestora ou os fundos em convencionar esta infungibilidade para além dos casos previstos na lei. O que releva é que o património do fundo esteja salvaguardado.

142 Fundos de Investimento Mobiliário e Imobiliário

ii) *Registo de operações e activos*

Compete ao depositário ter um registo de todas as operações realizadas[179]. Este registo tem de estar permanentemente actualizado ("ter em dia") e abrange o conceito lato de operações que se encontra no regime das suas funções. Não respeita apenas às operações de mercado enquanto negócios jurídicos, mas igualmente aos pagamentos de e aos fundos, bem como as entregas e liquidações de activos.

Este registo não é um mero registo de valores mobiliários, mas de todas as operações sobre activos dos fundos.

Por outro lado, a lei exige um inventário mensal descriminado dos valores à sua guarda, mais uma vez no sentido lato antes explanado, abrangendo valores monetários (incluindo numerário) e outros activos do fundo[180].

Mais uma vez nos deparamos com uma situação em que a enunciação legal não esgota todas as possibilidades lógicas de desenvolvimento do regime. Nos Estados Unidos, o depositário dos "unit investment trust" procedem ao registo dos participantes e respectivas moradas nos termos da Sec. 26 (a) (4) Investment Company Act of 1940. A protecção dos registos encontra-se na Sec. 34 Investment Company Act of 1940. Por outro lado, a violação das funções de depositário pelos profissionais pode levar à sua inibição permanente ou temporária de funções de acordo com a Sec. 36 (a) Investment Company Act of 1940. Para os direitos de acção judicial que este regime confere aos participantes ver HAZEN, Thomas Lee; *The Law of Securities Regulation*, West Publishing Co., 2ª ed., St. Paul, Minn., 1990, p. 893. Para o problema da diminuição dos custos do "back office" ver *O.P.C.V.M. 90, Où et Comment s'Implanter en Europe?*, Séminaire de Direction de Banque, La Revue Banque Éditeur, Tome I, Paris 1990, p. 161. Em certos países é o depositário que calcula o valor liquidativo do fundo, e consequentemente da unidade de participação (*O.P.C.V.M. 90, Où et Comment s'Implanter en Europe?*, Séminaire de Direction de Banque, La Revue Banque Éditeur, Tome II, Paris 1990, 286).

---

[179] 13º/1/e DLFIM, 14º/1/e DLFII.

20º/2/f Dec.-Lei nº 229- C/88, de 4 de Julho. 21º/f Dec.-Lei n.º 134/85, de 2 de Maio. 21º/f Dec.-Lei nº 246/85, de 12 de Julho.

Esta matéria consta de regulamentação do Secretary of State no Reino Unido, nos termos da Sec. 81(2)(e) Financial Services Act 1986.

[180] O caso do inventário nos fundos de investimento imobiliário merecerá tratamento posterior, na medida em que põe-se o problema de poder implicar a cisão das funções de inventário entre a entidade gestora e o depositário (os activos imobiliários que não sejam valores mobiliários são inventariados pela entidades gestora e não pelo depositário).

SUBSECÇÃO III

REGIME OPERACIONAL

I. *O problema especial dos valores estrangeiros dentro de um sistema*

Levanta-se o problema de saber como conciliar o dever de depositar os valores num único depositário, com o dever de localização em Portugal da sede do mesmo e com a possibilidade de adquirir valores de outros países que não Portugal e que não se encontram depositados ou registados em Portugal. Com efeito, não se vê como conciliar estas várias disposições. Não tem sentido, *maxime* em relação a valores escriturais e titulados em regime de depósito centralizado estrangeiro permitir, por um lado, a sua aquisição e exigir, por outro, o seu depósito em registo em Portugal quando isso é tipicamente impossível. A solução para este problema encontra-se na própria lei, numa norma que insuspeitadamente esclarece o próprio sentido de depositário

Com efeito, a guarda dos valores do fundo pode ser confiada pelo depositário, no todo ou em parte, a um terceiro[181], sem prejuízo de permanecer integralmente responsável, ou seja, de manter o seu estatuto de depositário. O depositário não se pode confundir com a entidade ou as entidades de guarda dos valores. É o responsável por esta guarda, mas não forçosamente o seu agente.

Este aspecto, conjugado com o problema dos valores estrangeiros integrados num sistema, pressupõe que a norma tem de sofrer interpretação restritiva no sentido em que não tem de exercer as funções de custódia física destes valores. No entanto, mesmo não os guardando, nem em bom rigor exercendo a custódia sobre eles, é sempre responsável pelos mesmos[182].

---

[181] 15°/2 DLFIM, 16°/2 DLFII.
O mesmo regime se encontra no 27.3 Ley 46/1984, de 26 deciembre, e no 55.4. Reglamento de la Ley 46/1984, de 26 de deciembre, aprovado pelo Real Decreto 1393//1990, de 2 noviembre. Também o 3.§2° Loi n° 88-1201 du 23 décembre 1988, em França. Na Suíça idêntico regime se encontra no 19.1. Loi Fédérale sur les Fonds de Placement, du 18.03.1994. Igualmente em Itália o 2-bis.3. Legge 23 marzo 1983, n. 77 (in G.U. 28 marzo 1983, n. 85), precisando, não obstante da autorização da entidade gestora para tal e apenas sendo entidades de guarda autorizadas pelo Banco de Itália..

[182] 15°/2 DLFIM, 16°/2 DLFII.
Õ mesmo regime no 3.§2° Loi n° 88-1201 du 23 décembre 1988 em França para os depositários dos S.I.C.A.V. Em Itália, o 2-bis.3. Legge 23 marzo 1983, n. 77 (in G.U. 28 marzo 1983, n. 85).

144 *Fundos de Investimento Mobiliário e Imobiliário*

Este problema dos valores estrangeiros foi objecto de preocupação expressa na lei espanhola ao contrário da portuguesa, por força do 53.2. e 55.7. Reglamento de la Ley 46/1984, de 26 de deciembre, aprovado pelo Real Decreto 1393/1990, de 2 noviembre. A lei suíça, não se referindo expressamente a valores estrangeiros, prevê expressamente a possibilidade de a entidade de guarda se encontrar no estrangeiro de acordo com o disposto no 19.1. Loi Fédérale sur les Fonds de Placement, du 18.03.1994.

II. *A delegação da guarda dos valores*

A lei permite, no entanto que a guarda dos valores seja confiada a um terceiro, em termos que posteriormente se analisarão[183]. No entanto, esta função não descaracteriza a sua função nem as suas responsabilidades como depositário. Para todos os efeitos continua a ser depositário dos valores e responsável como tal[184].

III. *A inexistência de operações expressamente vedadas*

Um regime vale pelo que nele se afirma, mas igualmente pelo que nele se omite. É significativo que a lei não estabeleça praticamente limitações operacionais aos depositários, mas se baste com algumas (poucas) restrições[185]. O que se compreende facilmente. Trata-se de instituições de crédito, com uma vocação generalista, pelo menos tendencialmente. Não se justificaria que o simples facto de serem depositários tivesse como implicações grandes restrições da sua actividade. Se a lei escolhe instituições de crédito como depositários é por apenas confiar nestas para as funções de depósito. Apenas a estas instituições é conferida credibilidade suficiente par poderem exercer estas funções. Isto porque se supõe terem dimensão, idoneidade e conhecimentos suficientes para o facto.

Mas, entenda-se, referimo-nos a restrições específicas. Com efeito, sendo qualificados por lei como intermediários financeiros, como antes se lembrou (607°, 608°/j Cd.MVM), aplica-se-lhes o regime geral dos inter-

---

[183] 15°/2 DLFIM; 16°/2 DLFII. 7°/2 DFI.

Nos depositários dos S.I.C.A.V. rege igual norma no 3.§2° Loi n° 88-1201 du 23 décembre 1988.

[184] Uma via de investigação possível, que se deixa para outros trabalhos, seria a da análise dos desvios que este regime impulsiona ao regime civilístico do depósito.

[185] Os posteriormente analisados 13°/3 DLFIM e 14°/3 DLFII, a propósito dos fundos mobiliários e imobiliários respectivamente. Ver também o regime diferente 20°/4 Dec.-Lei n° 229-C/88, de 4 de Julho.

mediários financeiros. Nomeadamente, o que respeita aos conflitos de interesses, particularmente importante na definição da sua actividade como depositários. Devem fazer prevalecer absolutamente os interesses dos seus clientes (660º Cd.MVM), tratar igualmente os vários fundos de que sejam depositários, sem favorecer uns sobre os outros (659º Cd.MVM), com todas as restantes implicações, que, por respeitarem ao regime geral dos intermediários financeiros, não merecerão aqui desenvolvimento.

Já não é esta a opção suíça. É que o 20.2. Loi Fédérale sur les Fonds de Placement, du 18.03.1994 estatui que apenas podem adquirir ou alienar para os fundos bens ao preço do mercado, sendo proibida a aquisição ou alienação de valores imobiliários para os fundos.

SECÇÃO III

REGIME COMUM ÀS ENTIDADES GESTORAS E DEPOSITÁRIOS

SUBSECÇÃO I

SEGREGAÇÃO DE FUNÇÕES

As entidades gestoras e os depositários têm um regime comum expressamente previsto que, embora não seja muito desenvolvido, é central para a compreensão e estruturação do regime dos fundos.

Em primeiro lugar, é consagrado um princípio de segregação. As funções de entidade gestora e de depositário não podem ser exercidas pela mesma entidade relativamente aos mesmos fundos[186]. O sentido da norma é claro. Nada impede que uma mesma entidade possa acumular funções de entidade gestora e de depositário (desde que seja instituição de crédito, na medida em que as sociedades gestoras por definição não podem ser depositários). Não são as funções que são entre si e em si mesmas incompatíveis. Não podem ser é exercidas cumulativamente em relação ao mesmo fundo.

Os fundamentos deste regime são facilmente compreensíveis. Visa-se em primeiro lugar afastar as possibilidades de conflitos de interesses. Por outro lado, visa-se uma partilha das funções de verificação de lega-

---

[186] 14º/1 DLFIM, 15º/1 DLFII. 10º/1 DFI.

146 Fundos de Investimento Mobiliário e Imobiliário

lidade em sentido lato (abrangendo igualmente o regulamento de gestão), ou de "compliance". Exige-se um duplo controlo dos direitos e interesses dos participantes. As razões mais fundas encontram-se mais uma vez na massificação e na divisão de riscos para os participantes. Quem tem os activos não os pode gerir – a entidade depositária é assim enfraquecida, colocada numa posição semelhante paradoxalmente ao participante: este não gere os seus interesses, nem o pode fazer personalizadamente, e os valores não se encontram à sua disposição. A entidade gestora gere mas não pode dispor facticamente como bem entende dos valores. Se quiser abusar dos valores dos clientes tem de contar com o travão ou com a participação do depositário. A fraude encontra-se dificultada, bem como o abuso dos valores dos fundos.

Mas a segregação de funções não se esgota na separação de entidades. Verte-se igualmente no exercício das funções. Afirma a lei que as entidades gestoras e os depositários têm de agir de modo independente e no exclusivo interesse dos participantes[187]. Numa primeira leitura parece que nada mais se diz que o que decorre do regime geral dos intermediários financeiros. No entanto, esta norma vem a acrescentar algo mais. É que é certo que qualquer intermediário financeiro deve separar integralmente a sua actividade da dos outros por força do regime do sigilo profissional e da prevalência de interesses dos clientes. No entanto, e tendo em conta a dependência funcional das actividades de gestão e depósito, podia-se gerar a interpretação de que o seu exercício deveria ser integrado. Não é assim, a segregação de funções deve ser total, sem prejuízo de dever ser coordenado, sob pena de o duplo controlo não se poder efectuar de modo consistente.

---

[187] 14º/2 DLFIM, 15º/2 DLFII. É a expressão que conta do 10º/2 DFI.

No caso das gestoras e depositários em Espanha, o interesse dos participantes é o critério nos termos do 29.1. Ley 46/1984, de 26 deciembre e do 58.1. Reglamento de la Ley 46/1984, de 26 de deciembre, aprovado pelo Real Decreto 1393/1990, de 2 noviembre.

Em França, nos S.I.C.A.V., e nos fundos de investimento é o regime que consta do 24..§2º Loi nº 88-1201 du 23 décembre 1988. Na Suíça, tanto para as gestoras como para os depositários vale o princípio do interesse exclusivo dos clientes, nos termos dos 12.1. e 20.1. Loi Fédérale sur les Fonds de Placement, du 18.03.1994. Em Itália, é o regime constante do 2-bis.6. Legge 23 marzo 1983, n. 77 (in G.U. 28 marzo 1983, n. 85). No Reino Unido exige-se que o "manager" e o "trustee" sejam independentes uns dos outros (Sec. 78(2) Financial Services Act 1986.

No Brasil, para os fundos imobiliários estatui-se que devem as entidades gestoras actuar de acordo com o único e exclusivo interesse dos participantes nos termos do 14.IV. Instrução CVM nº 205, de 14 de Janeiro de 1994.

Parte IV – Regime geral 147

Os fundamentos desta separação encontram-se em TOMÉ, Maria João Romão Carreiro Vaz; *Fundos de Investimento Mobiliário Abertos*, Almedina, Coimbra, 1997, p. 96 em que se refere a prevenção de "insider misconducts". O regime espanhol constante do 27.3.§2° Ley 46/1984, de 26 deciembre é mais exigente. As entidades gestoras e os depositários não podem pertencer ao mesmo grupo societário, salvo quando se cumpram as regras de separação entre ambas que sejam estabelecidas regulamentarmente (previstas no 55.2. Reglamento de la Ley 46/1984, de 26 de deciembre, aprovado pelo Real Decreto 1393/1990, de 2 noviembre). Por outro lado, a segregação das funções é expressamente prevista entre depositário e entidade gestora, salvo em casos excepcionais e temporários e excepcionais (27.4. Ley 46/1984, de 26 deciembre). TOMÉ, Maria João Romão Carreiro Vaz; *Fundos de Investimento Mobiliário Abertos*, Almedina, Coimbra, 1997, p. 98 – 99 chama a atenção, e bem, para os problemas que podem advir de em Portugal ser permitido que pertençam ao mesmo grupo.

O exclusivo interesse dos participantes implica em França o dever de não utilizar os valores dos fundos que o depositário tem o dever de guardar (PEZARD, Alice; *Droit des Marchés Monétaire et Boursier*; Editions du J.N.A., Paris, 1994, p. 470).

Em Itália permite-se que um banco participante numa sociedade de gestão em mais de 20% do capital desde que a maioria dos membros da administração da gestora não pertençam aos órgãos do banco (2-bis.7. Legge 23 marzo 1983, n. 77 (in G.U. 28 marzo 1983, n. 85)). Para as SICAV ver o 6. Decreto Legislativo 25 gennaio 1992, n. 84 (in G.U. 14 febbraio 1992, n. 37).

Na Suíça estabelece-se que as pessoas que estão à frente da "direction" (gestão dos fundos) devem ser independentes das pessoas que estão à frente do banco depositário e reciprocamente (9.6. Loi Fédérale sur les Fonds de Placement, du 18.03.1994). Por outro lado, as sociedades gestoras devem actuar no exclusivo interesse dos investidores (12.1. Loi Fédérale sur les Fonds de Placement, du 18.03.1994). Como implicação desta regra estatui-se que as remunerações decorrentes das operações dos fundos são taxativas e que a aquisição ou alienação aos fundos por agentes da sociedade gestora ou pelos seus próximos só podem ser feitas ao preço de mercado, salvo de valores imobiliários, que é sempre interdita (12.2., 12.3. Loi Fédérale sur les Fonds de Placement, du 18.03.1994). De igual forma os depositários devem actuar no exclusivo interesse dos participantes nos termos do 20.1. Loi Fédérale sur les Fonds de Placement, du 18.03.1994. A gestão independente dos fundos é reforçada pelo 1. Ordonnance du Conseil Fédéral sur les Fonds de Placement du 19.10.1994.

No Brasil a actuação no exclusivo interesse dos quotistas, nos fundos imobiliários, implica que todos os benefícios directos ou indirectos obtidos pela entidade gestora por causa do fundo têm de ser imputados ao fundo, nos termos do 19§2° Instrução CVM n° 205, de 14 de Janeiro de 1994.

SUBSECÇÃO II

RESPONSABILIDADE SOLIDÁRIA

A responsabilidade das entidades gestoras e dos depositários é solidária[188]. A norma respeita à responsabilidade perante os participantes e não em relação a outras entidades. Na perspectiva do título relevante, respeita a deveres que decorrem da lei ou do regulamento de gestão. No entanto, o aspecto mais relevante é o que respeita à titularidade dos deveres. Com efeito, havendo segregação de funções, não se compreenderia que a responsabilidade solidária se aplicasse apenas aos aspectos em que residualmente há actividades comuns, como as da subscrição e comercialização das unidades de participação[189]. A originalidade deste regime é a instituição de uma responsabilidade solidária nas actividades exercidas pela outra entidade. É compreensível esta solução. A solidariedade reforça a preocupação de duplo controle. A entidade gestora sabe que é responsável pelo bom desempenho do depositário e este pelo bom desempenho daquela.

Em Espanha, o regime não é simétrico, à luz do 29.2. Ley 46/1984, de 26 deciembre. A entidade gestora é responsável solidariamente com o depositário, quando aos factos praticados por este último, mas já a inversa não é verdadeira. De qualquer modo, são ambos responsáveis pelo cumprimento dos seus deveres. O que significa que factos da entidade gestora podem ser da responsabilidade do depositário, mas agora apenas por violação dos seus deveres de vigilância (29.1. Ley 46/1984, de 26 deciembre), ao contrário do que acontece com o regime português, mais lato. Mas o 29.2. Ley 46/1984, de 26 deciembre parece ir mais longe na sua expressão. Esta responsabilidade é auto-accionada. Ou seja, estas entidades devem satisfazer os créditos decorrentes dos danos ocorridos contra si mesmos, independentemente de actuação dos participantes. O mesmo regime é consagrado no 58.2., 58.3. Reglamento de la Ley 46/1984, de 26 de deciembre, aprovado pelo Real Decreto 1393/1990, de 2 noviembre.

Também na Suíça se consagra uma responsabilidade solidária, mas não apenas entre a sociedade gestora, o depositário e as entidades colo-

---

[188] 15°/1 DLFIM, 16°/1 DLFII. Menos exigente é o 9° DFI.

Este era o regime que constava do 11°/9 Dec.-Lei n° 229- C/88, de 4 de Julho, embora só em matéria de cumprimento do regulamento de gestão. O mesmo se diga a propósito do 28° Dec.-Lei n.° 134/85, de 2 de Maio e do 28° Dec.-Lei n° 246/85, de 12 de Julho. Estas normas têm por fonte o 20° Dec.-Lei n.° 46 342, de 20 de Maio de 1965 com idêntica extensão.

[189] 28° DLFIM, 31° DLFII.

Parte IV – Regime geral

cadoras, mas igualmente com o representante de um fundo estrangeiro, o revisor, o representante da comunidade de investidores, o liquidador, o observador, o gerente substituto dos fundos (65., 66., 67. Loi Fédérale sur les Fonds de Placement, du 18.03.1994).

Em Itália, o depositário é responsável, tanto perante a entidade gestora como perante os participantes, pela violação dos seus deveres de execução das instruções da gestora, de garantia do cumprimento e de controlo da legalidade (2-bis.2. Legge 23 marzo 1983, n. 77 (in G.U. 28 marzo 1983, n. 85)) (nas SICAV o 6. Decreto Legislativo 25 gennaio 1992, n. 84 (in G.U. 14 febbraio 1992, n. 37)). Ou seja, como no sistema espanhol, exige--se, caso haja violação de deveres pela entidade gestora, e um participante pretenda exercer o seu direito a uma indemnização, que este demonstre a violação do dever de controlo da legalidade, ao contrário do sistema português.

No Reino Unido, apenas se esclarece que a responsabilidade do "manager" ou do "trustee" não podem ser afastadas negocialmente, nos termos da Sec. 84 Financial Services Act 1986, prevendo-se a responsabilidade pela informação (Sec. 85(3)), ou decorrente de outras normas (Sec. 85(4)).

A responsabilidade da instituição administradora dos fundos de investimento imobiliário tem como fundamentos a violação do regulamento do fundo, ou de deliberação da assembleia de quotistas, bem como por má gestão, gestão temerária ou conflito de interesses (fundamento legal) (8. Lei nº 8.668, de 25 de Junho de 1993; 15. Instrução CVM nº 205, de 14 de Janeiro de 1994).

SUBSECÇÃO III

RELAÇÕES DE DEPÓSITO

As relações de depósito são estabelecidas contratualmente[190].

Sob o ponto de vista formal, o contrato de depósito tem de ter a forma escrita, ser enviado à CMVM, bem como as suas alterações. No entanto, estas alterações não podem implicar modificações no regulamento do fundo, directas ou indirectas, sob pena de requererem aprovação prévia da CMVM[191].

---

[190] 14º/3 DLFIM, 15º/3 DLFII.

30º/1 Dec.-Lei nº 229-C/88, de 4 de Julho. 33º/1 Dec.-Lei n.º 134/85, de 2 de Maio. 33º/1 Dec.-Lei nº 246/85, de 12 de Julho.

[191] 18º/5 DLFIM, 19º/5 DLFII. Antes era enviado ao Banco de Portugal, nos termos do 33º/2 Dec.-Lei n.º 134/85, de 2 de Maio. 33º/2 Dec.-Lei nº 246/85, de 12 de Julho.

150 Fundos de Investimento Mobiliário e Imobiliário

Por outro lado, o contrato de depósito não pode dispor contra a lei, nomeadamente excepcionando o regime da segregação de funções, permitindo que o depositário tenha funções de gestão ou inversamente que a entidade gestora tenha funções de depositário, que o depositário possa gerir a carteira do fundo, ou exigindo que aceite instruções contra a lei ou o regulamento de gestão sob pena de nulidade (280° C. Civil).

O âmbito de livre disposição do contrato de depósito é, nestes termos, extremamente restrito. Pode quando muito estabelecer formalidades e mecanismos de relação entre a entidade gestora e do depositário, conter cláusulas de abertura de conta, dispor sobre remunerações, e mesmo neste último caso, dentro dos limites do regulamento de gestão[192].

SUBSECÇÃO IV

REMUNERAÇÕES

A lei estabelece como regime comum o das remunerações[193]. Em bom rigor, nem todas as matérias se podem qualificar como parte do regime comum na medida em que respeitam exclusivamente às entidades gestoras ou aos depositários. Por outro lado, este regime comum extravasa o binómio entidades gestoras/depositários. Abrange igualmente as entidades colocadoras, como posteriormente se verá.

No entanto, torna-se necessária a apreciação conjunta destas matérias. Com efeito, há elementos comuns no regime das entidades gestoras

---

[192] 18°/3/g DLFIM, 19°/3/g DLFII.

Questão é de saber se o contrato de depósito pode ser aprazado (quando este não tenha duração), ou em prazo inferior ao do fundo (quando este tenha duração limitada). A regra segundo a qual todo o fundo deve ter um depositário (12° DLFIM, 13° DLFII), não se opõe a este aprazamento. No entanto, apenas pode ser válida esta cláusula caso se preveja expressamente que se mantém a qualidade de depositário mesmo depois de decorrido o prazo, até ao momento da sua substituição por outro.

[193] 16° DLFIM, 17° DLFII.

Cf. 10° Dec.-Lei n° 229- C/88, de 4 de Julho. 11° do Dec.-Lei n° 134/85, de 2 de Maio, que esquecia a comissão de depósito, mas porque não regulava um regime comum, mas o regime especial das remunerações das sociedades gestoras. Igualmente o 11° Dec.--Lei n° 246/85, de 12 de Julho. A comissão de gestão no 8°/1° Dec.-Lei n.° 46 342, de 20 de Maio de 1965 remunerava igualmente o depositário.

As comissões de subscrição e reembolso estão no 35.1.k. Reglamento de la Ley 46//1984, de 26 de deciembre, aprovado pelo Real Decreto 1393/1990, de 2 noviembre.

Parte IV – Regime geral

e depositários que decorrem do facto de terem funções coincidentes. É o caso das comissões de emissão e de resgate[194].

As comissões de subscrição e reembolso têm como limite máximo 5% do preço das unidades de participação (45.4. Reglamento de la Ley 46/1984, de 26 de deciembre, aprovado pelo Real Decreto 1393/1990, de 2 noviembre). 5% igualmente nos fundos imobiliários (21.2., 21.3. Orden de 24 de septiembre de 1993). Para as comissões nos fundos imobiliários em Espanha ver AZA CAMPOS, Alicia; La Reforma de la Ley de Arrendamientos Urbanos y los Fondos de Inversión Inmobiliaria, in: ALONSO UREBA, Alberto, MARTINEZ-SIMANCAS Y SANCHEZ; Julian; *Derecho del Mercado Financiero*; Tomo I, Volume 1, *Entidades del Mercado Financiero*, Editorial Civitas, Madrid, 1994, p. 408. Em Itália os curtos de subscrição e de reembolso são definidos pelo regulamento de gestão (2.2.g. Legge 23 marzo 1983, n. 77 (in G.U. 28 marzo 1983, n. 85)). Nos anos 60 em França apenas se admitia a comissão de subscrição mas não a de resgate, ao contrário do que se passava na Alemanha e no Japão (Funcionamento das Sociedades de Investimento de Capital Variável (S.I.C.A.V.) em França – Relatório Lorain, de Janeiro de 1968; in: *Revista Bancária*, Ano IV, nº 14, Outubro - Dezembro de 1968, Lisboa, p. 45, 66).

Em Itália, as comissões de subscrição e reembolso têm de constar, nos seus limites máximos, no pacto social das SICAV (2.3.f. Decreto Legislativo 25 gennaio 1992, n. 84 (in G.U. 14 febbraio 1992, n. 37)).

Para as remunerações nos Estados Unidos ver DOWNES, John; GOODMAN, Jordan Elliot; *Dictionary of Finance and Investment Terms*, Barron's, 4ª ed., New York, 1995, p. 274 a 275; TOMÉ, Maria João Romão Carreiro Vaz; *Fundos de Investimento Mobiliário Abertos*, Almedina, Coimbra, 1997, p. 125 - 126. Definidas como "sales load" ver a Sec. 2. (a) (35) Investment Company Act of 1940. Nos "unit investment trusts" estas são restringidas ao serviços efectiva e caracteristicamente prestados pelos depositários, no que a estes respeita, nos termos da Sec. 26 (a) (2) Investment Company Act of 1940. Nos "periodic payment plans" existem regras específicas de remuneração na Sec. 27 Investment Company Act of 1940. Estas regras têm no entanto vindo a perder algum significado pela tendência a que se tem assistido no sentido de cada vez mais empresas venderem directamente ao público as suas participações, fazendo assim, distribuição directa das unidades de participação (HAZEN, Thomas Lee; *The Law of*

---

[194] 16º/1/b, c, de *"in fine"*, 28º/1 DLFIM, 17º/1/b, c, de *"in fine"*, 31º/1 DLFII. O tratamento conjunto das remunerações decorre igualmente do disposto no 43º DFI. As comissões de subscrição e reembolso encontravam-se expressamente previstas no 8º/2º e 8º/3º Dec.-Lei n.º 46 342, de 20 de Maio de 1965.

Securities Regulation, West Publishing Co., 2ª ed., St. Paul, Minn., 1990, p. 838). O sistema de limitação de remunerações, imposto pelas próprias regras do NASD e embora tenham vindo a sofrer flexibilização pela SEC desde 1985 é visto como uma restrição formal à concorrência, mas que é necessária, não só para evitar a descapitalização dos fundos, mas para permitir uma concorrência efectiva entre os fundos, pelo que estes valem substancialmente. Os descontos de remunerações apenas são permitidos numa base não discriminatória, segundo um princípio de igualdade de tratamento de todos os participantes (HAZEN, Thomas Lee; *The Law of Securities Regulation*, West Publishing Co., 2ª ed., St. Paul, Minn., 1990, p. 860 - 861). A SEC tem permitido que se estabeleçam remunerações inferiores para os participantes actuais em relação aos novos participantes com o fundamento que neste caso os custos de emissão ou venda são inferiores (HAZEN, Thomas Lee; *The Law of Securities Regulation*, West Publishing Co., 2ª ed., St. Paul, Minn., 1990, p. 862). Para a remunerações dos "investment advisers", que acabam por ter a função de gestão dos fundos, estatuem os tribunais que estas têm de ser "fair and reasonable", ter conexão com os serviços efectivamente prestados, ser estabelecidos de acordo com a prática do mercado e a dimensão do fundo (HAZEN, Thomas Lee; *The Law of Securities Regulation*, West Publishing Co., 2ª ed., St. Paul, Minn., 1990, p. 886 – 888). Para o problema das remunerações por transmissão da gestão ver HAZEN, Thomas Lee; *The Law of Securities Regulation*, West Publishing Co., 2ª ed., St. Paul, Minn., 1990, p. 890 - 891. Para a acção de indemnização por remunerações excessivas ver HAZEN, Thomas Lee; *The Law of Securities Regulation*, West Publishing Co., 2ª ed., St. Paul, Minn., 1990, p. 896 ss.

Há outras remunerações que apenas se compreendem como diferen-ciadas na medida em que estamos perante funções diferentes: é o caso da comissão de gestão, que é devida apenas à entidade gestora[195], e da comissão de depósito, que é devida apenas ao depositário[196].

Estabelecem-se em Espanha limites para a comissão de gestão, que se traduzem em 2,5% do património do fundo, 20% dos resultados, ou

---

[195] 16º/1/a, 14º/1 DLFIM, 17º/1/a, 15º/1 DLFII.
A comissão de gestão encontra-se prevista no 22. Ley 46/1984, de 26 deciembre, em Espanha e no 35.1.m., 45. Reglamento de la Ley 46/1984, de 26 de diciembre, aprovado pelo Real Decreto 1393/1990, de 2 noviembre.
[196] 16º/1/d, 14º/1 DLFIM, 16º/1/d, 15º/1 DLFII.
As comissões do depositário encontram-se no 35.1.m. Reglamento de la Ley 46//1984, de 26 de deciembre, aprovado pelo Real Decreto 1393/1990, de 2 noviembre.

caso a remuneração se baseie tanto nos resultados como no património o somatório de 1,5% do património e 10% dos resultados, podendo o Ministro das Finanças aumentar os limites até 25% (45.3. Reglamento de la Ley 46/1984, de 26 de deciembre, aprovado pelo Real Decreto 1393/1990, de 2 noviembre). No caso dos fundos imobiliários, os limites são respectivamente de 4% do património, 10% dos resultados ou 1,5% do património e 5% dos resultados se se têm ambos em consideração (21.1. Orden de 24 de septiembre de 1993).

A comissão de depósito não pode exceder 4/1000 do valor anual nominal do património custodiado (45.5. Reglamento de la Ley 46/1984, de 26 de deciembre, aprovado pelo Real Decreto 1393/1990, de 2 noviembre).

Na Suíça, as sociedades gestoras, quando da aquisição ou venda de activos para os fundos não podem obter quaisquer vantagens ou remunerações para além das que decorram das remunerações previstas no regulamento (12.2. Loi Fédérale sur les Fonds de Placement, du 18.03.1994). Igual regra existe para os depositários no 20.1. Loi Fédérale sur les Fonds de Placement, du 18.03.1994. Esta norma é reforçada pelo 5.a. Ordonnance du Conseil Fédéral sur les Fonds de Placement du 19.10.1994.

Pelo contrário, no Reino Unido, as remunerações da entidade gestora não podem ser limitadas pela regulamentação do Secretary of State, de acordo com a Sec. 81(4) Financial Services Act 1986.

As comissões de gestão estabelecidas no regulamento do fundo apenas podem ser aumentadas com acordo da assembleia geral de condóminos nos fundos mobiliários, nos termos do 12.§único Regulamento Anexo à Circular nº 2.594, de 21 de Julho de 1995, do Banco Central do Brasil e 12.§único Regulamento Anexo à Circular nº 2.616, de 18 de Setembro de 1995 do Banco Central do Brasil.

As remunerações são rígidas quanto ao seu valor, modo de cálculo e condições de cobrança, na medida em que fazem parte do regulamento de gestão e apenas podem ser alteradas nos mesmos termos em que este o pode ser[197].

As alterações às comissões de resgate, depósito ou emissão geram o direito do participante poder resgatar a sua unidade sem quaisquer custos par si nos termos do 35.2. Reglamento de la Ley 46/1984, de 26 de deciembre, aprovado pelo Real Decreto 1393/1990, de 2 noviembre.

---

[197] 18º/3/g DLFIM, 19º/3/g DLFII.

154   *Fundos de Investimento Mobiliário e Imobiliário*

As ideias que conformam as remunerações são, nestes termos, a da dependência funcional e da rigidez.

Os fundos imobiliários mereceram um tratamento especial na Suíça. Com efeito, as remunerações atribuídas pelas sociedades imobiliárias pertencentes aos fundos aos membros da sua administração e da sua direcção são imputadas às remuneração a que a sociedade gestora tem direito por virtude do regulamento do fundo (38.2. Loi Fédérale sur les Fonds de Placement, du 18.03.1994).

SECÇÃO IV

AS ENTIDADES DE GUARDA DOS VALORES

As entidades de guarda dos valores são geralmente esquecidas enquanto personagem com um papel autónomo na actividade dos fundos. O facto de a lei impor que haja apenas um depositário para cada fundo cria a falsa impressão de que fisicamente é ele quem guarda os valores.

O regime dos fundos consagra um terceiro tipo de personagens, em relação aos quais não desenvolve o regime, a saber, as entidades de guarda dos valores[198]. A razão pela qual se chama entidades de guarda merece explicação. É que a designação entidades de custódia melhor cabe a quem juridicamente procede ao depósito (se titulados) ou inscrição dos valores (se escriturais) e quem é competente para a inscrição das suas vicissitudes.

O conceito de valores constante deste instituto é o que foi explanado a propósito dos depositários. Com efeito, afirma-se que a guarda dos valores do fundo pode ser confiada pelo depositário no todo a um terceiro. No entanto, e por definição, merece uma restrição: a norma não pode abranger por definição os valores escriturais. Em primeiro lugar, porque por natureza não têm representação natural. Em segundo lugar, porque os únicos elementos físicos que em relação a eles se referem são a documentação de suporte (61º/1 Cd.MVM) que não pode ser qualificada como valores, documentação essa sem a qual os registos não são licitamente realizados.

---

[198] 15º/2 DLFIM, 16º/2 DLFII. Esta consagração especial apenas se compreende pelo facto de a DFI ter previsto expressamente estas entidades de guarda no 7º/2 DFI.

O mesmo regime encontra-se no 27.3 Ley 46/1984, de 26 deciembre. De igual medo, o 3.§2º Loi nº 88-1201 du 23 décembre 1988, para os S.I.C.A.V.

A única excepção a esta regra é a dos valores escriturais no estrangeiro, como antes se verificou. Neste caso, o concurso de regimes permite que haja entidades de guarda com valores escriturais.

De igual modo, as entidades de guarda não podem ser quaisquer pessoas singulares ou colectivas. Podem ser instituições de crédito que possam receber em guarda os activos em causa. Com efeito, trata-se sempre de uma actividade exercida em termos profissionais, podendo abranger a guarda de valores metálicos, e respectivos certificados e valores mobiliários titulados. Podem exercer estas funções, além dos bancos e da Caixa Geral de Depósitos (4º/1/p, 4º/2 RGICSF), as caixas económicas [199], as caixas de crédito agrícola mútuo[200], a Caixa Central de Crédito Agrícola Mútuo[201], as sociedades de investimento[202]. Não o podem ser as sociedades de locação financeira[203], as sociedades de factoring[204], ou as sociedades financeiras para aquisições a crédito (SFAC)[205]. De igual modo não o podem ser as sociedades financeiras, tendo em conta o princípio da especialidade constantes do artº 7º RGICSF[206].

No caso, o contrato em questão consubstancia-se no contrato de caixa de segurança, estudado em VARA DE PAZ; Nemesio Las Cajas de Seguridad, in: ALONSO UREBA, Alberto, MARTINEZ-SIMANCAS Y SANCHEZ; Julian; *Derecho del Mercado Financiero*; Tomo II, Volume 2, *Operaciones Bancarias de Gestión. Garantias. Operaciones Bursátiles*, Editorial Civitas, Madrid, 1994, p. 159 ss.

---

[199] 15º Dec.-Lei nº 136/79, de 18 de Maio.

[200] 35º Regime Jurídico do Crédito Agrícola Mútuo e das Cooperativas de crédito Agrícola, aprovado pelo Dec.-Lei nº 24/91, de 11 de Janeiro

[201] 59º Regime Jurídico do Crédito Agrícola Mútuo e das Cooperativas de crédito Agrícola, aprovado pelo Dec.-Lei nº 24/91, de 11 de Janeiro.

[202] Embora a lei não seja clara nesse sentido, parece que, por maioria de razão o podem ser, à luz do disposto no 3º/e, h Dec.-Lei nº 260/94.

[203] 1º/Dec.-Lei nº 72/95, de 15 de Abril, 4º/3 RGICSF.

[204] Dec. - Lei nº 171/95, de 18 de Julho.

[205] Dec.-Lei nº 206/95, de 14 de Agosto.

[206] Problema seria o de saber se as sociedades corretoras e as financeiras de corretagem, na medida em que podem proceder à guarda de valores, o poderiam fazer. A verdade é que as suas competências de guarda restringem-se aos valores mobiliários. Ora, o conceito de valores para efeito do depósito nos fundos é bem mais vasto como se verificou. por outro lado, a actividades destas sociedades encontra-se funcionalmente dirigida à actuação nos mercados de valores. A simples guarda dos valores não é actividade que lhes compita.

156 Fundos de Investimento Mobiliário e Imobiliário

Fica por saber se outras entidades para além das instituições de crédito podem exercer esta actividade de entidade de guarda. Embora tipicamente venha a ser esta a situação, a lei não delimita positivamente as entidades aptas a desempenhar esta função. Por outro lado, a actividade de aluguer de cofres e guarda de valores não obedece ao princípio da exclusividade, como se verifica pelo 8º/2 RGICSF. Assim sendo, temos de concluir que qualquer entidade idónea o poderá fazer, salvo as restrições antes indicadas.

Os limites na escolha da entidade de guarda encontram-se, nestes termos, apenas no regime inerente ao depositário. Este fica sempre responsável nos termos gerais[207] e a escolha do depositário deve ser feita tendo em conta os interesses dos clientes (658º ss. Cd.MVM), nomeadamente pela selecção de uma entidade idónea para esta guarda. Tendo em conta que de guarda apenas se trata, a idoneidade tem de se aferir pela segurança dos valores (segurança física, sigilo, capacidade de fiscalização e inventário de existências).

A relação com a entidade de guarda estabelece-se por contrato. Embora a lei não regule directamente este contrato, podem-se estabelecer padrões para o seu regime. Em primeiro lugar, não é um contrato formal (219º C. Civil). Em segundo lugar, não pode haver transferência de responsabilidade para a entidade de guarda[208], sem prejuízo de as cláusulas de limitação de responsabilidade serem válidas nos termos gerais, não sendo, no entanto, nunca oponíveis à entidade gestora ou aos participantes[209]. Em terceiro lugar, o contrato é sempre resolúvel por falta de cumprimento nos termos gerais, sendo que se tem de considerar, neste incumprimento, as necessidades apertadas de protecção dos investidores. O contrato que a entidade de guarda celebra com o depositário não é um simples contrato de depósito. É um contrato de depósito inserido no mercado de valores mobiliários, e deve por isso obedecer aos seus valores.

---

[207] 15º/2 DLFIM, 16º/2 DLFII. Também 7º/2 DFI.
Em França o 3.§2º Loi nº 88-1201 du 23 décembre 1988.

[208] 15º/2 DLFIM, 16º/2 DLFII.

[209] Pode-se afirmar que em qualquer circunstância a limitação de responsabilidade no contrato de guarda de valores limita as garantias dos fundos e dos seus participantes. No entanto, a verdade é que, quando a lei estabelece limite apertados em relação às entidades que podem ser depositários, e estabelece um regime de responsabilidade solidária entre estes e as entidades gestoras, já está a criar garantias suficientes. Se o depositário quiser diminuir a sua garantia é um problema que apenas a ele respeita, salvo nos casos em que se ambas as partes visem a diminuição da garantia em que se podem aventar a hipótese de aplicação do 280º C.Civil. De qualquer modo, existem mecanismos preventivos para evitar a diminuição da garantia, que passam pela supervisão do banco de Portugal e da CMVM.

Parte IV – Regime geral

A possibilidade de delegação de tarefas pelo depositário encontra-se prevista em França (PEZARD, Alice; *Droit des Marchés Monétaire et Boursier*; Editions du J.N.A., Paris, 1994, p. 470).

As entidades de guarda têm de ser objecto de acordo da entidade gestora e estar autorizadas pelo Banco de Itália, nos termos do 2-bis.3. Legge 23 marzo 1983, n. 77 (in G.U. 28 marzo 1983, n. 85). Nas SICAV o mesmo regime no 6. Decreto Legislativo 25 gennaio 1992, n. 84 (in G.U. 14 febbraio 1992, n. 37).

Na Suíça, as entidades de guarda são previstas, incluindo as sediadas no estrangeiro, estatuindo-se expressamente que a responsabilidade do depositário em nada é limitada pelo facto de os valores se encontrarem na guarda de um terceiro, nos termos do 19.1. Loi Fédérale sur les Fonds de Placement, du 18.03.1994.

Nos Estados Unidos permite-se também a delegação da guarda em termos a regulamentar pela SEC num sistema central de valores mobiliários ou noutra entidade (Sec. 17 (f) Investment Company Act of 1940).

SECÇÃO V

AS ENTIDADES COLOCADORAS

As entidades gestoras e os depositários são personagens essenciais na actividade dos fundos. Já vimos que surgem igualmente as entidades de guarda, que são personagens meramente eventuais nesta actividade. Outro tipo de entidades, igualmente eventuais, mas com outra importância, é da das entidades colocadoras.

A actividade de comercialização dos fundos poder-se-ia bastar com as entidades gestoras e os depositários. Se é certo que as sociedades gestoras pela sua pouca ubiquação não poderiam desenvolver esta função com grande disseminação no mercado, a intervenção de instituições de crédito garante em princípio a dispersão no mercado de retalho das unidades de participação. Tanto as entidades gestoras como os depositários são, nesta perspectiva, entidades colocadoras. Mas são bem mais que isso, como antes vimos. A criação de uma figura autónoma de entidades colocadoras traduz-se na opção legal de seccionar uma parcela das funções destas personagens por forma a permitir uma comercialização mais difundida no mercado.

Uma das figuras mais próxima das entidades colocadoras que se encontrou no Direito Comparado foi encontrada no Brasil. Com efeito, nos fundos mobiliários, nos termos do 16. Regulamento Anexo à Circular nº 2.594, de 21 de Julho de 1995, do Banco Central do Brasil, substituído pelo 16. Regulamento Anexo à Circular nº 2.616, de 18 de Setembro de 1995 do Banco Central do Brasil, podem as quotas dos fundos de investimento financeiro ser colocadas por bancos, caixas económicas, e sociedades corretoras e distribuidores de valores. Nos fundos imobiliários prevê-se idêntica figura no 39. Instrução CVM nº 205, de 14 de Janeiro de 1994. No entanto, no Brasil são concebidas como entidades colocadoras de valores financeiros comuns e neste sentido parecem ser moldadas. Não parecem oferecer as especialidades que ocorrem no Direito Português.

Na Suíça existem os "distributeurs" que correspondem precisamente às nossas entidades colocadoras no 23. Loi Fédérale sur les Fonds de Placement, du 18.03.1994. Na Itália, embora não se tenha encontrado referência legal expressa à matéria, a distribuição bancária assume grande importância (PIATTI, Laura; SUSI, Neomisio; Struttura dell'Industria, Asseti Proprietari e Profili di Informativa: Un' Analisi dei Fondi Comuni di Investimento Italiani; in CONSOB, *Quaderni di Finanza, Studi e Ricerche*, Volume II, nº 22 Novembre 1997, p. 103).

No Reino Unido a distribuição das unidades de participação tem sido atribuída a um grande número de entidades, como se vê em *O.P.C.V.M. 90, Où et Comment s'Implanter en Europe?,* Séminaire de Direction de Banque, La Revue Banque Éditeur, Tome II, Paris 1990, pp. 399 – 400.

Nos Estados Unidos, e em relação às "open-end investment companies", que correspondem aos nossos fundos abertos distinguem-se os "loaf funds" que são distribuídos por corretores, dos "non-loaf funds" que são distribuídos directamente pelas "investment companies". Existe, deste modo, uma figura próxima das entidades colocadoras neste sistema (DOWNES, John; GOODMAN, Jordan Elliot; *Dictionary of Finance and Investment Terms*, Barron's, 4ª ed., New York, 1995, p. 274 a 275). O conceito de "distributors" surge aliás na Sec. 12 (b) Investment Company Act of 1940, em que se proíbe às "investment companies" que distribuam os valores por si emitidos, devendo fazê-lo em princípio por um "underwriter" (*grosso modo*, um subscritor dos valores que tem no Direito americano uma função de colocação dos mesmos), salvo no caso das "open-end companies" (fundos abertos) que preencham certos requisitos indicados nesta norma. Ver também Sec. 15 (b) Investment Company Act of 1940. A distribuição por terceiros é efectuada de acordo com regras emitidas por associações auto-reguladas determinando o preço mínimo a que um distribuidor deve comprar a uma "investment company", bem como o preço máximo a que o deve vender à mesma, por forma a que exista uma correlação com o valor líquido do fundo ("net asset value") (Sec 22 (a) Investment Company Act of 1940). A distribuição faz-se sempre através da subscrição por um profissional ou através de uma oferta pública, tal como são descritos no prospecto (Sec. 22 (d) Investment Company Act of 1940).

Parte IV – Regime geral

A tendência tem sido, no entanto para a auto-distribuição nos últimos anos (HAZEN, Thomas Lee; *The Law of Securities Regulation*, West Publishing Co., 2ª ed., St. Paul, Minn., 1990, p. 838).

As entidades colocadoras correspondem a uma necessidade de distribuição /comercialização com multiplicação de pontos de venda sem os custos associados à criação "ex nouo" destes pontos de venda (para o problema da multiplicação dos pontos de venda ver *O.P.C.V.M. 90, Où et Comment s'Implanter en Europe?*, Séminaire de Direction de Banque, La Revue Banque Éditeur, Tome II, Paris 1990, p. 346 ss.). A ideia que lhes subjaz é a de economias de escala, de que pretendem beneficiar as entidades gestoras para diminuir os custos de comercialização.

SUBSECÇÃO I

INSTITUIÇÃO. VICISSITUDES

As entidades colocadoras são instituídas no regulamento de gestão[210]. Estão, nestes termos, sujeitas ao seu regime de alterações, sempre que pretendam ser ou deixar de o ser[211]. A entidade gestora não pode, assim, escolher como e quem bem entenda como entidade colocadora, nem mudar esta mesma entidade colocadora.

Prévia a esta inclusão no regulamento de gestão é a celebração de um contrato de colocação entre a entidade gestora e a colocadora, dependente da aprovação da CMVM[212]. Este contrato pode-se extinguir pelos fundamentos gerais, implicando esta extinção a extinção da posição da entidade colocadora enquanto tal. No entanto, a extinção apenas opera quando a alteração do regulamento de gestão.

É inequívoco que as funções exercidas pelas entidades gestoras são de intermediação financeira. Com efeito, a lei qualifica as unidades de participação como valores mobiliários[213]. Ora a actividade das entidades colocadoras traduz-se na colocação e comercialização de valores mobiliários[214], que são actividades de intermediação financeira (608º/a, e Cd.MVM).

---

[210] O 18º/3/e DLFIM (19º/3/e DLFII) por confronto com o 28º DLFIM (31º DLFII) demonstra que a expressão "entidades que além do depositário, são encarregadas da comercialização" apenas se pode referir às entidades colocadoras, dado que decerto não se pretende referir as entidades gestoras. Ver também o 17º/1 DLFIM e 18º/1 DLFII.

[211] 18º/5 DLFIM, 19º/5 DLFII.

[212] 28º/3 DLFIM, 31º/3 DLFII.

[213] 27º/1 DLFIM e 30º/1 DLFII. A questão é mais complexa, pelo que merecerá tratamento autónomo a propósito das unidades de participação.

[214] 28º DLFIM, 31º DLFII.

Questão diferente é a de saber se são intermediários financeiros. Repare-se que a lei, para a qualificação da entidade como intermediário financeiro não se basta com a sua actividade. Bem pelo contrário, o que exige é o oposto: para que possam exercer esta actividade têm em princípio de ser intermediários financeiros, sob pena de incorrerem em infracção (607º, 613º, 670º/16 Cd.MVM). A questão é a de saber se o DLFIM e o DLFII quando refere as entidades colocadoras (a excepção do 607º/3 Cd.MVM não é obviamente aplicável):

a) as qualifica como intermediários financeiros

b) alarga o âmbito das entidades autorizadas, nos termos do 613º/1/c Cd.MVM

c) ou pressupõe que já sejam intermediários financeiros.

A qualificação como intermediário financeiro pressupõe um tipo legal previamente definido na lei. Implica que sejam qualificadas como este ou aquele tipo dei intermediário financeiro (607º/1 Cd.MVM), o que os diplomas citados não fazem. Ou seja, não é por ser uma entidade colocadora que uma entidade passa a ser intermediário financeiro.

O alargamento do 613º/1/c Cd.MVM pressupõe que a lei defina as entidades que podem exercer as actividades referidas. Não basta que a lei afirme que existe uma certa actividade e que pode ser exercida por outras entidades que não outras já tipificadas (as gestoras e os depositários, no caso). Exige-se que a lei diga *quais* entidades podem exercer certas actividades de intermediação financeira., coisa que o DLFIM e o DLFII não fazem.

Fica a terceira hipótese, que parece a mais adequada. A lei pressupõe que as entidades colocadoras já sejam intermediários financeiros. Podia-se contra argumentar que, se já fossem intermediários financeiros, não se carecia de uma previsão especial da sua actividade, na medida em que de qualquer modo já poderiam exercer a actividade de colocação de unidades de participação. Não é verdade. É que não nos podemos esquecer que cada fundo tem apenas uma entidade gestora e um depositário, e que as funções de cada qual são apenas as estabelecidas nas lei, não podendo haver terceiros a intervir em cada fundo concreto para além destes, para além dos que a lei prevê. Daí a necessidade de a lei prever a possibilidade de haver entidades colocadoras diferentes do depositário e da gestora dos fundos. Sob o ponto de vista substancial, económico, tem também razão de ser esta previsão especial. É que não obstante a segregação de funções e a tipicidade dos agentes, a verdade é que, numa perspectiva de comercialização, pode haver todo o interesse em alargar as entidades que comercializam as unidades de participação.

Este quadro, tal como e descrito, veio no entanto a sofrer alterações insuspeitadas com o novo artº 671º-A Cd.MVM, na redacção do Dec.-Lei nº 178/97, de 24 de Julho. Com efeito, a citada norma, que visava suprir

Parte IV – Regime geral

lacunas infraccionais, veio a ter consequências na própria configuração da tipicidade das entidades aptas a exercer intermediação financeira. É que, ao sancionar as violações pelas entidades colocadoras das unidades de participação acolheu implicitamente a tese de que estas entidades, e os requisitos para a sua qualificação como tal, não precisam de ser estabelecidos na lei, remetendo implicitamente para Regulamentação da CMVM, na medida em que as considera uma categoria à parte de entre as entidades que podem desenvolver a actividade de intermediação financeira.

Embora sob o ponto de vista da segurança jurídica este não tivesse sido o melhor caminho, a verdade é que uma perspectiva histórica na interpretação tem de acolher esta nova solução. Teria sido em todo o caso compreensível que o regime dos fundos definisse requisitos mínimos, remetendo para regulamentação da CMVM, ou pelo menos remetesse expressamente para esta regulamentação para a definição dos requisitos mínimos a que devem obedecer estas entidades colocadoras.

Em síntese, a solução é a de as considerar entidades especialmente autorizadas a exercer actividades de intermediação financeira, limitadas à colocação e comercialização de fundo investimento mobiliário.

Apenas podem ser entidades colocadoras as aprovadas enquanto tal pela CMVM (na redacção original do regime, ouvido o Banco de Portugal)[215].

Na Suíça, os "distributeurs" carecem de autorização da comissão federal dos bancos (22., 56. Loi Fédérale sur les Fonds de Placement, du 18.03.1994). Os requisitos materiais para a atribuição de tal autorização constam do 22. Ordonnance du Conseil Fédéral sur les Fonds de Placement du 19.10.1994. Não precisam, não obstante, de ter autorização específica os bancos, as caixas de poupança e as seguradoras (23. Ordonnance du Conseil Fédéral sur les Fonds de Placement du 19.10.1994).

Por outro lado, ao contrário do depositário, que é um só para cada fundo, nada impede que um mesmo fundo tenha mais de uma entidade colocadora[216].

Nos termos do 2º Reg 95/5 podem ser entidades colocadoras nos fundos *mobiliários*:

a) os intermediários financeiros legalmente autorizados a exercer a actividade de colocação no mercado primário de valores mobiliários

---

[215] 28º/1 DLFIM, 31º/1 DLFII.

[216] Os plurais dos 18º/3/e, 28º/1 DLFIM e 19º/3/e, 31º/1 DLFII são significativos.

162 *Fundos de Investimento Mobiliário e Imobiliário*

b) outras entidades sujeitas à supervisão do Banco de Portugal

c) outras entidades sujeitas à supervisão do Instituto de Seguros de Portugal

d) entidades para o efeito autorizadas pela CMVM.

No primeiro caso, a autorização considera-se concedida pela aprovação pela CMVM do contrato de colocação (3º Reg 95/5). As sujeitas à supervisão do Banco de Portugal e do ISP dependem de autorização específica da CMVM para o exercício desta actividade (4º Reg 95/5). As restantes entidades apenas podem ser autorizadas para o efeito caso em cúmulo tenham no seu objecto social a prestação de serviços de natureza financeira, tenha este objecto social por natureza o seu título na lei, ou, caso a lei não o proíba, conste do seu pacto social (desde que obviamente isso não colida com proibições legais – nomeadamente por pretenderem exercer funções que são exclusivo de instituições de crédito ou de sociedades financeiras), disponham de meios adequados e assegurem formação específica aos seus funcionários (5º Reg 95/5). A revogação da autorização obedece a um regime de fundamentos muito lato, que consta do 9º Reg 95/5.

SUBSECÇÃO II

FUNÇÕES

As entidades colocadoras têm como primeira função a de disponibilizarem serviços de subscrição de unidades de participação[217].

Já em relação ao resgate, a lei não se pronuncia expressamente. Fica, assim, por saber, se estas entidades podem proceder ao resgate das unidades de participação. Em bom rigor, o processamento do resgate é competência exclusiva do depositário[218]. No entanto, nada impede que a solicitação ao depositário para resgate possa ser feita junto da entidade colocadora. Com efeito, a sua função exclusiva é de comercialização das unidades de participação. Se assim é, não se compreenderia que a subscrição fosse disseminada e facilitada pela existência de ubiquação pelas entidades colocadoras, mas já não o fosse o resgate.

De igual modo, não se pronuncia sobre a possibilidade de proceder a pagamentos de rendimentos dos fundos. No entanto, nada parece opor--se a isto. Esta conclusão parece resultar da finalidade da sua instituição. Se se pretende que sejam as entidades que entram em contacto com o participante directamente, não teria sentido, nem existe nenhum perigo inerente, que se proibisse o simples acto de pagamento destes rendimentos.

---

[217] 28º/1 DLFIM, 31º/1 DLFII.
[218] 29º/1 DLFIM, 32º/1 DLFII.

Parte IV – Regime geral

SUBSECÇÃO III
REGIME OPERACIONAL

I. *Aspectos gerais*

As entidades colocadoras reduzem a sua actividade, quanto ao fundo em que assumem essa qualidade, à comercialização das unidades de participação. Além disso, e fora da comercialização das unidades de participação, as entidades colocadoras não podem exercer quaisquer actividades na área dos fundos em que exercem estas funções, mesmo que em abstracto o possam fazer em relação a outros fundos[219].

Por outro lado, o exercício desta entidade é sempre feito por conta da entidade gestora[220] e nunca do depositário. A sua actividade encontra-se funcionalmente dependente da entidade gestora.

Dependência funcional, taxatividade de funções e não intervenção em matéria de activos subjacentes dos fundos são, assim, as traves mestras de definição da sua actividade, o que não deixa de ter as suas implicações.

As entidades colocadoras podem dar consultadoria em valores mobiliários, mas em princípio restrita à comercialização das unidades de participação (esse parece ser o sentido do 612º/3/a, conjugado com o 613º/1 Cd.MVM). No entanto, e na medida em que esta matéria depende ainda de legislação especial que de momento inexiste (612º/2 Cd.MVM), nos casos em que as entidades colocadoras não sejam intermediários financeiros, as condições do exercício desta função de consultadoria ainda não se encontram devidamente concretizadas. Não obstante, como veremos, a simples faculdade de dar consultadoria implica a aplicação do regime da informação dos intermediários financeiros.

Também lhes é lícita a realização de informação e publicidade sobre os fundos, mas apenas daqueles de que são colocadoras.

Por outro lado, é-lhes igualmente lícita a prestação de serviços funcionalmente dependentes da emissão e resgate: a realização dos formalismos inerentes (entrega e recepção de boletim de subscrição e pedido de resgate), bem como os serviços financeiros a jusante (entrega e recepção das quantias a pagar ou receber pelos participantes).

Já não lhes é lícita a actividade de depósito de valores, realização de operações de compra e venda de activos subjacentes do fundo, exercício

---

[219] "Serviços relacionados com a subscrição" dos 28º/3 DLFIM, 31º/3 DLFII.
[220] 28º/3 DLFIM, 31º/3 DLFII.

164 *Fundos de Investimento Mobiliário e Imobiliário*

de direitos relativos aos valores, realização de liquidações físicas ou financeiras relativas a estes operações ou exercícios de direitos[221].

A entidade gestora é solidariamente responsável com a entidade gestora perante os participantes pelos actos praticados pelas entidades colocadoras[222]. Este é um corolário da dependência funcional das entidades colocadoras sobre as entidades gestoras.

No entanto, o regime das funções das entidades colocadoras é construído de maneira algo peculiar pela lei, na medida em que este se estabelece em parte através de uma equiparação limitada ao regime dos depositários[223]. É neste sentido que a mesma equiparação, embora faça parte do regime funcional, merece uma ponderação autónoma.

II. *Equiparação limitada aos depositários*

Para que possa ser apreciada esta equiparação torna-se necessário distinguir entre o regime comum aos depositários e às entidades gestoras, das actividades que são específicas dos depositários.

Já vimos que o regime comum às entidades gestoras e depositários se baseava em quatro pilares fundamentais: a segregação de funções, a responsabilidade solidária, as relações de depósito e as remunerações.

A segregação de funções é igualmente válida nessa área, mas apenas num sentido unilateral. Ao contrário do que se passava com a relação entre entidades gestoras e depositários, em que cada um tinha um papel exclusivo e intangível pelo outro, salvo no que respeitava à comercialização das unidades de participação, neste caso a segregação de funções significa apenas que as entidades colocadoras nada mais podem fazer que a comercialização das unidades de participação. Mais nenhuma das actividades dos depositários.

Quanto à responsabilidade solidária com as entidades gestoras, esta encontra-se expressamente prevista por lei, pelo que a equiparação não tem sentido ou aplicação. Com efeito, ao contrário do regime comum dos depositários e entidades gestoras, em que cada qual é responsável pelos actos dos outro, a responsabilidade solidária ora exposta é igualmente unilateral. A entidade gestora é solidariamente responsável pelos actos da

---

[221] Cf. 13º DLFIM, 14º DLFII.
[222] 28º/4 DLFIM, 31º/4 DLFII.
[223] 28º/4 DLFIM, 31º/4 DLFII.

Parte IV – Regime geral

entidade colocadora, mas esta não o é em relação aos actos da gestora (e muito menos do depositário).

As relações de colocação têm igualmente como fonte um contrato entre a entidade gestora e a colocadora, com as vicissitudes ora expostas. O regime é igualmente limitado pelo facto de este contrato se verter no conteúdo do regulamento de gestão. No entanto, encontra-se expressamente previsto, pelo que a equiparação não tem aplicação nesta sede.

Quanto às remunerações, estas são as remunerações que são funcionalmente determinadas pela actividade das entidades colocadoras, a saber, as de emissão e resgate. Ou seja, as comissões de emissão e de resgate[224]. Neste sentido, não se aplica igualmente a equiparação, na medida em que se encontra previsto expressamente na lei o regime das remunerações[225].

De igual modo, não tem sentido a equiparação no que respeita às funções que são exclusivas do depositário, na medida em que as entidades colocadoras não podem exercê-las.

Depois da delimitação negativa desta equiparação resta-nos operar a sua delimitação positiva.

A equiparação é limitada ao exercício das suas funções, que são apenas a da comercialização de unidades de participação subscrição, resgate e liquidações financeiras inerentes (não pode ser a liquidação física nem as outras funções dos depositários, porque se requeria serem intermediários financeiros e porque isso seria invadir o espaço exclusivo dos depositários).

Em segundo lugar, e na medida em que " ficam sujeitas às normas que regem a execução das mesmas operações pelos depositários"[226]:

a) Devem ter em dia a relação actualizada das operações realizadas[227], no seu caso, de subscrição, resgate e respectivas liquidações financeiras (pagamento e recepção de quantias dos participantes)

b) Assumem uma função de vigilância e garantem perante os participantes o cumprimento do regulamento de gestão do fundo, especialmente no que se refere à política de investimentos[228]: Esta

---

[224] 16º/1/b, c DLFIM, 17º/1/b, c DLFII.

[225] Em função do estabelecido no contrato previsto nos 28º/3 DLFIM e 31º/3 DLFII.

[226] 28º/4 DLFIM, 31º/4 DLFII.

[227] 13º/1/e "1ª parte" DLFIM, 14º/1/e "1ª parte" DLFII.

[228] 13º/1/f DLFIM, 14º/1/f DLFII

função pode parecer estranha, na medida em que as entidades colocadoras apenas actuam em sede de subscrição e resgate. No entanto, este regime compreende-se pela função que as entidades colocadoras desempenham junto dos participantes. As colocadoras são muitas vezes o único contacto que os participantes têm com os fundos. A criação destas entidades não visa uma diminuição de garantias mas tão somente uma maior disseminação das unidades de participação sem que estas diminuam. Caso o depositário se recusasse a desenvolver certas actividades para as quais a entidade gestora a instruísse, mas esta entidade viesse a realizar transações sem ser por intermédio do depositário e as colocadoras nada fizessem, de nada serviria o controle legal pelo depositário. Na esfera da sua actuação, a subscrição e o resgate, bem como dos pagamentos de remunerações, a entidade colocadora tem de verificar a legalidade das actuações da gestora.

c) Asseguram que a venda, a emissão, o reembolso e a anulação das unidades de participação sejam efectuados de acordo com a lei e com o regulamento de gestão[229]

d) Asseguram que o cálculo do valor das unidades de participação se efectue de acordo com a lei e o regulamento de gestão[230]. Mais uma vez, parece estranha esta função. No entanto, a ponderação de resultados mais uma vez nos conduz a esta solução. Se a entidade gestora manipulasse o valor da unidade de participação, ou de qualquer outra forma o falseasse, mesmo que houvesse oposição do depositário, e caso as entidades colocadoras nada fizessem, de nada valeria o controle do depositário.

e) Executam as instruções da entidade gestora, salvo se forem contrárias à lei ou ao regulamento de gestão, no caso as instruções relativas à subscrição e resgate[231]

f) Asseguram que os rendimentos do fundo sejam aplicados em conformidade com a lei e o regulamento de gestão, nos casos em que têm como função também o pagamento de rendimentos, ou em geral nos fundos de capitalização[232].

---

[229] 13º/2/a DLFIM, 14º/2/a DLFII.
[230] 13º/2/b DLFIM, 14º/2/b DLFII.
[231] 13º/2/c DLFIM, 14º/2/c DLFII
[232] 13º/2/d DLFIM, 14º/2/d DLFII

Em terceiro lugar, as entidades colocadoras devem agir de modo independente e no exclusivo interesse dos seu participantes[233].

Em quarto lugar, ficam sujeitas ao regime dos intermediários financeiros no exercício das suas funções de colocadoras. Com efeito, não basta afirmar que os depositários são intermediários financeiros, como antes se conclui. As próprias funções de depósito são de intermediação financeira, como antes se verificou (cf. 608º/j Cd.MVM). Quando agem enquanto depositários, e independentemente de a lei atribuir outras funções a estas instituições de crédito que os qualifiquem enquanto tal, o simples facto de exercerem funções de depositários já os qualifica como intermediários financeiros. Quer isto dizer que a equiparação legal em presença implica a aplicação do regime da intermediação financeira nas actividades de colocação. Mais concretamente, as entidades colocadoras estão sujeitas ao regime de qualidade e dever de informação (646º/1/a, 663º Cd.MVM), sigilo (650º Cd.MVM) e em geral de conflitos de interesses quando actuam em quanto colocadoras. Materialmente este regime apertado é facilmente compreensível. É que mais uma vez a actividade de colocação não pode gerar uma diminuição de garantias. Que sentido teria impor um sigilo ao depositário e à entidade gestora, se a colocadora pudesse violá-lo quantas vezes quisesse? Dado que com frequência estas actividades são desenvolvidas por empresas do mesmo grupo, bastaria criar entidades colocadoras para através delas praticar todos atropelos aos direitos dos investidores. Ora a figura das colocadoras visa uma mais eficaz comercialização, não a destruição de garantias.

Em quinto lugar, e em consistência com o que acima se afirma, compreende-se nestes termos que não existam operações absolutamente vedadas às entidades colocadoras, bastando-se a lei com o cumprimento do regime relativo aos conflitos de interesses nos intermediários financeiros. Nem têm sentido as limitações relativas que existem em relação à possibilidade de aquisição das unidades de participações por parte dos depositários e que se estudarão a propósito dos regimes especiais dos fundos mobiliários e imobiliários, na medida em que as suas funções são muito mais restritas em relação aos fundos e na medida em que em consequência, não têm qualquer papel na disposição dos seus activos subjacentes. Apenas se requer que obedeçam, na sua aquisição ou venda, aos requisitos gerais do regime de protecção dos intermediários financeiros.

---

[233] 14º/2, 28º/4 DLFIM, 15º/2, 31º/4 DLFII.

III. Conclusões sobre o regime operacional das entidades colocadoras

A apreciação do regime das entidades colocadoras em sede funcional exigiu que seguíssemos um caminho mais exegético e menos sistemático por forma a não pré-julgar sobre a sua natureza. Com efeito, muito fácil seria partir de um conceito de entidade colocadora e daí partir para conclusões de regime, ou pré-formar quadros de análise do seu regime. No entanto, trata-se de uma figura com contornos muito mais complexos que os que parece enunciar à primeira vista, isto tanto mais quanto o legislador se escusou de estabelecer um regime desenvolvido quanto às suas funções e operações.

As entidades colocadoras podem receber e aceitar subscrições e resgates, bem como proceder aos respectivos pagamentos e quitações, assim como pagar rendimentos dos fundos.

A sua actividade caracteriza-se pela dependência funcional em relação à entidade gestora, a taxatividade de funções e a sua não intervenção em matéria de activos subjacentes aos fundos, actuando apenas em relação à unidades de participação.

Exercem funções operacionais, financeiras, de controlo e administrativas como os depositários, mas restrictas às suas funções.

Estão sujeitas ao regime dos intermediários financeiros nos mesmos termos que os depositários no exercício das suas funções, não tendo no entanto qualquer limitação na aquisição das unidades de participação que comercializam, salvo no que decorre do regime geral da intermediação financeira.

SECÇÃO VI

OS CONSULTORES

Com a figura dos consultores mais uma vez se demonstra que as entidades gestoras são o centro subjectivo da actividade dos fundos (bem como os participantes são o centro subjectivo das suas finalidades de protecção).

Determina a lei que as entidades gestoras não podem delegar funções, sem prejuízo de poderem recorrer a serviços de consultadoria financeira[234]. Mais uma vez se torna difícil enunciar os aspectos relevantes do

---

[234] 6°/3 DLFIM, 7°/2 DLFII.

Parte IV – Regime geral

169

regime em questão, na medida em que não são desenvolvidos pela lei dos fundos nem pelo Cd.MVM (cf. 612º/2 Cd.MVM). No entanto, e mais uma vez, podem ser definidas as linhas gerais que o estruturam.

Os consultores são sempre consultores da entidade gestora.

A lei não delimita condições para quem pode ser consultor (612º/2 Cd.MVM).

As relações entre a entidade gestora e os consultores podem ser estabelecidas, nos termos gerais, através de um contrato avulso ou de um contrato-quadro. Com efeito, as relações de consultadoria não fazem parte obrigatoriamente do regulamento de gestão[235].

> Também nos Estados Unidos têm de constar de contrato escrito ("advisory contract" - HAZEN, Thomas Lee; *The Law of Securities Regulation*, West Publishing Co., 2ª ed., St. Paul, Minn., 1990, p. 868 – 871).

No entanto, por via contratual nunca se pode estatuir uma consulta obrigatória. Por outro lado, a consulta nunca pode ser vinculativa. Com efeito, tanto a decisão, como a configuração dos pressupostos dessa decisão, é sempre competência e responsabilidade da entidade gestora.

Haverá responsabilidade nos termos contratuais pela consultadoria por parte do consultor, mas esta responsabilidade nunca preclude nem parcial nem totalmente a responsabilidade da entidade gestora em relação aos participantes. Estas são consequências da indisponibilidade das funções pela entidade gestora.

Por outro lado, a entidade gestora nunca pode, quando pede uma consulta, violar o sigilo profissional (650º Cd.MVM). Ou seja, quando pede a consulta não pode dar dados para além dos que são estritamente necessários para a formulação do parecer do consultor[236].

---

[235] No entanto, é óbvio que se se quiser incluir o consultor no regulamento de gestão, por razões de credibilidade e imagem por exemplo porque se usa um consultor particularmente reputado, a alteração do consultor requere alteração do regulamento de gestão com a necessidade de aprovação da CMVM e restantes implicações de regime.

Por outro lado, os consultores têm de contar sempre do prospecto do fundo, como se verifica pelo nº 12 do Anexo A e 33º/3 DLFIM e 36º/3 DLFII.

[236] É evidente que a lacuna de regulamentação em matéria de consultoria pode gerar graves problemas nesta área. É que, para que o parecer seja consistente, torna-se muitas vezes necessário dar informações que são sigilosas sobre a composição da carteira dos fundos, ou as estratégias que se pretendem desenvolver.

170 *Fundos de Investimento Mobiliário e Imobiliário*

Os consultores merecem regime desenvolvido nos fundos imobiliários no Brasil nos 33. a 35. Instrução CVM nº 205, de 14 de Janeiro de 1994. Os consultores financeiros das empresas em geral têm assumido um papel determinante nos mercados, pelo que o fenómeno não é exclusivo dos fundos. Para o Reino Unido ver GONNEAU, Jean-Claude; *La Bourse de Londres*, Economica, Paris, 1990, p. 62. Esta actividade de consultoria poderia ser entendida como um sector menor. No entanto, não nos podemos esquecer que existem autênticos impérios que se concentram nesta actividade, trabalhando simultaneamente em muitos países e com um poder de actuação que não pode ser descurado (*O.P.C.V.M. 90, Où et Comment s'Implanter en Europe?*, Séminaire de Direction de Banque, La Revue Banque Éditeur, Tome II, Paris 1990, p. 311 ss.).

Nos Estados Unidos encontram-se regulados na Sec. 15 (a) Investment Company Act of 1940 (cf. HAZEN, Thomas Lee; *The Law of Securities Regulation*, West Publishing Co., 2ª ed., St. Paul, Minn., 1990, p. 838). Podem encontrar-se sujeitos a acções de responsabilidade ou mesmo inibições temporárias ou definitivas do exercício da sua actividade nos termos da Sec. 36 Investment Company Act of 1940 (cf. HAZEN, Thomas Lee; *The Law of Securities Regulation*, West Publishing Co., 2ª ed., St. Paul, Minn., 1990, p. 893). Na prática, muitos destes consultores acabam por ser os verdadeiros gestores dos fundos, seleccionando os valores que os compõem, actuando as administrações dos fundos como meros órgãos de vigilância, contra o espírito da lei (HAZEN, Thomas Lee; *The Law of Securities Regulation*, West Publishing Co., 2ª ed., St. Paul, Minn., 1990, p. 839), actuando os "directors" como entidades de vigilância dos interesses dos participantes (HAZEN, Thomas Lee; *The Law of Securities Regulation*, West Publishing Co., 2ª ed., St. Paul, Minn., 1990, p. 867). Em Portugal esta situação seria manifestamente ilegal, na medida em que, já se viu, as funções de gestão são indisponíveis.

SECÇÃO VII
OS TERCEIROS PRESTADORES DE SERVIÇOS

Também são referidos terceiros prestadores de serviços[237].

O regime aplicável é muito semelhante em relação ao anteriormente referido, apenas havendo que salientar duas diferenças.

A primeira é a de que nada impede que se estabeleça um contrato de exclusividade (o que é o inverso da proibição da natureza obrigatória das consultas).

---

[237] 6º/3 DLFIM, 7º/2 DLFII.

Parte IV – Regime geral

A segunda respeita à delimitação dos serviços que podem ser delegados por lei. Negativamente não podem ser serviços de gestão, depósito colocação ou consulta, na medida em que cairiam sobre a alçada dos respectivos regimes. Daí que não se veja que exista um grande campo de aplicação do preceito. Apenas restam meras operações materiais (transporte de valores, de documentação como os boletins de subscrição, por exemplo), os de consultadoria geral que não em valores mobiliários (gestão de imagem, relações públicas, serviços jurídicos), bem como serviços comuns a todas as empresas (informática, marketing e publicidade, etc.).[238]

> Em Espanha permite-se, mediante prévia autorização da CNMV a contracção de funções meramente administrativas e de gestão de activos estrangeiros por entidades que tenham domicílio e sede efectiva de administração fora do território espanhol (53.2. Reglamento de la Ley 46/1984, de 26 de deciembre, aprovado pelo Real Decreto 1393/1990, de 2 noviembre).
> No Reino Unido, os "trustees" dos fundos delegam com frequência as funções de registo dos participantes numa terceira entidade (*O.P.C.V.M. 90, Où et Comment s'Implanter en Europe?,* Séminaire de Direction de Banque, La Revue Banque Éditeur, Tome II, Paris 1990, p. 393).
> Nos Estados Unidos, em tema de consultoria de investimentos prevê-se a existência de um "advisory board", com funções essencialmente de consultoria nas "investment companies" (Sec. 2 (a) (1) Investment Company Act of 1940. Mais próxima é a figura do "investment adviser" previsto na Sec. 2 (a) (20) Investment Company Act of 1940 (cf. HAZEN, Thomas Lee; *The Law of Securities Regulation*, West Publishing Co., 2ª ed., St. Paul, Minn., 1990, p. 835).

SECÇÃO VIII

OS PARTICIPANTES

Em princípio apenas podem ser participantes pessoas jurídicas. Daí que sigam o seu regime, nomeadamente em sede de vicissitudes (referi-

---

[238] Pode-se colocar a dúvida de saber porque razão se colocaria no regulamento de gestão o nome da empresa que transposta a documentação ou instala os sistemas informáticos, por exemplo. No entanto, como bem se sabe, estes podem ser elementos de credibilização das empresas, nomeadamente no que respeita à segurança das informações e preservação do sigilo. Daí que materialmente se compreenda que, caso estejam no regulamento de gestão, a sua alteração dependa igualmente de aprovação da CMVM.

172 *Fundos de Investimento Mobiliário e Imobiliário*

mo-nos aqui às vicissitudes subjectivas, como as da extinção ou modificação da pessoa colectiva, morte, incapacidades, etc. e não às objectivas, as que decorrem da relação com a unidade de participação, que serão mais aprofundadas em sede própria).

A expressão britânica é a mesma: "participants" (Sec. 75(2) Financial Services Act 1986). Na França são chamados de "actionnaires" nos fundos personalizados ou de "porteurs de parts" nos não personalizados (PEZARD, Alice; *Droit des Marchés Monétaire et Boursier*; Editions du J.N.A., Paris, 1994, p. 245). Nos anos 60 99,3% dos participantes nas S.I.C.A.V. eram pessoas físicas, havendo um grande peso de pequenos subscritores, mas sobretudo de empresários e pessoas não activas (Funcionamento das Sociedades de Investimento de Capital Variável (S.I.C.A.V.) em França – Relatório Lorain, de Janeiro de 1968; in: *Revista Bancária*, Ano IV, nº 14, Outubro - Dezembro de 1968, Lisboa, p. 51 - 52). Na Suíça são chamados de "investisseurs" no 23. Loi Fédérale sur les Fonds de Placement, du 18.03.1994. No Brasil são chamados "condôminos" no 4.VI. Regulamento Anexo à Circular nº 2.594, de 21 de Julho de 1995, do Banco Central do Brasil e 4.VI. Regulamento Anexo à Circular nº 2.616, de 18 de Setembro de 1995 do Banco Central do Brasil.

Nos Estados Unidos, no caso das "investment companies" são chamados de "securities holders", designação geral dos titulares de valores mobiliários (Sec. 1 (b) (2) Investment Company Act of 1940).

O facto de pessoas jurídicas em geral poderem adquirir unidades de participação não significa que não haja limites legais. Como antes se demonstrou a propósito do regime especial das sociedades gestoras, estas não podem adquirir por conta própria unidades de participação (11º/1/f DLFIM, 12º/1/e DLFII), apesar de serem sociedades financeiras (sem distinguir TOMÉ, Maria João Romão Carreiro Vaz; *Fundos de Investimento Mobiliário Abertos*, Almedina, Coimbra, 1997, p. 108). Por outro lado, se as sociedades corretoras o podem fazer, apenas podem adquirir unidades de participação, como quaisquer outros valores mobiliários, fora da sua actividade profissional, como seria nomeadamente se fossem adquiridos para a realização de operações para carteira própria em bolsa ou registando ou depositando junto de si os valores de que são titulares (como resulta do confronto do 608º Cd.MVM com os artigos 2º e 3º do Dec.-Lei nº 228-I/ /88, de 4 de Julho).

Em certos fundos especiais, as pessoas físicas não podem ser participantes, como acontece na Alemanha (ASMANN, Heinz-Dieter; SCHÜTZE, Rolf A.; *Handbuch des Kapitalanlagerechts*, C.H. Beck'sche Verlagsbuchhandlung, 2ª ed., München, 1997, p. 706).

No entanto, podem ser igualmente titulares de participações patrimónios autónomos. Como se demonstrará posteriormente, os fundos podem deter unidades de participação de outros fundos. Mas se este é o exemplo mais saliente nesta sede, nada impede que outros patrimónios autónomos possam integrar unidades de participação, como por exemplo as heranças jacentes. É importante esta referência, na medida em que estes patrimónios autónomos são participantes para todos os efeitos legais.

A lei brasileira dos fundos imobiliários tem consciência deste facto quando afirma expressamente que as quotas dos fundos imobiliários podem ser adquiridas por fundos como decorre do 1. Resolução nº 2.248, de 8 de Fevereiro de 1996 do Banco Central do Brasil.

Por outro lado, em relação às pessoas jurídicas e aos fundos existem limites decorrentes dos limites operacionais das entidades gestoras e das entidades que com elas estão relacionadas, como antes vimos[239]. Estas entidades relacionadas não podem ser participantes de certos fundos. Numa perspectiva subjectiva existe uma inibição.

A qualidade de participante adquire-se com a emissão da unidade de participação no seu sentido restrito, como posteriormente veremos, ou nos termos gerais com a sua aquisição derivada. Perde-se igualmente pela extinção da unidade de participação, ou pela sua alienação.

No caso específico dos agrupamentos de fundos a aquisição da qualidade de participante no agrupamento ocorre mediante a subscrição de unidade ou unidades de participação de um dos fundos do agrupamento (7º Reg 91/6). Apesar de este regulamento referir a subscrição não é o momento da subscrição que é o da aquisição da unidade. Não existindo a mesma nada se adquire. O que acontece, e como bem diz o regulamento, é que se adquire *mediante* a subscrição. Ou seja, havendo a subscrição da unidade de participação, surge o dever de emissão da mesma por parte da entidade gestora (havendo responsabilidade solidária entre esta e a entidade comercializadora). A relação de participação estabelece-se de acordo com um contrato de participação que TOMÉ, Maria João Romão Carreiro Vaz; *Fundos de Investimento Mobiliário Abertos*, Almedina, Coimbra, 1997, p. 50 qualifica de contrato de investimento. Esta figura, de origem americana, suscita questões que não podem ser aqui tratadas, dado que remetem para problemas gerais de mercado de valores mobiliários.

---

[239] 11º, 21º DLFIM, 12, 22º DLFII.

Na Suíça este problema não é expressamente resolvido, apenas se afirmando que pela sua entrega de activos ao fundo, o investidor torna-se credor da sociedade gestora ("direction") pela sua participação na fortuna e nos rendimentos dos fundos (23.1. Loi Fédérale sur les Fonds de Placement, du 18.03.1994). O momento da constituição da qualidade de subscritor não é referido expressamente pela lei.

No Brasil a qualidade de participante adquiria-se com a subscrição e abertura de conta de depósito pela instituição administradora em nome do condómino (15.§2° Regulamento Anexo à Circular n° 2.594, de 21 de Julho de 1995, do Banco Central do Brasil). No entanto, com o 15.§§1° e 2° Regulamento Anexo à Circular n° 2.616, de 18 de Setembro de 1995 do Banco Central do Brasil que veio a substituir o anterior quando estatui que a qualidade de participante se adquire pela abertura de conta de depósito em nome dele, indicando que é indispensável a adesão ao regulamento do fundo quando da subscrição. Ou seja, e tendo em conta o sistema brasileiro, fica mais claro que a aquisição da qualidade de participante se adquire, não com a subscrição, mas com a emissão em sentido estricto, que no Brasil se traduz na abertura desta conta.

Os direitos dos participantes são o corolário dos deveres das entidades gestoras, depositários e entidades colocadoras. Estes deveres são deveres perante os participantes.

Em Itália caracteriza-se a sua relação com as sociedades gestoras na perspectiva do mandato (3. Legge 23 marzo 1983, n. 77 (in G.U. 28 marzo 1983, n. 85; tenham-se, no entanto, em conta, as críticas de SABATELLI, Emma; *La Responsabilità per la Gestione dei Fondi Comuni di Investimento Mobiliare, Contributo allo studio del D.Lgs. 25 gennaio 1992, n. 83*, Casa Editrice Giuffrè, Milano, 1995, p. 14 ss.). Em Portugal, pelo menos, seria esquecer a natureza específica desta relação, sem prejuízo de subsidiariamente se recorrer a este regime para definir os seus direitos. TOMÉ, Maria João Romão Carreiro Vaz; *Fundos de Investimento Mobiliário Abertos*, Almedina, Coimbra, 1997, p. 75 refere expressamente o direito de acção judicial por má gestão dos fundos, bem como SABATELLI, Emma; *La Responsabilità per la Gestione dei Fondi Comuni di Investimento Mobiliare, Contributo allo studio del D.Lgs. 25 gennaio 1992, n. 83*, Casa Editrice Giuffrè, Milano, 1995, p. 26. TOMÉ, Maria João Romão Carreiro Vaz; *Fundos de Investimento Mobiliário Abertos*, Almedina, Coimbra, 1997, p. 109 refere o direito à realização do investimento colectivo do capital entregue, o direito à administração dos activos do fundo, o direito ao depósito dos valores numa instituição de crédito, o direito à emissão do certificado das unidades de participação, o direito de resgate das unidades de participação, de participar periodicamente dos benefícios do fundo, o direito à informação sobre o valor das unidades de participação, o direito à supervisão pelo depositário, e finalmente o direito a estabelecer a responsabilidade do depositário. Alguns destes direitos merecem comentários. O direito ao resgate (fora da liquidação) apenas se compreende na medida em que a A. citada apenas trata dos fundos abertos, embora coloque a questão em sede geral. Mas já é em geral pouco correcto referir-se o direito à emissão do certificado. Com efeito, existe aqui antes um direito alternativo à emissão (e entrega) de certificado ou de crédito em conta de valores escriturais. Com efeito, não nos podemos esquecer que as unidades de participação podem assumir a forma escritural. Já quanto ao direito de participar periodicamente dos benefícios do fundo, este é conformado de formas muito diferentes consoante estamos perante fundos com distribuição ou fundos de capitalização, consoante veremos na tipologia dos fundos. A destrinça interessante entre acção de responsabilidade pelos danos individuais, ou visando a reposição dos bens do fundo encontra-se em SABATELLI, Emma; *La Responsabilità per la Gestione dei Fondi Comuni di Investimento Mobiliare, Contributo allo studio del D.Lgs. 25 gennaio 1992, n. 83*, Casa Editrice Giuffrè, Milano, 1995, 32 ss. A relação que se pode estabelecer entre a entidade gestora e a participante pode ser no entanto muito mais complexa. Com efeito, fenómenos de concurso de contratos, como os de conta bancária, de seguros ou outros podem estar associados aos fundos. É que se passa em Itália com o "contofondo" (PIATTI, Laura; SUSI, Neomisio; Struttura dell'Industria, Asseti Proprietari e Profili di Informativa: Un' Analisi dei Fondi Comuni di Investimento Italiani; in CONSOB, *Quaderni di Finanza, Studi e Ricerche*, Volume II, nº 22 Novembre 1997, p.103).

Já se concorda com TOMÉ, Maria João Romão Carreiro Vaz; *Fundos de Investimento Mobiliário Abertos*, Almedina, Coimbra, 1997, p. 111 quando afirma que cláusulas que atribuam poderes de gestão aos participantes serão nulas por desvirtuarem as funções da entidade gestora. Mas isto não quer dizer que estes mesmos participantes não possam ter funções de controlo de legalidade e fiscalização colectivos e em sede de liquidação, por exemplo.

Por outro lado, os participantes são os titulares dos activos subjacentes (valores mobiliários, monetários e outros) dos fundos[240], embora com as inibições decorrentes da mediação do fundo e da autonomia patrimonial.

---

[240] 3º/2 DLFIM, 2º/2 DLFII.

A norma do 11º/§1º Dec.-Lei n.º 46 342, de 20 de Maio de 1965, era expressa neste sentido, afirmando que o seu direito de propriedade dos haveres do fundo era proporcional ao número de unidades de participação. Daí que me pareça ser meramente impressivo referir esta relação como uma relação de fidúcia (TOMÉ, Maria João Romão Carreiro Vaz; *Fundos de Investimento Mobiliário Abertos*, Almedina, Coimbra, 1997, p. 21). Ver também TOMÉ, Maria João Romão Carreiro Vaz; *Fundos de Investimento Mobiliário Abertos*, Almedina, Coimbra, 1997, p. 109. TOMÉ, Maria João Romão Carreiro Vaz; *Fundos de Investimento Mobiliário Abertos*, Almedina, Coimbra, 1997, p. 151 nega que os fundos sejam uma compropriedade dos participantes. Para tal chama a atenção para o facto de a sociedade gestora poder recorrer ao seu património para acorrer aos resgates, nomeadamente quando o fundo não tem liquidez para o efeito. Se se concorda que não se trata de um caso de compropriedade, a verdade é que esta asserção não infirma a tese que defende que o património dos fundos é titularidade dos participantes. É que a sua premissa é falsa. Das duas uma: ou a sociedade gestora quando usa o seu património pretende ver essas quantias devolvidas, pelo que se trata de um adiantamento, ou não espera devolução. Ora às sociedades gestoras é proibida em geral a concessão de crédito por conta própria. De igual modo é duvidoso que as restantes entidades gestoras possam conceder crédito aos fundos que administrem. A hipótese de não esperar devolução ou é resultado de uma indemnização pela entidade gestora aos fundos que administra, podendo entender-se que a falta de liquidez decorreu de uma má gestão ou então trata-se de uma doação, que seria figura muito estranha no âmbito financeiro, e poderia suscitar questões sobre a transparência na gestão dos fundos. O que se poria em causa, por outro lado, mesmo aceitando a posição da A., seria apenas a autonomia patrimonial dos fundos. Não se resolveria o problema da titularidade dos activos que os compõem. RODRÍGUEZ ARTIGAS, Fernando; Instituciones de Inversión Colectiva, in: ALONSO UREBA, Alberto, MARTINEZ-SIMANCAS Y SANCHEZ; Julian; *Derecho del Mercado Financiero*; Tomo I, Volume 1, *Entidades del Mercado Financiero*, Editorial Civitas, Madrid, 1994, p. 313 afirma igualmente, mas sem criticar, que os participantes são titulares dos bens dos fundos. CAUSSE, Hervé; *Les Titres Négotiables*, LITEC, Paris, 1993, p. 402 - 403 explica esta titularidade com base na sua teoria dos valores mobiliários como contratos multilaterais. Assim se explicaria, segundo o mesmo. A., que o participante (no caso do fundo comum de créditos, figura tipicamente francesa) fosse o titular dos activos. A unidade de participação seria o direito de crédito originado com o contrato de indivisão que gera o fundo. Independentemente da bondade da sua teoria geral, que parece esquecer a objectivação (a "coisificação") das situações jurídicas em que se traduz o valor mobiliário, a verdade é que esta sua posição hipostasia um regime concreto, o francês, sem dar solução geral para o problema da relevância da titularidade dos activos do fundo.

A lei italiana deixa isto bem claro no seu 3.2. *"in fine"* Legge 23 marzo 1983, n. 77 (in G.U. 28 marzo 1983, n. 85), quando afirma que ape-nas as unidades de participação são a garantia dos credores dos participantes e não o património dos fundos.

Inversamente, no Brasil, os activos dos fundos imobiliários são considerados propriedade fiduciária da instituição administradora nos termos do 6. e 7. Lei nº 8.668, de 25 de Junho de 1993 e 13. Instrução CVM nº 205, de 14 de Janeiro de 1994.

Nos Estados Unidos a "investment company" é definida como "a shell, a pool of assets consisting of securities, *belonging to the shareholders of the fund*" (HAZEN, Thomas Lee; *The Law of Securities Regulation*, West Publishing Co., 2ª ed., St. Paul, Minn., 1990, p. 837). No entanto, há que ter algumas cautelas com as definições meramente funcionais que ocorrem nos sistemas anglo-americanos, o que os próprios reconhecem. No caso de assumirem a natureza de "trusts", os activos pertencem em sede de "common law" aos "trustees" nos termos gerais.

Este regime de titularidade pode parecer uma questão meramente nominal, sem qualquer significado real, ou quaisquer implicações jurídicas. Por um lado, já vimos que a utilização desta figura jurídica (a titularidade) é mais uma forma de organizar um regime geral que propriamente uma qualificação de dogmática central, tal como se encontra nos ramos clássicos do direito. O que se visa em primeira linha é determinar que toda a legitimidade de gozo se encontra na titularidade dos participantes, embora a sua legitimidade de exercício seja quase nula em relação aos fundos. Daí que possa surgir alguma desconfiança em relação à real extensão desta atribuição da titularidade dos activos subjacentes aos participantes. Por outro lado, a ânsia em definir titulares para o património decorre da repulsa relativa que tem o legislador português em relação a situações jurídicas acéfalas. De certa forma, e como vimos, é relativamente indiferente a solução adoptada pelo legislador. Ou uma solução de comunhão (não de compropriedade) de que se seriam titulares os participantes, ou uma solução de fidúcia, em que a entidade gestora seria a titular dos activos dos fundos (cf. TOMÉ, Maria João Romão Carreiro Vaz; *Fundos de Investimento Mobiliário Abertos*, Almedina, Coimbra, 1997, p. 172 ss.). A solução da fidúcia, se pode ser aceite por certos ordenamentos, que com ela têm um convívio de longa data (é o caso brasileiro e italiano), tem sempre oferecido resistências em Portugal, não tanto em relação a este instituto dos fundos, que é pouco estudado, mas em relação a outros. TOMÉ, Maria João Romão Carreiro Vaz; *Fundos de Investimento Mobiliário Abertos*, Almedina, Coimbra, 1997, p. 180 reconhece aliás, e bem, que em países anglo-americanos, em que impera o "trust" como forma de resolução deste problema, figura esta próxima da fidúcia, isto não impede que se considere que haja uma contitularidade dos activos do "trust" pelos seus beneficiários.

178   *Fundos de Investimento Mobiliário e Imobiliário*

No entanto, e apesar da relativa indiferença das teses defendidas (cf. TOMÉ, Maria João Romão Carreiro Vaz; *Fundos de Investimento Mobiliário Abertos*, Almedina, Coimbra, 1997, p. 182), existem implicações jurídicas que não podem ser esquecidas. Em primeiro lugar, o regime consagrado em Portugal, embora não esteja em relação de implicação directa, é mais consistente com o regime comunitário da separação patrimonial dos valores dos clientes (Cf. SÁNCHEZ-CALERO GUILARTE, Juan; La Separacion del Patrimonio de los Clientes en los Servicios de Inversión; in: IGLESIAS PRADA, Juan Luis (coord.); *Estudios Juridicos en Homaje al Profesor Aurelio Menendez*, III, *Contratos Mercantiles, Derecho Concursal y Derecho de la Navigación*, Editorial Civitas, Madrid, 1996, 3443 ss.). Por outro lado, todas as normas que, para serem accionadas, pressupõem a titularidade, vêem o seu âmbito de aplicação abranger a posição jurídica dos titulares, salvo aquelas em que a lei restringe esta actuação. Mais concretamente: a legitimidade de exercício está na esfera da entidade gestora, em princípio. Pelo que a gestão destes activos não compete aos participantes. No entanto, as consequências criminais relativas à defesa da titularidade aplicam-se de pleno. Se não houvesse esta norma, os membros da entidade gestora mais dificilmente poderiam ser atacados pelo crime de infidelidade (224º Cd. Penal), por exemplo[241]. De igual modo, o crime de abuso de confiança previsto no artº 205º Cd.Penal não seria aplicável aos agentes da entidades gestoras ou das entidades comercializadoras nos termos do artº 12º Cd.Penal caso se apropriassem para a entidade gestora (e não para si próprios) dos bens entregues ao fundo[242]. Com efeito, se, com a entrega, os activos do fundo fossem da titularidade da entidade gestora, e dado que a apropriação seria para a entidade gestora, este seria o percurso lícito de atribuição patrimonial. O único elemento de ilicitude seria a utilização posterior pela entidade gestora no seu interesse, mas esta ilicitude apenas teria protecção contra-ordenacional (pela violação dos interesses dos clientes em conjugação com o 671º-A Cd.MVM) ou civil, mas já não criminal. Em segundo lugar tornam-se mais nítidas consequências civis de monta, nomeadamente no que diz respeito à protecção do património. Se alguém se tentar apropriar ilicitamente dos activos do fundo, não se vê porque um participante, na inacção da entidade gestora, não possa accio-

---

[241] É certo que o elemento típico são os interesses e não a titularidade. No entanto, a titularidade consagrada no regime dos fundos reforça a ligação aos interesses.

[242] É certo que os bens entregues para os fundos nos fundos comuns são constituídos apenas por numerário, como concluiremos. No entanto, a verdade é que existe jurisprudência do Supremo Tribunal de Justiça no sentido de considerar "coisa móvel" para efeitos de abuso de confiança numerário. Cf. Ac. STJ de 25/03/81 (in: BMJ, nº 305, 1981, p. 180); Ac. STJ de 23/10/91 (in BMJ, nº 410, 1991, p. 399); Ac. STJ de 31/10/91 (in BMJ, nº 410, 1991, p. 430); Ac. STJ de 23/01/97; Ac STJ de 6/03/96.

Parte IV – Regime geral 179

nar os mecanismos legais adequados, nomeadamente os da protecção da posse, a impugnação pauliana (610º Cd. Civil), ou outras.

Também não se pode afirmar que não existe titularidade ("propriedade", como usa TOMÉ, Maria João Romão Carreiro Vaz; *Fundos de Investimento Mobiliário Abertos*, Almedina, Coimbra, 1997, p. 143) pelo facto de não haver qualquer legitimidade de gozo nem por inexistir um direito à entrega dos bens do fundo (no sentido em que não existe este direito à entrega de bens do fundo na Alemanha, igualmente ASMANN, Heinz-Dieter; SCHÜTZE, Rolf A.; *Handbuch des Kapitalanlagerechts*, C.H. Beck'sche Verlagsbuchhandlung, 2ª ed., München, 1997, p. 752; na Itália SABATELLI, Emma; *La Responsabilità per la Gestione dei Fondi Comuni di Investimento Mobiliare, Contributo allo studio del D.Lgs. 25 gennaio 1992, n. 83*, Casa Editrice Giuffrè, Milano, 1995, p. 21). Quanto a esta última asserção, a verdade é que pode haver tal entrega, embora em casos muito residuais, como veremos a propósito das vicissitudes dos fundos, em sede de liquidação e partilha. Por outro lado, e mais importante ainda, há que ter em conta em geral, que a total inexistência de legitimidade de exercício não colide com a existência de titularidade. Como lugar paralelo temos o regime da tutela, em que não existe qualquer legitimidade de exercício, na medida em que, e mais genericamente ainda, inexiste qualquer capacidade de exercício por parte do incapaz, sem que se possa excluir uma relação de titularidade. É certo que mais estranho é o facto de não haver possibilidade de gozo directo dos activos. Mas, e mais uma vez temos alguns lugares paralelos no Direito Civil, embora residuais quanto à sua verificação. Imagine-se o caso do proprietário de raiz de um imóvel sobre o qual estivesse constituído usufruto, e que estivesse simultaneamente sujeito a limites temporários da transmissibilidade do bem. A titularidade não estaria afectada por este facto, embora as faculdades de gozo e de disposição estivessem ambas amputadas, mesmo que temporariamente. Não se nega que as situações paralelas que se referem são em geral residuais. Isto só significa que não se pode descurar a natureza especialíssima dos fundos no nosso ordenamento jurídico, o que nunca se negou. O que se visa demonstrar é que logicamente em nada impede a titularidade.

A diversidade de regimes e soluções legais deve-nos fazer ver com alguma desconfiança algumas generalizações como é referido em TOMÉ, Maria João Romão Carreiro Vaz; *Fundos de Investimento Mobiliário Abertos*, Almedina, Coimbra, 1997, p. 58. Com efeito, alguns autores deduzem dos poderes da entidade gestora a sua titularidade dos bens do fundo. Ora, esta titularidade, e as suas consequências, tem de se encontrar em função de cada regime concreto, mesmo que os poderes sobre os activos do fundo possam ser em substância muito semelhantes em vários ordenamentos jurídicos. Chama a atenção TOMÉ, Maria João Romão Carreiro Vaz; *Fundos de Investimento Mobiliário Abertos*, Almedina, Coimbra, 1997, p. 66, para o facto de as entidades gestoras não terem sequer a posse material dos

180 *Fundos de Investimento Mobiliário e Imobiliário*

activos, dado que esta incumbe aos depositários, isto sem prejuízo, é evidente, de a ausência de posse no caso não afectar a legitimação da mesma entidade gestora.

A lei americana prevê expressamente a punição criminal dos "larceny and embezzlement", ou seja, do furto e desvio de fundos, se traduzirmos à letra (Sec. 37 Investment Company Act of 1940). Veja-se HAZEN, Thomas Lee; *The Law of Securities Regulation*, West Publishing Co., 2ª ed., St. Paul, Minn., 1990, p. 887.

Os seus deveres resumem-se ao pagamento da subscrição e aos deveres gerais decorrentes das relações contratuais, tanto na formação negocial, como durante a vigência do sinalagma funcional da relação de participação[243]. No entanto, mesmo nesta sede a sua posição não se baseia no regime contratual geral puro. O regime das cláusulas contratuais gerais, o regime da intermediação financeira, bem como o regime dos fundos, pelos deveres que impõem aos profissionais na área, restringem o âmbito dos deveres de diligência e conhecimento dos participantes.

Os deveres dos participantes, restrictos à obrigação de pagamento da subscrição, encontram-se nos fundos imobiliários no Brasil, regulados no 13.II. Lei nº 8.668, de 25 de Junho de 1993. Na França, pelo contrário, as responsabilidades dos participantes são vistas numa perspectiva de autonomia patrimonial. Apenas são responsáveis até à concorrência dos activos dos fundos e nos limites da sua quota-parte (PEZARD, Alice; *Droit des Marchés Monétaire et Boursier*; Editions du J.N.A., Paris, 1994, p. 245).

Existem, não obstante, direitos que são especificamente regulados a propósito dos fundos, direitos esses de exercício colectivo. No caso dos fundos fechados, tanto a substituição da entidade gestora, como nos casos de liquidação não compulsiva por decisão extintiva dos participantes são configuradas, embora de modo rudimentar os primeiros gérmens de uma actuação colectiva dos participantes[244].

---

[243] Escusado será dizer que estão igualmente sujeitos às proibições gerais de direito, como as respeitantes nomeadamente ao crimes. O facto de um participante ter uma posição protegida não o impede de ser punido caso pratique uma burla contra o fundo (217º C. Penal). O problema quando muito de preenchimento típico será a da falta de adequação ao elemento típico "a outra pessoa" do 217º/1 C. Penal, na medida em que em bom rigor é contra um património autónomo, o fundo, que o facto foi praticado. No entanto, este património autónomo não é descarnado. Por detrás estão participantes que são pessoas jurídicas, e mesmo que as suas unidades de participação sejam detidas por outros fundos ou outros patrimónios autónomos, ainda assim em última análise haverá sempre pessoas jurídicas que são prejudicadas.

[244] Cf. 6º/5, 25º/2, 3, 4 DLFIM.

Escusado será dizer que todas as observações feitas estão limitadas pelo facto de os participantes em Portugal o serem de fundos não personalizados. Quando se trata de participantes de fundos personalizados, nomeadamente de sociedades, estes assumem posições jurídicas bem mais ricas, na medida em que acumulam a sua qualidade de participantes com a de sócios de sociedades de investimento. Este é o caso, como veremos ao longo do presente trabalho da Espanha, da França e da Itália, nomeadamente.

Independentemente desta questão, a verdade é que nos Estados Unidos se tem vindo a reconhecer pelos tribunais vários direitos de acção judicial (alguns implícitos – "implied remedies") seja a invalidação de actos, seja a indemnização por parte dos participantes (HAZEN, Thomas Lee; *The Law of Securities Regulation*, West Publishing Co., 2ª ed., St. Paul, Minn., 1990, p. 892 ss.). Nomeadamente reconhece-se uma "derivative action" aos participantes, que se traduz no fim de contas na faculdade que a estes é conferida de impugnar actos da "investment company" com terceiros, sendo certo que em princípio não teriam legitimidade para tal, na medida em que deveria ser a própria "company" a parte legítima para propor tal pedido (HAZEN, Thomas Lee; *The Law of Securities Regulation*, West Publishing Co., 2ª ed., St. Paul, Minn., 1990, p. 898 – 899). Em Inglaterra consagrou-se um direito de participação colectiva dos participantes para decidir da fusão de fundos (*O.P.C.V.M. 90, Où et Comment s'Implanter en Europe?*, Séminaire de Direction de Banque, La Revue Banque Éditeur, Tome I, Paris 1990, p. 36 - 37).

O exercício de direitos colectivos encontra-se hoje genericamente reforçado pelo regime da acção popular. Tema que merece, assim, estudo mais aprofundado é o da possibilidade de acção popular contra actividades das entidades comercializadoras, bem como contra o regulamento de gestão (por violação do regime das cláusulas contratuais gerais). Com efeito, nos termos do 52º/3/a da Constituição da República Portuguesa (na redacção de 1997), o direito de cação popular existe nos casos de violação dos direitos dos consumidores. Os participantes que são simultaneamente consumidores têm legitimidade para propor acção popular contra as entidades comercializadoras nos termos do 1º/1, 2, 2º/1, 13º/2 ss. da lei nº 83/95, de 31 de Agosto.

SECÇÃO IX

AS ENTIDADES DE SUPERVISÃO

Existem duas entidades de supervisão da actividade dos fundos: a CMVM e acessoriamente, o Banco de Portugal[245].

É consagrado igualmente um poder regulamentar (por portaria) do Ministro das Finanças em relação às unidades de participação escriturais não negociadas em bolsa, mas que não tem directamente fundamento na actividade dos fundos mas antes ao problema da forma de representação dos valores[246].

SUBSECÇÃO I

A CMVM

A CMVM, para além dos seus poderes gerais em relação aos intermediários financeiros, e às entidades colocadoras e em geral em relação aos mercados de valores mobiliários, de que as unidades de participação fazem parte, e que constam do Cd.MVM, tem poderes específicos que decorrem do regime dos fundos.

Genericamente compete à CMVM a fiscalização do regime dos fundos[247]. O sentido da expressão fiscalização não é técnico. Aquilo que pretende enunciar é que compete à CMVM a jurisdição sobre a aplicação

---

[245] Ver 49º ss. DFI.

Já era assim teoricamente à luz do 25º Dec.-Lei nº 229-C/88, de 4 de Julho. No entanto, os poderes do Ministro das Finanças eram muito mais vastos à luz deste diploma, tendo sido na sequência do Cd.MVM e do RGICSF transferidos sobretudo para a CMVM e, parcialmente, para o Banco de Portugal (para este último, no que respeita à supervisão prudencial, subjectiva).

[246] 27º/2 DLFIM, 30º/2 DLFII.

[247] 36º/1 DLFIM, 39º DLFII. Antes a fiscalização cabia ao Banco de Portugal nos termos do 25º Dec.-Lei n.º 134/85, de 2 de Maio e do 25º Dec.-Lei nº 246/85, de 12 de Julho.

Também em Espanha esta função cabe à congénere da CMVM, a CNMV, nos termos do 31.2. Ley 46/1984, de 26 deciembre e do 63. Reglamento de la Ley 46/1984, de 26 de deciembre, aprovado pelo Real Decreto 1393/1990, de 2 noviembre. Igualmente para os fundos imobiliários, sejam ou não personalizados, o 10. Orden de 24 de septiembre de 1993, estatui esta competência na CNMV.

No Brasil, para os fundos imobiliários igual competência genérica incumbe à Comissão de Valores Mobiliários no 4. Lei nº 8.668, de 25 de Junho de 1993.

Parte IV – Regime geral 183

da lei nesta matéria. Em sentido técnico, são consagrados poderes de regulamentação (14° Cd.MVM), supervisão (15° Cd.MVM), fiscalização (16° Cd.MVM) e cooperação internacional (18° Cd.MVM) da CMVM.

Como funções de regulamentação, a CMVM emite regulamentos sobre:

a) técnicas e instrumentos de cobertura de riscos[248]
b) a publicitação da rendibilidade dos fundos[249]
c) a contabilidade dos fundos e sua publicitação[250].

Como funções de supervisão:

a) pratica actos de autorização e actos a estes instrumentais de substituição da entidade gestora[251], da substituição do depositário[252], da constituição do fundo[253], do regulamento de gestão e suas alterações[254], da actividade das entidades colocadoras[255],
b) aprova o contrato de colocação[256], o prospecto e as suas alterações[257]
c) revoga autorizações dos fundos[258]
d) determina a suspensão ou o resgate das unidades de participação[259]
e) recebe contratos e suas alterações, como os de depósito[260]
f) recebe comunicações das entidades gestoras, sobre o início da colocação à subscrição dos fundos[261], sobre a alteração do regu-

---

[248] 24° DLFIM, 25° DLFII.
[249] 26° DLFIM, 27° DLFII.
[250] 35°/1, 2 DLFIM, 38°/1, 2 DLFII.
[251] 6°/4, 5 DLFIM, 7°/3, 4 DLFII.
[252] 13°/4 DLFIM, 14°/4 DLFII.
Para a substituição em Espanha ver o 28. Ley 46/1984, de 26 deciembre e o 57. Reglamento de la Ley 46/1984, de 26 de deciembre, aprovado pelo Real Decreto 1393//1990, de 2 noviembre..
[253] 17°/1 a 6 DLFIM, 18°/1 a 6 DLFII.
[254] Os mesmos 17°/1 a 6 DLFIM, 18°/1 a 6 DLFII e os 18°/5 DLFIM, e 19°/5 DLFII.
[255] 28°/1 DLFIM, 31°/1 DLFII.
[256] 28°/3 DLFIM, 31°/3 DLFII.
[257] 33°/4 DLFIM, 36°/4 DLFII. 32° DFI.
[258] 17°/7 DLFIM, 18°/7 DLFII.
[259] 31°/7 DLFIM, 35°/7 DLFII.
[260] 14°/3 DLFIM, 15°/3 DLFII.
30°/2 Dec.-Lei n° 229-C/88, de 4 de Julho.
[261] 17°/6 DLFIM, 18°/6 DLFII.

184 *Fundos de Investimento Mobiliário e Imobiliário*

lamento de gestão sobre alteração de denominações ou sedes das entidades comercializadoras[262], operações realizadas fora de bolsa[263], sobre a avaliação dos fundos segundo critérios diferentes dos legais[264], da suspensão da emissão ou do resgate das unidades de participação[265], sobre a situação económico-financeira dos fundos[266]

g) ordena a liquidação compulsiva dos fundos e fixa o seu prazo[267]

h) aprova as contas de liquidação nas liquidações compulsivas[268]

i) regista a emissão das unidades de participação nos fundos fechados[269].

As funções de cooperação internacional são exercidas pela CMVM mas em moldes diferenciados para os fundos mobiliários e imobiliários, pelo merecerão nessa sede tratamento expresso.

É assim correcta a síntese de TOMÉ, Maria João Romão Carreiro Vaz; *Fundos de Investimento Mobiliário Abertos*, Almedina, Coimbra, 1997, p. 31 - 32 quando afirma que o controle da CMVM é em geral de legalidade e não de mérito. No entanto, já não se concorda quando põe um acento tónico demasiado exclusivo no controle de informação e da transparência. Se estes são valores fundamentais, a verdade é que a CMVM faz supervisão integral do produto fundo de investimento enquanto tal, sobretudo controle de legalidade sem dúvida, mas controle do produto e da sua comercialização como um todo.

Em Espanha é a CNMV que desempenha estas funções embora com uma intervenção do Ministro das finanças na autorização dos regulamentos dos fundos (RODRÍGUEZ ARTIGAS, Fernando; Instituciones de Inversión Colectiva, in: ALONSO UREBA, Alberto, MARTINEZ-SIMANCAS Y SANCHEZ; Julian; *Derecho del Mercado Financiero*; Tomo I, Volume 1, *Entidades del Mercado Financiero*, Editorial Civitas, Madrid, 1994, p. 267 ss. *Ibidem*, p. 328 para os fundos imobiliários). Em França a COB tem igualmente

---

[262] 18°/6 DLFIM, 19°/6 DLFII.

[263] 23°/2 DLFIM, 24°/2 DLFII.

[264] 30°/6 DLFIM, 33°/6 DLFII.

[265] 31°/5 DLFIM, 35°/5 DLFII.

[266] 35°/3 DLFIM, 38°/3 DLFII.

Também 26°/2 Dec.-Lei n° 229-C/88, de 4 de Julho. 26°/2 Dec.-Lei n.° 134/85, de 2 de Maio. 26°/2 Dec.-Lei n° 246/85, de 12 de Julho.

[267] 25°/5, 6 DLFIM, 26°/5, 6 DLFII.

[268] 25°/7 DLFIM, 26°/7 DLFII.

[269] 48°/7ª DLFIM, 28°/3/a DLFII.

funções consagradas na Loi n° 88-1201 du 23 décembre 1988. No entanto, neste país existe igualmente o "conseil de discipline des organismes de placement collectif en valeurs mobilières", que dispõe de poderes sancionatórios na matéria (33-1 ss. Loi n° 88-1201 du 23 décembre 1988; Décret du 28 mars 1990). As sociedades civis de investimento imobiliário estão sujeitas à jurisdição da COB (MERLE, Philippe; *Droit Commercial, Sociétés Commerciales*, Dalloz, 4ª ed., Paris, 1994, p. 14). Para o regime francês nos anos 60 ver Funcionamento das Sociedades de Investimento de Capital Variável (S.I.C.A.V.) em França – Relatório Lorain, de Janeiro de 1968; in: *Revista Bancária*, Ano IV, n° 14, Outubro - Dezembro de 1968, Lisboa, p. 47 - 48. No Reino Unido, é o Secretary of State quem desempenha funções semelhantes, sendo igualmente consagrado um poder genérico de produzir determinações ("directions"), nos termos das Sec. 91 a 93 Financial Services Act 1986, e tendo poderes de fiscalização e infraccionais constantes das Sec. 94, 95. No Reino Unido existia igualmente o Securities Investment Board (S.I.B.) que tinha funções de supervisão nos fundos (*O.P.C.V.M. 90, Où et Comment s'Implanter en Europe?*, Séminaire de Direction de Banque, La Revue Banque Éditeur, Tome I, Paris 1990, p. 18), actualmente substituído pela Financial Services Authority (F.S.A.). Na Suíça, é o "Conseil Fédéral" que desenvolve as regras dos fundos, cabendo à comissão federal dos bancos regulamentar a lei, nos termos do 43. e 56. a 63. Loi Fédérale sur les Fonds de Placement, du 18.03.1994.

Nos Estados Unidos, a informação à Securities and Exchange Commission sobre a política das "investment companies" é regulamentada por esta mesma entidade nos termos da Sec. 8 (c) Investment Company Act of 1940. Esta entidade tem poderes de determinação concreta de proibição de certas pessoas exercerem actividades nesta área na Sec. 9 (b) Investment Company Act of 1940.Com relevância em sede de cooperação internacional ver a Sec. 9 (b) (4), (5), (6) Investment Company Act of 1940.Compete igualmente à SEC regulamentar a colocação das unidades de participação nos termos da Sec. 12 (b) Investment Company Act of 1940. A SEC tem igualmente poderes para levar a juízo casos de violação de limites de aquisição e venda de valores para os fundos nos termos da Sec. 12 (d) (1) (H) Investment Company Act of 1940 ("anti-pyramiding provisions" - HAZEN, Thomas Lee; *The Law of Securities Regulation*, West Publishing Co., 2ª ed., St. Paul, Minn., 1990, p. 836 – cf. p. 895, para o estudo de decisão judicial sobre esta disposição). Caso a alteração da dimensão das "investment companies" o justifique a SEC pode estudar a situação e levar a situação ao conhecimento do Congresso (Sec. 14 (b) Investment Company Act of 1940). Compete à SEC igualmente autorizar certas transacções em caso de conflitos de interesses potenciais (tal como é previsto para os fundos imobiliários em Portugal) nas condições e termos da Sec. 17 (b)

Investment Company Act of 1940. De igual modo compete à SEC a regulamentação preventiva de conflitos de interesses (Sec. 17 (d) Investment Company Act of 1940). A SEC regulamenta o regime dos depositários nos termos da Sec. 17 (f), (g), (j) Investment Company Act of 1940. De igual modo regulamenta a distribuição de dividendos de acordo com a Sec. 19 (b) Investment Company Act of 1940. A SEC pode conferir dispensa de obediência de certas regras quanto aos preços de distribuição das unidades de participação em relação a empresas de pequena dimensão segundo a Sec. 22 (b) (1) Investment Company Act of 1940, podendo igualmente completar ou alterar as regras das associações auto-reguladas nesta matéria de distribuição de unidades de participação, de acordo com a Sec. 22 (b) (2). Tem igualmente um poder regulamentar genérico em matéria de distribuição e resgate de unidades de participação nos termos da Sec. 22 (c) Investment Company Act of 1940. Regulamenta igualmente os casos em que as "closed-end companies" podem vender as suas unidades de participação abaixo do seu valor líquido (Sec 23 (b) Investment Company Act of 1940). De igual modo a recompra de unidades por estas empresas é regulamentada pela SEC (Sec. 23 (c) (3) Investment Company Act of 1940). O registo da emissão das unidades de participação é feita junto da SEC como valores mobiliários que são (Sec. 24 (a) Investment Company Act of 1940). Poderes regulamentares da SEC em matéria de emissão das unidades encontram-se igualmente na Sec. 24 (d), (e), (f) Investment Company Act of 1940. A SEC regulamenta igualmente as remunerações devidas aos depositários no caso dos "unit investment trusts" (Sec. 26 (a) (2) Investment Company Act of 1940). Compete à SEC igualmente aprovar a substituição de valores depositados pelo depositário no caso dos "unit investment trusts" que investem num único valor (Sec. 26 (b) Investment Company Act of 1940). A SEC promove a liquidação compulsiva dos "unit investment trusts" junto dos tribunais federais (Sec. 26 (d) Investment Company Act of 1940). Regulamenta igualmente o resgate e os reembolsos, das unidades de participação dos "periodic payment plans" (Sec. 27 (d) Investment Company Act of 1940), bem como o incumprimento do pagamento da subscrição (Sec. 27 (e) Investment Company Act of 1940), e de remunerações devidas (Sec. 27 (f) Investment Company Act of 1940). As "investment companies" têm deveres de informação perante a SEC, matéria que lhe comete regulamentar (Sec. 30 Investment Company Act of 1940). Regulamenta igualmente os registos e contabilidade pelas "investment companies" (Sec. 30 Investment Company Act of 1940). Têm de ser comunicadas à SEC as acções judiciais pelas "investment companies" (Sec. 33 Investment Company Act of 1940). Esta regulamenta igualmente as regras sobre registos e contabilidade, nomeadamente no que respeita à possibilidade da sua destruição e deveres de conservadoria (Sec. 34 Investment Company Act of 1940). No

Parte IV – Regime geral 187

caso de denominações enganosas adoptadas pelas "investment companies" a SEC tem legitmidade activa para levar estes casos a juízo (Sec. 35 (d) Investment Company Act of 1940). Tem igualmente legitimidade activa junto dos tribunais para propor acções por violação dos deveres por profissionais ("breach of fiduciary duty" – Sec. 36 Investment Company Act of 1940). Em sede de poderes de regulamentação, a norma habilitadora mais vasta e genérica encontra o seu assento na Sec. 38 e 39 Investment Company Act of 1940. Os poderes de determinação e fiscalização da SEC, bem como o regime das sanções e multas encontram-se das Sec. 40 a 44 Investment Company Act of 1940. Tem igualmente um dever de reportar anualmente ao Congresso sugerindo alteração da legislação que considere necessária (Sec. 46 Investment Company Act of 1940).

Ainda nos Estados Unidos são conferidos poderes regulamentares a associações auto-reguladas em matéria de distribuição e resgate de unidades de participação, nomeadamente quanto aos preços de distribuição e absorção dos valores, e diferimento de resgate na Sec. 22 Investment Company Act of 1940. Permite-se que os corretores pertencentes ao NASD optem por seguir as regras de SEC ou do NASD. No entanto, em caso de conflito de regras prevalecem as da SEC (HAZEN, Thomas Lee; *The Law of Securities Regulation*, West Publishing Co., 2ª ed., St. Paul, Minn., 1990, p. 860).

Apenas se excluem da jurisdição da SEC os "commodity pool operators" (CPOs) que são supervisionados pela Commodity Futures Trading Commission (HAZEN, Thomas Lee; *The Law of Securities Regulation*, West Publishing Co., 2ª ed., St. Paul, Minn., 1990, p. 834). No entanto, como é fácil de verificar, esta divisão de poderes decorre da diferente natureza dos activos dos fundos (activos reais ou futuros sobre estes activos) e de uma estrutura administrativa bem diferente da europeia.

SUBSECÇÃO II

O BANCO DE PORTUGAL

As funções do Banco de Portugal são acessórias na actividade dos fundos, e são em geral funcionalmente dirigidas à supervisão, mais das entidades que das actividades em si mesmas consideradas.

Daí que se salvaguarde genericamente o poder de supervisão do Banco de Portugal em matéria de supervisão de instituições de crédito e sociedades financeiras[270].

---

[270] 36º/1 DLFIM, 39º DLFIM. O facto de esta última norma não salvaguardar esta competência não pode evidentemente significar uma amputação do poder do Banco de Portugal em relação às entidades comercializadoras dos fundos imobiliários.

O Banco de Portugal tem poderes de regulamentação:

a) directa no que respeita ao acesso ao mercado interbancário das entidades gestoras[271]

Tem igualmente poderes de supervisão:

a) na recepção de comunicações da entidade gestora, no caso dos elementos relativos à sua situação económico-financeira[272].

O Dec.-Lei nº 232/97, de 26 de Novembro veio a alterar a repartição de competências entre o Banco de Portugal e a CMVM, sendo esta a sua finalidade assumida e expressa. Desapareceram poderes de natureza consultiva em sede regulamentação do Banco de Portugal como na publicitação da rendibilidade dos fundos[273], mas também, e mais vastamente, poderes de supervisão. Estão neste caso, poderes[274]:

a) na recepção de comunicações (como na anterior redacção do 23º/2 DLFIM)[275]

b) na recepção de comunicações da CMVM, no processo de autorização dos fundos[276], sobre a definição do prazo máximo da suspensão pela CMVM[277]

c) na recepção de comunicações da entidade gestora, no caso de transações fora de bolsa[278], da suspensão da emissão ou do resgate[279],

d) como organismo de consulta obrigatória da CMVM, na substituição da entidade gestora[280], do depositário[281], na constituição do fun-

---

[271] 10º DLFIM, 11º DLFII.

[272] 35º/3 DLFIM, 38º/3 DLFII.
26º/2 Dec.-Lei nº 229-C/88, de 4 de Julho. 26º/2 Dec.-Lei n.º 134/85, de 2 de Maio. 26º/2 Dec.-Lei nº 246/85, de 12 de Julho.

[273] 26º DLFIM, 27º DLFII.

[274] Todas as remissões feitas neste parágrafo respeitam à redacção original das normas antes da alteração pelo citado Dec.-Lei nº 232/97, de 26 de Novembro.

[275] Ver, a propósito do contrato de depósito, o 30º/2 Dec.-Lei nº 229-C/88, de 4 de Julho.

[276] 17º/2, 3 DLFIM (na sua redacção original), 18º/2, 3 DLFII (na sua redacção original).

[277] 31º/5 DLFIM, 35º/5 DLFII.

[278] 23º DLFIM.
29º Dec.-Lei nº 229-C/88, de 4 de Julho.

[279] 31º/5 DLFIM, 35º/5 DLFII.

[280] 6º/4 DLFIM, 7º/3 DLFII.
Em Espanha, ver o 28. Ley 46/1984, de 26 deciembre e o 57. Reglamento de la Ley 46/1984, de 26 de deciembre, aprovado pelo Real Decreto 1393/1990, de 2 noviembre..

[281] 13º/4 DLFIM, 14º/4 DLFII.
Ver o 28. Ley 46/1984, de 26 deciembre e 57. Reglamento de la Ley 46/1984, de 26 de deciembre, aprovado pelo Real Decreto 1393/1990, de 2 noviembre.

do[282], na revogação compulsiva precoce (17º/8 DLFIM, 18º/8 DLFII) aprovação do regulamento e suas alterações[283], na liquidação compulsiva do fundo[284], na autorização das entidades colocadoras[285], na suspensão do resgate ou emissão pela CMVM[286], na constituição de agrupamentos de fundos (58º/1 DLFIM).

A lógica da evolução legislativa tem sido, nestes termos, para um relativo esvaziamento do papel do banco central nesta área. TOMÉ, Maria João Romão Carreiro Vaz; *Fundos de Investimento Mobiliário Abertos*, Almedina, Coimbra, 1997, p. 35 a 41 afirma que a actividade dos fundos é no fim de contas uma actividade creditícia e que a adopção de instrumentos alternativos da captação de aforro tem forçosamente uma incidência sobre a base monetária[287]. Preconiza, assim, um maior controlo do banco central, propondo mesmo mecanismos de controlo quantitativo por este banco, como autorizações à emissão e intervenções limitativas e até impeditivas da circulação com vista à estabilidade do sistema financeiro. Independentemente da bondade da solução dos controles administrativos, que é frequentemente posta em causa no próprio mercado monetário, a questão que ora interessa é a sua relação com o regime dos fundos. Como se verificou, em toda esta parte relativa à supervisão a tendência tem sido a de distinguir o produto e sua comercialização de uma parte, da estabilidade financeira dos agentes que o comercializam (para França, e no mesmo sentido VAUPLANE, Hubert de; BORNET, Jean-Pierre; *Droit de la Bourse*, LITEC- Librairie de la Cour de Cassation, Paris, 1994, p. 344). A primeira matéria tende cada vez mais a ser regida por uma comissão do mercado de valores mobiliários. Os fundos são um produto do mercado mobiliário. Um controle sobre o produto por razões de estabilidade monetária não apenas poderia trazer efeitos indesejáveis sob o ponto de vista monetário como sobretudo descaracterizaria o produto e a sua comercialização. Muitos produtos classicamente reconhecidos como valores mobiliários têm sido usados como instrumento de política monetária, reconhecendo-se que afectam o mercado monetário. Mais classicamente este é o

---

[282] 17º/1 DLFIM, 18º/1 DLFII.

[283] 18º/5 DLFIM, 19º/5 DLFII.

[284] 25º/5 DLFIM, 26º/5 DLFII.

[285] 28º/1 DLFIM, 31º/1 DLFII.

[286] 31º/7 DLFIM, 35º/7 DLFII.

[287] Posição algo contraditória, na medida em que reconhece que também encobrem uma dimensão de participação em TOMÉ, Maria João Romão Carreiro Vaz; *Fundos de Investimento Mobiliário Abertos*, Almedina, Coimbra, 1997, p.142 embora a ela não se reduzam. CARBONETTI, Francesco; *I Contrati di Intermediazione Mobiliare*, Giuffrè Editore, Milano, 1992, p. 42, aproxima também as unidades de participação das acções e não das obrigações.

caso dos valores representativos de dívida, seja ela pública, seja privada. Não é por isso que se defende que o banco central deva controlar a sua emissão. Deve quando muito controlar os efeitos que a sua emissão provoque nos mercados monetários, mas com os instrumentos que estão ao seu dispor. As intervenções directas com fins monetários no mercado de valores mobiliários distorceriam o encontro entre a oferta e a procura, que se pretende o mais natural possível. A mesma A., que salienta o controle de mera legalidade da CMVM, vem defender um controle de mérito pelo banco central quando esquece que o controle de mera legalidade não tem como fundamento uma desconfiança em relação a uma supervisão concreta, mas uma opção global de política, aceitando o mercado tal como actua e tentando apenas que este não segregue os seus efeitos mais indesejáveis se for abandonado ao total arbítrio. O problema tem antes outra origem que, nas palavras de BUSSOLETTI, Mario; TONELLI, Enrico; Le Banche e l'Attività di Gestione di Patrimoni mediante Operazioni in Valori Mobiliari; PORZIO, Mario (org.); *L'Attività non Bancaria delle Banche*, Giuffrè Editore, Milano, 1993, p. 195, se traduz em que "è noto che la Banca d'Italia mira a mantenere, per quanto possibile, il monopolio della vigilanza sui soggeti bancari". Na qualificação concorda-se com TOMÉ, Maria João Romão Carreiro Vaz; *Fundos de Investimento Mobiliário Abertos*, Almedina, Coimbra, 1997, p. 39 quando afirma que se optou por um critério de supervisão funcional na divisão de competências do Banco de Portugal e da CMVM e não num critério institucional (dividindo-se a supervisão segundo a instituições supervisionadas entre a CMVM e o BP). No entanto, caso venham a existir fundos personalizados em Portugal o problema colocar-se--á de modo mais agudo, na medida em que será mais difícil distinguir a instituição do produto. A solução alemã neste caso foi qualificá-las como instituições de crédito, mas sujeitas, não exclusivamente ao banco central mas ao Bundesaufsichtsamt für das Kreditwesen, ao banco central e ao Bundesaufsichtsamt fur den Wertpapierhandel (*grosso modo*, equivalente à CMVM) (ASMANN, Heinz-Dieter; SCHÜTZE, Rolf A.; *Handbuch des Kapitalanlagerechts*, C.H. Beck'sche Verlagsbuchhandlung, 2ª ed., München, 1997, p. 745).

CAPÍTULO II
A DIMENSÃO OBJECTIVA

SECÇÃO I
OS FUNDOS

SUBSECÇÃO I
TIPOLOGIA DOS FUNDOS

O estudo dos fundos pressupõe a análise da tipologia em que estes se desdobram. Não se visa esgotar o regime de cada um deles, como é evidente, e que merecerá posterior apreciação. Pretende-se tão somente demonstrar a diversidade de desdobramentos que comporta este instrumento, correspondendo a outras tantas opções de natureza económico--financeira e simultaneamente a desenvolvimentos dogmáticos da figura.

Torna-se necessário salientar, como se tem feito ao longo do presente estudo, que as modalidades e tipologias enunciadas não pretendem esgotar todas as possibilidades lógicas, mas apenas descrever o regime jurídico português. Muitos outros critérios seriam possíveis. Quando estes são cotejáveis com as categorias expostas têm melhor assento junto delas, na medida em que permitem recortar melhor as figuras enunciadas. No entanto, algumas tipificações obedecem a critérios que nada têm a ver com o Direito português, e reflectem tão somente a organização do sector financeiro do país em questão. É o que se passa com a classificação das "investment companies" nos Estados Unidos, que se distinguem em:

a) "face-amount certificate companies" (Sec. 4 (1) e Sec. 2(a) (15) Investment Company Act of 1940 – ver também Sec. 12 (f), 24(c), (d), (e) (f), 28, 29 Investment Company Act of 1940; nestes fundos existe o dever do emitente destes certificados de pagar após 24 meses ou mais da sua emissão uma quantia ou quantias determinadas; esta figura funda-se na do "installment", que corresponde ao dos pagamentos a prestações ou periódicos (DOWNES, John; GOODMAN, Jordan Elliot; *Dictionary of Finance and Investment Terms*, Barron's, 4ª ed., New York, 1995, p. 261); o que caracteriza o "face-amount certificate" é o facto de não representar uma acção da empresa, mas antes uma obrigação de pagar uma soma determinada (HAZEN, Thomas Lee; *The Law of Securities Regulation*, West Publishing Co., 2ª ed., St. Paul, Minn., 1990, p. 841), pelo que são valores próximos das obrigações;

b) "unit investment trust" (Sec. 4 (2) Investment Company Act of 1940; cf. também Sec. 8 (d), 24 (d), (e), (f), 26);

c) e as "management companies" (Sec. 4 (3) Investment Company Act of 1940). As "management companies" dividem-se em duas modalidades diferentes de categorização: as "open-end companies" e as "closed-end companies" .

Por outro lado, dividem-se entre as "diversified companies" e "non diversified companies" (Sec. 5 Investment Company Act of 1940). As "diversified companies" correspondem àquelas que obedecem ao princípio da divisão de riscos. Esta categorização típica implica que quando do registo junto da Securities and Exchange Commission os requerentes devem indicar a que tipo de "investment company" vão pertencer (Sec. 8 (b) Investment Company Act of 1940).

As "open-end companies" admitem um regime de escolha de administração menos rígido quanto ao conflitos de interesses na Sec. 10 (d) Investment Company Act of 1940. De igual forma têm uma regime menos apertado em matéria de regulamentação dos registos dos activos e de contabilidade nos termos da Sec. 31 (31 (a) Investment Company Act of 1940). As "closed-end companies" têm, não obstante, um regime de emissão de valores preferenciais mais apertado na Sec. 18 (a), (b), (c), (e). As "diversified companies" têm regras especiais de concentração de riscos na Sec. 12 (c) Investment Company Act of 1940. As "management companies" são obrigadas a ter um depositário dos seus valores nos termos da Sec. 17 (f) Investment Company Act of 1940. Por outro lado, têm regras específicas de proibição de concessão de empréstimos na Sec. 21 Investment Company Act of 1940. Uma figura específica dos Estados Unidos são as "business development companies" (Sec. 2 (a) (48), Sec. 54 a 65 Investment Company Act of 1940). Têm de ser "closed-end companies" (Sec. 2 (a) (48 Investment Company Act of 1940). O seu traço distintivo tem a ver com o facto de se destinarem ao desenvolvimento das empresas em que participam. Se bem se reparar o espírito deste regime é exactamente o inverso do dos fundos de investimento portugueses. Este visam o investimento financeiro. As "business development companies" visam a intervenção estratégica em certas empresas. Neste sentido, aproximam-se do regime dos fundos de capital de risco que serão analisados na parte dogmática a propósito dos fundos especiais.

No Reino Unido além dos "investment trusts" (fundos fechados) e "unit trusts" (fundos abertos) existem os "managed funds" ("fonds gérés", fundos meramente geridos), que são próximos da gestão conglobada de carteiras, ou das "contas jumbo", que na parte dogmática se referirão (GONNEAU, Jean-Claude; *La Bourse de Londres*, Economica, Paris, 1990, p. 60). TOMÉ, Maria João Romão Carreiro Vaz; *Fundos de Investimento Mobiliário Abertos*, Almedina, Coimbra, 1997, p. 147 distingue-os pelo facto de os "investment trusts" serem uma entidade independente com sócios e conselho de administração, enquanto o segundo decorre de uma relação negocial entre o investidor e o prestador de serviços financeiros. De igual forma, encontram-se no Reino Unido fundos garantidos, em que o capital investido é garantido no todo ou em parte na sua devolução (*O.P.C.V.M. 90, Où et Comment s'Implanter en Europe?*, Séminaire de Direction de Banque, La Revue Banque Éditeur, Tome II, Paris 1990, p. 302; cf. igualmente BARROS, José Manuel; <u>Fundos Garantidos</u>, in: *Cadernos do Mercado de Valores Mobiliários*, nº 2, 1º Trimestre 1998, Ed. da Comissão do Mercado de Valores Mobiliários, p. 11 ss.).

Na Alemanha ASMANN, Heinz-Dieter; SCHÜTZE, Rolf A.; *Handbuch des Kapitalanlagerechts*, C.H. Beck'sche Verlagsbuchhandlung, 2ª ed., München, 1997, p. 718 ss. distingue os fundos de acções, os fundos de renda fixa, os fundos mistos (de acções e valores de renda fixa) e os fundos de aplicações internacionais. No Reino Unido, encontra-se igual distinção na prática, havendo uma notória preferência por fundos de acções, em comparação com os fundos de obrigações ou de tesouraria (*O.P.C.V.M. 90, Où et Comment s'Implanter en Europe?*, Séminaire de Direction de Banque, La Revue Banque Éditeur, Tome II, Paris 1990, p. 293). Para a situação geral na Europa no que respeita os fundos de acções, obrigações ou mistos ver PIATTI, Laura; SUSI, Neomisio; <u>Struttura dell'Industria, Asseti Proprietari e Profili di Informativa: Un' Analisi dei Fondi Comuni di Investimento Italiani</u>; in CONSOB, *Quaderni di Finanza, Studi e Ricerche*, Volume II, nº 22 Novembre 1997, p. 87 – 89. Para uma tipologia mais complexa de políticas de investimento ver PIATTI, Laura; SUSI, Neomisio; <u>Struttura dell'Industria, Asseti Proprietari e Profili di Informativa: Un' Analisi dei Fondi Comuni di Investimento Italiani</u>; in CONSOB, *Quaderni di Finanza, Studi e Ricerche*, Volume II, nº 22 Novembre 1997, p. 122 – 132.

I. *Quanto à limitação das unidades de participação (abertos e fechados)*

A distinção entre fundos abertos e fechados é de longe a que mais vastas implicações de regime tem. São abertos os fundos cujas unidades

194   *Fundos de Investimento Mobiliário e Imobiliário*

de participação são em número variável[288], são fechados aqueles cujas unidades de participação são em número fixo[289].

A definição legal, que é rigorosa, não nos permite perceber em toda a sua dimensão as implicações económicas e jurídicas de uma e outra figura. Nos fundos fechados, o valor da unidade de participação[290] depende de uma variável, a composição e valor da carteira dos fundos, sobre uma constante, o número de unidades de participação. Nos fundos abertos existem duas variáveis que se cotejam: o valor da carteira dos fundos sobre o número de unidades de participação. Nos fundos abertos, o próprio êxito do fundo pode implicar riscos de diluição do valor da unidade de participação. Com efeito, e na medida em que as unidades de participação são pagas em numerário, e dado que a rendibilidade presente e previsível deste numerário não é igual à da carteira, uma afluência de subscrições em massa pode diminuir, pelo menos temporariamente, o valor do fundo. Inversamente, uma retirada dos participantes pode implicar falta de liquidez para o fundo, ter por base menor êxito do mesmo, mas paradoxalmente aumentar o valor real das participações que nele se mantêm. Quem adquirir uma unidade de participação num fundo aberto, além de ter em conta o risco da carteira dos fundos e da sua gestão, tem de considerar os riscos decorrentes das flutuações de subscrições e resgates.

O diferente comportamento financeiro de uns e outros fundos, bem como a diferente natureza das fontes de risco que os caracterizam explicam diferenças de regime que aqui apenas se esboçarão.

Desde logo a natureza fechada ou aberta do fundo não pode estar equivocamente expressa no regulamento de gestão e na sua denominação[291].

Em Portugal, os primeiros fundos consagrados foram fundos mobiliários abertos, como se verifica pela conjugação dos 10º e 12º Dec.-Lei n.º 46 342, de 20 de Maio de 1965. Na Europa nos anos 60 eram já os fundos abertos os que tinham maior sucesso (PASSEIRO, José Manuel; *Fundos de Investimento*; in: *Revista Bancária*, Ano IV, nº 12, Abril - Junho de 1968, Lisboa, p. 18; Funcionamento das Sociedades de Investimento de Capital

---

[288] 4º/2 DLFIM, 3º/2 DLFII.

[289] 4º/3 DLFIM, 3º/3 DLFII

[290] Em geral, ver o disposto no 30º DLFIM e 33º DLFII..

[291] 18º/3/a DLFIM, 19º/3/a DLFII.

Sobre denominações de instituições de investimento colectivo ver o 11. Reglamento de la Ley 46/1984, de 26 de deciembre, aprovado pelo Real Decreto 1393/1990, de 2 noviembre.

Parte IV – Regime geral

Variável (S.I.C.A.V.) em França – Relatório Lorain, de Janeiro de 1968; in: *Revista Bancária*, Ano IV, nº 14, Outubro - Dezembro de 1968, Lisboa, p. 42). Considerava-se aliás, nesta altura, em Portugal, que os de tipo fechado não eram aliciantes sob o ponto de vista económico (SILVA, Aníbal António Cavaco; O Mercado de Capitais Português no Período 1961 – 1965; in: *Economia e Finanças, Anais do Instituto Superior de Ciências Económicas e Financeiras*, Tomo I, vol. XXXIV, Universidade Técnica de Lisboa, Lisboa, 1966, p. 54).

Em Espanha, o 20.3 Ley 46/1984, de 26 deciembre, apenas consagra fundos mobiliários abertos, o que é confirmado pela possibilidade de a todo o momento se poderem efectuar subscrições e reembolsos, nos termos do 37.1. Reglamento de la Ley 46/1984, de 26 de deciembre, aprovado pelo Real Decreto 1393/1990, de 2 noviembre. De igual modo, deixa-se claro que o número de unidades de participação é ilimitado (41.3. Reglamento de la Ley 46/1984, de 26 de deciembre, aprovado pelo Real Decreto 1393/1990, de 2 noviembre). Paradoxalmente apenas consagram sociedades de investimento imobiliários fechadas, na medida em que são de capital fixo (11. Orden de 24 de septiembre de 1993). Quanto aos fundos imobiliários não personalizados estes são sempre abertos nos termos do 18.2. Orden de 24 de septiembre de 1993. Os fundos de titulização hipotecária são sempre fechados (ARRANZ PUMAR, Gregorio; Los Fondos de Titulización Hipotecaria y sus Sociedades Gestoras, in: ALONSO UREBA, Alberto, MARTINEZ-SIMANCAS Y SANCHEZ; Julian; *Derecho del Mercado Financiero*; Tomo I, Volume 1, *Entidades del Mercado Financiero*, Editorial Civitas, Madrid, 1994, p. 629).

Em França já desde a Ordonnance nº 45-2710 du 2 novembre 1945, que se consagraram sociedades de investimento de capital fixo e variável. A Loi nº 88-1201 du 23 décembre 1988 consagra o regime dos organismos de investimento colectivo em valores mobiliários (de capital variável, as S.I.C.A.V., "sociétés d'investissement à capital variable") e os fundos de investimento. As S.I.C.A.V. começaram a ser criadas em primeiro lugar por associações de bancos, bancos e seguradoras (Funcionamento das Sociedades de Investimento de Capital Variável (S.I.C.A.V.) em França – Relatório Lorain, de Janeiro de 1968; in: *Revista Bancária*, Ano IV, nº 14, Outubro - Dezembro de 1968, Lisboa, p. 49).

Na Suíça o regime parece estar construído a pensar apenas nos fundos abertos, na medida em que, se nada é afirmado em relação à possibilidade de extensão das unidades de participação, estatui-se que a todo o momento o participante pode denunciar o seu contrato com a sociedade gestora no 24.1. Loi Fédérale sur les Fonds de Placement, du 18.03.1994, salvo no que respeita aos fundos hipotecários, nos termos do seu art. 25. Nos fundos imobiliários estatui-se em termos algo equívocos que a emissão pode ocorrer a todo o momento, mas apenas por séries, o que parece dar a entender que se trata de um híbrido entre os abertos e os fechados, uma espécie de fundos de abertura potencial permanente (54. Ordonnance du Conseil Fédéral sur les Fonds de Placement du 19.10.1994).

Em Itália são consagrados fundos mobiliários abertos, como decorre nomeadamente do 3.4. Legge 23 marzo 1983, n. 77 (in G.U. 28 marzo 1983, n. 85). Por outro lado, o Decreto Legislativo 25 gennaio 1992, n. 84 (in G.U. 14 febbraio 1992, n. 37) veio a consagrar as SICAV, equivalentes aos franceses. A experiência italiana, espanhola e francesa demonstram que não se pode afirmar sem mais que as sociedades de investimento têm natureza fechada como o faz TOMÉ, Maria João Romão Carreiro Vaz; *Fundos de Investimento Mobiliário Abertos*, Almedina, Coimbra, 1997, p. 16. A tendência, aliás, e como foi já referido, tem sido desde os anos 60 pelo menos, para o alargamento e expansão maior dos fundos personalizados abertos. Na Itália, os fundos abertos são de longe a forma de investimento colectivo mais importante (PIATTI, Laura; SUSI, Neomisio; Struttura dell'Industria, Asseti Proprietari e Profili di Informativa: Un' Analisi dei Fondi Comuni di Investimento Italiani; in CONSOB, *Quaderni di Finanza, Studi e Ricerche*, Volume II, nº 22 Novembre 1997, p. 84).

Na Alemhanha distinguem-se nos fundos imobiliários, os abertos dos fechados em ASMANN, Heinz-Dieter; SCHÜTZE, Rolf A.; *Handbuch des Kapitalanlagerechts*, C.H. Beck'sche Verlagsbuchhandlung, 2ª ed., München, 1997, p. 725 ss..

No Reino Unido, a distinção mais próxima desta é a que divide o "unit trust scheme" (próximo do fundo fechado) do "open-ended investment company" Sec. 75(8) Financial Services Act 1986. Tradicionalmente distinguem-se os "investment trusts" que são fundos fechados, cotáveis em bolsa, dos "unit trusts", que são fundos abertos (GONNEAU, Jean-Claude; *La Bourse de Londres*, Economica, Paris, 1990, p. 59).

Nos Estados Unidos distinguem-se dois tipos de "investment companies". As "open-end", mais conhecidas por "mutual fund" que têm um número variável de acções, que são vendidas ou recompradas ("redeemed") ao seu valor líquido ("net asset value") e as "closed-end", mais conhecidas por "investment trust" que como acontece nas sociedades comuns são negociáveis em bolsas (DOWNES, John; GOODMAN, Jordan Elliot; *Dictionary of Finance and Investment Terms*, Barron's, 4ª ed., New York, 1995, p. 274 a 275). Para a congruência estrutural com os nossos fundos abertos e fechados ver HAZEN, Thomas Lee; *The Law of Securities Regulation*, West Publishing Co., 2ª ed., St. Paul, Minn., 1990, p. 850 ss.. Os "mutual funds" são as mais comuns das "investment companies" (HAZEN, Thomas Lee; *The Law of Securities Regulation*, West Publishing Co., 2ª ed., St. Paul, Minn., 1990, p. 833 - 834). Para a definição de "company" ver a Sec. 2 (a) (8) Investment Company Act of 1940. Distinguem-se igualmente as "eligible portfolio companies" na Sec. 2 (a) 46) Investment Company Act

Parte IV – Regime geral 197

of 1940. Para a relevância do "net asset value" nas transações de valores emitidos pelas "open-end companies" ver a Sec. 11 Investment Company Act of 1940 e em geral a Sec. 22 (a) Investment Company Act of 1940. Para a permissão relativa das "open-end" serem as suas próprias entidades colocadoras ver a Sec. 12 (b), 15(b) Investment Company Act of 1940. Para as regras de proibição de aquisição de valores baseadas em conflitos de interesses diferenciadas para as "open-end" e "closed-end companies" ver a Sec. 12 (d) (1) Investment Company Act of 1940 (as "anti-pyramiding provisions" - HAZEN, Thomas Lee; *The Law of Securities Regulation*, West Publishing Co., 2ª ed., St. Paul, Minn., 1990, p. 836). A transformação de um tipo no outro pressupõe autorização dos sócios nos termos da Sec. 13 (a) (1) Investment Company Act of 1940. O seu regime é diferente quanto à emissão de "senior securities", valores preferenciais, nos termos da Sec. 17 Investment Company Act of 1940. As "open-end companies" têm igualmente regimes específicos em matéria de restrições à negociabilidade das unidades de participação e ao pagamento da subscrição (Sec. 22 (f), (g) Investment Company Act of 1940). Por outro lado, as "open-end" levantam problemas específicos na medida em que, tendo o investidor três anos para propor acção judicial contra a empresa por um registo junto da SEC enganoso, esta considera que a data do registo é a data da última alteração, tendo em conta que esta tem de ser feita anualmente (HAZEN, Thomas Lee; *The Law of Securities Regulation*, West Publishing Co., 2ª ed., St. Paul, Minn., 1990, p. 886). As "closed-end companies" têm regras específicas de distribuição e recompra de valores na Sec. 23 Investment Company Act of 1940. As "open-end companies" têm regras especiais de exclusão da isenção de registo das suas emissões nos termos da Sec. 24 (d), (e), (f) Investment Company Act of 1940. As "business development companies" são sempre "closed-end", e visam, como antes se verificou, o desenvolvimento das empresas em que investem. As "closed-end companies" podem emitir obrigações e valores preferenciais, ao contrário das "open-end companies" (HAZEN, Thomas Lee; *The Law of Securities Regulation*, West Publishing Co., 2ª ed., St. Paul, Minn., 1990, p. 856). Os fundos abertos, também aqui nos Estados Unidos tiveram muito maior desenvolvimento que os fechados (Funcionamento das Sociedades de Investimento de Capital Variável (S.I.C.A.V.) em França – Relatório Lorain, de Janeiro de 1968; in: *Revista Bancária*, Ano IV, nº 14, Outubro - Dezembro de 1968, Lisboa, p. 53). Daí que se encontrem propostas no sentido de diluir a distinção entre fundos fechados e abertos, e se permitir o resgate nos fundos fechados ao fim de um ano. Seriam fundos de resgate aprazado (FADIMAN, Mark; *Rebuilding Wall Street*, Prentice Hall, Englewood Cliffs, New Jersey, 1992, p. 25).

Existe em Espanha uma outra acepção de fundos abertos e fechados, no caso dos fundos de pensões, tal como estão regulados pelo 11.9.

Ley 8/1987, de 8 de Junio (e pelo 27.2. Real Decreto 1307/1988, de 30 septiembre). Com efeito, fundos abertos são aqueles que podem canalizar os investimentos de outros fundos de pensões, enquanto os fundos fechados são aqueles que estão dirigidos apenas ao investimento do plano ou planos de pensões que neles se fundamentam. Como se verifica, a distinção não é aqui a da indeterminação ou determinação do número de participações (dado que neste sentido são sempre abertos (5.1.a. Ley 8/1987, de 8 de Junio), mas a da delimitação *teleológica* aberta ou fechada do fundo. Ou seja, ou encontram-se funcionalmente delimitados por um plano ou planos de pensões previamente definidos ou não. Para a dimensão teleológica destes fundos especiais, ver o que na parte dogmática se refere a propósito dos fundos especiais. Cf. CACHÓN BLANCO, José Enrique; Fondos de Pensiones y sus Entidades Gestoras, in: ALONSO UREBA, Alberto, MARTINEZ-SIMANCAS Y SANCHEZ; Julian; *Derecho del Mercado Financiero*; Tomo I, Volume 1, *Entidades del Mercado Financiero*, Editorial Civitas, Madrid, 1994, p. 368 – 369.

Os fundos de investimento financeiro são fundos abertos nos termos do 1. Regulamento Anexo à Circular nº 2.594, de 21 de Julho de 1995, do Banco Central do Brasil e 1. Regulamento Anexo à Circular nº 2.616, de 18 de Setembro de 1995 do Banco Central do Brasil. No entanto, os fundos imobiliários são sempre fechados, nos termos do 2. Lei nº 8.668, de 25 de Junho de 1993. Daí que o número de unidades de participação deva estar consagrado no regulamento do fundo, nos termos do 10.V. Instrução CVM nº 205, de 14 de Janeiro de 1994.

Nos fundos fechados o resgate depende de liquidação e a emissão termina com a subscrição da última unidade restante. Nos fundos abertos, pelo contrário, a emissão e o resgate são factos permanentes.

Em Portugal desde o 12º Dec.-Lei n.º 46 342, de 20 de Maio de 1965 que se afirmava que estava assegurado "o direito de em qualquer ocasião pedirem o reembolso das unidades de participação que possuam".

Em Itália, esta ideia em relação aos resgates nos fundos fica clara no 3.4. Legge 23 marzo 1983, n. 77 (in G.U. 28 marzo 1983, n. 85). Em relação aos SICAV ainda fica mais evidente quando se verifica serem definidos como "raccolto mediante al pubblico *in via continuativa*" (2.1. Decreto Legislativo 25 gennaio 1992, n. 84 (in G.U. 14 febbraio 1992, n. 37).

No Reino Unido, no caso dos "open-ended investment companies" (Sec. 75(8).§2º Financial Services Act 1986) exprime-se a natureza permanente dos resgates e recompras.

No Brasil, por os fundos imobiliários serem sempre fechados, proíbe-se o resgate de quotas no 2. Lei nº 8.668, de 25 de Junho de 1993.

i) *Fundos fechados*

Os fundos fechados são de longe os mais exaustivamente regulados por lei, em comparação com os abertos.

As entidades gestoras que não sociedades gestoras de fundos apenas podem gerir fundos fechados[292].

Os titulares de pelo menos um terço das unidades de participação nos fundos fechados têm o direito de oposição à substituição da entidade gestora[293]. Esta faculdade compreende-se pela proibição do reembolso dos fundos fechados antes da sua liquidação, como veremos. No caso dos fundos abertos, os participantes sempre se podem desfazer da sua posição antes da entidade gestora mudar, coisa que não acontece nos fundos fechados. Assim se compreende que os participantes tenham esta faculdade.

As instituições de crédito que sejam gestoras de fundos fechados podem adquirir unidades de participação dos fundos que administrem até ao limite de 25% do valor global de cada fundo[294]. É certo que esta norma nada tem a ver com a natureza fechada do fundo. É uma mera consequência do facto de as instituições de crédito apenas poderem administrar fundos fechados e de por outro lado, sendo instituições de crédito, terem um regime mais permissivo em sede operacional, como antes vimos.

Quando os fundos fechados já administrados por uma entidade gestora ainda não estiverem integralmente liberados, e quando o interesse dos investidores o justifique, pode a constituição de novos fundos fechados por essa mesma entidade gestora ser recusada pela CMVM[295].

O regulamento de gestão, no caso dos fundos fechados, deve conter, além das menções gerais, o valor do capital, o número de unidades de participação e se será solicitada a admissão das unidades de participação à cotação em bolsa de valores[296].

---

[292] 5°/2 DLFIM, 6°/2 DLFII.

[293] 6°/5 DLFIM, 7°/4 DLFII.

Ver para a substituição o 28. Ley 46/1984, de 26 deciembre e 57. Reglamento de la Ley 46/1984, de 26 de deciembre, aprovado pelo Real Decreto 1393/1990, de 2 noviembre.

[294] 11°/2 DLFIM, 12°/2 DLFII.

No Brasil pelo contrário, em relação aos fundos imobiliários, que são sempre fechados, proíbe-se sem excepções, a aquisição de unidades de participação de fundo que administrem, nos termos do 19.§1° Instrução CVM n° 205, de 14 de Janeiro de 1994.

[295] 17°/3 DLFIM, 18°/3 DLFII.

[296] 18°/4 DLFIM, 19°/4 DLFII. Esta questão merecerá posterior desenvolvimento, como é óbvio.

200 *Fundos de Investimento Mobiliário e Imobiliário*

Ao contrário dos fundos abertos em que os participantes nunca podem pedir a liquidação do fundo, no caso dos fundos fechados os participantes podem fazê-lo desde que tal faculdade conste do regulamento de gestão ou quando este não seja admitido à bolsa no prazo de 12 meses tendo previsto esta admissão[297]. Esta regra compreende-se na medida em que os participantes dos fundos abertos podem sempre sair deste e obter o reembolso, coisa que não acontece com os participantes dos fundos fechados. A única forma de reaverem o seu dinheiro é a liquidação do fundo.

Com efeito, o reembolso das unidades de participação no caso dos fundos fechados apenas pode ocorrer quando da liquidação do fundo, ao contrário dos abertos, em que pode ocorrer ao longo da vida do fundo[298].

O valor das unidades de participação dos fundos fechados, totalmente subscritas, deve ser publicado mensalmente com referência ao último dia de cada mês, excepto se existir uma variação superior a 3% em relação à última publicação, caso em que o novo valor será objecto de publicação no dia útil imediatamente posterior àquele em que essa variação se verificou[299]. A primeira implicação desta norma é a de que, pode haver publicações do valor das unidades de participação tantas as vezes quantas as variações do seu valor forem superiores a 3%. Teoricamente, estas variações podem ser diárias, pelo que as publicações podem ser diárias. Em segundo lugar torna-se necessário explicar porque razão a lei apenas se preocupou com a publicação mensal e fundada em variações bruscas do valor dos fundos fechados e não nos fundos abertos. O princípio da transparência exigiria que em ambos os casos tal publicação ocorresse. A única razão de ser que se encontra para esta distinção, e mais uma vez, é o facto de os participantes não se puderem desfazer da sua posição directamente, mas apenas através de venda das unidades de participação. Ou seja, o fundo não é obrigado a reembolsar o preço pago no caso dos fundos fechados, pelo que os deveres de informação em relação ao seu valor se tornam mais intensos.

---

[297] 25º/2 DLFIM, 26º/2 DLFII.
24º/2 Dec.-Lei nº 229-C/88, de 4 de Julho. 24º/1 Dec.-Lei n.º 134/85, de 2 de Maio. 24º/1 Dec.-Lei nº 246/85, de 12 de Julho.
A referencia ao regulamento de gestão nesta sede encontra-se igualmente no 2.2.c. Legge 23 marzo 1983, n. 77 (in G.U. 28 marzo 1983, n. 85).
A liquidação dos fundos imobiliários no Brasil tem de ser regulada pelo regulamento do fundo, nos termos do 10.XVIII. Instrução CVM nº 205, de 14 de Janeiro de 1994.
[298] 29º/3 DLFIM, 32º/3 DLFII.
[299] 30º/8 DLFIM, 33º/8 DLFII.

Parte IV – Regime geral

O regime dos fundos fechados merece tratamento autónomo tanto pelo DLFIM[300] como pelo DLFII[301]. Estas regras especiais referem-se à emissão das unidades de participação[302], aos limites desta emissão[303]. No caso dos fundos mobiliários há ainda regras específicas sobre os depositários[304] e a composição dos fundos[305], e no dos fundos imobiliários há regras específicas sobre o aumento ou diminuição de capital dos fundos[306] e cotação em bolsa[307].

No caso dos fundos imobiliários fechados não se aplicam as regras sobre a liquidez mínima dos activos subjacentes que compõem o fundo, bem como sobre as limitações relativas às participações de capital[308].

ii) *Fundos abertos*

O regime dos fundos abertos é, como antes se afirmou, francamente menos desenvolvido. Este facto poderia à primeira vista suscitar estranheza. Com efeito, já se reconheceu que os fundos abertos têm um risco adicional, o da variação de subscrições e resgates, pelo que pareceria que o seu regime teria de ser mais desenvolvido exactamente para se proteger em relação a este risco. Mas o mesmo perigo tem como correlato a possibilidade de o participante se desfazer dele (com eventuais maiores ou menores perdas, é certo) pelo resgate e reembolso da unidade de participação.

Os participantes em fundos abertos não podem exigir a sua liquidação[309]. Esta norma é de relativamente fácil compreensão. Mais uma vez fundamenta-se no facto de os participantes se poderem desfazer das suas posições pelos resgates e reembolsos. Não têm, nestes termos, interesse na liquidação dos fundos, na medida em que a quota parte do valor da carteira que lhes caberia pela liquidação já poderia ser obtido pelo resgate.

---

[300] 48º - 51º DLFIM.
[301] 28º - 29º DLFII.
[302] 48º/2 DLFIM, 28º/3 DLFII.
[303] 49º DLFIM, 28º/1 DLFII.
[304] 50º DLFIM.
[305] 51º DLFIM.
[306] 28º/2 DLFII.
[307] 29º DLFII.
[308] 5º/2/a, d, e, 5º/5 DLFII.
[309] 25º/1 DLFIM, 26º/1 DLFII.
24º/2 Dec.-Lei nº 229-C/88, de 4 de Julho. Antes esta norma era geral, na medida em que apenas existiam fundos abertos, como decorria do 24º/1 Dec.-Lei n.º 134/85, de 2 de Maio e do 24º/2 Dec.-Lei nº 246/85, de 12 de Julho.

Por outro lado, como posteriormente se tentará demonstrar, o regime especial da suspensão da subscrição e do resgate apenas se aplica aos fundos abertos[310].

Os restantes aspectos em que esta tipologia releva já não fazem parte do regime geral dos fundos mas são aspectos dos regimes especiais dos fundos mobiliários e imobiliários.

Nos fundos mobiliários e como modalidade destes, os fundos de tesouraria e os fundos de fundos têm de ser obrigatoriamente fundos abertos[311].

Igualmente nos fundos mobiliários, existe um desenvolvido regime dos fundos abertos, que não se encontra nos fundos imobiliários[312].

Nos fundos imobiliários, aqueles que são abertos têm restrições mais apertadas em matéria de composição, nomeadamente em matéria de liquidez mínima da carteira e percentagem das participações sociais que dela podem fazer parte[313]. Na verdade, e tendo em conta que nos fundos abertos podem haver reembolsos, a necessidade de uma liquidez mínima para enfrentar estes mesmos reembolsos encontra-se plenamente justificada. Por outro lado, a existência de um máximo percentual de participações sociais compreende-se tendo em conta a maior volatilidade tendencial das participações sociais em relação aos imóveis.

Os fundos abertos têm uma consequência de monta na configuração dos deveres da entidade gestora. É que nos fundos fechados as entidades gestoras têm o dever de emitir até ao limite das unidades, mas não mais que esse limite, não podendo mesmo ultrapassá-lo. Nos fundos abertos são obrigadas a emitir as unidades de participação em princípio sem limite. Existem, no entanto, limites a este dever de emissão, como se verá a propósito da dimensão operacional no que respeita à suspensão de emissões e resgates. Em Espanha, prevê-se não só esta obrigação de emissão e reembolso expressamente, como se permite que regulamentarmente se definam os limites e condições a que obedecem estes deveres (20.4 Ley 46/1984, de 26 deciembre). A natureza aberta dos fundos torna particularmente difícil a determinação dos danos sofridos pelos participantes (SABATELLI, Emma; *La Responsabilità per la Gestione dei Fondi Comuni di Investimento Mobiliare, Contributo allo studio del D.Lgs. 25 gennaio 1992, n. 83*, Casa Editrice Giuffrè, Milano, 1995, p. 33 ss.).

---

[310] 31° DLFIM, 35° DLFII.
Em Espanha, ver o 20.4.§2° Ley 46/1984, de 26 deciembre.
[311] 4°/4 DLFIM.
[312] 41° - 47° DLFIM.
[313] 5°/2 por contraposição com o 5°/5 DLFII.

Parte IV – Regime geral

iii) *O problema da admissão à cotação*

A admissão à cotação das unidades de participação dos fundos merece, pela sua complexidade, uma apreciação autónoma.

Em primeiro lugar, a questão em geral da admissão à cotação dos fundos abertos e fechados.

A lei é inequívoca ao admitir a possibilidade de admissão em bolsa das unidades de participação dos fundos fechados[314]. No entanto, em relação aos fundos abertos já nada afirma expressamente. Não obstante, tem de se entender que as unidades de participação de fundos abertos não podem ser admitidas à negociação à bolsa. Com efeito, o 292º Cd.MVM estabelece uma tipicidade de valores negociáveis em bolsa e é bem claro quanto ao facto de só os fechados merecerem admissão. No entanto, nos termos gerais, apenas podem ser negociadas a unidades de participação de fundos integralmente subscritos e integralmente liberadas[315].

Em segundo lugar, o problema do mercado de bolsa que em que se podem negociar as unidades de participação. Sob o ponto de vista literal poderiam negociar-se teoricamente no mercado sem cotações, à luz do 379º/d Cd.MVM. Com efeito, as unidades de participação são qualificadas como valores mobiliários, e têm uma emissão em sentido próprio. Desde que os fundos sejam domiciliados em Portugal, o que ocorre sempre na hipótese da entidade gestora ter sede em terceiro português[316] o fundo pode-se considerar emitente para estes efeitos. No entanto, o regime dos fundos refere sempre e apenas a admissão à cotação[317]. Neste sentido, e embora de modo pouco claro, parece apenas ser possível a admissão a um mercado com cotações, ou seja com exclusão do mercado sem cotações. No entanto, em relação aos fundos imobiliários fechados suscita-se o problema de saber se apenas podem ser admitidos em mercado de cotações oficiais ou podem igualmente ser admitidos ao segundo mercado[318]. Nada impede que sejam admitidos ao segundo mercado. Em primeiro lugar, porque não se vê porque razão haveria diferença de regi-

---

[314] 292º/1/d Cd.MVM, 51º/2 DLFIM, 29º DLFII.

[315] 291º/2 Cd.MVM, 29º DLFII. Apesar de esta última norma falar em integral colocação, a expressão não é a mais feliz. Em bom rigor o que pretende afirmar é que pressupôs a sua integral liberação. Podem já estar colocadas todas as unidades de participação e, não obstante, não se encontrarem pagas pelos participantes.

[316] 19º DLFIM, 20º DLFII.

[317] 17º/8, 18º/4, 23º/1, 25º/2, 51º/2 DLFIM, 18º/8, 19º/4, 24º/1, 26º/2, 29º DLFII.

[318] 29º DLFII.

204 Fundos de Investimento Mobiliário e Imobiliário

me entre os fundos mobiliários e os imobiliários nesta sede. Uns não têm maiores necessidades de protecção que outros. Por outro lado, a referência a "cotação oficial" visa apenas deixar bem claro que a cotação que a norma refere o é em sentido técnico, e não uma mera admissão em bolsa.

Em terceiro lugar, coloca-se o problema da transferência temporária de mercado. Verificando-se os pressupostos do 379º/b, de Cd.MVM poderão as unidades de participação ser negociadas temporariamente em mercado sem cotações, quando é verdade que já concluímos que não o poderiam ser de modo definitivo? A resposta tem de ser positiva. Também outros valores que não podem ser admitidos ao mercado sem cotações (como valores emitidos por entidades estrangeiras) podem não obstante serem temporariamente negociados no mercado sem cotações, nos termos do mesmo 379º Cd.MVM.

Resolvidas as questões relativas aos fundos fechados torna-se necessário tentar perceber por que razão se exclui os fundos abertos do mesmo. Em termos teóricos nada impediria que as unidades de participação de fundos abertos fossem negociadas em mercado de bolsa. No entanto, a opção do legislador baseou-se em critérios de segurança perfeitamente legítimos. É que o valor da unidade de participação decorre de uma mera operação de divisão do valor líquido global do fundo pelo número de participações[319]. No caso dos fundos fechados um numerador variável é divido por um denominador fixo e previamente conhecido. Conhecendo a carteira dos fundos pode-se calcular com alguma margem de segurança o seu valor real e decidir assim racionalmente sobre o seu valor de mercado. No caso dos fundos abertos tanto o denominador como o numerador são variáveis. O número de unidades de participação é permanentemente mutável. Mais. É impossível saber a cada segundo quantas participações estão em circulação. E aqui há que distinguir duas hipóteses. Ou todas as unidades já estão liberadas e entra na carteira dos fundo numerário cuja rendibilidade é diferente da dos restantes activos da carteira, o que altera a rendibilidade geral dos fundos. Ou ainda não estão liberadas, o que faz com que teoricamente a mesma carteira global do fundo se encontra distribuída por mais unidades, desvalorizando cada unidade de

---

[319] 30º/1 DLFIM, 33º/1 DLFII.

18º/1 Dec.-Lei nº 229- C/88, de 4 de Julho. 13º Dec.-Lei n.º 46 342, de 20 de Maio de 1965.

O mesmo regime no 20.1. Ley 46/1984, de 26 deciembre. para os fundos imobiliários, rege o 19.1. Orden de 24 de septiembre de 1993. A conclusão semelhante se chega no Reino Unido na perspectiva da Sec. 78(6) Financial Services Act 1986.

Parte IV – Regime geral

participação. Ou seja, para que pudesse haver uma avaliação do valor da unidade de participação era necessário que o mercado (de bolsa) conhece-se a cada segundo a quantidade de participações subscritas, se foram liberadas e em que medida o foram, bem como a quantidade total de numerário entrado na carteira dos fundos, bem como o seu grau de disponibilidade[320]. A incerteza quanto ao valor das unidades de participação dos fundos abertos é assim o fundamento para a sua não admissão em bolsa. Quando existirem sistemas credíveis de informação em tempo real sobre estes elementos já não haverá razões que se oponham a esta admissão, embora estes não sejam previsíveis nos tempos mais próximos.

A admissão à cotação das unidades de participação pode gerar uma outra questão. É que o valor das unidades de participação se estabelece por uma razão entre o valor global do fundo e o número de participações em circulação (30º/1 DLFIM, 33º/1 DLFII). Este valor é estabelecido pela entidade gestora nos termos gerais do 8º/c DLFIM e 9º/c DLFII. Estando as unidades de participação admitidas à cotação esta não pode estar dependente por definição da entidade gestora, na medida em que tem de decorrer do livre jogo da oferta e da procura em bolsa nos termos das regras da negociação (435º/2 Cd.MVM). Quer isto dizer que simultaneamente se geram dois valores: a cotação e o valor da unidade. Esta divergência não nos pode causar estranheza. É que este valor previsto na lei é aquele a que se pode chamar o valor teórico da unidade de participação, relevante para efeitos de mercado primário das unidades (emissões e resgates) e para informação do mercado. A cotação é o valor gerado em mercado. Cada um deles tem uma função informativa diferente. A cotação incorpora as expectativas positivas e negativas sobre os valores e informações contextuais que não cabem na avaliação dos fundos. Teoricamente estes dois valores devem-se aproximar, sobre pena de existirem ineficiências de mercado, seja geradas por má avaliação pelo mercado dos activos subjacentes, seja por má avaliação da unidade de participação. A verdade é que esta divergência é ela mesma portadora de sentido e informativa do mercado. Estando os valores cotados não existe, por isso mesmo, qualquer razão para se dispensar a atribuição de valor à unidade de participação por parte das entidades gestoras.

---

[320] Se a unidade foi paga por cheque a disponibilidade do dinheiro é em princípio menor que se for paga em moeda legal ou por multibanco. Ora, nos fundos fechados o momento de pagamento é indiferente para este efeitos, Os valores apenas podem ser negociados em bolsa quando as unidades estiverem integralmente liberadas nos termos 291º/2 Cd.MVM.

206 *Fundos de Investimento Mobiliário e Imobiliário*

TOMÉ, Maria João Romão Carreiro Vaz; *Fundos de Investimento Mobiliário Abertos*, Almedina, Coimbra, 1997, p. 131 refere-se à admissão à cotação. No entanto, como o trabalho citado respeita aos fundos abertos, ignora-se se se está a referir apenas aos fechados no passo citado. Já *ibidem*, a p. 149, esclarece o seu pensamento quando refere a inexistência de um mercado secundário para as unidades de participação dos fundos abertos. Ora, até por maioria de razão, nos fundos abertos, em que o mercado secundário é pouco relevante, como se verificou, maior é a importância de as entidades comercializadoras actuarem como contrapartistas no mercado primário. Ou seja, por maioria de razão se nota a necessidade de as entidades comercializadoras estarem obrigadas a aceitar os pedidos de resgate e emissão, tal como são formulados pelos investidores, dentro dos limites da lei e do regulamento de gestão do fundo. É que os participantes não têm alternativa real ao mercado primário, que é dominado pela entidade gestora. Daí que até por esta via a sua tese de que existe um mero convite a contratar não pode proceder.

A lei espanhola tem plena consciência de que se trata de um valor teórico, o que resulta da razão antes referida, como acontece nos SIMCAV (sociedades de investimento mobiliário de capital variável), em que se refere expressamente a expressão "valor teórico" (16.2 Ley 46/1984, de 26 deciembre). De igual modo, este preço teórico tem consequências no mercado primário dos fundos, na medida em que é ele que constitui o preço para efeitos de emissão e reembolso das unidades (20.5 Ley 46/ 1984, de 26 deciembre; 42.2. Reglamento de la Ley 46/1984, de 26 de deciembre, aprovado pelo Real Decreto 1393/1990, de 2 noviembre). Por outro lado, este valor teórico é o que define o preço máximo (na compra) e mínimo (na venda) de acções próprias (1.2. Orden de 6 de julio de 1993). Além disso, uma divergência entre o valor teórico e os preços em bolsa superior a 5% implica o dever da SIMCAV intervir no mercado para diminuir a diferença para dentro deste limite (2.1., 3.1. Orden de 6 de julio de 1993). O valor teórico determina o valor liquidativo para o reembolso (19.2., 19.6. Orden de 24 de septiembre de 1993). Para a cotação ver RODRÍGUEZ ARTIGAS, Fernando; Instituciones de Inversión Colectiva, in: ALONSO UREBA, Alberto, MARTINEZ-SIMANCAS Y SANCHEZ; Julian; *Derecho del Mercado Financiero*; Tomo I, Volume 1, *Entidades del Mercado Financiero*, Editorial Civitas, Madrid, 1994, p. 286 ss.. Refere o valor liquidativo AZA CAMPOS, Alicia; La Reforma de la Ley de Arrendamientos Urbanos y los Fondos de Inversión Inmobiliaria, in: ALONSO UREBA, Alberto, MARTINEZ-SIMANCAS Y SANCHEZ; Julian; *Derecho del Mercado Financiero*; Tomo I, Volume 1, *Entidades del Mercado Financiero*, Editorial Civitas, Madrid, 1994, p. 407.

Em França igualmente tem-se consciência de que se trata de um mero valor liquidativo, exigindo-se igualmente que haja um dever de intervenção no mercado por forma a que a sua cotação não varie além de 5% do valor liquidativo (1. Décret nº 89-624 du 6 septembre 1989). Nos termos da mesma norma admite-se que as acções ou as partes dos OICVM possam ser admitidas à cotação em bolsa. As unidades de todas as OICVM, sejam ou não personalizadas, podem ser objecto de cotação em bolsa (JUGLART, Michel de; IPPOLITO, Benjamin; *Traité de Droit Commercial, Tome 7, Banques et Bourses*, Montchrestien, 3 ed., Paris, 1991, p. 764, n. 94; no entanto, segundo PEZARD, Alice; *Droit des Marchés Monétaire et Boursier*; Editions du J.N.A., Paris, 1994, p. 243, ainda não podiam ser admitidas à cotação, nem as acções das S.I.C.A.V., nem as unidades dos fundos, na medida em que tal pressupõe a definição de regras de protecção da poupança, nomeadamente a definição de uma distância máxima entre a cotação e o valor liquidativo). Por outro lado, ainda em 1988 se afirmava que as partes dos FCP e as acções dos SICAV não podiam ser negociadas em bolsa (GRENIER, Rémi; *Le Second marché, Règles et Fonctionnement*, EDIC – Economica, Paris, 1988, p. 270). A negociação de unidades de participação de fundos personalizados ou não através de uma corretora é vista como uma alternativa ao resgate em PEZARD, Alice; *Droit des Marchés Monétaire et Boursier*; Editions du J.N.A., Paris, 1994, p. 204. A razão pela qual os fundos personalizados fechados se cotavam em bolsa nos anos 60 era, não obstante, mais de natureza fiscal que de mercado (Funcionamento das Sociedades de Investimento de Capital Variável (S.I.C.A.V.) em França – Relatório Lorain, de Janeiro de 1968; in: *Revista Bancária*, Ano IV, nº 14, Outubro - Dezembro de 1968, Lisboa, p. 42). Para os problemas ligados ao valor liquidativo dos "warrants" ver *Bulletin COB*, nº 269, Mai 1993, Supplément "Etudes", nº 71, p.41. VAUPLANE, Hubert de; BORNET, Jean-Pierre; *Droit de la Bourse*, LITEC- Librairie de la Cour de Cassation, Paris, 1994, p. 344 refere esta cotação como ligada mais a razões de natureza económica que jurídica.

Em Itália encontra-se referência à cotação das unidades de participação em CARBONETTI, Francesco; *I Contrati di Intermediazione Mobiliare*, Giuffrè Editore, Milano, 1992, p. 122.

No Reino Unido, o preço de reembolso tem de ser "related to the net value of the property" (Sec. 78(6) Financial Services Act 1986). As partes dos "investment trusts " que são fundos fechados podem ser cotadas em bolsa, ao contrário dos unit trusts" (GONNEAU, Jean-Claude; *La Bourse de Londres*, Economica, Paris, 1990, p. 59).

Nos Estados Unidos, nas "open-end companies" proíbem-se em princípio transações pelas "investment companies" sem ser com base no "net asset value" na Sec. 11 Investment Company Act of 1940 (cf., para as "closed-end companies", as regras mais apertadas da Sec. 23 (b) Investment Company Act of 1940). Por outro lado, as associações auto-reguladas emitem regras que impõem preços mínimos de compra pelos seus mem-

208   *Fundos de Investimento Mobiliário e Imobiliário*

bros de unidades de participação às "investment companies" e preços máximos de venda às mesmas, pretendendo-se com estas regras que estes preços sejam congruentes com o valor líquido do fundo ("net asset value") (Sec. 22 (a) Investment Company Act of 1940). Significativamente, e apenas para as "closed-end companies", exige-se que a recompra das unidades de participação seja feita nomeadamente através de bolsa ou de outro mercado aberto, designado pela SEC (Sec. 23 (c) (1) Investment Company Act of 1940). Ou seja, pelo menos em relação aos fundos fechados, admite-se em bolsa a negociação das suas unidades de participação.

Em Espanha, a exclusão da cotação das acções das SIMCAV (que correspondem às unidades de participação, *mutatis mutandis*) implica o dever pela sociedade gestora de dirigir uma oferta pública de aquisição a todos os accionistas (16.5 Ley 46/1984, de 26 deciembre). A personalização dos fundos, associada à admissão à cotação, entronca-se com outro instituto do mercado, o das OPA's (previsto nos 60. ss. Ley del Mercado de Valores (Ley 24/1988, de 28 de julio).

Apenas se prevê no 13. Reglamento de la Ley 46/1984, de 26 de deciembre, aprovado pelo Real Decreto 1393/1990, de 2 noviembre, a admissão à cotação em bolsa das acções das sociedades de investimento mobiliário, sendo referido a propósito das unidades de participação dos fundos (não personalizados) apenas o disposto no seu 13.5., 13.6.[321]. Significativo é que não se distingam as de capital fixo das de capital variável. Todas estas acções podem ser objecto de admissão em bolsa desde que cumpridos os requisitos legais. Ora as SIM de capital variável correspondem *grosso modo* aos fundos abertos. Esta verificação suscita dois comentários de sentido inverso. Por um lado, demonstra que não é logicamente impossível a admissão à cotação de fundos abertos. Por outro, e matizando esta última asserção, há que ter em conta que apenas impressivamente se pode afirmar que as SIM de capital variável correspondem a fundos abertos. Em bom rigor são fundos de capital variável, na medida em que existem limites mínimos, mas também limites máximos de capital (15.3.c., d. Ley 46/1984, de 26 deciembre; 1.1. Orden de 6 de julio de 1993). Quanto à admissão à cotação das unidades de participação de fundos mobiliários, tendo em conta o facto de apenas serem previstos fundos abertos, regem os já citados 13.5., 13.6. Reglamento de la Ley 46/1984, de 26 de deciembre, aprovado pelo Real Decreto 1393/1990, de 2 noviembre, cuja admissão implica a publicação diária dos valores de liquidação das unidades de participação. Sobre o tema, sem desenvolver, CACHON BLANCO, J.E., *Derecho del Mercado de Valores*, Tomo II, Dykinson, Madrid 1992, p. 471- 472.

---

[321] Cf., não obstante o 9.1.§4º Ley 46/1984, de 26 de deciembre.

De igual modo, em França, as acções das S.I.C.A.V. podem ser objecto de admissão à cotação, o que justifica considerandos semelhantes aos anteriores, dado que correspondem aos nossos fundos abertos (2.§3° Loi n° 88-1201 du 23 décembre 1988).

Na Suíça, as unidades de participação dos fundos hipotecários têm de ser obrigatoriamente admitidas à cotação, ou em alternativa, sujeitando-se a sociedade gestora ou o depositário a comprometer-se a publicar regularmente os preços a que se comprometem a adquiri-las ou vendê-las aos investidores (25.2. Loi Fédérale sur les Fonds de Placement, du 18.03.1994). Esta situação é tão mais sintomática quanto a verdade é que tudo indica que o regime suíço se encontra previsto sobretudo para fundos abertos, como parece decorrer do seu 24. Loi Fédérale sur les Fonds de Placement, du 18.03.1994 que estabelece tratar-se de fundos de resgate contínuo, o que geralmente é característico dos fundos abertos. Por outro lado, consagra-se expressamente uma causa de suspensão automática da negociação em bolsa das unidades de participação: a dissolução do fundo (27.4. Ordonnance du Conseil Fédéral sur les Fonds de Placement du 19.10.1994).

No Brasil, as quotas dos fundos imobiliários, que são não personalizados e fechados, podem ser objecto de negociação em bolsa, como se deduz do 14.XI. e 39. 40. Instrução CVM n° 205, de 14 de Janeiro de 1994.

Nos Estados Unidos apenas as acções dos "investment trusts", que são "closed-end investment companies" (fundos personalizados fechados) são negociados nas bolsas (DOWNES, John; GOODMAN, Jordan Elliot; *Dictionary of Finance and Investment Terms*, Barron's, 4ª ed., New York, 1995, p. 274 a 275).

II. *Quanto à natureza dos activos (fundos mobiliários e imobiliários)*

A seguir à anterior, esta é a distinção tipológica mais relevante. O facto de ter merecido tratamento por diplomas diferenciados tem a ver, como já foi referido, com o facto de os fundos mobiliários terem sido objecto de harmonização comunitária e terem uma história mais sedimentada. Não nos pode enganar a existência de dois diplomas separados. Como se tem vindo a reconhecer os regimes têm mais pontos em comum que especialidades. Daí que, embora a tentação fosse a de dar a primazia a esta distinção tipológica, esta se venha a subalternizar em relação à dos fundos abertos e fechados[322].

---

[322] Para a distinção ver 5°/2 Dec.-Lei n° 229- C/88, de 4 de Julho.

210 *Fundos de Investimento Mobiliário e Imobiliário*

O regime dos fundos mobiliários é o paradigma dos imobiliários, inscrevendo mesmo normas que assumem clara natureza de regras gerais[323].

A principal diferença de regime é, evidentemente, a que respeita à composição dos fundos[324]. Por outro lado, e em consequência desta composição, os desdobramentos dos fundos mobiliários são bem mais ricos (fundos de fundos, fundos de tesouraria). Mas o segundo fundamento de diferenciação é externo à estrutura dos fundos, e decorre de uma circunstância política. É que apenas os fundos mobiliários (e de entre estes os abertos) foram harmonizados a nível comunitário.

Menos importantes são diferenças de regime que se enunciarão posteriormente, e que passam nomeadamente por dissemelhanças no enquadramento das operações vedadas[325], na denominação mais concretizada dos fundos[326], regras relativas ao aumento ou diminuição do capital dos fundos imobiliários fechados[327], o regime de avaliação de imóveis[328].

Os primeiros fundos regulados em Portugal foram fundos mobiliários (abertos) como se verifica pelo 10º e 12º Dec.-Lei n.º 46 342, de 20 de Maio de 1965. MOTA, António, S. Gomes; TOMÉ, Jorge H. Correia; *Mercado de Títulos, Uma abordagem integrada*, Ed. Texto Editora, 2ª ed, Lisboa, 1991, p. 126 fala em fundos mistos (de valores mobiliários e imobiliários) (também PASSEIRO, José Manuel; Fundos de Investimento; in: *Revista Bancária*, Ano IV, nº 12, Abril - Junho de 1968, Lisboa, p. 17). No entanto, já à luz do regime então vigente não nos parece que fossem lícitos fundos mistos em Portugal, tendo em conta as regras da tipicidade de composição. A expressão fundos mistos é usada, no entanto, noutra acepção por TOMÉ, Maria João Romão Carreiro Vaz; *Fundos de Investimento Mobiliário Abertos*, Almedina, Coimbra, 1997, p. 25 no sentido em que se trata de fundos tanto de acções como de obrigações. Nesta

---

[323] Pense-se no 6º/2 DLFIM que não tem paralelo no 7º DLFII, exactamente porque a norma geral já se encontra enunciada no primeiro diploma.

[324] 4º, 5º DLFII.
Também o 2º/3, 13º Dec.-Lei nº 246/85, de 12 de Julho.

[325] o 11º/1/d DLFIM, não tem paralelo no 12º/1 DLFII.

[326] 18º/3/ DLFIM em confronto com o 19º/3/a DLFII.

[327] O 28º/2 DLFII não tem paralelo no 48º DLFIM.

[328] O 34º DLFII.
A lei espanhola é mais lata que a portuguesa. A tipificação que opera não é a que se estabelece entre instituições de investimento colectivo mobiliários e imobiliários, mas entre instituições de investimento colectivo de carácter financeiro e não financeiro (1.2. Ley 46/1984, de 26 deciembre), sendo as primeiras equivalentes com as devidas adaptações aos fundos mobiliários, mas sendo as segundas mais latas que estes.

acepção são fundos mobiliários comuns, sem nenhuma especialidade tipológica, relevantes sobretudo na perspectiva da política de investimento. É este também o sentido que é dada à expressão em ASMANN, Heinz-Dieter; SCHÜTZE, Rolf A.; *Handbuch des Kapitalanlagerechts*, C.H. Beck'sche Verlagsbuchhandlung, 2ª ed., München, 1997, p. 721. A criação dos fundos imobiliários visou, numa perspectiva macro-económica, não só de diversificar instrumentos de investimento e aumentar a liquidez dos investimentos imobiliários, mas também, e na perspectiva da economia real, aumentar a oferta imobiliária. Este é movimento que já vem dos anos 40, em que se tenta ligar o sector financeiro ao imobiliário visando o fomento habitacional, nomeadamente (GONÇALVES, Júlio César da Silva; *A Avaliação dos Valores em Garantia de Reservas das Instituições Seguradoras*, Separata da Revista Contabilidade e Comércio, Lisboa, 1950, p. 8). Em Moçambique criou-se o primeiro fundo misto português, o Fundo de Investimento Ultramarino, em 1967 (PASSEIRO, José Manuel; Fundos de Investimento; in: *Revista Bancária*, Ano IV, nº 12, Abril - Junho de 1968, Lisboa, p. 31).

É evidente que esta tipologia se encontra profundamente marcada por um regime concreto, o actual regime português vigente. Em termos lógicos, melhor se faria em distinguir os fundos mobiliários dos outros ou ainda distinguir os fundos mobiliários dos imobiliários, deixando uma categoria residual para outros fundos. Foi uma solução mais universal a adoptada pela lei espanhola na Ley 46/1984, de 26 deciembre e pelo 1.3. Reglamento de la Ley 46/1984, de 26 de deciembre, aprovado pelo Real Decreto 1393/1990, de 2 noviembre. Os fundos imobiliários mereceram mais desenvolvimentos na Ley 19/1992, de 7 de julio. De igual modo, existe um tipo de fundos especial quanto à sua composição, que são os "Fondos de Titulización Hipotecaria", previstos no 5. Ley 19/1992, de 7 de julio, e que se traduzem em fundos escorados em participações hipotecárias que têm por base empréstimos hipotecários, tal como decorre da Ley 2/1981, de 25 de marzo, de Regulación del mercado Hipotecário (sujeitas a um regime de sub-rogação especial constante da Ley 2/1994, de 30 de marzo)[329]. Esta figura pressupõe que exista um mercado hipo-

---

[329] Inversamente, as unidades de participação emitidas por estes fundos são igualmente qualificadas de títulos hipotecários segundo a 5.1. disposição adicional da Ley 3/1994, de 14 de abril.

Os títulos hipotecários são regulados pelos 43. ss. Real Decreto 1669/1980, de 31 de Julio, sobre o "arrendamento de inmuebles", sendo divididos em "cédulas hipotecarias", "bonos hipotecarios" e "participaciones hipotecarias" (ver 61. ss.). A qualificação destas unidades de participação como títulos hipotecários tem nomeadamente como consequência a sua livre transmissibilidade, a possibilidade da sua admissão em bolsa, e a faculdade de realizar sobre estes valores operações de liquidez (80. ss. Real Decreto 1669/1980, de 31 de Julio).

tecário organizado e desenvolvido, como é referido por ARRANZ PUMAR, Gregorio; Los Fondos de Titulización Hipotecaria y sus Sociedades Gestoras, in: ALONSO UREBA, Alberto, MARTINEZ-SIMANCAS Y SANCHEZ; Julian; *Derecho del Mercado Financiero*; Tomo I, Volume 1, *Entidades del Mercado Financiero*, Editorial Civitas, Madrid, 1994, p. 605. Ver igualmente CACHON BLANCO, J.E., *Derecho del Mercado de Valores*, Tomo II, Dykinson, Madrid 1992, p. 472, quanto à sua admissão à cotação. No entanto, para a lei portuguesa, estes fundos seriam fundos mobiliários especializados. A necessidade de activação do mercado hipotecário em Portugal tem sido sentida desde pelo menos os anos 60, embora nunca se tenha enveredado por esta via (cf. SILVA, Aníbal António Cavaco; O Mercado de Capitais Português no Período 1961 – 1965; in: *Economia e Finanças, Anais do Instituto Superior de Ciências Económicas e Financeiras*, Tomo I, vol. XXXIV, Universidade Técnica de Lisboa, Lisboa, 1966, p. 79 – 80). Em geral para a tipologia espanhola encontra-se a descrição em RODRÍGUEZ ARTIGAS, Fernando; Instituciones de Inversión Colectiva, in: ALONSO UREBA, Alberto, MARTINEZ-SIMANCAS Y SANCHEZ; Julian; *Derecho del Mercado Financiero*; Tomo I, Volume 1, *Entidades del Mercado Financiero*, Editorial Civitas, Madrid, 1994, p. 265 – 266. Ver igualmente, *ibidem*, a p. 318 ss., a referência a fundos de dívida pública (os FONDTESORO), que não estão tipificados por lei. Para os fundos imobiliários ver AZA CAMPOS, Alicia; La Reforma de la Ley de Arrendamientos Urbanos y los Fondos de Inversión Inmobiliaria, in: ALONSO UREBA, Alberto, MARTINEZ-SIMANCAS Y SANCHEZ; Julian; *Derecho del Mercado Financiero*; Tomo I, Volume 1, *Entidades del Mercado Financiero*, Editorial Civitas, Madrid, 1994, p. 397 ss.. *Ibidem*, a p. 411 refere a existência de fundos imobiliários, embora com outras designações, em França, Inglaterra e Holanda.

A lei francesa destacou um tipo de activos, as acções, e deu um regime específico aos fundos que investem mais de 5% em acções nos termos do 13. Décret nº 89-623 du 6 septembre 1989. Repare-se que esta situação não pode ser confundida com a dos planos de poupança em acções que se estudarão na parte dogmática em que finalmente se poderão recortar os tipos de fundos especiais. A especialidade destes fundos de acções em França é resolvida nos termos gerais em Portugal pela política de investimento dos fundos. Sempre se poderia estabelecer uma tipologia, que é económica e juridicamente importante, entre fundos de acções, fundos de obrigações, fundos de derivados, e assim por diante. No entanto, quanto ao objecto e para o direito português, a distinção mais relevante é a que separa os fundos mobiliários dos imobiliários. Por outro lado, os fundos de fundos, se se destacam pela natureza dos activos, merecerem sobretudo análise pelo grau de mobiliarização, como posteriormente se verá. Por outro lado, a figura mais próxima que se encontrou dos fundos imobiliários em França, ou pelo menos com aproximável função socio-económica é a das sociedades civis de investimento imobiliário com recurso à subscrição pública, que estão sujeitas à jurisdição da COB (MERLE, Philippe; *Droit Commercial, Sociétés Commerciales*, Dalloz, 4ª ed., Paris, 1994, p. 14).

Na Alemanha foi criado o primeiro fundo imobiliário (personalizado) desde 1959 (ASMANN, Heinz-Dieter; SCHÜTZE, Rolf A.; *Handbuch des Kapitalanlagerechts*, C.H. Beck'sche Verlagsbuchhandlung, 2ª ed., München, 1997, p. 706).

Na Suíça, a lei divide numa tripartição os fundos: mobiliários, imobiliários e outros fundos (art. 32. ss. Loi Fédérale sur les Fonds de Placement, du 18.03.1994). Estes outros fundos podem investir nomeadamente em metais preciosos, produtos de base ("commodities"), opções, contratos a termo, partes de outros fundos de investimento ou outros direitos (35.3. Loi Fédérale sur les Fonds de Placement, du 18.03.1994). Os fundos residuais são regidos especificamente pelos 41. a 45. Ordonnance du Conseil Fédéral sur les Fonds de Placement du 19.10.1994.

A própria qualificação de fundos mobiliários é posta em crise quando confrontada com um sistema jurídico mais afastado como o britânico. Os "collective investment schemes" apenas são como tais considerados, nos termos da Sec. 75(5)(a) Financial Services Act 1986 e da Schedule 1 Financial Services Act 1986 apenas se tiverem por objecto valores do "spot", unidades de participação e... contratos de seguros de longo prazo. Podem fazer parte do património igualmente de fundos bens imóveis como se vê pelo 76(6) Financial Services Act 1986.

Uma outra modalidade quanto aos activos, que se encontra nos países anglo-americanos é a dos fundos de activos reais, os "commodity funds" que podem integrar metais preciosos (DOWNES, John; GOODMAN, Jordan Elliot; *Dictionary of Finance and Investment Terms*, Barron's, 4ª ed., New York, 1995, p. 430). Estes "commodities pools" são supervisados pela CFTC e não pela SEC (HAZEN, Thomas Lee; *The Law of Securities Regulation*, West Publishing Co., 2ª ed., St. Paul, Minn., 1990, p. 834). Também nos Estados Unidos não existe, que se tenha conhecimento, uma cesura tão radical quanto nos sistemas europeus continentais entre fundos mobiliários e imobiliários. As "investment companies" têm apenas de declarar regularmente junto da Securities and Exchange Commission, qual a sua política de aquisição de imóveis e de activos reais (Sec. 8 (b) (1) (F) Investment Company Act of 1940). Caso se pretenda adquirir ou vender imóveis para além da política de investimento requer-se a autorização dos sócios na Sec. 13 (a) (2) Investment Company Act of 1940. As "investment companies", no entanto, dirigem-se sobretudo ao investimento em valores mobiliários, pelo que se podem considerar tendencialmente fundos mobiliários (HAZEN, Thomas Lee; *The Law of Securities Regulation*, West Publishing Co., 2ª ed., St. Paul, Minn., 1990, p. 841). Também na Alemanha se encontram estes tipos de fundos (*O.P.C.V.M. 90, Où et Comment s'Implanter en Europe?*, Séminaire de Direction de Banque, La Revue Banque Éditeur, Tome II, Paris 1990, p. 298).

Os activos são relevantes para o regime dos fundos noutro sentido. É que a sua composição pode gerar outras distinções tipológicas. Os fundos constituídos por um imóvel ou um único conjunto imobiliário, preenchidos outros requisitos, são qualificados como "single property schemes", o que pode levar à dispensa de restrições à sua promoção, da competência do Secretary of State (Sec. 76(4), 76(5), 76(6) Financial Services Act 1986).

No Brasil prevêem-se fundos de investimento financeiro, cujo objecto é o investimento em activos financeiros no 1.I. Resolução n° 2.183, de 21 de Julho de 1995, do Conselho Monetário Nacional do Brasil. Como modalidades quanto ao objecto, prevêem-se fundos de dívida pública ("fundos de investimento financeiro – Dívida Estadual e/ou Municipal") no 44. Regulamento Anexo à Circular n° 2.594, de 21 de Julho de 1995, do Banco Central do Brasil e 42. Regulamento Anexo à Circular n° 2.616, de 18 de Setembro de 1995 do Banco Central do Brasil. Os fundos imobiliários são previstos como fundos fechados e não personalizados no 1., 2. Lei n° 8.668, de 25 de Junho de 1993.

III. *Quanto ao grau de mobiliarização (fundos de fundos e fundos simples ou de primeiro grau)*

Esta tipologia releva sobretudo numa perspectiva de fenomenologia dos fundos mais que numa perspectiva de regime, esta última merecendo desenvolvimento posterior. Com efeito, o elemento mais importante neste tipo de fundos é o de permitirem uma derivação de segundo grau, ou mesmo de grau superior nos fundos. Como se afirmou na Introdução os fundos correspondem a um fenómeno complexivo, resultante da confluência de vários outros, de entre os quais a derivação de valores. Com os fundos de fundos permite-se que a derivação atinja mais um grau.

As funções da derivação, a saber o aproveitamento do comportamento financeiro de activos financeiros para se construir um comportamento financeiro com um perfil autónomo (mais acentuado ou menos acentuado nas sua variações), são usadas nesta figura numa perspectiva de duplo grau de protecção de riscos. Sendo as carteiras dos fundos activos com um comportamento mitigado em relação a cada um dos seus componentes os fundos de fundos atingem um segundo nível de protecção de riscos.

Os fundos de fundos são fundos mobiliários[330]. Mas esta verificação tem uma consequência insuspeitada. É que um fundo de fundo incidindo

---

[330] 4°/4 DLFIM.

Parte IV – Regime geral 215

sobre unidades de participação exclusivamente ou primacialmente de fundos imobiliários é qualificado como um fundo mobiliário, mesmo que os seus activos subjacentes últimos sejam de natureza imobiliária.

A solução legal portuguesa não é a única possível. Na Suíça, os fundos de fundos são considerados fundos residuais, nem mobiliários, nem imobiliários (35.3. Loi Fédérale sur les Fonds de Placement, du 18.03.1994), embora a regulamentação coloque esta matéria sistematicamente em sede de fundos mobiliários no 41. Ordonnance du Conseil Fédéral sur les Fonds de Placement du 19.10.1994. Existem igualmente fundos personalizados de fundos na Alemanha (ASMANN, Heinz-Dieter; SCHÜTZE, Rolf A.; *Handbuch des Kapitalanlagerechts*, C.H. Beck'sche Verlagsbuchhandlung, 2ª ed., München, 1997, p. 708). No entanto, no início dos anos 90 ainda não se encontravam previstos na legislação de muitos países, exceptuando a luxemburguesa (*O.P.C.V.M. 90, Où et Comment s'Implanter en Europe?*, Séminaire de Direction de Banque, La Revue Banque Éditeur, Tome I, Paris 1990, p. 47; *O.P.C.V.M. 90, Où et Comment s'Implanter en Europe?*, Séminaire de Direction de Banque, La Revue Banque Éditeur, Tome II, Paris 1990, p. 276).

Têm, por força de lei, de assumir a natureza de fundos abertos[331]. O seu regime respeita sobretudo à denominação[332], composição[333], e transparência[334].

No Reino Unido ver *O.P.C.V.M. 90, Où et Comment s'Implanter en Europe?*, Séminaire de Direction de Banque, La Revue Banque Éditeur, Tome II, Paris 1990, p. 303 - 305.

No Brasil são regulados os fundos de aplicação em quotas de fundos de investimento no 1.II. Resolução nº 2.183, de 21 de Julho de 1995, do Conselho Monetário Nacional do Brasil.

Nos Estados Unidos, em que a tipificação dos fundos não obedece a critérios tão rigorosos, apenas se prevê que, caso um "unit investment trust" possa ter substancialmente os seus activos constituídos por valores emitidos por outra "investment company", se torna possível dispensar alguns deveres de instrução no registo junto da Securities and Exchange Commission (Se. 8 (d) Investment Company Act of 1940; cf. Sec. 4 (2)).

---

[331] 4º/4, 55º/3 DLFIM.

[332] 55º/2 DLFIM.

[333] 55º/1, 56º DLFIM.

[334] 57º DLFIM.

IV. *Quanto à natureza da política de rendimentos (fundos de capitalização e com distribuição)*

A distinção em causa tem implicações não apenas económicas como jurídicas.

Economicamente, a opção do investidor por um ou outro tipo de fundo tem contornos bem diferentes. Tipicamente os fundos com distribuição de rendimentos são procurados por quem procura a obtenção de rendimentos regulares. Os de capitalização são procurados por aqueles que visam o aumento do seu capital. No entanto, esta distinção não é rígida. É que há quem procure obter rendimentos com as mais valias obtidas com os fundos de capitalização (vendendo ou resgatando todas ou parte das sua unidades de participação) e quem procure aumentar o seu capital investindo não obstante em fundos com distribuição de rendimentos. O centro não se encontra tanto nas motivações dos investidores (embora estas sejam tipicamente relevantes) mas no modo de concretizar essas motivações.

Esta distinção não é grandemente desenvolvida na lei. Por um lado, exige-se que a natureza de capitalização ou com distribuição dos fundos conste do regulamento de gestão, indicando-se se a distribuição dos rendimentos é total ou parcial e quais os critérios dessa distribuição[335]. Por outro lado, exige-se que o depositário controle a distribuição dos rendimentos dos fundos de acordo com a lei e o regulamento de gestão[336].

Juridicamente esta distinção não é meramente formal. Fazendo parte do regulamento de gestão, não só o depositário tem poder de controlo sobre este aspecto, como os participantes têm direito a que a política de distribuição seja cumprida.

Em Portugal nos fundos mobiliários abertos do Dec.-Lei n.º 46 342, de 20 de Maio de 1965, e ao abrigo do seu 16º, a distribuição estava limitada aos rendimentos dos valores. As mais valias nunca podiam ser distribuídas. Nos anos 60 em Portugal, aliás, o acento tónico era implicitamente dado aos fundos com distribuição, como se vê em PASSEIRO, José Manuel; Fundos de Investimento; in: *Revista Bancária*, Ano IV, nº 12,

---

[335] 18º/3/l DLFIM, 19º/3/l DLFII.

A distribuição de resultados encontra-se prevista no 35.1.n. Reglamento de la Ley 46/1984, de 26 de deciembre, aprovado pelo Real Decreto 1393/1990, de 2 noviembre.

Também para os fundos imobiliários no Brasil no 10.IX. Instrução CVM nº 205, de 14 de Janeiro de 1994.

[336] 13º/2/e DLFIM, 14º/2/e DLFII. 39º DFI.

Abril - Junho de 1968, Lisboa, p. 21 ss.. Não é essa a situação actual, em que tudo depende do que se estabelecer no regulamento de gestão a propósito da política de distribuição. MOTA, António, S. Gomes; TOMÉ, Jorge H. Correia; *Mercado de Títulos, Uma abordagem integrada*, Ed. Texto Editora, 2ª ed, Lisboa, 1991, p. 127 distingue fundos de rendimento dos fundos de valorização /capitalização. Se se preferiu a expressão com distribuição é porque ela adere melhor à realidade jurídica (o facto de haver um direito à distribuição é determinante), embora se reconheça que economicamente o que se pretende seja a obtenção de um rendimento.

Em Espanha, os SIMCAV com distribuição de resultados têm regras especiais. Os resultados que sejam imputáveis à aquisição ou venda das suas próprias acções (que são as participações de fundos personalizados), apenas podem ser distribuídos quando o património da SIMCAV seja superior ao capital social desembolsado (16.3 Ley 46/1984, de 26 deciembre). Esta medida visa evidentemente evitar a descapitalização da SIMCAV. De igual modo para os fundos não personalizados, estatui-se que as mais valias não realizadas não podem ser objecto de distribuição (21.3. Ley 46//1984, de 26 deciembre, sancionado pelo seu 32.2.c.; também o 44.4. Reglamento de la Ley 46/1984, de 26 de deciembre, aprovado pelo Real Decreto 1393/1990, de 2 noviembre; 23. Orden de 24 de septiembre de 1993). Em França, a distribuição de resultados obedece às regras e aos limites objectivos e temporais do 31. Loi nº 88-1201 du 23 décembre 1988.

Em França, razões de natureza fiscal impediram pelo menos até meados dos anos 90 a formação de fundos de capitalização, na medida em que se imponha a distribuição de rendimentos, tanto nos fundos personalizados como nos não personalizados, o que mereceu críticas da doutrina (PEZARD, Alice; *Droit des Marchés Monétaire et Boursier*; Editions du J.N.A., Paris, 1994, p. 245; *O.P.C.V.M. 90, Où et Comment s'Implanter en Europe?*, Séminaire de Direction de Banque, La Revue Banque Éditeur, Tome II, Paris 1990, p. 288). No entanto, existem fundos de capitalização, mas apenas sob a forma de fundos de pensões (PEZARD, Alice; *Droit des Marchés Monétaire et Boursier*; Editions du J.N.A., Paris, 1994, p. 264 a 267). A distribuição de mais valias obedece a um regime mais apertado que a distribuição de rendimentos do património dos fundos (<u>Funcionamento das Sociedades de Investimento de Capital Variável (S.I.C.A.V.) em França – Relatório Lorain, de Janeiro de 1968</u>; in: *Revista Bancária*, Ano IV, nº 14, Outubro - Dezembro de 1968, Lisboa, p. 47). Para os problemas dos fundos com capital garantido ou rendimento garantido ver *O.P.C.V.M. 90, Où et Comment s'Implanter en Europe?*, Séminaire de Direction de Banque, La Revue Banque Éditeur, Tome II, Paris 1990, p. 259; BARROS, José Manuel; <u>Fundos Garantidos</u>, in: *Cadernos do Mercado de Valores Mobiliários*, nº 2, 1º Trimestre 1998, Ed. da Comissão do Mercado de Valores Mobiliários, p. 11 ss..

218   *Fundos de Investimento Mobiliário e Imobiliário*

Em Itália, distinguem-se igualmente o "fondo ad accumulazione" e o "con distribuzione" total ou parcial, exigindo-se que o regulamento de gestão defina os critérios desta distribuição (2.2.e. Legge 23 marzo 1983, n. 77 (in G.U. 28 marzo 1983, n. 85). No caso dos SICAV estes têm de ter no pacto social os critérios do destino dos proventos (2.3.a. Decreto Legislativo 25 gennaio 1992, n. 84 (in G.U. 14 febbraio 1992, n. 37)). Cf. SABATELLI, Emma; *La Responsabilità per la Gestione dei Fondi Comuni di Investimento Mobiliare, Contributo allo studio del D.Lgs. 25 gennaio 1992, n. 83*, Casa Editrice Giuffrè, Milano, 1995, p. 9.

No Brasil foram proibidas as novas emissões de fundos de renda fixa no 2º, 3º Resolução nº 2.183, de 21 de Julho de 1995, do Conselho Monetário Nacional do Brasil. Em consequência proíbe que os fundos mobiliários prometam um rendimento predeterminado aos condôminos nos termos do 10.VIII: Regulamento Anexo à Circular nº 2.594, de 21 de Julho de 1995, do Banco Central do Brasil e 10.VIII. Regulamento Anexo à Circular nº 2.616, de 18 de Setembro de 1995 do Banco Central do Brasil. Nos fundos imobiliários idêntica regra existe no 12.VI. Lei nº 8.668, de 25 de Junho de 1993.

Nos Estados Unidos a distribuição dos dividendos das "investment companies" encontra o seu assento na Sec. 19 Investment Company Act of 1940.

V. *Quanto à duração (fundos de duração determinada e indeterminada)*

O regime da duração do fundo merece ainda menos desenvolvimento. Apenas se prevê que a duração do fundo deve constar do regulamento de gestão[337]. Isto implica que, mesmo nos casos de duração indeterminada esta referência deve constar do regulamento de gestão[338].

---

[337] 18º/3/b DLFIM, 19º/3/b DLFII.

Também 35.1.d. Reglamento de la Ley 46/1984, de 26 de deciembre, aprovado pelo Real Decreto 1393/1990, de 2 noviembre.

[338] Questão e a de saber quais a consequências da falta desta menção. Se seguirmos o caminho rígido do 294º C. Civil teríamos que o regulamento de gestão seria nulo. No entanto, no caso dos fundos já aprovados e com unidades já subscritas isto poderia trazer consequências mais perniciosas que vantagens para o investidor. Em princípio deve-se entender que o fundo é de duração indeterminada, salvo se por interpretação se chegar a outro resultado (nomeadamente, através do contexto do regulamento de gestão ou de informação lançada ao público). Em segundo lugar, e caso ainda não se encontre aprovado o regulamento de gestão, este não o deve ser sem esta indicação(17º/2 DLFIM, 18º/2 DLFII). Em terceiro lugar, e caso já esteja em vigor o regulamento, a CMVM deve sugerir estas alterações por forma a iniciar-se o processo do 18º/5 DLFIM e 19º/5

Mais uma vez uma aparente distinção formal tem consequências de monta. É que o fim do prazo implica a sua liquidação e partilha, como posteriormente veremos, sejam eles fundos abertos ou fechados[339]. Não teria sentido afirmar que cessou a vigência do fundo e daí não extrair consequências. Se o património dos fundos é da titularidade dos participantes, este tem de lhes ser restituído. O processo adequado da sua restituição é o da liquidação dos fundos e sua partilha. Qual seja a forma que esta assume (se a entrega directa de activos do fundo, se a venda dos seus activos e o reembolso com o numerário realizado), isto apenas releva como modo de liquidação, sendo sempre necessária.

Por outro lado, isto implica que, sempre que os fundos tenham duração determinada, o regulamento de gestão preveja esta liquidação e partilha[340].

Estes fundos levantam problemas que mereceriam estudo monográfico posterior. Por exemplo, os respeitantes à possibilidade de existência de fundos a termo (v.g., mudança de Governo), e fundos sob condição (suspensiva e resolutiva – v.g., diminuição de resultados baixo ou acima de certo limite, níveis de distribuição de rendimentos baixo ou acima de certo limite, aquisição da entidade gestora por outras empresas). Os limites da liberdade de apor estas cláusulas acessórias terão de passar pela ideia de protecção dos investidores.

Em Espanha prevê-se igualmente esta distinção entre fundos de duração limitada e ilimitada, para usar a sua expressão (17.1.e Ley 46/1984, de 26 deciembre, 35.1.o. Reglamento de la Ley 46/1984, de 26 de deciembre, aprovado pelo Real Decreto 1393/1990, de 2 noviembre).

No Luxemburgo criou-se nos anos 80 um fundo aprazado, o "Balance 95", que caducou em 1995 (*O.P.C.V.M. 90, Où et Comment s'Implanter en Europe?*, Séminaire de Direction de Banque, La Revue Banque Éditeur, Tome II, Paris 1990, p. 276).

Em Itália prevê-se que o regulamento do fundo contenha a sua duração (2.2.a. Legge 23 marzo 1983, n. 77 (in G.U. 28 marzo 1983, n. 85).

DLFIM. Em última análise e se se verificarem os seus pressupostos, pode a CMVM determinar a alteração do regulamento de gestão nos termos conjugados do 36° DLFIM, 39° DLFII e 15°/a Cd.MVM.

[339] As normas do art° 25°/1, 2 DLFIM e 26°/1, 2 DLFII referem-se apenas à faculdades dos participantes exigirem.

[340] 25°/3 DLFIM, 26°/3 DLFII.

24°/1 Dec.-Lei n° 229-C/88, de 4 de Julho. 12°/único Dec.-Lei n.° 46 342, de 20 de Maio de 1965.

220   *Fundos de Investimento Mobiliário e Imobiliário*

Na Suíça, a duração do fundo tem de constar do regulamento de gestão (7.3.h. Loi Fédérale sur les Fonds de Placement, du 18.03.1994), prevendo-se expressamente a existência de fundos de duração determinada e indeterminada, nos termos do 29. Loi Fédérale sur les Fonds de Placement, du 18.03.1994.

No Brasil, os fundos de investimento financeiro são sempre de duração indeterminada no 1.§único Regulamento Anexo à Circular nº 2.594, de 21 de Julho de 1995, do Banco Central do Brasil e 1.§único Regulamento Anexo à Circular nº 2.616, de 18 de Setembro de 1995 do Banco Central do Brasil. Os fundos imobiliários podem ter duração determinada ou indeterminada no 2. Lei nº 8.668, de 25 de Junho de 1993. Esta duração é definida pelo regulamento de gestão de acordo com o 10.III. Instrução CVM nº 205, de 14 de Janeiro de 1994.

VI. *Quanto à personalização (fundos personalizados e não personalizados)*

Apenas o DLFIM se refere aos fundos personalizados, mas de modo meramente incidental. Com efeito afirma-se que os fundos são instituições de investimento colectivo[341], que os fundos são patrimónios autónomos[342], e que as instituições de investimento colectivo podem ser dotadas ou não de personalidade jurídica[343].

Poder-se-ia concluir que a distinção que deveria ser feita deveria ser entre fundos (que nunca teriam personalidade jurídica à luz da lei portuguesa, embora a possam ter à luz de outras leis) e outras instituições de investimento colectivo (que a podem ter ou não). No entanto, é já expressão consagrada a que distingue os fundos personalizados dos não personalizados, pelo que se mantém.

Por outro lado, a lei é clara no sentido em que os fundos de investimento imobiliário são sempre meros patrimónios autónomos e nunca personalizados[344], sendo certo que igualmente os fundos de investimento mobiliário são sempre meros patrimónios autónomos[345]. O que é regido genericamente por um e outro diplomas são sempre instituições sem personalidade jurídica.

---

[341] 3º/1 DLFIM. Cf. a diferente estrutura do 2º DLFII.
[342] 3º/2 DLFIM.
[343] 2º DLFIM.
[344] 2º/2 DLFII.
[345] 3º/2 DLFIM.

Parte IV – Regime geral

A distinção apenas se compreende à luz do DLFIM na perspectiva da harmonização comunitária. Com efeito, países há em que existem fundos personalizados[346].

A conclusão apenas pode ser a de que não existem fundos personalizados de Direito português, admitindo-se, não obstante, o reconhecimento de fundos personalizados de outros países nos termos do DLFIM[347].

A não personalização dos fundos é aliás uma tradição portuguesa. Já era assim nos anos 60 (PASSEIRO, José Manuel; Fundos de Investimento; in: *Revista Bancária*, Ano IV, n° 12, Abril - Junho de 1968, Lisboa, p. 30). Creio que não se pode afirmar que por detrás da opção portuguesa pela não personalização existem motivos fiscais (TOMÉ, Maria João Romão Carreiro Vaz; *Fundos de Investimento Mobiliário Abertos*, Almedina, Coimbra, 1997, p. 115). A razão principal parece-me ser dogmática e não tanto política. A admissão de sociedades de capital variável não entra nos quadros tradicionais do Direito Comercial. É certo que esta premissa seria válida também para os restantes países continentais. No entanto, convém não esquecer que a França, e por sua influência a Itália e a Espanha, recebeu o embate da influência americana no II pós-guerra, que inflectiu o sentido de muita da sua legislação. Por outro lado, convém não esquecer igualmente que a França, que foi o primeiro país continental com alguma projecção a instituir fundos personalizados, tem desde sempre uma dimensão, até pela extensão do seu corpo de juristas, que lhe permitiu desenvolver institutos de mercado financeiro com alguma autonomia em relação ao Direito Comercial clássico (hoje em dia, aliás, as sociedades de capital variável são vistas como mais uma modalidade de sociedades com toda a naturalidade, como se vê em MERLE, Philippe; *Droit Commercial, Sociétés Commerciales*, Dalloz, 4ª ed., Paris, 1994, p. 12). Daí que não seja correcto partir-se da premissa de que não são possíveis sociedades de capital variável em Portugal para se concluir que os fundos não são sociedades (TOMÉ, Maria João Romão Carreiro Vaz; *Fundos de Investimento Mobi-*

---

[346] O 37°/1 DLFIM, em matéria de harmonização, é significativo no sentido em que se referem instituições de investimento colectivo em valores mobiliários em geral e não apenas a fundos. Pressupõe que estão abrangidos por este regime de harmonização certos fundos personalizados.

[347] 37° a 40° DLFIM, 40° a 42° DLFII.

Estão neste caso, em Espanha, embora a lei no próprio país não lhes chame de fundos personalizados, mas devam ser como tal considerados à luz do Direito Português, as "sociedades de inversión mobiliária" (2.1.a., 2.2. Ley 46/1984, de 26 deciembre; 2.1.a., 2.2. Reglamento de la Ley 46/1984, de 26 de deciembre, aprovado pelo Real Decreto 1393/1990, de 2 noviembre) e as "sociedades de inversión inmobiliária" (33°.6 Ley 46//1984, de 26 deciembre).

liário Abertos, Almedina, Coimbra, 1997, p. 152). O que se passa é tão simplesmente que o legislador português recusou o modelo personalizado societário dos fundos. Caso o tivesse aceite, haveria em Portugal sociedades de capital variável, como existem noutros países.

A distinção entre fundos personalizados e não personalizados tem implicações de monta que não merecem tratamento desenvolvido, na medida em que não se encontra consagrado para o Direito português. No entanto, e sob o ponto de vista dogmático, há que ter em conta que o participante é igualmente o titular da participação social. O participante é igualmente accionista. Em coerência com esta conclusão o 5. Ley 46/1984, de 26 deciembre, em Espanha, impõe que o participante comunique a sua participação e a publicite nos termos da lei, tal como a acontece nos termos do 648° Cd.MVM. Por outro lado, a conversão de um fundo em sociedade (de um fundo não personalizado em um fundo personalizado) depende do que estiver estabelecido no regulamento de gestão (17.1.e Ley 46/1984, de 26 deciembre).A mesma exigência é feita para os sócios das sociedades gestoras, nos termos do 58.4. Reglamento de la Ley 46/1984, de 26 de deciembre, aprovado pelo Real Decreto 1393/1990, de 2 noviembre. Em França, implica derrogações ao regime societário no caso dos S.I.C.A.V. nos termos do 4. e 5. Loi n° 88-1201 du 23 décembre 1988.

A "sociedad de inversión mobiliária" de capital fixo (12 ss. Ley 46/1984, de 26 deciembre; 20. a 31. Reglamento de la Ley 46/1984, de 26 de deciembre, aprovado pelo Real Decreto 1393/1990, de 2 noviembre) é muito próxima das sociedades comerciais de direito comum, ao contrário da de capital variável (15. ss. Ley 46/1984, de 26 deciembre; 31. a 33. Reglamento de la Ley 46/1984, de 26 de deciembre, aprovado pelo Real Decreto 1393/1990, de 2 noviembre), que sofre mais inflexões. Por outro lado, certos fundos especiais são não personalizados, como se passa com os fundos de titulação hipotecária espanhóis (ARRANZ PUMAR, Gregorio; Los Fondos de Titulización Hipotecaria y sus Sociedades Gestoras, in: ALONSO UREBA, Alberto, MARTINEZ-SIMANCAS Y SANCHEZ; Julian; *Derecho del Mercado Financiero*; Tomo I, Volume 1, *Entidades del Mercado Financiero*, Editorial Civitas, Madrid, 1994, p. 631).

Em França as "sociétés d'investissement" de capital fixo não podem emitir partes de fundadores (7.§2° Ordonnance n° 45-2710 du 2 novembre 1945, na redacção da Loi n° 53-75 de 6 février 1953) nem emitir obrigações. Os fundos de investimento são caracterizados expressamente por não terem personalidade jurídica (PEZARD, Alice; *Droit des Marchés Monétaire et Boursier*; Editions du J.N.A., Paris, 1994, p.242). A COB tem desenvolvido uma tipologia muito variada de SICAV (PILVERDIER-LATREYTE, Josette,*Le Marché Financier Français*, Economica,3ª ed., Paris, 1991, pp. 38 – 39). A tradição francesa é exactamente oposta à portuguesa, na medida em que teve muita relutância em consagrar fundos não personalizados (Funcionamento das Sociedades de Investimento de Capital Variável (S.I.C.A.V.) em França – Relatório Lorain, de Janeiro de 1968; in: *Revista Bancária*, Ano IV, nº 14, Outubro - Dezembro de 1968, Lisboa, p. 64 – 65). Hoje, em dia, reconhece-se que quase não existem diferenças entre os fundos personalizados e não personalizados numa perspectiva de gestão (*O.P.C.V.M. 90, Où et Comment s'Implanter en Europe?*, Séminaire de Direction de Banque, La Revue Banque Éditeur, Tome I, Paris 1990, 32).

Em Itália podem existir "società di investimento a capitale variable" (12. Legge 23 marzo 1983, n. 77 (in G.U. 28 marzo 1983, n. 85), que foram regulamentadas pelo Decreto Legislativo 25 gennaio 1992, n. 84 (in G.U. 14 febbraio 1992, n. 37).

No Luxemburgo existem igualmente fundos personalizados e não personalizados, os primeiros com forma societária, de acordo com o modelo francês (*O.P.C.V.M. 90, Où et Comment s'Implanter en Europe?*, Séminaire de Direction de Banque, La Revue Banque Éditeur, Tome I, Paris 1990, p. 40).

Na Alemanha, para além das sociedades de investimento, existem fundos sem personalidade jurídica (ASMANN, Heinz-Dieter; SCHÜTZE, Rolf A.; *Handbuch des Kapitalanlagerechts*, C.H. Beck'sche Verlagsbuchhandlung, 2ª ed., München, 1997, p. 761).

No Brasil, em relação aos fundos imobiliários, o 1. Lei nº 8.668, de 25 de Junho de 1993, estatui expressamente que não têm personalidade jurídica.

Nos Estados Unidos em princípio as "investment companies" têm personalidade jurídica (para a "common law" esta é aliás a posição de princípio de TOMÉ, Maria João Romão Carreiro Vaz; *Fundos de Investimento Mobiliário Abertos*, Almedina, Coimbra, 1997, p. 15). No entanto, há que ter bastante cuidado na transposição de categorias continentais para o Direito americano, como é consabido. A Sec. 2 (a) (8) Investment Company Act of 1940 define "company" como "corporation, a partnership, na association, a joint-stock company, a trust, a fund, or any organized group of persons wether incorporated or not; or any receiver, trustee in bankruptcy or similar official or any liquidating agent for any of the foregoing, in his capacity as such". As Sec. 13 (b), 15(d) e 16 (c) Investment Company Act of 1940 referem-se a regras especiais sobre "trusts". Aproximando-as das sociedades e empresas em geral HAZEN, Thomas Lee; *The Law of Securities Regulation*, West Publishing Co., 2ª ed., St. Paul, Minn., 1990, p. 834. No entanto, o facto de se tratarem de empresas com um objecto especial afasta-as do regime comum num aspecto fundamental. É que a organização societária, que é deixada à autonomia privada largamente nos Estados Unidos, no caso das "investment companies" é regulada pela Investment Company Act (HAZEN, Thomas Lee; *The Law of Securities Regulation*, West Publishing Co., 2ª ed., St. Paul, Minn., 1990, p. 864 – 871).

224 *Fundos de Investimento Mobiliário e Imobiliário*

Sob o ponto de vista dogmático, os fundos personalizados, sobretudo quando assumem a forma societária, são uma encruzilhada de configurações que constitui um teste à elasticidade das figuras tradicionais do Direito. Na perspectiva do Direito Societário traduzem um fenómeno de "coisificação", de objectivação de pessoas colectivas, as sociedades, que se transformam praticamente em mero instrumento de investimentos. Na perspectiva da sua orgânica, pode levar mesmo, como se vê a propósito do regime de instituição e vicissitudes das entidades gestoras, a um regime de heterogestão, em que o património da sociedade é gerido por uma entidade gestora diferente dos seus órgãos sociais (o caso da Espanha e da Itália, por exemplo). Na perspectiva que mais nos interessa, do Direito do Mercado de Valores Mobiliários, demonstra-se a elasticidade de instrumentos jurídicos usados para a criação de valores mobiliários e a objectivação também dos próprios valores mobiliários. As acções das sociedades de investimento que são fundos personalizados desviam-se da sua função típica para assumirem acima de tudo a função de uma quota na gestão de um património.

VII. *Quanto à liquidação (fundos liquidáveis e não liquidáveis)*

Em matéria de liquidação e partilha a lei não é sistemática, pelo que se torna difícil enunciar rigorosamente os seus contornos. Sem antecipar matéria que merecerá desenvolvimento posterior, há que distinguir os fundos liquidáveis dos não liquidáveis. Os não liquidáveis em absoluto[348] são aqueles em que não é prevista esta liquidação pelo regulamento de gestão[349]. Os não liquidáveis relativamente são aqueles que não pode ser objecto de liquidação por iniciativa dos participantes, a saber os fundos abertos, não podendo sequer constar esta liquidação do regulamento[350].

Os liquidáveis são:

a) os fechados em relação aos quais os participantes possam promover esta liquidação, desde que tal faculdade esteja permitida pelo regulamento de gestão e nos seus termos (liquidação regulamentar)[351]

---

[348] Posteriormente veremos que este "absoluto" carece de distinções.

[349] 25º/3, 4 DLFIM, 26º/3, 4 DLFII.

[350] 25º/1 DLFIM, 26º/1 DLFII.

24º/2 Dec.-Lei nº 229-C/88, de 4 de Julho. 24º/2 Dec.-Lei n.º 134/85, de 2 de Maio. 24º/2 Dec.-Lei nº 246/85, de 12 de Julho.

[351] 25º/2, 3 DLFIM, 26º/2, 3 DLFII.

Parte IV – Regime geral

b) ou não haja admissão à cotação no prazo de 12 meses a contar da constituição do fundo (liquidação anulatória) [352]

c) ou, independentemente de serem fechados ou não aqueles em que a subscrição não atingiu dimensões mínimas exigidas pela lei ou existiu reiterada violação do regulamento de gestão (liquidação compulsiva)[353].

VIII. *Quanto à especialização (fundos especializados e não especializados)*

Pode haver fundos especializados e não especializados[354].

O regime geral admite que haja especialização por sectores económicos ou geográficos[355].

Um fundo apenas é especializado quando exclusivamente actua nesse sector ou em um número determinado de sectores definidos no regulamento de gestão. O facto de um regulamento de gestão determinar que o fundo pode actuar num ou noutro sector não faz dele um fundo especializado. Apenas se indica qual a extensão da política de investimentos.

Como consequência da especialização permite-se um alargamento das possibilidades de aquisição entre fundos pertencentes ao mesmo grupo[356].

> Na literatura financeira distinguiam-se os fundos especializados dos de vocação geral em MOTA, António, S. Gomes; TOMÉ, Jorge H. Correia; *Mercado de Títulos, Uma abordagem integrada*, Ed. Texto Editora, 2ª ed., Lisboa, 1991, p. 127. Questão diferente é a da concentração natural num sector decorrente da escassez de valores no mercado. No início da sua existência em Portugal, os fundos estavam concentrados demasiadamente no sector da electricidade por este motivo (SILVA, Aníbal António Cavaco; O Mercado de Capitais Português no Período 1961 – 1965; in: *Economia*

---

[352] 25º/2, 3 DLFIM, 26º/2, 3 DLFII. Os fundos consideram-se constituídos na data do início da subscrição (17º/6 DLFIM, 18º/6 DLFII).

[353] 25º/5 DLFIM, 26º/5 DLFII. A actual redacção destas normas remete para os 17º//8 DLFIM e 18º/8 DLFII. No entanto, por força das alterações produzidas nos mesmo diplomas as remissões têm de ser entendidas como feitas respectivamente paras os 17º//7 DLFIM e 18º/7 DLFII.

[354] 18º/3/f DLFIM, 19º/3/f DLFII.

[355] No caso dos fundos mobiliários, pode ainda ser por instrumentos financeiros.

[356] 21º/1/a DLFIM, 22º/1/a DLFII.

Também em Itália, ver o 2.2.m., 4.13. Legge 23 marzo 1983, n. 77 (in G.U. 28 marzo 1983, n. 85).

226   *Fundos de Investimento Mobiliário e Imobiliário*

e Finanças, Anais do Instituto Superior de Ciências Económicas e Finan-ceiras, Tomo I, vol. XXXIV, Universidade Técnica de Lisboa, Lisboa, 1966, p. 56 – 57).

Nos Estados Unidos referem-se os "specialized funds", por ramo de actividade ou grupos de ramos de actividades, geografia ou dimensão das empresas (DOWNES, John; GOODMAN, Jordan Elliot; *Dictionary of Finance and Investment Terms*, Barron's, 4ª ed., New York, 1995, p. 275). Um exemplo é o "municipal investment trust", que são fundos personalizados fechados especializados em obrigações municipais (DOWNES, John; GOODMAN, Jordan Elliot; *Dictionary of Finance and Investment Terms*, Barron's, 4ª ed., New York, 1995, p. 350 a 351). Em geral, junto da Securities and Exchange Commission, a "investment company" tem de declarar regularmente a sua política de investimentos, nomeadamente no que respeita à concentração dos investimentos em certas actividades ou grupos de actividades (Sec. 8 (b) (1) (E) Investment Company Act of 1940). As desvantagens dos fundos hiperespecializados em certas zonas geográficas encontram-se em *O.P.C.V.M. 90, Où et Comment s'Implanter en Europe?,* Séminaire de Direction de Banque, La Revue Banque Éditeur, Tome II, Paris 1990, p. 248. *Ibidem*, p. 255, para o excesso de generali-dade dos fundos.

IX. *Quanto ao ciclo de resgate (fundos de resgate acíclico, contínuo e cíclico)*

O resgate é a figura através da qual o participante extingue a par-ticipação, subtraindo-a à sua esfera jurídica. É fundamental como institu-to, na medida em que, em última análise é a forma extrema de obter o valor real da participação.

Os fundos fechados, como veremos, apenas permitem resgate quan-do da extinção dos mesmos, como vermos a propósito desta matéria. São assim, por definição, fundos de resgate acíclico.

Os fundos abertos, pelo contrário, podem ser de resgate contínuo ou cíclico. São de resgate contínuo aquelas em relação aos quais o resgate pode ser efectuado em qualquer momento. São de resgate cíclico aqueles fundos em que o resgate apenas pode ocorrer em períodos determinados. Os fundos mobiliários abertos são sempre fundos de resgate contínuo[357].

---

[357] 18º/3/i DLFIM. O conceito de prazo máximo de resgate será tratado a propósito do resgate.

O 12º Dec.-Lei n.º 46 342, de 20 de Maio de 1965 apenas continha a possibilidade de resgate contínuo por se tratar de fundos abertos.

Parte IV – Regime geral 227

Os fundos imobiliários abertos podem ser de resgate contínuo ou cíclico[358].

O ciclo dos resgates tem a ver, portanto com dois factores: a natureza aberta ou fechada dos fundos e a natureza dos activos subjacentes do mesmo. Quanto à primeira questão, já se encontra tratada acima, e será desenvolvida a propósito da extinção dos fundos. No entanto, convém fazer uma anotação sobre a segunda questão. É que quando os activos subjacentes são valores mobiliários a volatilidade do mercado e a liquidez dos activos subjacentes permite uma maior disseminação ao longo do tempo dos ciclos de resgate. A transformação dos activos dos fundos em liquidez é pelo menos teoricamente muito mais simples. Já o mesmo não se passa quando os activos são predominantemente imobiliários. A venda de um imóvel é tendencialmente mais difícil que a de um valor mobiliário e é sempre mais demorada. Os rendimentos dos imóveis podem ser mais seguros mas têm ciclos mais apertados geralmente. Daí que se permita, neste caso, que exista um período específico para o resgate.

Mais uma vez a tipologia estabelecida respeita ao Direito nacional. Em Itália, nas SICAV permite-se que tanto a subscrição como o resgate sejam periódicos, exigindo-se por outro lado, que periodicidade mínima seja semanal e devendo a mesma constar do pacto social (2.3.h., 4.2. Decreto Legislativo 25 gennaio 1992, n. 84 (in G.U. 14 febbraio 1992, n. 37)). Ou seja, é a própria subscrição que pode ser periódica e não apenas o resgate. Por outro lado, no Reino Unido, nos termos da Sec. 75(8).§2º(b) Financial Services Act 1986, permitem-se três modalidades diferentes aos participantes por forma a que estes se possam desfazer continuamente da sua posição: o resgate ("are redeemed"), a recompra pela instituição ("repurchased") ou a garantia de venda em mercado a um preço equivalente ao valor (teórico) das unidades de participação. No Brasil existem fundos mobiliários abertos com resgate com um ciclo mínimo de 30 dias (20. Regulamento Anexo à Circular nº 2.594, de 21 de Julho de 1995, do Banco Central do Brasil; 20. Regulamento Anexo à Circular nº 2.616, de

---

[358] 19º/3/i DLFII.

A solução anterior, a do 18º/2 Dec.-Lei nº 246/85, de 12 de Julho, era a de estabelecer um prazo de reembolso até 12 meses no caso dos fundos imobiliários, quando o resgate implicasse a venda de valores imobiliários.

Também em Espanha se admite um resgate cíclico indirectamente no 74.4.c. Reglamento de la Ley 46/1984, de 26 de deciembre, aprovado pelo Real Decreto 1393/ /1990, de 2 noviembre, pelo menos uma vez por ano. Sendo todos os fundos abertos em Espanha, no caso dos fundos imobiliários prevê-se que estes possam ser de resgate cíclico no 19.5. Orden de 24 de septiembre de 1993.

18 de Setembro de 1995 do Banco Central do Brasil). No entanto, no caso dos de investimento financeiro-curto prazo estes devem ser de resgate contínuo (42. Regulamento Anexo à Circular nº 2.594, de 21 de Julho de 1995, do Banco Central do Brasil; 40. Regulamento Anexo à Circular nº 2.616, de 18 de Setembro de 1995 do Banco Central do Brasil). Na Suíça, em princípio todos os fundos são de resgate contínuo, apenas se podendo estabelecer restrições pelo conselho federal em relação a casos excepcionais, ou no caso dos fundos hipotecários, que são de resgate acíclico (24., 25. Loi Fédérale sur les Fonds de Placement, du 18.03.1994). No caso dos investidores serem profissionais ou equiparados admite-se que o resgate não seja contínuo (2.2. Ordonnance du Conseil Fédéral sur les Fonds de Placement du 19.10.1994). De igual modo, em casos em que os activos se caracterizam por acesso dificultado ao mercado ou por dificuldades de avaliação, permitem-se fundos cíclicos, em princípio de pelo menos 4 vezes por ano (25. Ordonnance du Conseil Fédéral sur les Fonds de Placement du 19.10.1994).

Quanto ao resgate ver nos Estados Unidos as "redeemable securities" na Sec. 2 (a) (32) Investment Company Act of 1940. As associações auto-reguladas podem impor regras que exijam um tempo entre a emissão ou venda de unidades de participação pelas "investment companies" aos distribuidores desta mesmas unidades e o resgate ou sua recompra pelas mesmas "investment companies" aos mesmos distribuidores (Sec. 22 (a) (2) Investment Company Act of 1940). Ou seja, estamos perante um resgate diferido, que não entra na tipologia antes exposta. No caso dos "periodic payment plans" os certificados têm de ser "redeemable" (Sec. 27 (c) Investment Company Act of 1940).

X. *Quanto à relação de participação (fundos isolados e agrupamentos de fundos)*

A distinção entre fundos isolados e agrupamentos de fundos é operada apenas em relação aos fundos mobiliários, mas nada impede logicamente que se estenda aos imobiliários (não obstante sob o ponto de vista do regime não lhe ser aplicável)[359]. Daí que tenha sentido tratá-la em sede de regime geral.

Esta tipologia baseia-se na relação de participação e não da estrutura dos fundos, propriamente dita, ao contrário dos anteriormente enunciados.

Há agrupamento de fundos quando a subscrição de unidades de vários fundos é simultânea e se encontra uma ligação jurídica entre as

---

[359] 58º DLFIM.

Parte IV – Regime geral

várias relações de participação. O que une as várias participações é a subscrição. No entanto, não se trata de um novo valor mobiliário. As unidades de participação não se encontram ligadas entre si enquanto tais. É a relação de subscrição que as une entre si. Forma-se assim um *cabaz de unidades de participação* ligado pela subscrição.

Quais sejam as consequências deste regime, depende da regulamentação da CMVM[360]. No entanto, independentemente desta regulamentação podem-se definir alguns aspectos que se encontram enunciados na lei.

O resgate tem de ser simultâneo bem como a subscrição [361].

Os fundos têm de ser administrados pela mesma entidade gestora[362].

Apenas pode haver agrupamento de fundos abertos e estes não podem ser comercializados sem ser em agrupamento[363]. Esta norma levanta problemas de monta quando existe transmissão de unidades de participação de fundos abertos, nos termos que serão posteriormente expostos a propósito do transmissão das unidades de participação[364], nomeadamente se se consagrasse um cabaz rígido de unidades de participação (rígido quanto às proporções, entenda-se). Mas desde já se adianta que, dado que o resgate tem de ser simultâneo, a transmissão separada de uma unidade de participação de um fundo agrupamento dos fundos por um participante implicaria impossibilidade de resgate. Isto implica que renuncia à possibilidade de resgate enquanto não completar o cabaz de unidades de participação. De igual modo, quem adquire renuncia à possibilidade de resgate enquanto não adquirir unidades que lhe permitam completar o cabaz. Seria estranho que se pudesse gerar um mercado líquido para as unidades de participação desagregadas do cabaz. As únicas motivações económicas que poderia levar a este tipo de transações seria a de mais valias em prazo limitado ou a obtenção de rendimentos. No entanto, caso este cabaz seja flexível, este problema já não se coloca, dado que as proporções entre as unidades de participação podem ser variáveis.

A solução regulamentar foi a de um cabaz flexível, como se verifica pelo 1º/3 Reg 96/1. Como consequência nos agrupamentos de fundos

---

[360] 58º/1 DLFIM.

[361] 58º/1 DLFIM.

[362] 58º/1 DLFIM.

[363] 58º/2 DLFIM.

Esta regra é respeitada pelo 1º/5 Reg 96/1.

[364] Com efeito, apenas é proibida a comercialização (pelas entidades comercializadoras) e não a transmissão enquanto tal autónoma das unidades de participação.

230   *Fundos de Investimento Mobiliário e Imobiliário*

a rendibilidade relevante para efeitos de publicitação da mesma rendibilidade é a de cada fundo (5º Reg 97/10), o que se compreende porque a regulamentação optou por um cabaz flexível, o que significa que a composição relativa de cada cabaz de cada participante pode ser diferente. Não teria, assim, sentido, definir a rendibilidade de um cabaz rígido que pode não corresponder ao titulado por nenhum participante.

O agrupamento de fundos tem apenas um regulamento de gestão que deve indicar as condições especiais de resgate e subscrição das unidades de participação[365].

Por outro lado, pode ser elaborado apenas um prospecto para o conjunto dos fundos que integrem o agrupamento[366].

O agrupamento de fundos é significativo, agora na perspectiva da fenomenologia dos valores mobiliários, em dois aspectos. Por um lado, na medida em que correspondem à criação de um efeito de carteira de segundo grau. Com efeito, os fundos já comportam sempre um efeito de carteira. Por outro, e na medida em que haja possibilidade de transmissão separada de cada unidade de participação do cabaz é epifenómeno de uma tendência mais geral para a cisão dos activos (de que o destaque, por exemplo, é uma das manifestações nos valores mobiliários).

Pelo Reg 96/1 regularam-se os agrupamentos de fundos mobiliários. Estes têm de ter na sua denominação a expressão "agrupamento de fundos" (1º/4 Reg 96/1), devendo cada fundo indicar o agrupamento de fundos que integra (1º/54 Reg 96/1). Não podem fazer parte do agrupamento fundos de fundos (1º/7 Reg 96/1). Cada um dos fundos que constituem o agrupamento é autónomo devendo obedecer por si às regras respectivas (2º Reg 96/1), devendo os valores de todos os fundos do agrupamento encontrar-se junto do mesmo depositário (3º Reg 96/1). Enunciativamente deixa-se bem claro que as unidades de fundos que integram o agrupamento não podem ser adquiridas para outros fundos que integram o agrupamento (4º Reg 96/1).Tendo o regulamento optado por um cabaz flexível, em congruência estatui que a aquisição da qualidade de participante num agrupamento se adquire mediante a subscrição de unidades de um ou mais fundos que o integram (7º/1 Reg 96/1), e estabelece o regime de

---

[365] 58º/3 DLFIM.
Também consta esta exigência do 5º Reg 96/1.
[366] 58º/4 DLFIM.
Esta permissão foi transformada em dever pelo 6º Reg 96/1. Mas, entenda-se, não foi proibida a existência de um prospecto para cada fundo. Foi apenas exigida a publicação de um prospecto do agrupamento.

Parte IV – Regime geral

recomposição de cabazes por transferências entre os diversos fundos (8º Reg 96//1). Sobre os agrupamentos de fundos encontra-se referência em TOMÉ, Maria João Romão Carreiro Vaz; *Fundos de Investimento Mobiliário Abertos*, Almedina, Coimbra, 1997, p. 25.

Uma figura próxima dos agrupamentos é o planos especiais de investimento, que consta do 42.6. Reglamento de la Ley 46/1984, de 26 de deciembre, aprovado pelo Real Decreto 1393/1990, de 2 noviembre. Neste caso a norma regula implicações destes planos no momento do cálculo dos preços de subscrição e reembolso.

Uma figura inversa ao do agrupamentos dos fundos é o dos fundos segmentados na Suíça. Neste caso, o investidor apenas tem direito ao património e rendimentos do segmento do fundo em que investiu (7.3.k., 23.2. Loi Fédéral sur les Fonds de Placement du 18.03.1994; 7. Ordonnance du Conseil Fédéral sur les Fonds de Placement du 19.10.1994). A lei exige que nos fundos de segmentos múltiplos, todos os segmentos devem pertencer à mesma categoria de fundos (mobiliários, imobiliários, ou outros fundos – 30. Ordonnance du Conseil Fédéral sur les Fonds de Placement du 19.10.1994). Por outro lado, os limites da percentagem global do fundo mobiliário composta por valores emitidos pela mesma entidade tem de ser respeitada por cada segmento (37.4. Ordonnance du Conseil Fédéral sur les Fonds de Placement du 19.10.1994). A contabilidade de cada segmento deve ser feita separadamente (62.2. Ordonnance du Conseil Fédéral sur les Fonds de Placement du 19.10.1994).Nos relatórios anuais e semestral cada segmento é apresentado separadamente (67.2. Ordonnance du Conseil Fédéral sur les Fonds de Placement du 19.10.1994). No Luxemburgo são chamados "fonds à compartiments" (*O.P.C.V.M. 90, Où et Comment s'Implanter en Europe?*, Séminaire de Direction de Banque, La Revue Banque Éditeur, Tome I, Paris 1990, 56). Em inglês são referidos como "umbrella funds" (*O.P.C.V.M. 90, Où et Comment s'Implanter en Europe?*, Séminaire de Direction de Banque, La Revue Banque Éditeur, Tome I, Paris 1990, p. 19; *O.P.C.V.M. 90, Où et Comment s'Implanter en Europe?*, Séminaire de Direction de Banque, La Revue Banque Éditeur, Tome II, Paris 1990, p. 256, 313, 317).

XI. *Quanto relação à harmonização (fundos harmonizados e fundos não harmonizados)*

Esta distinção releva actualmente apenas em sede de fundos mobiliários. No entanto, nada impede logicamente que venha a existir em relação aos fundos imobiliários, quando existir regulamentação comunitária na matéria.

232   *Fundos de Investimento Mobiliário e Imobiliário*

Um fundo é harmonizado quando obedece a legislação nacional sujeita à DFI[367]. Não basta, por outro lado, que o regime a que obedeça seja igual ao da DFI, como seria o caso de um país terceiro que decidisse copiar *ipsis uerbis* a regulamentação comunitária. Torna-se necessário que o regime legal a que está sujeito esteja vinculado juridicamente à DFI. Esta exigência compreende-se. É que se a simples identidade de regimes fosse bastante[368] nada impedia que o mesmo terceiro país a alterasse a qualquer momento, ou, inversamente, um país que pretendesse "invadir" o mercado europeu com a suas participações poderia alterar o seu regime por forma a torná-lo idêntico ao comunitário.

Mas um fundo harmonizado não é o mesmo que um fundo de origem comunitária. A nível comunitário existem fundos que não são harmonizados[369], que são os que não obedecem à DFI.

Não são harmonizados os fundos imobiliários e os fundos especiais do 1º/2 DLFIM. Não são igualmente harmonizados os fundos cuja entidade gestora tenha sede fora da União Europeia[370]. Não são harmonizados igualmente os fundos fechados[371].

---

[367] 37º, 40º DLFIM.

[368] Como acontece nos fundos mobiliários no 45º e 51º/2 DLFIM. para as unidades de participação que fazem parte da composição dos fundos.

[369] Como se verifica pelo 40º/1 DLFIM.

[370] 40º/1 DLFIM.

[371] 2º/1/1º trav. DFI. Esta restrição poderia ser entendida como se referindo aos fundos herméticos, que irão ser referidos a propósito da dogmática dos fundos. Mas não é assim. Em primeiro lugar, porque a própria definição de OICVM constante do 1º DFI se refere apenas ao fundos exotéricos (obtenção de capitais junto do público). Por outro lado, o preâmbulo do DLFIM nos seus parágrafos 6º e 7º deixa bem claro que o conceito de fundo fechado comunitário é o mesmo que o da lei portuguesa. Por outro lado, a comparação com a versão inglesa do 2º/1/1º trav. DFI ("closed-ended type") deixa bem claro que é de fundos fechados em sentido técnico da expressão que se trata.

Estão igualmente excluídos os OICVM comercializados fora da União Europeia (2º/1/2º trav. DFI). Mas repare-se que estão excluídos da obrigação de harmonização, mas nada impede que sejam harmonizados.

De igual modo, estão excluídos os fundos que sejam destinados pelos regulamentos dos fundos ou pelos documentos constitutivos das sociedades a um público de países terceiros (2º/1/3º trav. DFI).

Estão finalmente excluídas as OICVM que pela sua política de investimentos e de contracção de empréstimos não obedeçam às limitações de contracção de empréstimos do 36º DFI (2º/1/4º trav. DFI).

Parte IV – Regime geral 233

As consequências da harmonização reflectem-se em sede de comercialização das suas unidades de participação[372].

Repare-se que harmonização, e melhor, a circulação europeia de fundos harmonizados, não significa em muitos casos verdadeira internacionalização de mercados. Em França, no início dos anos 90 muitos fundos se comercializavam como fundos luxemburgueses, mas que em bom rigor eram de origem francesa, tendo apenas sido autorizados no Luxemburgo (*O.P.C.V.M. 90, Où et Comment s'Implanter en Europe?*, Séminaire de Direction de Banque, La Revue Banque Éditeur, Tome I, Paris 1990, p. 30).

A harmonização tem outras consequências, estas externas ao próprio regime comunitário. Em países fora da União Europeia atribui-se relevância aos fundos harmonizados europeus. É o que se passa na Suíça, que se admite que o conselho federal autorize outros investimentos para além dos tipificados na lei Suíça para os fundos mobiliários, desde que permitidos pelo Direito Comunitário (32.2. Loi Fédérale sur les Fonds de Placement, du 18.03.1994). Mais ainda, estatui-se que a regras de investimento aplicáveis aos fundos devem obedecer ao Direito da União Europeia (43.3. Loi Fédérale sur les Fonds de Placement, du 18.03.1994).

SUBSECÇÃO II

OBJECTO DOS FUNDOS

I. *Quanto aos activos*

Havendo grande diversidade dos fundos, e distinguindo-se estes grandemente pela sua composição, não se encontram muitos elementos comuns que possam fazer parte de todos os fundos. No entanto, alguns activos se encontram em todos eles[373].

---

[372] Nos termos do 37 e 40° DLFIM.

No plano comunitário a natureza harmonizada dos fundos corresponde a uma imperatividade mínima. Com efeito, nada impede que os fundos obedeçam a regras mais estrictas, desde que sejam de aplicação geral (ou seja, que não discriminem os fundos consoante a sua origem) e não sejam contrarias à DFI (ou seja, e *maxime*, que impeçam ou dificultem a livre circulação) (1°/7 DFI).

De igual modo a harmonização não impede a regulação nacional de condutas praticadas no território nacional, como se verifica pelo 1°/6 DFI.

[373] Havia antes norma geral no 12° Dec.-Lei n° 229- C/88, de 4 de Julho, que remetia para portaria do Ministro das Finanças, mas que no geral consagrava a possibilidade de neles constarem numerário, depósitos, aplicações nos mercas interbancários e

234 Fundos de Investimento Mobiliário e Imobiliário

Em primeiro lugar valores mobiliários[374]. Todos os fundos podem integrar estes valores.

Em Espanha permite-se que os títulos hipotecários façam parte de todas as instituições de investimento colectivo (1.2. Orden de 26 febrero de 1991). Quanto aos valores mobiliários na Itália ver o 3.1. Legge 23 marzo 1983, n. 77 (in G.U. 28 marzo 1983, n. 85).

Na Suíça, para as regras relativas ao objecto dos fundos mobiliários, imobiliários ou outros, ver os 32., 35., 36. Loi Fédérale sur les Fonds de Placement, du 18.03.1994 e os 29. ss. Ordonnance du Conseil Fédéral sur les Fonds de Placement du 19.10.1994.

Exige-se em relação aos fundos mobiliários que os activos que dele façam parte estejam integrados em sistema de escriturais, ou se forem titulados, que estejam custodiados em bancos autorizados para esse serviços pelo Banco Central do Brasil ou pela Comissão de Valores Mobiliários (13.§1° Regulamento Anexo à Circular nº 2.594, de 21 de Julho de 1995, do Banco Central do Brasil; 13.§1° Regulamento Anexo à Circular nº 2.616, de 18 de Setembro de 1995 do Banco Central do Brasil), salvo no que respeita a valores de rendimento variável, unidades de participação e ouro (13.§2° de ambos os regulamentos).

No entanto, e dado que são consagrados fundos de fundos poder-se--ia suscitar a dúvida se as unidades de participação são valores mobiliários para estes efeitos. Não bastaria dizer que as unidades de participação são valores mobiliários[375] e que portanto podem ser objecto dos fundos. No entanto, o legislador deixa indícios suficientes no sentido em que todos os fundos podem conter unidades de participação na sua carteira, embora em termos diferentes[376].

Também em Espanha, ver RODRÍGUEZ ARTIGAS, Fernando; Institucio-nes de Inversión Colectiva, in: ALONSO UREBA, Alberto, MARTINEZ-SIMANCAS Y SANCHEZ; Julian; *Derecho del Mercado Financiero*; Tomo I,

---

bilhetes do tesouro (BT's). Esta norma já tinha por fonte o 13° do Dec.-Lei nº 134/85, de 2 de Maio, para os fundos mobiliários e o 13° Dec.-Lei nº 246/85, de 12 de Julho, para os imobiliários.

[374] 42°, 51°, 53°, 56° DLFIM, 4°/1/b, 5° DLFII. Ver igualmente o 19° DFI. Em conjugação com o 54° DFI estabelece-se um regime especial apenas para as "pantebreve" dinamarquesas, que são qualificadas de valores mobiliários negociados em mercado regulamentado, mas apenas para usos exclusivo dos OICVM dinamarqueses.

[375] 27°/1 DLFIM, 30°/1 DLFII.

[376] 20°/2/d, 21°/1/a, 30°/5/c DLFIM, 21°/2/d, 22°/1/a, 33°/5/c DLFII.

Volume 1, *Entidades del Mercado Financiero*, Editorial Civitas, Madrid, 1994, p. 270 – 271.

Já ao abrigo do 8. Ordonnance nº 45-2710 du 2 novembre 1945 em França os fundos personalizados podiam conter acções de outras sociedades de investimento. Por outro lado, os fundos de investimento e os S.I.C.A.V. podem conter até 5% parte de outros OICVM (3.I. Décret nº 89--623 du 6 septembre 1989). É a chamada "règle des placements croisés" (PEZARD, Alice; *Droit des Marchés Monétaire et Boursier*; Editions du J.N.A., Paris, 1994, p. 252).

Em Itália, ver o 4.13. Legge 23 marzo 1983, n. 77 (in G.U. 28 marzo 1983, n. 85) e para as SICAV o 7.1. Decreto Legislativo 25 gennaio 1992, n. 84 (in G.U. 14 febbraio 1992, n. 37).

No Reino Unido, prevê-se que possam conter unidades de participação nos termos da Sec. 75(3)(a) e 6. Schedule 1 Financial Services Act 1986.

Na Suíça, permite-se que os fundos mobiliários contenham unidades de participação no seu património, mas dentro de certos limites, nos termos do 34.1. Loi Fédérale sur les Fonds de Placement, du 18.03.1994.

Por outro lado, coloca-se a questão de saber se por valores mobiliários se podem igualmente entender os derivados. Parece que aqui há que distinguir. Se a política de investimentos o previr, e na medida em que o faça, nada parece impedir que possam fazer parte dos fundos. Na hipótese contrária, apenas poderão fazer parte dos fundos derivados na medida em que se possam constituir como cobertura de riscos[377]. Na verdade, o legislador refere-se sempre a valores mobiliários, e não a equiparados (3º/ 2 Cd.MVM). Mas, mais importante que este argumento formal, é um outro de natureza substancial. O risco dos fundos deve ser sempre definido pela política de investimentos. Se nada for dito a propósito no regulamento de gestão, que define esta política como já se verificou, e tendo em conta que o risco dos derivados tem uma natureza muito diferente dos valores do *spot*, seria pura aplicação artificiosa da lei admitir a sua integração, mesmo que limitada nos fundos. Por outro lado, o confronto com o instituto da cobertura de riscos demonstra que o legislador pressupôs que os fundos estavam limitados na sua aplicação em derivados. Senão, nenhum sentido teria o instituto da cobertura de riscos, que posteriormente será objecto de análise.

---

[377] 24º DLFIM, 25º DLFII.

A norma que consta do 17.2.§2° Reglamento de la Ley 46/1984, de 26 de deciembre, aprovado pelo Real Decreto 1393/1990, de 2 noviembre, permite a realização de operações sobre futuros e opções financeiros, podendo o Ministro das Finanças limitá-las à realização de operações de cobertura de riscos (Reglamento de la Ley 46/1984, de 26 de deciembre, aprovado pelo Real Decreto 1393/1990, de 2 noviembre[378]). Esta norma foi desenvolvida pela Orden de 6 de julio de 1992. Significativo é que nesta se conclua (2. Orden de 6 de julio de 1992) tal como foi defendido em texto, que um fundo pode ser primacialmente constituído por derivados, o que depende de dois requisitos: autorização administrativa e designação do fundo de acordo com esta política de investimentos. Ora estas duas regras já decorrem genericamente do regime português. A política de investimentos tem de constar do regulamento de gestão, que é objecto de aprovação pela CMVM. A designação do fundo tem de expressar, por outro lado, a sua natureza. Esta operações têm de ser comunicadas regularmente à CNMV, de acordo com a sua regulamentação (3. Orden de 6 de julio de 1992).

Em França, a intervenção em mercados a prazo regulamentados é possível nos limites de decreto (28. Loi n° 88-1201 du 23 décembre 1988). O 2. Décret n° 89-623 du 6 septembre 1989 estabeleceu como limite 100% dos activos em carteira. Também JUGLART, Michel de; IPPOLITO, Benjamin; *Traité de Droit Commercial, Tome 7, Banques et Bourses*, Montchrestien, 3 ed., Paris, 1991, p. 763.

Lugar paralelo parece encontrar-se na Suíça, em que o recurso a técnicas de investimento e instrumentos de investimento especiais apenas pode ocorrer nos limites de uma gestão razoável (34.2.e. Loi Fédérale sur les Fonds de Placement, du 18.03.1994). O 36. Ordonnance du Conseil Fédéral sur les Fonds de Placement du 19.10.1994 deixa bem claro que por este conceito se pretendem referir os derivados, que apenas podem fazer parte dos fundos mobiliários se tiverem por objecto directa ou indirectamente valores mobiliários, forem negociados em mercado regulamentado (ou pelo menos por sociedade que preencha requisitos definidos pela supervisão – pensa-se nos derivados OTC – veja-se o 5. Ordonnance de la Commission Fédérale des Banques sur les Fonds de Placement du 27.10.1994) e obedecerem aos limites gerais de concentração de riscos. O investimento em derivados tem como limite, nos termos do mesmo artigo, o facto de os seus riscos se encontrarem integralmente cobertos pelos activos dos fundos. O 1. Ordonnance de la Commission Fédérale des Banques sur les Fonds de Placement du 27.10.1994 estatui que os derivados apenas podem ser parte integrante dos fundos em dois casos: nos limites de uma boa gestão do património e para cobrir os riscos de câmbio. Por outro lado, exige que a sociedade gestora fixe por escrito numa directiva interna os princípios quanto à utilização dos derivados, devendo a mesma

---

[378] Ver 1. Orden de 20 deciembre de 1990.

directiva ser actualizada pelo menos uma vez por ano. São enunciados como derivados as opções, os futuros, as operações a prazo, os "swaps" sobre divisas e sobre taxas de juro (2. ss. Ordonnance de la Commission Fédérale des Banques sur les Fonds de Placement du 27.10.1994).

No Brasil prevê-se a possibilidade de actuarem nos mercados de derivados, nos termos do 10.II. Regulamento Anexo à Circular n° 2.594, de 21 de Ju-lho de 1995, do Banco Central do Brasil e do 10.. Regulamento Anexo à Circular n° 2.616, de 18 de Setembro de 1995 do Banco Central do Brasil, nos fundos mobiliários, com a implicação de apenas neste caso se poderem onerar os bens do fundo, para efeitos de constituírem margens nas operações a prazo em questão.

Nos Estados Unidos a tendência para os fundos investirem nos derivados, *maxime*, em futuros, tem suscitado problemas de jurisdição que se prendem com a divisão de competências entre a SEC e a CFTC (HAZEN, Thomas Lee; *The Law of Securities Regulation*, West Publishing Co., 2ª ed., St. Paul, Minn., 1990, p. 835 – 836).

Para os *swaps* e os FRA como técnicas de gestão do risco ver MOTA, António, S. Gomes; TOMÉ, Jorge H. Correia; *Mercado de Títulos, Uma abordagem integrada*, Ed. Texto Editora, 2ª ed., Lisboa, 1991, pp. 267 ss.

Questão diferente é a de saber se pode haver em Portugal fundos de derivados (na hipótese de a política de investimentos o permitir). No entanto, como estes fundos de derivados são fundos mobiliários por definição, tendo em conta a equiparação do 3°/2 do Código do Mercado de Valores Mobiliários, deixa-se esta questão para a parte respeitante ao objecto dos fundos mobiliários.

Em segundo lugar, podem deter meios líquidos (*maxime*, numerário)[379].

As diferenças de regimes já se reflectem nas proporções de liquidez (fundos de tesouraria e outros fundos), na natureza dos activos (valores mobiliários e imobiliários; activos financeiros e não financeiros, como os imóveis), na extensão dos activos que deles podem fazer parte (instrumentos de dívida ou outros).

A lei portuguesa não se preocupou a definir liquidez, ao contrário do que fazia o 10°/a Dec.-Lei n.° 46 342, de 20 de Maio de 1965, que se referia expressamente a dinheiro e depósitos bancários. Pelo contrário, a lei francesa determina que sejam como tais considerados, para os S.I.C.A.V. e os fundos de investimento os depósitos à vista e a prazo. (3. Décret n° 89-623 du 6 septembre 1989). A liquidez é referida igualmente no 3.1.

---

[379] 42°/3, 51°/1, 53°, 55°/1 DLFIM, 5°/1 DLFII. Também 19°/4 DFI.
Ver o 10°/a Dec.-Lei n.° 46 342, de 20 de Maio de 1965.

Legge 23 marzo 1983, n. 77 (in G.U. 28 marzo 1983, n. 85). A liquidez é expressamente referida nos fundos mobiliários (32.3. Loi Fédérale sur les Fonds de Placement, du 18.03.1994; 31.1.e., 32. Ordonnance du Conseil Fédéral sur les Fonds de Placement du 19.10.1994) e imobiliários (36.4. Loi Fédérale sur les Fonds de Placement, du 18.03.1994; 48. Ordonnance du Conseil Fédéral sur les Fonds de Placement du 19.10.1994), na Suíça. Na Alemanha ver ASMANN, Heinz-Dieter; SCHÜTZE, Rolf A.; *Handbuch des Kapitalanlagerechts*, C.H. Beck'sche Verlagsbuchhandlung, 2ª ed., München, 1997, p. 763.

Nos Estados Unidos, esta questão é tratada sob a epígrafe de "mutual fund cash-to-assets ratio". Um rácio de 10% ou mais de meios líquidos decorre ou de excesso de compras das unidades de participação ou de uma política "bearish" (conservadora). Um pequeno rácio denuncia em princípio uma política "bullish", ou seja, de risco (DOWNES, John; GOODMAN, Jordan Elliot; *Dictionary of Finance and Investment Terms*, Barron's, 4ª ed., New York, 1995, p. 352).

A detenção de liquidez corresponde a um problema geral dos mercados e produtos financeiros. O adágio clássico do Banco de Inglaterra era o de "para nunca liquidar, o Banco deve estar pronto a liquidar" (ROSA, Guilherme; *Sobre a Liquidez Bancária*, Ed. Revista "Actividades Económicas", nº 5, Abril 1956, Lisboa, p. 10). A liquidez tem uma função preventiva geral, tendo em conta os fundos conterem tipicamente valores de terceiros em relação à entidade gestora. Daí que, tendo em conta as necessidades de resgate (sobretudo nos fundos abertos) e em geral a obediência às regras de estrutura patrimonial na composição dos fundos (em todos eles), deve-se dispor dos meios líquidos suficientes para adaptar esta estrutura a estas regras. Tema antigo no sector bancário, encontra-se igualmente em REMÉDIO, Mário A. Boavida; Ratios e Fundos Próprios da Banca. A Experiência Belga e a Actual Situação em Portugal; in: *Revista Bancária*, Ano II, nº 4, Abril - Junho de 1966, Lisboa, p. 41 ss.

Significativo é que todos os fundos possam conter estes dois tipos de activos referidos. De uma forma ou de outra reconhece-se que os fundos têm sempre uma componente financeira. De um modo ou de outro reconhece-se que os fundos podem sempre encontrar no mercado de capitais o seu destino, ou pelo menos um dos seus destinos de investimento.

Por outro lado, os activos podem ser adquiridos pelos fundos, originaria ou derivadamente. Embora o legislador não tenha regulado expressamente esta matéria, nada impede que os fundos acorram a subscrições de valores[380].

---

[380] Nas unidades de participação ver o 21º/1/a DLFIM, 22º/1/a DLFII que, ao referirem comissões de resgate e subscrição, que são tipicamente de mercado primário,

TOMÉ, Maria João Romão Carreiro Vaz; *Fundos de Investimento Mobiliário Abertos*, Almedina, Coimbra, 1997, p. 24 afirma que o mercado natural dos fundos é o secundário e com razão numa perspectiva estatística. No entanto, isto não impede, nem pode impedir que actuem também nos mercados primários.

Negativamente, é importante referir que os fundos não podem ser titulares de sociedades por quotas (salva a excepção de serem valores imobiliários). Não apenas porque existe um regime apertado em geral para a aquisição de partes sociais (mesmo nos fundos imobiliários, apenas se podem adquirir participações que sejam valores imobiliários), mas por força do princípio da tipicidade de composição. Em França, esta norma encontrava-se consagrada pelo menos desde o 6.§1º Ordonnance nº 45-2710 du 2 novembre 1945. Em França igualmente podem os fundos mobiliários personalizados adquirir os imóveis necessários ao seu funcionamento, mas apenas porque se trata de sociedades (PEZARD, Alice; *Droit des Marchés Monétaire et Boursier*; Editions du J.N.A., Paris, 1994, p.250).

A estrutura patrimonial dos fundos depende de regulamentação do Secretary of State, nos termos da Sec. 81(2)(d) Financial Services Act 1986.

Os fundos de investimento financeiro podem ser constituídos por depósitos no Banco Central do Brasil e activos financeiros disponíveis no mercado financeiro, com excepção de acções, notas promissórias emitidas por sociedades anónimas destinadas a oferta pública (13. Regulamento Anexo à Circular nº 2.594, de 21 de Julho de 1995, do Banco Central do Brasil; 13. Regulamento Anexo à Circular nº 2.616, de 18 de Setembro

---

deixam clara a intervenção no mercado primário das unidades de participação. Em geral, a referência sem mais a aquisições não permite leituras restritivas. Por outro lado, materialmente não se vê por que razão o mercado primário dos valores lhes estaria vedado. Uma das funções dos fundos é exactamente atribuir aos participantes um poder que em princípio só os grandes investidores têm. Em certas condições os grandes investidores têm acesso mais vantajoso aos mercados primários, nem que seja por via de comissões mais baratas à unidade. Seria algo estranho que as economias de escala estivessem vedadas neste mercado primário aos fundos.

O DLFIM proíbe que sejam constituídos por metais preciosos ou certificados representativos destes (42º/4 DLFIM). No entanto, e tendo em conta o princípio da tipicidade de composição e o 5º DLFII, também os fundos imobiliários não podem contar estes activos. Esta norma vem do 19º/2/d DFI. Em Itália o 4.2.a. Legge 23 marzo 1983, n. 77 (in G.U. 28 marzo 1983, n. 85). Na Suíça, pelo contrário, podem existir fundos que investem em metais preciosos, os fundos residuais, nem mobiliários, nem imobiliários (35.3. Loi Fédérale sur les Fonds de Placement, du 18.03.1994). A verdade é que os fundos mobiliários não podem conter certificados de metais preciosos ou títulos sobre matérias primas nos termos do 31.6. Ordonnance du Conseil Fédéral sur les Fonds de Placement du 19.10.1994.

240   *Fundos de Investimento Mobiliário e Imobiliário*

de 1995 do Banco Central do Brasil). No entanto, em relação às acções permite-se que excepcionalmente o fundo as possa conter desde que sejam o resultado da conversão de obrigações (13.§7° Regulamento Anexo à Circular n° 2.594, de 21 de Julho de 1995, do Banco Central do Brasil; 13.§7° Regulamento Anexo à Circular n° 2.616, de 18 de Setembro de 1995 do Banco Central do Brasil).

Nos Estados Unidos as "investment companies" podem adquirir imóveis e activos reais (commodities"), mas têm de declarar a sua política nesta área junto da Securities and Exchange Commission nos termos da Sec. 8 (b) (1) (F) Investment Company Act of 1940.

II. *Quanto à concentração de riscos*

O princípio da divisão de riscos, que se encontra consagrado em sede geral[381], encontra o seu desenvolvimento mais directo e absoluto nesta norma. O risco de um valor começa por ser o risco da entidade que emite. Neste sentido, é proibida para cada fundo a aquisição de mais de 10% das obrigações, títulos de participação e unidades de participação emitidos pela mesma entidade[382].

---

[381] 2° DLFIM, 2°/1 DLFII.

[382] 20°/2/b, c, de DLFIM, 21°/1/a, b, c, de DLFII, 22°/1, 2, 25°/2 DFI. Torna-se necessário explicar não obstante, porque razão o DLFII refere obrigações hipotecária, sendo que o DLFIM não o faz. Poder-se-ia tirar a conclusão apressada de que nos fundos mobiliários não haveria limites para a aquisição de obrigações hipotecárias. Não é verdade. As obrigações hipotecárias são obrigações como quaisquer outras. Por outro lado, a razão de ser desta referência (além de uma preocupação de simetria que às vezes comove o legislador) tem a ver com o facto de, nos fundos imobiliários poder haver a tentação de se considerarem as obrigações hipotecárias como valores imobiliários, ou, tendo em conta a sua especial ligação ao imobiliário, como excepcionadas dessa limitação. O 21°/1/b DLFII é enunciativo em relação ao 21°/1/a DLFII. Deixa bem claro que nem as obrigações hipotecárias pode ser adquiridas em mais de 10%. A única especialidade que esta norma carreia é de natureza diferente: é que o cálculo dos 10% para as obrigações hipotecárias emitidas por uma mesma entidade não tem em conta outras obrigações da mesma entidade já adquiridas para o fundo.

A lei espanhola estabelece como limite 5%, nos termos do 4.2.a. Ley 46/1984, de 26 deciembre, cuja violação é sancionada pelo 32.2.d., na redacção do 1.1. Ley 19/1992, de 7 de julio (também o 4.2.a. Reglamento de la Ley 46/1984, de 26 de deciembre, aprovado pelo Real Decreto 1393/1990, de 2 noviembre. Em Itália, os limites de aquisição encontram-se no 4.6. Legge 23 marzo 1983, n. 77 (in G.U. 28 marzo 1983, n. 85), dependendo de regulamentação do Banco de Itália. No entanto, estatui-se que não podem adquirir mais de 10% das obrigações emitidas pela mesma entidade (4.11. Legge 23 marzo 1983, n. 77 (in G.U. 28 marzo 1983, n. 85)). Os limites para entidades pertencentes

As proibições são para cada fundo, o que significa que a entidade gestora não se encontra em absoluto proibida de adquirir 100% das obrigações emitidas por uma entidade para os seus vários fundos, desde que não ultrapasse os limites em relação cada um. No entanto, há que ter em conta que, obrigada ao princípio de divisão de riscos e ao princípio de boa administração[383], a possibilidade de contaminação de riscos pode obrigá-la a não adquirir estes valores em percentagens tão grandes. Convém não esquecer que estamos a lidar com proibições concretas, que não afastam a aplicação dos princípios gerais.

As percentagens proibidas não respeitam ao total do património de cada fundo mas ao total de emissões por uma mesma entidade. Se uma mesma entidade efectuou várias emissões destes valores, neste caso, todas elas são relevantes para aferição da percentagem proibida. A norma em questão não significa que se pode ir até 10% de cada emissão de cada entidade, mas até 10% do total das emissões de cada um dos valores em causa por uma mesma entidade.

Por outro lado, as percentagens proibidas respeitam a cada um dos tipos de valores mobiliários referidos (obrigações, titulo de participação, unidades de participação) e não podem ser apreciadas em globo. Se uma mesma entidade emitir títulos de participação e obrigações, por exemplo, nada impede que o fundo adquira até 10% dos títulos de participação e 10% das obrigações[384].

A lei portuguesa já foi mais rigorosa. No 10°/c Dec.-Lei n.° 46 342, de 20 de Maio de 1965, proibia-se mais de 10% do total das emissões, independentemente da natureza dos valores, de cada entidade emitente.

---

ao mesmo grupo da sociedades gestora são de 15% (ou 25% no caso das várias empresas do grupo pertencerem a sectores económicos diferentes, não se podendo adquirir mais de 15 por cada sector), nos termos dos os 2.1. e 2.2. Provvedimento Banca d'Italia 2 luglio 1991 (in G.U. 15 luglio 1991, n° 173).

[383] 8° DLFIM, 9° DLFII.

[384] Esta possibilidade é não obstante duplamente limitada: pela natureza dos valores e pelo princípio da boa administração e divisão de riscos. Pela natureza dos valores, na medida em que a mesma entidade que emite unidades de participação não pode por definição emitir as restantes espécies de valores, dado que de fundos se trata e estes apenas emitem unidades de participação. Quem emite acções (como veremos a propósito dos fundos mobiliários, nos termos do 20°/2/a DLFIM) não pode emitir títulos de participação. A única possibilidade de coincidência é entre a emissão de acções e obrigações e títulos de participação e obrigações, pelo que a concentração de riscos se encontra limitada por esta via. Por outro lado a boa administração e a divisão de riscos impõe que, tendo em conta as condições concretas do mercado, não se adquira mais que uma certa percentagem de valores emitidos por uma certa entidade, mesmo abaixo dos níveis legais do 20° DLFIM e 21° DLFII.

242   *Fundos de Investimento Mobiliário e Imobiliário*

A lei espanhola é bem mais exigente. É igualmente proibido o investimento em valores emitidos ou garantidos por entidades pertencentes aos mesmo grupo acima dos 15% do activo desta instituição (4.1.c. Ley 46/1984, de 26 deciembre; 4.1.c. Reglamento de la Ley 46/1984, de 26 de deciembre, aprovado pelo Real Decreto 1393/1990, de 2 noviembre[385]). Por outro lado, a soma dos investimentos de entidades gestoras pertencentes ao mesmo grupo não podem ultrapassar 15% dos valores emitidos ou garantidos por uma entidade (4.2.b. Ley 46/1984, de 26 deciembre). Visa-se um duplo efeito. Por um lado, a divisão de riscos, mas mais uma vez, visa-se impedir que os fundos de investimento se transformem em fundos de controle de outras entidades (RODRÍGUEZ ARTIGAS, Fernando; Instituciones de Inversión Colectiva, in: ALONSO UREBA, Alberto, MARTINEZ-SIMANCAS Y SANCHEZ; Julian; *Derecho del Mercado Financiero*; Tomo I, Volume 1, *Entidades del Mercado Financiero*, Editorial Civitas, Madrid, 1994, p. 271, 273). A extensão da proibição ao mesmo grupo encontra-se igualmente em AZA CAMPOS, Alicia; La Reforma de la Ley de Arrendamientos Urbanos y los Fondos de Inversión Inmobiliaria, in: ALONSO UREBA, Alberto, MARTINEZ-SIMANCAS Y SANCHEZ; Julian; *Derecho del Mercado Financiero*; Tomo I, Volume 1, *Entidades del Mercado Financiero*, Editorial Civitas, Madrid, 1994, p. 406, para os fundos imobiliários.

Também a lei francesa para os S.I.C.A.V. e para os fundos de investimento estabelece um limite de 10% de valores de uma mesma categoria emitidos por uma mesma entidade no 25. Loi nº 88-1201 du 23 décembre 1988. O 5. Décret nº 89-623 du 6 septembre 1989 enuncia esta limitação em função de direitos de voto, direitos de crédito sobre a emitente ou acções ou unidades de participação de um OICVM. Ver PEZARD, Alice; *Droit des Marchés Monétaire et Boursier*; Editions du J.N.A., Paris, 1994, p. 252.

Na Suíça, o 33. Loi Fédérale sur les Fonds de Placement, du 18.03.1994 estatui limites para a parte dos fundos que podem ser investidores numa mesma empresa ou junto de um mesmo devedor. Nos termos do 39.3. Ordonnance du Conseil Fédéral sur les Fonds de Placement du 19.10.1994 não podem ser adquiridas mais de 10% das obrigações emitidas elo menos emitente. Por outro lado, não podem adquirir mais de 10% das unidades de participação emitidas por outro fundo mobiliário (40.3. Ordonnance du Conseil Fédéral sur les Fonds de Placement du 19.10.1994). Quanto aos limites sobre os derivados ver os 7. a 11. Ordonnance de la Commission Fédérale des Banques sur les Fonds de Placement du 27.10.1994.

A lei brasileira abrange igualmente os valores emitidos por um mesmo grupo na proibição de concentração de riscos nos termos do 13.§6º Regu-

---

[385] Este 4. foi regulamentado pelo 1. Orden de 20 deciembre de 1990.

lamento Anexo à Circular nº 2.594, de 21 de Julho de 1995, do Banco Central do Brasil e 13.§6º Regulamento Anexo à Circular nº 2.616, de 18 de Setembro de 1995 do Banco Central do Brasil.

As excepções a esta proibição, que se baseiam no tendencial risco nulo das aplicações, encontra-se nos valores[386]:

a) emitidos ou garantidos por um Estado membro da União Europeia[387];
b) emitidos ou garantidos por um Estado não membro desde que o investimento nessa espécie de valores esteja consagrado no regulamento de gestão[388];
c) emitidos (mas já não os garantidos) por organismos internacionais de carácter público a que pertençam um ou mais Estados membros da União Europeia, mesmo que Portugal deles não faça parte[389].

Nestes casos a lei já considera que das duas uma: ou o risco se encontra suficientemente garantido pela natureza das instituições emitentes ou que dão a sua garantia, ou encontra-se pelo menos incorporado pela política de investimentos do fundo (no caso dos valores de Estados não membros).

A garantia de que se fala tem de ser uma garantia de cumprimento com assunção de responsabilidade por parte das entidades em questão. Não se basta com uma mera declaração de conforto por parte das mesmas. Com efeito, se de risco se trata, e risco com efeitos massificados, não tem sentido estender este regime a figuras que apenas se compreendem na relação entre profissionais com plena autonomia de decisão sobre o seu próprio património, o que não acontece com os participantes, ultima *ratio* do regime de protecção dos fundos.

De igual modo, em Espanha existe na aparência uma excepção semelhante. O activo dos fundos pode ser investido até 35% ou 100% em fundos públicos, nos termos do 4.3. Ley 46/1984, de 26 deciembre (a violação dos limite é sancionada nos termos do 32.2.d)[390]. No entanto, a verdade é que estas regras não são regras de concentração de riscos centradas

---

[386] Ver o 25º/3 DFI.
[387] 20º/3/a DLFIM, 21º/2/a DLFII.
[388] 20º/3/b DLFIM, 21º/2/b DLFII.
[389] 20º/3/c DLFIM, 21º/2/c DLFII
[390] Ver o 1. Orden de 20 deciembre de 1990.

244 *Fundos de Investimento Mobiliário e Imobiliário*

na entidade emitente mas nas regras de composição, que merecerão melhor estudo a propósito dos fundos mobiliários.

Na Suíça existem semelhantes excepções, nos termos do 39.5. Ordonnance du Conseil Fédéral sur les Fonds de Placement du 19.10.1994.

Mas o risco pode ser fundado, não na entidade que emite os valores, mas na sua situação jurídica específica. É igualmente proibida a aquisição de bens objecto de garantias reais, penhora ou procedimentos cautelares[391].

O que proibida é a aquisição. Relevante para apreciar esta proibição é, assim, a situação dos bens ao momento da sua aquisição. Se mais tarde vierem a ser objecto destas limitações nenhuma ilicitude existe na manutenção dos bens no fundo, desde que cumpridos os limites do 11º/1/b, c DLFIM e 12º/1/b, c DLFII.

Sistema diferente é o do 10.3. Ley 46/1984, de 26 deciembre em Espanha em que não se proíbe a aquisição, mas apenas a oneração. No entanto podem ser objecto de empréstimo em bolsa ou de operações de opção, de acordo com o estabelecido pelo Ministro das Finanças (18.1. Reglamento de la Ley 46/1984, de 26 de deciembre, aprovado pelo Real Decreto 1393/1990, de 2 noviembre).

Por outro lado, a expressão "bens" pode estranhar dado que em parte nenhuma se refere esta expressão em sede geral. Se se tratasse de uma norma específica dos fundos imobiliários, facilmente se compreenderia, dado que se estaria a referir a coisas. No entanto a sua inclusão no regimes dos vários fundos e com vocação geral carece de explicação. A única consistente parece ser a de se considerar que a expressão "bens" tem intencionalmente vocação geral, abrangendo toda a espécie de activos, de natureza financeira ou não financeira que possam ser adquiridos para os fundos, sem que se pré-julgue acerca da sua natureza. O que está em causa é a limitação dos activos (garantias reais) ou a sua situação litigiosa (penhora ou procedimentos cautelares). O facto de se referirem garantias reais em nada permite uma interpretação restrictiva que leve à interpretação do conceito de bens como se referindo exclusivamente a coisas em sentido jurídico. Com efeito, à falta de dogmatização própria o regime dos valores mobiliários acolheu expressões como "eficácia real"

---

[391] 21º/1/b DLFIM, 22º/1/b DLFII.

Esta norma já constava do 13º/4/c Dec.-Lei nº 229- C/88, de 4 de Julho e do 14º/1 Dec.-Lei nº 246/85, de 12 de Julho.

Parte IV – Regime geral

referida aos mesmos valores (56º/2/l, 88º/1 Cd.MVM)[392]. Por outro lado, a finalidade da norma, a proibição de criação de riscos, leva a que se tenha de acolher uma interpretação não restritiva do conceito "bens". Independentemente da sua natureza, estas limitações reais ou de origem processual geram situações de risco para os activos subjacentes nos quais de escora o valor do fundo.

III. *Quanto aos sujeitos (conflitos de interesses e transparência)*

Se os anteriores limites eram percentuais os presentes são relacionais. Não é a identidade da emitente dos valores, mas os valores que pela sua relação com a entidade gestora directa ou indirecta podem oferecer problemas de conflitos de interesses ou de transparência. O legislador não se bastou aqui com o regime geral nesta matéria, mais flexível. Mais uma vez o fundamento deste regime prende-se com a massificação. É que no regime geral da intermediação financeira o cliente pode, depois de devidamente esclarecido, optar por um investimento em que sabe haver interesses do intermediário. Havendo massificação de participantes, não se pode aceder a decisões concretas de todos os participantes em relação à gestão do risco. Daí que os limites referidos sejam o correlato da massificação.

Costuma afirmar-se que do que se trata é de prevenção de conflitos de interesses. É verdade. Mas não nos podemos esquecer que existe igualmente um momento autónomo de transparência que está aqui em jogo. Protegem-se conflitos de transparência, na medida em que, havendo relações mais ou menos íntimas entre a entidade gestora e as restantes entidades mencionadas nas normas em questão, existe sempre o risco de se usar os fundos como um meio de financiar empresas que a dominam ou por elas são dominadas ou fazem parte do mesmo grupo. A estratégia seria facilmente executada: não nos podemos esquecer mais uma vez que com a massificação os verdadeiros titulares do património pouco ou nada podem fazer para a sua gestão. Por outro lado, mesmo que o pudessem fazer, é pouco crível que conhecessem as relações de interesses cruzados que se formam num mercado tão complexo como este. Os fundos poderiam ser, assim, usados como meio de financiamento de empresas do

---

[392] Também a lei espanhola se refere a "derechos reales" (10. Ley 46/1984, de 26 deciembre, por força da Ley del Mercado de Valores (Ley 24/1988, de 28 de julio).

246   *Fundos de Investimento Mobiliário e Imobiliário*

grupo ou com interesses conexos ou cair-se-ia no risco de se favorecerem uns fundos sobre os outros. Financiamento e descapitalização são dois momentos que se podem interrelacionar quando se tem o poder de actuar num e noutro lado da operação.

Mas existe um momento de protecção da transparência que é relativamente autónomo em relação a este e que não pode ser descurado. É que se pode pôr a hipótese de os fundos virem a ser financiados por empresas ou entidades relacionadas com a entidade gestora, nomeadamente quando se visa propagandear uma rendibilidade sem apoio na realidade dos fundos ou quando se pretende esconder uma situação de desequilíbrio económico estrutural, ou outras vezes momentâneo, nomeadamente por forma a evitar pânicos exagerados dos participantes que só agravariam a situação. Existem outros mecanismos, mais transparentes, que permitem corrigir estas situações, como a suspensão da emissão e do resgate[393], ou a suspensão da negociação em mercados secundários das unidades de participação (177º Cd.MVM), por exemplo. Como se vê, o fundo é aparentemente beneficiado (ou mesmo substancialmente) não havendo aqui propriamente uma situação de conflitos de interesses mas de transparência. Em primeiro lugar porque os participantes podem esperar que o valor dos fundos reflicta a situação do mercado e da boa gestão dos mesmos fundos. Já não podem esperar que a entidade gestora faça o que não é nunca permissível num mercado de valores mobiliários: que a sua boa situação seja fruto de financiamentos artificiais. Em segundo lugar porque, usando o adágio popular, o barato sai caro. Assim como se insuflam os fundos com ajudas de última hora, igualmente se pode largar o apoio artificial, até porque muitas vezes este se torna financeiramente insustentável para qualquer instituição[394].

Alguns países ordenam estes conflitos de interesses de modo diferente. Não se proibindo liminarmente certos actos, responsabiliza-se a entidade gestora por contratar com certas pessoas em conflitos de interesses, que são tipificados exemplificativamente. É o que se passa no Brasil na contratação entre o fundo e entidade gestora ou esta e o empreendedor ou o detentor de mais de 50% das unidades de participação nos fundos imobiliários, nos termos do 15.I.b., e 15.§1º, 15.§2º Instrução CVM nº 205, de 14 de Janeiro de 1994.

---

[393] 31º DLFIM, 35º DLFII.
Em Espanha ver o 20.4.§2º Ley 46/1984, de 26 deciembre.

[394] Na perspectiva da estrutura alguns destes casos podem constituir como "pump and dump schemes", que são uma modalidade de manipulação de mercado (667º Cd.MVM).

Nos Estados Unidos, sendo permitidos certos factos que o não são em Portugal, existem por isso mesmo regras acrescidas de protecção de conflitos de interesses potenciais. É o que se passa com a concessão de empréstimos pelas "management companies" que, sendo permitida se admitida pela política de investimentos, não o é em relação a entidades dominadas ou que dominam esta mesma empresa (Sec. 21 (b) Investment Company Act of 1940).

i) *Unidades de participação*

O primeiro grupo de limitações refere-se às unidades de participação[395].

Se uma entidade gestora administra vários fundos, as unidades de participação de uns não podem ser adquiridas por outros fundos.

Mas, e de igual forma, se a entidade gestora estiver numa relação de domínio ou grupo com uma outra, os fundos que cada uma delas administra não podem adquirir unidades de participação dos outros.[396]

Esta regra apresenta no entanto uma excepção. É que esta aquisição é possível se preenchidos cumulativamente três requisitos:

a) as unidades de participação adquirendas são de fundos especializados num sector geográfico ou económico específico

b) a sua aquisição encontra-se especificamente mencionada no regulamento de gestão do fundo adquirente

c) e não sejam cobradas quaisquer comissões de emissão ou resgate nas respectivas operações.

Estes requisitos merecem melhor explicitação.

Para que um fundo (das unidades adquirendas) possa ser considerado especializado, não basta que facticamente tenha vindo a adquirir essa especialização. Torna-se necessário que do seu regulamento de gestão conste esta mesma especialização[397]. É que a simples especialização fáctica

---

[395] 21°/1/a DLFIM, 22°/1/a DLFII. A fonte deste regime encontra-se no 24°/3 DFI. Ver também 13°/4/a, b Dec.-Lei n° 229- C/88, de 4 de Julho.

[396] As mesmas regras encontram-se em Espanha, apenas com as especialidades de terem aquilo que no Direito português se chama de fundos personalizados, pelo que se abrangem relações de grupo com a sociedade de investimento em questão, nos termos do 4.1.a. *"in fine"* Ley 46/1984, de 26 deciembre (sancionado pelo 32.2.d., na redacção do 1.1. Ley 19/1992, de 7 de julio). Também no 4.5. Reglamento de la Ley 46/1984, de 26 de deciembre, aprovado pelo Real Decreto 1393/1990, de 2 noviembre.

[397] 18°/3/f DLFIM, 19°/3/f DLFII.

248 Fundos de Investimento Mobiliário e Imobiliário

não garante a estabilidade da mesma especialização que é pressuposto da permissão. Por outro lado, e como vimos apenas se aplica aos fundos especializados em sentido próprio. Não basta que o regulamento de gestão preveja o investimento num sector. É necessário que os sectores nos quais se pode investir estejam taxativamente indicados no regulamento do fundo.

Por outro lado, o regulamento do fundo adquirente tem de mencionar expressamente esta aquisição. Problema é o de saber qual o sentido desta menção. Duas teses podem ser aventadas: ou a referência tem de ser ao fundo concreto cujas unidades podem ser adquiridas ou basta-se com a referência ao sector geográfico ou económico. Parece que a solução mais adequada é a segunda. Não se compreenderia a dependência estrita de um fundo a um regulamento de um outro em concreto. Por outro lado, as relações de domínio ou grupo são mutáveis, pelo que a entrada de uma nova entidade gestora no grupo, que tivesse fundos que não contivessem a especialização requerida, levaria a que a estratégia de aquisição se encontrasse distorcida. Além disso, a primeira tese levaria a uma restrição insuportável da aquisição de unidades de participação. A razão de ser da norma, sobretudo em mercados de mais pequena dimensão[398], é a definição da estratégia dos fundos adquirentes. Sabendo os participantes, ou podendo saber através do regulamento de gestão, que o investimento é sectorialmente restringido, nada impede que aquisição ocorra no caso dos fundos especializados. A própria especialização implica aceitação de alguma concentração de riscos, mas apenas dentro dos limites da mesma especialização.

Por outro lado, não podem ser cobradas quaisquer comissões de emissão ou resgate nas respectivas operações. Esta norma não se pode referir às comissões de emissão e resgate da própria entidade gestora do fundo adquirente. Isto significaria que nunca poderia cobrar estas comissões em quaisquer unidades de participação que emitisse, o que contraria o sentido do disposto na lei[399]. A cobrança destas comissões respeita às cobradas pelos fundos emitentes das unidades adquirendas. Ou seja, estes fundos não podem cobrar estas comissões quando da aquisição. Na medida em que estas comissões são apenas do mercado primário das unidades de participação, apenas se referem a aquisições originárias aos fundos emitentes. Quer isto dizer que, caso os fundos adquirentes procedam à aquisição derivada (compra em bolsa ou fora dela) destas unidades já este

---

[398] É certo que estamos a falar de fundo que podem ser harmonizados a nível comunitário. Mas é consabido que muitos fundos estão ainda restrito a estratégias nacionais.
[399] 16º DLFIM, 17º DLFII.

Parte IV – Regime geral

requisito não se aplica. O terceiro requisito tem, pois, apenas aplicação no caso de aquisições aos próprios fundos e, por definição a aquisições originárias[400].

Esta excepção tem, não obstante, de ser interpretada restritivamente. É que não pode valer no caso de as unidades de participação serem emitidas pelo próprio fundo. Um fundo não pode adquirir a título originário (subscrição) ou derivado (nomeadamente compra) unidades de participação de si mesmo. Com efeito, embora caiba na letra da excepção, não cabe no sentido da norma. Não se pode invocar o argumento de que, de qualquer modo, esta aquisição, a ser possível, estaria sempre limitada a 10% do próprio fundo[401], pelo que o risco estaria limitado por esta via. É que a excepção em causa lida com a aceitação de uma concentração de riscos relativa a um sector, a que o fundo pertence é certo, mas pressupõe sempre heterogeneidade de fundos. Por outro lado, não nos podemos esquecer que a autocarteira nas sociedades tem razão de ser como matéria não sujeita a massificação. É uma decisão de assunção do próprio risco criado pela própria sociedade. Mas mais uma vez esta decisão pressupõe uma relação personalizada entre quem é titular do património e quem o administra. Mesmo havendo mecanismo de representação (como a gestão de carteiras e de patrimónios) não se quebra esta personalização. Por outro lado, a aquisição de unidades de participação do próprio fundo distorce o valor do mesmo na medida em que o rico do próprio fundo passa a ser incorporado nos seus activos subjacentes. Viola, nestes termos, o princípio da divisão de riscos, que é fundamento desta actividade.

> Para Espanha ver RODRÍGUEZ ARTIGAS, Fernando; Instituciones de Inversión Colectiva, in: ALONSO UREBA, Alberto, MARTINEZ-SIMANCAS Y SANCHEZ; Julian; *Derecho del Mercado Financiero*; Tomo I, Volume 1, *Entidades del Mercado Financiero*, Editorial Civitas, Madrid, 1994, p. 270, 271.
> Semelhantes proibições e excepções à proibição se encontram em Itália no 2.2.m. e 4.13. Legge 23 marzo 1983, n. 77 (in G.U. 28 marzo 1983, n. 85) para os fundos de investimento e no 7.1. Decreto Legislativo 25 gennaio 1992, n. 84 (in G.U. 14 febbraio 1992, n. 37), para as SICAV. No entanto, ao abrigo desta norma o Banco de Itália pode permitir que,

---

[400] A impossibilidade de aquisição derivada a fundos de unidades de participações do próprio fundo decorre da proibição dos fundos adquiririam unidades de participação para si mesmos, como adiante veremos, pelo que não lhes seria nunca possível subscrevê--los. ou comprá-los para posterior revenda.

[401] 20º/2/d DLFIM, 21º/1/d DLFII.

250   *Fundos de Investimento Mobiliário e Imobiliário*

sempre dentro dos limites de 5% por fundo, se possam adquirir unidades de participação de fundos geridos pela própria entidade gestora.

Na Suíça podem ser adquiridas unidades de participação de um fundo para um outro, mesmo que ambos sejam geridos pela mesma sociedade gestora, mas apenas havendo autorização prévia da Comissão Federal dos Bancos, e preenchendo-se requisitos paralelos aos que constituem excepção à proibição no nosso Direito (40.2. Ordonnance du Conseil Fédéral sur les Fonds de Placement du 19.10.1994).

Também se proíbe a aquisição de quotas do próprio fundo nos fundos mobiliários no 10. Regulamento Anexo à Circular nº 2.594, de 21 de Julho de 1995, do Banco Central do Brasil e no 10. Regulamento Anexo à Circular nº 2.616, de 18 de Setembro de 1995 do Banco Central do Brasil. Nos fundos imobiliários idêntica regra se consagra no 12.IV. Lei nº 8.668, de 25 de Junho de 1993 e no 19.IV. Instrução CVM nº 205, de 14 de Janeiro de 1994.

Nos países em que existem fundos personalizados, ou com estrutura semelhante, como nos Estados Unidos, estas regras de conflitos de interesses confluem com regras relativas às participações cruzadas, impondo a sua eliminação, tal como se vê na Sec. 20 (c), (d) Investment Company Act of 1940.

ii) *Valores detidos ou emitidos*

O segundo tipo de proibições refere-se a outros valores, que não unidades de participação, emitidos ou detidos por certas entidades em certas relações com a entidade gestora.

As relações com os depositários ou entidades colocadoras não relevam directamente. Apenas relevarão na medida que estejam nas relações previstas pela lei com a entidade gestora.

Estão abrangidos, não apenas os valores emitidos, mas igualmente os detidos. Não é por acaso que a lei se refere a detenção, não usando qualquer outro conceito mais específico. Por detenção deve-se entender qualquer posição pela qual as entidades referidas podem dispor ou vir a dispor dos valores em seu nome ou em nome de terceiros. Estão nesta situação, não apenas os casos de titularidade, mas igualmente os casos de representação seja ela legal ou voluntária e, em geral os casos em que as entidades tenham legitimidade (real ou aparente[402]) para dispor dos valo-

---

[402] Aparente, na medida em que não teria sentido excluir desta proibição os casos em que não só a entidade dispõe dos valores, como ainda por cima o faz ilicitamente, por se arrogar um direito sobre eles que na realidade não tem. Seria premiar o ilícito, quando a verdade é que deles dispôs.

Parte IV – Regime geral   251

res. É, por consequência, o caso das entidades gestoras em relação aos valores dos fundos, em relação aos quais têm poderes de disposição (que decorrem dos poderes de administração dos mesmos). Já não estão abrangidos os casos em que incumbe as estas entidades a mera administração simples, como os casos do depósito ou registo dos valores em instituições de crédito, que acarretam poderes de administração dos mesmos conferidos por lei (56º/2/e, 61º/3, 88º/1, 2 Cd.MVM, entre outros).

Este grupo estabelece uma teia de relações muito complexa, que se pode desdobrar em sete tipos diferentes, que se passam a estudar.

Em geral, nos Estados Unidos, este problema é tratado a propósito das transações entre a "investment company" e as "affiliated persons (Sec. 17 Investment Company Act - HAZEN, Thomas Lee; *The Law of Securities Regulation*, West Publishing Co., 2ª ed., St. Paul, Minn., 1990, p. 871 – 880).

A) entidade gestora

Os fundos não podem adquirir valores emitidos ou detidos pela entidade gestora[403]. Se não houver qualquer das outras relações que são pressuposto de proibições de aquisição, nada impede, por isso, a aquisição de valores emitidos ou detidos pelo depositário ou entidades colocadoras.

Expressamente são proibidas as aquisições de acções emitidas pela entidade gestora em Itália nos fundos de investimento, pelo 4.14. Legge 23 marzo 1983, n. 77 (in G.U. 28 marzo 1983, n. 85) e nas SICAV igualmente nos termos do 7.1. Decreto Legislativo 25 gennaio 1992, n. 84 (in G.U. 14 febbraio 1992, n. 37). Nas SICAV, as acções emitidas pelas SICAV não podem ser adquiridas pelas mesmas SICAV (4.5. Decreto Legislativo 25 gennaio 1992, n. 84 (in G.U. 14 febbraio 1992, n. 37).

B) entidades participantes na entidade gestora

Também não podem adquirir os valores que o são por entidades que participem directa ou indirectamente em 10% ou mais do capital da entidade gestora[404].

---

[403] 21º/1/c DLFIM, 22º/1/c DLFII.
[404] 21º/1/d DLFIM, 22º/1/d DLFII.
14º/a do Dec.-Lei nº 134/85, de 2 de Maio. 14º/2/a Dec.-Lei nº 246/85, de 12 de Julho.

Em esquema, estão abrangidos por esta situação os seguintes casos (E.R. é a entidade relacionada, E.G. é a entidade gestora, Ex é a entidade número x).

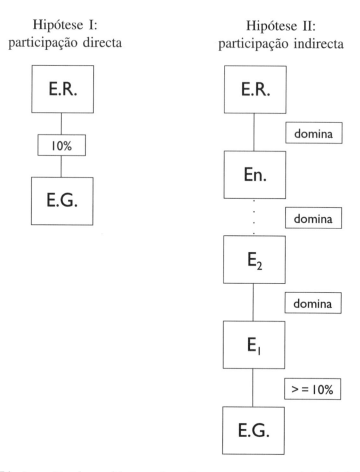

Já não estão abrangidas as situações em que esta cadeia de domínio se quebra e a E.R. não se pode considerar dominante directa ou indirectamente da entidade que detém ou emitiu 10% ou mais da entidade gestora.

>   Este regime visa impedir obviamente que a sociedade participante (*maxime*, se for dominante) possa influir na estratégia da entidade gestora (cf. TOMÉ, Maria João Romão Carreiro Vaz; *Fundos de Investimento Mobiliário Abertos*, Almedina, Coimbra, 1997, p. 70 – 71).

Em Itália, de acordo com o 2.1. Procedimento Banca d'Italia 2 luglio 1991 (in G.U. 15 luglio 1991, nº 173), é possível a aquisição de valores emitidos pelo grupo a que pertence a sociedade gestora mas apenas até um montante no total de 15%, salvo se pertencerem a sectores diferentes de actividade, caso em que pode ir até 25%, mas só até 15% por cada sector (2.2.), sendo que os limites relativos a empresas não cotadas apenas pode ir até 10% (2.3.). No caso específico das acções da sociedade dominante da gestora pode ser feito investimento até 2%, mas na condição de não serem exercidos os direitos de voto (2.4.).

Caso semelhante, mas apenas na hipótese de haver domínio por empresa de seguros, encontra-se na Sec. 12 (d) (2) Investment Company Act of 1940.

C) entidades dominadas pela entidade gestora

Reza a lei[405] que "não podem ser adquiridos para os fundos(...) valores mobiliários emitidos ou detidos(...) por entidades dominadas, directa ou indirectamente pela entidade gestora". Embora integrada numa alínea algo complexa a sua análise gramatical deixa bem claro que este não é um dos casos em que é relevante a pertença em pelo menos 20%, que abaixo se analisará, ao contrário do que algumas leituras poderiam dar a entender.

Estas situações traduzem-se no seguinte esquema elementar[406]:

---

[405] 22º/1/e "*in fine*" DLFIM e 22º/1/e "*in fine*" DLFII.

[406] Elementar, entenda-se, porque não pretendemos entrar na complexa matéria do conceito de domínio nas sociedade comerciais, que seria descabido desenvolver exaustivamente nesta sede.

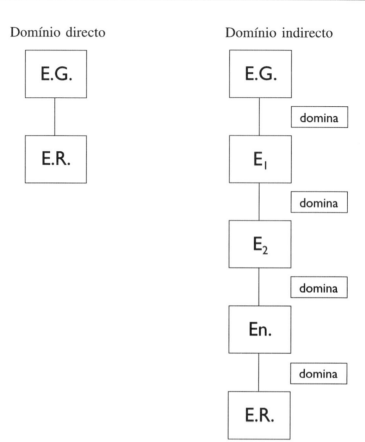

D) entidades participadas em sentido latíssimo pela entidade gestora

Também relevam para a proibição as entidades que cujo capital social seja pertencente, em percentagem igual ou superior a 20%[407]

    a) à entidade gestora
    b) ou a uma sociedade que directamente domine a entidade gestora
    c) ou a uma sociedade que indirectamente domine a entidade gestora

---

[407] 21°/1/e DLFIM, 22°/1/e DLFII.

Mais uma vez não é por acaso que a lei usa um conceito lato como o de pertença e não o de participação. Visa-se abranger a pertença directa ou indirecta pela entidade gestora ou por uma destas entidades. Vejamos em primeiro lugar as consequências desta interpretação para melhor a podermos fundamentar. Esta apreciação pressupõe a comparação dos quadros com pertença directa e indirecta para cada uma das três hipóteses antes referidas.

a) pertença à entidade gestora

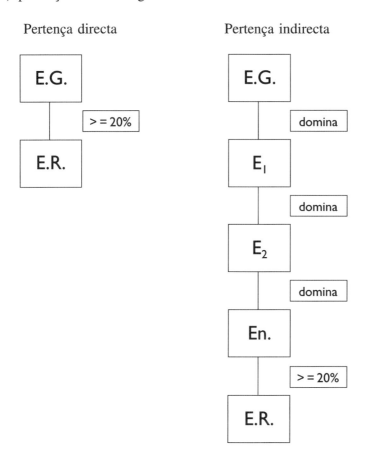

b) pertença a uma sociedade que directamente domine a entidade gestora

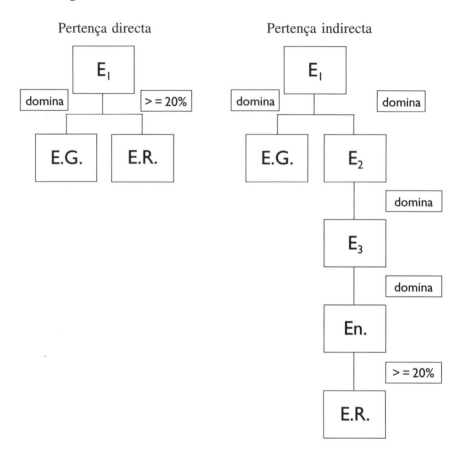

c) pertença a uma sociedade que indirectamente domine a entidade gestora

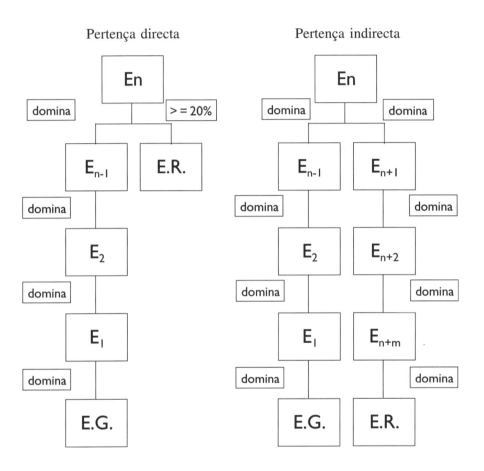

Como se verifica, o conceito de pertença indirecta tem consequências importantes nas situações que são abrangidas pela proibição de aquisição. Alarga significativamente o âmbito destes, pelo que se torna necessário demonstrar a validade desta acepção lata de pertença.

Podem ser aduzidos vários argumentos contra esta tese de que a pertença se refere igualmente à pertença indirecta: a lei não refere relações directas e indirectas expressamente como o faz noutros lugares (21°/1/d, e, f, g, i DLFIM, 22°/1/d, e, f, g, i DLFII); a tese da pertença

258   *Fundos de Investimento Mobiliário e Imobiliário*

indirecta faz entrar em consideração relações de grupo quando a norma em questão não as refere, ao contrário do que se passa com outras (21º/1/a DLFIM, 22º/1/a DLFII); trata-se de uma norma proibitiva, pelo que deve ser entendida restritivamente, traduzindo-se a tese proposta num alargamento insuportável da mesma proibição.

Esta argumentação não pode colher. O facto de quando a lei se refere à pertença não indicar expressamente que se trata de directa e indirecta não pode ser cotejado com as outras situações em que estas duas modalidades são diferenciadas. Com efeito, em todos os casos citados a lei refere a "participações" conceito técnico preciso. Não é por acaso que o legislador recorreu aqui a um outro conceito, o de "pertença". Em segundo lugar, é certo que não há referência expressa a relações de grupo ao contrário do que se passa com a outra alínea citada. Mas a verdade é que mesmo no caso de pertença directa vai-se mesmo além da relação de grupo, nos casos em que o a entidade gestora é dominada directa ou indirectamente por uma outra. Com efeito, estando abrangidas situações para além das relações de grupo (em que há detenção de apenas 20%) por definição estão abrangidas igualmente estas relações. A única diferença entre uma e outra tese é a da extensão da relevância destas relações de grupo. Por outro lado, o facto de ser uma norma proibitiva não significa que qualquer interpretação deva ser restrictiva. O próprio conceito de pertença, pelo seu carácter não técnico, visa suportar uma maior elasticidade de relações.

Materialmente, e o que mais interessa para o caso, o que importa é verificar a finalidade da proibição. Como acima se referiu com estas normas visa-se proteger e prevenir conflitos de interesses e faltas de transparência. Ora, pertencendo directa ou indirectamente o capital social a uma entidade significa o mesmo numa perspectiva de poder. É sempre a mesma vontade que dispõe sobre os interesses, é sempre a mesma vontade que em última análise pode distorcer a transparência da situação do fundo.

Em Itália estas aquisições são permitidas, mas apenas até 40% das emissões efectuadas pelas sociedades pertencentes ao grupo da sociedade gestora para a totalidade dos fundos geridos por esta entidade gestora (3. Procedimento Banca d'Italia 2 luglio 1991 (in G.U. 15 luglio 1991, nº 173). Para a relação de grupo e sindicatos de voto, ver o 4. Procedimento Banca d'Italia 2 luglio 1991 (in G.U. 15 luglio 1991, nº 173).

Nos Estados Unidos existem proibições de aquisição relativas com base em semelhantes pressupostos na Sec. 12 (d) (1) (as chamadas "anti-pyramiding provisions" – HAZEN, Thomas Lee; *The Law of Securities*

Regulation, West Publishing Co., 2ª ed., St. Paul, Minn., 1990, p. 836 – 837, em que se declara expressamente que se visa evitar que os fundos sejam geridos no interesse de grupos societários e não dos participantes), e Sec. 17 Investment Company Act of 1940.

F) membros de órgãos sociais de gestora e dominantes

Também estão abrangidos os valores detidos ou emitidos por entidades que sejam membros do órgão de administração ou de direcção ou do conselho geral da entidade gestora ou de sociedade que directa ou indirectamente as domine[408].

Repare-se que lei é aqui mais permissiva em relação aos membros dos órgãos das sociedades que em relação às entidades. Em relação às entidades participantes na gestora, basta-se com uma participação igual ou superior a 10%[409] para proibir a aquisição. No entanto, quanto aos membros dos órgãos exige o domínio da entidade gestora, seja este directo ou indirecto. A menor exigência compreende-se. Em primeiro lugar, dado que em princípio e com muita frequência membros dos órgãos sociais têm uma participação no capital social igual ou superior a 10%, pelo que a situação anterior consome esta. Estariam assim, abrangidos pelo regime da mera participação. Apenas caso a sua participação seja inferior a 10% (ou mesmo nula) é que se aplica esta parte do regime[410].

Por outro lado, apenas se aplica a sociedades dominantes e não a outras entidades, ao contrário dos casos das entidades participantes. Ficam assim, excluídas outras pessoas colectivas (até pela referência expressa a órgãos sociais específicos como o conselho geral, direcção e conselho de administração). Isto significa que membros de órgãos directivos de associações ou fundações não estão abrangidos pela proibição. Não significa isto, no entanto que a aquisição a estas pessoas é

---

[408] 22°/1/f DLFIM, 22°/1/f DLFII.
14°/a do Dec.-Lei nº 134/85, de 2 de Maio. 14°/2/a Dec.-Lei nº 246/85, de 12 de Julho.

[409] 21°/1/d DLFIM, 22°/1/d DLFII.

[410] A aplicação da percentagem de 10% aos administradores pode suscitar confusão. Com efeito, na alínea g) do 21°/1 DLFIM e 22°/1 DLFII referem-se 20% como limiar mínimo. Parece que, das duas uma: ou o conceito de entidades não abrangeria os membros deste órgãos, ou os 20% têm um significado autónomo. É isso que veremos baixo quando estudarmos esta parcela do regime.

260   *Fundos de Investimento Mobiliário e Imobiliário*

absolutamente livre. Significa tão somente que não é proibida em termos peremptórios. Lembra-se mais uma vez que o regime geral dos conflitos de interesses na intermediação financeira pode impor que não se proceda a esta aquisição.

G) entidades participadas por membros de órgãos

Estão igualmente na alçada da proibição as entidades cujo capital social seja pertencente, em percentagem igual ou superior a 20% a um ou mais membros do órgãos de administração, direcção ou do conselho geral da entidade gestora ou de sociedade que directa ou indirectamente a domine[411].

Mais uma vez nos deparamos com o conceito de pertença a 20% ou mais. Mais uma vez nos deparamos com referências a sociedades que dominam directa ou indirectamente entidades gestoras. Mas neste caso, a situação é agravada pelo facto de antes se ter referido que os membros dos órgãos em causa que tiverem atingido os 10% estariam abrangidos pela proibição. Parece haver aqui uma contradição que apenas pode ser resolvida de uma de duas formas: ou se considera que este é um regime especial para os membros dos órgãos sociais e em relação estes não se aplica a proibição dos 10%[412] ou estes 20% têm um significado autónomo.

A tese mais correcta parece ser a segunda. Em primeiro lugar, porque se prevê a hipótese de a percentagem de 20% pertencer a um ou mais membros. Ou seja, mesmo que nenhum tenha 10%, se o somatório das sua participações atingir 20% ou mais não estariam abrangidos pela regra dos 10%, mas já estariam pela dos 20%. É certo que isto não explica a hipótese que é colocada de os valores pertencerem em 20% a apenas um deles, na medida em que não se veria significado autónomo para esta alínea dos diplomas em causa. Mas a verdade é que não nos podemos esquecer que a parcela do regime em questão respeita às participações que não na entidade gestora, ao contrário da regra dos 10%.

Pelas razões antes invocadas, também parece ser aplicável às situações de pertença indirecta, pelo que os esquemas antes desenhados são aplicados com a adaptação de se considerar os membros dos órgãos das entidades relacionadas (E.R.) e não estas entidades.

---

[411] 21°/1/g DLFIM, 22°/1/g DLFII. Antes a percentagem era de 10% nos termos do 14°/b Dec.-Lei n° 134/85, de 2 de Maio e 14°/2/b Dec.-Lei n° 246/85, de 12 de Julho.
[412] 21°/1/d DLFIM, 22°/1/d DLFII

Parte IV – Regime geral 261

Em síntese:

a) esta proibição abrange tanto a pertença directa como a indirecta;
b) refere-se a participações que não na entidade gestora, seja directas ou indirectas, mas em terceiras entidades, sendo este o critério de separação das previsões legais;
c) ao contrário das participações na entidade gestora, para as quais basta a participação de 10%, quando se trata de participação em terceiras entidades é necessário 20%;
d) releva a posição de membros de órgãos sociais de gestão, seja na entidade gestora, ou seja em sociedades que a dominam directa ou indirectamente.

H) sociedades com membros de órgãos sociais coincidentes com a gestora

Também são proibidas as aquisições de valores emitidos ou detidos por sociedades em que pelo menos um dos membros dos órgãos que gestão sejam membros de órgãos de gestão da entidade gestora[413].

É certo que os membros dos órgãos de administração das sociedades gestoras não podem exercer funções noutras sociedades gestoras[414], pelo que a hipótese de se adquirir valores detidos ou emitidos por outras sociedade gestoras se encontra restringida na prática[415]. No entanto, nada impede, se não houver objecções na perspectiva da organização dos intermediários financeiros (658° a 662°, 650° Cd.MVM, nomeadamente), que estes (bem como os membros de órgãos de gestão de outras entidades gestoras) façam parte de órgãos de outras entidades, sejam elas intermediários financeiros, tenham elas outra natureza. Nesta hipótese, as aquisições são proibidas.

---

[413] 21°/1/h DLFIM, 22°/1/h DLFII.
Cf. 14°/c Dec.-Lei n° 134/85, de 2 de Maio, 14°/2/c Dec.-Lei n° 246/85, de 12 de Julho.
[414] 7°/2 DLFIM, 8°/2 DLFII.
[415] Isto não impede que, se facticamente (e ilicitamente) esta situação se verificar a proibição se deva manter. Isto por duas razões: logicamente, o precito normativo é plenamente vigente para esta situação; materialmente aceitar a tese contrária seria proteger o enriquecimento pelo ilícito.

I) Quadro geral das proibições sobre valores emitidos ou detidos

Tendo em conta a complexidade da matéria, parece ser de aconselhar a apresentação de um quadro geral sobre as situações relativas aos valores emitidos ou detidos, nos termos que se passam a enunciar (as referências às alíneas respeitam ao 21º/1 DLFIM e 22º/1 DLFII).

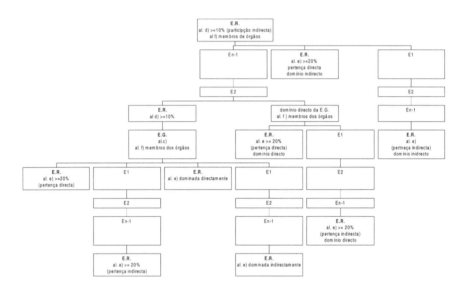

O presente quadro foi obviamente simplificado, na medida em que não comporta as situações da al. g) e h), sob pena de se tornar mais confuso que esclarecedor. No entanto, do mesmo ressaltam algumas características do sistema de proibições legal.

Por um lado, o domínio directo ou indirecto em si mesmo não releva. É certo que a grande maioria das situações de domínio se encontra prevista por via da al. d) na medida em que o que é comum é que as sociedades dominantes directa ou indirectamente tenham 10% ou mais da entidade gestora.

Por outro lado, estão abrangidas todas as situações em que tendencialmente a vontade da entidade gestora e da emitente ou detentora

Parte IV – Regime geral

dos valores é uma e a mesma, ou é formada com base em elementos comuns (membros de órgãos sociais coincidentes).

Finalmente, compreende-se a distinção de estrutura da norma da al. a) em comparação com as alíneas c) a h). Estas últimas referem-se a emissão e detenção de valores. Ora a entidade gestora em bom rigor não se pode considerar por si mesma e em sentido restricto a emitente directa das unidades de participação[416], dado que estas estão ligadas a cada fundo. Daí que a al. a) refira expressamente as relações de grupo, enquanto as restantes alíneas acabam por ser mais exigentes, indo para além destas relações.

Finalmente, o facto de haver situações que se encontram excluídas destas proibições estrictas (como as de domínio directo ou indirecto com menos de 10%, ou não coincidência de membros de órgãos de gestão – o caso, por exemplo em que coincidem os membros dos órgãos de fiscalização) não impedem que seja aplicável o regime geral dos conflitos de interesses.

Em lugar paralelo a este tema encontramos a regulação das "affiliated companies" e "affiliated persons" nos Estados Unidos (Sec. 2 (a) (2) – (3) Investment Company Act of 1940). O problema está associado ao facto de as entidades gestoras se integrarem em grupos societários, geralmente de natureza bancária e assumirem a gestão de um cada vez maior número de fundos (PIATTI, Laura; SUSI, Neomisio; Struttura dell'Industria, Asseti Proprietari e Profili di Informativa: Un' Analisi dei Fondi Comuni di Investimento Italiani; in CONSOB, *Quaderni di Finanza, Studi e Ricerche*, Volume II, n° 22 Novembre 1997, p.102, 111).

iii) *Valores colocados*

Também os valores colocados estão abrangidos pela proibição[417].

O sentido de colocação nesta norma é o comum do mercado primário e não o da colocação de unidades de participação. Não respeita, nestes termos a unidades de participação. Com efeito, refere-se a colocações pela entidade gestora. Ora, das duas uma: ou estas unidades de participação são as dos próprios fundos adquirentes, e esta aquisição encontra-se proibida, como acima se demonstrou, ou se trata de outros fundos, e esta questão já se encontra resolvida pela alínea. a) dos artigos em ques-

---

[416] Veremos melhor esta questão posteriormente.
[417] 21°/1/i DLFIM, 22°/1/i DLFII.

tão. O conceito de "valores" utilizado nesta alínea i) tem de ser, assim, entendido restritivamente, excluindo as unidades de participação[418].

Refere-se a valores colocados, seja pela entidade gestora, seja pelo depositário, seja por entidades que participem, directa ou indirectamente, em 10% ou mais no capital da entidade gestora.

No entanto, a lei consagra algumas excepções a esta proibição:

a) as emissões que se destinem a ser admitidas à cotação em bolsa
b) as emissões dos fundos públicos em sentido latíssimo, que já constituíam excepção ao regime de concentração de riscos[419]
c) emissões de obrigações que, embora não se destinem à cotação em bolsa[420], tenham emitentes que houvessem emitidos valores cotados em bolsa e com notação de *rating* A ou equivalente[421].

Para o *rating* como técnica de avaliação do risco de emissões ver o já citado MOTA, António, S. Gomes; TOMÉ, Jorge H. Correia; *Mercado de Títulos, Uma abordagem integrada*, Ed. Texto Editora, 2ª ed., Lisboa, 1991, pp. 187 ss.

---

[418] Poder-se-ia defender esta tese recorrendo à letra e afirmando que nesta alínea apenas se referem os "valores" enquanto nas anteriores se referem "valores mobiliários". Seria artificioso. Com efeito, o conceito de valores é ainda mais lato que o de valores mobiliários. A analise literal de pouco valia tem nesta sede. Pelo contrário, pode-se objectar contra esta visão restritiva que a exclusão das unidades de participação da norma teria ainda sentido. Com efeito, refere-se pela primeira vez o depositário, pelo que por esta via pela primeira vez a relação com o depositário teria relevância. Todas as unidades de participação colocadas pelo depositário estariam excluídas da faculdade de aquisição pelos fundos. Mas este entendimento seria excessivo. Em primeiro lugar, e como se sabe, é que é comum é que o depositário pertença ao mesmo grupo da entidade gestora, pelo que neste caso a aquisição de unidades de outros fundos geridos pelo depositário se encontraria proibida pelo 21º/1/a DLFIM e 22º/1/a DLFII. Já não se compreenderia que, caso fosse escolhido um depositário que não pertencesse ao grupo, e em que portanto as possibilidades de conflitos de interesses se encontrariam atenuadas, ainda mais se alargasse o elenco de proibições. Por outro lado, a referência ao cumprimento de um contrato de colocação pela entidade gestora indicia que é a outros valores que se refere. Nada impediria que a entidade gestora de um fundo fosse a colocadora de um outro. Nada impediria que existisse esta proibição por conflito de interesses. Mas a verdade é que o sentido da norma parece tender para se considerar que as unidades de participação não serem abrangidas por ela.

[419] 20º/3 DLFIM, 21º/2 DLFII.

[420] Esta restrição decorre da redacção da primeira excepção, os valores a admitir em bolsa.

[421] A referência ao 5º/1 DLFII no 22º/1/i DLFII equivale à redacção do 21º/1/i DLFIM nesta última parte.

IV. *Relevância das proibições*

As proibições de aquisição expostas pela sua complexidade podem suscitar dúvidas, sobretudo num mercado em que as participações sociais são muito flutuantes, e em que existe a intervenção de terceiras entidades, muitas vezes com uma ligação muito ténue com as entidades em causa (entidade gestora e no caso da al. i) o depositário). Muitas vezes as participações nas empresas resultam de uma mera estratégia financeira, sendo que as entidades dominantes por vezes nunca chegam a aparecer às dominadas enquanto tal por falta de interesse no domínio, ou apenas aparecem em momentos estratégicos. Outras vezes, o domínio estabelece-se por via de empresas mais ou menos fictícias, com frequência sediadas em zonas off-shore ou paraísos fiscais, de tal modo que a titularidade última das participações se torna de difícil percepção. É certo que esta situação em si mesma não exclui o conhecimento ou a possibilidade de conhecimento das participações. O grupo todo, ou pelo menos as entidades gestoras e os depositários, até pela sua dimensão, conhece frequentemente esta disseminação das participações. Mas a lei não podia deixar de ter em consideração este facto, que regulou em sede de relevância das proibições[422].

Com efeito, as relações de participação indirecta e de domínio apenas são relevantes para efeitos de proibições de aquisição desde que sejam do conhecimento da entidade gestora ou razoavelmente devam sê-lo[423].

Estão excluídas desta restrição as participações directas, tanto as participações directas na entidade gestora como as de que esta é titular.

Por outro lado, estão igualmente excluídas as relações, que embora não sejam do conhecimento desta entidade, razoavelmente devessem sê-lo. Este é o caso nomeadamente das participações e relações de domínio de que foi feita publicidade nos locais previstos na lei[424].

---

[422] A situação é tanto mais agravada quanto a verdade é que no caso dos fundos mobiliários não estamos perante um mercado diminuto como o português mas perante aquele que é talvez o maior mercado de capitais do mundo, o europeu.

[423] 21º/3 DLFIM, 22º/2 DLFII.

[424] Cf., nomeadamente, os 339º/2, 345º, 348º Cd.MVM.

É evidente que a questão é bem mais complexa. As relações de participação indirecta podem ser bem difíceis de estabelecer, bem como as relações de domínio. No entanto, temos apesar de tudo elementos de orientação. É que a diligência exigida às entidades gestoras neste conhecimento tem de ser, não a diligência média, mas segundo elevados níveis de diligência e competência (658º Cd.MVM).

Questão é a de saber qual o estatuto desta cláusula sob o ponto de vista infraccional. Não tem grande sentido afirmar que se trata de um regime especial em matéria de

V. Regime geral e consequências de aquisições ou detenção de valores não permitidos

Só depois de dissecado o regime legal das proibições de aquisição em geral, tanto as relativas à proibição de concentração de riscos, como as relativas à prevenção de conflitos de interesses e de protecção da transparência, se pode estabelecer um regime geral destas mesmas proibições.

As aquisições referidas na lei são originárias ou derivadas. Com efeito irreleva para efeitos dos valores protegidos (concentração de riscos, conflito de interesses, transparência) o modo de aquisição dos valores ou saber se se trata de uma subscrição, ou de uma compra.

A lei americana tem consciência da aquisição poder ser originária ou derivada, como se verifica em várias normas e nomeadamente na Sec. 12 (e) Investment Company Act of 1940, que reza "purchase or otherwise acquire".

Estão abrangidas as aquisições a título oneroso, bem como as gratuitas desde que modais ou envolvendo qualquer espécie de responsabilidade para os fundos. Se uma doação for modal, ou, mesmo não o sendo, se os valores mobiliários adquiridos[425] implicarem qualquer responsabilidade para os fundos, mais uma vez os valores protegidos mantêm a sua plena vigência.

Fica por saber se as doações puras, em relação a valores que não impliquem qualquer espécie de responsabilidade são possíveis. É certo

---

imputação subjectiva. Com efeito, desnecessário seria, na medida em que já as exigências em matéria de dolo e negligência trariam resultados semelhantes. Apenas teria sentido como uma condição de punibilidade autónoma. O conhecimento das participações e domínio seria, assim, excluído do tipo, que se bastaria com a representação ou não das aquisições de valores. No entanto, isto teria como consequência a definição de um tipo bastando-se com a mera aquisição de valores, que é uma actividade adequada socialmente à sua actividade, que é a sua actividade natural. Assim sendo, apenas se vê, salvo melhor opinião, uma saída para este problema: a norma não tem relevância em sede infraccional, visando apenas regular os efeitos privatísticos desta aquisição. É, nomeadamente uma norma da relevância das nulidades que entretanto se operem por força da violação do mesmo regime de proibições.

[425] Convém não esquecer, que sobretudo em relação aos fundos que adquirem valores estrangeiros poderemos estar perante valores que impliquem responsabilidade limitada, ou deveres especiais de suprimento ou outros, dado o direito societário não se encontra intencionalmente, nem sequer a nível europeu, integralmente harmonizado.

que não é típico que neste mercado se façam doações, e muito menos a entidades massificadas. A hipótese não é, não obstante, académica. Pode-se pensar na hipótese de uma empresa que pretende contribuir para um complemento de reforma dos seus empregados financiando um fundo de que estes são participantes. Nesta hipótese, e tendo em conta o regime visar proteger a transparência tanto quanto os conflitos de interesses pareceria que esta doação não seria permitida. No entanto, e tendo em conta que com frequência os fundos têm esta finalidade social seria excesso de rigorismo impedi-lo. Esta permissão apenas pode ser entendida, nestes termos com duas restrições (sob pena de a aquisição pelo fundo ser proibida):

a) ser enquadrada na finalidade do fundo e visando o doador a mesma finalidade com a sua doação;
b) ser respeitado o princípio da transparência, devendo ser dada publicidade à doação por forma a que a melhor situação do fundo seja conhecida como fruto de um facto excepcional[426].

Por outro lado, as aquisições em causa apenas são lícitas quando resultem do exercício de direitos de subscrição inerentes a valores mobiliários que integrem o fundo ou em casos alheios à vontade da respectiva entidade gestora (aquisições excepcionalmente permitidas)[427]. Mas o regime em questão não abrange apenas as situações de aquisição. Abrange igualmente situações em que, independentemente de qualquer aquisição, e mantendo-se os mesmos valores na esfera dos fundos, por qualquer razão os limites são ultrapassados. Ou seja, a norma tem um duplo domínio de aplicação: as aquisições excepcionalmente lícitas, e as ultrapassagens de limites independentes de aquisição.

Dos factos voluntários, apenas se excluem da proibição a subscrições no exercício de direitos de subscrição. Ou seja, mesmo que o fundo adquira valores que incorporem warrants que não sejam de subscrição, a única possibilidade lícita que resta às entidades gestoras é a venda destes

---

[426] Infelizmente nesta matéria o 344º Cd.MVM não se encontra ainda regulamentado quando as unidades de participação se encontrem cotadas. De qualquer modo, o regime dos fundos carecia de regulamentação por forma a abranger em geral esta situação quando e nos termos em que ela fosse lícita.

[427] 22º DLFIM, 23º DLFII. 26º/1, 2 DFI. Esta norma tem um sentido mais vasto, como mais tarde se poderá apreciar. No entanto, e para os efeitos que ora interessam, tem uma feito excludente da proibição de aquisição.

direitos. O regime legal compreende-se, embora esteja ainda algo preso a uma concepção societária e de não de mercado dos valores mobiliários. É que a hipótese em que se pensa é sobretudo a que se traduz na aquisição de acções por aumentos de capital social. Ou seja, pensa-se em casos em que há uma inevitabilidade relativa da aquisição originária dos valores (dado que os aumentos de capitais não dependem das entidades gestoras, e recusar-se a subscrever pode traduzir-se em perdas para os fundos). No entanto, outras hipóteses podem ocorrer. Com efeito, existem várias modalidades de valores que incorporam warrants de diferente natureza (de aquisição, de aquisição, de escambo, entre outras). Por outro lado, existem valores que incorporam warrants de subscrição que em nada diferem deste últimos quanto à evitabilidade da sua aquisição. Quem compra uma obrigação com um warrant de subscrição sabendo que o aumento de capital vai ocorrer em determinada data tem uma posição algo semelhante a quem comprou uma obrigação com um warrant de aquisição. De qualquer forma esta excepção respeita apenas aos valores que incorram direitos de subscrição.

> Os "warrants" que aqui se referem são os chamados "warrants" financeiros e não os certificados de depósito de armazéns gerais referidos por MESSINEO, Francesco, *Operaciones de Bolsa y de Banca*, Estudios Jurídicos, BOSCH, Barcelona, 1957, p. 353.

Os casos alheios à vontade são em geral aqueles em que a entidade gestora não determinou a sua ocorrência. Não podem ser exaustivamente delimitados, mas apenas tipificados. É nomeadamente, o caso:

a) dos aumentos de participação numa sociedade por o capital social desta se ter reduzido de modo não uniforme (os quotistas de uma sociedade por quotas fazendo parte do grupo decidem contra a vontade ou independentemente da vontade da entidade gestora amortizar a sua quota);

b) a criação de uma relação de domínio por aquisição por uma emitente de valores que tem em carteira, nomeadamente em OPA;

c) do aumento da percentagem de titularidade de uma emissão por esta se ter reduzido (v.g. redução de empréstimo obrigacionista[428]

---

[428] Pense-se no caso de se ter acordado uma amortização antecipada do empréstimo com base em séries, o que em princípio não violaria o 355°/9 C. Soc. Comerciais.

ou extinção de outros empréstimos obrigacionistas que a sociedade havia emitido);

d) de adjudicação em juízo de um lote de valores em execução em que o fundo da sociedade gestora é um dos executantes.

Como efeito desta aquisição ou em geral da ultrapassagem dos limites existe uma obrigação de regularização da situação do fundo por forma a que se restabeleçam os limites[429]. Quanto ao modo, esta regularização pode traduzir-se em duas modalidades: ou na obrigação de revenda dos valores, ou na obrigação de revenda de outros valores cuja titularidade criou a situação. Exemplificando: se alguém passa a adquirir mais de 10% de valores emitidos por uma certa entidade (20°/2 DLFIM, 21°/1 DLFII) não é obrigado a revendê-los sem mais. Ou revende os valores que adquiriu ou vende outros da mesma natureza emitidos pela mesma entidade até ficar abaixo dos limites de 10%. Esta regularização tem um prazo, de seis meses. E uma excepção: salvo se a isso se opuser o interesse dos participantes. Mas a excepção refere-se apenas ao prazo. Um fundo não pode nunca perpetuar uma situação em que os limites são ultrapassados. Aquilo que se visa defender não é que os fundos incorporem estes valores, mas que nomeadamente a sua revenda se opere em tempo ou quantidades tais que o fundo seja com ela desfavorecido.

Mas fazem igualmente parte do regime geral as questões relativas às consequências jurídicas das aquisições ilícitas. Com efeito, se acima analisámos o regime das ultrapassagens lícitas dos limites ficam por saber quais os efeitos de uma aquisição ilícita.

A primeira, e de mais simples percepção, é a da sanção contra-ordenacional (671°-A Cd.MVM).

Sob o ponto de vista privatístico, a consequência da violação desta proibição legal seria, nos termos do 294° Cd.Civil, a nulidade das aquisições. No entanto, o regime da nulidade não se adequa sem mais à estrutura dos mercados secundários, *maxime* à das aquisições em bolsa e em mercados com estrutura equiparada[430]. Por outro lado, não teria muito sentido impor esta sanção nos casos em que o alienante não faz parte do grupo das entidades referidas no 21°/1 DLFIM e 22°/1 DLFII, que são aquelas contra as quais se dirige o fim de protecção da norma.

---

[429] 22° DLFIM, 23° DLFII. 26°/2 DFI.
[430] Cf. 174°/2, 179°, 180° Cd.MVM.

Nestes termos, há que distinguir. Se a aquisição é em mercado secundário, nunca poderá haver nulidade da operação, existindo uma obrigação de revenda dos valores (cf. 179º Cd.MVM). Repare-se que o regime é diferente do anterior. Não existe uma mera obrigação de regularização que se pode traduzir na revenda dos valores ou na venda de outros até à regularização. São os mesmos valores que têm de ser revendidos. Em segundo lugar, não existe o prazo de seis meses para o fazer. A revenda deve ocorrer mal existam condições no mercado para que o fundo não saia prejudicada com isso.

Se a aquisição é fora de mercado secundário, há ainda que distinguir. Se o alienante for uma das entidades relacionadas (E.R.'s) antes referidas, compreender-se-ia que já tivesse todo o sentido a plena aplicação do 294º C. Civil. É contra elas e por causa delas que a norma existe, ou melhor contra e por causa dos conflitos de interesses que elas podem gerar. Se não for uma das entidades relacionadas existe uma obrigação de revenda nos termos antes referidos. Com efeito, as entidades relacionadas têm o dever de saber que assumem esta qualidade quando contratam com os fundos.

Aceita-se, neste termos, parcialmente a tese defendida em TOMÉ, Maria João Romão Carreiro Vaz; *Fundos de Investimento Mobiliário Abertos*, Almedina, Coimbra, 1997, p. 77 – 80, quando se afirma que nem a nulidade nem oponibilidade resolvem esta questão. Mas o problema não se resume à responsabilidade civil. A situação gera responsabilidade contra-ordenacional e uma obrigação nova (de *facere*) de revender. Os argumentos de tipo contabilístico que invoca são ponderosos, na medida em que não se pode nem se deve impedir que estes valores venham a ser inscritos no activo do fundo, como é corrente com bens litigiosos. Mesmo que a nulidade opere *ope legis*, a verdade é que numa perspectiva económica a situação dos valores apenas se encontra definida com a aceitação da nulidade pela contraparte ou por decisão judicial. A verdade é que temos de ir à substância da situação. Se uma entidade relacionada acordar com a entidade gestora uma aquisição pelo fundo de certos valores estão ambos a actuar contra o disposto na lei. Foi a entidade gestora que criou *ex nouo* uma situação que desde a raiz viola a lei. No entanto, a posição defendida em texto deve ser matizada. É que, sendo nulas as transações, a verdade é que, ponderados os interesses em presença, poderíamos chegar a uma situação em que a titularidade dos valores e validade da sua aquisição se encontra controversa, provavelmente durante muitos anos, até se atingir uma solução judicial ou extrajudicial para ao problema. A solução melhor, que ultrapassa o purismo dos quadros civilísticos, é certo, mas que parece ser a que melhor se adequa ao regime legal dos fundos, preocupado antes

Parte IV – Regime geral

do mais com o interesses dos participantes, é a de se considerar que neste caso a entidade gestora pode revender os valores, mesmo sendo nula a aquisição. A legitimidade de tal revenda residiria não na validade do contrato de aquisição que lhe foi prévio, mas nas regras de boa administração dos fundos. Em termos substanciais, embora seja uma excepção à nulidade da (re)venda sem legitimidade, parece ser esta a melhor solução. A entidade gestora, de entre a solução da nulidade e a da revenda, deveria escolher aquela que corresponde a uma melhor administração do fundo. Esta nulidade, protecção do fundo contra actuações da entidade gestora, sejam elas dolosas ou não, apenas pode servir como arma de protecção do fundo, não podendo ser usada contra o fundo ou a sua supervisão.

Em geral existe, por outro lado, responsabilidade civil da entidade gestora perante os participantes, bem como de quem, nos termos gerais, se possa considerar serem comparticipantes (os alienantes, nomeadamente), e desde que preenchidos os pressupostos da responsabilidade (a culpa, nomeadamente).

Existe, no entanto, mais uma situação em que pode haver ultrapassagem dos limites previstos, que é a da alteração do regulamento de gestão[431]. Com efeito, os limites dependem, como já se estudou, também do que permite este regulamento. A solução passa por uma de duas vias: ou a aprovação da alteração do regulamento de gestão fica condicionada à regularização do fundo, ou caso nada seja feito a propósito, o fundo deverá regularizar a situação nos termos do 22° DLFIM, e 23° DLFII por analogia[432].

Uma outra hipótese que foi descurada pelo legislador é a que decorre da ultrapassagem dos limites por facto voluntário diferente da aquisição. Com efeito, a lei apenas exclui a ilicitude das aquisições excepcionalmente permitidas e dos factos alheios à sua vontade. A verdade é que, supervenientemente, e independentemente da aquisição para os fundos, que é a que é tratada no regime do 21°/1 DLFIM e 22°/1 DLFII, podem ocorrer violações dos limites legais. Imagine-se um fundo que tem valores emitidos por uma entidade com a qual não tem nenhuma relação. No entanto,

---

[431] 20°/3/b 21°/1/a DLFIM, 21°/2/b, 22°/1/a DLFII.

[432] Por analogia, dado que a alteração do regulamento do fundo não se pode considera alheio à vontade da entidade gestora. Daí que haja lacuna na lei e devamos falar em analogia em sentido próprio. Os problemas que esta situação pode trazer em sede infraccional são fáceis de verificar. A única solução seria a da CMVM emitir uma determinação no sentido da regularização ((nos termos conjugados do 20°, 21°, 36° DLFIM, 21°, 22°, 39° DLFII e 15°/r, 671°/1 Cd.MVM).

272 *Fundos de Investimento Mobiliário e Imobiliário*

posteriormente a entidade gestora vem a adquirir o domínio directo ou indirecto desta sociedade. Não se pode afirmar que a aquisição dos valores foi ilícita, na medida em que esta ilicitude se tem de aferir à data da sua aquisição. Não se pode igualmente afirmar que a ultrapassagem dos limites ocorreu de facto involuntário. No entanto, a verdade é que os limites foram ultrapassados. Se em relação a factos não voluntários existe um dever de regularização, por maioria de razão em relação aos voluntários este dever de regularização tem de existir nos termos acima expostos. A consequência para a falta de regularização por parte da entidade gestora é a sua responsabilidade civil caso daí decorram danos para os participantes. No entanto, é consabida a dificuldade de se provar a existência de danos nesta área e o estabelecimento de nexos de imputação entre os danos e a falta de regularização. De igual modo, e dado que a proibição é de aquisição, bem como o dever de regularização se encontra apenas previsto para situações de ultrapassagem de limites involuntárias ou decorrentes do exercício de direitos de subscrição, por força do princípio da tipicidade, esta situação não se pode considerar abrangida pelo artº 671º-A Cd.MVM em conjugação com as normas do regime dos fundos. A perseguição infraccional desta conduta apenas pode ocorrer por força da violação do regime de conflito de interesses, caso se verifiquem os seus pressupostos. De igual modo, pode haver lugar a determinação da CMVM no sentido da regularização da situação, que pode passar pela venda das participações fundamento dos limites ou pela venda, em circunstâncias não prejudiciais para o fundo, dos valores adquiridos.

A lei espanhola é algo diferente. Nos termos do 4.4. Reglamento de la Ley 46/1984, de 26 de deciembre, aprovado pelo Real Decreto 1393/ /1990, de 2 noviembre[433] não se consideram infracções estas ultrapassagens de limites se, cumulativamente a situação for regularizada e se a ultrapassagem tiver tido por fundamento alguma das causas referidas na lei, a saber: exercício de direitos inerentes aos valores em carteira, mudanças na valorização dos valores, redução do activo próprio da instituição (o que se compreende para os fundos personalizados), fusão de sociedades, redução dos valores em circulação pela entidade emitente, alterações nos grupos societários, e outros que regulamentarmente a CNMV espanhola estabeleça. Se, por outro lado, a violação dos limites exceder em 35% os mesmos limites (ou seja, se um limite for de 5%, se exceder 5% + 5%*35% = 5% + 1,75% = 6,75%), o prazo de regularização passa para seis meses, salvo de a CNMV atribuir um prazo mais alargado de regularização (4.4.§2º Reglamento de la Ley 46/1984, de 26 de deciembre, aprovado pelo Real Decreto 1393/1990, de 2 noviembre). Este regime, que parece à primeira

---

[433] Regulamentado pelo 1. Orden de 20 deciembre de 1990.

vista mais generoso que o português, na medida em que parece excluir a punibilidade da ultrapassagem dos limites, acaba por se aproximar dele por outra via. É que é estatuído que a excepção à punibilidade não ocorre se a ultrapassagem dos limites já existir à data da aquisição, tendo em conta os valores históricos de aquisição, salvo no caso de fusão de sociedades (4.4.§3° Reglamento de la Ley 46/1984, de 26 de deciembre, aprovado pelo Real Decreto 1393/1990, de 2 noviembre). Ou seja, se no momento da transação e por causa dela (a conduta) se ultrapassarem os limites, existe punibilidade. A concepção de uma responsabilidade infraccional pessoal, por facto próprio, levaria à mesma conclusão, tal como ocorre no Direito português.

A venda não é referida pelo legislador português, ao contrário do que se passa em Espanha nos termos do 6. Ley 46/1984, de 26 deciembre e 7. Reglamento de la Ley 46/1984, de 26 de deciembre, aprovado pelo Real Decreto 1393/1990, de 2 noviembre (também 6.1. Orden de 24 de septiembre de 1993). A verdade é que também se pode violar os conflitos de interesses por via de vendas, seja por vendas ruinosas para os fundos, sejam por financiamentos escondidos para os mesmos fundos. A lógica da lei portuguesa é suficiente para os valores emitidos. Com efeito, se não podem adquiri-los, não podem por definição revendê-los. Mas já quanto aos restantes o problema mantém toda a sua pertinência. Ver RODRÍGUEZ ARTIGAS, Fernando; Instituciones de Inversión Colectiva, in: ALONSO UREBA, Alberto, MARTINEZ-SIMANCAS Y SANCHEZ; Julian; *Derecho del Mercado Financiero*; Tomo I, Volume 1, *Entidades del Mercado Financiero*, Editorial Civitas, Madrid, 1994, p. 277 ss.

Em Itália, a ultrapassagem dos limites é admitida nos casos de exercício de direitos decorrentes de acções em carteira. No entanto, existe um dever de regularização no mais curto espaço de tempo possível tendo em conta os interesses dos participantes (4.12. Legge 23 marzo 1983, n. 77 (in G.U. 28 marzo 1983, n. 85)).

A lei suíça esclarece que os limites têm de ser cumpridos permanentemente, havendo um dever de regularização num prazo razoável, tendo em conta os interesses dos investidores (27.1., 27.2. Ordonnance du Conseil Fédéral sur les Fonds de Placement du 19.10.1994).

Nos Estados Unidos o regime é bastante diferente, embora tenha uma raiz comum. É que o princípio da divisão de riscos nas "investment companies" que se qualificam de "management companies" (a categoria residual destas "investment companies") apenas se aplica às "diversified companies" (Sec. 5 (b) Investment Company Act of 1940). No entanto a lei permite na mesma secção que existam "non-diversified companies". O problema não é assim de licitude mas antes e em primeiro lugar de qualificação. Ora, o que estatui a Sec. 5 (c) Investment Company Act of 1940 é que uma empresa não deixa de ser "diversified" caso as regras de

274   *Fundos de Investimento Mobiliário e Imobiliário*

estrutura patrimonial não sejam cumpridas por facto diferente de aquisição por ela de valores.

A obrigação de regularização já se encontrava, quanto aos limites nele estabelecidos, no 10°/§1° Dec.-Lei n.° 46 342, de 20 de Maio de 1965, dever este que tinha o prazo de um ano.

SUBSECÇÃO III

VICISSITUDES DOS FUNDOS

Os fundos não são realidades estáticas, existentes desde sempre, nem para sempre constituídas. Mesmo que tenham duração indeterminada sofrem vicissitudes, como todas as situações jurídicas. Na sua estrutura geral, esta vicissitudes são por demais conhecidas: constituição, modificação (objectiva e subjectiva) e extinção. Mas como realidades institucionalizadas têm regimes específicos que conformam a sua vida.

I. *Constituição*

A constituição de um fundo é um fenómeno eminentemente processual. Não decorre de um só facto ou de um mero conjunto de factos, mas pressupõe uma sequência lógica e finalística de factos que se organizam em fases específicas.

i) *Fase do pedido*

Os fundos não se constituem oficiosamente. Dependem de apresentação de pedido de autorização nesse sentido pela entidade gestora[434]. Este requerimento tem de ser acompanhado:

a) do projecto de regulamento de gestão
b) contratos celebrados com o depositário
c) contratos celebrados com as entidades colocadoras, caso existam.

Não me parece necessário que a constituição de um fundo tenha de decorrer de decisão de assembleia geral da entidade gestora, tal como é defendido para a sociedades gestoras por TOMÉ, Maria João Romão Carreiro Vaz; *Fundos de Investimento Mobiliário Abertos*, Almedina,

---

[434] 17°/1 DLFIM, 18°/1 DLFII.

Coimbra, 1997, p. 54. É certo que neste último caso, e dado que se trata da sua actividade exclusiva, tendo a gestão dos fundos um peso diferente que tem para a instituições de crédito, maiores cautelas há que ter em matéria de decisão de constituição de fundos. No entanto, nada me parece impedir que a constituição do fundo seja poder do conselho de administração (406° Cd. Soc. Comerciais) da entidade gestora. Isto, obviamente, sem prejuízo de regra contrária do pacto social da mesma. É que não se pode esquecer que esta solução não atribui um poder ilimitado à administração. Esta encontra-se limitada pelas regras relativas ao fundos próprios e à boa administração dos fundos.

ii) *Fase instrutória*

A CMVM pode solicitar informações complementares ou sugerir alterações ao regulamento de gestão que considere necessárias[435].

Na redacção original dos diplomas dos fundos uma cópia do requerimento e documentos que o acompanham, bem como das informações complementares e dos documentos alterados eram enviados para o Banco de Portugal, que emitia parecer no prazo de 30 dias a contar da recepção dos mesmos, ou das informações complementares, sendo caso disso[436].

iii) *Fase da decisão*

Regime geral

A constituição dos fundos depende de autorização da CMVM (no regime original, com parecer favorável do Banco de Portugal)[437]. Este

---

[435] 17°/2 DLFIM, 18°/2 DLFII.

[436] 17°/2 (na sua redacção original), 3 DLFIM, 18°/2 (na redacção original), 3 DLFII.

[437] 17°/1 DLFIM, 18°/1 DLFII. Antes suscitava-se um problema relativamente a este parecer. Caso este parecer não fosse dado no prazo de 30 dias previsto na lei, o procedimento prosseguia independentemente deste parecer (99° CPA). O facto de a lei exigir que o parecer seja favorável não significa que é vinculativo. Apenas significa que, caso seja desfavorável, a CMVM estava vinculada ao parecer caso este seja desfavorável, não podendo autorizar o fundo. mas não significa que, caso seja favorável, a CMVM esteja obrigada a autorizá-lo. Sobre o tema, hoje em dia histórico, ver TOMÉ, Maria João Romão Carreiro Vaz; *Fundos de Investimento Mobiliário Abertos*, Almedina, Coimbra, 1997, p. 29. CORDEIRO, António Menezes; *Manual de Direito Bancário*, Almedina, Coimbra, 1998, p. 272, ainda refere a necessidade de parecer favorável do Banco de Portugal, apesar de a lei já haver sido alterada em 1997.
Este era o princípio do 4°/1 DFI.

276 Fundos de Investimento Mobiliário e Imobiliário

poder é discricionário tendo como finalidade a protecção dos investidores e do mercado em geral.

No entanto, se a concessão da autorização é discricionária há fundamentos de recusa obrigatórios. Negativamente, a CMVM não pode autorizar um fundo em violação da lei, nomeadamente:

a) se a entidade gestora, o depositário ou colocadores não obedecerem aos requisitos legais (tipicidade, requisitos em matéria de fundos próprios, registo prévio na CMVM como intermediário financeiro, quando seja o caso, entre outros)

b) se o regulamento de gestão violar a lei (*maxime*, regime dos fundos, das cláusulas contratuais gerais, ou o Cd.MVM)

c) se os contratos (*maxime* com o depositário) violarem a lei, nomeadamente por a entidade gestora renunciar ou partilhar poderes exclusivos da gestão.

A decisão tem de ser notificada em 90 dias a contar da data da recepção do pedido ou 120 dias no caso de aperfeiçoamento instrutório[438].

Na falta de notificação da decisão nos prazos legais o regime é o do indeferimento tácito[439].

As instituições de investimento colectivo em geral dependem de autorização do Ministro das Finanças nos termos do 8.1. Ley 46/1984, de 26 deciembre, e do 9. Reglamento de la Ley 46/1984, de 26 de deciembre, aprovado pelo Real Decreto 1393/1990, de 2 noviembre. A autorização para os fundos de pensões em Espanha depende do Ministro das Finanças nos termos do 28.4. Real Decreto 1307/1988, de 30 septiembre. Para as instituições de investimento colectivo em Espanha o regime é igualmente de indeferimento tácito, sendo o prazo para decisão de seis meses (2.3. Orden de 24 de septiembre de 1993).

Em França depende de aprovação da C.O.B. a constituição das OICVM (JUGLART, Michel de; IPPOLITO, Benjamin; *Traité de Droit Commercial, Tome 7, Banques et Bourses*, Montchrestien, 3 ed., Paris, 1991, p. 763). Mais pormenorizadamente ver PEZARD, Alice; *Droit des Marchés Monétaire et Boursier*, Editions du J.N.A., Paris, 1994, p. 244,

---

[438] 17°/4 DLFIM, 18°/4 DLFII.

[439] 17°/5 DLFIM, 18°/5 DLFII. A expressão presunção de indeferimento tácito é a que decorre do 109° CPA e visa a impugnabilidade judicial do acto.

443. Em geral os actos da C.O.B. são recorríveis para os tribunais judiciais desde 1989. No entanto, a autorização dos fundos ainda é da competência do tribunal administrativo (PEZARD, Alice; *Droit des Marchés Monétaire et Boursier*; Editions du J.N.A., Paris, 1994, p.437).

De igual modo depende em Itália de autorização do Ministro do Tesouro, regendo no entanto o deferimento tácito (1.2, 1.3., 1.4., 7.3.b. Legge 23 marzo 1983, n. 77 (in G.U. 28 marzo 1983, n. 85)). Nas SICAV ver o 9.1. Decreto Legislativo 25 gennaio 1992, n. 84 (in G.U. 14 febbraio 1992, n. 37). Esta autorização obedece às regras processuais constantes do Decreto Ministro del Tesoro 27 giugno 1992 (in G.U. 9 luglio 1992, n.160). A autorização de constituição de um SICAV encontra-se regulamentada no Decreto Ministro Tesoro 29 luglio 1992 (in G.U. 5 agosto 1992, n. 183).

Os fundos não autorizados na Suíça sujeitam-se a uma de duas consequências: ou a comissão federal dos bancos as obriga a sujeitar-se às regras dos fundos, ou pode impor a sua dissolução (58.2. Loi Fédérale sur les Fonds de Placement, du 18.03.1994).

No Reino Unido, os "unit trust schemes" precisam de autorização do Secretary of State nos termos da Sec. 77 Financial Services Act 1986. Nos termos da Sec. 78(7) Financial Services Act 1986 este tem seis meses para decidir sobre o pedido. Na hipótese não serem autorizados, não existe ilicitude enquanto tal do fundo, mas este não pode proceder a promoção por telefone ("cold call") do mesmo, nem pode comercializá-los no Reino Unido (*O.P.C.V.M. 90, Où et Comment s'Implanter en Europe?*, Séminaire de Direction de Banque, La Revue Banque Éditeur, Tome I, Paris 1990, p. 23).

No Brasil, os fundos imobiliários precisam de autorização prévia da Comissão de valores mobiliários nos termos do 3. Instrução CVM nº 205, de 14 de Janeiro de 1994. No entanto, esta autorização prévia ao seu funcionamento é posterior ao encerramento da subscrição das unidades de participação, não nos podendo esquecer que no Brasil, como se viu na tipologia dos fundos, apenas existem fundos imobiliários fechados (4.II. Instrução CVM nº 205, de 14 de Janeiro de 1994).

Nos Estados Unidos as "investment companies" carecem de registo junto da Securities and Exchange Commission (Sec. 8 Investment Company Act of 1940), sob pena de não poderem exercer quaisquer das actividades da Sec. 7 Investment Company Act of 1940. Por outro lado, a emissão de quaisquer valores mobiliários de que são emitentes as "investment companies" carece de registo junto da SEC (Sec. 24 (a) Investment Company Act of 1940). O registo deve ser actualizado anualmente, sendo certo que, no caso das "open-end companies" estas podem registar "an indifinite number of securities" no entendimento da SEC (HAZEN, Thomas Lee; *The Law of Securities Regulation*, West Publishing Co., 2ª ed., St. Paul, Minn., 1990, p. 885 – 886).

278 *Fundos de Investimento Mobiliário e Imobiliário*

Regime especial dos fundos fechados

No caso dos fundos fechados, quando o interesse do investidor o justifique, poderá ser recusada a constituição de novos fundos fechados enquanto não estiver inteiramente realizado o capital de outros fundos fechados administrados pela mesma entidade gestora[440].

O âmbito de especialidade desta norma tem de ser devidamente entendido. O juízo comparativo com outros fundos na concessão ou recusa da autorização de novos fundos pode e deve ter sempre lugar. No entanto, este juízo incide sobre a qualidade da gestão dos já existentes e a capacidade de gerir mais um fundo. A real especialidade desta norma é que abstrai de um juízo de capacidade da entidade gestora para gerir mais um fundo ou da sua gestão dos já existentes. Por razões de prudência, e em relação aos fundos fechados, apenas se permite que não seja concedida a autorização. Isto porque uma sociedade com vários fundos fechados não integralmente subscritos condena-os a não poderem ser negociadas em bolsa as suas unidades de participação. Também porque um fundo fechado não integralmente subscrito sucedido de um outro novo pode ser abandonado à sua sorte, havendo sempre o perigo da entidade gestora se desinteressar da integral subscrição do primeiro. Nos fundos abertos já não existe este perigo, na medida em que por definição nunca há integral subscrição dos fundos ou se se preferir, esta subscrição é sempre integral.

iv) *Fase da constituição* stricto sensu

Um fundo considera-se constituído na data do primeiro dia designado para subscrição[441]. Repare-se que não é na data do primeiro dia em que se colocou facticamente à subscrição. Se a subscrição começou antes da designação, a subscrição das participações sociais é nula, por violação da lei.

O facto constitutivo do fundo é assim o da designação de data para primeiro dia da subscrição. Este acto obedece a um regime particular-

---

[440] 17º/3 DLFIM, 18º/3 DLFII.

O regime do 1º/3 Dec.-Lei nº 229- C/88, de 4 de Julho era mais apertado, na medida em que não permitia pura e simplesmente a constituição de novos fundos fechados. No entanto, verificou-se aqui um afastamento do regime do 114º/1 Cd.MVM, nos termos do 114º/4/b Cd.MVM.

[441] 17º/6 DLFIM, 18º/6 DLFII.

mente complexo. O acto de designação em questão é um negócio jurídico unilateral da entidade gestora. Não é um mero acto declarativo, na medida em que se destina à produção de efeitos jurídicos, a constituição do fundo. Quanto aos *pressupostos* está dependente de decisão prévia da CMVM para a autorização do fundo. Quanto à *forma*, tem de ser comunicado à CMVM. Quanto ao *conteúdo* está limitado pelo conteúdo da autorização (o que foi autorizado foi um fundo com um determinado regulamento de gestão, uma entidade gestora, um depositário, certas entidades colocadoras, todos eles bem determinados), e pelo prazo de 90 dias.

A lei reza que " dispõe que um período de 90 dias para colocar à subscrição ". É evidente que não é o prazo máximo para o fim da subscrição. Esta é uma norma geral, que se aplica tanto aos fundos abertos como aos fundos fechados. Ora, nos fundos abertos não existe prazo final de subscrição por definição. O prazo que aqui se refere tem de ser, neste termos, o prazo do início da colocação à subscrição. Por outro lado, o 17º/ /6 DLFIM refere a "sociedade gestora" e não em geral a entidade gestora. A verdade é que o 18º/6 DLFII refere expressamente a "entidade gestora". Numa interpretação literalista (nem sequer mereceria a qualificação de literal), esta norma seria especial para os fundos mobiliários e apenas respeitaria às sociedades gestoras no sentido técnico. Esta expressão apenas pode ser compreendida como mero lapso do legislador. A entidade gestora é sempre uma sociedade comercial no Direito português e é gestora. Daí que por aglutinação neste caso tenha sido chamada de sociedade gestora. Mas é evidente que se está a referir às entidades gestoras em geral.

O momento da constituição tem efeitos importantes:

a) em primeiro lugar, apenas podem ser subscritas unidades de participação de fundos constituídos
b) em segundo lugar dele depende o regime da revogação precoce como abaixo veremos
c) em terceiro lugar, a liquidação dos fundos a pedido dos participantes nos fundos fechados depende também da data de constituição do fundo, como veremos igualmente a propósito da extinção dos fundos.

A constituição do fundo em Espanha pode ocorrer por dois processos diferentes, sem prejuízo do que em sede da dogmática dos fundos se analisará. Ou pela colocação em comum dos activos (17.1 Ley 46/1984, de 26 deciembre) antes da sua comercialização pública, ou pela subscrição pública das participações (17.3 Ley 46/1984, de 26 deciembre). Ou seja,

280   *Fundos de Investimento Mobiliário e Imobiliário*

em Espanha admitem-se duas formas diferentes de constituição de fundos: numa, um património já existente "ab initio" é "vendido" ao público, noutra, o património inicial é integralmente constituído pela subscrição pública. Em Portugal apenas existe o segundo sistema. Para os fundos imobiliários exige-se um património mínimo inicial de 1.500 milhões de pesetas (74.1. Reglamento de la Ley 46/1984, de 26 de deciembre, aprovado pelo Real Decreto 1393/1990, de 2 noviembre, na redacção do Real Decreto 686/1993, de 7 de mayo). No caso das sociedades de investimento imobiliário (fundos personalizados) exige-se um capital mínimo de 1.500 milhões de pesetas nos termos do 12.1. Orden de 24 de septiembre de 1993). No caso dos fundos imobiliários, o mesmo património inicial é exigido (16.1. Orden de 24 de septiembre de 1993). Em termos impressivos, isto permite-nos afirmar que os fundos portugueses (salvo os imobiliários com subscrição particular, como veremos) são sempre "shell companies" (*Dictionnaire Anglais des Affaires, du Commerce et de la Finance*, Routledge, London, 1996, p. 937, 938; DOWNES, John; GOODMAN, Jordan Elliot; *Dictionary of Finance and Investment Terms*, Barron's, 4ª ed., New York, 1995, 530).

Em Espanha, a constituição do fundo obedece a uma regra de segurança especial, constante do 37.2. Reglamento de la Ley 46/1984, de 26 de deciembre, aprovado pelo Real Decreto 1393/1990, de 2 noviembre. A entidade gestora tem três meses para começar o investimento das contribuições para o fundo. Ou seja, não se permite que indefinidamente a entidade gestora mantenha o numerário sem o investir.

Em Itália, mas sem pretensões dogmáticas e a entender com cautela, afirma-se que a aprovação do regulamento de gestão pela entidade gestora é o momento da constituição do fundo (PIATTI, Laura; SUSI, Neomisio; Struttura dell'Industria, Asseti Proprietari e Profili di Informativa: Un' Analisi dei Fondi Comuni di Investimento Italiani; in CONSOB, *Quaderni di Finanza, Studi e Ricerche*, Volume II, nº 22 Novembre 1997, p. 121).

No Brasil o sistema parece ser, não o da autorização prévia, mas o da comunicação posterior à da constituição do fundo, agora ao Banco Central do Brasil nos termos do 29. Regulamento Anexo à Circular nº 2.594, de 21 de Julho de 1995, do Banco Central do Brasil e 29. Regulamento Anexo à Circular nº 2.616, de 18 de Setembro de 1995 do Banco Central do Brasil. Já quanto aos fundos imobiliários o regime é o inverso do português. A constituição (lícita) do fundo é prévia à emissão das unidades de participação em Portugal. No Brasil, tendo em conta que por constituição se entende o início da sua actividade operacional em relação aos activos subjacentes (é o que parece decorrer dos 3., 4.II., e 5. Instrução CVM nº 205, de 14 de Janeiro de 1994) a emissão das unidades de participação é prévia à sua constituição (8., 9. Instrução CVM nº 205, de 14 de Janeiro de 1994).

v) *Fase da colocação*

A fase da colocação à subscrição já vai para além da fase constitutiva quanto à estrutura. mas está-lhe funcionalmente ligada. É o elemento funcional (e não genético) da fase constitutiva. Um fundo não tem razão de ser sem a sua dimensão funcional. Constituído o fundo, este tem de ser colocado à subscrição.

A lei não se pronuncia directamente sobre quais as consequências imediatas de o fundo não ser colocado à subscrição na data designada. Caso ocorra esta hipótese, não existe nenhum ilícito em si mesmo por parte da entidade gestora[442]. O que pode ocorre é, como veremos a possibilidade de revogação do fundo[443].

Este instituto coloca-nos o problema da duração da colocação permitida. Nos fundos abertos, esta dura todo o tempo em que durar a actividade o fundo, por definição. Nos fechados, coloca-se o problema de saber se são aplicáveis as regras gerais relativas ao mercado primário. Pela complexidade do tema mereceria um estudo monográfico que aqui não se fará, apenas se suscitando a questão para memória futura.

II. *Modificação*

Quanto às modificações do fundo, estas podem-se tipificar em quatro níveis diferentes.

As mais importante são as genéticas, que decorrem da alteração do regulamento de gestão, que requerem em princípio autorização da CMVM com parecer favorável do Banco de Portugal, salvo algumas excepções, e carecendo de publicação[444].

Os fundos mobiliários abertos não podem fechar, nos termos do artº 47º DLFIM. Mas os restantes? A lei não impede liminarmente que os fundos fechados abram em geral e que os fundos imobiliários abertos fechem. O sentido da prescrição legal tem o seu fundamento no Direito Comunitário. Com efeito, são apenas harmonizados, como vimos, os fun-

---

[442] Poderá praticar um ilícito, isso sim, caso tenha informado os seus clientes da data ou os tenha aconselhado a guardar o seu dinheiro para o investimento nestas unidades e estes tenham vindo a sofrer prejuízos com o factos.

[443] 17º/7 DLFIM, 18º/8 DLFII.

[444] 18º/5 a 8 DLFIM, 19º/5 a 8 DLFII.

282 Fundos de Investimento Mobiliário e Imobiliário

dos mobiliários abertos. O que visa o 47° DLFIM é impedir que os fundos harmonizados o deixem de ser. Quanto aos restantes, cabe à entidade gestora demonstrar que a alteração não afecta os direitos e os interesses dos participantes.

Existem igualmente modificações funcionais, que decorrem da suspensão da subscrição e do resgate, a admissão, suspensão ou exclusão da cotação das unidades de participação do fundo.

Em terceiro lugar existem modificações qualitativas e quantitativas do fundo decorrentes das vicissitudes dos seus activos subjacentes em carteira. A extinção, modificação, aquisição, alienação ou constituição de novos activos (por exemplo, neste último caso, o nascimento de direitos equiparados, como os de subscrição), modifica a composição do fundo, alterando-o qualitativa e quantitativamente.

Em quarto lugar existem modificações valorativas do fundo decorrentes da modificação da valorização dos activos subjacentes (diminuição ou aumento do valor dos activos modifica o valor do fundo).

As vicissitudes dos fundos não obedecem, evidentemente a um simples desdobramento lógico de possibilidades. As suas ocorrências dependem dos regimes concretamente instituídos. O facto de em Portugal não existirem fundos personalizados obsta a que certas modificações possam ter lugar, ou, pelo menos, que se possa afirmar sem mais a sua licitude. Um delas é a da fusão ou cisão de fundos. Apesar de podermos sempre teoricamente recorrer ao regime societário paralelo, a falta de mecanismos de participação dos participantes nestas decisões impediria a sua real concreção. Por outro lado, a aceitar-se a sua consagração, apenas poderia haver lugar atribuindo-se a possibilidade de liquidação da participação. Mas para além destes obstáculos genéticos e de protecção dos investidores, a segurança impede que antes de uma maior maturação, se pense em criar tal possibilidade. Esta questão não se traduz em mero desdobramento lógico, na medida em que já ocorreu noutros países, nomeadamente como forma de superar crises bolsistas ou desafios de mercado (*O.P.C.V.M. 90, Où et Comment s'Implanter en Europe?*, Séminaire de Direction de Banque, La Revue Banque Éditeur, Tome I, Paris 1990, p. 35 – 36).

Em França, a fusão-absorção e a fusão-cisão são reguladas para as sociedades de investimento de capital fixo no 7.§3° Ordonnance n° 45--2710 du 2 novembre 1945. No caso dos S.I.C.A.V., estas modificações pressupõem autorização da COB (24. Loi n° 88-1201 du 23 décembre 1988) (JUGLART, Michel de; IPPOLITO, Benjamin; *Traité de Droit Commercial, Tome 7, Banques et Bourses*, Montchrestien, 3 ed., Paris, 1991, p. 763; PEZARD, Alice; *Droit des Marchés Monétaire et Boursier*, Editions du J.N.A., Paris, 1994, p. 470).

Em Itália, para os fundos mobiliários abertos refere-se a sua fusão e cisão no 2-ter. Legge 23 marzo 1983, n. 77 (in G.U. 28 marzo 1983, n. 85). AS SICAV têm a sua fusão prevista no 3.3. Decreto Legislativo 25 gennaio 1992, n. 84 (in G.U. 14 febbraio 1992, n. 37), que implica a suspensão da dissolução da mesma, caso tenha atingido um património inferior ao mínimo legal. A sua fusão e cisão encontra-se prevista genericamente no 12. Decreto Legislativo 25 gennaio 1992, n. 84 (in G.U. 14 febbraio 1992, n. 37).

No Brasil, as transformação, cisão, fusão, incorporação do fundo de investimento financeiro, são previstas em geral no 22. Regulamento Anexo à Circular nº 2.594, de 21 de Julho de 1995, do Banco Central do Brasil e 22. Regulamento Anexo à Circular nº 2.616, de 18 de Setembro de 1995 do Banco Central do Brasil. Nos fundos imobiliários dependem de prévia autorização da CVM nos termos do 7.V. Instrução CVM nº 205, de 14 de Janeiro de 1994.

No Reino Unido, o "amendment of the scheme" depende de regulamentação do Secretary of State, nos termos da Sec. 81(2)(g) Financial Services Act 1986. As alterações do fundo dependem de autorização do Secretary of State (Sec. 82 Financial Services Act 1986).

A modificação dos fundos é considerado fundamento para a sua regulação federal na Sec. 1 (b) (6) Investment Company Act of 1940. O regime dos "plans of reorganization" encontra-se na Sec. 25 Investment Company Act of 1940.

III. *Transmissão da gestão*

Como modificação subjectiva do fundo existe apenas a transmissão da gestão. Com efeito, os fundos enquanto tais não são passíveis de transmissão. Mesmo que a carteira dos fundos fosse toda transmitida, enquanto universalidade de facto, o fundo enquanto instituição não se transmitia. Por outro lado, é certo que existem modificações (subjectivas na aparência) de alguns sujeitos fundamentais para os fundos, como do depositário ou mesmo das entidades colocadoras. Mas essas são em rigor modificações objectivas, do regulamento de gestão. É certo que a modificação da entidade gestora também se incorpora no regulamento de gestão. Mas existe uma profunda diferença entre a entidade gestora e os restantes sujeitos. A existência de uma entidade gestora independentemente dos requisitos que a lei lhes imponha, é uma necessidade lógica dos fundos. Não existem fundos sem quem os administre. A referência para as outras entidades, por mais importantes que sejam, é apenas uma necessidade de regime.

284 Fundos de Investimento Mobiliário e Imobiliário

A substituição da entidade gestora obedece a um regime apertado[445].

A competência para a substituição incumbe à CMVM (antes devia ser previamente ouvido o Banco de Portugal). Este poder de autorização da substituição depende do acordo do depositário. Se este não der o seu acordo, não pode haver transmissão da gestão. De igual modo, embora a lei não o afirme expressamente, pressupõe o acordo da entidade gestora substituta. Nenhuma entidade pode ser obrigada a gerir um fundo que não constituiu. De igual modo, apenas excepcionalmente pode ser concedida esta substituição.

A substituição da entidade gestora depende sempre de pedido, não podendo ser oficiosamente promovida pela supervisão.

Este pedido, dado que implica a alteração do regulamento de gestão, pressupõe a apresentação do projecto do novo regulamento de gestão e o contrato com o depositário, bem como os contratos que tenham sido feitos com as colocadoras que já existam[446]. Tendo em conta a natureza excepcional do facto, o requerimento deve ser devidamente fundamentado, explicando as razões que fundam a natureza excepcional da situação.

> Quando uma entidade gestora, pela sua incompetência ou pelo desrespeito dos direitos dos participantes ou da lei em geral poderia ser eventualmente substituída, a lei não prevê mecanismos de substituição, mas apenas revogatórios, como se verá. Embora o regime seja algo extremo, na medida em que uma entidade gestora que requer a transmissão de gestão sempre será mais responsável que uma que viola a lei mas nem a transmissão pede, pelo que as situações mais graves não podem ser resolvidas pela substituição da entidade gestora, a verdade é que não haveria muita alternativa para este regime. A substituição compulsiva ou a nomeação compulsiva em geral, em que se obrigaria uma entidade a assumir um papel de responsabilização por terceiros, tem paralelos no regime dos seguros, bem como no do mercado de bolsa no caso do mercado de fracção. Mas aí existe uma função de natureza pública que constitui a actividade em questão. Obrigar, neste momento da maturação do mercado, uma entidade gestora a ser substituta de uma outra, seria violentar a sua liberdade de modo incompatível com as actuais necessidades do mercado e o seu grau de

---

[445] 6°/4 DLFIM, 7°/3 DLFII.

Para o regime espanhol ver o 28. Ley 46/1984, de 26 deciembre e 57. Reglamento de la Ley 46/1984, de 26 de deciembre, aprovado pelo Real Decreto 1393/1990, de 2 noviembre.

[446] 17°/1, 18°/3/c, 18°/5 DLFIM, 18°/1, 19°/3/c, 19°/5 DLFII, na parte aplicável, ou seja, sem o regime de deferimento tácito.

desenvolvimento e fragilidade, sem prejuízo de no futuro esta hipótese ter de ser considerada.

De igual modo se coloca a questão de saber quais as consequências para as responsabilidades constituídas decorrentes da transmissão da gestão. As responsabilidades e os créditos dos fundos em nada são afectados pela transmissão da gestão. A entidade gestora substituída é responsável pelos seus factos, passando a ter a substituta poderes (deveres) de representação dos fundos contra a anterior quanto aos factos por ela praticados. Ou seja, a substituta não é responsável dos factos da substituída, nos termos gerais. De igual modo, e sob o ponto de vista infraccional, a perda da qualidade especial de gestora dos fundos em nada obsta à perseguição infraccional da entidade substituída. O que é relevante é que teria essa qualidade no momento da prática dos factos. Alguém que é demitido do funcionalismo não deixa por isso mesmo de ser passível de ser punido por crimes específicos de funcionários se os praticou nesta qualidade. De igual modo a qualidade de entidade gestora releva apenas à data da prática dos factos.

A transmissão da gestão encontra-se prevista no 2-ter. Legge 23 marzo 1983, n. 77 (in G.U. 28 marzo 1983, n. 85), dependendo de aprovação do Banco de Itália. A mudança de "direction" pressupõe o acordo do depositário e aprovado pela comissão federal dos bancos na Suíça, nos termos do 15. Loi Fédérale sur les Fonds de Placement, du 18.03.1994. No entanto, caso haja objecções dos participantes é competente o tribunal nesta matéria. O 18. Ordonnance du Conseil Fédéral sur les Fonds de Placement du 19.10.1994 manda aplicar à mudança da gestão, bem como aos casos de fusão de sociedades gestoras o disposto quando à alteração de regulamento no 8. da mesma Ordonnance du Conseil Fédéral sur les Fonds de Placement du 19.10.1994. Este país, ao contrário de Portugal, prevê a transmissão compulsiva de gestão, resolvendo o problema das responsabilidades no sentido em que estas são transmitidas, bem como os direitos, para a nova gestão (28. Ordonnance du Conseil Fédéral sur les Fonds de Placement du 19.10.1994). Prevê-se igualmente a constituição de um gerente substitutivo em certos casos nos 60. Loi Fédérale sur les Fonds de Placement, du 18.03.1994 e 84. Ordonnance du Conseil Fédéral sur les Fonds de Placement du 19.10.1994.

De igual modo, no Reino Unido, depende de aprovação do Secretário de Estado, deixando-se claro que a entidade substituída tem de ser igualmente uma pessoa autorizada a prestar a actividade (Sec. 82(3), 82(4) Financial Services Act 1986). Para os fundos imobiliários no Brasil ver a renúncia da entidade gestora nos 20. ss. Instrução CVM nº 205, de 14 de Janeiro de 1994.

O "management transfer" sem que haja consentimento dos investidores fundamentou a regulação federal da matéria nos Estados Unidos de

286 *Fundos de Investimento Mobiliário e Imobiliário*

acordo com a Sec. 1 (b) (6) Investment Company Act of 1940. A mudança de consultor, tendo em conta as funções substanciais de gestão que são conferidas aos "investment advisors" carece de aprovação pelos sócios (HAZEN, Thomas Lee; *The Law of Securities Regulation*, West Publishing Co., 2ª ed., St. Paul, Minn., 1990, p. 889). Neste país existe aliás consciência de que esta transmissão de gestão pode ser equivalente a uma "venda" do fundo sob o ponto de vista meramente impressivo, mas não rigoroso (*ibidem*, p. 886 ss., *maxime*, 890 – 891).

Transmissão de gestão nos fundos abertos

Sob o ponto de vista formal, depois de autorizada a substituição a entidade gestora deve publicá-la no boletim de cotações de uma bolsa de valores e num jornal diário de grande circulação com a antecedência de 30 dias sobre a data em que a substituição produzirá os seus efeitos[447].

No caso dos fundos abertos as entidades gestoras estão obrigadas a comunicar individualmente aos participantes, para além das publicações antes citadas o teor da autorização com a antecedência de 30 dias antes referida[448].

Transmissão de gestão nos fundos fechados

Nos fundos fechados, basta que nas publicações mencionadas conste um convite aos participantes para no prazo não inferior a 30 dias, se pronunciarem perante a CMVM sobre a substituição[449].

Tal como se encontra redigida a norma parece que a única diferença específica em relação ao regime dos fundos abertos é a que decorre da

---

[447] 6º/4 DLFIM e 7º/3 DLFII por contraposição respectivamente com o 6º/5 DLFIM e 7º /4 DLFII. A demonstração desta conclusão, no sentido em que esta norma respeita apenas ao fundos abertos, ver-se-á de seguida, a propósito dos fechados.

Em Espanha ver o 28. Ley 46/1984, de 26 deciembre e 57. Reglamento de la Ley 46/1984, de 26 de deciembre, aprovado pelo Real Decreto 1393/1990, de 2 noviembre.

[448] 6º/4 DLFIM e 7º/3 DLFII por contraposição respectivamente com o 6º/5 DLFIM e 7º /4 DLFII.

Em Espanha a substituição é prevista no 28. Ley 46/1984, de 26 deciembre e 57. Reglamento de la Ley 46/1984, de 26 de deciembre, aprovado pelo Real Decreto 1393/ 1990, de 2 noviembre.

[449] 6º/5 DLFIM, 7º/4 DLFII.

Para a substituição ver em Espanha o 28. Ley 46/1984, de 26 deciembre e o 57. Reglamento de la Ley 46/1984, de 26 de deciembre, aprovado pelo Real Decreto 1393/ /1990, de 2 noviembre.

dispensa de comunicações pessoais. Mas são mais profundas as distinções que se têm de operar. No caso dos fundos abertos, aquilo que se comunica é a autorização. Ora, nos fundos fechados a autorização ocorre sempre depois da publicação do anúncio com o convite, tendo em conta que os participantes se podem opor à substituição, inviabilizando a autorização. O que se publica antecipadamente não pode ser a autorização de substituição mas apenas o projecto de substituição. Por outro lado, esta publicação tem de ser posterior ao requerimento, na medida em que o processo só se despoleta com este requerimento. Nestes termos, a única forma de interpretar o regime legal de modo consistente é considerar o seguinte processo no caso dos fundos fechados:

a) a entidade gestora requer à CMVM a substituição
b) a CMVM tem de se pronunciar positivamente sobre o facto da substituição e a designação da substituta, acto este que não é definitivo e que não vincula a CMVM na decisão final, declarando a sua não oposição de princípio
c) depois deste acto interlocutório ser notificado, a entidade gestora procede à publicação do mesmo acto e do convite no jornal diário de grande de circulação e no boletim de cotações de uma das bolsas de valores
d) no prazo não inferior a 30 dias que tiver sido estipulado os participantes podem-se pronunciar perante a CMVM.

Já na fase de decisão existe um regime especial para o exercício da competência pela CMVM. Para além do acordo do depositário, torna-se necessária a não oposição no prazo estabelecido dos titulares de um terço das participações. Se estes se opuserem, a CMVM não pode autorizar a substituição. Caso estes não se oponham, o poder não perde a sua natureza discricionária, podendo a CMVM autorizar ou não a substituição.

Finalmente, e na medida em que requer alteração do regulamento do fundo, esta alteração tem de ser publicada no boletim de cotações de uma das bolsas de valores [450].

O regime, tal como é descrito, é consistente e defende os valores em presença. É que a publicação em relação aos fundos abertos é um facto consumado. A substituição já se encontra autorizada. Por isso é dado um prazo de 30 dias para os participantes se desfazerem das suas posições resgatando as participações. No caso dos fundos fechados, a publicação

---

[450] 18°/7 DLFIM, 19°/7 DLFII.

288 Fundos de Investimento Mobiliário e Imobiliário

visa a sua participação na decisão. Nunca pode ser uma publicação da decisão, como é evidente. Daí que, depois de a autorização concedida definitivamente, deva sempre haver publicação em boletim de cotações da alteração ao regulamento dos fundos. Inicialmente apenas se tinha publicado um projecto de alteração.

IV. *Extinção*

A extinção de um fundo não ocorre pela extinção de todos os seus activos. Quando muito isto significaria que a sua carteira era nula. Um fundo sem activos é ainda um fundo. Não se extingue igualmente pela extinção da entidade gestora, do depositário ou outra entidades como as colocadoras, na medida em que pode haver transmissão da gestão ou mudança destas entidades e do depositário. Os fundos não se extinguem igualmente por caducidade, no caso dos fundos com duração limitada. Neste caso o decurso do prazo apenas pode significar que o fundo entra em liquidação. Não se extinguem igualmente pela extinção de todas as unidades de participação. Com efeito, o facto de não terem nenhum participante não é em si extintivo do fundo[451].

Apresentado o quadro desta maneira os fundos, sobretudo, os de duração indeterminada, parecem realidades perpétuas, figura que repugna aos direitos continentais. Em princípio um fundo nunca pode ter uma situação líquida negativa. Com efeito, é composto de activos que, em princípio, e na pior das hipóteses, podem assumir um valor nulo. No entanto, a prática de factos ilícitos, a má gestão, podem levar a que um fundo atinja uma situação negativa, ou pelo menos francamente enfraquecida (pense-se nas operações com derivados, ou outras operações de risco que podem gerar responsabilidades potenciais maiores que os activos dos fundos).

Daí que repugne à primeira vista o parco regime expresso que os diplomas dos fundos apresentam em sede de extinção dos fundos. Parece que os fundos, mesmo os mais inviáveis, se encontram condenados a subsistir eternamente, sem qualquer espécie de possibilidade de os participantes reaverem o seu dinheiro (nos fundos fechados) ou de obterem algum valor pela sua unidade de participação (por resgate ou venda, para os fundos em geral).

---

[451] Como se verifica, "a contrario", pelo 17°/7 DLFIM, 18°/7 DLFII, em que a extinção não é automática.

Parte IV – Regime geral

A única forma de afastar esta impressão é a de distinguir entre os fundamentos da extinção, do respectivo desenvolvimento funcional, a liquidação. O teste de consistência das soluções propostas, e no fim de contas a demonstração da sua valia, apenas poderá ser feito a final, a propósito da definição do momento da extinção do fundo.

A lei portuguesa não distingue, como o faz a espanhola, o momento da dissolução, do momento da liquidação do fundo, o que seria bastante mais esclarecedor (35.1.p., 35.3. Reglamento de la Ley 46/1984, de 26 de deciembre, aprovado pelo Real Decreto 1393/1990, de 2 noviembre; também a lei suíça no 27. e 28. Ordonnance du Conseil Fédéral sur les Fonds de Placement du 19.10.1994). Nos fundos de pensões ver o 31º Real Decreto 1307/1988, de 30 septiembre. A lei italiana distingue, em relação às SICAV, estes dois momentos de dissolução e liquidação no 13. Decreto Legislativo 25 gennaio 1992, n. 84 (in G.U. 14 febbraio 1992, n. 37). No Brasil, distingue-se igualmente a dissolução da liquidação nos fundos imobiliários nos termos do 10.XVIII. Instrução CVM nº 205, de 14 de Janeiro de 1994. A verdade é que este aspecto constitui um retrocesso em relação ao regime anterior do 12º/§único Dec.-Lei n.º 46 342, de 20 de Maio de 1965 em que esta distinção se encontrava claramente estabelecida.

i) *Fundamentos de dissolução*

Em primeiro lugar, pode haver decisão administrativa de extinção do fundo, que se traduz na revogação pela CMVM da sua autorização.

A primeira hipótese, é a da revogação precoce[452]. Esta pode ocorrer por dois fundamentos:

a) a colocação à subscrição não iniciou na data designada pela entidade gestora
b) nos seis meses subsequentes à data da constituição do fundo este não atingiu o número mínimo de 30 participantes e o valor mínimo de 250.000.000$00.

O número mínimo de participantes é referido em TOMÉ, Maria João Romão Carreiro Vaz; *Fundos de Investimento Mobiliário Abertos*, Almedina, Coimbra, 1997, p. 115.

Em Espanha prevê-se mesmo um valor mínimo para o capital ou para o património das instituições de investimento colectivo mobiliário no

---

[452] 17º/7 DLFIM, 18º/7 DLFII.

290 *Fundos de Investimento Mobiliário e Imobiliário*

9.1.§3°, 4° Ley 46/1984, de 26 deciembre. De igual modo, quando as sociedades de investimento mobiliário estão cotadas exige-se que o número mínimo de participantes seja o exigido para a dispersão de titulares em bolsa (9.2. Ley 46/1984, de 26 deciembre). Estatui-se no 15. Reglamento de la Ley 46/1984, de 26 de deciembre, aprovado pelo Real Decreto 1393/1990, de 2 noviembre, que em geral o número mínimo de participantes seja o exigido para a admissão em bolsa dos valores. Nesta mesma norma se estatui que, no caso de fundação sucessiva e por subscrição pública disporão de um prazo de um ano para atingir este número mínimo (também o 36.3. Reglamento de la Ley 46/1984, de 26 de deciembre, aprovado pelo Real Decreto 1393/1990, de 2 noviembre). No 16. Reglamento de la Ley 46/1984, de 26 de deciembre, aprovado pelo Real Decreto 1393/1990, de 2 noviembre, estabelece-se o regime equivalente no caso de redução de capital das SIM e dos fundos. No caso dos fundos imobiliários, o número mínimo de participantes é o mesmo que para os mobiliários, sendo que o Ministro das Finanças pode determinar limites à participação directa ou indirecta de um participante (74.2. Reglamento de la Ley 46/1984, de 26 de deciembre, aprovado pelo Real Decreto 1393/1990, de 2 noviembre, na redacção do Real Decreto 686/1993, de 7 de mayo; 13.1., 20.1. Orden de 24 de septiembre de 1993). A participação directa ou indirecta de um único sócio no caso das sociedades de investimento imobiliário (fundos personalizados) ou nos fundos não personalizados não pode ser superior a 1% do capital social (13.2., 20.2. Orden de 24 de septiembre de 1993, que regulamentou as disposições antes citadas). Ver RODRÍGUEZ ARTIGAS, Fernando; Instituciones de Inversión Colectiva, in: ALONSO UREBA, Alberto, MARTINEZ-SIMANCAS Y SANCHEZ; Julian; *Derecho del Mercado Financiero*; Tomo I, Volume 1, *Entidades del Mercado Financiero*, Editorial Civitas, Madrid, 1994, p. 281 ss.

Em França já no 1. Ordonnance n° 45-2710 du 2 novembre 1945, se previa um capital mínimo de 2.500.000 francos para as sociedades nacionais de investimento e o seu 7. (na redacção do Décret n° 63-966 du 20 septembre 1963) imponha um capital mínimo de 20 milhões de francos para as sociedades de investimento de capital fixo. O capital inicial de uma S.I.C.A.V. tem de ser 50 milhões de francos (7. Décret 89-624 du 6 septembre 1989). De igual forma o montante mínimo de activos que os fundos de investimento é de 2,5 milhões de francos (8. Décret 89-624 du 6 septembre 1989).

Em Itália, decorridos dois anos depois da autorização sem que haja constituição do fundo e a colocação das unidades de participação, a revogação caduca automaticamente, ao contrário do sistema potestativo português (11. Legge 23 marzo 1983, n. 77 (in G.U. 28 marzo 1983, n. 85). No caso dos SICAV prevê-se um capital mínimo de 10.000 milhões de liras (1.2.b. Decreto Legislativo 25 gennaio 1992, n. 84 (in G.U. 14 febbraio

Parte IV – Regime geral

1992, n. 37)). O seu capital é avaliado de acordo com as regras de avaliação do Banco de Itália e, encontrando-se abaixo do limite mínimo (igual ao capital inicial) durante mais de sessenta dias, entra em liquidação segundo as condições estabelecidas obrigatoriamente no seu pacto social (1.2.b., 2.3.m., 3. Decreto Legislativo 25 gennaio 1992, n. 84 (in G.U. 14 febbraio 1992, n. 37)). No entanto, este termo é suspenso no caso de fusão com outra SICAV.

No Brasil, caso a subscrição não esteja integralmente realizada nos fundos imobiliários (que são sempre fechados neste país, como se viu na tipologia dos fundos) no prazo de 180 dias, não apenas não há lugar a autorização dos fundos, como há imediata liquidação dos mesmos por rateio das quantias pagas a título de pagamento da subscrição, nos termos dos 4.II, 5.§3º Instrução CVM nº 205, de 14 de Janeiro de 1994.

A segunda é a da revogação subsequente, o acto que a lei pressupõe quando fala na liquidação compulsiva do fundo[453]. Esta revogação pode ocorrer em qualquer momento da vida dos fundos, independentemente de estes serem abertos ou fechados e de terem ou não duração determinada. Tem por fundamentos, designadamente, os seguintes:

a) a violação reiterada do regulamento de gestão
b) ou a inobservância, por períodos prolongados dos limites de participantes ou valor do fundo que fundamentam a revogação precoce.

Prevê-se igualmente em Espanha que a autorização seja revogada por força de durante um ano os limites de participantes ou do valor do fundo não sejam respeitados (9..3. Ley 46/1984, de 26 deciembre). No Reino Unido prevê-se a revogação quando os requisitos da autorização já não se encontram preenchidos, quando os interesses dos participantes actuais ou potenciais o imponha, ou quando houve violação das regras legais relativas aos "unit trust schemes" (Sec. 79(1) Financial Services Act 1986), incluindo a de trabalhadores e agentes do mesmo (Sec. 79(2)), ou violação de regras de uma "self regulated organisations" (como as bolsas) de que o "manager" ou o "trustee" sejam membros (Sec. 79(3)).

A revogação pela autoridade administrativa encontra-se igualmente no 29.1.c. Loi Fédérale sur les Fonds de Placement, du 18.03.1994 na Suíça. Esta pode ocorrer nos casos de grave violação dos deveres legais e

---

[453] 25º/5 DLFIM, 26º/5 DLFII. As remissões para os 17º/8 DLFIM e 18º/8 DLFII têm de ser entendidas como meras gralhas, dado que estes números deixaram de existir, devendo entender-se que são feitas para os actuais 17º/7 DLFIM e 18º/7 DLFII:

292 Fundos de Investimento Mobiliário e Imobiliário

contratuais (57. Loi Fédérale sur les Fonds de Placement, du 18.03.1994). No entanto, prevê-se uma medida intermédia quanto aos seus efeitos, que é a nomeação de um observador junto da sociedade gestora (ou do depositário), independentemente de extinção do fundo ou da gestora (59. Loi Fédérale sur les Fonds de Placement, du 18.03.1994). No caso de dissolução pela autoridade administrativa, o fundo entra imediatamente em liquidação (27.2. Ordonnance du Conseil Fédéral sur les Fonds de Placement du 19.10.1994).

No Brasil a violação de qualquer uma das normas regulamentares implica que o Banco do Brasil pode convocar a assembleia geral de condóminos para que se decida em alternativa pela liquidação do fundo mobiliário ou pela substituição da entidade gestora (41. Regulamento Anexo à Circular nº 2.594, de 21 de Julho de 1995, do Banco Central do Brasil e 39. Regulamento Anexo à Circular nº 2.616, de 18 de Setembro de 1995 do Banco Central do Brasil).

A revogação do registo da "investment company" nos Estados Unidos encontra o seu assento nomeadamente da Sec. 8 (e), (f) Investment Company Act of 1940. A liquidação compulsiva dos "unit investment trusts" é promovida pela SEC junto dos tribunais federais (Sec. 26 (d) Investment Company Act of 1940).

Estes poderes são ambos discricionários. E se a revogação precoce tem pressupostos taxativamente definidos, a revogação subsequente não os tem. A prática de certas infracções que pela sua gravidade possam pôr em questão a credibilidade da entidade gestora para gerir o fundo em questão de acordo com as regras da boa administração são fundamento suficiente para esta revogação. Mas, repare-se, o juízo de apreciação faz--se em relação a cada fundo. Não pode a entidade gestora invocar que a gestão dos restantes fundos é lícita e de acordo com a boa administração. É que o que interessa para o exercício deste poder é a prática de factos em relação ao fundo concreto em questão.

O segundo fundamento para a extinção de um fundo é o decurso do seu prazo. Mas este decurso de prazo não opera automaticamente extinção do fundo. Opera, isso sim, entrada automática em liquidação[454].

---

[454] 18º/3/b DLFIM, 19º/3/b DLFII. Isto implica que os fundos de duração determinada devem ter sempre no regulamento de gestão o regime de liquidação de acordo com o 25º/3 DLFIM, 26º/3 DLFII. Em Espanha exige-se que a dissolução e a liquidação do fundo conste sempre do regulamento de gestão no 35.1.p. Reglamento de la Ley 46/1984, de 26 de deciembre, aprovado pelo Real Decreto 1393/1990, de 2 noviembre.

Parte IV – Regime geral

A lei portuguesa não o afirma expressamente, mas não se pode chegar a outra conclusão. Pelo contrário a lei espanhola afirma expressamente que o fundo entra em dissolução, abrindo-se o período de liquidação, pelo vencimento do prazo (23. Ley 46/1984, de 26 deciembre; 47.1. Reglamento de la Ley 46/1984, de 26 de deciembre, aprovado pelo Real Decreto 1393//1990, de 2 noviembre). Nos fundos imobiliários ver o 24. Orden de 24 de septiembre de 1993. Em Itália, nas SICAV, os fundamentos de dissolução e as modalidades de liquidação constam do pacto social (2.3.m. Decreto Legislativo 25 gennaio 1992, n. 84 (in G.U. 14 febbraio 1992, n. 37)), obedecendo a sua liquidação ao disposto no 11. Decreto Legislativo 25 gennaio 1992, n. 84 (in G.U. 14 febbraio 1992, n. 37).

A lei suíça, mais correctamente, tem um regime jurídico de causas de dissolução do fundo, no qual se refere expressamente o decurso do prazo (29. Loi Fédérale sur les Fonds de Placement, du 18.03.1994).

Existe um terceiro grupo de fundamentos de extinção para alem do facto jurídico tempo e da decisão administrativa. É a decisão extintiva dos participantes. Apenas nos fundos fechados os participantes têm este poder[455], mas apenas com os seguintes fundamentos:

a) nos casos previstos no regulamento de gestão
b) quando prevendo o regulamento de gestão a admissão à cotação em bolsa, esta se não verifique num prazo de 12 meses a contar da constituição do fundo.

Fica, no entanto, em aberto a questão de saber qual a relação entre a extinção do fundo e o regulamento de gestão. É que se afirma que "a liquidação dos fundos só pode realizar-se nas condições previstas no regulamento de gestão"[456]. "Condições" não pode à primeira vista aqui significar fundamento. É que no caso de extinção administrativa os fundamentos são indiferentes ao regulamento de gestão e têm assento da lei. Igualmente, no caso dos fundos fechados, se prevê um fundamento para além do que vem previsto no regulamento, o da não admissão tempestiva à cotação. Seria contraditória com as restantes normas pertinentes. Mas igualmente não pode significar o processo de liquidação, na medida em que se redundaria numa situação absurda: o fundo seria liquidável com um fundamento externo ao regulamento, mas como o regulamento não define o processo de liquidação, este não poderia ser liquidável. A única solução é assumir uma interpretação restritiva da norma. "Condições" significa aqui

---

[455] 25°/1, 2 DLFIM, 26°/1, 2 DLFII.

294 *Fundos de Investimento Mobiliário e Imobiliário*

fundamentos da liquidação e não processo de liquidação. No entanto, a estatuição "só pode realizar-se" deve entender-se válida apenas para:

a) os fundos fechados e no que respeita aos casos de liquidação a pedido fora da não admissão tempestiva

b) bem como aos fundos de duração determinada, sejam abertos ou fechados[457].

Não se aplica à extinção administrativa, nem aos casos de extinção a pedido dos participantes em hipótese de não admissão tempestiva à cotação.

Por condições também se teria de entender eventualmente as condições do exercício do direito de decisão extintiva, ou seja o processo. Com efeito, se o regulamento consagrar este direito mas nada afirmar sobre a forma como pode ser exercido, o seu exercício corre o risco de levar à anarquia. Quais as maiorias relevantes, qual o quorum, como se processam as deliberações? Mas este não é motivo suficiente para se considerar que condições tem este significado. Com efeito, se e assim se entendesse, chegaríamos à conclusão de que, num regulamento de gestão que consagra o direito de decisão extintiva pelos participantes mas que não tem regras processuais sobre o seu exercício, os direitos eram letra morta. É evidente que é aconselhável que o regulamento contenha este regime processual e não deve ser aprovado pela CMVM caso não o esclareça devidamente sob pena de se poderem gerar distorções no exercício de um direito que é consagrado[458].

---

[456] 25º/3 DLFIM, 26º/3 DLFII.

24º/1 Dec.-Lei nº 229-C/88, de 4 de Julho. Mas também já o 12/§único Dec.-Lei n.º 46 342, de 20 de Maio de 1965.

[457] Ou seja, os 25º/3 DLFIM, 26º/3 DLFII remetem para a primeira parte do 25º/2 DLFIM, 26º/2 DLFII.

[458] É evidente que existe um escolho que carece de solução. É que o 25º/4 DLFIM e 26º/4 DLFII afirma que "nos casos previstos no n º2...". Ora, os casos previstos no nº 2 são, para além do da não admissão tempestiva à cotação, o da indicação dos fundamentos de extinção do regulamento de gestão. Ora o nº 3 refere as "condições previstas no regulamento de gestão". Isto permitiria a seguinte leitura: a razão de ser da remissão para o nº 2 e não para o nº 3 justifica-se porque o nº 2 é aquele em que se regem os fundamentos (o que é coerente com a expressão "nos *casos*"). Daí que se compreenda que o nº 4 remeta para o nº 2 que se refere aos fundamentos e não para o nº 3 que se referia ao processo. No entanto embora se reconheça a infelicidade da redacção, a verdade é que esta distinção, como se viu no texto traria conclusões absurdas. Se os regulamentos de gestão previssem fundamentos mas não o processo haveria direito mas seria impossível o seu exercício. A única forma de dar uma interpretação consistente a este conjunto de norma é considerar o seguinte. Não teria sentido que o nº 4 remetesse para o nº 3 na

Parte IV – Regime geral

O regime dos fundos dá apesar de tudo pistas para a solução deste problema. Os fundos consagram um regime de comunhão de direitos, especial sem dúvida, mas de qualquer modo de comunhão de direitos[459]. Um dos percursos hermenêuticos possíveis seria a da aplicação do regime da compropriedade (1404° Cd.Civil). No caso a situação mais próxima seria a da divisão da coisa (1412° C. Civil). Mas este regime é contraditório com o dos fundos. Com efeito, salvo unanimidade, a divisão da coisa só pode ser feita por via judicial. Ora a liquidação dos fundos é sempre extrajudicial. Também o 1407° C. Civil relativo a administração da comunhão não seria aplicável. Em primeiro lugar, porque estabelece uma maioria não exclusivamente capitalista, mas igualmente pessoal, o que é contraditório com o regime capitalístico típico dos fundos[460]. Em segundo lugar, na medida em que se refere à administração, quando estes actos são de disposição. Não é por acaso que o regime da compropriedade não é apto para resolver esta questão. É que não se encontra vocacionado para a deliberação massificada, que é a requerida por esta situação nos fundos.

Havendo lacuna, e partindo sempre do princípio que o regulamento de gestão nada afirma a propósito, há que procurar o lugar paralelo adequado no nosso sistema jurídico por forma a poder integrá-la. E este é o do regime das sociedades comerciais. Com efeito, as decisões societárias têm fundamentos capitalistas, e têm vocação para deliberações massificadas. Dado que estamos perante um património autónomo, apenas tem sentido procurar entre as sociedades com responsabilidade limitada. Por outro lado, o regime das sociedades por quotas (para as maiorias ver o 270°/1 CSC) não é adequado à massificação. No mercado de valores mobiliários os agentes privilegiados são as sociedades anónimas. Mas, mais importante ainda, são estas que, pela sua vocação para decisões massificadas, contêm o regime mais adaptado à situação que se visa regular. Por outro lado, dentro das sociedades anónimas há que verificar se o regime aplicável seria o das assembleias de obrigacionistas ou as de accionistas e de entre de estas qual o regime aplicável mais análogo. O recurso ao regime das assembleias de obrigacionistas (355° CSC) justificar-se-ia pelo facto de estarmos perante uma assembleia realizada no âmbito societário (da entidade gestora) por quem não é detentor de participações sociais. No entan-

---

medida em que este refere apenas os fundamentos escorados no regulamento de gestão. A remissão para o n° 2 tem a ver com o facto de o regime especial de maioria e formalidades de publicação que constam do n° 4 são aplicáveis, seja o processo despoletado pelos fundamentos constantes do regulamento de gestão, seja, pelo fundamento legal da não admissão tempestiva das unidade de participação à cotação.

[459] 3°/2 DLFIM, 2°/2 DLFII.

[460] De que se vêem afloramentos no 6°/5 DLFIM e 7°/4 DLFII ambos "n fine".

to, a analogia termina por aqui[461]. É que o que se pretende decidir não respeita ao regime desta sociedade mas em relação a um fundo de que são participantes os detentores de unidades de participações. A analogia mais próxima é, nestes termos, com a assembleia geral de accionistas. Por outro lado, de todos os regimes de assembleias de accionistas, o mais próximo é o da dissolução da sociedade[462]. Com efeito, na dissolução uma maioria de accionistas decide sobre a situação patrimonial de terceiros (como em geral nas decisões societárias) e simultaneamente com poderes dispositivos sobre a própria situação de relação entre eles. É na dissolução que se decide o termo das relações de comunhão de interesses na sociedade.

Há sobretudo três problemas que precisam de ser resolvidos e perante os quais o regime da sociedades anónimas tem de suportar o teste da analogia: o da faculdade de exigir a convocação de uma assembleia de participantes, o do quorum e o das maiorias deliberativas.

A faculdade de convocação de assembleia de participantes é essencial. Com efeito, se não existir um mecanismo processual que por iniciativa dos participantes impulsione a realização de uma assembleia de participantes, todo o processo ficaria nas mãos da entidade gestora. Em princípio as assembleias gerais são da competência de órgãos societários (por analogia, da entidade gestora) (375°/1, 377°/1 C. S. Comerciais). No entanto, nos termos do 375°/2 CSC, por analogia, a assembleia de participantes pode ser convocada pela entidade gestora quando o requerem participantes que possuam pelo menos 5% das unidades de participação (375°/2 CSC[463]). O requerimento deve ser dirigido por escrito ao conselho de administração da entidade gestora, na medida em que se trata de uma actividade da competência da administração e não da assembleia geral de accionistas (375°/3 CSC, com as devidas adaptações). A convocatória para a assembleia deve ser publicada nos 15 dias seguintes à recepção do requerimento, devendo a assembleia reunir antes de decorridos 45 dias (375°/4 CSC). Caso não seja convocada a assembleia de participantes estes mesmos podem requerer a convocação judicial da assembleia (375°/5, 6 CSC). Constituem

---

[461] TOMÉ, Maria João Romão Carreiro Vaz; *Fundos de Investimento Mobiliário Abertos*, Almedina, Coimbra, 1997, p. 123, num outro contexto aborda este problema, chamando igualmente a atenção para a incompatibilidade das assembleias de obrigacionistas com o regime dos fundos.

[462] Também no Brasil nos fundos imobiliários se aplica um regime mais apertado para as alterações do regulamento do fundo, cisões, transformações, cisões, entre outras, bem como a liquidação do fundo, no 27.§2° Instrução CVM n° 205, de 14 de Janeiro de 1994.

[463] Curiosamente é o regime em geral para a convocação de assembleia geral de quotistas nos fundos imobiliários, nos termos do 24.§único Instrução CVM n° 205, de 14 de Janeiro de 1994.

Parte IV – Regime geral

encargo dos fundos as despesas ocasionadas pela convocação e reunião da assembleia (375°/7 CSC)[464]. Mas já constituem encargos da entidade gestora as custas judiciais, se o tribunal julgar procedente o requerimento, na medida em que quem foi judicialmente vencida foi a entidade gestora e não o fundo (375°/7 CSC).

A questão do quorum é igualmente resolvida por analogia pelo regime das sociedades anónimas. Em primeira convocação é necessário 1/3 das unidades de participação representadas (383°/2 CSC). Em segunda convocação pode-se realizar a reunião com qualquer número de participantes (383°/3 CSC).

A maioria tem de ser de 2/3 dos votos emitidos (ou seja, 2/3 das unidades de participação) (383°/3 CSC), mas se na segunda convocatória estiverem representantes de pelo menos metade das participações a deliberação de extinção pode ser tomada pela maioria dos votos (383°/4 CSC).

Por este sumário excurso pela analogia com o regime societário da dissolução facilmente verificamos que este passa pelo crivo das necessidades deliberativas em sede de extinção de fundos pelos participantes. Cria um regime adequado para a formação de uma decisão e pondera os valores contraditórios da proibição de decisão sobre esfera alheia (a vontade de terceiros participantes de quererem manter o fundo) e do reconhecimento de que a exigência de unanimidade levaria a uma tirania da minoria.

É certo que a analogia tem limites e não resolve todos os problemas. Mas este é um traço geral da analogia. Em primeiro lugar, porque existe a intervenção de uma entidade, a gestora, que tem interesses potencialmente contraditórios com os participantes. No entanto, e na medida em que esta está obrigada ao dever de boa administração e de prevalência absoluta dos interesses dos clientes[465], a entidade gestora é obrigada a criar todas as condições para a realização da decisão (fornecimento de espaços, apoio administrativo, etc.). Em segundo lugar, porque se resolve de modo satisfatório a questão do processo, deixa em aberto o dos fundamentos. Sob o ponto de vista material, o facto de as causas de extinção deverem estar no regulamento de gestão, leva a que nos restantes casos, e por mais insatisfeitos que estejam os participantes, estes nada possam fazer para extinguir o fundo. No entanto, a verdade é que foi este o equilíbrio querido pelo legislador. Ou se preenchem os restantes fundamentos que levam à possibilidade de extinção do fundo, estes de natureza legal, seja pelos

---

[464] Regime semelhante nos fundos mobiliários nos termos do 39.§VII. Regulamento Anexo à Circular n° 2.594, de 21 de Julho de 1995, do Banco Central do Brasil e 37.§VII. Regulamento Anexo à Circular n° 2.616, de 18 de Setembro de 1995 do Banco Central do Brasil.

[465] 8°, 14°/2 DLFIM, 9°, 15°/2 DLFII.

participantes, seja pela CMVM, ou os participantes nada podem fazer nesta sede. Mas a verdade é que, e de igual modo, os participantes, quando adquirem a unidade de participação já conhecem o regulamento de gestão. Inere ao próprio fundo a sua indissolubilidade (sempre relativa, como vimos). A sua impossibilidade de extinção faz parte do contrato que celebraram, faz parte, se se quiser, do produto que compraram.

Se na perspectiva dos fundamentos últimos de extinção, estes se podem dividir em três grupos, já quanto aos factos extintivos que a originam directamente, podem ser tipificados em dois níveis:

a) extinção por facto jurídico (automática), ou por negócio jurídico (potestativa – pela CMVM ou pelos participantes)
b) extinção compulsiva (pela CMVM) e não compulsiva (por facto jurídico ou pelos participantes).

Este quadro deixa por esclarecer, não obstante uma das hipóteses que poderia ser aventada. Imagine-se que uma entidade gestora já não teria interesse na gestão do fundo. Imagine-se igualmente que nenhuma entidade que o poderia ser por força da lei gestora estaria interessada em gerir este fundo. Por outro lado, o fundo não conteria no seu regulamento qualquer hipótese de extinção por vontade dos participantes ou por facto jurídico em sentido estricto. Estaria o fundo condenado a existir indeterminadamente? Parece que não. Ao nosso ordenamento jurídico repugna a eternização de situações. Mas por outro lado, a entidade gestora não pode por sua livre vontade extinguir o fundo. Embora a lei não reja expressamente esta hipótese, parece que neste caso, e dado que a situação se traduziria na modificação do regulamento de gestão, para que a entidade gestora possa extinguir o fundo precisa de:

a) autorização da CMVM, (no regime original, ouvido o Banco de Portugal) (18°/5 DLFIM, 19°/5 DLFII)
b) o acordo do depositário (6°/4, 5 DLFIM, 7/3, 4 DLFII)
c) publicitar nos termos do 6°/4, 5 DLFIM, 7/3, 4 DLFII esta extinção
d) no caso dos fundos fechados, da não oposição dos titulares de pelo menos 1/3 das unidades de participação (6°/5 DLFIM, 7°/4 DLFII)[466].

---

[466] No Reino Unido, o gestor também não pode revogar por seu direito o fundo. Precisa de autorização do "Secretary of State" nos termos do 79(4) Financial Services Act 1986. Em França precisa igualmente de autorização da COB (JUGLART, Michel de; IPPOLITO, Benjamin; *Traité de Droit Commercial, Tome 7, Banques et Bourses*, Montchrestien, 3 ed., Paris, 1991, p. 763).

Questão é a de saber se a entidade gestora pode colocar no regulamento de gestão como causa de extinção do fundo a sua única e exclusiva vontade. Esta cláusula seria ilegal e nula nos termos do 294º Cd.Civil. Com efeito violaria o regime que impõe que as alterações do regulamento de gestão implicam autorização da CMVM. Pode-se contrapor, que constando esta cláusula do regulamento inicial, não haveria nenhuma alteração do mesmo regulamento. Mas esta argumentação seria falaciosa. Se existisse uma cláusula no regulamento que permitisse a alteração unilateral pela entidade gestoras de cláusulas regulamento de gestão, se este regulamento inicial fosse por absurdo aprovado, a alteração das clausulas potestativamente pela entidade gestora decorreria do exercício exclusivo de poderes pela entidade gestora, sem passar pela aprovação da CMVM. Ora, por maioria de razão, uma cláusula que permitisse a extinção do fundo por vontade unilateral da entidade gestora levaria não apenas a uma alteração do regulamento de gestão mas em última análise à sua extinção. Se se concorda que uma cláusula de atribuição e poderes de modificação unilateral violaria o regime do 18º/5 DLFIM e 19º/5 DLFII, por maioria de razão este raciocínio é aplicável à possibilidade de extinção unilateral do regulamento e do fundo.

Os fundos de investimento têm como causa de dissolução, além dos previstos noutras normas, o termo do fundo, o acordo entre a entidade gestora e o depositário, e outras que se estabeleçam no regulamento de gestão (47.1. Reglamento de la Ley 46/1984, de 26 de deciembre, aprovado pelo Real Decreto 1393/1990, de 2 noviembre). Nos fundos imobiliários ver o 24. Orden de 24 de septiembre de 1993.

No caso dos fundos de pensões, estes extinguem-se por força dos fundamentos indicados no regulamento de gestão ou no caso de renúncia da entidade gestora sem que seja possível substitui-la, nos termos do 31.1. e 44. Real Decreto 1307/1988, de 30 septiembre, hipótese que é semelhante à anteriormente referida, que se traduz na prática numa vontade de renúncia de gestão pelo fundo. No entanto, como se verifica por este regime existem regras de protecção apertadas no regime espanhol, só se aceitando a renúncia em última análise (44.1.a.§5, 44.1.b., 44.2; no caso dos fundos de pensões, estes extinguem-se por força dos fundamentos indicados no regulamento de gestão ou no caso de renúncia da entidade gestora sem que seja possível substitui-la, nos termos do 31.1. e 44. Real Decreto 1307/1988, de 30 septiembre, nomeadamente).

Podem ser dissolvidos os fundos de investimento mobiliário se o reembolso pedido pelos participantes por força de alteração da entidade gestora, depositário, política de investimento, remunerações, comissões entre outras, forem iguais ou superiores a 50% do valor do fundo (35.3. Reglamento de la Ley 46/1984, de 26 de deciembre, aprovado pelo Real Decreto 1393/1990, de 2 noviembre).

300 Fundos de Investimento Mobiliário e Imobiliário

A liquidação dos fundos pressupõe sempre autorização da C.O.B. em França (PEZARD, Alice; *Droit des Marchés Monétaire et Boursier*; Editions du J.N.A., Paris, 1994, p.470).

Na Suíça prevê-se que os fundos possam ser dissolvidos pela denúncia com um prazo prévio de um mês, pela sociedade gestora ou pelo banco depositário, mas apenas no caso dos fundos por tempo indeterminado (29.1.a. Loi Fédérale sur les Fonds de Placement, du 18.03.1994). Neste caso, o fundo pode ser liquidado imediatamente, nos termos do 27.1. Ordonnance du Conseil Fédéral sur les Fonds de Placement du 19.10.1994.

No caso de substituição da entidade gestora proposta pela substituinda a assembleia geral de condôminos pode decidir-se nos fundos mobiliários pela liquidação do fundo, nos termos do 11. Regulamento Anexo à Circular nº 2.594, de 21 de Julho de 1995, do Banco Central do Brasil e 11. Regulamento Anexo à Circular nº 2.616, de 18 de Setembro de 1995 do Banco Central do Brasil.

Nos Estados Unidos, uma "investment company" pode deixar de o ser, mudando a natureza da sua actividade, mas apenas com autorização dos sócios (Sec. 13 (a) (4) Investment Company Act of 1940).

Verificado o facto extintivo, segue-se a liquidação do fundo.

Em Espanha, existe uma causa de extinção do fundo constante do 17.3.§3º Ley 46/1984, de 26 diciembre. Se passado um ano desde a autorização do fundo este não se encontra constituído, procede-se à devolução aos seus titulares dos depósitos feitos por estes com os rendimentos que entretanto tiverem gerado. Esta norma suscita problemas dogmáticos quanto ao momento de constituição do fundo. No entanto, e na perspectiva que ora interessa, a verdade é que parece ser aqui consagrada uma causa extintiva do fundo de natureza automática, ao contrário da prevista no Direito português, que pressupõe decisão administrativa da CMVM. Em segundo lugar, os fundos podem extinguir-se por caducidade, por ter decorrido o seu termo. Em terceiro lugar extinguem-se por acordo entre a entidade gestora e o depositário, quando tem duração indeterminada. Em quarto lugar, como consequência do incumprimento da lei. Em quinto lugar, pelos fundamentos indicados no regulamento de gestão. É o regime estabelecido pelo 23. Ley 46/1984, de 26 diciembre.

ii) *A liquidação* lato sensu

A liquidação, lato sensu é o processo através do qual um determinado património é desfeito na sua unidade. Em geral implica o pagamento das dívidas e a satisfação dos créditos desse património.

Parte IV – Regime geral 301

Ora a verdade é que, para além deste dado estrutural, temos muito poucos elementos directos que a lei nos indique para o delineamento do seu regime. Não obstante esta dificuldade, alguns elementos deste processo podem ser esboçados por construção.

Em primeiro lugar, trata-se de uma liquidação extrajudicial a que é prevista pelo regime dos fundos. A entidade liquidadora é sempre a entidade gestora em colaboração com o depositário[467].

> Repare-se que se parte da hipótese de a liquidação do fundo não ser concomitante com a liquidação da entidade gestora, nos casos em que não há possibilidade de substituição. Nestes casos, segue-se o regime de liquidação da entidade gestora (instituição de crédito ou sociedade financeira). A lei italiana previu expressamente esta hipótese no 3.6., 8. Legge 23 marzo 1983, n. 77 (in G.U. 28 marzo 1983, n. 85). SABATELLI, Emma; *La Responsabilità per la Gestione dei Fondi Comuni di Investimento Mobiliare, Contributo allo studio del D.Lgs. 25 gennaio 1992, n. 83*, Casa Editrice Giuffrè, Milano, 1995, p. 27.

Em segundo lugar, os fundos são liquidados de acordo com o processo estabelecido no regulamento de gestão, caso este exista. Esta regra é igualmente geral. Mesmo no caso da liquidação compulsiva o que a CMVM põe em causa é a situação do fundo, não o seu regulamento, que aprovou.

Em terceiro lugar a liquidação do fundo é precedida da publicação do aviso de liquidação em dois jornais de grande circulação, um de Lisboa e outro do Porto, e no boletim de cotações de uma das bolsas de valores[468]. Mais uma vez, esta é uma regra geral. Com efeito, apesar de a lei a referir a propósito da liquidação não compulsiva baseada no

---

[467] 25°/6 DLFIM; 26°/6 DLFII. Apesar desta norma se integrar formalmente em sede de liquidação compulsiva, isto também é válido para a não compulsiva. Com efeito, em geral a entidade gestora mantém o seu dever de protecção dos interesses dos clientes. Por outro lado, o depositário é sempre o depositário dos activos do fundo. Sem a sua colaboração não é possível a entrega dos activos dos fundos ou a guarda do numerário que se obteve com ele.

Em Espanha, nos termos do 23.§2° Ley 46/1984, de 26 deciembre e do 47.2. Reglamento de la Ley 46/1984, de 26 de deciembre, aprovado pelo Real Decreto 1393//1990, de 2 noviembre, a entidade liquidadora é sempre a entidade gestora com o concurso do depositário, o que se encontra legalmente expresso nesta e só por construção de pode deduzir na lei portuguesa.

[468] 25°/3 DLFIM, 26°/3 DLFII.

24°/1 Dec.-Lei n° 229-C/88, de 4 de Julho.

302   *Fundos de Investimento Mobiliário e Imobiliário*

regulamento de gestão, a sua razão de ser é genérica. A publicidade justifica-se em geral em relação a qualquer liquidação. A protecção dos credores do fundo e sobretudo dos seu participantes[469] é essencial em qualquer liquidação. Sem que lhes seja dado conhecimento desta liquidação, poderão nada vir a saber sobre este facto.

Em quarto lugar, a entidade gestora mantém os seus deveres de boa administração e o depositário mantém os seus deveres de depositário até à extinção do fundo, agora funcionalmente dirigidos à sua boa liquidação.

A liquidação não compulsiva e por decisão extintiva dos participantes tem como aspecto especial apenas o do regime de publicidade da liquidação. A antecedência da publicação tem de ser de 60 dias em relação em liquidação[470]. Quando a decisão extintiva for tomada por unanimidade e com quorum de 100% dos participantes do fundo a antecedência de 60 dias não é necessária[471].

A liquidação compulsiva tem um processo e efeitos mais complexivamente enunciados na lei[472]:

a) a liquidação tem um prazo fixado pela CMVM
b) este prazo pode ser prorrogado excepcionalmente pela CMVM
c) a liquidação inicia-se imediatamente com a notificação da decisão extintiva da CMVM
d) no termo do prazo da liquidação as contas de liquidação têm de ser submetidas à CMVM para sua aprovação.

A lei espanhola distingue mais claramente que a portuguesa dois elementos logicamente distintos: a dissolução e a liquidação. Deixa igualmente claro que a liquidação se abre com a dissolução do fundo. Por outro lado, deixa igualmente claro que a liquidação suspende o reembolso. Ou seja, o reembolso a partir da dissolução pode ser apenas o reembolso da partilha (47.2. Reglamento de la Ley 46/1984, de 26 de deciembre, aprovado pelo Real Decreto 1393/1990, de 2 noviembre; 24. Orden de 24 de septiembre de 1993). À mesma conclusão se deve chegar no Direito por-

---

[469] Sobretudo dos seus participantes, como decorre do regime do 25°/4 DLFIM, 26°/4 DLFII.

[470] 25°/3 DLFIM, 26°/3 DLFII.

Cf. 24°/1 Dec.-Lei n° 229-C/88, de 4 de Julho e 12°/§único Dec.-Lei n.° 46 342, de 20 de Maio de 1965.

[471] 25°/4 DLFIM, 26°/4 DLFII.

[472] 25°/6, 7 DLFIM, 26°/6, 7 DLFII.

Parte IV – Regime geral

tuguês. Como causa potestativa de dissolução no caso dos fundos imobiliários, a lei permite que esta ocorra quando os pedidos de reembolso sejam superiores a 15% do valor do fundo (19.5. Orden de 24 de septiembre de 1993).

A liquidação do fundo é definida pelo regulamento de gestão em Itália, nos termos do 2.2.c. Legge 23 marzo 1983, n. 77 (in G.U. 28 marzo 1983, n. 85). Atribuem-se poderes à entidade liquidatária para propor acções de responsabilidade contra a entidade gestora (SABATELLI, Emma; *La Responsabilità per la Gestione dei Fondi Comuni di Investimento Mobiliare, Contributo allo studio del D.Lgs. 25 gennaio 1992, n. 83*, Casa Editrice Giuffrè, Milano, 1995, p. 27).

Após da dissolução do fundo, e como sua consequência na fase de liquidação, estatui-se na Suíça que não podem ser emitidas ou resgatadas a partir dessa altura quaisquer unidades de participação (30. Loi Fédérale sur les Fonds de Placement, du 18.03.1994). De igual forma, e como efeito da entrada em liquidação, estatui-se a suspensão da negociação em bolsa das unidades de participação (27.4. Ordonnance du Conseil Fédéral sur les Fonds de Placement du 19.10.1994).

A) A liquidação

A liquidação processa-se nos termos gerais pela realização de numerário com o património. Vê-se com dificuldade que possa haver distribuição em espécie, tendo em conta a massificação dos participantes, e a diversidade dos activos em carteira e a sua difícil comparabilidade.

A liquidação, no que especialmente respeita aos fundos, traduz-se na obtenção dos créditos que tenham (basicamente, dívidas de terceiros que adquiram os seus activos), e na alienação da sua carteira para obter numerário[473].

A lei espanhola estabelece esta conclusão de modo expresso no 47.2. 2ª proposição Reglamento de la Ley 46/1984, de 26 de deciembre, aprovado pelo Real Decreto 1393/1990, de 2 noviembre (24. Orden de 24 de septiembre de 1993). A alienação dos imóveis no caso dos fundo imobiliários pressupõe avaliação prévia (24. Orden de 24 de septiembre de 1993).

---

[473] A liquidação é sempre um processo potencialmente lesivo dos participantes. Com efeito, a carteira tem de ser alienada num prazo determinado, o que pode levar a negócios que não seriam realizados em condições ideais. Incumbe à entidade gestora proceder à conciliação difícil entre os interesses dos participantes na obtenção dos melhores preços e o interesse na tempestiva liquidação.

304 Fundos de Investimento Mobiliário e Imobiliário

Por outro lado, a liquidação passa pelo estabelecimento das contas de liquidação para efeitos de imputação do património. Estas contas de liquidação passam pelo inventário dos activos líquidos sobrantes por forma a imputá-los proporcionalmente a cada participante em função do número de unidades de participação que tenham. Tendo em conta a natureza autónoma do património, na hipótese de, por absurdo, o património líquido ser negativo, os participantes não podem assumir estas dívidas. É esta a última consequência da autonomia patrimonial, que se desvela na fase da liquidação.

A elaboração de "estados financeiros" e determinação da quota que corresponde a cada participante encontra-se expressamente prevista no 47.2. "3ª proposição" Reglamento de la Ley 46/1984, de 26 de deciembre, aprovado pelo Real Decreto 1393/1990, de 2 noviembre. O balanço e demonstração de resultados de liquidação devem ser publicados no boletim oficial do Estado e num jornal de grande circulação e ser objecto de auditoria (47.2.§2º, 60. a 62. Reglamento de la Ley 46/1984, de 26 de deciembre, aprovado pelo Real Decreto 1393/1990, de 2 noviembre; 23., 24. Orden de 24 de septiembre de 1993)[474].

A impossibilidade de proceder à liquidação de bens imóveis em parte ou no todo durante dois anos desde o início da liquidação, nos fundos imobiliários, implica que esses mesmos bens ficam inscritos no registo em nome dos participantes (24. Orden de 24 de septiembre de 1993). Se a inscrição registral é abstracta (devendo os participantes demonstrar a sua legitimidade pela exibição da sua unidade de participação ou certificado de intermediário financeiro nesse sentido), ou se indica os nomes de todos os participantes (com a indicação da quota de cada um deles) é questão que esta norma espanhola não resolve. Na perspectiva da comunhão a mesma norma é significativa, por implicar que a liquidação nestas circunstâncias convola a comunhão especial típica dos fundos em compropriedade.

A liquidação encontra-se expressamente prevista nos "unit investment trusts" nos Estados Unidos na Sec. 26 (a) (3) Investment Company Act of 1940.

B) A partilha

A partilha é o momento da atribuição aos participantes da parte que lhe cabe no património autónomo que é o fundo. O modo específico desta

---

[474] Sobre esta matéria, também o 5., 6. Orden de 20 deciembre de 1990.

Parte IV – Regime geral

atribuição no caso dos fundos é a figura do resgate e do reembolso. Embora a natureza destas figuras mereça melhor estudo a propósito das unidades de participação, e o seu significado não se esgote na liquidação, a verdade é que em sede de liquidação são os instrumentos de partilha privilegiados.

Para a relação entre a partilha e a liquidação ver MERLE, Philippe; *Droit Commercial, Sociétés Commerciales*, Dalloz, 4ª ed., Paris, 1994, p. 118.

Mas, e se os participantes não exigirem os resgates? Fica indefinidamente parada a liquidação? É que é perfeitamente natural que, havendo disseminação de participantes, estes não possam ser encontrados ou que nem todos vão à liquidação. Neste caso parece ser aplicável por analogia o disposto no 159°/2 CSC, podendo haver lugar a consignação em depósito, nos termos do 841° Cd.Civil[475].

A lei espanhola, ao contrário da portuguesa, define o termo inicial da partilha. Um mês desde a data da publicação das contas de liquidação deve começar a partilha sem que tenha havido reclamações (47.2.§3° Reglamento de la Ley 46/1984, de 26 de deciembre, aprovado pelo Real Decreto 1393//1990, de 2 noviembre; 24. Orden de 24 de septiembre de 1993).

No caso de haver reclamações estabelece-se um recurso judicial prévio e uma providência cautelar de entrega aos participantes a título de liquidação provisional (47.2.§4° Reglamento de la Ley 46/1984, de 26 de deciembre, aprovado pelo Real Decreto 1393/1990, de 2 noviembre; 24. Orden de 24 de septiembre de 1993).

As modalidades de reembolso em certos casos podem ser alargadas. Com efeito, se os pedidos de reembolso, nos fundos imobiliários não personalizados, em Espanha, forem superiores a 15% do fundo a entidade gestora pode, com autorização da CNMV, autorizar o mesmo reembolso com bens do fundo (19.5.b. Orden de 24 de septiembre de 1993.

O início de reembolso final das unidades de participação requere autorização prévia da Comissão federal dos bancos na Suíça, nos termos do 27.3. Ordonnance du Conseil Fédéral sur les Fonds de Placement du 19.10.1994.

---

[475] É a solução espanhola do 47.2.§3° Reglamento de la Ley 46/1984, de 26 de deciembre, aprovado pelo Real Decreto 1393/1990, de 2 noviembre, que exige que a consignação em depósito se faça no Banco de Espanha ou na "Caja Geral de Depositos".

Um cotejo interessante seria o que se poderia fazer com o regime das falências e o da liquidação das sociedades, nomeadamente devendo ser estudada a possibilidade de concordata por unanimidade.

306 Fundos de Investimento Mobiliário e Imobiliário

As modalidades da partilha ou a amortização programada das quotas é prevista no regulamento do fundo, nos fundos imobiliários, nos termos do 10.XVIII. Instrução CVM nº 205, de 14 de Janeiro de 1994.

Nos Estados Unidos, o fim da partilha é uma das condições para a renúncia do depositário dos "unit investment trusts" (Sec. 26 (a) (3) Investment Company Act of 1940).

iii) *O momento da extinção do fundo*

Não definindo a lei mais uma vez de modo sistemático qual o momento da extinção do fundo apenas podemos estabelecer conclusões com base em construção dogmática.

Há aqui que distinguir a liquidação compulsiva da não compulsiva.

Em ambos os casos, a liquidação não pode encerrar enquanto não houver partilha integral.

No caso da liquidação compulsiva a liquidação ocorre no momento da aprovação das contas pela CMVM[476].

No caso da liquidação não compulsiva a liquidação termina com o encerramento das contas pela entidade gestora.

O momento do termo da liquidação é o momento da extinção do fundo. A extinção do fundo tem como consequências o termo dos deveres das entidades gestora e do depositário[477] e a caducidade da autorização administrativa do fundo.

Estas duas soluções são congruentes com o disposto no 160º CSC. Com efeito, não havendo registo comercial dos fundos, é o acto de encerramento da liquidação ou a sua aprovação que têm de ser os últimos momentos da vida deste mesmo fundo.

Em Espanha o fim da partilha ("reparto") constitui o momento de extinção do fundo, que implica a revogação dos registos do mesmo no Registo Comercial e no Registo Administrativo (47.2.§5º Reglamento de la Ley 46/1984, de 26 de deciembre, aprovado pelo Real Decreto 1393//1990, de 2 noviembre; 24. Orden de 24 de septiembre de 1993).

---

[476] 25º/7 DLFIM, 26º/7 DLFII.

[477] Mas não obviamente a extinção das responsabilidades em que se incorreu enquanto tal.

SECÇÃO II

AS UNIDADES DE PARTICIPAÇÃO

SUBSECÇÃO I

AS UNIDADES DE PARTICIPAÇÃO COMO VALORES MOBILIÁRIOS

As unidades de participação são qualificadas pelo regime dos fundos como valores mobiliários[478]. A primeira questão é a de saber porque razão o legislador teve o cuidado de proceder expressamente a esta qualificação. Apenas se compreende tendo em conta que os fundos se enquadram numa grande diversidade de fenómenos dos valores mobiliários, como de início se referiu. Por razões de segurança jurídica preferiu deixar-se bem claro que a complexidade destes fenómenos (derivação, efeito de carteira, entre outros), não impedia a sua qualificação como valores mobiliários.

A expressão "certificados de participação" surgiu pela primeira vez em Portugal no 7º/c, 11º Dec.-Lei n.º 46 342, de 20 de Maio de 1965. No entanto, o 11º Dec.-Lei n.º 46 342, de 20 de Maio de 1965, já as chama de "unidades de participação". FERREIRA, Amadeu José; *Valores Mobiliários Escriturais, Um Novo Modo de representação e Circulação de Direitos*; Almedina, Coimbra, 1997, p.38 integra esta qualificação num movimento geral de extensão do conceito de valor mobiliário que se tem vindo a verificar no nosso país. O fenómeno em questão é de derivação e mobiliarização em termos latos, como se referiu na Introdução. No entanto, e impressivamente, a relação entre os activos subjacentes e as unidades

---

[478] 27º/1 DLFIM, 30º/1 DLFII.

A primeira equiparação ocorreu em Portugal e para efeitos de cauções e garantias às acções e obrigações no 18º Dec.-Lei n.º 46 342, de 20 de Maio de 1965. No entanto, e como melhor se verá posteriormente a propósito do estudo do 46º DLFIM nos fundos mobiliários abertos, esta equiparação teve mais como fundamento o facto de não existir uma equiparação geral a valores mobiliários, conceito na altura não sedimentado no Direito português, que pela pressuposição de serem fundos abertos e consequentemente não poderem ser objecto de cotação, não beneficiando assim do seu estatuto especial como caução e garantia de operações, sobretudo operações de bolsa prazo. Para a proposta francesa ver Funcionamento das Sociedades de Investimento de Capital Variável (S.I.C.A.V.) em França – Relatório Lorain, de Janeiro de 1968; in: *Revista Bancária*, Ano IV, nº 14, Outubro – Dezembro de 1968, Lisboa, p. 66.

Em Espanha são igualmente qualificadas de "valores negociables" (20.1 Ley 46/1984, de 26 deciembre).

de participação é qualificada por Tomé, Maria João Romão Carreiro Vaz; *Fundos de Investimento Mobiliário Abertos*, Almedina, Coimbra, 1997, p. 20, como de *substituição*.

Em Espanha, as unidades de participação não são qualificadas como valores mobiliários expressamente, mas aplica-se-lhes o regime de transmissão, constituição de direitos sobre eles e exercício de direitos inerentes dos "valores negociables" (41.4. Reglamento de la Ley 46/1984, de 26 de deciembre, aprovado pelo Real Decreto 1393/1990, de 2 noviembre). F. Rodríguez Artigas, Fernando; Instituciones de Inversión Colectiva, in: Alonso Ureba, Alberto, Martinez-Simancas y Sanchez; Julian; *Derecho del Mercado Financiero*; Tomo I, Volume 1, *Entidades del Mercado Financiero*, Editorial Civitas, Madrid, 1994, p. 313. Já curiosamente, a técnica utilizada pelo 16.2. Orden de 24 de septiembre de 1993, relativo às unidades de participação dos fundos imobiliários se afirma expressamente que serão considerados como valores mobiliários. No caso das participações hipotecárias, a doutrina discute se se trata de valores mobiliários em sentido próprio (ARRANZ PUMAR, Gregorio; Los Fondos de Titulización Hipotecaria y sus Sociedades Gestoras, in: Alonso Ureba, Alberto, Martinez-Simancas y Sanchez; Julian; *Derecho del Mercado Financiero*; Tomo I, Volume 1, *Entidades del Mercado Financiero*, Editorial Civitas, Madrid, 1994, p. 606, 609).

Em França, também as partes dos organismos de investimento colectivo são consideradas valores mobiliários pelo 1. Loi nº 88-1201 du 23 décembre 1988. Ver MERLE, Philippe; *Droit Commercial, Sociétés Commerciales*, Dalloz, 4ª ed., Paris, 1994, p. 247. Vauplane, Hubert de; Bornet, Jean-Pierre; *Droit de la Bourse*, LITEC- Librairie de la Cour de Cassation, Paris, 1994, p. 337 critica esta disseminação de definições funcionais de valores mobiliários em França.

Na Suíça são chamadas de "parts", nos termos do art. 6. Loi Fédérale sur les Fonds de Placement, du 18.03.1994. Nos termos do 23.4. Loi Fédérale sur les Fonds de Placement, du 18.03.1994, o investidor pode exigir a emissão de um "certificat". Neste caso, as unidades de participação são incorporadas em "papiers-valeurs" sem valor nominal, em nome de uma pessoa ou ao portador. No primeiro caso seguem o regime dos títulos à ordem (24.2. Ordonnance du Conseil Fédéral sur les Fonds de Placement du 19.10.1994). Admite-se a emissão de fracções de partes, embora estas fracções não tenham de ser incorporadas em títulos-valores (24.5. Ordonnance du Conseil Fédéral sur les Fonds de Placement du 19.10.1994).

Em Itália são chamadas "quote" e "certificati di partecipazione" (1.1., 2.2.c. Legge 23 marzo 1983, n. 77 (in G.U. 28 marzo 1983, n. 85)). Também aqui são consideradas como valores mobiliários (Carbonetti, Francesco; *I Contrati di Intermediazione Mobiliare*, Giuffrè Editore, Milano, 1992, p. 34).

Na Alemanha são igualmente consideradas como valores mobiliários (ASMANN, Heinz-Dieter; SCHÜTZE, Rolf A.; *Handbuch des Kapitalanlagerechts*, C.H. Beck'sche Verlagsbuchhandlung, 2ª ed., München, 1997, p. 751).

No Reino Unido são chamadas de "units" (Sec. 75(8).§4º Financial Services Act 1986).

No Brasil são referidas como "quotas" no Regulamento Anexo à Circular nº 2.594, de 21 de Julho de 1995, do Banco Central do Brasil e no Regulamento Anexo à Circular nº 2.616, de 18 de Setembro de 1995 do Banco Central do Brasil. Curiosamente, ao contrário do disposto neste último regulamento, que estatui a intransmissibilidade destas quotas, nos fundos imobiliários estatui-se que as suas quotas são valores mobiliários no 3. Lei nº 8.668, de 25 de Junho de 1993.

Nos Estados Unidos as unidades emitidas pelas "investment companies" são qualificadas de "securities" na Sec. 1 (a) (1) Investment Company Act of 1940. Ver a definição da Sec. 2 (a) (36) Investment Company Act of 1940. De igual forma em HAZEN, Thomas Lee; *The Law of Securities Regulation*, West Publishing Co., 2ª ed., St. Paul, Minn., 1990, p. 834, que afirma serem aplicáveis a estas o regime do registo e informação constantes dos Securities Act of 1933 e Securities Exchange Act of 1934.

Nos países que admitem fundos personalizados, como a Espanha, Itália, França e Estados Unidos, as unidades de participação assumem a natureza de acções. No entanto, a verdade é que neste último país existem empresas que emitem "face-amount certificates", que têm natureza mais próxima das obrigações (HAZEN, Thomas Lee; *The Law of Securities Regulation*, West Publishing Co., 2ª ed., St. Paul, Minn., 1990, p. 841).

Esta qualificação pelo regime dos fundos tem uma relevância ampla, mas limitada. Com efeito, abrange todas as matérias, exceptuando aquelas que se encontram sujeitas a reserva de lei da Assembleia da República, dado que o regime dos fundos tem por título meros decretos-leis. Assim sendo, é importante ainda saber se podem ser consideradas valores mobiliários para efeitos do 3º/1/a Cd.MVM. Com efeito, para efeitos infraccionais, sejam eles criminais, nos termos gerais, sejam contra-ordenacionais, dado que as molduras sancionatórias do Cd.MVM ultrapassam os limites do regime geral das contra-ordenações, é ainda importante saber se estão abrangidos pelo 3º/1/a Cd.MVM.

A solução mais adequada parece ser a positiva. As unidades de participação são valores mobiliários para efeitos do 3º/1/a Cd.MVM. Com efeito, preenchem os requisitos da homogeneidade e da emissão em massa nele ínsitos. Homogeneidade, pois representam sempre a mesma

310 *Fundos de Investimento Mobiliário e Imobiliário*

quota dos fundos[479], representando, assim os mesmos direitos, as mesmas posições jurídicas por unidade. Emissão em massa, na medida em que as unidades de participação não são emitidas num número restricto, pelo menos potencialmente. Por outro lado, e sob o ponto de vista material adequam-se à ideia básica que está por detrás da qualificação como valores mobiliários, que é a do perigo abstracto de formação de mercado.

Não tem sentido desenvolver aqui enunciações de uma dogmática, a dos valores mobiliários, que é ainda muito incipiente. No entanto, apenas se pretendeu expor sucintamente o facto de a qualificação pelo regime dos fundos das unidades de participação como valores mobiliários foi fruto de excesso de zelo, meritório sem dúvida quanto à segurança, mas desnecessário quanto à substância.

A necessidade de uma qualificação específica tornar-se-ia mais importante no caso dos fundos imobiliários. O fenómeno de mobiliarização, mais significativo nestes fundos que nos mobiliários, pode ter levado o legislador a repetir esta qualificação a propósito dos imobiliários.

Por outro lado, há sintomas no Cd.MVM desta consideração autónoma e geral como valores mobiliários, na medida em que se afirma expressamente que as unidades de participação dos fundos fechados podem ser negociados em bolsa no 292º/1/d Cd.MVM. Ora, em bolsa, por definição apenas podem ser negociados valores mobiliários. Poder-se-ia dizer que apenas as unidades de participação dos fundos fechados seriam valores mobiliários. No entanto, não nos podemos esquecer que a demonstração de que as unidades de participação são valores mobiliários não depende em nada da sua admissão em bolsa. Esta é apenas uma das consequências da sua natureza de valores mobiliários, e, no caso dos fundos fechados, de valores com características especiais, que lhes permitem o acesso à bolsa.

Tomé, Maria João Romão Carreiro Vaz; *Fundos de Investimento Mobiliário Abertos*, Almedina, Coimbra, 1997, p. 133 ss. parte de uma análise das unidades de participação como valores mobiliários que ainda se encontra em estreita ligação com a teoria dos títulos de crédito. No entanto, referências, como faz, a direitos cartulares abstractos (a p. 139) não me parecem proceder por duas ordens de razões. A dogmatização dos

---

[479] Como decorre do 30º/1 DLFIM, 33º/1 DLFII.

De igual modo, no 14º/1 Dec.-Lei nº 229- C/88, de 4 de Julho, em que se deixava expressa a igualdade das unidades de participação. Ver também o 18º/1 Dec.-Lei nº 229--C/88, de 4 de Julho.

Igualmente em Espanha, nos termos do 20º.1. Ley 46/1984, de 26 deciembre (e 19.2. Orden de 24 de septiembre de 1993 nos fundos imobiliários). Cf. Sec. 78(6) Financial Services Act 1986.

valores mobiliários, se só beneficia com o seu confronto com a dos títulos de crédito, apenas é prejudicada caso por este confronto se queira entender uma subsunção pura e simples às categorias cartulares. Exemplo mais gritante e evidente é o das unidades de participação escriturais, em que não existe título. Como se pode falar então em direitos cartulares? Que os problemas têm a mesma raiz (a circulação, a sua celeridade e segurança) não há dúvida. Mas as soluções podem ser, e são, na realidade, bem diferentes. Em segundo lugar, parece-me que estabelece a abstracção da relação de participação com base num critério que não me parece o mais correcto. Não existe abstracção da relação com a entidade comercializadora, no sentido em que as relações entre o participante e esta são oponíveis à outra parte por qualquer delas. Se houver qualquer vício na formação e declaração da vontade na subscrição, não se vê porque este não possa ser invocado. Se o preço não for pago, não se vê porque esta excepção não possa ser invocada pela entidade gestora. A questão que coloca apenas tem sentido à luz do regime da circulação dos valores mobiliários, de todos eles, e de que as unidades de participação não constituem excepção ou regime especial. Abstracção apenas existirá quando da circulação dos valores nos termos do 64º/1 (para os valores escriturais) e 88º/2 (para os titulados dentro do sistema) do Código do Mercado de Valores Mobiliários. Mas esse é um problema de relação entre sucessivos titulares. Não entre a entidade gestora (ou qualquer entidade comercializadora) e o participante. Esta regra enquanto tal não é constitutiva dos fundos, nem relevante para a configuração do seu enquadramento dogmático. Relevante para o seu enquadramento dogmático é apenas o facto de a lei qualificar como valores mobiliários as unidades que emitem, com todas as consequências legais que isto acarreta. O que é relevante para o seu enquadramento dogmático nesta sede é a aproximação das unidades aos outros valores mobiliários, não a sua especialidade. Já melhor se compreende a posição defendida no acórdão do STJ de 16 de Outubro de 1979 (in: BMJ, nº 290, 1979, p. 380) que trata as unidades do fundo FIDES nos termos da teoria dos títulos de crédito. Com efeito, na altura não vigorava o regime do Código do Mercado de Valores Mobiliários.

Também não é verdade que se resumam no seu conteúdo as unidades de participação a um mero direito de crédito, como afirma TOMÉ, Maria João Romão Carreiro Vaz; *Fundos de Investimento Mobiliário Abertos*, Almedina, Coimbra, 1997, p. 140. Como vimos nas vicissitudes dos fundos, existem direitos políticos, embora muito reduzidos, dos participantes. Por outro lado, os participantes, ao contrário por exemplo dos credores comuns ou dos obrigacionistas que não têm direito a uma determinada política societária, têm direito ao cumprimento de uma política de investimentos. O conteúdo dos direitos da unidade de participação, se tem uma dimensão creditícia (no sentido do Direito das Obrigações e não do mer-

312   *Fundos de Investimento Mobiliário e Imobiliário*

cado monetário) não se reduzem a ela. De igual modo, não me parece que sejam redutíveis a títulos de participação (TOMÉ, Maria João Romão Carreiro Vaz; *Fundos de Investimento Mobiliário Abertos*, Almedina, Coimbra, 1997, p. 142; CARBONETTI, Francesco; *I Contrati di Intermediazione Mobiliare*, Giuffrè Editore, Milano, 1992, p. 42, mais simplesmente, afirma que se aproximam das acções). É verdade que existem afinidades entre o fenómeno societário e os fundos, que serão melhor estudados na parte dogmática deste trabalho. No entanto, esta classificação mais uma vez parte de uma tipologia cambiária, que esquece o que têm de específico as unidades de participação. Participam, sem dúvida, dos resultados de uma iniciativa económica. Mas a cesura que existe entre a titularidade e a gestão, bem como a configuração do fundo pelo regulamento, que é bem mais que um mero pacto social no que respeita aos limites de actuação que confere a esta actividade, leva-nos a considerar que se trata de uma figura não recondutível a classificações previamente existentes, sob pena de se descaracterizar o que têm de específico.

Como consequências desta natureza de valores mobiliários há que referir a aplicação do regime dos valores mobiliários, *maxime* do seu regime geral. Em especial, o regime dos fundos prevê que em relação à forma de representação dos valores, estes podem assumir a forma de certificados de uma ou mais unidades ou a forma escritural[480].

Escusado será dizer que estas normas são inovatórias no nosso Direito e só puderam ser consagradas depois de genericamente no Cd.MVM se terem consagrado os valores escriturais. No 11° Dec.-Lei n.° 46 342, de 20 de Maio de 1965, apenas se previam certificados, de natureza evidentemente titulada. Quanto à natureza destes certificados ver FERREIRA, Amadeu José; *Valores Mobiliários Escriturais, Um Novo Modo de representação e Circulação de Direitos*; Almedina, Coimbra, 1997, p.42, nota 104.

FERREIRA, Amadeu José; *Valores Mobiliários Escriturais, Um Novo Modo de representação e Circulação de Direitos*; Almedina, Coimbra, 1997, p. 135, defendia que à luz do regime anterior as unidades de parti-

---

[480] 27°/1 DLFIM, 30°/1 DLFII.

Antes, apenas havia a forma titulada, pelo 15°/1 do Dec.-Lei n° 134/85, de 2 de Maio e 15°/1 Dec.-Lei n° 246/85, de 12 de Julho.

A referência aos certificados encontra-se igualmente no 20.6. Ley 46/1984, de 26 deciembre. Por força da Ley del Mercado de Valores (Ley 24/1988, de 28 de julio), no seu 5., parece que também aqui pode haver unidades escriturais, dado que são por lei qualificadas de "valores negociables".

No Brasil, em relação às quotas dos fundos imobiliários, estatuiu-se expressamente que podem assumir a forma escritural no 3. Lei n° 8.668, de 25 de Junho de 1993.

Parte IV – Regime geral

cipação podiam ser escriturais fora do sistema (de registo e controle de valores mobiliários), reconhecendo, no entanto, que à luz do regime actual são sempre integrados no sistema, o que se apoia.

Esta norma mais não é que a concretização do princípio da tipicidade das formas de representação dos valores mobiliários constante do 47º Cd.MVM. A diferença específica é a de que as unidades de participação tuteladas são representadas por títulos com denominação especial, a de certificados. Por outro lado, permite-se que estes certificados representem mais de uma unidade. Esta regra vai para além do estatuído no regime societário. Com efeito, o número de acções incorporado em cada título é taxativamente definido no pacto social (304º/4 CSC). Ora, no caso das unidades de participação nada impede que o número de unidades incorporadas em cada certificado seja individualizado. Ou seja, um participante pode ter um certificado com o número de unidades que tiver adquirido, sem haver necessidade de uniformidade com outros certificados.

Também já no 11º/§1º Dec.-Lei n.º 46 342, de 20 de Maio de 1965, se estatuía que cada certificado podia agrupar várias unidades de participação. De igual modo cada certificado ou cada depósito representa um número inteiro de quotas no 37. Instrução CVM nº 205, de 14 de Janeiro de 1994, para os fundos imobiliários no Brasil.

Quando são negociados em bolsa, estes certificados podem levantar problemas relativos ao seu desdobramento que são resolvidos, não nos termos do 304º CSC mas do 446º Cd.MVM.

Por outro lado, no caso das unidades escriturais não negociadas em bolsa a lei permite que exista um regime especial regulamentado pelo Ministro das Finanças através de portaria, o que até hoje em dia não aconteceu[481].

A lei nada afirma sobre as menções mínimas que devem constar dos certificados, e em geral das unidades de participação. No entanto, tem de se entender que deles tem de constar a identificação inequívoca do fundo e da entidade gestora, no caso dos certificados, a identificação do número de unidades de participação que respeitam. Para as acções dos SIMCAV, que são fundos personalizados abertos, em Espanha, prevêem-se as menções gerais das acções além da indicação do capital mínimo e máximo da sociedade em causa. Para as SIM, que são fundos personalizados fechados (sociedades de capital fixo) valem as menções gerais das acções. É este o regime que decorre dos 12.2. e 15.7. Ley 46/1984, de 26 deciembre. No

---

[481] 27º/2 DLFIM, 30º/2 DLFII.

314 *Fundos de Investimento Mobiliário e Imobiliário*

Brasil, nos fundos imobiliários, que são não personalizados, as menções dos "certificados de investimento" são expressamente desenvolvidas no 38.§4° Instrução CVM n° 205, de 14 de Janeiro de 1994.

A forma de representação, que não era desenvolvida na Ley 46/ /1984, de 26 deciembre, passou a ser consagrada expressamente no 12. Reglamento de la Ley 46/1984, de 26 de deciembre, aprovado pelo Real Decreto 1393/1990, de 2 noviembre. Esta última norma esclareceu que tanto as acções das sociedades de investimento mobiliário como as unidades de participação dos fundos de investimento mobiliário podem ser tituladas ou escriturais. Depende do regulamento de gestão a definição das característicos das unidades de participação ("participaciones") (35.1.j. Reglamento de la Ley 46/1984, de 26 de deciembre, aprovado pelo Real Decreto 1393/1990, de 2 noviembre). Nos fundos imobiliários personalizados (S.I.I.), a forma de representação das acções pode ser titulada ou escritural (12.2. Orden de 24 de septiembre de 1993). Nos fundos imobiliários não personalizados, a mesma regra existe no 16.2. Orden de 24 de septiembre de 1993. Já nos fundos de titulação hipotecária devem ser sempre escriturais (ARRANZ PUMAR, Gregorio; <u>Los Fondos de Titulización Hipotecaria y sus Sociedades Gestoras</u>, in: ALONSO UREBA, Alberto, MARTINEZ-SIMANCAS Y SANCHEZ; Julian; *Derecho del Mercado Financiero*; Tomo I, Volume 1, *Entidades del Mercado Financiero*, Editorial Civitas, Madrid, 1994, p. 628). Em Itália, prevêem-se apenas certificados (3.3. Legge 23 marzo 1983, n. 77 (in G.U. 28 marzo 1983, n. 85)), que podem não obstante circular de forma desmaterializada, pela inclusão no "Monte Titoli", nos termos do 2-bis.3. Legge 23 marzo 1983, n. 77 (in G.U. 28 marzo 1983, n. 85) (nas SICAV, o 6. Decreto Legislativo 25 gennaio 1992, n. 84 (in G.U. 14 febbraio 1992, n. 37)). No Brasil, nos fundos imobiliários, as quotas podem ser representadas por certificados ou mantidas em conta de depósito, nos termos do 38.§1° Instrução CVM n° 205, de 14 de Janeiro de 1994. Ou seja, mesmo que as unidades não sejam desmaterializadas, a sua circulação pode sê-lo.

Ainda quanto à forma de representação, permite-se a conversão das unidades de participação tituladas em escriturais, mas com um regime específico em relação ao 48° Cd.MVM. Com efeito, a especialidade decorre do facto de a decisão de conversão competir à entidade gestora e não ao conjunto dos participantes[482].

---

[482] Modificou-se assim, o regime do 14°/3 Dec.-Lei n° 229- C/88, de 4 de Julho, que remetia para o 48° e Cd.MVM apenas para os negociados em bolsa e fazia depender do acordo do participante nos restantes casos. Referindo este facto FERREIRA, Amadeu José; *Valores Mobiliários Escriturais, Um Novo Modo de representação e Circulação de Direitos*; Almedina, Coimbra, 1997, p. 135, nota 429.

Parte IV – Regime geral 315

A conversão de unidades escriturais em tituladas é igualmente permitida nos termos e nos limites do 72° Cd.MVM.

A sua qualificação como valores mobiliários permite que tenham o regime de nominativos ou ao portador, como deixava bem claro o 14°/2 Dec.-Lei n° 229- C/88, de 4 de Julho. Com efeito, a distinção entre valores nominativos e aos portador é geral, não se restringindo às acções, mas, e no que respeita aos valores integrados no sistema de registo/ depósito e controle de valores mobiliários, não implica qualquer diferença quanto ao modo de transmissão mas apenas em sede de direito ao anonimato. Esta questão merecerá maior desenvolvimento a propósito da transmissão das unidades de participação. De igual modo, permitia que fossem nominativos ou ao portador o 15°/2 do Dec.-Lei n° 134/85, de 2 de Maio e o 15°/2 Dec.--Lei n° 246/85, de 12 de Julho. TOMÉ, Maria João Romão Carreiro Vaz; *Fundos de Investimento Mobiliário Abertos*, Almedina, Coimbra, 1997, p. 126, embora se refira apenas aos fundos fechados, admite títulos nominativos. Também a lei espanhola no 17.1.e. Ley 46/1984, de 26 deciembre, permite que o regulamento de gestão defina as características dos certificados representativos das participações. Já o 20.1 Ley 46/1984, de 26 deciembre exige que as unidades de participação sejam sempre nominativas. (ver também RODRÍGUEZ ARTIGAS, Fernando; <u>Instituciones de Inversión Colectiva</u>, in: ALONSO UREBA, Alberto, MARTINEZ--SIMANCAS Y SANCHEZ; Julian; *Derecho del Mercado Financiero*; Tomo I, Volume 1, *Entidades del Mercado Financiero*, Editorial Civitas, Madrid, 1994, p. 285). De igual modo, para os fundos imobiliários, se exige que as unidades de participação sejam certificados nominativos ou escriturais (16.2.). Em França, as acções dos S.I.C.A.V. são excluídas da obrigatoriedade de as acções assumirem a natureza de nominativas (94. Loi n° 81--1160 du 30 décembre 1981). Em Itália, o regulamento de gestão define igualmente as características das unidades de participação, nos termos do 2.2.c. Legge 23 marzo 1983, n. 77 (in G.U. 28 marzo 1983, n. 85). Em Itália, permite-se que os certificados de participação sejam nominativos ou ao portador (3.3. Legge 23 marzo 1983, n. 77 (in G.U. 28 marzo 1983, n. 85)). As acções das SICAV têm as suas características definidas pelo pacto social (2.3.e. Decreto Legislativo 25 gennaio 1992, n. 84 (in G.U. 14 febbraio 1992, n. 37)), podendo ser nominativas ou ao portador (4.3. Decreto Legislativo 25 gennaio 1992, n. 84 (in G.U. 14 febbraio 1992, n. 37)). A lei brasileira, pelo contrário exige que as quotas dos fundos de investimento financeiro sejam sempre nominativas, intransferíveis e mantidas em conta de depósito em nome dos seus titulares (15. Regulamento Anexo à Circular n° 2.594, de 21 de Julho de 1995, do Banco Central do Brasil; 15. Regulamento Anexo à Circular n° 2.616, de 18 de Setembro de 1995 do Banco Central do Brasil). Nos fundos imobiliários o regime brasileiro vai mais longe. É que permite que todo o quotista tenha acesso à identificação completa dos outros quotistas no 14.XVII. Instrução CVM nº 205, de 14 de Janeiro de 1994. Na Suíça, admite-se um outro tipo de distinção. Os certificados podem ser ao portador ou endossáveis, à ordem, nos termos do 24.2. Ordonnance du Conseil Fédéral sur les Fonds de Placement du 19.10.1994.

As unidades de participação têm todas o mesmo valor, que resulta da divisão do valor líquido global do fundo pelo número de unidades de participação em circulação e são todas iguais entre si.[483]

O regime anterior deixava isto bem claro e expresso, no 15º/1 do Dec.-Lei n.º 134/85, de 2 de Maio, que afirmava que "o património do fundo é divido em participações de características iguais, sem valor nominal". Esta redacção é já a que constava do 11º Dec.-Lei n.º 46 342, de 20 de Maio de 1965. A ausência de valor nominal é referida em FERREIRA, Amadeu José; *Valores Mobiliários Escriturais, Um Novo Modo de representação e Circulação de Direitos*; Almedina, Coimbra, 1997, p. 153, nota 491 no que respeita às contas de titularidade destes valores. De igual forma em PASSEIRO, José Manuel; Fundos de Investimento; in: *Revista Bancária*, Ano IV, nº 12, Abril - Junho de 1968, Lisboa, p. 20.

A questão do valor da unidade de participação já mereceria atenção no 18º/6 Dec.-Lei nº 229- C/88, de 4 de Julho, na medida em que afirmava que o preço da unidade de participação decorria da dedução da comissão de emissão ou de reembolso, consoante os casos. Distinguia-se, assim, preço do valor da unidade de participação. A expressão não era correcta, na medida em que isso seria o mesmo que dizer que o preço dos valores adquiridos ou vendidos em bolsa é sempre o resultado da sua cotação deduzidas as comissões de corretagem. O que acontece é que a unidade tem um determinado valor, mas o que é atribuído ao participante (no reembolso) ou o que este tem de pagar (na subscrição) tem uma comissão que diminui ou aumenta, consoante os casos, o total a receber ou pagar. Este regime tinha por fonte o 19º/4 do Dec.-Lei nº 134/85, de 2 de Maio e o 19º/4 Dec.-Lei nº 246/85, de 12 de Julho. Um regime semelhante consta do 20.5 Ley 46/1984, de 26 deciembre, em Espanha.

No caso das unidades de participação de fundos não personalizados, o 12.2.a. Reglamento de la Ley 46/1984, de 26 de deciembre, aprovado pelo Real Decreto 1393/1990, de 2 noviembre estatui que estas não têm valor nominal. Os fundos imobiliários têm igual norma no 18.1. Orden de

---

[483] 27º/1, 30º/1 DLFIM, 30º/1, 33º/1 DLFII.
13º Dec.-Lei n.º 46 342, de 20 de Maio de 1965.

Parte IV – Regime geral 317

24 de septiembre de 1993. Na lei suíça deixa-se igualmente claro que os certificados não têm valor nominal nos termos do 24.2. Ordonnance du Conseil Fédéral sur les Fonds de Placement du 19.10.1994.

No caso das sociedades de investimento mobiliário e dos fundos mobiliários e monetários em Espanha deixa-se bem claro que as acções e participações respectivas são iguais no 9.1. Ley 46/1984, de 26 deciembre. De igual modo, deixa-se claro que o valor teórico das acções nas SIMCAV (fundos personalizados de capital variável) decorre da divisão do património da SIMCAV pelo número de acções em circulação (15.2. Ley 46/1984, de 26 deciembre). O mesmo regime existe para as unidades de participação ("participaciones") nos termos do 20.1 Ley 46/1984, de 26 deciembre. O 12. Reglamento de la Ley 46/1984, de 26 de deciembre, aprovado pelo Real Decreto 1393/1990, de 2 noviembre veio a esclarecer este regime deixando claro que em ambos os casos as participações têm iguais características. De igual modo, e para os fundos de investimento mobiliários o 41.1. Reglamento de la Ley 46/1984, de 26 de deciembre, aprovado pelo Real Decreto 1393/1990, de 2 noviembre. O critério da divisão do valor do fundo pelo número de participações em circulação encontra-se igualmente no 41.2. Reglamento de la Ley 46/1984, de 26 de deciembre, aprovado pelo Real Decreto 1393/1990, de 2 noviembre. No caso dos fundos imobiliários igual regime se encontra no 18.1. Orden de 24 de septiembre de 1993.

Na Suíça estatui-se que o fundo obriga-se a fazer o investidor participar dos seus benefícios proporcionalmente às partes que adquiriu (6.1. Loi Fédérale sur les Fonds de Placement, du 18.03.1994), sem que se estabeleça expressamente que as unidades de participação têm de ser iguais entre si. No entanto, o 23.3. Loi Fédérale sur les Fonds de Placement, du 18.03.1994, esclarece que o preço de emissão das "parts" corresponde à divisão do valor venal do património do fundo pelo número de unidades de participação, parecendo ir neste sentido.

Em Itália estatui-se que as "quote di participazione" são todas de igual valor e com iguais direitos (3.3. Legge 23 marzo 1983, n. 77 (in G.U. 28 marzo 1983, n. 85)). No entanto, já quanto às acções das SICAV, estas podem ser dividas em categorias diferentes entre si, prevendo-se mesmo um regime de conversão das mesmas que tem de estar regulamentado no pacto social (2.3.l., 4.3. Decreto Legislativo 25 gennaio 1992, n. 84 (in G.U. 14 febbraio 1992, n. 37)). As acções das SICAV têm valor mínimo de 10.000 liras (4.1. Decreto Legislativo 25 gennaio 1992, n. 84 (in G.U. 14 febbraio 1992, n. 37)).

No Brasil, pelo contrário, nos fundos de investimento imobiliário permite-se que haja divisão em séries das quotas, nos termos do 10.V. Instrução CVM nº 205, de 14 de Janeiro de 1994. Estas séries apenas podem diferenciar o período de liberação das mesmas, devendo ser iguais nos direitos conferidos em relação a todos os outros aspectos (38.§1° Instrução CVM n° 205, de 14 de Janeiro de 1994). As quotas são definidas como fracções ideais do património dos fundos (38. Instrução CVM n° 205, de 14 de Janeiro de 1994).

Nos Estados Unidos a lei não impede que haja acções de "investment companies" que sejam diferentes entre si quanto aos direitos. Nomeadamente permite-se que haja emissão de "senior securities" (acções preferenciais, com preferência sobretudo na liquidação) por oposição a "junior securities" na Sec. 8 (b) (1) (C), o que exige autorização dos sócios, nos termos da Sec. 13 (a) (2) Investment Company Act of 1940. Para as "senior securities" ver DOWNES, John; GOODMAN, Jordan Elliot; *Dictionary of Finance and Investment Terms*, Barron's, 4ª ed., New York, 1995, p. 525. No entanto, nas "management companies", salvo nos casos legalmente permitidos, o princípio é a da igualdade dos valores emitidos por estas empresas, nos termos da Sec. 19 (i) Investment Company Act of 1940. Nas "closed-end companies" o valor líquido é o critério que define em princípio o limite mínimo de venda das unidades por aquelas (Sec. 23 (b) Investment Company Act of 1940).

SUBSECÇÃO II

VICISSITUDES DAS UNIDADES DE PARTICIPAÇÃO

I. *Constituição*

A constituição das unidades de participação traduz-se num processo, o processo de emissão, como é de regra com os valores mobiliários. Os valores mobiliários têm a sua razão de ser num mercado, pelo que a constituição não se reduz a uma constituição em sentido estrito (deliberação da emissão) mas apenas se encontra completa com a sua passagem para o mercado, o subscritor.

Nesta sede existem diferenças de monta entre os fundos fechados e os fundos abertos, havendo não obstante um regime jurídico comum que carece de estudo.

i) *Regime Comum*

O primeiro passo na emissão de unidade de participação é a constituição do fundo. Não podem ser emitidas unidades de participação sem que um fundo esteja constituído. A emissão destas unidades sem que

Parte IV – Regime geral 319

exista um fundo constitui violação do regime da constituição do mesmo fundo[484].

A fase de constituição do fundo (ou melhor, da sua autorização) corresponde, na perspectiva das vicissitudes das unidades de participação à fase deliberativa da emissão. Ao contrário do que se passa com as outras entidades emitentes, em que a deliberação é matéria da exclusiva competência da emitente, a emissão de unidades de participação depende indirectamente de autorização administrativa, em excepção ao disposto no 110º Cd.MVM. Esta excepção compreende-se mais uma vez pelas necessidades da massificação, como antes já sobejamente se expôs. Esta fase deliberativa com um regime especial tem implicações de monta. É que a deliberação a propósito da emissão das unidades (seu conteúdo, activos subjacentes e quantidades de valores emitidos) depende de uma vez por todas desta fase deliberativa. É o regulamento de gestão que, uma vez devidamente aprovado, define de uma vez por todas o processamento das emissões. Se os fundos forem fechados, por exemplo, fica claro que o número de unidades de participação se encontra definitivamente estabelecido de modo fixo. Se for aberto, o número de unidades de participação fica definitivamente estabelecido como variável. Como implicação deste facto é a de cada actividade de colocação, bem como cada subscrição, mais não ser que a execução de uma vontade já pré-definida. Quando se emite cada unidade de participação, a decisão sobre a sua emissão ou não já se encontra pré-fixada por esta fase. Não é decidida caso a caso.

A segunda fase da emissão é a fase da colocação das unidades de participação. A colocação é, como em geral, o conjunto de condutas activas visando a subscrição de valores mobiliários. Esta colocação tem um prazo máximo 90 dias a contar da data de recepção da notificação da CMVM[485].

A terceira fase é a da subscrição em sentido estrito. Esta terceira fase é mais rica em desenvolvimentos normativos.

A subscrição é feita nos estabelecimentos das entidades comercializadoras (entidade gestora, depositário, entidades colocadoras)[486]. Nesta

---

[484] Embora a lei não contenha norma processual expressa, é o que resulta do 17º/ /6 DLFIM e 18º/6 DLFII, que deixa bem claro que a colocação é sempre posterior à notificação da decisão de autorização do fundo.

[485] 17º/6 DLFIM, 18º/6 DLFII.

[486] 28º/1 DLFIM, 31º/1 DLFII.
Antes afirmava-se que seria aos balcões dos depositários e das entidades para o efeito autorizadas pelo Banco de Portugal (16º/1 Dec.-Lei nº 229- C/88, de 4 de Julho).

320   *Fundos de Investimento Mobiliário e Imobiliário*

altura é emitido o boletim de subscrição em duplicado, devendo um dos exemplares ser entregue ao participante, contendo este boletim a reprodução do regulamento de gestão[487]. Como efeitos da subscrição a lei estabelece a aceitação do regulamento de gestão e a concessão dos poderes necessários para administrar os fundos[488].

A figura que antecedeu o boletim de subscrição eram as "propostas" do 11º/§3º Dec.-Lei n.º 46 342, de 20 de Maio de 1965. O boletim de subscrição é feito segundo modelo aprovado pelo Banco de Itália, nos termos do 3.3. Legge 23 marzo 1983, n. 77 (in G.U. 28 marzo 1983, n. 85). O "boletim individual de subscrição" é consagrado igualmente no Brasil para os fundos imobiliários no 38.§2º, 38.§3º Instrução CVM nº 205, de 14 de Janeiro de 1994), permitindo-se que seja feita por carta escrita à entidade gestora (38.§4º Instrução CVM nº 205, de 14 de Janeiro de 1994). A concessão de um mandato à entidade gestora pela subscrição encontra-se em PASSEIRO, José Manuel; Fundos de Investimento; in: *Revista Bancária*, Ano IV, nº 12, Abril - Junho de 1968, Lisboa, p. 29. TOMÉ, Maria João Romão Carreiro Vaz; *Fundos de Investimento Mobiliário Abertos*, Almedina, Coimbra, 1997, p. 51 - 52 afirma com razão que, pelo facto de se referir um preço, não se pode daí deduzir que esta situação seja recondutível à de mero contrato de compra e venda.

O regime anterior era ainda mais restritivo. Apenas se poderia proceder à subscrição nos balcões dos depositários, nos termos do 17º do Dec.-Lei nº 134/85, de 2 de Maio e 17º Dec.-Lei nº 246/85, de 12 de Julho.

[487] 28º/2 DLFIM, 33º/2 DLFII.

Antes era no verso do certificado que constava o regulamento de gestão (12º/4 do Dec.-Lei nº 134/85, de 2 de Maio; 12º/4 Dec.-Lei nº 246/85, de 12 de Julho). No entanto, a possibilidade de desmaterialização destituiu de sentido esta exigência, sendo mais adequado que o seja no boletim de subscrição. Ao abrigo do 11º/§3º Dec.-Lei n.º 46 342, de 20 de Maio de 1965 constava tanto do verso dos certificados como das "propostas". Também no Brasil conta este dever para os fundos imobiliários no 14.VIII. Instrução CVM nº 205, de 14 de Janeiro de 1994.

[488] 28º/5 DLFIM, 33º/5 DLFII. Ver TOMÉ, Maria João Romão Carreiro Vaz; *Fundos de Investimento Mobiliário Abertos*, Almedina, Coimbra, 1997, p. 112.

Esta distinção não será indispensável. Os poderes de administração já são conferidos pela lei. A razão de ser da norma é mais uma vez a segurança jurídica. Deixa inequívoco que este acto se conferem os poderes necessários de administração.

Com idêntico regime ver o 15º Dec.-Lei nº 229- C/88, de 4 de Julho. De igual forma o 16º do Dec.-Lei nº 134/85, de 2 de Maio e o 16º Dec.-Lei nº 246/85, de 12 de Julho.

De igual modo em Espanha norma igual se encontra no 41.5. Reglamento de la Ley 46/1984, de 26 de deciembre, aprovado pelo Real Decreto 1393/1990, de 2 noviembre.

A subscrição pode ter um objecto mínimo determinado quanto à quantidade. Ou seja, o regulamento do fundo pode determinar que haja um mínimo de unidades de participação subscritas de cada vez[489].

No momento da subscrição tem de se proceder ao pagamento da subscrição, sob pena de não se poder passar à quarta fase da emissão, a emissão em sentido restrito. O preço de subscrição é legalmente determinado segundo um de duas alternativas, a definir pelo regulamento de gestão[490]:

a) ou o último valor da unidade divulgado à data da subscrição
b) ou o valor da primeira avaliação subsequente.

A lei portuguesa, ao contrário da espanhola, no 9.1.§ 5° Ley 46/1984, de 26 deciembre (dinheiro, valores mobiliários e activos financeiros que podem fazer parte dos activos dos fundos), não define os activos aptos

---

[489] 18°/3/n DLFIM, 19°/3/m DLFII.

Em Espanha existe um sistema diferente. o regulamento de gestão pode proibir a aquisição de um número de participações acima de um certo limite por cada participante nos termos do 35.1.i. Reglamento de la Ley 46/1984, de 26 de deciembre, aprovado pelo Real Decreto 1393/1990, de 2 noviembre. Igual norma para os fundos imobiliários no 18.4. Orden de 24 de septiembre de 1993 (desde que este limite máximo nunca seja superior a 25% tal como é estabelecido pelo 20.2. da mesma Orden de 24 de septiembre de 1993.

De igual modo, no Brasil se proíbe que um mesmo "condômino", contando-se como suas as participações de pessoas a ele ligadas não pode deter mais de 20% do património do fundo mobiliário, nos termos da Circular n° 2.740, de 19 de Fevereiro de 1997 do Banco Central do Brasil. Nos fundos imobiliários é o regulamento do fundo que pode definir os critérios para a subscrição de quotas por um mesmo quotista no 10.VIII. Lei n° 8.668, de 25 de Junho de 1993 e 10.VII. Instrução CVM n° 205, de 14 de Janeiro de 1994. Situação especial é a do empreendedor, do construtor, do incorporador e do loteador, que podem ter limites máximos de subscrição e aquisição especiais definidos no regulamento do fundo, nos termos do 10.XIX. Instrução CVM n° 205, de 14 de Janeiro de 1994. De igual modo, o participante qualificado tem uma relevância especial na definição de conflitos de interesses no 15I.b. Instrução CVM n° 205, de 14 de Janeiro de 1994.

[490] 28°/6 DLFIM, 33°/6 DLFII.

O mesmo regime se encontra em Espanha de acordo com o 42.3. Reglamento de la Ley 46/1984, de 26 de deciembre, aprovado pelo Real Decreto 1393/1990, de 2 noviembre, prevendo-se igualmente normas sobre os casos em que tenha havido contrato para a reaplicação de rendimentos no fundo no seu 42.4. Por outro lado existe uma regra que não é consagrada no direito português. É que se exige que o preço dos reembolsos seja igual ao das subscrições (42.5. Reglamento de la Ley 46/1984, de 26 de deciembre, aprovado pelo Real Decreto 1393/1990, de 2 noviembre).

para se operar este pagamento da subscrição. Parece que o pagamento em bom rigor deve ocorrer em princípio em numerário. Com efeito, se nada obstaria em princípio que se contribuísse com valores *que podem fazer parte dos activos do fundo* em questão, esta aceitação poderia levantar problemas de tratamento igual dos participantes. Com efeito, se uns entregassem activos que fariam com que o fundo atingisse os seus limites por activo isso faria com que de seguida os novos participantes não pudessem pagar a sua subscrição com esses activos. Por outro lado levantar-se-iam problemas de avaliação dos activos. A solução pode passar pela aceitação de outros activos como pagamento impedindo uma excessiva rigidez mas apenas com uma rigorosa salvaguarda da igualdade dos participantes e a prevalência dos interesses dos mesmos participantes. Apenas quando estes valores podem ser conciliados é que excepcionalmente se podem aceitar outras formas de pagamento. Já no caso de alguns fundos especiais, como os fundos dos trabalhadores nas privatizações em Portugal, as acções decorrentes de privatizações são o meio normal de pagamento da participação. Mas isso decorre exactamente da sua especialidade. No caso dos fundos imobiliários em Espanha exige-se, pelo contrário, que as contribuições sejam sempre feitas em dinheiro (74.2. Reglamento de la Ley 46//1984, de 26 de deciembre, aprovado pelo Real Decreto 1393/1990, de 2 noviembre, na redacção do Real Decreto 686/1993, de 7 de mayo; 11.3. Orden de 24 de septiembre de 1993; 16.3. Orden de 24 de septiembre de 1993).Em Espanha, no caso de fundos que não de investimento, os fundos de regularização do mercado hipotecário, prevê-se que a contribuição para os fundos possa ocorrer em dinheiro ou em títulos hipotecários (89.2. Real Decreto 1669/1980, de 31 de Julio). O regime geral das instituições de investimento colectivo mobiliários foi desenvolvido pelo 14. Reglamento de la Ley 46/1984, de 26 de deciembre, aprovado pelo Real Decreto 1393//1990, de 2 noviembre, que explicita que o pagamento da subscrição pode ocorrer em dinheiro, valores admitidos à negociação em mercado oficial, e demais activos que podem constituir parte do património de cada tipo dos fundos. RODRÍGUEZ ARTIGAS, Fernando; <u>Instituciones de Inversión Colectiva</u>, in: ALONSO UREBA, Alberto, MARTINEZ-SIMANCAS Y SANCHEZ; Julian; *Derecho del Mercado Financiero*; Tomo I, Volume 1, *Entidades del Mercado Financiero*, Editorial Civitas, Madrid, 1994, p. 285 chama a atenção para ao facto de a lei nada dizer sobre o método de avaliação de outros activos usados como pagamento da subscrição. Defende que esta avaliação deve ser feita nos termos da lei societária no caso dos fundos personalizados ou da avaliação dos bens dos fundos, nos fundos não personalizados. Em alguns fundos especiais entende a doutrina que pode haver mesmo pagamentos "in natura" (BAUZÁ MORÉ; Francisco J.; <u>Sociedades de Capital-Riesgo y Fondos de Capital-Riesgo</u>, in: ALONSO UREBA, Alberto, MARTINEZ-SIMANCAS Y SANCHEZ; Julian; *Derecho del Mercado Financiero*;

Tomo I, Volume 1, *Entidades del Mercado Financiero*, Editorial Civitas, Madrid, 1994, p. 659). Na Suíça, o pagamento apenas parece poder feito em dinheiro, nos termos do 24.3. Ordonnance du Conseil Fédéral sur les Fonds de Placement du 19.10.1994.

O 1. Ordonnance n° 45-2710 du 2 novembre 1945 previa que o próprio Estado contribuísse para as sociedades nacionais de investimento com bens confiscados. No entanto, este regime compreende-se tendo em conta a situação histórica do pós-guerra recente e a natureza específica desta sociedade (Funcionamento das Sociedades de Investimento de Capital Variável (S.I.C.A.V.) em França – Relatório Lorain, de Janeiro de 1968; in: *Revista Bancária*, Ano IV, n° 14, Outubro - Dezembro de 1968, Lisboa, p. 42). Por outro lado, o 7. Ordonnance n° 45-2710 du 2 novembre 1945 apenas permitia contribuições para o capital diferentes das em numerário caso fossem em títulos do Tesouro ou obrigações de empresas com três exercícios publicados. Nas S.I.C.A.V. as contribuições em espécie dependem de apreciação sob a responsabilidade do revisor de contas da mesma sociedade (4.2° Loi n° 88-1201 du 23 décembre 1988). Nos fundos de investimento as contribuições em espécie para a sua constituição são avaliadas nos mesmos termos que as contribuições em espécie posteriores e são fixadas pelo regulamento dos fundos (9. Décret 89-624 du 6 septembre 1989). O preço de emissão é o do valor liquidativo majorado de despesas e comissões (PEZARD, Alice; *Droit des Marchés Monétaire et Boursier*; Editions du J.N.A., Paris, 1994, p. 245).

O preço de emissão das "parts" nos fundos é o do valor venal do fundo dividido pelo número de unidades de participação em circulação na Suíça, nos termos do 23.3. Loi Fédérale sur les Fonds de Placement, du 18.03.1994. No 31. Loi Fédérale sur les Fonds de Placement, du 18.03.1994 proíbe-se que a sociedade gestora pague os investimentos para o fundo com unidades de participação. Parece com isto indicar-se que inversamente também não permite o pagamento da subscrição com valores diferentes de dinheiro. Com efeito, torna-se difícil destrinçar uma de outra situação (pagamento de subscrição com activos diferentes de dinheiro ou pagamento pela sociedade gestora de activos para o fundo com unidades de participação).

Em Itália parece indicar-se que este pagamento apenas pode ser feito em dinheiro, na medida em que se referem as "somme" (3.1. Legge 23 marzo 1983, n. 77 (in G.U. 28 marzo 1983, n. 85)). No caso dos SICAV o capital inicial deve ser totalmente liberado (2.1. Decreto Legislativo 25 gennaio 1992, n. 84 (in G.U. 14 febbraio 1992, n. 37)). Por outro lado, estatui-se expressamente que "non sono ammessi i conferimenti in natura" (2.5. Decreto Legislativo 25 gennaio 1992, n. 84 (in G.U. 14 febbraio 1992, n. 37).

No Brasil, nos fundos mobiliários estatui-se que o pagamento apenas pode ser feito em dinheiro, cheque, ordem de pagamento, débito em conta corrente, ou documento de ordem de crédito no 18. Regulamento Anexo à Circular n° 2.594, de 21 de Julho de 1995, do Banco Central do Brasil e 18. Regulamento Anexo à Circular n° 2.616, de 18 de Setembro de 1995 do Banco Central do Brasil. Nos fundos imobiliários, o pagamento tem de ser feito em moeda nacional sempre, podendo, no entanto, e quando tal se adeque às finalidades do fundo, nos termos do 5. Instrução CVM n° 205, de 14 de Janeiro de 1994, ser feita em bens imóveis ou direitos reais sobre imóveis.

Nos Estados Unidos prevê-se o "periodic payment plan certificate", que permite o pagamento periódico pelo subscritor da sua participação (Sec. 2 (a) (27), Sec. 27 Investment Company Act of 1940). No entanto, este sistema é mais próximo dos planos de investimento, que no caso português existem sob a forma nomeadamente de planos de pensões. O pagamento da subscrição nas "open-end companies" parece não poder fazer-se em serviços ou em activos que não valores mobiliários ou dinheiro, nos termos da Sec. 22 (g) Investment Company Act of 1940. O mesmo regime se aplica aos "closed-end companies" nos termos da Sec. 23 (a) Investment Company Act of 1940. Ao contrário que acontece com as empresas comuns, nas "open-end" não pode haver pagamento em serviços (HAZEN, Thomas Lee; *The Law of Securities Regulation*, West Publishing Co., 2ª ed., St. Paul, Minn., 1990, p. 856). Nestas últimas estatui-se igualmente que em princípio não podem ser vendidas as unidades abaixo do valor líquido do fundo (Sec. 23 (b) Investment Company Act of 1940). No Reino Unido existe igualmente a figura de pagamento em prestações mensais (*O.P.C.V.M. 90, Où et Comment s'Implanter en Europe?,* Séminaire de Direction de Banque, La Revue Banque Éditeur, Tome II, Paris 1990, p. 296).

A lei portuguesa também é omissa no que respeita ao regime do incumprimento do dever de pagamento da subscrição. Valem aqui as regras gerais relativas ao incumprimento. Em Espanha, no entanto, e para as sociedades de investimento mobiliário de capital variável prevê-se como sanção adicional a suspensão do exercício das acções em carteira que não tenham sido subscritas e liberadas (32.8. Reglamento de la Ley 46/1984, de 26 de deciembre, aprovado pelo Real Decreto 1393/1990, de 2 noviembre). Em Itália, exige-se que a emissão de acções das SICAV apenas possa ocorrer com a liberação plena das mesmas (4.1. Decreto Legislativo 25 gennaio 1992, n. 84 (in G.U. 14 febbraio 1992, n. 37)). No Brasil, para os fundos imobiliários estatui-se que o não cumprimento deste dever gera mora do participante, podendo a entidade gestora executar a dívida judicialmente nos termos gerais ou transmiti-la a terceiros, mesmo após a cobrança judicial (13.§único Lei n° 8.668, de 25 de Junho de 1993).

Nos Estados Unidos, no caso de incumprimento pelo subscritor, obriga-se a gestora do fundo a informá-lo do seu direito de resgatar a sua participação (Sec. 27 (e) Investment Company Act of 1940).

Questão diferente é a de saber se este pagamento pode ser feito a prestações. A proibição de concessão de crédito constante do 11°/1/g DLFIM e 12°/1/f DLFII vai no sentido de este não ser possível. Aliás no mesmo sentido vai a lei brasileira, que proíbe expressamente a venda a prestações das quotas dos fundos mobiliários no 10.VII. Regulamento Anexo à Circular n° 2.594, de 21 de Julho de 1995, do Banco Central do Brasil e 10.VII. Regulamento Anexo à Circular n° 2.616, de 18 de Setembro de 1995 do Banco Central do Brasil. Também nos fundos imobiliários existe idêntica regra no 12.V. Em França proíbe-se a liberação parcial das unidades de participação (Funcionamento das Sociedades de Investimento de Capital Variável (S.I.C.A.V.) em França – Relatório Lorain, de Janeiro de 1968; in: *Revista Bancária*, Ano IV, n° 14, Outubro - Dezembro de 1968, Lisboa, p. 46). Nos Estados Unidos, ver Funcionamento das Sociedades de Investimento de Capital Variável (S.I.C.A.V.) em França – Relatório Lorain, de Janeiro de 1968; in: *Revista Bancária*, Ano IV, n° 14, Outubro - Dezembro de 1968, Lisboa, p. 54.

A quarta fase é a emissão em sentido restricto da unidade de participação. Esta emissão traduz-se na aquisição na esfera jurídica de uma entidade (participante) da titularidade da unidade de participação.

Em primeiro lugar, as unidades de participação não podem ser emitidas sem que a importância correspondente ao preço de emissão seja efectivamente integrada no activo do fundo[491]. Desde logo, isto significa que podem ser emitidas, mesmo que a comissão de emissão não seja paga, na medida em que esta comissão é remuneração das entidades comercializadoras e não activo do fundo. A questão é a de saber o que se entende por integração no activo do fundo. Se houver um pagamento por cheque pode no mesmo momento do cheque haver emissão da unidade? Parece que não. A solução pode parecer particularmente rígida sobretudo nos casos em que o cliente é particularmente credível. No entanto, compreende-se mais uma vez por força da massificação. Um fundo não se pode sujeitar a situações de conflitualidade na integração dos seus activos. Se alguém paga com um cheque e só uma semana depois este é creditado nos fundos, há sempre o risco de não haver esse crédito na carteira dos fundos, tendo já havido divisão desta carteira pelo

---

[491] É esse o sentido de emissão nos 27°/3 DLFIM, 30°/3 DLFII. Cf. 40° DFI.

326 Fundos de Investimento Mobiliário e Imobiliário

novo subscritor das unidades ainda não pagas. Se o cheque não vier a ser creditado, este participante está a prejudicar os restantes participantes que se vêem obrigados a dividir o património do fundo com ele. Daí que as dações em função do cumprimento não possam ser consideradas para efeitos da emissão das unidades de participação. Só depois de os créditos terem sido integrados no fundo é que pode ocorrer esta emissão. Em segundo lugar, há que saber se a integração no activo do fundo implica o depósito no depositário. Se assim for, apenas quem tem conta junto do depositário dos fundos poderia pagar com cheque e no mesmo momento vir a ser emitidas as unidades de subscrição. A solução parece distorcer a concorrência entre o depositário e as restantes entidades comercializadoras (entidade gestora e entidades colocadoras). Os depositantes no depositário estariam assim favorecidos em relação aos restantes subscritores, mesmo que, sendo a entidade gestora ou a entidade colocadora uma instituição de crédito, os subscritores neles tenham conta e os seus cheques possam vir a ser neles imediatamente debitados. Esta distorção de concorrência, este favorecimento do depositário, não é querida por lei. As entidades comercializadoras, caso recebam imediatamente o pagamento da subscrição, ou sejam pagas com cheques sacados sobre a sua própria instituição, podem emitir as unidades de participação. No entanto, se assim for, ficam obrigadas perante o depositário a proceder ao depósito imediato das quantias junto dele. De qualquer modo, não existe a obrigação de proceder à emissão enquanto o pagamento não for junto ao depositário.

Por outro lado, a emissão é um dever das entidades comercializadoras[492]. Estas não podem recusar a emissão das unidades salvo quando não tiver sido pago o preço, o número de unidades subscritas for inferior ao estabelecido no regulamento de gestão, ou de acordo com outros fundamentos constantes no regulamento de gestão e que não sejam discriminatórios (por exemplo, no caso dos fundos especiais, em que existem qualidades especiais requeridas ao participantes, como serem trabalhadores de empresas nacionalizadas).

Daí que não se concorde, como antes se salientou a propósito da relação entre o regime das cláusulas contratuais gerais e o regulamento do fundo, com a tese de TOMÉ, Maria João Romão Carreiro Vaz; *Fundos de Investimento Mobiliário Abertos*, Almedina, Coimbra, 1997, p. 119 ss., que se trata de um mero convite a contratar. De resto, em TOMÉ, Maria

---

[492] 8º/b, 28º/1, 4, 14º/2 DLFIM, 9º/b, 31º/1, 4, 15º/2 DLFII, 659º Cd.MVM.

João Romão Carreiro Vaz; *Fundos de Investimento Mobiliário Abertos*, Almedina, Coimbra, 1997, p. 149 -151 a A. reforça involuntariamente esta ideia, tanto mais que aborda sobretudo os fundos abertos. Reconhecendo a insignificância do mercado secundário nos fundos abertos, se fosse possível à entidade gestora determinar os termos do resgate, e dominando ela o mercado das unidades de participação (mercado meramente primário), se a entidade gestora pudesse determinar no âmbito dos quadros gerais da autonomia privada a quem pudesse atribuir os resgates, para além de haver violação da igualdade de tratamento dos clientes, sobretudo criar-se-ia uma situação em que aos participantes não seria dada qualquer possibilidade prática de se desfazer do seu investimento. Se assim é com o resgate, em relação ao qual, aliás, reconhece que existe um dever de resgatar, porque razão haveria de ser diferente com a subscrição, na medida em que se trata de um acesso a um mercado cuja acessibilidade deve obedecer a um princípio de igualdade? O regime apertado da suspensão da emissão e do resgate demonstra que o legislador não quis deixar esta questão ao arbítrio da entidade gestora.

Em Espanha, este regime deveral encontra-se expressamente desenvolvido no 42. Reglamento de la Ley 46/1984, de 26 de deciembre, aprovado pelo Real Decreto 1393/1990, de 2 noviembre. Em igual sentido RODRÍGUEZ ARTIGAS, Fernando; Instituciones de Inversión Colectiva, in: ALONSO UREBA, Alberto, MARTINEZ-SIMANCAS Y SANCHEZ; Julian; *Derecho del Mercado Financiero*; Tomo I, Volume 1, *Entidades del Mercado Financiero*, Editorial Civitas, Madrid, 1994, p. 314, que refere expressamente o dever de emitir as unidades de participação. Encontra-se, por outro lado, implícito no 18.2. Orden de 24 de septiembre de 1993, relativo aos fundos imobiliários não personalizados. De igual forma na Suíça não podem ser emitidos os certificados sem que haja prévio pagamento do preço da emissão (24.3. Ordonnance du Conseil Fédéral sur les Fonds de Placement du 19.10.1994).

Concorda-se, por outro lado, com a observação de TOMÉ, Maria João Romão Carreiro Vaz; *Fundos de Investimento Mobiliário Abertos*, Almedina, Coimbra, 1997, p. 123, quando afirma que as vicissitudes das unidades de participação são independentes para cada participante.

ii) *Regime dos fundos fechados*

Os fundos fechados, na medida em que o número das unidades de participação se encontra estabelecido de modo fixo pelo regulamento de gestão, têm um regime de emissão mais próximo do comum constante do Cd.MVM[493].

---

[493] 48° DLFIM, 28° DLFII.

328 *Fundos de Investimento Mobiliário e Imobiliário*

Não tem sentido fazer a descrição do regime geral das emissões, na medida em que isso melhor cabe em trabalho que a este tema se dirija. Apenas se salientaram as inflexões mais importantes de regime.

A lei deixa expresso que a aplicação deste regime obedece às seguintes adaptações[494]:

a) O registo da emissão é oficiosamente concedido com a aprovação do prospecto da emissão. Problema que se coloca é o de saber se este prospecto é o constante do 134°/1/j, e 143° ss. Cd.MVM quanto ao seu conteúdo. Com efeito, o regime dos fundos, estatuiu, sem distinguir entre fundos abertos e fechados, quais as menções que devem constar do prospecto[495]. A única solução possível é a de considerar que o 148° Cd.MVM é aplicável, mas apenas subsidiariamente, na medida em que as suas menções não constem do regime dos fundos. A saber, o contrato de liquidez, as actividades da entidade gestora e o património e situação financeira da entidade gestora (148°/1/g, j, l Cd.MVM)[496]. Por outro lado, torna-se necessário saber quando é que ocorre a aprovação do prospecto, na medida em que o regime dos fundos não é inequívoco quanto a este momento. A única solução que se vê é a de considerar que este é aprovado no momento da autorização do fundo[497].

b) As referências às entidades emitentes são consideradas como feitas à entidade gestora[498].

---

[494] 48°/2 DLFIM, 28°/3 DLFII.

[495] 33° DLFIM, 36°/1 DLFII.

[496] Não esqueçamos, que, nos termos do 48°/2 /b DLFIM e 28°/3/b DLFII, as referências à entidade emitente considera-se feita à entidade gestora.

[497] Como decorre da conjugação dos 33°/4 DLFIM, 36°/4 DLFII com os 17°/1 DLFIM e 18°/1 DLFII. A referência às alterações do prospecto não releva para este efeitos, na medida em que esta é posterior à emissão.

A necessidade de modificações no prospecto no caso dos fundos de investimento foi expressamente prevista na lei a propósito do prospecto de admissão à negociação em bolsa, no 327°/1/d Cd.MVM. Para o mercado primário, o 151° Cd.MVM prevê genericamente em relação a estas situações.

[498] 48°/2/b DLFIM, 28°/3/b DLFII. Também se afirma que a referência à entidade emitente se deve considerar feita aos fundos consoante os casos, no DLFIM, sendo que o DLFII omite esta referência. No entanto, no que respeita aos fundos, a descrição da sua actividade e situação económico-financeira, bem como dos valores que deles se desprendem, decorre já do regime dos fundos. Apenas parecem surgir no Cd.MVM referências à entidade emitente que tenham sentido em relação à entidade gestora. Com efeito, são referências de responsabilização, e esta responsabilidade cabe às entidades gestoras. No

Parte IV – Regime geral

c) As referências aos intermediários financeiros consideram-se feitas ao depositário[499].
d) O líder de consórcio, no caso de várias entidades comercializadoras, será sempre o depositário[500].

Por outro lado, e em sede da sub-fase deliberativa, pode ser recusada a autorização de novos fundos fechados quando não estiver integralmente realizado o capital de outros fundos fechados pela mesma entidade gestora[501].

Se bem se vir esta aproximação ao regime das emissões comuns, e em suma, da emissão por sociedades comerciais, corresponde a uma tendência geral sempre que o património das instituições de investimento colectiva se encontra fechado. Também no caso das sociedades de investimento mobiliários de capital fixo, a aproximação em relação ao regime societário comum é muito maior, se compararmos com as de capital variável, que estão mais próximas do fundos abertos (20. ss. Regulamento de la Ley 46/1984, de 26 de deciembre, aprovado pelo Real Decreto 1393//1990, de 2 noviembre).

Na lei espanhola o regime de emissão das unidades de participação segue sempre, caso se opte por uma oferta pública dos mesmos (com publicidade), pelo regime das emissões previsto na Ley del Mercado de valores, devendo os documentos específicos dos fundos constar igualmente desta emissão (36. Reglamento de la Ley 46/1984, de 26 de deciembre, aprovado pelo Real Decreto 1393/1990, de 2 noviembre). Apesar de apenas haver fundos abertos em Espanha, a verdade é que o legislador espanhol optou pelo paradigma das emissões comuns. Esta solução parece ser menos equilibrada que a portuguesa. Nos fundos fechados compreende-se que exista um regime próximo das emissões comuns. Já nos fundos abertos a situação é mais próxima da venda de qualquer outro produto financeiro, devendo sobretudo cumprir as regras específicas que são enquadradas pelos princípios gerais que têm vindo a ser estudados.

---

que respeita ao modo de deliberação de emissão dos valores, ou da conformação dos mesmos, o regime dos fundos parece ser auto-suficiente. Neste sentido, não se vê em que matérias as referências aos fundos possam ter sentido. Quando o Cd.MVM responsabiliza as entidades emitentes por qualquer facto ou lhes impõe quaisquer deveres é às entidades gestoras que se refere em sede de mercado primário. Bem parece ter assim feito o DLFII em não ter referido os fundos nesta sede.

[499] 48º/2/b DLFIM, 28º/3/b DLFII.
[500] 48º/2/c DLFIM, 28º/3/c DLFII
[501] 17º/3 DLFIM, 18º/3 DLFII.

330   *Fundos de Investimento Mobiliário e Imobiliário*

Nos Estados Unidos existem regras gerais para o registo da emissão de valores por todas as "investment companies", sejam abertas ou fechadas na Sec. 24 (a) Investment Company Act of 1940.

Questão que fica por resolver é de saber se a remissão que é feita para o Título II do Código do Mercado de Valores Mobiliários respeita apenas à subscrição pública ou também à subscrição privada. Nesta parte, que tem natureza meramente institucional, a resposta ainda não pode ser dada, pelo que se remete para o capítulo respeitante à dogmática dos fundos, na parte em que se tratam dos fundos formais por oposição ao fundos materiais. De qualquer forma, desde já se adiante que a solução, que nesse momento se exporá, tem de ser a de não ser possível a subscrição privada de unidades de participação no regime do DLFIM e DLFII. TOMÉ, Maria João Romão Carreiro Vaz; *Fundos de Investimento Mobiliário Abertos*, Almedina, Coimbra, 1997, p. 115 afirma, sem justificar que os fundos (abertos, supõe-se), se constituem por subscrição pública.

iii) *Regime dos fundos abertos*

Por comparação, o mercado primário dos fundos abertos é mais simplesmente regido. É que a emissão é um facto permanente nestes fundos. Não teria sentido, nestes termos, a aplicação do regime comum, que pressupõe que a emissão é um facto limitado no tempo. Daí que a lei excepcione expressamente no 130º/1/c Cd.MVM o regime das ofertas públicas de subscrição em relação às unidades de participação dos fundos abertos.

Referindo-se à natureza especial desta emissão TOMÉ, Maria João Romão Carreiro Vaz; *Fundos de Investimento Mobiliário Abertos*, Almedina, Coimbra, 1997, p. 127.

A natureza permanente da emissão vê-se em França nos S.I.C.A.V., que são fundos personalizados no 2.§2º Loi nº 88-1201 du 23 décembre 1988. Reconhece-se que a natureza aberta da emissão implica inflexões no regime geral das emissões das sociedades anónimas (Funcionamento das Sociedades de Investimento de Capital Variável (S.I.C.A.V.) em França – Relatório Lorain, de Janeiro de 1968; in: *Revista Bancária*, Ano IV, nº 14, Outubro - Dezembro de 1968, Lisboa, p. 45 – 46). Em Itália vê-se, para os SICAV, no 1.1. Decreto Legislativo 25 gennaio 1992, n. 84 (in G.U. 14 febbraio 1992, n. 37). Nos termos do 2.3.e., as modalidades de extinção e emissão das acções constam do pacto social.

Numa primeira leitura, esta observação faria afirmar que no Reino Unido não existem fundos abertos, na medida em que se considera que não são "collective investment schemes" aqueles em que cada participante pode retirar a parte da sua propriedade em qualquer momento (Sec. 75(5)(b) Financial Services Act 1986). Não é assim. O problema de que trata lei

Parte IV – Regime geral

britânica é diferente e tem a ver com a separação patrimonial. Também se alguém contribuiu com acções para um fundo não as pode retirar desse mesmo fundo, mesmo que o fundo seja aberto.

iv) *Estruturas gerais do mercado primário dos fundos*

Numa perspectiva mais global, há que reter vários aspectos da conjugação do regime dos fundos com o regime geral do mercado primário.

Em primeiro lugar, há um fraccionamento do papel da entidade emitente. A entidade gestora não é em sentido próprio uma entidade emitente, na medida em que existe autonomia patrimonial dos fundos. No entanto, os fundos não podem desempenhar o papel das entidades emitentes, na medida em que não são pessoas jurídicas, nem têm mecanismos gerais de formação de vontade autónoma. O esquema legal é, nestes termos, o da cisão do papel da entidade emitente. O fundo é emitente na medida em que os valores lhe são imputados. Os valores são sempre valores de um fundo. À entidade gestora é aplicável o regime das entidades emitentes, na medida em que existam factos ou condutas ligadas às unidades de participação[502]. Com efeito, a vontade dos fundos é definida pela entidade gestora nos limites da lei e do regulamento de gestão (mas também a das entidades emitentes em geral estão sujeitas ao respeito do estatuto ou pacto social). Mas o nexo de representação não tem aqui natureza orgânica. Com efeito, os actos dos administradores são em princípio actos da sociedade, independentemente da sua responsabilidade autónoma. Ao contrário, os actos da entidade gestora responsabilizam os fundos apenas nos limites do seu poder de representação dos fundos, mas nunca em sede de ilícitos. Os fundos em si mesmo considerados nunca cometem ilícitos, na medida em que nunca praticam condutas.

Em segundo lugar, as emissões das unidades de participação dos fundos são sempre de natureza pública[503]. Com efeito, apesar da remissão do regime dos fundos fechados ser para o título II do Cd.MVM como um todo, parecendo assim caber a possibilidade de emissões privadas, não parece ser essa a melhor solução. Um fundo é sempre o resultado de

---

[502] É neste sentido em que se afirma que emitem as unidades de participação, no 8°/b DLFIM, 9°/b DLFII.

[503] Antecipo aqui parcialmente resultados que apenas se poderão ser devidamente entendidos a propósito da dogmática dos fundos. Os fundos regidos pela lei portuguesa são sempre exotéricos, salvo a excepção residual do 28°/3 DLFII, que será estudado a propósito do regime espacial dos fundos imobiliários.

investimento de capitais recebidos do público[504]. A colocação é sempre junto do público. Pode-se pôr a hipótese de um grupo determinado de pessoas decidir constituir um fundo. Mas, das duas uma. Ou utiliza uma das formas de investimento conjunto permitidas na lei (por exemplo, contitularidade de carteiras) e não estamos perante um fundo, ou decide utilizar, por excesso de forma a figura dos fundos. O perigo abstracto de esse fundo se vir a abrir, a possibilidade de as unidades de participação se poderem vir a negociar em bolsa, por exemplo, é fundamento suficiente para que a subscrição seja pública. Questão diferente é a de saber se o regime tem sempre de ser o das subscrições públicas. Aí já a lei dá uma resposta negativa, pelo menos se pensarmos nas subscrições públicas de regime comum. Com efeito em relação aos fundos abertos o 130º/ 1/c Cd.MVM estatui o contrário. Não que a subscrição não seja pública. Mas apenas não obedece ao regime geral das subscrições públicas do Cd.MVM, obedecendo a um regime especial.

Prevê-se na lei espanhola que a emissão das unidades de participação possa ser feita por subscrição pública ou de forma individualizada (20.6. Ley 46/1984, de 26 deciembre). No entanto, há que ter em conta que à luz do 10.3. Ley 46/1984, de 26 deciembre, apenas se consagram fundos mobiliários abertos. Aquilo que se visa não é a qualificação de pública ou de privada da subscrição, mas o método que se segue para a sua colocação. Pode-se preferir uma forma de colocação concentrada no tempo, pelo menos tendencialmente, e eventualmente com regras de rateio, ou disseminada no mesmo tempo.

Na Suíça, o art. 2 Loi Fédérale sur les Fonds de Placement, du 18.03.1994, deixa bem claro que o regime dos fundos se aplica apenas aos fundos com apelo ao público.

A emissão é denominada no Reino Unido de "issue" como se passa com os restantes valores mobiliários (Sec. 81(2)(a) Financial Services Act 1986).

No Brasil, há que distinguir. O processo de emissão é anterior à autorização dos fundos imobiliários, na medida em que este processo é objecto de registo prévio da CVM (cf. 8. Instrução CVM n° 205, de 14 de Janeiro de 1994). No entanto, a emissão das quotas propriamente dita apenas pode ocorrer após a autorização do fundo (38.§2° Instrução CVM n° 205, de 14 de Janeiro de 1994), dependendo o processo de emissão das condições definidas pela entidade gestora nos termos gerais do mercado primário (38. Instrução CVM n° 205, de 14 de Janeiro de 1994).

---

[504] 2° DLFIM, 2°/1 DLFII.

A lei é aliás consistente com esta conclusão, embora expressamente apenas se refira aos fundos fechados, quando no 48°/2 DLFIM e 28°/3 DLFII remete para as ofertas públicas de subscrição.

II. *Modificação*

As unidades de participação modificam-se derivadamente pelas causas de modificação dos fundos. A modificação do seu valor decorre das modificações dos fundos.

Modificam-se igualmente pela suspensão do resgate, nos fundos abertos, dado que enquanto esta dura, o direito de resgate não pode ocorrer, alterando-se a esfera dos direitos que cabem à unidade de participação, a saber o de resgate.

No caso das SIMCAV espanholas existe uma vicissitude modificativa (suspensiva) *ab initio* que se traduz na suspensão dos direitos inerentes às acções da sociedade de capital variável até que estas tenham sido subscritas, nos termos do 15.8 Ley 46/1984, de 26 deciembre. Em Itália, nos SICAV, na medida em que podem ter acções dividas em categorias diferentes, estas podem ser convertidas em acções de categoria diferente de acordo como pacto social, nos termos do 2.3.1. e 4.3. Decreto Legislativo 25 gennaio 1992, n. 84 (in G.U. 14 febbraio 1992, n. 37).

III. *Extinção: resgate e reembolso*

As unidades de participação não se extinguem com a extinção do fundo. Extinguem-se antes, como acima já verificamos. O fundo é prévio e posterior sob o ponto de vista temporal e lógico em relação às unidades de participação.

As unidades de participação não se extinguem pela extinção do seu titular (pessoa jurídica ou património autónomo). Esta extinção provoca quando muito transmissão das unidades ou a sua *derelictio*.

A extinção das unidades de participação constitui igualmente um processo, que se traduz por duas grandes fases: a do resgate e do reembolso[505].

A fase do resgate divide-se em pedido de resgate e resgate propriamente dito[506]. No entanto, o pedido de resgate é um acto unilateral do

---

[505] O reembolso, para os fundos harmonizados, constitui uma obrigação das entidades gestoras, sem que o Estado-membro possa criar um regime diferente, nos termos do 37º/1 DFI, salvo as possibilidades de suspensão da subscrição e resgate nos termos do 37º/2 DFI.

[506] 29º DLFIM, 32º DLFII.

334 *Fundos de Investimento Mobiliário e Imobiliário*

participante através do qual ele manifesta a intenção de extinguir a sua unidade de participação e através do qual surge o dever de resgatar pelo depositário a participação, acto este que extingue a mesma. No entanto, o resgate apenas tem efeitos extintivos se não violar o regime legal, como veremos a propósito dos fundos fechados nomeadamente. O resgate pode ser feito em qualquer entidade comercializadora e dirigido ao depositário. O resgate deve ter prazos máximos, que devem ser publicitados nas instalações das entidades comercializadoras[507].

Apesar de o pedido dever ser dirigido ao depositário, o resgate é um acto da entidade gestora[508], o que é consistente com a sua função. O facto de dever ser deferido o pedido ao depositário significa apenas que é este, enquanto depositário dos valores do fundo, de todos os valores, e incluindo do numerário do mesmo, que pode proceder ao processamento da sua consequência por excelência, o reembolso.

O segundo momento da extinção, que não é genético, mas apenas funcional, é o reembolso. A unidade de participação já se encontra extinta, apenas se procede em execução deste facto de extinção. O reembolso é o acto pelo qual é atribuído ao participante o valor da unidade de participação.

O reembolso em Espanha é sempre feito pelo depositário, nos termos do 42.7. Reglamento de la Ley 46/1984, de 26 de deciembre, aprovado pelo Real Decreto 1393/1990, de 2 noviembre. No entanto, para desembolsos superiores a 50 milhões de pesetas o regulamento de gestão pode implicar um pré-aviso de 10 dias à entidade gestora (42.8. Reglamento de la Ley 46/1984, de 26 de deciembre, aprovado pelo Real Decreto 1393//1990, de 2 noviembre). No caso dos fundos imobiliários, pedidos de reembolso superiores a 15% do valor do fundo implicam um pré-aviso de um mês (19.6. Orden de 24 de septiembre de 1993).

Em França, o valor de resgate é sempre o valor liquidativo da unidade de participação minorado de despesas e comissões. Um projecto do Governo que não foi consagrado no texto legal permitia em alternativa que o valor de resgate fosse o da cotação, o que poderia, por força deste duplo sistema gerar prejuízos para os investidores (PEZARD, Alice; *Droit des Marchés Monétaire et Boursier*; Editions du J.N.A., Paris, 1994, p. 245). Estes prejuízos são fáceis de enunciar. É que a tendência seria sempre a de

---

[507] 29º/4 DLFIM, 32º/4 DLFII. No 17º/1 Dec.-Lei nº 229- C/88, de 4 de Julho, não se fava em resgate, mas em exigência de reembolso.

[508] 8/b DLFIM, 9º/b DLFII, que se referem ao reembolso, mas em bom rigor abrange também o resgate.

Parte IV – Regime geral

esquecer o valor da cotação como critério quando o valor liquidativo fosse superior. A possibilidade de negociação em bolsa é vista como alternativa ao resgate em PEZARD, Alice; *Droit des Marchés Monétaire et Boursier*; Editions du J.N.A., Paris, 1994, p. 204.

A antecedência mínima do resgate depende do estabelecido no regulamento do fundo, nos termos do 7.3.n. Loi Fédérale sur les Fonds de Placement, du 18.03.1994, na Suíça. Compete ao banco depositário satisfazer o serviço da dívida do fundo, e implicitamente também os resgates (19.3. Loi Fédérale sur les Fonds de Placement, du 18.03.1994). O resgate (denúncia do contrato de investimento, na acepção suíça), pode ocorrer a todo o momento, salvo excepções (24., 25. Loi Fédérale sur les Fonds de Placement, du 18.03.1994; cf. 25. Ordonnance du Conseil Fédéral sur les Fonds de Placement du 19.10.1994). Consequência específica do resgate e reembolso é o dever de devolução dos certificados, caso estes tenham sido emitidos, nos termos do 24.1. Loi Fédérale sur les Fonds de Placement, du 18.03.1994. No caso dos fundos imobiliários, existe o direito de, com um pré-aviso de um ano, requerer o reembolso da unidade de participação, de acordo com o 41.2. Loi Fédérale sur les Fonds de Placement, du 18.03.1994. Em casos excepcionais pode haver diferimento do reembolso nos termos do 26. Ordonnance du Conseil Fédéral sur les Fonds de Placement du 19.10.1994.

Em Itália, o reembolso pode ter um prazo de suspensão de um mês nos casos definidos no regulamento do fundo (2.2.i., 3.4. Legge 23 marzo 1983, n. 77 (in G.U. 28 marzo 1983, n. 85).

Na Alemanha a doutrina entende que não há reembolso por entrega de bens dos fundos (ASMANN, Heinz-Dieter; SCHÜTZE, Rolf A.; *Handbuch des Kapitalanlagerechts*, C.H. Beck'sche Verlagsbuchhandlung, 2ª ed., München, 1997, p. 752).

Nos Estados Unidos, quanto às "redeemable securities", o resgate pode ser feito pela emitente ou por pessoa por ela indicada (Sec. 2 (a) (32) Investment Company Act of 1940). Prevêem-se, aliás, duas formas de absorção das unidades de participação, a "redemption", equivalente ao resgate, e a "repurchase", equivalente à recompra, na Sec. 22 Investment Company Act of 1940. A recompra de unidades emitidas pelas "closed-end companies" apenas pode ser feita em bolsa ou outro mercado aberto designado pela SEC ou através de ofertas de compra, mas apenas depois de submeter essas ofertas a todos os titulares de unidades da mesma categoria, ou noutras circunstâncias indicadas pela SEC (Sec. 23 (c) Investment Company Act of 1940). As regras especiais relativas à recompra pela "closed-end" obedecem a um padrão algo diferente do relativo aos fundos abertos. Enquanto nos fundos abertos o interesse é o de permitir ao investidor desfazer-se da sua posição, no caso dos fundos fechados há que ter em conta efeitos potenciais de descapitalização do fundo. É neste sentido

336 *Fundos de Investimento Mobiliário e Imobiliário*

que a igualdade de tratamento dos participantes tem de ser tida em conta na recompra de participações (HAZEN, Thomas Lee; *The Law of Securities Regulation*, West Publishing Co., 2ª ed., St. Paul, Minn., 1990, p. 857 – 858). Nos "periodic payment plans", que são planos de investimento com prestações periódicas pagas pelo subscritor, as unidades de participação têm de ser sempre resgatáveis (Sec. 27 (c) Investment Company Act of 1940), a partir de 18 meses da subscrição, devendo ser reembolsadas em dinheiro (Sec. 27 (d) Investment Company Act of 1940).

A extinção das unidades de participação pode ter como fundamentos em Espanha, independentemente do que for regulado no regulamento de gestão, outras causas, como a substituição da entidade gestora, do depositário, a modificação da política de investimentos ou de distribuição de resultados, a transformação do fundo em sociedade de investimento mobiliário, a modificação das comissões de gestão, de reembolso, ou de depósito. Neste caso os participantes podem pedir o reembolso das suas unidades sem quaisquer custos para si (35.2. Reglamento de la Ley 46/1984, de 26 de deciembre, aprovado pelo Real Decreto 1393/1990, de 2 noviembre). É o chamado "direito de separação" (35.4. Reglamento de la Ley 46/1984, de 26 de deciembre, aprovado pelo Real Decreto 1393/1990, de 2 noviembre). Em Itália, a extinção das unidades de participação é definida pelo regulamento do fundo nos termos do 2.2.c. Legge 23 marzo 1983, n. 77 (in G.U. 28 marzo 1983, n. 85).

O reembolso deve ser feito em princípio em numerário. No entanto, em Espanha permite-se que excepcionalmente o reembolso se faça em valores que façam parte do fundo, desde que haja autorização da CNMV (42.10. Reglamento de la Ley 46/1984, de 26 de deciembre, aprovado pelo Real Decreto 1393/1990, de 2 noviembre; 19.5.b. Orden de 24 de septiembre de 1993). Para os fundos imobiliários ver AZA CAMPOS, Alicia; <u>La Reforma de la Ley de Arrendamientos Urbanos y los Fondos de Inversión Inmobiliaria</u>, in: ALONSO UREBA, Alberto, MARTINEZ-SIMANCAS Y SANCHEZ; Julian; *Derecho del Mercado Financiero*; Tomo I, Volume 1, *Entidades del Mercado Financiero*, Editorial Civitas, Madrid, 1994, p. 407. Em Itália exige-se que o reembolso seja feito sempre em numerário nos termos do 3.4. Legge 23 marzo 1983, n. 77 (in G.U. 28 marzo 1983, n. 85). De igual forma no Brasil se prevê que o resgate seja sempre feito em dinheiro, cheque, ordem de pagamento, de crédito, em conta corrente, ou documento de ordem de crédito (18, Regulamento Anexo à Circular nº 2.594, de 21 de Julho de 1995, do Banco Central do Brasil e 18. Regulamento Anexo à Circular nº 2.616, de 18 de Setembro de 1995 do Banco Central do Brasil), sendo que excepcionalmente, e ouvido previamente o Banco Central do Brasil, se pode proceder ao resgate com activos do fundo (18.§único de ambos os regulamentos citados).

No Reino Unido, o reembolso é denominado de "redemption of units" na Sec. 78(6) Financial Services Act 1986.

O resgate de quotas do fundo mobiliário depende de regulamentação do Banco Central do Brasil no 1.§1°.IV. Resolução n° 2.183, de 21 de Julho de 1995, do Conselho Monetário Nacional do Brasil. Na medida em que os fundos imobiliários são sempre fechados, proíbe-se o resgate de quotas no 2. Lei n° 8.668, de 25 de Junho de 1993.

Problema diferente, que se deixa para estudo monográfico sobre a matéria, é o da anulação das unidades de participação (13°/2/a DLFIM, 14°/2/a DLFII) e a possível aplicabilidade do regime civil na matéria (cf. JUGLART, Michel de; IPPOLITO, Benjamin; *Traité de Droit Commercial, Tome 7, Banques et Bourses*, Montchrestien, 3 ed., Paris, 1991, p. 608).

Por outro lado, o resgate e reembolso é um dever das entidades comercializadoras[509]. Estas não podem recusar estes factos, salvo nos termos antes indicados. No caso dos fundos fechados, este dever não existe antes da liquidação.

Em Espanha, este regime encontra-se expressamente desenvolvido no 42. Reglamento de la Ley 46/1984, de 26 de deciembre, aprovado pelo Real Decreto 1393/1990, de 2 noviembre.

No Reino Unido, a natureza deveral desta situação encontra-se igualmente consagrada na Sec. 78(6) Financial Services Act 1986. No entanto, como substitutivo do reembolso admite-se que exista um dever de garantir a venda pelo participante da unidade num mercado.

i) *Fundos fechados*

Nos fundos fechados o reembolso é apenas possível quando da liquidação do fundo[510]. As consequências deste regime para efeitos de extinção do fundo já foram afloradas a propósito da extinção dos fundos. No entanto, em sede de extinção da unidade de participação ficam por descobrir as suas consequências.

É que a lei apenas refere a proibição de reembolso. Se assim é, que sentido tem permitir o resgate sem que sem possível a sua execução? Um nexo genético sem qualquer seguimento funcional é vazio de sentido. Dizer que um contrato constitui uma obrigação que nunca pode ser cum-

---

[509] 8°/b, 28°/1, 4, 14°/2 DLFIM, 9°/b, 31°/1, 4, 15°/2 DLFII, 659° Cd.MVM.

[510] 29°/3 DLFIM, 32°/3 DLFII.
Também assim o afirmava o 17°/4 Dec.-Lei n° 229- C/88, de 4 de Julho.

338   *Fundos de Investimento Mobiliário e Imobiliário*

prida é contraditório nos termos na perspectiva da lógica jurídica. Poder-se-ia contra argumentar afirmando que há uma possibilidade de conciliar os dois regimes: o resgate seria possível a qualquer altura mas já não o reembolso. A consequência seria a de que quem resgatasse teria garantido um valor de reembolso a uma determinada data, ao contrário de quem não o fizesse na mesma data mas só depois de aberta a liquidação. Mas esta solução peca por chocar com os valores defendidos com a liquidação dos fundos e com o próprio sentido do resgate. Nos fundos de duração indeterminada, por exemplo, a unidade de participação estaria extinta indefinidamente e só em época indeterminada se poderia reaver o dinheiro investido. E isto sem garantia de protecção contra a inflação, ou sem qualquer espécie de rendibilidade do dinheiro. Em geral, nos fundos fechados, contraria o sentido da liquidação. Na liquidação todos os participantes têm uma quota igual por unidade de participação na massa a liquidar, o fundo. Admitir que a valorização da unidade de participação poderia variar consoante as datas de pedido de resgate seria distorcer esta igualdade. Em conclusão, não é possível o resgate de unidades de participação de fundos fechados a não ser não caso de liquidação dos fundos.

Daí que no Brasil nos fundos imobiliários, que são sempre fechados, o resgate seja sempre proibido nos termos do 2. Lei nº 8.668, de 25 de Junho de 1993.

ii) *Fundos abertos*

Apesar de ser o resgate o acto com efeito extintivo da unidade de participação, este resgate tem efeitos retroactivos. Com efeito, o valor da unidade de participação para efeitos de reembolso é o:

a) último conhecido e divulgado à data do pedido, na hipótese de o regulamento de gestão nada dizer;

b) o subsequente, caso o regulamento de gestão assim o estatue[511].

---

[511] 29º/2 DLFIM, 32º/4 DLFII.

A lei criou assim um regime simultaneamente mais flexível e mais protector do participante. À luz do 17º/2 Dec.-Lei nº 229- C/88, de 4 de Julho, a data relevante era sempre a do seu reembolso.

O reembolso estava previsto genericamente para os fundos mobiliários no 18º do Dec.-Lei nº 134/85, de 2 de Maio, mas que, apesar de não operar esta distinção, se aplicava apenas aos fundos abertos.

Parte IV – Regime geral 339

Esta norma só é aplicável aos fundos abertos, pelas razões antes invocadas. É que a variação da data de resgate com efeitos na avaliação da unidade de participação não é aplicável aos fundos fechados.

iii) *Apreciação global do regime de extinção das unidades de participação*

O regime da extinção das unidades de participação apresenta dois aspectos de monta que merecem ser sublinhados.

Em primeiro lugar é consagrado expressamente um regime de mercado primário negativo com algum desenvolvimento. Ao contrário do que se passa no regime comum do Cd.MVM, em que o mercado primário negativo (de extinção dos valores) é relegado para regimes institucionais (*maxime*, o CSC), o regime dos fundos não teve outra solução senão dar algum desenvolvimento a este regime.

Em segundo lugar, existe uma assimetria notória no regime de extinção das unidades de participação dos fundos fechados e abertos. As unidades de participação dos fundos fechados parecem mais uma condenação perpétua para o seu titular, na medida em que não se pode desfazer deles pelo resgate a qualquer altura, como acontece com as unidades dos fundos abertos. Mas, se bem virmos, em nada esta situação é especial no quadro geral dos valores mobiliários. Com efeito, o comum é exactamente o titular dos valores não poder proceder à sua extinção na altura em que bem entende. Um accionista, um obrigacionista, estão sujeitos aos prazos de vigência dos seus valores e, no primeiro caso, o mais comum é que a duração das sociedades seja indeterminada, pelo que em altura nenhuma pode deles se desfazer pela via do mercado primário. Se diferença existe, é a de que os accionistas têm poderes mais vastos para extinguirem a sociedade, enquanto os participantes têm poderes muito mais limitados para extinguirem o fundo, como antes se estudou. A forma que têm de se desfazer dos seu valores é a da sua alienação nos termos gerais. É este regime de transmissão que agora se irá tratar.

IV. *Transmissão*

Se se deixou esta questão para o final, ao contrário do que é tradição, é porque se decidiu ser coerente com a premissa traçada desde o início de tratar em primeiro lugar as questões mais institucionais, mais claramente tratadas na lei, e deixar para o final questões que requerem

340 *Fundos de Investimento Mobiliário e Imobiliário*

uma maior instrumentação dogmática. A transmissão *mortis causa* processa-se nos termos gerais, problemática é a transmissão *inter uiuos*.

É que a possibilidade de transmissão das unidades de participação dos fundos fechados não deixa lugar a quaisquer dúvidas. São mesmo aptas em abstracto a serem negociadas em bolsa, como antes vimos (292º/1/d Cd.MVM), forma de negociação por excelência. O problema que se coloca é o da negociabilidade das unidades de participação de fundos abertos. Com efeito, alguns obstáculos se levantam à mesma. Em primeiro lugar, não é prevista a sua negociabilidade em bolsa. Em segundo lugar, em parte nenhuma se rege sobre as suas modalidades de transmissão e respectivas formas de transmissão. Em terceiro lugar, os fundos abertos em princípio vivem das subscrições e dos resgates, de unidades que são permanentemente emitidas e extintas pela entidade gestora. Em princípio não há lugar para um mercado secundário de unidades de participação de fundos abertos, na medida em que estes têm um mercado primário permanente. Por outro lado, sob o ponto de vista económico não tem muito sentido a transmissão destas unidades, na medida em que o produto não é limitado como no caso dos restantes valores, cuja emissão é delimitada na sua quantidade. A qualquer altura qualquer um pode adquirir por subscrição unidades de participação.

A única hipótese que se veria numa primeira leitura para dar algum interesse a esta transmissão da parte do adquirente é o de poder adquirir a um preço mais baixo que o da subscrição. No entanto dificilmente encontraria alienantes, na medida em que estes poderiam sempre obter por definição preços mais altos de resgate. Inversamente quem quisesse obter um preço mais alto de venda não teria grande mercado, na medida em que os potenciais adquirentes poderiam sempre adquirir sempre por melhor preço em mercado primário. A única hipótese de dar racionalidade económica a este mercado de transações de unidades de participações fechadas seria a de, da parte dos vendedores, haver necessidade de rápida liquidez, em prazos mais rápidos que os do reembolso, e da parte dos adquirentes obterem unidades a uma velocidade mais rápida que a da emissão em sentido restrito. O interesse deste mercado estaria na razão inversa da eficiência dos sistemas de emissão e reembolsos das entidades gestoras.

Estabelecido o interesse económico deste mercado, ainda que residual, há que ver se juridicamente há ainda lugar para se defender a possibilidade de transmissão *inter uiuos* desta.

Nos Estados Unidos reconhece-se que o mercado secundário das "open-end companies" é muito diminuto (HAZEN, Thomas Lee; *The Law of Securities Regulation*, West Publishing Co., 2ª ed., St. Paul, Minn., 1990, p. 855).

A lei qualifica estas unidades como valores mobiliários. Esta qualificação em si mesma não necessita na medida em que, como acima se viu, defende-se a ideia de perigo abstracto como fundante deste conceito. Não é, pois necessário que um valor seja transmissível para que seja valor mobiliário. Basta que o possa ser em abstracto[512]. No entanto, a qualificação legal, sem que seja estatuída qualquer proibição, já é um indício forte no sentido em que é possível esta transmissão.

Por outro lado, quando as unidades estão integradas no sistema de registo/depósito de valores mobiliários, seja por serem escriturais, seja por serem titulados dentro do sistema (58º, 86º Cd.MVM), nada obsta a que sigam o respectivo regime de transmissibilidade (como resulta da conjugação dos artigos 61º, 62º, 68º, 69º e 88º Cd.MVM, nomeadamente). Para este, portanto, nada obsta à sua transmissão. O problema da identificação perante a sociedade é resolvido com os certificados do 70º/3 e 88º/2 Cd.MVM.

Quanto à possibilidade de transmissão das unidades de participação dos fundos abertos, torna-se difícil encontrar paralelos na doutrina estrangeira. Com efeito, a propósito dos S.I.C.A.V. e dos F.C.P., figuras que se podem equiparar aos fundos abertos nesta perspectiva, fala-se na subscrição ou anulação das suas acções ou na compra e cessão de unidades de participação (JUGLART, Michel de; IPPOLITO, Benjamin; *Traité de Droit Commercial, Tome 7, Banques et Bourses*, Montchrestien, 3 ed., Paris, 1991, p. 608, 609). No entanto, como não se operam distinções dogmáticas precisas nesta área torna-se difícil estabelecer qual o entendimento (se entendimento existe) nesta sede.

Discorda-se, assim do que é afirmado em FERREIRA, Amadeu José; *Valores Mobiliários Escriturais, Um Novo Modo de representação e Circulação de Direitos*; Almedina, Coimbra, 1997, p. 49, na medida em que se afirma que as unidades de participação dos fundos mobiliários (embora o mesmo se pudesse ter afirmado em relação aos imobiliários) abertos não são negociáveis em qualquer dos mercados do 174º do Código do Mercado de Valores Mobiliários. Reconhece-se, no entanto, que o interesse desta negociação sob o ponto de vista económico é residual.

---

[512] Uma acção que por qualquer razão se tornou intransmissível ou com limites à sua transmissibilidade não deixa por isso mesmo se ser um valor mobiliário nos termos do 3º/1/a Cd.MVM, por exemplo.

V. Modo de transmissão. Unidades nominativas e ao portador. Integração em sistema das unidades de participação. Exercício de direitos

No entanto, este primeiro quadro elaborado a propósito da transmissão não nos resolve todos os problemas. Com efeito, apenas assenta soluções claras sobre a questão da possibilidade de transmissão das unidades de participação. Não sobre o seu modo de transmissão.

Tradicionalmente o modo de transmissão encontrava o seu assento na distinção entre valores nominativos e ao portador. Hoje em dia não se pode contestar a valia da extensão deste conceito a todos os valores mobiliários, não se referindo exclusivamente às acções (cf. 78º, 80º Cd.MVM)[513]. Quando os valores estão dentro do sistema de registo/depósito e controle de valores esta distinção em nada afecta o modo de transmissão dos valores, que se processa sempre nos mesmos termos (cf. 65º, 89º/1 Cd.MVM). A única diferença de regime é a do direito ao anonimato (71º/1/c, 94º/2/b Cd.MVM), que não existe no caso dos valores nominativos.

Em princípio, nada impediria que exista esta distinção, que deve ser estabelecida pelo regulamento de gestão. Se as unidades forem ao portador fora do sistema transmitem-se por tradição nos termos gerais. Se forem nominativas fora do sistema tem de se entender que a sua transmissão depende pelo menos de comunicação à entidade gestora desta transmissão, devendo a mesma comunicação ser feita pelo alienante com assinatura reconhecida em notário ou pelo adquirente juntando acto de transmissão com a citada assinatura reconhecida pela razões de segurança antes expostas.

Se as unidades de participação estiverem no sistema, já se seguem os seus modos de transmissão específicos, sendo o seu traço diferenciador o facto de, no caso das unidades nominativas a entidade gestora poder ter conhecimento da identidade dos seus titulares.

Mas o problema, como já se aflorou antes é bastante mais complexo que o que parece.

Comecemos o teste do seu regime pelos valores escriturais. As contas individuais destes podem suscitar problemas. É que, em relação

---

[513] No mesmo sentido, como já vimos, os 14º/2 Dec.-Lei nº 229- C/88, de 4 de Julho, e 15º/2 do Dec.-Lei nº 134/85, de 2 de Maio.

Certificados nominativos são expressamente referidos em Espanha no 9.1.§2º Ley 46/1984, de 26 deciembre.

Parte IV – Regime geral 343

aos valores escriturais, afirma a lei que este não têm número de ordem (56º/1 Cd.MVM). Ora havendo emissões abertas de valores, a invocação da legitimidade em relação aos valores torna-se particularmente complexa. Imagine-se a seguinte situação: A compra a B x unidades de participação de um fundo aberto. A entidade gestora não tem conhecimento desta aquisição. Uns tempos depois A dirige-se à entidade gestora para exercer o seu direito à remuneração, apresentando o certificado do 70º Cd.MVM. B uns dias depois, pretende exercer os seus direitos (para os quais já não tem legitimidade) à remuneração ou ao resgate, dado que ainda consta dos registos da entidade gestora como titular, não apresentando os certificados do 70º e 88º Cd.MVM. A entidade gestora que pode fazer? Como pode saber se B é o titular alienante dos valores? É certo que registralmente B já não se encontra legitimado. Mas estando os valores dentro do sistema aparecem duas fontes (pelo menos aparentes) de legitimação: a inscrição junto da entidade gestora e a inscrição em contas dentro do sistema.

Já quanto aos titulados dentro do sistema, a fungibilidade dos valores pode trazer semelhantes problemas. É que A pode ter adquirido de B unidades de participação. A encontra-se legitimado pelo sistema e B não. Mas B encontra-se aparentemente legitimado pela inscrição junto da entidade gestora. Se A chegar primeiro, provando a sua legitimidade pelo certificado do 70º e 88º Cd.MVM, é-lhe paga a remuneração das unidades ou resgatada a participação. Mas se B exercer em primeiro lugar estes direitos. Legitimado (aparentemente) pela inscrição junto da entidade gestora, A já se veria impedido de exercer os seus direitos? É certo que existe uma diferença específica entre esta situação e a dos escriturais. É que neste caso, havendo número de ordem dos valores, A pode provar que é ele quem tem legitimidade substancial. Mas este facto não resolve integralmente o problema. É que a entidade gestora não poderia saber esse facto, dado que não tem acesso contínuo às titularidades constituídas através do sistema. As unidades de participação tituladas levantam ainda mais um problema. É que nada os obriga a circular dentro do sistema (como decorre do 87º/2 Cd.MVM, nomeadamente). Ou seja, nunca a entidade gestora pode saber se o valor em relação ao qual se exercem direitos seria pertença real de um ou de outro titular.

A questão é a que resulta de um concurso de uma dupla legitimação aparente: a que resulta da integração em sistema de registo/depósito e controle de valores e a que resulta da inscrição como participante junto da entidade gestora. Com efeito, o regime das unidades de participação não obriga a que estas estejam integradas no sistema referido. Neste sentido, a inscrição do nome do participante no boletim de subscrição funcionaria como modalidade de legitimação. Por outro lado, não se impede a integração em sistema. Prevê-se mesmo a representação escritural, e nada impede na lei que possam ser titulados dentro do sistema. O legislador pretendeu que as unidades de participação comungassem das vantagens da integração em sistema sem ponderar expressamente as suas consequências em sede de colisão de regimes.

A solução mais simples seria a de fazer prevalecer uma das formas de legitimação sobre a outra. Mas esta solução não resolve os problemas em causa. É que se fizesse prevalecer a legitimação junto da entidade gestora, resultante da inscrição em boletim de subscrição, a transmissão através do sistema perderia a sua eficácia legitimadora. Nomeadamente a circulação em bolsa no caso dos fundos fechados seria posta em causa na sua segurança. Inversamente, se se fizer prevalecer a circulação através do sistema subsistem questões por resolver. Quanto aos escriturais, suscita aparentemente ainda a questão de sucessão de legitimidades que antes se colocou.

Mais uma vez a solução tem de ser encontrada gradualmente.

Em relação aos valores escriturais, e na medida em que toda a emissão é integrada no sistema, a única legitimação possível é a do sistema. Apenas se podem resgatar unidades de participação ou exercer quaisquer direitos sobre eles por via do sistema e dos seus mecanismos[514]. Se bem virmos, esta solução desfaz os equívocos que as anteriores premissas deixaram em aberto. É que não se pode falar em legitimação pelo registo junto da entidade gestora. Apenas existe legitimação

---

[514] Caso contrário surgiria, um outro problema. É que, na medida em que não há número de ordem (56º/1 Cd.MVM) pode haver sempre o perigo de confusão. É que não se sabe a quem pertenciam estes valores antes do actual titular. Se isto não constitui problema em geral, no caso das emissões em número limitado, na medida em que o actual titular já não possui qualquer elemento de legitimação em princípio, havendo concurso entre legitimidades e sobretudo quando a emissão é elástica na sua quantidade (fundos abertos), a entidade gestora e as comercializadoras em geral podem não ficar a saber quem deixou de ser titular. A aplicação por analogia do regime dos valores nominativos não resolveria o problema, na medida em que estes não implicariam uma informação actualizada à entidade gestora sobre os titulares(71º/1/c, 94º/1/b Cd.MVM). Apenas se vislumbram duas soluções alternativas: ou as unidades escriturais dos fundos abertos têm número de ordem, ou os certificados do 70º e 88º/2 Cd.MVM indicam o antigo titular, por forma a que este possa ser anulado quanto às participações vendidas nos registos do depositário e da entidade gestora. A melhor solução, por mais expedita, parece ser a primeira. Os certificados deveriam assim, indicar o número de série.

pelos *certificados*, enquanto verdadeiros valores mobiliários titulados, como a lei os qualifica, ou legitimação pelo registo, no caso dos escriturais. Nesta hipótese, não existe verdadeiro concurso de legitimidades.

Em relação aos valores titulados a solução já é mais complexa. A circulação dentro do sistema não pode ser posta em causa, nomeadamente quando as unidades estão admitidas em bolsa como no caso de certos fundos fechados, sob pena de se pôr em causa a segurança das transações. Mas de igual modo não se pode anular a legitimação pela inscrição em certificado, na medida em que nada obriga a que estas unidades estejam integradas em sistema. A verdade é que o mecanismo do sistema de depósito e controle comporta regras de segurança nesta sede. As inscrições têm de ser feitas com base na documentação exigível (61º, 88º Cd.MVM). Isto significa no caso concreto que o intermediário financeiro depositário tem de guardar junto de si o certificado (porque há depósito) e o boletim de subscrição assinado pelo titular inicial. Ou seja, este certificado já não se pode encontrar em circulação. O concurso entre legitimidades fica, nestes termos resolvido:

a) a entidade gestora procede ao pagamento de remunerações por via do sistema para as unidades que se encontram nele integrados
b) o resgate é sempre exercido por via do sistema em relação às unidades de subscrição que nele se encontram integradas
c) as unidades que não se encontram integradas no sistema exercem os seus direitos (inclusive, o de resgate), através da exibição dos certificados.

Pode sempre levantar-se o problema de saber qual a solução, no caso em que o intermediário financeiro não guardou junto de si o certificado (e o boletim de subscrição). Neste hipótese, pode haver concurso de legitimidades. A única hipótese de solução, que salvaguarda todos os valores em presença, é a de considerar que, na hipótese de ser o ex-titular a exercer em primeiro lugar os direitos:

a) o pagamento a quem apresenta o certificado tem efeito liberatório da entidade gestora (e do fundo que ela representa)
b) o novo titular já não pode opor ao fundo o exercício dos direitos
c) o ex-titular que exerce um direito que já não possui constitui-se em responsabilidade perante o novo titular legitimado
d) o intermediário financeiro depositário do novo titular constitui--se em responsabilidade junto deste por não ter guardado junto de si o certificado em violação do 61º e 88º Cd.MVM.

Na hipótese de ser o novo titular a exercer os direitos, o antigo já não pode invocar qualquer direito em relação ao fundo, não por o seu certificado ter perdido eficácia legitimadora (na perspectiva de legitimação passiva), mas porque o fundo já se liberou pelo pagamento ou resgate através do sistema. Também não pode exercer qualquer direito em relação ao novo titular, porque a legitimidade substancial e registral (depositária) encontra-se na esfera do novo titular.

Reconhece-se que a solução é por demais complexa. No entanto, resulta do facto de o legislador ter criado um concurso de regimes com potencialidades de colisão. No entanto, se bem repararmos, embora na aparência esta questão pareça específica de um concurso de formas de legitimação específicas dos fundos, em bom rigor, mais não é que a concretização do regime geral de concursos entre a circulação dentro e fora do sistema.

Mas a questão merece aprofundamento em relação à distinção entre fundos abertos e fechados. É que no caso dos fundos abertos já se sabe que a emissão tem sempre uma dimensão variável. Se os valores são escriturais, a prevalência da legitimação pelo sistema, com exclusão de qualquer outra fonte de legitimação resolve-nos o problema. No entanto, no caso das unidades tituladas por certificados, a transmissão pode levantar problemas acrescidos. É que a todo o momento podem surgir novas unidades de participação, com o risco de se desconhecer qual a unidade que em relação à qual se permite o exercício do direito. A única forma de impedir esta situação é a atribuição de um número de ordem sequencial a cada unidade de participação, sem possibilidade de repetição. Assim, a extinção de uma unidade, bem como a criação de uma outra, nunca poderão fazer surgir confusão em relação às unidades em relação às quais se exercem os direitos. Mesmo a fungibilidade não afecta este raciocínio. É que todos os valores em circulação são activos, não extintos.

Em relação aos valores dentro do sistema já vimos que a natureza nominativa ou ao portador dos mesmos em nada afecta o regime de transmissão. Em relação aos concursos de legitimidades entre os certificados e o sistema de controle de valores também se definiu uma solução. Questão é a de saber qual o regime de transmissão das unidades fora do sistema.

Nada impede que o regulamento de gestão regule este modo de transmissão:

a) impondo a natureza nominativa ou ao portador dos valores
b) definindo os requisitos de transmissão dos mesmos

Parte IV – Regime geral

c) desde que em nada regule sobre os valores dentro do sistema, que se encontram regulados em lei.

No caso de terem natureza nominativa, a transmissão pode ser condicionada à comunicação prévia à entidade gestora da transmissão. Caso sejam ao portador, podem ser transmitidos por tradição nos termos gerais. Caso nada seja dito pelo regulamento de gestão, aplica-se supletivamente o regime geral da transmissão. Mas este regime não é apenas supletivo, carreia uma imperatividade mínima.

Este regime de imperatividade mínima em relação às unidades representadas por certificados torna-se difícil de enunciar inequivocamente, na medida em que nenhum regime se estabelece para a sua transmissibilidade. Não estabelecendo a lei qualquer forma pareceria que a forma seria livre. No entanto, razões de segurança na circulação impedem uma visão tão liberal. Por analogia com o 326°/2 CSC, com adaptações parece que a melhor solução será a de considerar que a transmissão apenas se opera caso a assinatura do titular inicial seja reconhecida por notário.

A questão do exercício de direitos fica assim resolvida pela questão geral da legitimação. Os direitos em geral (de natureza patrimonial, dado que os de natureza política, como veremos a propósito da dimensão externa cabem à entidade gestora no actual quadro legal) são assim sempre exercidos por via do sistema quando os valores estão dentro do sistema e através da exibição do boletim de subscrição nos restantes casos[515].

Apesar de referir-se aos fundos abertos TOMÉ, Maria João Romão Carreiro Vaz; *Fundos de Investimento Mobiliário Abertos*, Almedina, Coimbra, 1997, p. 111 – 112 refere a transmissão como obedecendo aos princípios gerais da transmissão dos valores mobiliários, sem suscitar as questões levantadas no texto.

A lei espanhola resolve expressamente esta questão. Afirma que no que respeita à transmissão, a constituição de direitos, onerações, exercício de direitos inerentes, se aplica o regime dos valores mobiliários (41.4. Reglamento de la Ley 46/1984, de 26 de deciembre, aprovado pelo Real

---

[515] Nestes casos suscita-se o problema da quitação. Com efeito, haveria duas hipóteses: a mais segura seria a do pagamento se inscrever no próprio boletim de subscrição. Outra possível seria exigir-se quitação do titular. Em qualquer dos casos não surgem problemas de maior para os fundos. No caso da inscrição no boletim de inscrição quando este é exibido fica logo claro que os direitos forma exercidos. No caso de quitação, e dado que o pagamento não é imediato, pode haver controle da existência de quitações.

Decreto 1393/1990, de 2 noviembre). A sua transmissibilidade, bem como as restantes vicissitudes agora descritas, encontram-se expressamente previstas. Mas repare-se que este sistema é ainda consistente com o facto de à luz da lei espanhola as unidades de participação são admissíveis à cotação em bolsa, sendo certo que existem apenas fundos abertos, como se viu nos locais próprios. Não se viu aí nenhuma incompatibilidade entre a circulação e a natureza aberta dos fundos, que permite a todo o tempo resgates e subscrições (41.3. Reglamento de la Ley 46/1984, de 26 de deciembre, aprovado pelo Real Decreto 1393/1990, de 2 noviembre).

A transmissão como mecanismo alternativo ao resgate encontra-se em PEZARD, Alice; *Droit des Marchés Monétaire et Boursier*; Editions du J.N.A., Paris, 1994, p. 204.

Já no Brasil as quotas de fundos de investimento financeiro não são transmissíveis senão por força de execução de garantia prestada mediante a sua utilização nos termos do 15.§1º Regulamento Anexo à Circular nº 2.594, de 21 de Julho de 1995, do Banco Central do Brasil e 15.§3º Regulamento Anexo à Circular nº 2.616, de 18 de Setembro de 1995 do Banco Central do Brasil.

Nos Estados Unidos, a transmissibilidade ou a negociabilidade das unidades das "open-end companies" apenas pode ser restringida nos termos do que se encontrar declarado no registo junto da SEC (Sec. 22 (f) Investment Company Act of 1940). O Supremo Tribunal federal pronunciou-se sobre estes limites tendo em conta o que se encontra registado junto da SEC e o expresso nos certificados (HAZEN, Thomas Lee; *The Law of Securities Regulation*, West Publishing Co., 2ª ed., St. Paul, Minn., 1990, p. 863).

CAPÍTULO III

A DIMENSÃO OPERACIONAL

Os fundos não se integram numa actividade dotada apenas de especificidades. Muitas da suas actividades e dimensões são sem dúvida inerentes aos fundos, como a transação dos valores para os mesmos fundos, as suas vicissitudes, as regras de composição, entre outras. Mas a actividade é enquadrada em aspectos que são gerais a outras actividades, aspectos esses que sofrem, no entanto, inflexões decorrentes da natureza dos fundos. São estes aspectos que, sendo genéricos da actividade empresarial, sofrem inflexões específicas, inflexões estas que merecem agora a nossa atenção.

É evidente que o regime português não esgota todas as possibilidades de conformação de um regime operacional. Em Espanha, por exemplo, e para as SIMCAV (fundos personalizados abertos), proíbem-se as compras e vendas que não a contado e as com liquidação diferida, impondo-se regras sobre a racionalidade dos preços das transações baseadas no valor contabilístico dos valores (16.1 Ley 46/1984, de 26 deciembre). Por outro lado, para estas mesmas SIMCAV impõe-se um dever de vender (inversamente comprar) as suas acções próprias em bolsa quando a cotação seja superior (inferior) em mais de 5% ao valor teórico das mesmas, até que este valor desça para os 5% (2.1., 3.1. Orden de 6 de julio de 1993). Devem-se igualmente vender (inversamente comprar) acções próprias quando durante sete dias consecutivos em bolsa houve posições compradoras sem que fossem satisfeitas (2.2., 3.2. Orden de 6 de julio de 1993). Caso não tenha acções próprias é obrigada a operar pelo mercado primário, pondo em circulação as acções não subscritas até ao limite do seu capital máximo (2.3. Orden de 6 de julio de 1993). Quando nenhuma destas medidas satisfaça deve comunicar este facto como um facto significativo (2.4. Orden de 6 de julio de 1993). Em França, a possibilidade de actuação em mercados a prazo regulamentados pelas S.I.C.A.V. e pelos fundos de investimento depende de decreto, nos termos do 28. Loi nº 88-1201 du 23 décembre 1988. No Brasil exige-se que a aquisição de ouro seja feita em bolsas de mercadorias e futuros, as aplicações em "warrants"

350 *Fundos de Investimento Mobiliário e Imobiliário*

sejam feitas apenas com garantia de instituição financeira ou seguradora e permite-se a realização de operações sobre derivados tanto em bolsas como em mercado de balcão, desde que registados (13. Regulamento Anexo à Circular nº 2.594, de 21 de Julho de 1995, do Banco Central do Brasil; 13. Regulamento Anexo à Circular nº 2.616, de 18 de Setembro de 1995 do Banco Central do Brasil). Nos fundos imobiliários, a política de comercialização dos empreendimentos nos fundos imobiliários deve constar do regulamento, nos termos do 10.VIII. Instrução CVM nº 205, de 14 de Janeiro de 1994.

SECÇÃO I

DOMICILIAÇÃO

São domiciliados em Portugal os fundos administrados por entidade gestora cuja sede esteja situada em território português[516].

Esta norma tem mais uma vez consequências mais importantes que as que se podem aperceber numa primeira leitura. Os fundos são constituídos por uma carteira de activos, muitos dos quais podem encontrar-se localizados noutros países. Perante esta diversidade de origens dos valores colocar-se-ia sempre o problema de saber a que lei obedeceriam estes mesmos fundos. A necessidade de uma regra de domiciliação é, nestes termos, mais premente que para os restantes valores mobiliários[517].

Na perspectiva das consequências jurídicas desta domiciliação isto implica que as vicissitudes dos fundos são reguladas pela lei portuguesa

---

[516] 19º DLFIM, 20º DLFII.

Esta é a transposição da regra do 3º DFI.

Em Espanha, segue-se uma regra idêntica, nos termos do 3. Ley 46/1984, de 26 deciembre e do 3. Reglamento de la Ley 46/1984, de 26 de deciembre, aprovado pelo Real Decreto 1393/1990, de 2 noviembre.

[517] No entanto, sempre que existe uma carteira autonomizada este problema se pode colocar, como acontece com os derivados sobre carteiras. A grande diferença específica é que no caso dos derivados sobre carteiras ou não são emitidos em massa e portanto não geram valor mobiliário autónomo, ou são massificados mas não padronizados (warrants sobre carteiras, por exemplo) e existe uma entidade emitente, uma composição rígida da carteira e um processo de emissão, que permitem, mais ou menos rigorosamente, estabelecer elementos de conexão com os vários sistemas jurídicos em causa, ou são padronizados, e são "emitidos" por uma instituição localizada que permite determinar a domiciliação dos valores. Além disso, no caso dos derivados sobre carteiras a tendência tem sido para desenvolver derivados sobre carteiras teóricas ou reais sem liquidação física (ou tendencialmente sem esta liquidação) pelo que mais uma vez a domiciliação tem menor acuidade.

Parte IV – Regime geral

(constituição, modificação, transmissão de gestão, extinção), bem como o seu regime de administração, depósito, colocação (respectivas entidades responsáveis), contabilidade, implicando que a supervisão sobre as vicissitudes cabe à CMVM e ao Banco de Portugal nos termos das respectivas competências.

Já quanto às condutas, nos termos gerais aplica-se a lei portuguesa, salvo quanto aos factos praticados no estrangeiro quando a lei portuguesa não seja aplicável e na medida em que não o seja.

Por outro lado, determinando a lei que a domiciliação dos fundos depende da sede da entidade gestora, a verdade é que por lei esta sede deve ser sempre em Portugal no caso das sociedades gestoras[518]. Dado que os fundos abertos apenas podem ser geridos por sociedades gestoras, isto pareceria implicar que todos os fundos abertos lícitos em Portugal se encontram domiciliados neste país. Não é verdade. O que acontece é que a comercialização em Portugal destes fundos, bem como de outros dos fechados que possam estar domiciliados noutros países, obedece a requisitos mais ou menos apertados consoante não sejam fundos harmonizados ou o sejam[519].

> Em Espanha, as instituições de investimento colectivo têm também de ser domiciliadas em território espanhol e aí ter a sua administração central (RODRÍGUEZ ARTIGAS, Fernando; Instituciones de Inversión Colectiva, in: ALONSO UREBA, Alberto, MARTINEZ-SIMANCAS Y SANCHEZ; Julian; *Derecho del Mercado Financiero*; Tomo I, Volume 1, *Entidades del Mercado Financiero*, Editorial Civitas, Madrid, 1994, p. 269).

SECÇÃO II

CONTABILIDADE

Compreende-se que existam regras específicas para a contabilidade dos fundos. É que, por um lado, as regras de contabilidade previstas na lei têm por destinatários pessoas colectivas bem determinadas (geralmen-

---

[518] 5º/3 DLFIM, 6º/3 DLFII.

Também assim em Espanha, nos termos do 3. Ley 46/1984, de 26 deciembre e do 3. Reglamento de la Ley 46/1984, de 26 de deciembre, aprovado pelo Real Decreto 1393//1990, de 2 noviembre. Em Itália ver o 5.b. Legge 23 marzo 1983, n. 77 (in G.U. 28 marzo 1983, n. 85)e, para as SICAV o 8. Decreto Legislativo 25 gennaio 1992, n. 84 (in G.U. 14 febbraio 1992, n. 37).

[519] 37º a 40º DLFIM; 40º a 42º DLFII.

352   *Fundos de Investimento Mobiliário e Imobiliário*

te sociedades e, mais especificamente sociedades com objectos sociais determinados, ou empresas públicas). Ora, como se viu, os fundos actualmente existentes não têm personalidade jurídica. Mas por outro lado são patrimónios autónomos, que não se confundem com o património das entidades gestoras. E, em acréscimo, as entidades gestoras são entidades com poderes (deveres) funcionais em relação aos fundos. Por outro lado, a situação dos fundos é determinante para a determinação do valor real das unidades de participação. Não teria, assim, sentido, confundir a contabilidade dos fundos com a das entidades gestoras. De certo modo, a contabilidade de cada fundo pode-se equiparar à contabilidade de cada empresa com valores emitidos. Em ambos os casos visa-se determinar as regras relativas aos "fundamentals", aos elementos que substancialmente sustentam o valor real dos fundos.

É com este espírito que se compreendem as regras específicas da contabilidade dos fundos.

> Quando falamos de fundos personalizados, já o regime se aproxima do regime societário comum, não obstante necessidades específicas de protecção. É o que se passa em Espanha com a exigência de auditoria das contas nos termos do art. 27 da LMV, nos termos do 13.1., 31.1. Ley 46/ /1984, de 26 deciembre (cujos critérios de designação se encontram no regulamento de gestão nos termos do 35.1.q., 60. a 62. Reglamento de la Ley 46/1984, de 26 de deciembre, aprovado pelo Real Decreto 1393/1990, de 2 noviembre; também o 36.4. na liquidação; igualmente o 46.2. no caso dos fundos não personalizados), e de uma comissão de controle de gestão e auditoria, composta por dois accionistas não pertencentes ao conselho de administração (13.2. Ley 46/1984, de 26 deciembre – cf. RODRÍGUEZ ARTIGAS, Fernando; Instituciones de Inversión Colectiva, in: ALONSO UREBA, Alberto, MARTINEZ-SIMANCAS Y SANCHEZ; Julian; *Derecho del Mercado Financiero*; Tomo I, Volume 1, *Entidades del Mercado Financiero*, Editorial Civitas, Madrid, 1994, p. 294 ss.; 14.4., 23. Orden de 24 de septiembre de 1993, para as sociedades de investimento imobiliário). De igual modo é excepcionado o regime das contas societárias constante dos artigos 203 ss. da Ley de Sociedades Anonimas, relativamente a auditoria e contas, nos termos do 13.3., 31.1. Ley 46/1984, de 26 deciembre (60. a 62. Reglamento de la Ley 46/1984, de 26 de deciembre, aprovado pelo Real Decreto 1393/1990, de 2 noviembre). No caso dos fundos de pensões, estes extinguem-se por força dos fundamentos indicados no regulamento de gestão ou no caso de renúncia da entidade gestora sem que seja possível substitui-la, nos termos do 31.1. e 44. para os fundos imobiliários ver o 23. Orden de 24 de septiembre de 1993. De igual forma, exige-se auditoria nos termos do 45. Real Decreto 1307/1988, de 30 septiembre, para os fundos de pensões.

Em França, admite-se que, no caso das S.I.C.A.V. e dos fundos de investimento, a contabilidade se possa fazer em moeda diferente do franco, ao contrário do regime geral, em condições que se determinem por decreto (31. Loi nº 88-1201 du 23 décembre 1988). A contabilidade em moeda diferente do franco implica que a moeda em que se expressa a mesma contabilidade não pode ser mudada ao longo do exercício (6. Décret 89--624 du 6 septembre 1989). Ver também PEZARD, Alice; *Droit des Marchés Monétaire et Boursier*; Editions du J.N.A., Paris, 1994, p. 244. Esta regra suscitou grande polémica no Parlamento francês quando foi proposta (*O.P.C.V.M. 90, Où et Comment s'Implanter en Europe?*, Séminaire de Direction de Banque, La Revue Banque Éditeur, Tome I, Paris 1990, p. 32 – 33).

Na Suíça estatui-se expressamente que cada fundo deve ter uma contabilidade separada (47.1. Loi Fédérale sur les Fonds de Placement, du 18.03.1994). Esta é desenvolvida nos termos dos 62. a 76. Ordonnance du Conseil Fédéral sur les Fonds de Placement du 19.10.1994. A afinidade com as contas societárias encontra-se no 62.3. Ordonnance du Conseil Fédéral sur les Fonds de Placement du 19.10.1994, que remete subsidiariamente para o seu regime. A contabilidade é desenvolvida nos 26. a 39. Ordonnance de la Commission Fédérale des Banques sur les Fonds de Placement du 27.10.1994.

No Reino Unido a auditoria dos "unit trust schemes" depende de regulamentação do Secretary of State (Sec. 81(2) Financial Services Act 1986).

A entidade competente para a aprovação das contas dos fundos mobiliários é a assembleia geral dos condôminos (participantes) no Brasil, nos termos do 22.I. Regulamento Anexo à Circular nº 2.594, de 21 de Julho de 1995, do Banco Central do Brasil e 22.I. Regulamento Anexo à Circular nº 2.616, de 18 de Setembro de 1995 do Banco Central do Brasil. No entanto, este sistema poderia vir a ter efeitos perversos. Com efeito, poder-se-ia entender que haveria uma ratificação da gestão da entidade gestora que excluiria a responsabilidade desta pelo facto de os participantes de algum modo tomarem parte desta decisão, o que excluiria a sua responsabilidade ou a diminuiria significativamente. Ora é bem sabido que, mesmo nas sociedades comerciais, a possibilidade de as assembleias gerais controlarem substancialmente as contas é muito diminuta. Deixa-se por outro lado claro que a contabilidade dos fundos é autónoma da entidade gestora no 26. Regulamento Anexo à Circular nº 2.594, de 21 de Julho de 1995, do Banco Central do Brasil e 26. Regulamento Anexo à Circular nº 2.616, de 18 de Setembro de 1995 do Banco Central do Brasil. Nos fundos imobiliários regem os 42. a 45. Instrução CVM nº 205, de 14 de Janeiro de 1994. A contabilidade dos fundos imobiliários foi aprovada pela Instrução CVM nº 206, de 14 de Janeiro de 1994.

354 *Fundos de Investimento Mobiliário e Imobiliário*

A contabilidade dos fundos é considerada um dos fundamentos da regulação federal na matéria na Sec. 1 (b) (5) Investment Company Act of 1940 dos Estados Unidos. Esta encontra-se regulada nas Sec. 30, 31 e 33 Investment Company Act of 1940. Na Sec. 32 Investment Company Act of 1940 referem-se os requisitos dos contabilistas e auditores. A contabilidade é regulamentada pela SEC nos termos da Sec. 38 (a) Investment Company Act of 1940.

Por um lado, as contas dos fundos são encerradas anualmente com referência a 31 de Dezembro de cada ano[520].

De igual modo se estabelece esta data em Espanha no 14.1 Ley 46/1984, de 26 deciembre (sancionado pelo 32.2.c. Ley 46/1984, de 26 deciembre), deixando-se claro que o exercício corresponde ao ano civil (46.4. Reglamento de la Ley 46/1984, de 26 de deciembre, aprovado pelo Real Decreto 1393/1990, de 2 noviembre; 23. Orden de 24 de septiembre de 1993). O exercício nas S.I.C.A.V. e nos fundos de investimento pode ser diferente do anual em França. No entanto não pode ser superior a doze meses (29. Loi nº 88-1201 du 23 décembre 1988).

O exercício anual consta do regulamento dos fundos na Suíça (7.3.f. Loi Fédérale sur les Fonds de Placement, du 18.03.1994; 67. ss. Ordonnance du Conseil Fédéral sur les Fonds de Placement du 19.10.1994), não se exigindo que coincida com o ano civil.

O exercício "social" do fundo mobiliário começa em 1 de Abril e termina em 31 de Março nos termos do 27. Regulamento Anexo à Circular nº 2.594, de 21 de Julho de 1995, do Banco Central do Brasil. No entanto,

---

[520] 34º/1 DLFIM, 37º/1 DLFIM.

Esta regra pode levantar problemas complexos, tendo em conta as recentes alterações dos artigos 65º, 65º-A, 376º/1 C. Soc. Comerciais. Com efeito, havendo ciclos societários diferentes do dos anos civis e exigindo o regime dos fundos que o ciclo contabilístico destes deverá coincidir com o ano civil, podem surgir distorções na avaliação. Mas não poderia ser de outro modo, nem teria sentido permitir ou no ciclo anual aos fundos. Com efeito, a alteração dos ciclos anuais nas sociedades corresponde a uma auto-disposição de interesses, enquanto os fundos são geridos por entidades que gerem interesses alheios e que perante eles se têm de vergar. É, pois, razoável que os fundos tenham um ciclo só determinado por lei.

Esta regra já constava do 22º/1 Dec.-Lei nº 229-C/88, de 4 de Julho. De igual modo, no 23º/1 Dec.-Lei n.º 134/85, de 2 de Maio e 23º/1 Dec.-Lei nº 246/85, de 12 de Julho. A verdade é que curiosamente, os fundos foram pioneiros na possibilidade de adopção de um exercício anual não coincidente com o ano civil. Nos termos do 17º Dec.-Lei n.º 46 342, de 20 de Maio de 1965 dependia do regulamento do fundo a data de encerramento do exercício.

o 27. Regulamento Anexo à Circular nº 2.616, de 18 de Setembro de 1995 do Banco Central do Brasil permitiu que o regulamento do fundo definisse os termos inicial e final do exercício anual.

Por outro lado, as contas dos fundos encontram-se sujeitas a certificação legal de contas.

> Também em Espanha, e nos termos do 8.6. e 31. Ley 46/1984, de 26 deciembre, existe uma auditoria de contas (sob o ponto de vista sancionatório ver o 32.2.a. Ley 46/1984, de 26 deciembre). Igualmente o 46.2. Reglamento de la Ley 46/1984, de 26 de deciembre, aprovado pelo Real Decreto 1393/1990, de 2 noviembre. Também no Brasil se prevê certificação legal de contas no 76. Ordonnance du Conseil Fédéral sur les Fonds de Placement du 19.10.1994. No Brasil a mesma auditoria, agora por auditor independente registado na Comissão de Valores Mobiliários, é prevista nos termos do 28.§3° Regulamento Anexo à Circular nº 2.594, de 21 de Julho de 1995, do Banco Central do Brasil e 28.§3° Regulamento Anexo à Circular nº 2.616, de 18 de Setembro de 1995 do Banco Central do Brasil, nos fundos mobiliários. Nos imobiliários idêntica norma no 14.XV.c. Instrução CVM nº 205, de 14 de Janeiro de 1994.

Competente para esta certificação legal é sempre um revisor oficial de contas diferente daquele que integre o conselho fiscal da entidade gestora, por forma a que os interesses dos fundos sejam claramente separados dos interesses desta entidade.[521].

A certificação legal em presença tem um regime especial, na medida em que o revisor tem de se pronunciar obrigatoriamente sobre a avaliação feita pela entidade gestora dos valores do fundo, devendo enten-

---

[521] A lei não impede que seja o revisor que faz parte do conselho fiscal do depositário, nem das entidades colocadoras. No entanto, os revisores oficiais de contas estão sujeitos a deveres de veracidade e isenção, pelo que o legislador se bastou com esta garantia neste caso. De qualquer modo, e se estas entidades pertencem ao mesmo grupo que a entidade gestora será sempre mais prudente escolher um revisor que não faça parte dos conselhos fiscais destas entidades.

Uma lacuna que a lei deixou em aberto é a que se refere aos casos das sociedades com estrutura germânica. Caso a entidade gestora tenha estrutura dualista não tem conselho fiscal. Nestes caso parece que também é intenção legal proibir a coincidência de revisor dos fundos e da entidade gestora.

A exigência de certificação legal já constava do 22º/1 Dec.-Lei nº 229-C/88, de 4 de Julho. 23º/1 Dec.-Lei n.º 134/85, de 2 de Maio e 23º/1 Dec.-Lei nº 246/85, de 12 de Julho.

356   *Fundos de Investimento Mobiliário e Imobiliário*

der-se nesta norma por valores em geral os activos que o compõem e não apenas os valores mobiliários. Em especial existe um dever de pronúncia sobre a avaliação dos valores não cotados, na medida em que em relação a estes a valorização não é estabelecida pelo mercado de modo credível[522].

A contabilidade dos fundos é organizada de acordo com as normas emitidas pela CMVM[523].

Para os fundos mobiliários foi aprovado o Plano Contabilístico dos Fundos de Investimento Mobiliário (PCFIM) pelo Reg 95/14. Nele se salientam as particularidades contabilísticas dos fundos em relação às empresas. Por um lado, a necessidade de determinar periodicamente o valor líquido (1.3.1. PCFIM). Por outro lado, visa-se neutralizar a incidência das subscrições e dos resgates no valor unitário das unidades de participação (1.3.2. PCFIM). Além disso tem-se em conta a natureza variável do capital do fundo (1.3.3. PCFIM), prevendo-se a possibilidade dos fundos terem as suas operações inscritas nas divisas em que se realizam (1.3.4. PCFIM). Os princípios contabilísticos que regem os fundos são o da continuidade, consistência, materialidade, prevalência da substância sobre a forma, especialização, prudência, independência e unidade (2.2. PCFIM). São estabelecidos critérios valorimétricos em relação às disponibilidades,

---

[522] Cf. 30º/3, 4 DLFIM, 33º/4 DLFII.

[523] 35º/1 DLFIM, 38º/1 DLFII. O DLFIM. O primeiro artigo refere-se a "normas" e o segundo a "regras técnicas". No entanto, por definição as regras técnicas têm natureza normativa quando incorporadas num regulamento da CMVM. Por outro lado, as normas em causa têm sempre a natureza de regras técnicas pela matéria de que trata. Não existe, pois diferença de regimes nos fundos imobiliários e mobiliários nesta sede.

Antes a competência cabia ao Banco de Portugal, nos termos do 26º/1 Dec.-Lei nº 229-C/88, de 4 de Julho. No entanto, e na esteira do que acontece em termos internacionais, passou para a entidade de supervisão do mercado de valores mobiliários. Com efeito, reconheceu-se que a maioria dos aspectos desta actividade respeita a este mercado, apenas devendo caber aos bancos centrais, ou melhor, às autoridades do mercado monetário, a supervisão das instituições enquanto tais. Com a contabilidade dos fundos o que se regula não são aspectos da estabilidade financeira das entidades comercializadoras enquanto tais, mas a avaliação de activos que se reflectem na avaliação de valores mobiliários, as unidades de participação. O 26º/2 Dec.-Lei n.º 134/85, de 2 de Maio, também consagrava idêntica competência do Banco de Portugal (também o 26º/2 Dec.-Lei nº 246/85, de 12 de Julho.

Em Espanha é também a CNMV quem regulamenta esta matéria por delegação do Ministro das Finanças ou este mesmo Ministro (46.5. Reglamento de la Ley 46/1984, de 26 de deciembre, aprovado pelo Real Decreto 1393/1990, de 2 noviembre). O 3. Orden de 20 deciembre de 1990 atribuiu esta competência à CMVM.

Parte IV – Regime geral   357

à carteira de títulos, a contas de terceiros, às unidades de participação à posição cambial e aos contratos de futuros e opções (2.3. PCFIM). Quanto à estrutura das contas, estas dividem-se em patrimoniais e extra-patrimoniais, sendo as primeiras divididas em contas de balanço e contas de resultados (3.1. PCFIM). Estabelece-se uma codificação de contas (3.2. PCFIM). De igual modo a movimentação das contas é prevista, segundo as classes de contas (4. PCFIM). A contabilização das operações é regulada de acordo com a distinção entre operações correntes (resgates, subscrições, rendimentos aos participantes, operações de carteira de títulos), operações em moeda estrangeira (operações à vista, a prazo, com "swap" de moeda), operações a prazo (contratos a prazo de taxa de juro, "swaps de taxa de juro, opções, futuros), e outras operações (subscrição de valores, operações a prazo de valores) (5. PCFIM). Prevêem-se demonstrações financeiras (balanço, demonstração de resultados e demonstração dos fluxos de caixa ou monetários) (6. PCFIM). Finalmente prevê-se a existência de anexo, de que constam as notas 1 (unidades emitidas, resgatadas e em circulação), 2 (inventário da carteira de valores), 3, e 4 (fundamentações de critérios valorimétricos utilizados), 5 (descrição da liquidez do fundo), 6 (valor das dívidas de cobrança duvidosa, 7 (explicações sobre demonstração de resultados e de fluxos de caixa), 8 (valor de dívidas de terceiros cobertas por garantias reais prestadas pelo fundo), 9 (desdobramento de contas de provisões), 10 (impostos retidos na fonte), 11 (responsabilidades de terceiros), 12 (cobertura do risco cambial), 13 (cobertura do risco de taxa de juro), 14 (cobertura do risco de cotações). Consta igualmente do anexo a descrição do balancete mensal.

Nos fundos imobiliários rege o Reg 96/16, criando aquele que pode ser chamado o Plano de Contabilidade dos Fundos de Investimento Imobiliários (PCFII). As particularidades contabilísticas são na essência as mesmas das dos fundos mobiliários (1. PCFII). Os princípios contabilísticos são idênticos também (2.2. PCFII). Os critérios valorimétricos são os mesmos (2.3. PCFII), apenas com a especialidade de haver critérios específicos para a avaliação de imóveis (2.3.3. PCFII). Em sede de estrutura de contas o regime é igualmente semelhante (3. PCFII), apenas com a diferença de as contas de balanço terem uma classe 3 relativa a imóveis. A codificação das contas é igualmente prevista (3.2. PCFII), bem como as regras de movimentação de contas (4. PCFII), mais uma vez com a especialidade relativa aos imóveis (4.2.3. PCFII) e à participação em sociedades imobiliárias (código 22). Também são semelhantes a regras relativamente à contabilização das operações (5. PCFII), com a especialidade da referência aos contratos promessa de compra e venda (5.5.2 PCFII). Nas demonstrações financeiras segue igualmente um regime muito próximo ao dos fundos mobiliários (6. PCFII), com as especialidades seguintes: o balanço contém os imóveis e participações em sociedades imobiliárias

358 *Fundos de Investimento Mobiliário e Imobiliário*

(6.3. PCFII), a demonstração de resultados refere igualmente imóveis (6.4. PCFII), a demonstração de fluxos monetários respeitam igualmente a operações com valores imobiliários (6.5. PCFII). O anexo (7. PCFII) apresenta como especialidades a referência aos imóveis (nota 2), as participações em sociedades imobiliárias, descriminadas na nota 3, e as responsabilidades com e de terceiros, em que se discriminam as operações sobre imóveis (nota 12).

Este regime contabilístico dos fundos permite confirmar o que antes se afirmou em texto. Os activos que se salientam pela sua especialidade são os de natureza imobiliária, como grande traço distintivo para efeitos contabilísticos no que respeita às diferenças entre fundos mobiliários e imobiliários. Em geral, segue-se como modelo as regras gerais da contabilidade das empresas, tanto quanto às categorias, como em relação aos princípios. A grande diferença específica surge da separação patrimonial dos fundos, associada ao facto de não ter personalidade jurídica.

Os critérios relativos ao balanço e aos resultados encontram o seu assento no 14 Ley 46/1984, de 26 deciembre, para as sociedades de investimento mobiliário (fundos personalizados) e no que respeita aos resultados e sua distribuição nos fundos de investimento mobiliário no 21.2., 21.3. Ley 46/1984, de 26 deciembre (sancionado nos termos do 32.2.c. Ley 46/1984, de 26 deciembre). O conceito de resultados e a sua distribuição encontra-se no 44. Reglamento de la Ley 46/1984, de 26 de deciembre, aprovado pelo Real Decreto 1393/1990, de 2 noviembre (e 23. Orden de 24 de septiembre de 1993). As contas anuais, os critérios de avaliação e distribuição de resultados dependem de regulamentação da CNMV (3. Orden de 20 deciembre de 1990)[524]. De igual modo, as normas contabilísticas das sociedades gestoras de instituições de investimento colectivo são regulamentadas pela CNMV (2. disposição adicional Orden de 31 de julio de 1991)[525]. No caso dos fundos imobiliários, esta competência regulamentar foi igualmente atribuída à CNMV pelo 8.3. e 10.3. Orden de 24 de septiembre de 1993. Para as contas anuais ver RODRÍGUEZ ARTIGAS, Fernando; Instituciones de Inversión Colectiva, in: ALONSO UREBA, Alberto, MARTINEZ-SIMANCAS Y SANCHEZ; Julian; *Derecho del Mercado Financiero*; Tomo I, Volume 1, *Entidades del Mercado Financiero*, Editorial Civitas, Madrid, 1994, p. 302 – 303.

Também em França as S.I.C.A.V são obrigadas a publicar a sua "compte de résultats" e o "bilan". Este dever de publicação é atípico nas

---

[524] Esta regulamentação surgiu com a Circular CNMV 7/1990, de 27 deciembre, alterada pela Circular CNMV 4/1993, de 29 de deciembre..

[525] Esta matéria foi regulamentada pela Circular CNMV 5/1992, de 28 de octubre, alterada pela Circular CNMV 4/1993, de 29 de deciembre.

Parte IV – Regime geral

sociedades, na medida em que deve ocorre 30 dias antes da assembleia geral de aprovação das contas, devendo ser publicado apenas depois desta assembleia, caso haja modificação das contas pela mesma assembleia (29.§4° Loi n° 88-1201 du 23 décembre 1988).

Na Suíça a regulamentação da contabilidade compete ao Conselho Federal, embora este poder possa ser delegado total ou parcialmente na Comissão Federal dos Bancos (47.2. Loi Fédérale sur les Fonds de Placement, du 18.03.1994). Os fundos, por outro lado, são obrigados a ter um órgão de revisão independente, que se pronuncia, não apenas sobre as contas, mas fiscaliza igualmente a actuação da sociedade gestora e do depositário (52. a 55. Loi Fédérale sur les Fonds de Placement, du 18.03.1994). Este órgão é expressamente considerado pela lei suíça, como se verifica, como um outro nível de "compliance" da actuação dos fundos. A contabilidade dos fundos encontra-se desenvolvida pelos 62. Ss. Ordonnance du Conseil Fédéral sur les Fonds de Placement du 19.10.1994. Prevêem-se a conta de património, de resultados, de utilização de resultados, um quadro da variação líquida do património, um inventário do património do fundo, uma lista de compras, vendas e outras operações dos fundos e informações sobre os anos anteriores, incidindo sobre estas contas um relatório do revisor (67. a 73. 75., 76. Ordonnance du Conseil Fédéral sur les Fonds de Placement du 19.10.1994). O revisor encontra-se regulado como figura pelos 79. a 83. Ordonnance du Conseil Fédéral sur les Fonds de Placement du 19.10.1994. De igual modo, a revisão, o órgão revisor, bem como os relatórios sobre cada fundo e sobre a sociedade gestora encontram-se desenvolvidos nos 40. a 49. Ordonnance de la Commission Fédérale des Banques sur les Fonds de Placement du 27.10.1994.

Em Itália, a contabilidade dos fundos é regulamentada pelo Banco de Itália, ouvida a CONSOB (7.3.c. Legge 23 marzo 1983, n. 77 (in G.U. 28 marzo 1983, n. 85)). Nas SICAV segue-se o mesmo regime nos termos do 9. Decreto Legislativo 25 gennaio 1992, n. 84 (in G.U. 14 febbraio 1992, n. 37).

Nos Estados Unidos compete ao conselho de administração da empresa escolher um "accountant" independente (HAZEN, Thomas Lee; *The Law of Securities Regulation*, West Publishing Co., 2ª ed., St. Paul, Minn., 1990, p. 871).

SECÇÃO III

INFORMAÇÃO E PUBLICIDADE

Para além dos deveres gerais de informação decorrentes do 646°/1/ /a e 663 Cd.MVM, entre outros, existem deveres de informação consagrados no regime dos fundos, que se podem dividir estruturalmente,

360 *Fundos de Investimento Mobiliário e Imobiliário*

consoante os seus destinatários, em três espécies: deveres de informação aos investidores em geral e ao mercado, deveres de informação de cada participante em concreto e deveres de informação às entidades de supervisão.

Em relação a todos eles, não existe apenas um dever de prestar a informação, mas de prestar uma informação com elevado nível de qualidade (97º, 646º/1/a Cd.MVM).

A qualidade da informação é perspectivada como elemento de competitividade em *O.P.C.V.M. 90, Où et Comment s'Implanter en Europe?*, Séminaire de Direction de Banque, La Revue Banque Éditeur, Tome I, Paris 1990, 34.

No Reino Unido encontra-se regra geral proibindo a promoção de fundos não autorizados nos termos da Sec. 76 Financial Services Act 1986.

A informação e publicidade de contas de fundos imobiliários no Brasil depende de regulamentação da Comissão de valores Mobiliários no Brasil, nos termos do 15. Lei nº 8.668, de 25 de Junho de 1993.

O princípio geral da informação nos fundos é a veracidade nos Estados Unidos (HAZEN, Thomas Lee; *The Law of Securities Regulation*, West Publishing Co., 2ª ed., St. Paul, Minn., 1990, p. 881 - 882).

I. *Deveres gerais de informação*

Deveres gerais de informação respeitam em primeiro lugar às contas dos fundos.

Em relação à contas anuais, até trinta de Abril as entidades gestoras devem publicar, para cada fundo[526]:

a) o balanço;
b) a demonstração de resultados;

---

[526] 34º/2 DLFIM, 37º/2, 28º DLFII.

Antes teriam de publicar até 31 de Março as contas do fundo (22º/2 Dec.-Lei nº 229-C/88, de 4 de Julho; 23º/2 Dec.-Lei n.º 134/85, de 2 de Maio; 23º/2 Dec.-Lei nº 246/85, de 12 de Julho). Ao abrigo do 17º/§1º Dec.-Lei n.º 46 342, de 20 de Maio de 1965 tinham de ser publicadas até três meses depois do encerramento do exercício anula.

Também impõe o dever de publicação de contas anuais em Espanha o 8.4. Ley 46/1984, de 26 deciembre (que gera a sanção do 32.2.a. Ley 46/1984, de 26 deciembre). O dever de elaboração de uma "memoria explicativa del exercício" anual encontra-se igualmente no 10.1.b. Reglamento de la Ley 46/1984, de 26 de deciembre, aprovado pelo Real Decreto 1393/1990, de 2 noviembre. Compete à CNMV regulamentar esta matéria nos termos do 2. Orden de 20 deciembre de 1990.

Parte IV – Regime geral   361

c) o relatório de administração do fundo;
d) o parecer da entidade fiscalizadora do fundo[527].

As contas anuais estão previstas no 46. Reglamento de la Ley 46/ 1984, de 26 de deciembre, aprovado pelo Real Decreto 1393/1990, de 2 noviembre (23. Orden de 24 de septiembre de 1993). Nele se prevêem o balanço, a "cuenta de resultados" e uma "memoria explicativa" relativa ao ano anterior. Estes são elaborados de acordo com modelos baseados em parecer prévio do "Instituto de Contabilidad y Auditoría" (4. Orden de 20 deciembre de 1990). Cf. RODRÍGUEZ ARTIGAS, Fernando; Instituciones de Inversión Colectiva, in: ALONSO UREBA, Alberto, MARTINEZ-SIMANCAS Y SANCHEZ; Julian; *Derecho del Mercado Financiero*; Tomo I, Volume 1, *Entidades del Mercado Financiero*, Editorial Civitas, Madrid, 1994, p. 279.

Na Itália o "rendiconto della gestione" deve ser elaborado dentro de sessenta dias após o fim do exercício anual, ou de menor tempo caso haja distribuição de resultados nessa altura (5.b. Legge 23 marzo 1983, n. 77 (in G.U. 28 marzo 1983, n. 85)). As contas anuais de cada fundo têm de ser publicadas anualmente, dentro de quatro meses depois do fim do exercício na Suíça (48.1. Loi Fédérale sur les Fonds de Placement, du 18.03.1994). O Relatório anual é composto de uma conta anual, incluindo uma conta de património, indicando o seu valor total, e uma conta de resultados e de aplicação de resultados, o número de unidades resgatadas e emitidas durante o exercício, bem como o número de unidades em circulação do fim do exercício, um inventário do património do fundo, uma lista das compras e vendas efectuadas pelo fundo, o nome das pessoas em que são delegadas funções de gestão, no caso de heterogestão, informações sobre os negócios com uma importância jurídica ou económica relevante ao longo do ano, e um relatório do revisor (48.1. Loi Fédérale sur les Fonds de Placement, du 18.03.1994).

A publicação de contas anuais consta para os fundos mobiliários do 36. Regulamento Anexo à Circular nº 2.594, de 21 de Julho de 1995, do Banco Central do Brasil, que devem ser publicadas até 60 dias depois do encerramento do exercício (u seja, até fim de Maio, na versão deste regulamento). Idêntica regra no 35. Regulamento Anexo à Circular nº 2.616, de 18 de Setembro de 1995 do Banco Central do Brasil. Nos fundos imobiliários rege o disposto no 14.XV., 17. Instrução CVM nº 205, de 14 de Janeiro de 1994, sendo as informações publicadas em jornal previamente definido.

---

[527] 31º DFI.

O relatório de administração do fundo deve conter obrigatoriamente[528]:

a) a descrição das actividades do exercício anual;
b) as informações do anexo B (sobre quantidade e valor de unidades de participação[529], inventário da carteira[530], rendimentos, movimento de conta unidades de participação, explicitação das mais e menos valias potenciais, informação sobre outras situações relevantes, mapa comparativo dos últimos períodos e indicação das operações de cobertura de riscos)[531];
c) outras informações relevantes que permitam aos participantes efectuar um juízo sobre a evolução da actividade dos fundos.

Também são obrigados a publicar contas semestrais até 31 de Agosto que conterão[532]:

a) o relatório de administração semestral;
b) as informações do anexo B;
c) outras informações relevantes.

Apesar de a lei afirmar que o relatório de administração semestral incorpora o anexo B, já também para as contas anuais acontecia o mesmo. Daí que possam em ambos os casos ser analiticamente distinguidos. Repare-se que a lei não distingue as contas semestrais quanto à extensão da informação, mas apenas quanto ao período a que esta se reporta. Com efeito, as informações relevantes decorrem do regime dos fundos, interpretado de acordo com o 663° Cd.MVM. Este regime é bem diferente do que decorre das contas semestrais para as empresas com valores cotados, nos termos do 342° Cd.MVM. No entanto, não nos podemos esquecer que as contas semestrais apenas são consagradas para emitentes de acções e não em geral, e prendendo-se com o facto de os accionistas serem responsáveis pelo capital o que não acontece com os titulares de outros valores mobiliários. Daí que se compreenda que o seu regime seja algo diferente. Em

---

[528] 34°/3 DLFIM, 37°/3 DLFII. 27°/1, 2 DFI.
Já previsto no 17°/§1° Dec.-Lei n.° 46 342, de 20 de Maio de 1965.
[529] Já se encontrava a mesma informação no 17°/§1° Dec.-Lei n.° 46 342, de 20 de Maio de 1965.
[530] Que já constava do 17°/§1° Dec.-Lei n.° 46 342, de 20 de Maio de 1965.
[531] É o que constava do 22°/3 Dec.-Lei n° 229-C/88, de 4 de Julho.
[532] 27°/1, 2, 28° DFI.
Existe um dever de elaborar um "informe trimestral" nos termos do 10.1.c. Reglamento de la Ley 46/1984, de 26 de deciembre, aprovado pelo Real Decreto 1393//1990, de 2 noviembre.

Parte IV – Regime geral

geral, as entidades com valores admitidos à negociação em bolsa não estão obrigadas a informação semestral. Ao contrário, os fundos estão todos e sempre, obrigados a prestar contas semestrais. Mais uma vez este regime (no caso, de indiferenciação na extensão das contas anuais e semestrais no que respeita aos fundos) se prende com a massificação. Nos fundos o titular do património quase não tem qualquer poder sobre o seu património. Daí que as necessidades de informação sejam mais importantes.

Em Itália prevêem-se contas semestrais igualmente no 5.c. Legge 23 marzo 1983, n. 77 (in G.U. 28 marzo 1983, n. 85) nos fundos. Nas SICAV rege o 8. Decreto Legislativo 25 gennaio 1992, n. 84 (in G.U. 14 febbraio 1992, n. 37).

Na Suíça estão previstas contas semestrais que têm de ser publicadas dentro de dois meses depois do fim do semestre, contendo uma conta do património e uma conta de resultados sem revisão, assim como o número de unidades resgatadas emitidas no semestre, o inventário do património, e uma lista das compras e vendas efectuadas pelo fundo (48.2. Loi Fédérale sur les Fonds de Placement, du 18.03.1994). As contas semestrais encontram-se desenvolvidas nos 67. ss. Ordonnance du Conseil Fédéral sur les Fonds de Placement du 19.10.1994.

As contas são semestralmente auditadas por auditor independente registado na CVM no Brasil no que respeita aos fundos imobiliários, nos termos do 45. Instrução CVM nº 205, de 14 de Janeiro de 1994.

A lei não prevê expressamente qual o local ou os locais de publicação destas contas: o boletim de cotações? Um jornal de grande circulação? Salvo melhor estudo, parece ser de considerar que devem ser os locais previstos no artigo 339º/2 do Código do Mercado de Valores Mobiliários. A lei Suíça esclarece que compete ao regulamento de gestão definir os locais de publicação das informações, dentro de certos limites constante do 7.3.h. Loi Fédérale sur les Fonds de Placement, du 18.03.1994.

São igualmente previstos outros deveres de informação gerais. Em relação ao valor das unidades de participação, este deve ser diariamente publicado no boletim de cotações de uma das bolsas de valores no dia seguinte ao do seu apuramento, nos fundos abertos e, enquanto durar a subscrição, nos fechados[533].

Esta norma coloca vários problemas. Em primeiro lugar, o facto de a lei ser lacunar no que respeita ao período posterior ao do da subscrição, quanto a dever de publicação diária do seu valor quanto aos fundos fechados. Por via regulamentar seria adequado que CMVM viesse a regular esta

---

[533] 30º/7 DLFIM, 33º/7 DLFIM.

matéria. Em segundo lugar, o valor da unidade de participação de que se exige a publicação não pode ser confundido com a sua cotação, que é publicada nos termos gerais do 452°/3 Cd.MVM. Uma coisa é a publicação da cotação, que é dever da bolsa, outra é o dever de publicação do valor, que é dever da entidade gestora. Podem-se vir a colocar problemas pelo facto de estes valores serem divergentes. No entanto, em nada isto nos deve estranhar. Também quando são publicadas as contas de uma empresa, nem sempre o valor contabilístico que se pode extrair para as suas acções coincide com a sua cotação. A cotação incorpora expectativas e riscos que o mercado decide ou não assumir ou juízos de censura que o mercado é livre de fazer, mas já não a entidade gestora. A divergência entre estes valores é, assim, natural neste mercado, carreando duas informações de natureza bem diferente e complementar entre si.

Em França exige-se a publicação do valor para as SICAV em todos os dias bolsistas (<u>Funcionamento das Sociedades de Investimento de Capital Variável (S.I.C.A.V.) em França – Relatório Lorain, de Janeiro de 1968</u>; in: *Revista Bancária*, Ano IV, nº 14, Outubro - Dezembro de 1968, Lisboa, p. 47). Em Itália, o local de publicação do valor das unidades de participação é definido por regulamento de gestão do fundo (2.2.h. Legge 23 marzo 1983, n. 77 (in G.U. 28 marzo 1983, n. 85). Por outro lado, o valor da unidade de participação nos fundos abertos é publicado com a mesma periodicidade dos reembolso e subscrições e pelo menos no fim de cada mês (5.d. Legge 23 marzo 1983, n. 77 (in G.U. 28 marzo 1983, n. 85)). No caso das SICAV, o pacto social deve indicar os jornais que serão o local de publicação do valor da unidade de participação (2.3.i. Decreto Legislativo 25 gennaio 1992, n. 84 (in G.U. 14 febbraio 1992, n. 37)). Na Suíça, os preços de emissão e de resgate devem ser publicados regularmente pela sociedade gestora (51. Loi Fédérale sur les Fonds de Placement, du 18.03.1994).

Na Suíça publica-se o preço de emissão ou resgate sempre que estes ocorram (78. Ordonnance du Conseil Fédéral sur les Fonds de Placement du 19.10.1994). Nos fundos mobiliários tem de ocorrer pelo menos todos os dois meses, e nos imobiliários anualmente (78.2. Ordonnance du Conseil Fédéral sur les Fonds de Placement du 19.10.1994).

Nos Estados Unidos as participações de fundos são avaliadas duas vezes por dia no que respeita às abrangidas pelas NASD Rules of Fair Pratice, de acordo com uma prática que existe desde 1968, a que se chama de "forward pricing" (HAZEN, Thomas Lee; *The Law of Securities Regulation*, West Publishing Co., 2ª ed., St. Paul, Minn., 1990, p. 859).

De igual modo, para os fundos *fechados* integralmente subscritos existe um dever de publicação mensal do valor das unidades de participação, excepto se surgir uma variação superior a 3% no seu valor, pelo

Parte IV – Regime geral

que sempre que esta ocorrer deverá ser objecto de publicação no dia útil imediatamente posterior à da variação[534]. Embora a lei nada afirme expressamente sobre o local de publicação dessa informação, tem de se entender que é o do boletim cotações, numa interpretação sistemática e tendo em conta a norma anterior.

Este regime constitui, não obstante, um enorme progresso em relação ao disposto no 18°/7 Dec.-Lei n° 229-C/88, de 4 de Julho. Com efeito, este apenas indicava que havia o dever de publicar o valor em boletim de cotações, mas sem indicar a regularidade temporal com que deveria ser feita tal publicação.

Devem igualmente ser publicados mensalmente nos fundos mobiliários e trimestralmente nos imobiliários em boletim de cotações a composição discriminada das aplicações de cada fundo, o respectivo valor líquido global e o número de unidades de participação em circulação nos termos definidos pela CMVM[535].

Para os fundos mobiliários esta norma foi objecto de regulamentação pelo Reg 95/2. Nele se estatui que a carteira dos fundos deve ser objecto de publicação, dividindo-se nos valores em carteira, o valor líquido global do fundo, as responsabilidades e o número de unidades de participação em circulação (2° Reg 95/2 e seu anexo). No que respeita à composição da carteira, segundo os mercados onde são negociados (valores cotados em Portugal, outros mercados regulamentados nacionais, mercado de cotações oficiais de bolsa da União Europeia, outros mercados regulamentados da União Europeia, mercado de cotações oficiais, de bolsa fora da União Europeia, outros mercados regulamentados fora da União Europeia, valores em processo de admissão em mercado nacional, em mercado estrangeiro, valores noutros mercados), segundo a natureza dos valores mobiliários (distinguindo as unidades de participação dos outros valores). No caso dos valores monetários obriga-se a distinguir a liquidez (numerário, depósitos à ordem) das aplicações a prazo (depósitos com pré-aviso e a prazo; aplicações nos mercados monetários). Também os empréstimos (concedidos aos fundos, como vimos dado que estes não podem conceder empréstimos).

---

[534] 30°/8 DLFIM, 33°/8 DLFII. 34° DFI.

[535] 35°/2 DLFIM, 38°/2 DLFII.

Antes este dever era de publicação quinzenal, pelo que a lei nesta matéria se tornou menos exigente (22°/4 Dec.-Lei n° 229-C/88, de 4 de Julho; 23°/3 Dec.-Lei n.° 134/85, de 2 de Maio; 23°/3 Dec.-Lei n° 246/85, de 12 de Julho). No 17°/§2° Dec.-Lei n.° 46 342, de 20 de Maio de 1965o dever de publicação da composição da carteira era semanal.

No caso dos fundos imobiliários, esta regra foi desenvolvida pelo Reg 96/3. Esta publicação trimestral deve conter a composição da carteira (imóveis, outros valores - incluindo outros valores imobiliários –, liquidez, empréstimos, outros valores a regularizar), o valor líquido global do fundo e informação relativa às unidades de participação (emitidas, resgatadas, e em circulação no trimestre) (1º/2 Reg 96/3). Definem-se regras de identificação dos imóveis (2º Reg 96/3), e valores mobiliários (3º Reg 96/3).

A informação trimestral consta expressamente do 8.4. Ley 46/1984, de 26 deciembre, em Espanha. Foi regulamentada pela Circular CNMV 1/ 1991, de 23 enero. Ver RODRÍGUEZ ARTIGAS, Fernando; Instituciones de Inversión Colectiva, in: ALONSO UREBA, Alberto, MARTINEZ-SIMANCAS Y SANCHEZ; Julian; *Derecho del Mercado Financiero*; Tomo I, Volume 1, *Entidades del Mercado Financiero*, Editorial Civitas, Madrid, 1994, p. 279.

A composição das carteiras dos fundos personalizados (sociedades de investimento de capital fixo) em França é regulada no 10. Ordonnance nº 45-2710 du 2 novembre 1945. A publicação da composição do fundo deve ser feita semestralmente para os S.I.C.A.V. e para os fundos de investimento em França, nos termos do 29. Loi nº 88-1201 du 23 décembre 1988.

Em Itália, os jornais onde se publica a composição da carteira dos fundos deve constar do pacto social das SICAV (2.3.i. Decreto Legislativo 25 gennaio 1992, n. 84 (in G.U. 14 febbraio 1992, n. 37)).

Também a suspensão da emissão e do resgate tem de ser publicada, bem como o seu período de duração, agora em todos os locais de comercialização das unidades de participação (entidades gestora, depositário, entidades colocadoras)[536].

De igual modo nos mesmos locais deve ser dada publicidade aos prazos máximos de resgate[537].

A liquidação dos fundos tem de ser publicitada com 60 dias de antecedência em dois jornais de grande circulação, um de Lisboa e outro do Porto e no boletim de cotações de uma das bolsas[538].

---

[536] 31º/3 DLFIM, 35º/3 DLFII.

[537] 29º/4 DLFIM, 32º/5 DLFII.

[538] 25º/3 DLFIM, 26º/3 DLFII.

24º/1 Dec.-Lei nº 229-C/88, de 4 de Julho. Antes era em dois jornais de grande circulação um de Lisboa outro do Porto, no 12º/§único Dec.-Lei n.º 46 342, de 20 de Maio de 1965.

Parte IV – Regime geral

A rendibilidade dos fundos, bem como o seu risco, podem ser publicitadas em condições a regulamentar pela CMVM (na redacção original tendo de ser ouvido o Banco de Portugal)[539].

Para os fundos *mobiliários* foi emitido o Reg 10/97, que revogou o Reg 95/6 (7° Reg 10/97). São definidas regras sobre o conteúdo obrigatório da publicitação (2° /1 Reg 10/97), sobre a identificação do produto como fundos de investimento mobiliário e não outro tipo de instrumento financeiro (2°/2 Reg 97/10). Deve haver uma conexão entre as menções sobre o risco do investimento e a política de investimentos (2°/3 Reg 97/10). A rendibilidade efectiva é sempre calculada de acordo com uma fórmula regulamentar (3° Reg 10/97). São consagradas regras de actualização da informação (3°/5, 6 Reg 10/97). A rendibilidade efectiva por período obedece a uma fórmula regulamentar (4° Reg 10/97). Nos agrupamentos de fundos a rendibilidade relevante é a de cada fundo (5° Reg 97/10), o que se compreende porque a regulamentação optou por um cabaz flexível. Salienta-se o facto de a informação e publicidade da rendibilidade estarem sujeitas ao 97° e 646° Cd.MVM (6° Reg 97/10), o que é meramente enunciativo, na medida em que já decorria do disposto nestas normas.

De igual modo o regulamento de gestão, bem como as suas alterações carecem em geral de publicação nos termos da lei[540].

A lei espanhola resolveu expressamente um problema que pode surgir em Portugal, na medida em que o 344° Cd.MVM não é aplicável aos fundos. No caso de factos novos existe um dever geral de publicitar factos relevantes para a situação ou para o desenvolvimento do fundo, comunicando à CNMV, com publicação em boletim de cotações da bolsa radicada na zona da sede social da gestora ou, na sua falta, em qualquer das bolsas, e incluindo esta informação no seguinte documento de prestação de contas trimestral (10.4. Reglamento de la Ley 46/1984, de 26 de deciembre, aprovado pelo Real Decreto 1393/1990, de 2 noviembre; 8.2. Orden de 24 de septiembre de 1993). São indicados como factos relevantes nomeadamente reduções em certa percentagem do património das instituições de investimento colectivo, reembolso em certos limites, operações de endividamento (10.4., 35.3. Reglamento de la Ley 46/1984, de 26 de deciembre, aprovado pelo Real Decreto 1393/1990, de 2 noviembre). De igual modo, é um facto significativo uma SIMCAV não ter em carteira ou

---

[539] 26° DLFIM, 27° DLFII.
A publicação da rendibilidade mensal dos fundos imobiliários no Brasil consta do 14.XI. Instrução CVM n° 205, de 14 de Janeiro de 1994.
[540] 6°/4, 5, 13°/4, 18°/7 DLFIM, 7°/3, 4, 14°/4, 19°/7 DLFII.

368 *Fundos de Investimento Mobiliário e Imobiliário*

ainda livres para subscrição acções suficientes para satisfazer a procura do mercado em bolsa ou para regularizar a diferença de preço de bolsa e de valor teórico em mais de 5% (2.4. Orden de 6 de julio de 1993). Facto significativo igualmente todo o reembolso superior a 5% do património do fundo entre outros nos fundos imobiliários (8.2. Orden de 24 de septiembre de 1993). Cf. RODRÍGUEZ ARTIGAS, Fernando; Instituciones de Inversión Colectiva, in: ALONSO UREBA, Alberto, MARTINEZ-SIMANCAS Y SANCHEZ; Julian; *Derecho del Mercado Financiero*; Tomo I, Volume 1, *Entidades del Mercado Financiero*, Editorial Civitas, Madrid, 1994, p. 280 – 281. Nos termos do 33. Regulamento Anexo à Circular nº 2.594, de 21 de Julho de 1995, do Banco Central do Brasil, e do 33. Regulamento Anexo à Circular nº 2.616, de 18 de Setembro de 1995 do Banco Central do Brasil, nos fundos de investimento financeiro as instituições administradoras são obrigadas a divulgar ampla e imediatamente qualquer acto ou facto relevante no jornal onde são feitas todas as suas publicações. Também nos fundos imobiliários existe regra idêntica no 14.IX. Instrução CVM nº 205, de 14 de Janeiro de 1994.

Em Itália, os sócios das SICAV devem comunicar as suas participações nos termos do Provvedimento Banca d'Italia 17 luglio 1992 (in G.U. 3 agosto 1992, n. 181).

Em geral, os deveres de informação são regulamentados pela COB em França, nos termos do 33. Loi nº 88-1201 du 23 décembre 1988. De igual modo, no Reino Unido, os deveres de informação ("periodical reports") dependem de regulamentação do Secretary of State, nos termos da Sec. 81(2)(f) Financial Services Act 1986, bem como nos termos da sua Sec. 85.

São obrigados a publicar em jornal os fundos mobiliários no 8.IV. Regulamento Anexo à Circular nº 2.594, de 21 de Julho de 1995, do Banco Central do Brasil e 8.IV. Regulamento Anexo à Circular nº 2.616, de 18 de Setembro de 1995 do Banco Central do Brasil as seguintes informações: o valor líquido do fundo, o valor da quota e as rendibilidades acumuladas no mês e no ano civil a que se referirem. Nos fundos imobiliários são obrigados a publicar mensalmente o valor do património do fundo, da quota, da rendibilidade (14.XI. Instrução CVM nº 205, de 14 de Janeiro de 1994).

A qualidade da informação, que encontra genericamente o seu assento no 646º do Código do Mercado de Valores Mobiliários em Portugal, tem assento específico nos Estados Unidos para as "investment companies" na Sec. 35 Investment Company Act of 1940. Também a Rule 156 da Sec (HAZEN, Thomas Lee; *The Law of Securities Regulation*, West Publishing Co., 2ª ed., St. Paul, Minn., 1990, p. 884 – 884).

II. *Deveres individualizados de informação*

São igualmente consagrados deveres de informação aos participantes *individualmente*.

Um exemplar do boletim de subscrição, que contém a reprodução integral do regulamento de gestão é entregue ao participante[541].

Em Espanha, deve ser entregue antes da subscrição um exemplar do prospecto, das contas anuais e das últimas contas trimestrais publicadas (10.2.a. Reglamento de la Ley 46/1984, de 26 de deciembre, aprovado pelo Real Decreto 1393/1990, de 2 noviembre).

Também é dever nos fundos mobiliários a colocação à disposição do condômino, gratuitamente, de exemplar do regulamento do fundo no 8.III. Regulamento Anexo à Circular nº 2.594, de 21 de Julho de 1995, do Banco Central do Brasil e 8.III. Regulamento Anexo à Circular nº 2.616, de 18 de Setembro de 1995 do Banco Central do Brasil. Nos fundo imobiliários igual dever existe pelo 14.VIII.a. Instrução CVM nº 205, de 14 de Janeiro de 1994.

Em todos os locais de comercialização das unidades de participação deve estar à disposição dos interessados um prospecto informativo actualizado, devendo ser oferecido aos subscritores previamente à subscrição [542].

O prospecto já encontrava o seu assento no 7º/f e 23º Dec.-Lei nº 229- C/88, de 4 de Julho.

Em Espanha corresponde ao "folleto" previsto no 8.4. Ley 46/1984, de 26 deciembre (sancionado pelo 32.2.a. Ley 46/1984, de 26 deciembre). Ver igualmente o "folleto explicativo" do 10.1.a. Reglamento de la Ley 46//1984, de 26 de deciembre, aprovado pelo Real Decreto 1393/1990, de 2 noviembre. Este folheto é igualmente previsto nos fundos de titulação hipotecária na Circular CNMV 2/1994, de 16 de marzo. Ver RODRÍGUEZ ARTIGAS, Fernando; Instituciones de Inversión Colectiva, in: ALONSO UREBA, Alberto, MARTINEZ-SIMANCAS Y SANCHEZ; Julian; *Derecho del Mercado Financiero*; Tomo I, Volume 1, *Entidades del Mercado Financiero*, Editorial Civitas, Madrid, 1994, p. 279. A importância do prospecto em PIATTI, Laura; SUSI, Neomisio; Struttura dell'Industria, Asseti Proprietari e Profili di Informativa: Un' Analisi dei Fondi Comuni di Investimento Italiani; in CONSOB, *Quaderni di Finanza, Studi e Ricerche*, Volume II,

---

[541] 28º/2 DLFIM, 31º/2 DLFII.
[542] 33º/1, 2 DLFIM, 36º/1, 2 DLFII. 27º/1, 29º, 30º, 33º DFI.

nº 22 Novembre 1997, p.84, 119, 120, 121. Sobre a necessidade de um prospecto simplificado e facilmente acessível ao investidor ver CAMMARANO, Guido; *Commento* a PIATTI, Laura; SUSI, Neomisio; Struttura dell'Industria, Asseti Proprietari e Profili di Informativa: Un' Analisi dei Fondi Comuni di Investimento Italiani; in CONSOB, *Quaderni di Finanza, Studi e Ricerche*, Volume II, nº 22 Novembre 1997, p. 145 ss..

Esta matéria do "scheme particulars" depende de regulamentação do Secretary of State no Reino Unido, nos termos da Sec. 85 Financial Services Act 1986, consagrando-se um dever de actualização do mesmo. Para a responsabilidade pelo prospecto na Alemanha ver ASMANN, Heinz-Dieter; SCHÜTZE, Rolf A.; *Handbuch des Kapitalanlagerechts*, C.H. Beck'sche Verlagsbuchhandlung, 2ª ed., München, 1997, p. 770 – 771. Genericamente, são os próprios prestadores dos serviços de investimento que reconhecem a importância de uma informação personalizada ao cliente. O risco não é o mesmo em todos os fundos, o produto não é o mesmo, e as necessidades dos clientes não são as mesmas, pelo que têm de ser informados das características dos fundos e da sua adequação às suas necessidades (*O.P.C.V.M. 90, Où et Comment s'Implanter en Europe?*, Séminaire de Direction de Banque, La Revue Banque Éditeur, Tome II, Paris 1990, p., 341).

Também no Brasil o prospecto de lançamento de quotas do fundo tem de ser entregue nos termos do 14.VIII.b. Instrução CVM nº 205, de 14 de Janeiro de 1994. Fala-se em prospecto de lançamento na medida em que, nos termos da mesma instrução, e tratando-se sempre de fundos fechados quando se fala de imobiliários neste país, as quotas são emitidas antes da entrada em funcionamento do fundo (da sua "constituição", *hoc sensu*).

Nos Estados Unidos corresponde ao "prospectus" previsto na Sec. 2 (a) (31), e Sec. 22 Investment Company Act of 1940. Este deve ser alterado sempre que haja variação de remunerações (HAZEN, Thomas Lee; *The Law of Securities Regulation*, West Publishing Co., 2ª ed., St. Paul, Minn., 1990, p. 861). A necessidade de o prospecto evidenciar correctamente a correlação entre o risco e o rendimento, bem como a hipótese de o prospecto ser obtido apenas a pedido do investidor, sendo-lhe fornecido automaticamente um documento sintético que faça ressaltar claramente esta correlação tem vindo a ser estudada pela SEC (na Itália, PIATTI, Laura; SUSI, Neomisio; Struttura dell'Industria, Asseti Proprietari e Profili di Informativa: Un' Analisi dei Fondi Comuni di Investimento Italiani; in CONSOB, *Quaderni di Finanza, Studi e Ricerche*, Volume II, nº 22 Novembre 1997, p. 138 – 139).

O prospecto deve conter todas as informações necessárias para que os participantes possam fazer um juízo fundamentado sobre o investi-

Parte IV – Regime geral

mento, contendo os elementos do anexo A salvo se já encontrarem do regulamento de gestão[543].

Os relatórios anual e semestral devem estar à disposição do público, nos locais de comercialização, sendo enviados sem encargos aos participantes que os requeiram[544].

A lei espanhola exige que independentemente da forma de representação das participações a sociedade gestora ou o depositário deverão enviar periodicamente ao participante um estado da sua posição no fundo (13.3. Reglamento de la Ley 46/1984, de 26 de deciembre, aprovado pelo Real Decreto 1393/1990, de 2 noviembre). De igual modo no Brasil se exige que nos fundos imobiliários igual dever se cumpra no 14.XIII., 14.XIV., 37. Instrução CVM nº 205, de 14 de Janeiro de 1994.O sistema português pode dispensar estas informações, na medida em que, ou as unidades são tituladas (certificados) não depositadas em intermediário financeiro dentro do sistema (87º/2 Cd.MVM, por exemplo, ou estando mesmo guardadas pessoalmente pelo seu titular), e este detém os meios de se assegurar da sua posição, ou se encontram dentro do sistema (sejam ou não tituladas), e é o próprio intermediário financeiro de custódia das suas unidades que é obrigado a enviar-lhe as informações constantes do 70º/1, e 88º/2 Cd.MVM.

Os locais do depositário onde devem estar disponíveis os documentos de informação são definidos pelo regulamento de gestão em Itália, nos termos do 2.2.n. Legge 23 marzo 1983, n. 77 (in G.U. 28 marzo 1983, n. 85). Estes documentos de informação (contas anuais, semestrais e publicação do valor da unidade de participação) devem estar disponíveis da sede da sociedade gestora nos termos do 5.2. Legge 23 marzo 1983, n. 77 (in G.U. 28 marzo 1983, n. 85).

---

[543] 33º/3, 4 DLFIM, 36º/3, 4 DLFII. 28º DFI.

O Anexo A contém informações sobre o fundo e sobre a entidade gestora. Em relação ao primeiro informa nomeadamente sobre os sujeitos intervenientes (consultores, revisores oficiais de contas), regime fiscal e mercado de negociação das unidades e de avaliação das unidades de participação.

O prospecto já era previsto pelo 31º Dec.-Lei n.º 134/85, de 2 de Maio.

Lugar paralelo ao Anexo A encontra-se no 77. e Annexe à Ordonnance du Conseil Fédéral sur les Fonds de Placement du 19.10.1994.

[544] 34º/5 DLFIM, 37º/6 DLFII. 33º DFI.

Igual regra existe em Espanha, nos termos do 8.4.§2ºLey 46/1984, de 26 deciembre (ver 32.2.a. Ley 46/1984, de 26 deciembre) e do 10.1.a. Reglamento de la Ley 46/1984, de 26 de deciembre, aprovado pelo Real Decreto 1393/1990, de 2 noviembre. Igual regra em Itália, nos termos do 5.3. Legge 23 marzo 1983, n. 77 (in G.U. 28 marzo 1983, n. 85) e no 8. Decreto Legislativo 25 gennaio 1992, n. 84 (in G.U. 14 febbraio 1992, n. 37)..

A lei suíça estatui desenvolvimentos particularmente interessantes deste dever de informação. Com efeito, nos termos do 26. Loi Fédérale sur les Fonds de Placement, du 18.03.1994 a sociedade gestora tem de fornecer a todo o momento ao investidor os elementos necessários que justificam os preços de emissão e resgate de unidades de participação. Deve igualmente fornecer-lhe os dados relativos às operações realizadas se o investidor demonstrar interesse legítimo nessa informação. Por outro lado, o juiz pode exigir que o revisor ou outro perito examine questões insuficientemente esclarecidas e remeta o seu relatório ao investidor. De igual forma é exigida a colocação à disposição do público, antes da conclusão do contrato de um prospecto pelos fundos, contendo o regulamento do fundo (50.2. Loi Fédérale sur les Fonds de Placement, du 18.03.1994; 77. Ordonnance du Conseil Fédéral sur les Fonds de Placement du 19.10.1994). A sociedade gestora, o depositário e os distribuidores devem antes da conclusão do contrato colocar à disposição dos interessados os relatórios anual e semestral (67.1. Ordonnance du Conseil Fédéral sur les Fonds de Placement du 19.10.1994).

As informações individualizadas aos participantes constam de regulamentação do Secretary of State no Reino Unido, de acordo com a Sec. 81(2)(f) Financial Services Act 1986.

No Brasil são igualmente obrigadas, nos fundos mobiliários, a fornecer anualmente aos participantes documento contendo o número de unidades na sua titularidade, o seu valor e os rendimentos acumulados. (8.VI., 35. Regulamento Anexo à Circular n° 2.594, de 21 de Julho de 1995, do Banco Central do Brasil; 8.VI., 34. Regulamento Anexo à Circular n° 2.616, de 18 de Setembro de 1995 do Banco Central do Brasil). A verdade é que este documento seria em Portugal relativamente redundante, caso as unidades estejam integradas em sistema, na medida em é substituído pelo documento do 70°/1 e 88°/2 do Código do Mercado de Valores Mobiliários. Nos fundos imobiliários são obrigadas a ter à disposição dos quotistas, actualizados mensalmente, o valor patrimonial das quotas e dos investimentos do fundo, incluindo a descrição dos bens e direitos integrantes do seu património, informações sobre o andamento das obras, relação das acções judiciais em curso, indicando a data de início e o seu termo (14.XII. Instrução CVM n° 205, de 14 de Janeiro de 1994).

Nos Estados Unidos, as unidades de participação apenas podem ser distribuídas através de um subscritor profissional ou de uma oferta pública tal como constam do prospecto (Sec. 22 (d) Investment Company Act of 1940). A variação das remunerações tem de ser comunicada a cada participante (HAZEN, Thomas Lee; *The Law of Securities Regulation*, West Publishing Co., 2ª ed., St. Paul, Minn., 1990, p. 861). Por outro lado, devem ser enviados relatórios semestralmente aos participantes (HAZEN, Thomas Lee; *The Law of Securities Regulation*, West Publishing Co., 2ª

Parte IV – Regime geral 373

ed., St. Paul, Minn., 1990, p. 883). Para a qualidade da informação no prospecto ver Funcionamento das Sociedades de Investimento de Capital Variável (S.I.C.A.V.) em França – Relatório Lorain, de Janeiro de 1968; in: *Revista Bancária*, Ano IV, nº 14, Outubro – Dezembro de 1968, Lisboa, p. 53.

III. *Deveres de informação perante a supervisão*

Também em relação às entidades de supervisão as entidades gestoras têm deveres de informação em relação a cada fundo.

O contrato de depósito e suas alterações são enviados à CMVM[545].

As alterações de sede ou denominação de entidade gestora, depositário ou entidades colocadoras, alterando o regulamento de gestão, são comunicadas à CMVM[546].

O recurso a regras menos apertadas de avaliação dos activos pressupõe a imediata comunicação fundamentada à CMVM dos critérios utilizados[547].

A suspensão da emissão e do resgate devem ser comunicadas à CMVM (antigamente também ao Banco de Portugal, na versão original dos diplomas)[548].

As contas anuais, semestrais, e a composição discriminada dos fundos devem ser enviados à CMVM no prazo de três dias após a sua publicação à CMVM e ao Banco de Portugal. De igual modo, os balancetes mensais e todos os elementos de informação relativos à situação dos fundos e às operações realizadas lhes devem ser enviados quando solicitados[549].

---

[545] 14º/3 DLFIM, 15º/3 DLFII. Antes ao Banco de Portugal, nos termos do 33º/2 Dec.-Lei n.º 134/85, de 2 de Maio e do 33º/2 Dec.-Lei nº 246/85, de 12 de Julho.

[546] 18º/6 DLFIM, 19º/6 DLFII.

Este regime suscita duas questões. No caso dos, fundos imobiliários exige-se a comunicação igualmente ao Banco de Portugal ao contrário do DLFIM, o que apenas se compreende por esquecimento do legislador. De qualquer modo, caso a entidade gestora não o comunique ao Banco de Portugal, não pode ser sancionada pela facto, por falta de preenchimento típico. Em segundo lugar, compreende-se porque só nestes casos de alteração de regulamento de gestão existe comunicação à supervisão. É que neste caso, basta esta comunicação. Nos restantes torna-se necessária a aprovação da CMVM, pelo que necessariamente esta conhece o regulamento que vem a ser vigente.

[547] 30º/6 DLFIM, 33º/6 DLFII.

[548] 31º/5 DLFIM, 35º/5 DLFII.

[549] 35º/3 DLFIM, 38º/3 DLFII. 32º DFI. Também o 26º/2, 34º Dec.-Lei n.º 134/ /85, de 2 de Maio e o 26º/2 Dec.-Lei nº 246/85, de 12 de Julho. Regime relativo apenas

374 *Fundos de Investimento Mobiliário e Imobiliário*

Também no caso dos fundos mobiliários domiciliados noutro estado membro da União Europeia existe um dever de comunicação, mas que melhor cabe em sede de estudo dos mesmos fundos (37° DLFIM).

Nos fundos imobiliários deve ser dada informação à CMVM sobre a composição da carteira, o valor líquido global do fundo, a relativa às unidades de participação, ao participantes, e aos imóveis nos termos do Anexo II e 1°/3, 2°/4 Reg 96/3. Deve igualmente ser dada informação sobre os arrendatários cujos imóveis (em que tenham a posição de arrendatário) representem 10% ou mais do valor dos fundos e aqueles cujas rendas representem 10% ou mais dos valor das rendas vencidas no trimestre nos termos do 4°/5 Reg 96/3.

Em Espanha, as sociedades gestoras devem enviar as suas contas anuais, o relatório de gestão e os pareceres de auditoria nos quinze dias seguintes à sua aprovação pela assembleia geral de accionistas (3. Orden de 31 de julio de 1991). A CNMV é competente para regulamentar a restante informação que lhe deve ser enviada (1. disposição adicional Orden de 31 de julio de 1991). Por outro lado, quando realizem operações de derivados, ou em geral a prazo, devem remeter periodicamente à CNMV todas as informações sobre elas que sejam regulamentarmente impostas pela mesma entidade de supervisão (3., Orden de 6 de julio de 1992 e 4.3. disposição adicional Orden de 6 de julio de 1992). Deve ser dada toda a informação pedida pela CNVM (RODRÍGUEZ ARTIGAS, Fernando; Instituciones de Inversión Colectiva, in: ALONSO UREBA, Alberto, MARTINEZ-SIMANCAS Y SANCHEZ; Julian; *Derecho del Mercado Financiero*; Tomo I, Volume 1, *Entidades del Mercado Financiero*, Editorial Civitas, Madrid, 1994, p. 281).

Em França, os "commissaires aux comptes" devem certificar a existência da carteira, tal como consta do balanço nas sociedades de investimento de capital fixo (12. Ordonnance n° 45-2710 du 2 novembre 1945). De igual modo, devem verificar a exactidão do inventário da carteira dos fundos de investimento e dos S.I.C.A.V. que são publicadas semestralmente (29. Loi n° 88-1201 du 23 décembre 1988)[550]. Os S.I.C.A.V. e os fundos

---

às contas anuais e no que respeita ao envio à inspecção geral de Crédito e Seguros, ver o 17° Dec.-Lei n.° 46 342, de 20 de Maio de 1965.

Regra semelhante existe em Espanha no 8.5. Ley 46/1984, de 26 deciembre (cf. 32.2.a. Ley 46/1984, de 26 deciembre) e no 10.5. Reglamento de la Ley 46/1984, de 26 de deciembre, aprovado pelo Real Decreto 1393/1990, de 2 noviembre. Em Itália, para os fundos imobiliários rege regra semelhante no 14.XVI. Instrução CVM n° 205, de 14 de Janeiro de 1994.

[550] A não designação destes auditores, bem como a emissão de informações falsas ou os obstáculos à sua actividade constituem crime em França nos termos do 46. Loi 88-1201 du 23 décembre 1988.

de investimento devem dar informação ao Banco de França para efeitos de estatísticas monetárias (PEZARD, Alice; *Droit des Marchés Monétaire et Boursier*; Editions du J.N.A., Paris, 1994, p. 245).

Na Suíça deve ser dado conhecimento à Comissão Federal dos Bancos das contas anuais e semestrais, pelo menos até à sua publicação (48.3. Loi Fédérale sur les Fonds de Placement, du 18.03.1994), sendo a revisão de contas feita por um "reviseur" (48. Loi Fédérale sur les Fonds de Placement, du 18.03.1994). De igual modo deve ser apresentado a esta Comissão o prospecto, bem como as suas modificações (50.3. Loi Fédérale sur les Fonds de Placement, du 18.03.1994). De igual modo, alguns dos factos societários na sociedade gestora carecem de informação à supervisão, nos termos do 13. Ordonnance du Conseil Fédéral sur les Fonds de Placement du 19.10.1994. O relatório de gestão da própria sociedade gestora (e não de cada fundo) deve ser igualmente dado ao conhecimento da supervisão 10 dias depois da sua aprovação pela assembleia geral da mesma sociedade (17. Ordonnance du Conseil Fédéral sur les Fonds de Placement du 19.10.1994). Também se prevê o dever de informar trimestralmente (e pode ser mensalmente no caso dos fundos monetários) o Banco Nacional Suíço sobre dados estatísticos referentes à quantidade de unidades de participação emitidas e resgatadas durante o período, bem como o estado do património no último dia do exercício (85. Ordonnance du Conseil Fédéral sur les Fonds de Placement du 19.10.1994).

Em Itália prevê-se a revisão de contas igualmente para as SICAV no 10. Decreto Legislativo 25 gennaio 1992, n. 84 (in G.U. 14 febbraio 1992, n. 37). Para os fundos mobiliários, rege o 6. Legge 23 marzo 1983, n. 77.

No Brasil são obrigadas a prestar informação diária sobre os saldos das aplicações, o valor líquido do fundo o valor da unidade de participação, os valores das emissões resgates e as posições mantidas nos mercados de derivados (30. Regulamento Anexo à Circular nº 2.594, de 21 de Julho de 1995, do Banco Central do Brasil; 30. Regulamento Anexo à Circular nº 2.616, de 18 de Setembro de 1995 do Banco Central do Brasil).

A informação devida à SEC nos Estados Unidos encontra-se regulada na Sec. 30 Investment Company Act of 1940. Em princípio esta informação, bem como os registos, têm natureza pública (Sec. 45 Investment Company Act of 1940). Toda a literatura de venda e promoção tem de ser registada na SEC ou na NASD (HAZEN, Thomas Lee; *The Law of Securities Regulation*, West Publishing Co., 2ª ed., St. Paul, Minn., 1990, p. 884).

IV. *Publicidade*

Para além das regras gerais decorrentes do 98º e 646º/1/a Cd.MVM, existem algumas regras específicas sobre publicidade constantes do regime dos fundos.

376 *Fundos de Investimento Mobiliário e Imobiliário*

Todas as acções publicitárias relativas a um fundo devem informar da existência do prospecto e dos locais onde pode ser obtido[551].

Também em relação aos fundos de origem comunitária existem regras de comunicação (38° DLFIM) mas o seu estudo melhor cabe na parte respeitante aos fundos mobiliários.

A publicidade deve ser feita pela entidade gestora nos fundos no Brasil (para os imobiliários ver o 14.VI. Instrução CVM n° 205, de 14 de Janeiro de 1994). De igual modo, deve ser previamente autorizada pela Comissão de Valores Mobiliários, nos termos do 18. Instrução CVM n° 205, de 14 de Janeiro de 1994.

Nos Estados Unidos existem regras específicas sobre a promoção das "investment companies", sobretudo na sua fase de lançamento, na Sec. 7 (c), (d) e Sec. 20 (a), (b) Investment Company Act of 1940. A publicidade das unidades de participação carece, para ser lícita, que o seu texto seja submetido à SEC nos termos da Sec. 24 (b) Investment Company Act of 1940. Em 1979 assistiu-se a uma relativa liberalização da publicidade quanto nomeadamente aos locais onde poderia ser feita (HAZEN, Thomas Lee; *The Law of Securities Regulation*, West Publishing Co., 2ª ed., St. Paul, Minn., 1990, pp. 883 – 884).

SECÇÃO IV

COBERTURA DE RISCOS

O primeiro problema que coloca o regime de cobertura de risco é o da sua própria existência[552].

Com efeito, todas actividades empresariais são arriscadas. Todos os investimentos são arriscados. E, no entanto, exceptuando certos sectores de actividade, em que são previstos por exemplo seguros obrigatórios, não é vulgar que se regule expressamente como elemento constitutivo de

---

[551] 33°/5 DLFIM, 36°/5 DLFII. 35° DFI.

Escusado será dizer que não se exige que se indiquem moradas. Mas não também basta a indicação genérica de que se encontra à disposição nos estabelecimentos das entidades comercializadoras dos fundos. É necessário identificar as entidades em questão.

Regra idêntica constava do 23°/4 Dec.-Lei n° 229-C/88, de 4 de Julho.

À luz do 30° Dec.-Lei n.° 134/85, de 2 de Maio e 30° Dec.-Lei n° 246/85, de 12 de Julho, as acções publicitárias tinham de ser previamente autorizadas pelo Banco de Portugal.

[552] 24° DLFIM, 25° DLFII. Esta consagração expressa de um regime de cobertura de riscos compreende-se por força do regime do 21° DFI.

uma actividade a cobertura de riscos. Mais uma vez nos deparamos com um conceito chave, o de massificação. É que não nos podemos esquecer mais uma vez que estamos perante um património que pertence a terceiros e que é gerido por uma entidade que não partilha os mesmos interesses que eles. Mas acrescido a este nexo de representação encontra-se a disseminação dos representados, sem poder real de autodeterminar a medida do risco que pretendem assumir.

Em primeiro lugar, consagra-se uma permissão, a do recurso a técnicas de gestão de risco. Mas esta permissão tem implícita uma proibição: a da utilização destes instrumentos e técnicas para a assunção de riscos alheios. A finalidade da aquisição deste instrumentos deve ser sempre a da cobertura de riscos, salvo se o regulamento de gestão dispuser expressamente em sentido contrário e na medida em que o faça[553]. Este instituto visa acima de tudo a cobertura de riscos, ou seja, a protecção contra eles.[554]

Em segundo lugar, estão previstos no instituto apenas dois métodos de protecção: com base em valores mobiliários e técnicas destinadas à protecção de riscos de câmbio. Que significa este regime? Que, mesmo que as regras de composição dos fundos não comportem a aplicação em instrumentos de protecção de risco, os fundos podem conter na sua composição estes instrumentos na medida das necessidades de protecção de riscos e de acordo com a regulamentação da CMVM.

Nada se afirma sobre as fontes dos riscos contra os quais se visa proteger. A expressão legal é "tenham por *objecto* valores mobiliários" e não "por *fonte*". Não são os riscos inerentes exclusivamente à detenção de valores mobiliários que se pretende proteger com este regime. São os riscos em geral dos activos. O que se afirma é que se pode recorrer a valores mobiliários para cobrir esse risco. Esta interpretação é consistente com o confronto entre o DLFIM e o DLFII. Tendencialmente a grande maioria do património dos fundos imobiliários não é composta de valores mobiliários, ou pelo menos pode não sê-lo. E no entanto a redacção legal

---

[553] 18°/3/f DLFIM, 19°/3/f DLFII.

[554] Na linguagem dos derivados, os fundos devem ser em princípio *hedgers* e não *speculators*.

Repare-se que não se afirma que o fundamento desta posição se encontra no 24° DLFIM e 25° DLFII, mas na política de investimentos definida pelo regulamento de gestão. O que se afirma é que o instituto da cobertura de risco visa a protecção contra os mesmos. A possibilidade de assumir risco tem o seu título no regulamento de gestão e não neste instituto.

378 *Fundos de Investimento Mobiliário e Imobiliário*

é a mesma. Daí que se tenha de entender que o risco que se visa proteger pode ter as mais variadas fontes, e os instrumentos que se prevêem sejam valores mobiliários. O legislador está a pensar, quando fala em valores mobiliários, nos derivados. O que está a afirmar é que, mesmo na omissão da política de investimentos sobre a aquisição de derivados, esta é possível, mas apenas com a finalidade de protecção de riscos. Apenas nas técnicas de protecção contra riscos cambiais nada se afirma a propósito, pelo que podem assumir a mais diversa natureza.

Definidas as fontes do risco protegidas e os instrumentos de protecção, consagra-se mais uma exigência. Os fundos devem deter activos suficientes para assegurar o cumprimento de obrigações efectivas ou potenciais resultantes das operações de protecção de riscos. Repare-se que a lei vai mais longe que o regime comum de protecção das operações de cobertura de riscos, *maxime*, de derivados. Nas operações de derivados existem regras muito apertadas de garantia do cumprimento das obrigações (cf. 412º Cd.MVM). Mas estas regras visam a protecção do mercado e dos credores. Com a massificação, temos um fenómeno paradoxal. A regra em questão, numa perspectiva teleológica, visa a protecção do potencial devedor. É que esta exigência implica uma política de prudência por parte das entidades gestoras na utilização destes instrumentos. Por outro lado, e sob o ponto de vista estrutural, é também uma regra inovadora no nosso sistema jurídico. É que não é exterior ao investidor, mas é-lhe interna. É a própria situação global do fundo, enquanto investidor, que se encontra regida por este instituto.

Por outro lado, as operações de cobertura de risco realizadas devem constar do prospecto (nº 10 do anexo B ao DLFIM e ao DLFII).

> Para os fundos mobiliários e no que respeita à cobertura de riscos de câmbio foi publicado o Reg 95/3. Apenas podem ser usados para cobertura de risco cambial os seguintes instrumentos : compra e venda a prazo de divisas e "swaps" de divisas (2º/1 Reg 95/3). Estas operações têm de ser efectuadas por contrato com instituições financeiras autorizadas para realizar estas operações (2º/2 Reg 95/3). Estabelece-se um limite, que já foi enunciado em texto: o investimento nestes termos apenas pode ter como limite (porque tem como finalidade) a cobertura dos riscos, exigindo-se que, caso os valores que são fundamento da cobertura deixem de estar na sua titularidade, a operação de cobertura seja desfeita (2º/3, 4 Reg 95/3). Estas operações têm de ser comunicadas à CMVM (4º Reg 95/3) havendo regras de contabilidade próprias (3º Reg 95/3).
>
> Em Espanha prevêem-se mecanismos de cobertura de riscos associadas à realização de futuros e opções, podendo o Ministro das Finanças

Parte IV – Regime geral 379

restringir estas operações apenas à finalidade de cobertura dos mesmos riscos (17.2.§2° Reglamento de la Ley 46/1984, de 26 de deciembre, aprovado pelo Real Decreto 1393/1990, de 2 noviembre[555]). A soma de futuros, opções e compras e "warrants" sobre valores de renda fixa não podem ultrapassar 16% do valor diário do património da intuição de investimento colectivo (1.2.a. Orden de 6 de julio de 1992). No caso de terem por objecto valores ou índices de renda fixa, o limite é de 4% (1.2.b. Orden de 6 de julio de 1992), não podendo ambas exceder no seu conjunto os 16% (1.2.c. Orden de 6 de julio de 1992). No caso de futuros e opções sobre divisas o máximo é de 4% (1.2.d. Orden de 6 de julio de 1992).

Em França, os "swaps" de taxa de juro e de divisas apenas podem atingir 100% dos valores em carteira nos fundos e nos S.I.C.A.V., têm de ser feitas com uma entidade que seja depositário de um OICVM e têm de ser revogáveis a todo o momento (2.§2° Décret n° 89-623 du 6 septembre 1989). As opções como mecanismos de cobertura encontram-se em PEZARD, Alice; *Droit des Marchés Monétaire et Boursier*; Editions du J.N.A., Paris, 1994, p. p. 152 a 153. Os "warrants", apesar de ser serem incluídos pela COB na categoria de valores mobiliários, são ao mesmo tempo sujeitos aos limites do 21° DFI, tendo em conta a sua natureza próxima dos direitos de subscrição (*Bulletin COB*, n° 269, Mai 1993, Supplément "Etudes", n° 71, p.43).

Na Suíça admite-se o investimento em derivados nos termos do 36. Ordonnance du Conseil Fédéral sur les Fonds de Placement du 19.10.1994, admitindo-se igualmente que possam ser usados para cobrir riscos de câmbio. Quanto à utilização de derivados para efeitos de cobertura de riscos, apenas os cambiais se encontram admitidos no 1.1. Ordonnance de la Commission Fédérale des Banques sur les Fonds de Placement du 27.10.1994. O 4. Ordonnance de la Commission Fédérale des Banques sur les Fonds de Placement du 27.10.1994 deixa claro que as operações com opções e futuros apenas podem ter como função a protecção de riscos, na medida em que colocam os fundos apenas na posição de "hedgers". Com efeito, apenas podem comprar opções de compra e futuros e vender opções de venda.

Em Itália, a cobertura de riscos cambiais e da valorização dos valores pode ser objecto de cobertura de riscos de acordo com regulamentação do Banco de Itália (4.3. Legge 23 marzo 1983, n. 77 (in G.U. 28 marzo 1983, n. 85)).

---

[555] ver o 1. Orden de 20 deciembre de 1990. Este regime foi desenvolvido pela Orden de 6 de julio de 1992.

380　　*Fundos de Investimento Mobiliário e Imobiliário*

Para os swaps e os FRA como técnicas de cobertura de riscos ver MOTA, António, S. Gomes; TOMÉ, Jorge H. Correia; *Mercado de Títulos, Uma abordagem integrada*, Ed. Texto Editora, 2ª ed., Lisboa, 1991, pp. 267 ss.

SECÇÃO V

ENCARGOS E RECEITAS DOS FUNDOS

Na actividade empresarial comum existem igualmente encargos e receitas. Os fundos não apresentam qualquer novidade estrutural neste aspecto. A verdade é que mais uma vez a massificação exige uma inflexão do regime geral. É que numa actividade comum o princípio hedonista afirma que todos tendem a aumentar as receitas e diminuir os encargos. Ora, no caso, quem gere obedece a um princípio de satisfação de necessidades oposto. Tenderia eventualmente a aumentar as receitas dos fundos mas tem todo o interesse em aumentar os encargos do fundo que sejam suas receitas.

Daí que se tenha distinguir o regime das receitas do dos encargos.

No que respeita às receitas dos fundos, nenhuma razão existe para que haja limitações, não sendo por acaso que o legislador omite esta matéria. As receitas dos fundos são as que decorrem genericamente das atribuições patrimoniais que nos termos gerais lhes são feitas. Pagamento das subscrições, rendimento de valores[556], mais valias e receitas obtidas com a revenda de activos[557], entre outros todos eles são receitas dos fundos. O princípio aqui é apenas o da conexão com o fundo: se uma operação é realizada pelo ou para o fundo, se um activo é do fundo, as receitas são sempre dos fundos.

Na perspectiva da valorização do fundo ver PASSEIRO, José Manuel; Fundos de Investimento; in: *Revista Bancária*, Ano IV, n° 12, Abril - Junho de 1968, Lisboa, p. 21.

Já quanto aos encargos, torna-se necessário distinguir.

---

[556] 13°/1/b DLFIM, 14°/1/b DLFII.

[557] Expressamente previstas para a venda de imóveis nos fundos imobiliários no Brasil como receita do fundo nos termos do 9.§único Lei n° 8.668, de 25 de Junho de 1993.

Parte IV – Regime geral

Os encargos que são receitas das entidades gestoras, depositário e entidades colocadoras são taxativamente definidas a lei[558].

Também na Suíça existe esta taxatividade, nos termos do 14. Loi Fédérale sur les Fonds de Placement, du 18.03.1994. Na Suíça, a taxatividade estabelecida no regulamento do fundo dos encargos dos fundos com as remunerações de gestão e depósito encontra-se expressamente consagrada no 7.3.e. Loi Fédérale sur les Fonds de Placement, du 18.03.1994.

A mesma taxatividade parece encontrar-se nos fundos mobiliários e fundos de fundos no 4.I. e 4.II. Regulamento Anexo à Circular nº 2.594, de 21 de Julho de 1995, do Banco Central do Brasil e 4.I. e 4.II. Regulamento Anexo à Circular nº 2.616, de 18 de Setembro de 1995 do Banco Central do Brasil.

Quanto aos encargos que são receitas de outras entidades é mais difícil de estabelecer o seu regime.

Em primeiro lugar, todos os encargos têm de estar taxativamente previstos no regulamento de gestão[559]. Vale também aqui um princípio de taxatividade[560].

Mais especificamente, as despesas com as operações de compra e venda dos valores por conta dos fundos, quando sejam referidas no regulamento de gestão, são encargos dos fundos[561]. De igual modo, o mesmo princípio tem de valer para as despesas de aquisição originária dos valores (subscrição), e para aquisição de activos, em geral.

---

[558] 16º/1 DLFIM, 17º/1 DLFII. Esta possibilidade foi dada pelo 43º DFI.

Já havíamos estudado estas normas, mas na perspectiva das remunerações, chamando a atenção para a sua rigidez e dependência funcional. Neste momento preocupa-nos apenas na perspectiva dos fundos.

Esta taxatividade encontrava-se expressa no 8º Dec.-Lei n.º 46 342, de 20 de Maio de 1965.

[559] 18º/3/m DLFIM, 19º/3/m DLFII.

[560] Se por exemplo, as despesas com consultores de investimentos não estiverem previstas no regulamento de gestão, não podem ser encargo do fundo. A entidade gestora remunera-se com as suas comissões em absoluto mais elevados se o valor da unidade de participação aumentar por força da consulta e se o modo de cálculo da comissão for sensível ao aumento do valor do fundo.

Também nos fundos imobiliários se estabelece o mesmo regime do Brasil nos termos do 10.VI. Lei nº 8.668, de 25 de Junho de 1993 e 10.XIV., 41. Instrução CVM nº 205, de 14 de Janeiro de 1994.

[561] 16º/2 DLFIM, 17º/2 DLFII.

Também o 8º/1º Dec.-Lei n.º 46 342, de 20 de Maio de 1965.

Por outro lado, a entidade gestora não é livre para incluir no regulamento de gestão todas as despesas que bem entender. Não esqueçamos que o regulamento de gestão está sujeito, além da aprovação da CMVM, ao regime das cláusulas contratuais gerais e aos princípios do regime dos fundos. Não podem nomeadamente ser imputados aos fundos os encargos que decorrem de factos ilícitos do fundo, nomeadamente decorrentes da má gestão do mesmo. Se, por exemplo, uma operação teve de ser repetida ou desfeita por ter sido mal executada, não pode o regulamento, nem a entidade gestora, repercutir no fundo os custos inerentes.

No entanto, há uma ressalva que se tem de operar a esta taxatividade. Podem ser encargo dos fundos todas as despesas instrumentais de protecção dos fundos que não resultem de facto da gestora, do depositário ou das entidades colocadoras ou de qualquer outro dos intervenientes nos fundos. Estão neste caso as despesas de patrocínio judiciário no caso da haver transações controvertidas. No entanto, a entidade gestora tem de demonstrar não lhe ser imputável esta situação.

Em Espanha, prevêem-se encargos especiais, os descontos, dos fundos imobiliários, desde que previstos no regulamento de gestão, no 19.2. Orden de 24 de septiembre de 1993. Prevêem-se igualmente em geral quais os encargos dos fundos imobiliários no 21.4. Orden de 24 de septiembre de 1993. Em Itália exige-se igualmente que o regulamento de gestão determine as despesas a cargo do fundo e aquelas que são a cargo da entidade gestora, deixando-se bem claro que a publicidade fica sempre a cargo da entidade gestora (2.2.f. Legge 23 marzo 1983, n. 77 (in G.U. 28 marzo 1983, n. 85). No Reino Unido, os encargos são regulamentados pelo Secretary of State nos termos Sec. 81(2)(b) Financial Services Act 1986.

Na Suíça os encargos do fundo devem constar do regulamento do mesmo, devendo ser exaustivamente nele ser previstos (5., 6. Ordonnance du Conseil Fédéral sur les Fonds de Placement du 19.10.1994). Em geral os encargos encontram-se regidos pelo 14. Ordonnance du Conseil Fédéral sur les Fonds de Placement du 19.10.1994, estatuindo-se, em especial, que no caso de prestação de serviços por terceiros a sociedade gestora não pode ser remunerada quanto às funções exercidas por estes terceiros, e que a transferência entre dois fundos geridos pela mesma sociedade gestora de imóveis ou outros activos nunca pode ser objecto de uma comissão a pagar à sociedade gestora.

No Brasil, são encargos das entidades gestoras forçosamente os decorrentes da promoção dos fundos (8.V. Regulamento Anexo à Circular nº 2.594, de 21 de Julho de 1995, do Banco Central do Brasil; 8.V. Regulamento Anexo à Circular nº 2.616, de 18 de Setembro de 1995 do Banco Central do Brasil para os fundos mobiliários; 14.VI. Instrução CVM nº 205, de 14 de Janeiro de 1994, para os imobiliários). Por outro lado são encargos do fundo, além da comissão de gestão, as taxas, os impostos, as despesas com a informação obrigatória geral (contas, relatórios, formulários), com correspondência de interesse do fundo, nomeadamente com participantes, honorários e despesas do auditor, emolumentos e comissões pagas com as operações do fundo, honorários de advogados e custas processuais com a defesa do fundo, despesas inerentes à constituição, liquidação do fundo, ou à realização da assembleia geral de condóminos, taxas de custódia dos valores do fundo (estando esta últimas já previstas no sistema português pela comissão de depósito), esclarecendo-se que as despesas com consultores e com o heterogestor são por conta da entidade gestora (39. Regulamento Anexo à Circular nº 2.594, de 21 de Julho de 1995, do Banco Central do Brasil; 37. Regulamento Anexo à Circular nº 2.616, de 18 de Setembro de 1995 do Banco Central do Brasil). Esta norma brasileira pelas vantagens de segurança que traz mereceria melhor ponderação pelo legislador e regulamentador português. Por outro lado, o 10.VI. do mesmo regulamento deixa bem claro que não se podem ressarcir contra o fundo de multas pagas por faltas cometidas pela própria entidade gestora. Nos fundos imobiliários rege o 41. Instrução CVM nº 205, de 14 de Janeiro de 1994.

Nos Estados Unidos, a SEC tem entendido que o "investment advisor" não pode cobrar aos fundos as despesas que teve com processos que a SEC lhe mova (HAZEN, Thomas Lee; *The Law of Securities Regulation*, West Publishing Co., 2ª ed., St. Paul, Minn., 1990, p. 840).

SECÇÃO VI

AVALIAÇÃO DOS FUNDOS

A avaliação de activos faz igualmente parte da actividade empresarial, mas mais uma vez os fundos impõem especialidades por força da massificação. Por outro lado, pode provocar estranheza tratar-se desta questão em sede de fundos e não das unidades de participação quando a lei fala no valor da unidade de participação. É evidente que toda a apreciação analítica se obriga a separar partes da realidade que são incindíveis. No entanto, sem prejuízo das implicações que o cálculo do valor tem para o valor da unidade de participação e embora seja este o fim último da operação, a verdade é que o que se calcula em primeiro

384   *Fundos de Investimento Mobiliário e Imobiliário*

lugar é a carteira geral do fundo. O cálculo da unidade de participação decorre de uma mera operação aritmética de divisão[562]. Por outro lado, a verdade é que esta actividade de avaliação dos fundos, e consequentemente dos activos que os compõem, é prévia à consideração da unidade de participação e constitui uma actividade diária dos fundos.

Os fundos são avaliados diariamente, determinado-se o seu valor líquido global[563].

TOMÉ, Maria João Romão Carreiro Vaz; *Fundos de Investimento Mobiliário Abertos*, Almedina, Coimbra, 1997, p. 144.

Em Espanha, a avaliação do fundo ocorre mensalmente quando se trata de fundos imobiliários (19.2. Orden de 24 de septiembre de 1993.

Em França, refere-se que a avaliação do valor liquidativo dos "warrants" que o compõem tem de ser diária (*Bulletin COB*, nº 269, Mai 1993, Supplément "Etudes", nº 71, p.41). Em alguns países esta função é atribuída ao depositário, e não à entidade gestora, como em Portugal (*O.P.C.V.M. 90, Où et Comment s'Implanter en Europe?*, Séminaire de Direction de Banque, La Revue Banque Éditeur, Tome II, Paris 1990, p. 286).

Em Itália os critérios de avaliação das SICAV constam do pacto social (2.3.d. Decreto Legislativo 25 gennaio 1992, n. 84 (in G.U. 14 febbraio 1992, n. 37)).

Na Suíça, a avaliação do fundo ocorre sempre que são emitidas ou resgatadas unidades de participação, bem como no fim do exercício anual (63.1. Ordonnance du Conseil Fédéral sur les Fonds de Placement du 19.10.1994).

Na Alemanha ver ASMANN, Heinz-Dieter; SCHÜTZE, Rolf A.; *Handbuch des Kapitalanlagerechts*, C.H. Beck'sche Verlagsbuchhandlung, 2ª ed., München, 1997, p. 753, em que se afirma que esta é uma tarefa do depositário.

---

[562] 30º/1 DLFIM, 33º/1 DLFII.

13º Dec.-Lei n.º 46 342, de 20 de Maio de 1965. 18º/1 Dec.-Lei nº 229- C/88, de 4 de Julho. 19º/1 do Dec.-Lei nº 134/85, de 2 de Maio. 19º/1 Dec.-Lei nº 246/85, de 12 de Julho.

[563] 30º/1 DLFIM, 33º/1 DLFII. Cf. 38º DFI.

O 21º Dec.-Lei nº 229-C/88, de 4 de Julho, regulava igualmente esta matéria, mas em termos que melhor caberiam em sede de contabilidade. 19º/1, 23º do Dec.-Lei nº 134/85, de 2 de Maio. 19º/1, 23º Dec.-Lei nº 246/85, de 12 de Julho. 13º Dec.-Lei n.º 46 342, de 20 de Maio de 1965. Também o 13º e 13º/§único.

Este dever de avaliação diária decorre igualmente do 20.5 Ley 46/1984, de 26 deciembre, espanhol.

Parte IV – Regime geral 385

Para o valor da unidade de participação nos "unit trust schemes" tem de ter em conta o "net value" do património nos termos da Sec. 78(6) Financial Services Act 1986.

Definindo o património líquido do fundo mobiliário e pressupondo que seja calculado diariamente, ver o 13.§8°., 14. e 17. Regulamento Anexo à Circular n° 2.594, de 21 de Julho de 1995, do Banco Central do Brasil e os 13.§8°, 14.e 17. Regulamento Anexo à Circular n° 2.616, de 18 de Setembro de 1995 do Banco Central do Brasil.

Para efeitos da proibição de certas aquisições baseadas em conflitos de interesses potenciais existe regra que determina que o valor do fundo é estabelecido no próprio dia da aquisição ou na data mais próxima possível nos Estados Unidos segundo a Sec. 12 (d) (1) (G) Investment Company Act of 1940. Nas "closed-end companies" estatui-se que em princípio as unidades não podem ser vendidas abaixo do valor líquido nos termos da Sec. 23 (b) Investment Company Act of 1940.

O momento do dia a que se reporta o cálculo do valor é determinado pelo regulamento[564]. Esta norma é particularmente importante para os activos mais voláteis e em geral para os valores mobiliários *latissimo sensu*, abrangendo os monetários. Já é mais difícil que um imóvel tenha variações de valor diárias credíveis pela dificuldade de criar um mercado uniforme no produto e conglobado em suficiência.

A avaliação dos valores mobiliários obedece a um regime muito desenvolvido. A primeira distinção é a que ocorre entre os valores com cotação nos últimos 90 dias e aqueles sem esta cotação (seja por não ter havido cotação dos valores, seja por não se encontrarem cotados, por não se encontrarem num mercado com cotações)[565].

Esta distinção pode ser contestada na medida em que se poderia afirmar que os últimos 90 dias apenas relevam para efeitos do n° 3/a DLFIM e n° 4/a DLFII. Não é assim. Em primeiro lugar, porque materialmente uma cotação tem um período de vigência limitada. Se uma empresa, por absurdo, se tivesse encontrado cotada no início do século e a sua última cotação tivesse quase 100 anos, este valor de cotação hoje nada significaria. 90 dias é o prazo de validade das cotações, de quaisquer cotações, que a lei estatui. Em segundo lugar, o facto de ser cotado em mais de uma bolsa (al. b) e c)) não significa em nada a maior credibilidade

---

[564] 30°/2 DLFIM, 33°/2 DLFII. 38° DFI.
[565] 30°/3, 5 DLFIM, 33°/4,5 DLFII. 13°/§2° Dec.-Lei n.° 46 342, de 20 de Maio de 1965.

386 Fundos de Investimento Mobiliário e Imobiliário

da sua cotação global. Daí que o legislador tenha preferido optar pelo mais baixo valor no caso da al. b). Se estiver cotado em mais de um mercado mas não fizer cotação durante um ano nenhum dos mercados define um preço relevante para os valores. A diferença entre os regimes das alíneas a) e a b) e c) não se encontra no prazo de validade das cotações mas na cotação relevante: a última, a mais baixa, ou a da bolsa onde foram adquiridos os valores.

No caso de haver cotação nos últimos 90 dias há mais uma vez que distinguir:

a) estando os valores cotados apenas num mercado seja estrangeiro, seja nacional, vale a última cotação;
b) estando cotados em mais de uma bolsa (desde que uma delas seja nacional) vale o preço mais baixo;
c) estando cotados em mais de uma bolsa (não sendo nenhuma delas nacional) vale o preço da bolsa onde foram adquiridos.

Mais uma vez, na sua aparente simplicidade, estes critérios escondem uma lacuna. E se os valores tiverem sido comprados numa bolsa estrangeira e outros idênticos numa outra onde estão ambos cotados? Uns e outros são avaliados de forma diferente? Teríamos assim um grupo de valores avaliados de uma maneira e um grupo de valores avaliados de outra, o que seria algo absurdo. A solução para este problema passa pela apreciação do critério em causa. Porque razão o legislador optou pelo preço mais baixo quando existe uma bolsa nacional e outra ou outras estrangeiras? Isso prejudicaria a unidade de participação para os que a resgatam mas beneficia os que ficam no fundo e os que pretendem subscrever unidades de participação do mesmo (repare-se que esta norma é independente da solução que se der à possibilidade em abstracto de as unidades de participação poderem ser cotadas em bolsa, sendo válida tanto para fundos fechados como para abertos). Ora o legislador não visa beneficiar uns nem prejudicar outros. O que se visa é uma política de avaliação fundada na prudência, na contenção. O grande perigo nos fundos não é tanto a sua subavaliação como a sua sobreavaliação. É grave subavaliar o fundo mas há mais tendência para o sobreavaliar. Em termos populares, todo o vendedor tende a sobreavaliar o seu produto (no mesmo sentido o 30º/5 DLFIM e 33º/5 DLFII). Daí que, na hipótese que acima se colocou, a saber no caso de valores adquiridos em mais de uma bolsa estrangeira onde se encontram cotados e de os valores não se encontrem cotados numa bolsa nacional se deva avaliar os valores pela mais baixa cotação. Em casos excepcionais esta avaliação pode seguir regras diferentes, desde que se siga por analogia o regime do 30º/6 DLFIM, 33º/6 DLFII. No sector

Parte IV – Regime geral 387

financeiro, este critérios de avaliação resultam de uma doutrinação já muito antiga, como se pode ver em GONÇALVES, Júlio César da Silva; *A Avaliação dos Valores em Garantia de Reservas das Instituições Seguradoras*, Separata da Revista Contabilidade e Comércio, Lisboa, 1950, p. 12 ss. A consideração dos rendimentos e mais valias encontram-se em PASSEIRO, José Manuel; Fundos de Investimento; in: *Revista Bancária*, Ano IV, nº 12, Abril – Junho de 1968, Lisboa, p. 21.

Este regime pode suscitar igualmente outro tipo de problemas que decorrem das flutuações cambiais. Por vezes uma grande subida no preço dos valores na sua bolsa de origem não é acompanhada por uma subida equivalente do seu valor em escudos e vice-versa. Pode mesmo acontecer que a sua procura tenha aumentado, que os seus preços subam, mas o comportamento global da economia em cuja moeda são cotados leve a uma diminuição do valor. A escolha do critério da bolsa onde foram adquiridos, na medida em que é indiferente a este efeito, ao contrário das restantes situações, pode distorcer gravemente o valor real desses valores. No entanto, algum critério teria de existir, e, dado que as flutuações cambiais não são resolvidas obviamente por uma lei dos fundos, é preferível que seja simples e uniforme e que exista.

No caso dos valores admitidos à negociação em bolsa, a lei espanhola determina igualmente como critério o preço formado em bolsa (43.2. Reglamento de la Ley 46/1984, de 26 de deciembre, aprovado pelo Real Decreto 1393/1990, de 2 noviembre; para as sociedades de investimento imobiliário, o 14.1. Orden de 24 de septiembre de 1993).

Em geral o critério de avaliação é o do valor venal dos activos na Suíça, sendo a cotação reputada como tal no caso de valores cotados (63.2. Ordonnance du Conseil Fédéral sur les Fonds de Placement du 19.10.1994).

Nos fundos mobiliários, o critério de avaliação tem sempre de ser o valor de mercado nos termos do 1.§1º.II. Resolução nº 2.183, de 21 de Julho de 1995, do Conselho Monetário Nacional do Brasil.

No caso de os valores não terem cotação nos últimos 90 dias a avaliação é efectuada de acordo com princípios de prudência[566], nunca podendo exceder o mais baixo dos seguintes limites máximos:

a) no caso das acções, o valor contabilístico apurado segundo o último balanço aprovado, o preço de emissão ou preço de aquisição;

---

[566] 30º/5 DLFIM, 33º/5 DLFII.
Cf. 18º/4 Dec.-Lei nº 229- C/88, de 4 de Julho. 13º/§2º Dec.-Lei n.º 46 342, de 20 de Maio de 1965.

b) no caso de obrigações, títulos de participação ou valores mobiliários equiparáveis (em geral valores representativos de dívida), o valor nominal ou o valor de aquisição;
c) no caso de unidades de participação o último valor de resgate divulgado.

A destrinça entre estes dois critérios (cotação e princípios de prudência) parece ter origem americana na medida em que os critérios de avaliação nos Estados Unidos se baseiam exactamente na cotação, caso esta exista no último trimestre fiscal ou no "fair value", já segundo a Sec. 2 (a) (41) Investment Company Act of 1940.

Os limites em questão são limites máximos, e mesmo que substancialmente o seu valor de mercado seja superior, não podem nunca ser ultrapassados. De igual modo, nada impede que se estabeleçam valores muito inferiores a estes, caso decorram dos princípios de prudência e dos valores praticados pelo mercado.

Significativamente a lei nada afirma a propósito da avaliação dos derivados. É que em princípio o problema não se coloca, na medida em que os mercados de derivados, pelo menos os que são negociados em bolsa não suportam 90 dias sem negociação, até tendo em conta os prazos de maturidade dos mesmos. O problema é que o valor dos derivados não constitui automaticamente cotação (411°/6 Cd.MVM). Mais uma vez se verifica que o legislador pensou sobretudo nos valores do *spot*. A única possibilidade é ter como valor máximo o seu valor de mercado, sem prejuízo das regras de prudência, no caso de não gerarem cotação.

Em casos excepcionais, e apenas no que respeita aos valores em cotação em princípio, os valores máximos podem ser excedidos, devendo tais situações ser de imediato comunicadas à CMVM de modo fundamentado[567].

Significativo é igualmente o facto de o regime dos fundos se ter restringido à avaliação de valores mobiliários (salvo, como veremos a propósito dos fundos imobiliários, nos termos do 33°/3 DLFII, em relação aos imóveis) e nada referir em relação aos restantes activos. Apenas restam três elementos de definição do regime. A regulamentação da CMVM, nos termos gerais, as regras gerais da técnica contabilística e em

---

[567] 30°/6 DLFIM, 33°/6 DLFII.

última análise o princípio rigoroso da veracidade constante do 97° e 646°/ /1/a Cd.MVM quando a avaliação se transforma em informação[568].

A avaliação do fundo obedece a regras específicas no 21°.1. Ley 46/ /1984, de 26 deciembre, em Espanha. Nos termos do 43.1. Reglamento de la Ley 46/1984, de 26 de deciembre, aprovado pelo Real Decreto 1393/ /1990, de 2 noviembre, define-se o valor global líquido do fundo. No caso dos fundos imobiliários, o 14.1. e 19.3., 19.4. Orden de 24 de septiembre de 1993. Em França, a avaliação do resultado líquido das S.I.C.A.V. e dos fundos de investimento define-se no 30. Loi n° 88-1201 du 23 décembre 1988. Regras mais gerais encontram-se na Suíça no 63. Ordonnance du Conseil Fédéral sur les Fonds de Placement du 19.10.1994.

SECÇÃO VII

SUSPENSÃO DA EMISSÃO E DO RESGATE

Na actividade empresarial comum, nada impede que as actividades da empresa sejam suspensas, salvo deveres contratuais ou legais que se oponham a esta suspensão e na medida dos seus limites. Uma empresa é livre de determinar o nível da sua actividade. Mas, e mais uma vez, a representação massificada inverte o princípio. Uma empresa comum auto-regula os seus interesses, dispõe dos seus próprios interesses. Nos fundos, é uma terceira entidade que gere interesses de terceiros. Daí que, como é comum na massificação, a um princípio de liberdade se substitua um princípio de contenção.

É igualmente sintomático que, nesta sede, a suspensão do resgate seja mais desenvolvida. É que a suspensão da emissão tem em princípio fundamentos bem diferentes dos do resgate. No resgate, os participantes descapitalizam o fundo, diminuem a sua dimensão, e em princípio isso

---

[568] Significativamente, revogou-se o regime do 18°/3 Dec.-Lei n° 229- C/88, de 4 de Julho, que permitia que se estabelecesse uma margem de variação em relação à cotação de 5% para efeitos de avaliação dos activos subjacentes valores mobiliários. Esta norma partia de uma desconfiança em relação às cotações que na sua pretensão corretora, não corrigia coisa nenhuma. Ou o mercado de bolsa é credível, o que depende de uma adequada supervisão do mesmo, e as cotações são credíveis, ou nada resolve corrigir um mercado que seria irracional com um critério de correcção que seria deixado à arbitrariedade da entidade gestora. O 19°/3 do Dec.-Lei n° 134/85, de 2 de Maio, não continha esta possibilidade de variação de 5%.

390 *Fundos de Investimento Mobiliário e Imobiliário*

traduz-se na falta de confiança na sua qualidade. Quando os resgates são excessivos existe o risco de o fundo ficar sem liquidez, ou para a obter, desfazer-se de investimentos em condições desfavoráveis. Quando a emissão é excessiva, em princípio visa-se apenas controlar entusiasmos excessivos do mercado, nos quais os fundos são invadidos de capital que muitas vezes tem difícil aplicação no mercado em pouco tempo. O fundo seria vítima do seu próprio êxito. Com efeito, se o seu sucesso decorreu nomeadamente das suas boas aplicações, e estando o mercado saturado ou em vias de o estar, injecções excessivas de capital levariam a uma diluição do valor do fundo, por este estar reduzido a aplicações menos rentáveis, ou feitas mais apressadamente, ou mesmo à ausência de aplicações.

A lei mais uma vez não é uniforme na sua redacção. O 31º DLFIM tem como epígrafe "suspensão da emissão e do resgate", enquanto o 35º DLFII se refere à epígrafe "suspensão da emissão e do resgate dos fundos abertos". O problema é o de saber se este regime se aplica apenas aos fundos abertos ou também aos fundos fechados, ou se no caso dos fundos mobiliários o regime é para ambos, sendo apenas para os abertos no caso dos fundos imobiliários. Para complicar a questão, a redacção das normas propriamente ditas, ao contrário do que indiciaria a epígrafe, é exactamente igual. A questão merece o aprofundamento maior quando se referiram os resgates e o seu diferente regime nos fundos abertos e fechados. No entanto, a norma em questão pressupõe uma continuidade de resgates e subscrições que é típica dos fundos abertos. Daí que a melhor opinião seja a de que este regime especial de suspensão se aplique apenas aos fundos abertos. Atente-se no facto de nada impedir que exista suspensão da subscrição nos fundos fechados por decisão da CMVM, no exercício dos seus poderes gerais. De igual modo, nada impede que a entidade gestora o solicite à CMVM. O que não podem é ser exercidos estes poderes de suspensão pela entidade gestora nos termos abaixo expostos[569].

> A suspensão da emissão e do resgate é prevista para os fundos abertos em Espanha nos casos em que não é possível determinar o preço das unidades de participação ou ocorra outra causa de força maior (20.4.§2º Ley 46/1984, de 26 deciembre). Pode haver igualmente suspensão no caso

---

[569] A limitação deste regime aos fundos abertos é consistente com o facto de ele ter por fonte o 37º/2 DFI, que, por se referir apenas a fundos harmonizados, a penas rege os fundos abertos, por força do 2º/1/1º trav. DFI.

Parte IV – Regime geral

de, nos fundos imobiliários, os pedidos de subscrição ou reembolso ultrapassarem 15% do património total do fundo (74.4.d. Reglamento de la Ley 46/1984, de 26 de deciembre, aprovado pelo Real Decreto 1393/1990, de 2 noviembre, na redacção do Real Decreto 686/1993, de 7 de mayo; e 18.2. Orden de 24 de septiembre de 1993) ou em geral quando a entidade gestora o requeira à CNMV fundamentadamente (18.2. Orden de 24 de septiembre de 1993). Em Itália, a suspensão do reembolso pode ocorre em caso excepcionais previstos no regulamento até um mês, devendo ser comunicada ao Banco de Itália, à CONSOB ao Ministro do Tesouro e às autoridades de Estados da União Europeia no caso de serem comercializadas nelas as sua s unidades de participação (3.4. Legge 23 marzo 1983, n. 77 (in G.U. 28 marzo 1983, n. 85)).

No caso dos pedidos de resgate serem iguais ou superiores ao valor do fundo, e estes pedidos ocorrem por força do direito conferido aos participantes decorrente de substituição de entidade gestora ou depositário, política de rendimento, remunerações ou comissões, pode haver lugar, não a suspensão, mas a dissolução do fundo (35.3. Reglamento de la Ley 46/1984, de 26 de deciembre, aprovado pelo Real Decreto 1393/1990, de 2 noviembre).

De igual modo, a compra e venda das acções nos S.I.C.A.V. pode ser suspensa pela administração quando circunstâncias excepcionais o impuserem ou tal for do interesse dos accionistas, nas condições indicadas pelo pacto social (6. Loi nº 88-1201 du 23 décembre 1988).

I. *Regime comum à suspensão do resgate e da emissão*

Suspensão pela entidade gestora

A primeira é a suspensão fundada nos interesses dos participantes[570]. Esta é uma cláusula geral que não pode ser livremente definida pela entidade gestora. Participantes, para estes efeitos, são, não apenas os actuais, mas os potenciais, aqueles que pretendem subscrever as unidades de participação. Não pode, por outro lado, haver suspensões baseadas na estratégia geral da entidade gestora ou de entidades pertencentes ao seu grupo.

---

[570] 31º/2 DLFIM, 35º/2 DLFII.
Também o 19º/2 Dec.-Lei nº 229-C/88, de 4 de Julho. Esta norma já se encontrava no 20º/2 Dec.-Lei n.º 134/85, de 2 de Maio e 20º/2 Dec.-Lei nº 246/85, de 12 de Julho. Ver igualmente o 14º/§1º Dec.-Lei n.º 46 342, de 20 de Maio de 1965.

392 *Fundos de Investimento Mobiliário e Imobiliário*

A suspensão tem de ser publicitada em todos os locais de comercialização das unidades de participação (estabelecimentos da entidade gestora, depositário, colocadoras), bem como o seu tempo de duração[571].

Por outro lado, tanto a suspensão como as razões que a determinaram devem ser imediatamente comunicadas pela entidade gestora à CMVM (e ao Banco de Portugal, no regime anterior). A CMVM fixa então um prazo máximo para a suspensão (que era comunicado ao Banco de Portugal, na versão original dos regimes dos fundos)[572].

Nos Estados Unidos, a suspensão do resgate ou do reembolso pela "investment company" apenas pode ocorrer quando há encerramento da Bolsa de Nova Iorque por férias ou feriados, nas alturas de restrições à negociação nesta mesma bolsa, ou em períodos de emergência em que os activos da empresa não se encontram disponíveis em termos razoáveis ou em que não sejam razoavelmente avaliáveis os activos da mesma (Sec. 22 (e) Investment Company Act of 1940). Ver também HAZEN, Thomas Lee; *The Law of Securities Regulation*, West Publishing Co., 2ª ed., St. Paul, Minn., 1990, p. 859, em que se esclarece que a SEC não criou mais excepções por via regulamentar, o que demonstra o sentido restrictivo com que a questão é vista neste país.

Este regime apertado da suspensão demonstra que a abertura ou o encerramento da subscrição não se encontram no arbítrio da entidade gestora ou de quaisquer das entidades comercializadoras (depositários e entidades colocadoras) ao contrário do que é defendido em TOMÉ, Maria João Romão Carreiro Vaz; *Fundos de Investimento Mobiliário Abertos*, Almedina, Coimbra, 1997, p. 150 – 151. Existem pressupostos legalmente definidos e uma actuação necessária da supervisão que restringem a liberdade daquelas.

---

[571] 31º/3 DLFIM, 35º/3 DLFII:

[572] 31º/5 DLFIM, 35º/5 DLFII.

Este regime surge na esteira do 19º/4 Dec.-Lei nº 229-C/88, de 4 de Julho, bem como do 20º/3 Dec.-Lei n.º 134/85, de 2 de Maio, que atribuía a competência de determinar o prazo máximo ao Banco de Portugal (também o 20º/3 Dec.-Lei nº 246/85, de 12 de Julho). A competência para definir este prazo máximo de suspensão era da Inspecção geral de Crédito e Seguros nos termos do 14º/§1º Dec.-Lei n.º 46 342, de 20 de Maio de 1965.

Suspensão pela CMVM

A CMVM pode igualmente determinar a suspensão do resgate e da emissão por sua iniciativa ou a pedido da entidade gestora[573]. O fundamento deste acto tem de ser:

a) circunstâncias excepcionais;
b) susceptíveis de perturbarem o normal funcionamento das operações inerentes ao fundo;
c) ou de porem em risco os legítimos interesses dos investidores.

Os pressupostos deste poder, se é verdade que são excepcionais, são por outro lado mais latos que os que justificam a suspensão pela entidade gestora. Por um lado, basta o perigo de afectar o normal funcionamento do fundo, independentemente de os interesses dos participantes poderem ser afectados directamente ou não por esse facto. Por outro lado, podem ser ponderados os interesses genéricos dos investidores e não apenas os dos participantes actuais ou potenciais. Se o fundo tem uma política de actuação contrária ao regulamento ou à lei, se a sua actuação geral no mercado é de molde a pôr em perigo os interesses dos investidores, verificam-se os pressupostos da norma.

II. *Suspensão do resgate*

A suspensão do resgate não determina a suspensão da subscrição por si mesma. No entanto, tem um efeito nesta mesma subscrição. É que esta só se pode efectuar mediante declaração escrita do participante de que tomou prévio conhecimento da suspensão do resgate[574].

---

[573] 31°/7 DLFIM, 35°/7 DLFII. Na redacção original destas normas havia audição prévia do Banco de Portugal.

Antes a competência era do Ministro das Finanças, nos termos do 18°/5 Dec.-Lei n° 229-C/88, de 4 de Julho. De igual modo o era nos termos do 15° Dec.-Lei n.° 46 342, de 20 de Maio de 1965, do 20°/4 Dec.-Lei n.° 134/85, de 2 de Maio e do 20°/4 Dec.--Lei n° 246/85, de 12 de Julho.

Em Espanha, à luz do 8.1. Ley 46/1984, de 26 deciembre, a competência é o do Ministro das Finanças, ouvida a CNMV.

Em Itália compete ao banco de Itália nos termos do 3.5. Legge 23 marzo 1983, n. 77 (in G.U. 28 marzo 1983, n. 85).

Nos Estados Unidos compete à SEC a suspensão do resgate nos trema da Sec. 22 (e) (3) Investment Company Act of 1940.

[574] 31°/4, 9 DLFIM, 35°/4, 9 DLFII. Modificou-se assim o regime do 19°/1 "*in fine*" Dec.-Lei n° 229-C/88, de 4 de Julho.

394 *Fundos de Investimento Mobiliário e Imobiliário*

Este dever de dar conhecimento prévio da suspensão incumbe às entidades comercializadoras em geral (entidade gestora, depositário, entidades colocadoras). Os efeitos do seu incumprimento são complexos. Em primeiro lugar gera anulação da subscrição por erro nos termos gerais, caso a suspensão não seja comunicada ao participante. Em segundo lugar, gera responsabilidade civil por todos os danos causados aos participantes. Em terceiro lugar gera contra-ordenação nos termos do 671º-A Cd.MVM.

Suspensão pela entidade gestora

A entidade gestora pode igualmente suspender as operações de resgate quando os pedidos de resgate excederem as seguintes percentagens do valores global do fundo[575]:

a) 5% num só dia;
b) 10% num período não superior a cinco dias.

A norma, na sua aparente simplicidade, esconde mais uma vez dificuldades. O valor que tem de ser tido em conta é o valor líquido global, na medida em que é este que traduz a real situação patrimonial do fundo[576]. Além disso, ao longo de cinco dias o valor global do fundo varia ou pode variar. Há três critérios em abstracto possíveis:

a) ou se escolhe o mais baixo valor dos vários dias;
b) ou o valor mais elevado;
c) ou a média dos valores nos vários dias.

A melhor solução parece ser a primeira. Com efeito, se num dos dias os fundos atingiu um limite mínimo, isso significa que o fundo pode descer pelo menos até esse limite, que foi essa a margem limite da sua flutuação no muito curto prazo. Dado que o que se visa proteger é a estabilidade do fundo e o património dos participantes, parece ser o critério mais prudente aceitar este primeiro.

---

[575] 31º/1 DLFIM, 35º/1 DLFII.
A fonte deste regime encontra-se no 19º/1 Dec.-Lei nº 229-C/88, de 4 de Julho. Aqui se obrigava a que, quando houvesse suspensão do reembolso, houvesse simultânea suspensão da emissão. Já a mesma exigência de simultaneidade não se aplica no 20º/1 Dec.-Lei n.º 134/85, de 2 de Maio e 20º/1 Dec.-Lei nº 246/85, de 12 de Julho. De igual forma ver o 14º Dec.-Lei n.º 46 342, de 20 de Maio de 1965.

Parte IV – Regime geral 395

Esta suspensão dever ser publicitada nos termos antes expostos e igualmente comunicada à CMVM tal como anteriormente se referiu e para os mesmos efeitos[577].

A suspensão do resgate pela entidade gestora não abrange os pedidos que tenham sido apresentados até ao fim do dia anterior ao da entrada na CMVM da comunicação citada[578].

Suspensão pela CMVM

A suspensão do resgate pela CMVM não apresenta diferenças em relação ao regime geral quanto aos pressupostos mas apenas em relação aos efeitos.

A suspensão pela CMVM tem feitos imediatos, abrangendo todos os pedidos de resgate que no momento da notificação da CMVM não tenham sido satisfeitos[579].

SECÇÃO VIII
EXECUÇÃO PREFERENCIAL DE OPERAÇÕES EM BOLSA

Em geral, quando os valores estão admitidos à negociação numa bolsa de valores ou num mercado secundário especial só podem ser adquiridos no mercado de balcão quando o ordenador o autorize por escrito na própria ordem ou em instrução autónoma por si assinada (502° Cd.MVM). Quando as transações se efectuam fora de mercado secundário já o legislador não tem esta preocupação, na medida em que esta transação se efectivou sem intervenção de intermediário financeiro na negociação ou em geral nos termos do 181°/1 Cd.MVM[580], entre dois particulares no exercício da auto-disposição de interesses.

---

[576] 30°/1 DLFIM, 33°/1 DLFII.
19°/1 do Dec.-Lei n° 134/85, de 2 de Maio.
[577] 31°/3, 5 DLFIM. 35°/3, 5 DLFII:
[578] 31°/6 DLFIM, 35°/6 DLFII.
Era basicamente o regime do 18°/3 Dec.-Lei n° 229-C/88, de 4 de Julho.
[579] 31°/8 DLFIM, 35°/8 DLFII.
[580] Não é este o lugar para desenvolver os complexos problemas de imputação de uma operação a mercado secundário em geral. No entanto, sempre se diga que o critério separador, não obstante os seus muito complexos desenvolvimentos, é o de o negócio ser apresentado ou não como facto consumado perante o intermediário financeiro, de tal modo que, na última hipótese esta não possa proceder à conglobação de mercado (503° Cd.MVM), e estando o negócio em causa fora de mercado secundário.

396 *Fundos de Investimento Mobiliário e Imobiliário*

A verdade é que, sem podermos evitar a repetição, a massificação impõe os seus ditames. Não há aqui auto-disposição de interesses, pelo que se torna necessário criar um critério substantivo. Este é o da obrigatoriedade de realização em bolsa. Caso a operação seja realizada em bolsa, a entidade gestora apenas fica responsável pela sua decisão de compra ou de venda, mas não de escolha do mercado[581].

Já é diferente a situação caso decida realizar a transação fora de bolsa. Está sujeita a demonstrar que daqui resulta uma inequívoca vantagem para os fundos. Tipicamente isto acontece quando os preços de compra são mais baixos ou os de venda mais altos que os da bolsa. Mas também esta vantagem inequívoca pode ocorrer por outras vias. Nomeadamente, pelo custo de oportunidade, por os valores não poderem ser adquiridos na quantidade almejada de outra forma.

> Um regime semelhante se encontra no 7. Ley 46/1984, de 26 deciembre, em Espanha, e no 8. Reglamento de la Ley 46/1984, de 26 de deciembre, aprovado pelo Real Decreto 1393/1990, de 2 noviembre (completado pelo 7.1. Orden de 24 de septiembre de 1993). No caso da exclusão das participações do mercado de bolsa ou da sua suspensão aplica-se o leilão bursátil do Capítulo XVI do "Reglamento de las Bolsas Oficiales de Comercio, salvo se o regulamento do fundo previr outra coisa (8., 28., 39. Reglamento de la Ley 46/1984, de 26 de deciembre, aprovado pelo Real Decreto 1393/1990, de 2 noviembre).

Em todos os casos estas transações têm de ser comunicadas à CMVM (antes de 1997, também ao Banco de Portugal) no prazo de três dias após a concretização da operação. Por concretização tem de se entender a realização do negócio, a celebração contratual, e não a sua liquidação ou cumprimento. Com efeito, e nomeadamente no caso de aquisição com entrega diferida ou pagamento diferido (tenham-se em conta, não obstante, as limitações ao crédito nos fundos) pode haver uma certa distância temporal entre a celebração do negócio e o seu cumprimento.

No caso de não haver comunicação à CMVM, além de responsabilidade contra-ordenacional, as transações são anuláveis. Esta anulabi-

---

[581] 23º DLFIM, 24º DLFII.

29º Dec.-Lei nº 229-C/88, de 4 de Julho.

Antes existia uma obrigatoriedade sem excepções de se realizar em bolsa as operações sobre valores cotados, nos termos do 32º Dec.-Lei n.º 134/85, de 2 de Maio e do 32º Dec.-Lei nº 246/85, de 12 de Julho.

Parte IV – Regime geral

397

lidade obedece, não obstante, a critérios algo diferentes dos que estão estabelecidos no 287° C. Civil. Com efeito, a lei estabelece esta anulabilidade no interesse do fundo e quem praticou o acto em violação deste interesse foi a entidade gestora. Ou seja, pareceria estranho que contra quem se dirige a anulabilidade (a entidade gestora) pudesse invocá-la contra quem não provavelmente não sabia nem poderia conhecer este dever de realizar em bolsa a transação (a contraparte negocial). No entanto, o paradoxo é meramente formal. A entidade gestora tem legitimidade para arguir esta nulidade, não por si, mas enquanto entidade gestora do fundo, sua representante. Esta norma reequilibra as posições do fundo e das entidades gestoras. Por ela, tem o dever de pedir a anulação (se necessário, por via judicial) da transação enquanto representante dos fundos. É obrigada a reposicionar-se na sua função de representante. O terceiro que adquiriu ou alienou os valores tem direito a uma indemnização se se verificarem os seus pressupostos, não contra o fundo mas contra a entidade gestora.

TOMÉ, Maria João Romão Carreiro Vaz; *Fundos de Investimento Mobiliário Abertos*, Almedina, Coimbra, 1997, p. 66 chama a atenção para o facto de esta invalidade ser superveniente, o que não é comum no nosso Direito.

É um facto significativo que sob o ponto de vista operacional o legislador tenha apenas regulado os valores mobiliários e não outros activos do fundo nesta matéria. De certa forma não havia alternativa. Apenas os mercados financeiros conseguiram até hoje em dia criar sistemas de conglobação de oferta e procura, uniformidade do produto e comparabilidade do mesmo produto suficientes para estruturar mercados geradores de preços sucessivos, adaptáveis rapidamente a novas situações e credíveis. Mas nada impediria que se criassem outros critérios de restrição à aquisição de outros tipos de activos, nomeadamente alargando-os a outros mercados de activos financeiros (os monetários oficiais, sobretudo) ou abstraindo do critério do mercado e prevendo outros. Alguns sinais da disseminação destes critérios encontram-se no 34° DLFII sobre a aquisição de imóveis em que o critério do mercado é substituído pelo da peritagem prévia em relação a imóveis a adquirir. Neste momento, no entanto, não se vê como construir critérios generalizados para além do dever de boa administração dos fundos, com as suas implicações (também o 34° Dec.-Lei n° 246/85, de 12 de Julho exigia peritagens).

Apenas se regula a situação dos valores cotados em bolsa. Mas qual o regime relativo aos restantes valores admitidos em bolsa (mercados sem cotações) ou em mercado secundário especial (com ou sem cotações)? A verdade é que o conceito de cotação é uniforme no regime dos fundos, não se podendo fazer uma interpretação extensiva do mesmo. Por outro lado, as normas em presença referem expressamente a bolsa, pelo que não se pode igualmente fazer interpretações extensivas do mesmo conceito (sendo certo, no entanto, que em alguns casos, e tendo em conta a diluição a que hoje se assiste por todo o mundo entre a bolsa e o fora de bolsa, em certos casos podem surgir problemas de subsunção). Daí que nos restantes casos, resta-nos o critério geral, ou seja, o da boa administração.

De qualquer forma o legislador poderia ir mais longe. Nos casos em que houvesse cotação em bolsa dever-se-ia manter este princípio. Mas nos casos em que os valores estivessem admitidos em mercado regulamentado, e pelo menos nas hipóteses em que tivessem aí sido adquiridos, semelhante princípio deveria valer para a necessária realização em mercado regulamentado, salvo a excepção do melhor negócio. É uma solução semelhante à espanhola, tal como é descrita em RODRÍGUEZ ARTIGAS, Fernando; Instituciones de Inversión Colectiva, in: ALONSO UREBA, Alberto, MARTINEZ-SIMANCAS Y SANCHEZ; Julian; *Derecho del Mercado Financiero*; Tomo I, Volume 1, *Entidades del Mercado Financiero*, Editorial Civitas, Madrid, 1994, p. 278 ss. Na gestão de carteiras, em Itália, rege um regime semelhante ao proposto, abrangendo bolsas e mercados regulamentados (BUSSOLETTI, Mario; TONELLI, Enrico; Le Banche e l'Attività di Gestione di Patrimoni mediante Operazioni in Valori Mobiliari; PORZIO, Mario (org.); *L'Attività non Bancaria delle Banche*, Giuffrè Editore, Milano, 1993, p. 248 ss.).

CAPÍTULO IV

A DIMENSÃO EXTERNA

Os fundos não esgotam a sua actividade na sua própria vida interna. Projectam-se em relação com outras entidades e outros institutos. Algumas das relações com outras entidades fazem parte integrante da actividade dos fundos (supervisão, terceiros prestadores de serviços), pelo que não se podem considerar aspectos externos. A relação com outros institutos, não obstante, suscita interferências de regimes ou relevâncias específicas dos fundos que carecem de tratamento específico.

Mais ainda que a dimensão operacional, a dimensão externa é fragmentária. Em muitos aspectos, os fundos entram em contacto com outros institutos mas de modos que não são específicos dos fundos (com o sistema criminal, fiscal, entre outros). Apesar de se poderem encontrar especialidades, estas mais não são que enunciações, na sua maioria. No entanto, noutros casos, pela sua especial ligação com o mercado de valores mobiliários, esta relação carece de compreensão específica, mesmo que sumária.

A dimensão externa é extremamente fragmentária, como se compreende, dependendo em grande medida dos regimes concretamente instituídos. Em Espanha e dado que existem fundos personalizados sob a forma de sociedades de investimento colectivo, este facto tem implicações no registo comercial, nos termos do 8.2. Ley 46/1984, de 26 deciembre (e 9. Reglamento de la Ley 46/1984, de 26 de deciembre, aprovado pelo Real Decreto 1393/1990, de 2 noviembre) que inexistem em Portugal. Na Suíça, o foro competente é expressamente indicado como o da sede da sociedade gestora para as acções cíveis (68. Loi Fédérale sur les Fonds de Placement, du 18.03.1994). Nos Estados Unidos, são considerados competentes para acções contra "investment companies" ou profissionais ligados à sua gestão, incluindo os "investment advisors" os tribunais federais e os estaduais, embora os primeiros tenham tido uma importância maior nesta matéria (HAZEN, Thomas Lee; *The Law of Securities Regulation*, West Publishing Co., 2ª ed., St. Paul, Minn., 1990, p. 900).

SECÇÃO I

REPRESENTAÇÃO GERAL DOS FUNDOS

Os fundos no seu conjunto constituem um sector de actividade que tem relevância legal.

Um representante dos fundos de investimento mobiliário faz parte do Conselho Nacional de Mercado de Valores Mobiliários (7°/1/m Cd.MVM)[582]. Apesar deste representante ser escolhido pelas entidades gestoras, os interesses representados são os dos fundos e não das entidades gestoras, tal como decorre da redacção legal e das finalidades do órgão em questão. A omissão em relação aos fundos de investimento imobiliário exigiria alteração da lei. Esta omissão apenas se explica pelo facto de na altura da publicação do Cd.MVM não existir ainda regulação desenvolvida dos fundos imobiliários. São razões históricas e não jurídicas que fundamentam esta omissão.

Não esqueçamos que, no caso das sociedades gestoras, quando estas gerem fundos imobiliários, não podem gerir fundos mobiliários. Portanto, e pelo menos neste caso, há fundos que deixam de todo de ser representados.

Nos mesmos termos, e com as mesmas críticas, os fundos mobiliários são representados no conselho consultivo da CMVM (28°/1/i Cd.MVM).

De igual modo, e em conjunto com outras instituições, os fundos são representados no conselho de administração das associações de bolsa de valores, enquanto investidores institucionais (218°/1/c, 218°/5 Cd.MVM).

SECÇÃO II

AS CONTAS DOS FUNDOS

As contas dos fundos, no sentido das contas integrantes dos seus activos subjacentes, encontram-se junto do depositário. Neste aspecto não existe extraneidade, na medida em que o depositário é um elemento necessário da vida dos fundos.

Estas contas integram como já vimos, a totalidade dos activos dos fundos, independentemente da sua natureza, com exclusão apenas em

---

[582] Com as consequências do 7°/2 Cd.MVM.

Parte IV – Regime geral 401

relação ao registo de imóveis no caso dos fundos imobiliários, na medida em que este é feito pelas entidades competentes nos termos da lei. As funções de protecção já se encontram garantidas por este registo. De qualquer modo, ao depositário deve ser dado conhecimento da situação dos imóveis, como veremos posteriormente.

Mas se integram a totalidade dos activos dos fundos, as contas dos fundos apresentam por isso mesmo uma natureza complexiva: conta bancária, na medida em que incorporam valores monetários, conta de valores mobiliários (devendo distinguir-se entre estas as contas de depósito de valores fora do sistema, das contas de registo/depósito dentro do sistema do 58º, 85º e 86º Cd.MVM), na medida em que regista e/ou deposita valores mobiliários, conta de depósito geral na medida em que integrem outros valores.

Quem tem legitimidade para movimentar esta conta é a entidade gestora e apenas ela. É o que decorre da conjugação de dois factores: é a entidade gestora quem representa os fundos, e não pode dispor desta faculdade transmitindo-a, mesmo que parcialmente, para terceiros. No entanto, a legalidade da movimentação de contas é controlada pelo depositário, devendo este recusar quaisquer instruções sobre esta conta que violem a lei ou o regulamento de gestão.

As contas dos fundos podem ser abertas directamente em seu nome com indicação do representante, na medida em que são patrimónios autónomos[583]. Nada impede, não obstante, que haja uma só conta da entidade gestora. No entanto, esta tem de se dividir em contas hermeticamente separadas uma das outras por cada fundo.

De igual modo, nada impede que haja mais de uma conta por cada fundo. Exige-se, não obstante, neste caso, que o depositário organize a contabilidade unitária em relação ao total das contas de cada fundo[584].

As contas dos fundos podem ser formalmente abertas antes da constituição dos fundos, nomeadamente no momento da celebração do contrato de depósito com o depositário[585]. Apenas podem ser, no entanto,

---

[583] O 56º e 88º Cd.MVM não se opõem a isto. Também no caso da herança jacente não há que ficcionar um titular pessoa jurídica que não existe. Torna-se é necessário indicar o representante do património autónomo em questão.

[584] 13º/1/e DLFIM, 14º/1/e DLFII.

[585] Esta afirmação não é contraditória com o que posteriormente se fará a propósito da dogmática dos fundos quanto ao momento da constituição dos mesmos. É que a abertura de uma conta em nada implica a entrada de capitais para a mesma. É um mero acto administrativo preparatório.

402 Fundos de Investimento Mobiliário e Imobiliário

extintas no momento da extinção dos fundos e nunca antes. Com efeito, só depois do encerramento das contas dos fundos, ou da sua aprovação pela CMVM, consoante os casos, como vimos, se pode dar por encerrada a actividade do depositário, e esta passa pela manutenção da conta de depósito em sentido lato.

As contas em questão são contas de depósito de fundos, que não se podem reduzir ao regime de depósito comum, como se verifica. Têm limitações de regime, que se traduzem nos limites operacionais das entidades comercializadoras, reforço de regime, que se traduz no duplo controle de legalidade pela entidade gestora e pelo depositário, e natureza complexiva, que se traduz pela conjugação de contas bancárias, de depósito e de valores mobiliários.

SECÇÃO III
AS UNIDADES DE PARTICIPAÇÃO E O SISTEMA DE REGISTO/ DEPÓSITO E CONTROLE DE VALORES

Este problema é de natureza completamente diferente do anterior. Naquele procurava-se saber o regime do depósito dos activos subjacentes aos fundos. Neste procura-se saber qual o regime dos valores que o fundo emite.

As contas em questão são contas de valores mobiliários, na medida em que as unidades de participação são como tal qualificadas por lei.

Quando as unidades de participação estão integradas no sistema de registo/depósito, seja por serem escriturais, seja por assumirem forma de certificados, mas integrados neste sistema, obedecem às regras dos 56° e ss. e 77° ss. Cd.MVM.

Há que inquirir sobre as questões específicas do regime das unidades de participação em sede de contas do sistema. Como é sabido, estas contas, e em partidas dobradas, dividem-se em conta de emissão, contas globais e contas individuais (56°, 58°, 85°, 86°[586] e 88° Cd.MVM).

---

[586] A referência que permanentemente se fará para o regime do 86° e não do 85° tem a ver com o facto de o 85° apenas se aplicar, *grosso modo*, aos valores sujeitos obrigatoriamente ao regime de registo ou depósito, coisa que não acontece com as unidades de participação. A distinção que é operada pela lei entre títulos nominativos e ao portador não releva para estes efeitos, e merecerá tratamento posterior no texto.

Nas contas de emissão há que distinguir consoante falamos de valores escriturais ou certificados e consoante estamos perante fundos fechados ou abertos.

Em primeiro lugar, no que respeita aos fundos fechados.

Em geral, o momento da integração das unidades de participação no sistema quanto aos fundos fechados não oferece especialidades de maior. Enquanto não se encontram integralmente subscritas as unidades de participação integralmente a Central de Valores Mobiliários deve-se dividir a conta de emissão em valores subscritos e contas transitórias de subscrição (58°/4/c Cd.MVM) no caso dos escriturais, e manter procedimentos de segurança idênticos quanto aos titulados (86°, *in fine* Cd.MVM). As entidades gestoras devem ter igual conta junto de si (58°/2, 86° Cd.MVM)[587]. As contas globais dos intermediários financeiros devem reflectir a totalidade das unidades de participação que se encontram inscritas/depositadas junto de si (58°/3/b, c, 86°, por remissão para o 85°/4/ b, c Cd.MVM). De igual modo, as contas individuais obedecem ao disposto nos 56° e 88° Cd.MVM.

Os fundos abertos já levantam problemas insuspeitados e que deixam a nu um pressuposto implícito com que o legislador construiu o sistema de registo/depósito de valores. Neste aspecto, os fundos são um bom laboratório de experimentação do próprio regime geral dos valores mobiliários. É que nos fundos abertos por definição, as contas de emissão são elásticas e não rígidas como em relação aos restantes valores, o que não deixa de colocar problemas quanto ao seu controle.

A rigidez das contas de emissão comuns é obviamente relativa, na medida em que podem surgir novas emissões de valores fungíveis com outras. Pense-se no aumento de capital de uma sociedade, por exemplo, em que surgem novas acções ordinárias fungíveis com as anteriores. A grande diferença é a que a elasticidade das contas de emissão neste caso é descontínua, sincopada no tempo, com um período de crise (uma "transição de fase", para usar a expressão tão em voga na física química, e sugestiva para o efeito) limitada no tempo. Ora o regime destas transições de fase no caso das emissões fechadas de valores reduz-se ao regime especial das próprias emissões, *maxime*, com as contas de subscrição. No caso dos fundos abertos não se pode falar em rigor em fase de transição. A pulsação elástica das contas é um dado permanente, é o seu funcionamento normal.

---

[587] De igual modo o depositário deverá ter um conta de controle das unidades em circulação (13°/1/f, 13°/2/a, 15°/1 DLFIM, 14°/1/f, 14°/2/a, 16°/1 DLFII).

404   *Fundos de Investimento Mobiliário e Imobiliário*

Ora, esta elasticidade das contas de emissão tem uma consequência para as entidades gestoras: estas devem a todo o momento e continuamente comunicar à Central de Valores Mobiliários a subscrição de novos valores, para alargamento da sub-conta de subscrições e as novas emissões, no sentido restricto que se estudou a propósito das unidades de participação. De igual modo, o resgate e em geral a extinção das unidades de participação tem de ser permanentemente comunicado, por forma a se diminuir a conta de emissão (58º/2, 86º Cd.MVM). Estas soluções não decorrem de uma mera confluência formal entre o regime dos fundos abertos com o regime do sistema de registo/controle de valores mobiliários. Corresponde igualmente às suas finalidades. Se a conta de emissão não reflectir a totalidade das unidades de participação em circulação, o sistema não cumpre a sua função de segurança. Com efeito, não seria possível à Central de Valores Mobiliários cotejar a conta da emissão com o somatório dos saldos das contas globais de modo eficaz na hipótese contrária.

As contas globais dos intermediários financeiros já não oferecem especialidades de maior. O que lhes interessa é o somatório das várias contas individuais, como é regra comum.

Quanto às contas individuais também não oferecem especialidades. O número de série seria aparentemente essencial no caso das unidades escriturais para impedir promiscuidade de valores. Mas como já se estudou a propósito da transmissão das unidades de participação, no caso dos valores escriturais o concurso entre a legitimação pelo sistema e a legitimação pelo boletim subscrição é resolvido pela exclusão da legitimação por este último. A possibilidade de promiscuidade de unidades de subscrição não ocorre, por força deste facto[588].

> Na Suíça existe mesmo uma figura prevista na lei, a gestão de contas de unidades de participação, que são avocadas pela lei dos fundos como parte da actividade sujeita ao seu regime (10. Ordonnance du Conseil Fédéral sur les Fonds de Placement du 19.10.1994).
>
> Para o estudo aprofundado das contas de emissão ver FERREIRA, Amadeu José; *Valores Mobiliários Escriturais, Um Novo Modo de representação e Circulação de Direitos*; Almedina, Coimbra, 1997, pp. 105 ss.

---

[588] Pode ocorrer por força do incumprimento das regras de protecção registrais. Mas este é um problema geral do sistema de registo e controle de valores (bem como do depósito e controle de valores) pelo que não merece especificação em sede de fundos).

SECÇÃO IV

A EXECUÇÃO DE ORDENS DOS FUNDOS

Como se afirmou, as unidades de participação de fundos fechados, sejam mobiliários ou imobiliários podem ser, como vimos, admitidas à negociação em bolsa (292º/1/d Cd.MVM).

Com autorização da CMVM e sob proposta da associação de bolsa as operações dos fundos de investimento mobiliário podem ser excluídas do âmbito subjectivo do fundo de garantia das operações de bolsa (269º/ /1/c Cd.MVM). A omissão dos fundos imobiliários mais uma vez é criticável pelas mesmas razões já antes expostas.

Os problemas específicos que se colocam respeitam à inscrição de documentação típica de operações de mercado primário (ordens de mercado primário estrutural e funcional, como as constantes do Código do Mercado de Valores Mobiliários) e de mercado secundário (429º, 502º/2 Cd.MVM), bem como os documentos de registo das operações (456º Cd.MVM). Estes respeitam à definição de comitente para efeitos das respectivas normas. Deve constar o nome da entidade gestora ou dos fundos para que se transaccionam os valores[589]? Numa perspectiva literal, apenas podem ser ordenantes em geral pessoas jurídicas e não patrimónios autónomos. Nada obsta, no entanto, a que constem os nomes dos patrimónios autónomos (pense-se no caso da herança jacente, por exemplo). Torna-se, no entanto, necessário identificar sempre uma pessoa jurídica. É que o nome do ordenante é sempre o daquela pessoa que pratica a conduta. A legitimidade não se reduz à titularidade mas a uma relação especial com o bem jurídico que a transcende. É certo que em bom rigor deveria existir regulamentação que especificasse que nos casos especiais da existência de nexos de representação, seja que natureza tenham (mesma orgânica) o nome do representante e do representado estivessem indicados devidamente nestes documentos. No entanto, à falta de regime legal expresso nesse sentido, apenas se pode entender que o nome que deve constar desta documentação é o da entidade gestora. Compete a esta imputar depois as operações aos fundos para que deu as ordens, de acordo com os princípios gerais, nomeadamente o da igualdade de tratamento dos clientes (659º Cd.MVM).

---

[589] Este problema é diferente do de saber se deve constar identificação do cliente final ou não e, na hipótese afirmativa, se se basta com a identificação codificada do cliente final e em que termos, dado que este é um problema geral do mercado de valores mobiliários.

406 Fundos de Investimento Mobiliário e Imobiliário

Este é mais um de muitos casos em que a confluência de figuras novas com uma dogmática, no caso de legitimação e representação, que não as comporta. A gestão de interesses alheios assume uma dimensão e uma complexidade que não pode ser resolvida pelos mecanismos clássicos de representação. O regime dos fundos, em última análise, mais não é que isso mesmo. O que se passa é que todas as implicações deste regime não foram assumidas expressamente pelo legislador, com as dissonâncias que se adivinham. Reflexões sobre a possibilidade de discriminação de ordens dadas por fundos encontram-se em GRENIER, Rémi; *Le Second marché, Règles et Fonctionnement*, EDIC – Economica, Paris, 1988, p.245 – 246.

SECÇÃO V
RELEVÂNCIA DOS FUNDOS NA VIDA DAS EMITENTES

A lei dos fundos estabeleceu um regime pouco desenvolvido em matéria de participação dos fundos na vida das entidades emitentes. Não apenas nas sociedades (enquanto accionistas e obrigacionistas), mas em geral nas entidades emitentes (nas assembleias gerais de obrigacionistas, por exemplo). Podem-se em todo o caso, e mais uma vez por construção, estabelecer as linhas gerais do mesmo regime.

A representação externa do fundo compete à entidade gestora. Daí que todos os direitos políticos (de voto e de informação) sejam exercidos por ela e nunca pelos participantes. Independentemente de a lei limitar este papel[590] ou em qualquer caso, quando não o faz[591], é sempre a entidade gestora quem representa os fundos.

A lei brasileira deixou bem claro que compete à instituição administradora a faculdade de comparência e de voto em assembleias gerais e especiais de emitentes nos fundos mobiliários (7. Regulamento Anexo à Circular n° 2.594, de 21 de Julho de 1995, do Banco Central do Brasil; 7. Regulamento Anexo à Circular n° 2.616, de 18 de Setembro de 1995 do Banco Central do Brasil). Nos fundos imobiliários refere-se o seu poder genérico de representação fora de juízo no 14.I. Lei n° 8.668, de 25 de Junho de 1993. Em Espanha, a doutrina chega à conclusão igualmente que é a sociedade gestora que representa o fundo e não os participantes (BAUZÁ MORÉ; Francisco J.; <u>Sociedades de Capital-Riesgo y Fondos de Capital-Riesgo</u>, in: ALONSO UREBA, Alberto, MARTINEZ-SIMANCAS Y SANCHEZ;

---

[590] 11°/1/d DLFIM
[591] 4°/1/b DLFII.

Julian; *Derecho del Mercado Financiero*; Tomo I, Volume 1, *Entidades del Mercado Financiero*, Editorial Civitas, Madrid, 1994, p. 660).

A tendência internacional é a de valorizar esta representação tendo em conta a natureza profissionalizada das entidades gestoras, que podem assumir um papel mais activo que cada um dos participantes isoladamente (TOMÉ, Maria João Romão Carreiro Vaz; *Fundos de Investimento Mobiliário Abertos*, Almedina, Coimbra, 1997, p. 56). No entanto, reconhece-se o risco que na prática existe de as entidades gestoras tratarem as suas carteiras como meras posições financeiras, descurando, assim, a participação activa nas sociedades (PIATTI, Laura; SUSI, Neomisio; Struttura dell'Industria, Asseti Proprietari e Profili di Informativa: Un' Analisi dei Fondi Comuni di Investimento Italiani; in CONSOB, *Quaderni di Finanza, Studi e Ricerche*, Volume II, nº 22 Novembre 1997, p. 113).

Nos Estados Unidos o sistema das "proxies" (*grosso modo*, procurações) dos participantes nos fundos está muito desenvolvido, nomeadamente do que diz respeito aos exercício dos direitos sociais políticos.

De igual modo, os direitos patrimoniais são sempre exercidos pela entidade gestora em nome dos fundos.

Mais uma vez o regime português não atribui nenhum papel aos participantes nesta sede, o que é um sinal de alguma imaturidade do sistema, sobretudo no que respeita aos direitos políticos. Na prática os fundos podem acabar por ser usados como instrumento de domínio societário pela entidade gestora com financiamento por terceiros, embora com os limites que se estudarão a propósito dos fundos imobiliários.

SECÇÃO VI

REPRESENTAÇÃO DOS FUNDOS EM JUÍZO E PERANTE ENTIDADES PÚBLICAS

Os fundos são representados pela entidade gestora. No entanto, têm personalidade judiciária, como patrimónios autónomos que são.

O artº 6º/a Cd. Proc. Civil parece dar uma leitura restrictiva deste conceito. Apenas aqueles semelhantes à herança jacente cujo titular não estivesse determinado estariam nesta situação. A verdade é que este conceito tem de abranger os fundos, na medida em que os seus titulares, embora determináveis não são determinados. Por outro lado, e sobretudo, numa perspectiva material justifica-se que o fundo vá a juízo por si mesmo, embora sempre representado pela entidade gestora. É que as atribuições patrimoniais não são abstractas para a entidade gestora. Os créditos e os débitos são débitos do fundo. O que é válido para um fundo

408 Fundos de Investimento Mobiliário e Imobiliário

pode não ser válido para outro. Dois fundos de uma entidade gestora, perante dois casos muitos semelhantes, podem ter vitórias processuais ou sofrer derrotas em condições bem diferentes.

Por outro lado, os fundos, perante as entidades concessionárias de poderes de autoridade e da Administração Pública em geral, têm igualmente legitimidade. Com efeito, o pedido de uma licença (por exemplo, de uma licença de construção nos fundos imobiliários), de uma autorização, ou da prática de qualquer outro acto administrativo, quando se dirige à esfera do fundo deve ser por este pedido directamente.

Há aqui que proceder a algumas limitações.

Em primeiro lugar, nem todos os pedidos feitos pela entidade gestora relativos aos fundos são pedidos do fundo. Com efeito, ficam excluídos os pedidos relativos à autorização do fundo propriamente dito (porque este não existe ainda, pelo menos licitamente) ou em relação às alterações ao regulamento de gestão (na medida em que são actos dispositivos sobre a própria estrutura do fundo).

Em segundo lugar, a lei não permite expressamente a possibilidade de representação judicial do fundo aos participantes. Estes, como vimos, apenas têm direitos sobre o fundo, nos termos acima descritos, a propósito da substituição a de entidade gestora e da liquidação. Nestes casos, os participantes são partes legítimas para o recurso judicial do acto de substituição da entidade gestora (para o tribunal administrativo) ou de actos de liquidação dos fundos (para os tribunais cíveis, salvo o acto de aprovação das contas dos fundos, que é um acto administrativo, recorrível para os tribunais administrativos[592]), não por serem representantes dos fundos, mas porque têm direitos (de audição prévia obrigatória e de maioria obstáculo no caso da substituição e de promoção da liquidação) consagrados na lei que podem em consequência ser impugnados judicialmente. Mas fazemno, não enquanto representantes dos fundos, mas enquanto titulares de uma quota-parte dos mesmos.

A lei brasileira consagra expressamente o direito de acção em relação aos fundos pela instituição administradora nos fundos mobiliários (7. Regulamento Anexo à Circular nº 2.594, de 21 de Julho de 1995, do Banco Central do Brasil; 7. Regulamento Anexo à Circular nº 2.616, de 18 de Setembro de 1995 do Banco Central do Brasil).Nos fundos imobiliários a representação em juízo e fora dele dos fundos compete à entidade gestora nos termos do 14.I. Lei nº 8.668, de 25 de Junho de 1993.

---

[592] Neste caso, é no entanto duvidoso que possa impugnar o acto da CMVM de aprovação das contas. Com efeito, a liquidação ocorreu, não por força de um direito dos participantes, mas de um acto extintivo da CMVM, este sim impugnável.

PARTE V

OS FUNDOS DE INVESTIMENTO MOBILIÁRIO

Por razões de ordenação, em sede de regimes especiais mantém-se a estrutura seguida no regime geral, por forma a que fique bem claro em que medida estes regimes apresentam diferenças específicas em relação ao comum.

Pode-se contestar que, tendo sido por várias vezes afirmado que a distinção principal existe entre os fundos abertos e os fundos fechados, se venha agora impor a divisão entre os fundos mobiliários e imobiliários. É que a razão de ser desta divisão é simples. A distinção entre fundos abertos e fechados é uma distinção do regime comum, respeita a qualquer fundo independentemente da sua composição, sem prejuízo de existirem proibições legais que impeçam certos tipos de combinações (fundos de tesouraria ou fundos de fundos fechados, por exemplo). Por outro lado, a harmonização comunitária impôs algumas diferenças significativas que têm de ser salientadas. De qualquer forma, há que não esquecer que, apesar do regime comunitário não ser vinculativo para os fundos não harmonizados (como os fechados e os imobiliários), a verdade é que serviu de paradigma a todos eles. A verdadeira dimensão das especialidades apenas se compreende, deste modo, distinguindo os fundos mobiliários dos imobiliários[593].

Em Espanha, distinguem-se, entre as instituições de investimento colectivo de natureza financeira, as sociedades de investimento mobiliário, os fundos de investimento mobiliário, os fundos de investimento no mercado monetário e outras instituições de investimento colectivo financeiro (2.1. Reglamento de la Ley 46/1984, de 26 de deciembre, aprovado pelo Real Decreto 1393/1990, de 2 noviembre).

---

[593] Os fundos mobiliários foram previstos no 1º Dec.-Lei n.º 134/85, de 2 de Maio.

Estes fundos correspondem em Espanha aos "fondos de inversión mobiliaria" (2.2.§2º Ley 46/1984, de 26 deciembre; 2.1.b. Reglamento de la Ley 46/1984, de 26 de deciembre, aprovado pelo Real Decreto 1393/1990, de 2 noviembre).

CAPÍTULO I

FONTES. REGULAMENTO DE GESTÃO

No caso do regulamento de gestão prevê-se que a política de investimentos seja especializada por tipo de instrumento financeiro, as técnicas de gestão de carteiras e de cobertura de riscos, ao contrário do que acontece com os fundos imobiliários[594]. Não que se impeça nos fundos imobiliários estas menções. O que acontece é que elas são obrigatórias no caso dos mobiliários. Com efeito, estas especialidades têm fundamento na natureza mobiliária dos activos subjacentes, que tornam mais importantes estas menções.

De igual modo, obriga-se a que do regulamento de gestão conste o prazo máximo do resgate[595]. Na medida em que a indicação da liquidação do fundo não tem de constar do fundo, esta norma não se pode referir ao resgate por liquidação. Daí que se deva entender que se aplica apenas ao fundos em que existe sempre resgate independente de liquidação, a saber, nos fundos abertos.

O regime é diferente no caso dos fundos imobiliários, em que se permite a alternativa entre o resgate cíclico e o resgate contínuo (19º/3/i DLFII).

O regulamento de gestão é igualmente determinante para a possibilidade de alguns valores poderem fazer parte da composição do fundo[596].

---

[594] 18º/3/f DLFIM, 19º/3/f DLFII.

[595] 18º/3/i DLFIM.

[596] 42º/1/b, c DLFIM.

CAPÍTULO II

DIMENSÃO SUBJECTIVA

SECÇÃO I

ENTIDADES GESTORAS

Em matéria de entidades gestoras não existe especialidade em sede de instituição e vicissitudes ou funções. No regime operacional, o acesso ao mercado interbancário obedece ao regime comum. No entanto, existem operações vedadas específicas.

A) Aquisição de acções por conta dos fundos limitada

Embora a lei enquadre sistematicamente esta proibição em sede de regime dos fundos, releva directamente como limitação operacional da actividade das entidades gestoras. Estas não podem, por conta dos fundos:

a) adquirir acções que lhes confiram mais de 20% dos direitos de voto numa sociedade;
b) ou que lhe permitam exercer uma influência significativa na gestão da sociedade[597].

A primeira hipótese de fácil compreensão. A proibição não é referida a cada fundo, mas de acordo com o somatório dos fundos. Esta norma tem uma finalidade fácil de compreender no seu conjunto. Não se permite que os fundos sejam uma forma de financiamento barato para as entidades gestoras de domínios ou influências societárias. A função dos

---

[597] 20º/1 DLFIM.

O facto de os fundos imobiliários não terem esta regra, que é específica dos fundos imobiliários, decorre do 4º/1/b, 5º/2/b DLFII.

No 7º/b Dec.-Lei n.º 46 342, de 20 de Maio de 1965 falava-se em predomínio, tanto da sociedade gestora, como dos depositários, como dos participantes.

414   *Fundos de Investimento Mobiliário e Imobiliário*

fundos mobiliários não é o domínio societário, e muito menos uma forma de financiamento de políticas da entidade gestora.

O problema surge, não obstante, com o conceito de influência significativa. Repare-se que nenhuma das hipóteses é permitida. Basta a violação de um dos limites para haver violação da lei. O que se torna algo misterioso é o conceito legal que define o segundo limite.

O primeiro passo a considerar é o de que a entidade gestora, como já vimos, exerce os direitos políticos em nome do fundo. Quando a lei se refere ao facto de este poder lhe permitir (à entidade gestora) de exercer uma influência significativa na sociedade está-se a referir, não apenas ao conjunto de acções que fazem parte dos fundos que administra, mas igualmente às acções de que tem titularidade ou em relação às quais é representante.

Em segundo lugar, há que ter em conta que a influência significativa na sociedade não se pode equiparar à participação importante de 10% (345° Cd.MVM). Com efeito, permite-se que tenha por conta dos fundos até 20%, não se compreendendo que o somatório das acções na sua carteira com as dos fundos só possam ir até 10%.

Em terceiro lugar, não é igual à percentagem que levaria a obrigatoriedade de OPA caso a sociedade fosse de subscrição pública, na medida em que o limite mínimo em questão é de 20% (527°/1/c Cd.MVM)[598].

Em quarto lugar, também não é o do domínio da sociedade, na medida em que o que é exigido por lei é algo menos exigente. Uma mera influência e não o domínio.

Finalmente, também não é influência significativa a possibilidade de nomeação de administradores em si mesma, na medida em que tipicamente 20% de uma sociedade já permite esta nomeação.

O presente estudo até agora só nos permitiu chegar a algumas conclusões negativas:

   a) a influência significativa não se expressa por percentagens rígidas

   b) é uma exigência menor que o domínio da sociedade.

---

[598] O problema da correlação do regime dos fundos com o das OPA's continua em aberto.

Parte V – Os fundos de investimento mobiliário

A ideia de influência significativa apenas pode ser preenchida por um enquadramento tipológico. Existe influência significativa:

a) quando se atinge o domínio efectivo da sociedade (por excesso);
b) quando a entidade gestora partilha o domínio da sociedade conjuntamente com outras entidades por acordo com elas;
c) quando a entidade gestora usa o conjunto das participações sociais que gere e/ou representa como forma de pressão para determinar a política geral da sociedade;
d) quando a entidade gestora usa as participações sociais dos fundos subordinados aos seus interesses e não aos dos fundos (embora esta questão suscite um concurso entre a influência significativa e o regime da prevalência dos interesses dos clientes).

Ora a lei não exige que exista uma influência significativa. Basta-se com o perigo em abstracto-concreto de esta situação ocorrer. Nesse sentido o que há que indagar é sobre se o nível de participação lhe permite tomar estas posições, em função do contexto concreto da vida societária.

Daí que o excurso quanto à aplicabilidade do artº 102º RGICSF às sociedades gestoras desenvolvido em TOMÉ, Maria João Romão Carreiro Vaz; *Fundos de Investimento Mobiliário Abertos*, Almedina, Coimbra, 1997, p. 81 – 93 acabe por ter uma reduzida eficácia prática. É certo que a detenção de 20% do capital não corresponde forçosamente à detenção de 20% dos direitos de voto. Na parte em que o 102º RGICSF refere a percentagem de direitos de voto a norma nunca seria aparentemente aplicável, na medida em que seria admitir comunicar a intenção de praticar um facto ilícito. No respeitante à comunicação da percentagem do capital social que não represente 20% dos direitos de voto mas atinja os 20% do capital já poderia ter sentido esta comunicação deste que não se atinja uma influência significativa. Reconhece-se, não obstante que esta comunicação tem uma função preventiva, não se podendo afirmar que o facto de aquisições serem ilícitas teria como consequência não deverem ser comunicadas as respectivas intenções. Seria premiar o ilícito. A finalidade de prevenção deve prevalecer sobre a validade da pretensa aquisição. No entanto, esta matéria, como antes se afirmou, acaba por ter pouca relevância prática, pelo menos em função da experiência que se tem do mercado português, sendo um problema geral da aplicação do regime das instituições de crédito e das sociedades financeiras, mais que um problema específico dos fundos.

Na Suíça proíbe-se a aquisição de mais de 10% dos votos numa sociedade (independentemente de se tratar de acções ou não), não poden-

416 Fundos de Investimento Mobiliário e Imobiliário

do em acréscimo adquirir mais de 10% de acções sem direitos de voto da mesma sociedade (39. Ordonnance du Conseil Fédéral sur les Fonds de Placement du 19.10.1994). Em coerência proíbe-se a aquisição de opções sobre acções que ultrapassem os limites na detenção de acções (7. Ordonnance de la Commission Fédérale des Banques sur les Fonds de Placement du 27.10.1994). Em França igualmente referem-se, não as acções, mas em geral os valores que atribuam direito de voto para estes efeitos e só até 10%, bem como até 10% de valores que dêem acesso ao capital da sociedade emitente (PEZARD, Alice; *Droit des Marchés Monétaire et Boursier*; Editions du J.N.A., Paris, 1994, p. 252). De igual forma nos Estados Unidos se referem as "voting securities" em geral e não apenas as acções na Sec. 2 (a) (42) Investment Company Act of 1940. Na Sec 5 (b) (1) Investment Company Act of 1940 estatui-se que as "diversified companies" as "investment companies" que obedecem ao princípio da divisão de riscos, não podem adquirir mais de 10% das "outstanding voting securities" de uma mesma emitente. Trata-se de valores mobiliários que conferem o direito de voto em geral, mas que numa primeira acepção não se encontrariam liberados. Para o conceito de "outstanding securities" ver DOWNES, John; GOODMAN, Jordan Elliot; *Dictionary of Finance and Investment Terms*, Barron's, 4ª ed., New York, 1995, p. 398. No entanto, a norma é consistente com um outro sentido de "outstanding securities", ou seja de valores em circulação, já emitidos (*Dictionnaire Anglais des Affaires, du Commerce et de la Finance*, Routledge, London, 1996, p. 847). A relação desta proibição com a evitação de controlo societário em TOMÉ, Maria João Romão Carreiro Vaz; *Fundos de Investimento Mobiliário Abertos*, Almedina, Coimbra, 1997, p. 65.

B) A proibição de influência notável

Mas não bastara este regime já de si complexo e de difícil enunciação, a lei proíbe igualmente a realização de operações por conta dos fundos que possam assegurar às entidades gestoras, aos depositários, ou aos participantes, uma influência notável sobre qualquer sociedade[599].

A norma exige algumas clarificações.

---

[599] 11º/1/d DLFIM.

Em relação aos fundos já o 3º Dec.-Lei n.º 46 342, de 20 de Maio de 1965 proibia as participações maioritárias nas diferentes empresas nos fundos mobiliários. Proibia-se igualmente a realização de operações que dessem o predomínio sobre qualquer sociedade tanto às gestoras, como aso depositários, como a qualquer participante.

Parte V – Os fundos de investimento mobiliário 417

Em primeiro lugar, proíbem operações em geral e não apenas aquisições. Ou seja, também alienações podem estar em causa. Eventualmente também outras operações.

Quanto às entidades gestoras a norma apenas tem sentido se houver conglobação das posições de todos os fundos com as da entidade gestora, tal como vimos no anterior regime. Com efeito, a influência por parte da entidade gestora só tem sentido se abranger não apenas as acções detidas pelos fundos que administra, mas igualmente as que detém ou cuja titularidade representa.

Já quanto aos depositários, não se vê numa primeira leitura qual o sentido da norma. É que os depositários não podem exercer quaisquer direitos sobre a sociedade a não ser por instrução da entidade gestora ou de acordo com a vida funcional normal dos valores mobiliários (pagamento de dividendos, juros, etc.). As suas funções são meramente executivas e não de decisão, na medida em que a entidade gestora detém o monopólio indisponível sobre a gestão dos fundos.

Ainda menos se compreende a referência aos participantes. Com efeito, estes, como já se demonstrou à saciedade, não têm quaisquer direitos de decisão colectiva sobre os fundos, exceptuando, nos fundos fechados, quando da substituição da entidade gestora e em sede de liquidação dos fundos (bem como no caso de acção popular, quando seja aplicável).

A estatuição ainda suscita mais perplexidades. Não bastara a dificuldade de enunciar a influência significativa, deparamo-nos agora com uma ideia de influência notável. Os seus limites não podem corresponder a uma menor exigência ou em geral à diminuição dos limites referidos a propósito das aquisições.

A solução apenas pode ser encontrada pelo confronto das suas várias partes. São proibidas operações e não apenas aquisições. Não se especifica, por outro lado, quais os valores que podem ser objecto destas operações. Ora, é consabido que se pode influenciar uma sociedade sem adquirir acções. Adquirindo valores que incorporem *equity warrants*, por exemplo, ou adquirindo obrigações que dêem uma posição credora importante na sociedade, ou investindo em derivados que alterem ou possam alterar os preços dos valores emitidos pelas sociedades.

Compreende-se assim a referência aos depositários. O facto de as entidades gestoras deterem certos activos permite-lhes realizar operações que podem dar influência aos depositários nas sociedades. A compra em grande escala de opções de venda de acções de uma sociedade ou sobre uma carteira que incorpore estas acções pode dar uma influência ao

418   *Fundos de Investimento Mobiliário e Imobiliário*

depositário nessa sociedade porque este estaria interessado em adquiri-las por baixo preço, ou interessado em realizar uma operação com ela ou sobre ela (um contrato de empréstimo bancário em certas condições, uma OPA, por exemplo). Os fundos seriam assim utilizados para financiar operações de "cerco" de uma sociedade, ou para dela obter vantagens.

Pode-se suscitar a dúvida de saber porque *motivo* a entidade gestora iria praticar qualquer acto para favorecer o depositário. Com efeito, as entidades gestoras não são entidades altruístas por definição, mas agentes no comércio. A verdade é que nada impede que uma entidade gestora pertença ao mesmo grupo ou seja dominada ou domine ou tenha interesses comuns com o depositário. De igual modo pode-se perguntar porque o depositário não é igualmente abrangido por esta proibição. É que, em relação ao fundo o depositário não pode decidir a realização de operações. Daqui, das duas uma: ou as operações foram realizadas pela entidade gestora para mais tarde o depositário aproveitar-se desta situação, ou com negligência na criação deste perigo, e as operações foram realizadas em violação desta proibição (havendo eventualmente comparticipação entre eles), ou as operações realizadas não criaram este perigo em si mesmas, ou criaram-no sem negligência por parte da entidade gestora e o depositário aproveitou-se posteriormente das mesmas, agindo neste caso sem ser no exclusivo interesse dos seus depositários[600].

Compreende-se assim a referência aos participantes. É que esta é a única norma que tem em conta o real poder que certos participantes podem ter nos fundos, em particular investidores institucionais (seguradoras, instituições de crédito, sociedades financeiras, grandes empresas, por exemplo).

Se bem reparamos, esta norma é em grande medida a enunciação do princípio da boa administração, associado à limitação da gestão do fundo segundo os interesses dos participantes e de acordo com um princípio de igualdade de tratamento dos clientes (659° Cd.MVM). No entanto vai mais além que estes preceitos. É que se pode dar o caso de o fundo pertencer a um pequeno conjunto de participantes que o dominam substancialmente e que podem obrigar a entidade gestora a usá-lo para fins diferentes dos de investimento (para políticas societárias).

Mas é igualmente a enunciação da ideia de que os fundos são um mero instrumento de investimento e não apto ao domínio societário ou à sua influência.

---

[600] 14°/2 DLFIM.

Parte V – Os fundos de investimento mobiliário   419

Fica, no entanto, ainda por saber o que seja uma influência notável. Esta é a que, que obtida ou obtível por via de uma operação qualquer, seja qual for a sua natureza e o seu objecto, possa determinar o comportamento da sociedade em causa. Se existe o perigo (mais uma vez, abstracto-concreto, na medida em que não é preciso provar que existiu em concreto o perigo da sociedade tomar a decisão, mas é preciso demonstrar que a situação concreta gerou esse perigo) de uma sociedade tomar uma decisão que não tomaria sem estas operações existe violação da proibição da influência notável.

A doutrina portuguesa já chamava a atenção, desde os anos 60 para o facto de os fundos não deverem ser um instrumento de controlo societário (PASSEIRO, José Manuel; Fundos de Investimento; in: *Revista Bancária*, Ano IV, nº 12, Abril – Junho de 1968, Lisboa, p. 22 a 24).

O problema que se pode colocar agora é o seguinte: porque razão então esta proibição não abrange igualmente os fundos imobiliários? Com efeito, nada impediria que, fora os casos do 4º/1/b DLFII, esta proibição fosse vigente. Com efeito, o domínio societário é permitido, mas apenas em sociedades com um objecto bem específico, na área do imobiliário. Ora nada impede que em relação a um fundo imobiliário também se tenha a tentação de o usar como instrumento de poder societário. Parte deste problema é resolvido pelas proibições genéricas do 5º/2, 5 e 21º/1 DLFII, que limitam as aquisições para os fundos de valores mobiliários que não sejam considerados imobiliários. Parte do problema é resolvido pelas regras de boa administração, prevalência e igualdade de tratamento dos participantes. No entanto, a questão tem toda a sua razão de ser quando os fundos são detidos por poucos participantes que têm interesse na influência da sociedade. É certo que muitas das operações que são proibidas por estas normas podem caber na manipulação de mercado (667º Cd.MVM) e serem por isso mesmo proibidas, pelo que o seu âmbito de actuação lícita se encontra assim restringido. No entanto, não deixa de ser verdade que o legislador se deixou impressionar pelo facto de os fundos imobiliários poderem adquirir o domínio de sociedades do sector imobiliário. Nada impediria que consagrasse uma norma com as mesmas proibições de aquisição e realização de operações que permitam uma influência notável com a excepção do 4º/1/b DLFII[601].

---

[601] A expressão "influência notável" é a cópia da expressão constante do 25º/1 DFI. No entanto, a mesma norma impunha algo mais que uma simples consagração do princípio. Exigia que os Estados-membros tivessem em consideração as regras de poder social existentes dos restantes Estados-membros por forma a enunciá-lo. O conceito de influência significativa antes referida tenta fazê-lo. E embora se reconheça a dificuldade

420 *Fundos de Investimento Mobiliário e Imobiliário*

Norma paralela se encontra no 8. Ordonnance nº 45-2710 du 2 novembre 1945, quando proíbe a aquisição de mais de 10% dos direitos de voto. A doutrina parece considerar que é aplicável a regra da proibição da influência notável, por força da DFI (PEZARD, Alice; *Droit des Marchés Monétaire et Boursier*; Editions du J.N.A., Paris, 1994, p. 252).

O regime italiano foi mais inequívoco nesta sede. É que proibiu, não apenas a aquisição de mais de 10% (ou 5% se as acções estiverem cotadas) das acções emitidas por uma mesma entidade emitente para cada fundo, como estabeleceu as mesmas percentagens para a totalidade dos fundos geridos pela mesma entidade (4.10. *"in fine"* Legge 23 marzo 1983, n. 77 (in G.U. 28 marzo 1983, n. 85)). No caso da mesma sociedade gestora gerir fundos e SICAV estas percentagens referem-se à totalidade de todos estes patrimónios (7.5.a. Decreto Legislativo 25 gennaio 1992, n. 84 (in G.U. 14 febbraio 1992, n. 37)). Na Suíça proíbe-se a aquisição de valores (repare-se, não apenas acções) de uma sociedade que permitam ao fundo mobiliário adquirir uma influência notável sobre a gestão de um mesmo emitente, podendo no entanto, a Comissão Federal dos Bancos permitir a aquisição de mais valores caso a sociedade gestora demonstre que não exerce uma influência notável (39. Ordonnance du Conseil Fédéral sur les Fonds de Placement du 19.10.1994).

A lei brasileira é em certo sentido mais drástica. Proíbe pura e simplesmente aos fundos de investimento financeiro a aquisição de acções, salvo no que respeita ao exercício de direitos de conversão decorrente de obrigações e até ao limite de 10% do valor de cada fundo, nos termos do 13.§7º Regulamento Anexo à Circular nº 2.594, de 21 de Julho de 1995, do Banco Central do Brasil e 13.§7º Regulamento Anexo à Circular nº 2.616, de 18 de Setembro de 1995 do Banco Central do Brasil.

Nos Estados Unidos, em tema paralelo, ver a definição de "controle" na Sec. 2 (a) (9) Investment Company Act of 1940.

---

de uma maior enunciação, mereceria melhor estudo sob o ponto de vista da feitura das leis. Para complicar a situação, a versão inglesa no 25º/1 DFI refere "significative influence".

A redacção do 9º/c Dec.-Lei nº 229- C/88, de 4 de Julho, referia-se a influência dominante, sendo certo que excluía dessa regra os fundos imobiliários quanto às participações sociais em sociedades imobiliárias. Por outro lado, o 10º/c do Dec.-Lei nº 134/85, de 2 de Maio, falava em "predomínio sobre qualquer sociedade" para os fundos mobiliários. A oscilação de terminologia e de critérios não pode ter sido maior.

Em Espanha considera-se constitutivo da própria natureza dos fundos mobiliários a ausência de participação maioritária económica ou política (2.2.§2º Ley 46/1984, de 26 deciembre).

Parte V – Os fundos de investimento mobiliário 421

SECÇÃO II

DEPOSITÁRIOS

Em matéria de instituição e vicissitudes e funções os depositários não apresentam especialidades de regime. De igual modo, a enunciação dos valores depositáveis nele teve cabimento. A única especialidade enquadra-se no regime operacional.

A aquisição de unidades de participação de fundos de que é depositário

Apenas é permitida a aquisição originária (subscrição) dos fundos de que é depositário. No entanto é-lhe vedada aquisição de unidades já emitidas[602]. Ou seja, pode vender unidades de participação ou resgatá-las apenas uma vez, não as pode recomprar.

A razão de ser deste regime é algo difícil de entender à primeira vista. Com efeito, compreender-se-ia que lhe fosse totalmente interditada a aquisição de unidades de participação de fundos de que é depositário, por forma a evitar conflitos de interesses. Compreender-se-ia um regime de proibição relativa de aquisição de unidades de participação acima de certa percentagem do valor do fundo, como acontece com as entidades gestoras[603]. Mas numa primeira leitura é no mínimo estranho que seja permitida a subscrição mas não já a aquisição.

No entanto, a *ratio* do regime apenas se pode encontrar numa opção de política financeira do legislador. Não nos podemos esquecer que o depositário, nomeadamente nos casos dos fundos fechados, assume-se como o líder do consórcio nas emissões[604]. No caso de emissão de unidades de participação nos fundos fechados, nada o impede de tomar firme a emissão[605]. Mas o regime vai para além dos fundos fechados, abrangendo os fundos abertos. Até ao momento apenas provámos a consistência dos regimes (permissão de aquisição originária e emissão de unidades em fundos fechados), mas não a razão de ser plena da sua consagração.

Obviamente que existe sempre um risco de conflito de interesses. Mas a subscrição de unidades de participação pelo depositário apenas

---

[602] 13°/3 DLFIM, 14°/3 DLFII. Ver o regime geral do 20°/4 Dec.-Lei n° 229-C/88, de 4 de Julho.

[603] Os já estudados, 11°/2 DLFIM, 12°/2 DLFII.

[604] 48°/2/c DLFIM, 28°/3/c DLFII.

[605] 125°/1/a Cd.MVM, 48°/2 DLFIM.

pode ocorrer uma vez. As aquisições derivadas podem ocorrer indefinidamente. A possibilidade de aquisições geraria o perigo de manipulação do valor e da oferta e procura das unidades de participação. A verdade é que, embora em relação à subscrição de cada unidade de participação esta apenas possa ocorrer uma vez, nos fundos abertos esta subscrição pode ser contínua. Daí que não haja grandes diferenças substanciais no caso dos fundos abertos em se permitir a subscrição e proibir a aquisição. A única que se almeja é a de impedir que os depositários adquiram unidades de participação abaixo do preço de subscrição. A norma, portanto, embora tenha razão de ser em relação a ambos os tipos de fundos, tem fundamentos diferentes para cada um deles.

A prova de que o legislador pensou sobretudo nas possibilidade de manipulação de mercado é que, a propósito dos fundos imobiliários, como veremos, consagrou uma norma relativa aos contratos de contrapartida no 14º/3 DLFII.

Na Suíça o regime operacional é mais apertado, na medida em que se proíbe a aquisição ou alienação de activos para os fundos a não ser a preços de mercado (20.3. Loi Fédérale sur les Fonds de Placement, du 18.03.1994).

CAPÍTULO III

DIMENSÃO OBJECTIVA

SECÇÃO I

FUNDOS. OBJECTO DOS FUNDOS

Tratada a tipologia em sede do regime geral e não apresentando as vicissitudes dos fundos qualquer especialidade, apenas apresentam elementos específicos as normas relativas ao objecto dos fundos. Tal facto não é de estranhar. O que distingue um fundo mobiliário é a sua composição, a natureza dos activos subjacentes.

I. *Quando aos activos*

Em geral, os fundos podem ser compostos de valores mobiliários e liquidez, como antes vimos. Por outro lado, por instrumentos representativos de dívida. Existem, no entanto, regras específicas em relação a uns e outros nos fundos mobiliários. O princípio geral, mais uma vez, é a da tipicidade de composição. Só que agora com desenvolvimentos especiais.

> Genericamente, para os fundos mobiliários, esta matéria consta do 32. Loi Fédérale sur les Fonds de Placement, du 18.03.1994e do 31. ss. Ordonnance du Conseil Fédéral sur les Fonds de Placement du 19.10.1994. Em França, os S.I.C.A.V. podem deter igualmente os imóveis e móveis indispensáveis ao exercício da sua actividade, mas apenas porque são fundos personalizados (PEZARD, Alice; *Droit des Marchés Monétaire et Boursier*; Editions du J.N.A., Paris, 1994, p. 250).

424 *Fundos de Investimento Mobiliário e Imobiliário*

i) Valores mobiliários

A) Cotação oficial na União Europeia (valores mobiliários de Tipo I)

Podem ser activos subjacentes dos fundos os valores mobiliários admitidos à cotação oficial de uma bolsa de valores da União Europeia (seja portuguesa ou não)[606].

Por cotação oficial tem de ser entender a expressão no seu sentido técnico. Mesmo que os valores sejam cotados noutro mercado, não estão abrangidos pelo tipo I. De igual modo, a cotação num mercado fora de bolsa não é relevante.

> Idêntico regime no 2.I. Décret nº 89-623 du 6 septembre 1989. Em Itália, ver o 4.8.a. Legge 23 marzo 1983, n. 77 (in G.U. 28 marzo 1983, n. 85) para os fundos e, para as SICAV, o 7.1. Decreto Legislativo 25 gennaio 1992, n. 84 (in G.U. 14 febbraio 1992, n. 37).

B) Negociação em mercado regulamentado da União Europeia (Tipo II)

Estão também abrangidos valores mobiliários negociados em mercados[607]:

a) regulamentados
b) com funcionamento regular
c) reconhecidos
d) abertos ao público
e) de um Estado membro da União Europeia (seja ele português ou não), desde que esses mercados se encontrem identificados no regulamento de gestão do fundo.

---

[606] 42º/1/a, 51º/1 DLFIM. 19º/1/a DFI.

O 17.1.a. Reglamento de la Ley 46/1984, de 26 de deciembre, aprovado pelo Real Decreto 1393/1990, de 2 noviembre refere apenas admissão a negociação numa Bolsa de Valores espanhola. Nos seus 17.1.b. referem-se igualmente os valores representativos da dívida do Estado, bem como outros valores negociações no "Mercado de Dívida Pública por Anotaciones". O 17.3.a. equipara a estes os valores em mercados dos Estados membros da OCDE.

[607] 42º/1/b, 51º/1 DLFIM. 19º/1/b DFI.

Mercados regulamentados não são apenas os mercados com cotações. Nomeadamente, nos termos da portaria n° 236/97 (2ª Série) do Ministro das Finanças, estão abrangidos o mercado sem cotações da Bolsa de Lisboa e a Bolsa de Derivados do Porto. Embora a qualificação tenha sido feita à luz da Directiva de Serviços de Investimento, nada obsta a que se aplique ao caso. Quanto ao problema da Bolsa de Derivados do porto, tratar-se-á a propósito dos fundos de derivados.

No 17.1.c. Reglamento de la Ley 46/1984, de 26 de deciembre, aprovado pelo Real Decreto 1393/1990, de 2 noviembre incluem outros valores negociados num mercado espanhol organizado de funcionamento regular e aberto ao público, como os próprios do mercado hipotecário, e os "pagarés de empresa" (próximos do nosso papel comercial). A qualificação como tal depende de acto do Ministro das Finanças, com prévio parecer da CNMV, nos termos do seu 17.2. Tratando-se de um Estado membro da OCDE os seus mercados serão equiparados aos espanhóis por força de acto da CNMV, nos termos do 17.3.b. Reglamento de la Ley 46/1984, de 26 de deciembre, aprovado pelo Real Decreto 1393/1990, de 2 noviembre.

Idêntico regime no 2.I. Décret n° 89-623 du 6 septembre 1989. A noção de mercado regulamentado é aliás de origem francesa, como se verifica por este 2. Décret n° 89-623 du 6 septembre 1989. Em Itália o 4.8.a. Legge 23 marzo 1983, n. 77 (in G.U. 28 marzo 1983, n. 85) para os fundos e o 7.1. Decreto Legislativo 25 gennaio 1992, n. 84 (in G.U. 14 febbraio 1992, n. 37), para as SICAV.

A noção de mercado regulamentado tem igualmente relevância nas regras de composição dos fundos mobiliários na Suíça nos termos do 32.1. Loi Fédérale sur les Fonds de Placement, du 18.03.1994. Com efeito, nos termos desta regra, em princípio apenas podem ser parte dos fundos valores negociados em mercados regulamentos, salvo o disposto no 31.4. Ordonnance du Conseil Fédéral sur les Fonds de Placement du 19.10.1994.

O facto de os mercados regulamentados estarem também abrangidos pela permissão é esquecido por TOMÉ, Maria João Romão Carreiro Vaz, *Fundos de Investimento Mobiliário Abertos*, Almedina, Coimbra, 1997, p. 65 – 66.

---

[608] 42°/1/c DLFIM, 19°/1/c DFI.
Para os Estados não membros da OCDE rege o 17.3.c. Reglamento de la Ley 46/ /1984, de 26 de deciembre, aprovado pelo Real Decreto 1393/1990, de 2 noviembre.

426 *Fundos de Investimento Mobiliário e Imobiliário*

C) Negociação em mercado regulamentado fora da União Europeia (Tipo III)

Podem fazer parte dos activos dos fundos valores mobiliários[608]:

a) com cotação oficial em bolsa ou negociados em mercado regulamentado com funcionamento regular, abertos ao público e reconhecidos;
b) em país não membros da União Europeia;
c) desde que a escolha da bolsa ou mercado tenha sido aprovada pela CMVM;
d) e conste do regulamento de gestão.

Os requisitos são aqui mais apertados já quanto à possibilidade de integração dos fundos, e independentemente das regras de concentração de riscos, que posteriormente se verão. Isto porque já não basta que estes valores constem do regulamento de gestão, que por si exige aprovação da CMVM nos termos gerais. Torna-se necessário que o mercado de aquisição seja aprovado pela CMVM. Esta aprovação pode assumir uma de duas modalidades:

a) ou consta do regulamento, que é genericamente aprovado pela CMVM;
b) ou consta de aprovação avulsa da CMVM genérica;
c) ou consta de aprovação avulsa concreta da CMVM[609].

Este regime mais apertado compreende-se tendo em conta o facto de, havendo harmonização comunitária em matéria de fundos de investimento, haver tratamento igual dos valores de origem comunitária, ao contrário do que se passa com os que agora são estudados. A verdade é que é importante salientar que o critério da origem comunitária neste caso, é o do mercado de negociação dos mesmos e não o da sede da entidade emitente ou o local de colocação dos mesmos.

Um regime semelhante encontra-se no 2.I. Décret nº 89-623 du 6 septembre 1989. No entanto o regime é em certo sentido o inverso. Em vez de se exigir a aprovação expressa da COB prevê-se que esta possa afastar certos mercados. Em Itália, ver o 4.8.b. Legge 23 marzo 1983, n. 77 (in G.U. 28 marzo 1983, n. 85) para os fundos e, para as SICAV, o 7.1. Decreto Legislativo 25 gennaio 1992, n. 84 (in G.U. 14 febbraio 1992, n. 37).

---

[609] Nada impede que esta aprovação avulsa seja também concreta, caso a caso. Com efeito, a norma proíbe a aquisição, para além de certos limites.

Parte V – Os fundos de investimento mobiliário   427

D) Valores a admitir à negociação em mercado regulamentados (Tipo IV)

Podem igualmente fazer parte dos fundos valores mobiliários[610]:

a) recentemente emitidos;
b) desde que as condições de emissão incluam o compromisso de que será apresentado o pedido de admissão em mercado regulamentado ou bolsa nos mercado antes referidos;
c) e desde que essa admissão seja obtida antes do final de um período de um ano a contar da emissão.

A aquisição destes valores pode ser originária ou derivada. Com efeito, não tem sentido impedir a aquisição derivada destes valores com o argumento de que isso permitira fraudes à lei. A expressão recentemente emitidos, caso não existisse um prazo para admissão, poderia realmente levar a esta fraude à lei. No entanto, os valores podem fazer parte do fundo sob condição da admissão.

Por valores recentemente admitidos, tem de se entender, assim, valores emitidos há menos de um ano.

O segundo traço característico deste regime é o de se tratar de valores que podem integrar o fundo sob condição resolutiva. A condição é a de que sejam admitidos no prazo de um ano a contar da emissão (e não da sua aquisição pelo fundo). A aquisição dos mesmos, caso esta condição de admissão no prazo de um ano não se verifique, não constitui infracção ao disposto na lei. Mas da manutenção dos mesmos valores no fundo, na hipótese de a condição se não verificar, nasce um dever de regularização como posteriormente veremos[611].

A situação jurídica destes valores na composição do fundo obedece assim a uma alternativa: ou os valores de tipo IV se convolam em valores de tipos I, II, ou III no prazo fixado pela lei, ou surge um dever de regularização do fundo.

---

[610] 42°/1/d, 51°/1 DLFIM. 19°/1/d DFI.
No 17.1.d. Reglamento de la Ley 46/1984, de 26 de deciembre, aprovado pelo Real Decreto 1393/1990, de 2 noviembre, prevêem-se os valores em relação aos quais está pedida a admissão à negociação num dos mercados organizados espanhóis. para os mercados fora de Espanha depende de previa autorização da CNMV (17.3.§2° Reglamento de la Ley 46/1984, de 26 de deciembre, aprovado pelo Real Decreto 1393//1990, de 2 noviembre).

[611] 22° DLFIM.

428 *Fundos de Investimento Mobiliário e Imobiliário*

Semelhante regime no 2.II Décret n° 89-623 du 6 septembre 1989 em França. Em Itália, ver o 4.8.c. Legge 23 marzo 1983, n. 77 (in G.U. 28 marzo 1983, n. 85) no caso dos fundos e o 7.1. Decreto Legislativo 25 gennaio 1992, n. 84 (in G.U. 14 febbraio 1992, n. 37) para as SICAV. Na Suíça, cf. o 31.3. Ordonnance du Conseil Fédéral sur les Fonds de Placement du 19.10.1994.

Em Portugal, no 10°/b Dec.-Lei n.° 46 342, de 20 de Maio de 1965 permitia-se até 20% de integração de valores não cotados em bolsa, mas que deveriam ser vendidos se ao fim de três anos a contar da sua aquisição não viessem a ser cotados.

E) Outros valores mobiliários (Tipo V)

Podem ser admitidos outros valores mobiliários para os fundos, que não os dos tipos antes indicados[612].

O problema que se pode suscitar, e não é o menor, respeita ao conceito de valor mobiliário. Não é este o local apropriado para discutir esta questão com a generalidade que mereceria. O percurso adequado é o de enunciar uma solução no quadro do próprio regime dos fundos de investimento.

O art° 42°/2/b quando se opõe à alínea a) parece constar de instrumentos que não se podem qualificar de valores mobiliários.

No entanto, é sabido que, até pelas dificuldades de doutrinação na matéria, o legislador não usa estes conceitos com o rigor que seria necessário. Ao longo do próprio DLFIM o conceito de valor é usado em acepções diferentes (cf. artigos 8° e 13°, v.g.).

A solução tem de se encontrar dentro do sistema formado pelo próprio diploma. Nos termos do art° 41°, apenas se podem considerar como valores aqueles que têm acesso a mercados secundários organizados ("regulamentados"), *maxime*, bolsas. A referência a outros valores mobiliários do 42°/2/a tem de ser lida à luz destes conceitos. Os valores a que se refere são os que, tendo acesso pelo seu próprio tipo aos mercados referidos, a eles não acederam.

Inequívoco é pois que cabem neste conceito os referidos no art° 292° Cd.MVM[613]. Ou seja, e de modo impressivo, o legislador pensou em

---

[612] 42°/2/a, 51°/1 DLFIM. 19°/2/a DFI.

[613] A referência a outros sistemas jurídicos pode dificultar a interpretação deste conceito de valores mobiliários, na medida em que valores que são exóticos no sistema português, são de curso corrente noutros sistemas (pense-se nos títulos de investimento e nos "certificats pétroliers" em França, por exemplo. No entanto, a ponderação das

Parte V – Os fundos de investimento mobiliário

primeira linha nos valores mobiliários clássicos no sistema português (acções, obrigações, títulos de participação, entre outros).

Neste sentido, pode-se afirmar com alguma segurança que nem os CLIP's nem os BT's são valores mobiliários para efeitos do 42°/2/a do DLFIM. Aplica-se-lhes, assim, o regime da alínea b) do 42°/2.

No 10°/b Dec.-Lei n.° 46 342, de 20 de Maio de 1965, os títulos não cotados em bolsa não podiam exercer 20% da carteira dos fundos. Com os limites de 10% também no 3.2. Décret n° 89-623 du 6 septembre 1989.

Os valores não negociados em mercado regulamentado podem também fazer parte dos fundos mobiliários na Suíça, mas em quantidade limitada, nos termos do 32.3. Loi Fédérale sur les Fonds de Placement, du 18.03.1994. Em conjunto com os instrumentos representativos de dívida apenas podem representar 10% do valor do fundo nos termos do 31.4. Ordonnance du Conseil Fédéral sur les Fonds de Placement du 19.10.1994.

F) O regime especial das unidades de participação (Tipo VI)

Em relação às unidades de participação existe um regime especial[614].

Com efeito, só podem ser adquiridas para os fundos:

a) unidades de participação em fundos com idêntica regulamentação
b) ou partes de outras instituições de investimento colectivo que respeitem o requisitos da DFI.

Este regime é cumulável com o dos tipos de valores antes referidos. Ou seja, mesmo se os valores mobiliários estiverem negociados num dos mercados referidos anteriormente, caso sejam partes de investimento colectivo, têm de ser unidades de participação de fundos congruentes. Ou seja, se, por exemplo, na bolsa de Londres se negociar em mercado de cotações oficiais uma unidade de participação, não é por isso mesmo que esta se encontra abrangida pelo tipo I. No caso das unidades de participação torna-se necessário ainda saber se elas pertencem a fundos congruentes.

---

situações decorrentes da extraneidade não têm relevância directa no caso concreto, pelo que terão de ser ponderadas quando o problema se suscitar.

430 Fundos de Investimento Mobiliário e Imobiliário

Um fundo é congruente:

a) Se for um fundo harmonizado, por definição, ou seja, se obedecer à DFI.

b) No caso de não ser um fundo harmonizado tem de obedecer aos mesmos princípios que os fundos harmonizados. Mais concretamente, se for um fundo extra-comunitário, tem de obedecer aos princípios gerais dos fundos portugueses e aos princípios gerais da intermediação financeira portuguesa (nomeadamente deveres de sigilo, informação, igualdade de tratamento e prevalência dos interesses dos clientes) e se for estruturada a sua gestão e depósito de igual modo, bem como é exigida a sujeição a uma supervisão.

Poder-se-ia admitir uma leitura da norma mais restritiva. O que esta pretenderia dizer seria que os fundos só poderia adquirir unidades de participação harmonizadas, ou seja, sujeitas à DFI, em suma, fundos comunitários. No entanto, isto seria demasiado restritivo. Tratando-se de mercados noutros países a escolha do mercado é salvaguardada sempre pela natureza do Estado (membro da União Europeia), pelo regulamento de gestão, pela aprovação da CMVM, consoante os casos, e pela identidade do regime já atribui garantias neste sentido. Impedir liminarmente todos os fundos não comunitários de terem as suas unidades de participação integrantes dos fundos seria demasiado restritivo.

Este regime compreende-se na medida em que o legislador reconheceu a natureza específica das unidades de participação como valores mobiliários.

Idêntico regime se encontra no 4.13. Legge 23 marzo 1983, n. 77 (in G.U. 28 marzo 1983, n. 85) para os fundos e no 7.1. Decreto Legislativo 25 gennaio 1992, n. 84 (in G.U. 14 febbraio 1992, n. 37) para as SICAV. As unidades de participação podem fazer parte dos fundos mobiliários na Suíça expressamente, mas apenas as unidades de participação de outros fundos mobiliários, nos termos do 31.1.c. Ordonnance du Conseil Fédéral sur les Fonds de Placement du 19.10.1994. Estas unidades de participação não podem representar mais de 10% do património dos fundos (40. Ordonnance du Conseil Fédéral sur les Fonds de Placement du 19.10.1994).

G) O problema especial dos fundos de derivados

A lei em parte nenhuma refere a possibilidade de fundos de derivados em Portugal. A verdade é que o regime está sobretudo preparado

Parte V – Os fundos de investimento mobiliário 431

para fundos mobiliários com valores do "spot". Como antes se verificou há dois patamares diferentes na inclusão de derivados nos fundos:

a) o primeiro é o decorrente do regime da cobertura de riscos; todos os fundos podem incluir derivados nos termos e limites de cobertura de riscos;

b) para além deste patamar apenas podem ser incluídos derivados na medida em que a política de investimentos o autorize.

No entanto, estes fundos não são forçosamente fundos de derivados. Com efeito, e nos termos gerais, apenas poderão conter derivados na medida em que isso não viole os limites do 42º/2/a DLFIM[615]. Para que um fundo possa ter no seu objecto mais que as limitadas percentagens referidas no mencionado artigo requere-se que preencham estes derivados os requisitos do 42º/1 DLFIM. Para que sejam fundos de derivados, e não apenas fundos com derivados para além do que é permitido pelo regime de cobertura de riscos, é necessário que a política de investimentos defina que a proporção de investimentos em derivados é prevalecente em relação aos valores do "spot" e em que medida o é. Pode-se afirmar que de acordo com o 411º/6 Cd.MVM só poderia haver fundos de derivados depois de regulamentação da CMVM equiparando os preços dos derivados a cotações. Mas não é assim. Para efeitos do 42º/1 DLFIM basta que estejamos perante um mercado regulamentado, coisa que já vimos a Bolsa de Derivados do Porto ser. Podem-se invocar os perigos destes fundos. Mas desde que a política de investimentos defina claramente as proporções em que se investirá em derivados e seja dada informação aos participantes, não se vê o que impede este tipo de fundos.

Os fundos de derivados levantam no entanto, um outro conjunto de problemas. Por um lado, o que respeita às unidades de participação de fundos de derivados. Tendo em conta as limitações legais à inclusão de unidades de participação no objecto dos fundos, não se vê que haja problemas em incluir unidades de participação de fundos de derivados, desde que de acordo com o risco assumido na política de investimentos, mesmo que esta não afirme expressamente que se pode investir em unidades de participação de fundos de derivados. Já quanto aos fundos de

---

[614] 45º, 51º/1 DLFIM. Que decorrem do 24º DFI.

[615] Está-se a pensar sempre, como é evidente, nos derivados que são equiparados a valores mobiliários, ou seja que têm "emissão" homogénea em massa e negociabilidade.

432   *Fundos de Investimento Mobiliário e Imobiliário*

fundos, que serão tratados adiante, e tendo em conta o investimento em unidades de participação ser ilimitado, já a política de investimentos deve consagrar expressamente esta possibilidade. O segundo problema que os fundos de derivados implica respeita à informação que deve ser prestada ao participante potencial e actual, tendo em conta o risco envolvido. Mas este é um problema geral da qualidade de informação, tratado nomeadamente em sede de 646º/1/a e 663º/2 Cd.MVM.

ASMANN, Heinz-Dieter; SCHÜTZE, Rolf A.; *Handbuch des Kapitalanlagerechts*, C.H. Beck'sche Verlagsbuchhandlung, 2ª ed., München, 1997, p. 707, coloca igualmente este problema, na perspectiva da protecção dos investidores e dos riscos envolvidos. Este tipo de fundos existe em França, e no Luxemburgo igualmente (*O.P.C.V.M. 90, Où et Comment s'Implanter en Europe?*, Séminaire de Direction de Banque, La Revue Banque Éditeur, Tome I, Paris 1990, p. 47, p. 156). A França é pioneira nestes fundos (*ibidem*, p. 58). Para o sucesso do investimento nos futuros no início dos anos 90 ver *O.P.C.V.M. 90, Où et Comment s'Implanter en Europe?*, Séminaire de Direction de Banque, La Revue Banque Éditeur, Tome II, Paris 1990, p. 383.

ii) Liquidez

Os fundos podem deter, a titulo acessório, meios líquidos na medida adequada para efeitos de[616]:

a) movimento normal de resgate das unidades de participação;
b) gestão eficiente do fundo, tendo em conta a sua política de investimentos.

A primeira premissa só é aplicável aos fundos mobiliários abertos. Com efeito, nos fechados, e como vimos, não é possível o resgate fora da liquidação.

---

[616] 42º/3, 51º/1 DLFIM. Comparar com o regime mais restritivo do 5º/2/a DLFII.

Antes definia-se a parte dos meios líquidos por uma percentagem máxima de 10% no 10º/a Dec.-Lei n.º 46 342, de 20 de Maio de 1965.

A acessoriedade dos meios líquidos é igualmente consagrada no 10.2 Ley 46/1984, de 26 deciembre. No 17.4. Reglamento de la Ley 46/1984, de 26 de deciembre, aprovado pelo Real Decreto 1393/1990, de 2 noviembre, estabelece que os coeficientes mínimos de liquidez são de 5% para as sociedades de capital variável e 3% para os fundos de investimento. O máximo estabelecido em liquidez e meios líquidos é de 10% nos termos do 37.1.b. Reglamento de la Ley 46/1984, de 26 de diciembre, aprovado pelo Real Decreto 1393/1990, de 2 noviembre.

Parte V – Os fundos de investimento mobiliário 433

O segundo pressuposto é congruente com as limitações à contracção de empréstimos por parte dos fundos[617]. Em princípio as aquisições são feitas a contado, e não a crédito. O crédito, além destas limitações, tem sempre custos. Por outro lado, a inexistência de meios líquidos pode implicar a venda de activos por forma a enfrentar as despesas de investimento dos fundos. Uma boa política de investimentos implica que estes custos reais ou potenciais sejam diminuídos à sua dimensão mínima, o que pressupõe a existência de meios líquidos para enfrentar estas despesas.

Em Espanha, não se considera parte da liquidez das instituições de investimento colectivo os activos depositados para efeitos de garantia de operações a prazo, na medida em que estas sejam permitidas, como se analisou a propósito da cobertura de riscos no regime geral (1.5. Orden de 6 de julio de 1992).

A referência aos meios líquidos necessários ao seu funcionamento encontra-se igualmente no 25. Loi nº 88-1201 du 23 décembre 1988 para os S.I.C.A.V. (cf. PEZARD, Alice; *Droit des Marchés Monétaire et Boursier*; Editions du J.N.A., Paris, 1994, p. 251).

As "liquidités" são referidas na Suíça para os fundos mobiliários mas apenas as "adequadas em quantidade limitada" (32.3. Loi Fédérale sur les Fonds de Placement, du 18.03.1994). A percentagem máxima de activos bancários foi estabelecida em 25% no 31.1.e. Ordonnance du Conseil Fédéral sur les Fonds de Placement du 19.10.1994, esclarecendo o 32. Do mesmo diploma que por liquidez se entendiam activos bancários à vista ou a um prazo até doze meses.

Nos Estados Unidos, os "mutual funds", exactamente porque são fundos abertos levantaram problemas de resgate, o que só justifica esta regra da liquidez (cf. FADIMAN, Mark; *Rebuilding Wall Street*, Prentice Hall, Englewood Cliffs, New Jersey, 1992, p. 23).

A liquidez é associada tradicionalmente ao grau de segurança que a instituição apresenta (ROSA, Guilherme; *Sobre a Liquidez Bancária*, Ed. Revista "Actividades Económicas", nº 5, Abril 1956, Lisboa, p. 12). Mas esta figura da liquidez atravessa todos os sectores da actividade financeira, desde há muito tempo. Como critérios gerais do investimento a segurança, o rendimento e a liquidez ver GONÇALVES, Júlio César da Silva; *A Avaliação dos Valores em Garantia de Reservas das Instituições Seguradoras*, Separata da Revista Contabilidade e Comércio, Lisboa, 1950, p. 7.

---

[617] 11º/1/b DLFIM.

434 Fundos de Investimento Mobiliário e Imobiliário

iii) *Instrumentos representativos de dívida*

O artigo 42°/2 do DLFIM respeita aos fundos abertos. O art° 51°, aplicável aos fundos fechados, remete para este mesmo art° 42°, apenas alterando as percentagens da composição, mas não a natureza dos elementos que a integram.

O art° 42°/2 do citado diploma estatui que podem fazer parte dos fundos outros valores mobiliários (al a)) e outros instrumentos de dívida (al. b). Este 42°/2/b estatui quatro requisitos cumulativos, que merecem análise separada[618].

1. Instrumentos representativos de dívida

Este pressuposto legal implica que necessariamente não estão nesta categoria instrumentos que inscrevam[619] situações jurídicas que não de dívida (direitos sociais, direitos potestativos, entre outros).

Ora, tanto os CLIP's, ou melhor, os certificados dos CLIP's, como os BT's inscrevem dívidas. Estes são exemplos de instrumentos que *potencialmente* se podem enquadrar nesta alínea.

Por outro lado, e apesar da lei se referir a instrumentos, o que nos termos tradicionais se refere a um suporte documental, a lei não préjulga em relação à forma de representação dos mesmos (cf. 42°/1 e 42°//2/a DLFIM[620]). Deste modo, a forma dos BT's e CLIP's não prejudica a aplicação deste regime. Pode tratar-se de activos escriturais.

Em terceiro lugar, têm de se recortar negativamente em relação aos valores mobiliários e à liquidez, como decorre do confronto com o 42°//2/a e 42°/3 DLFIM. Ou seja, tem de se tratar de activos que não se constituam como liquidez. Por outro lado, não são valores mobiliários, e num duplo sentido. Em primeiro lugar, abrange aqueles que sendo valores mobiliários em sentido lato, por serem objecto de emissão massificada uniforme e negociáveis, são excluídos do tipo restricto de valores mobiliários do Código do Mercado de Valores Mobiliários. É o

---

[618] Ver 19°/2/b DFI.

[619] Não se diz "incorporam" na medida em que a lei não pré-determina em relação à sua natureza como títulos de crédito ou não.

[620] Cf. igualmente, os artigos 2°/2 Dec.-Lei n° 445-A/88, e 3°/1 Dec.-Lei n° 321--A/85.

que se passa com os valores monetários (cf. 2º/2 Cd.MVM). Mas é o que passa igualmente com valores de outros mercados financeiros (como o segurador) ou de activos reais (nomeadamente certificados *de dívidas* garantidos por matérias primas), nos países em que tais mercados existam e emitam tais instrumentos. Em segundo lugar, aqueles que não se constituem como valores mobiliários porque não são objecto de emissão massificada uniforme. Não abrange activos que não sejam valores mobiliários por falta de negociabilidade, na medida em que por força do 42º/2/b DLFIM têm de ser transaccionáveis.

2. Transaccionáveis

Este requisito da transaccionabilidade apenas se compreende na medida em que a lei pretende que os activos que compõem os fundos permitam a sua flexibilidade. Ora os instrumentos intransaccionáveis tornariam o fundo rígido na sua composição. A transaccionabilidade não é equivalente à transmissibilidade. Tem de se entender que é equivalente ao conceito de negociabilidade constante do 3º/1/a Cd.MVM (curiosamente o 3º/1/b Cd.MVM usa a expressão "transaccionam"). Com efeito, os métodos de transmissão e o seu regime pode ser de tal modo pouco expedito que não permite a formação de um mercado para esse activo. Nesse sentido, embora transmissíveis, não são transaccionáveis. Por outro lado, alguns activos com transmissibilidade limitada podem, não obstante, ser transaccionáveis.

Tanto os CLIP's (6º, 7º Dec.-Lei nº 445-A/88, de 5 de Dezembro) como os BT's (6º, 7º Dec.-Lei nº 321-A/85, de 5 de Agosto) são transaccionáveis. Mais ainda, e para além do que é exigido por lei, transaccionáveis em mercados secundários (especialmente regulamentados pela lei para o efeito).

3. Que possuam liquidez

Este é um requisito de facto, que se tem de aferir a cada momento. Não é assim possível responder em abstracto se os instrumentos têm ou não liquidez. Tudo depende da situação do mercado a cada momento e daí dependerá a sua licitude de integração nos fundos.

Problema de natureza jurídica é apenas o de saber em que altura se tem de aferir esta liquidez: no momento da aquisição dos produtos citados ou ao longo de todo o período em que se integram nos fundos?

436 Fundos de Investimento Mobiliário e Imobiliário

A resposta é positiva em ambos os casos. O art° 42° do DLFIM consagra normas de *composição* dos fundos, e não apenas regras de aquisição de valores para estes.

A aquisição de instrumentos não líquidos é considerada ilícita pela lei, não na perspectiva do acto aquisitivo em si mesmo considerado, mas pela consequência que acarreta na composição do fundo.

Em consequência, um instrumento que componha um fundo e que se torne não líquido, tem de ser alienado pela entidade gestora[621].

Em síntese, tanto a falta de liquidez originária como a superveniente induzem a ilicitude da composição do fundo.

Questão diferente respeita aos critérios para se aferir desta liquidez. O que caracteriza os valores referidos no art° 42°/1 é o de, em cúmulo, apresentarem a dupla garantia de admissão à negociação em mercado organizado e uma liquidez mínima[622] que é pressuposta pela admissão nestes mercados. Nestes termos, e para se aferir do patamar mínimo de liquidez exigida pelo 42°/2/b o critério mínimo tem de ser pelo menos o referente ao mercado sem cotações nos termos do 387°/1/b Cd.MVM[623].

4. E tenham valor susceptível de ser determinado com precisão a qualquer momento

Desde logo há que operar uma delimitação negativa do conceito: o legislador não se quis referir a uma cotação, ou sequer a um preço público de qualquer natureza. De outro modo, não se compreenderia a sua inclusão no 42°/2/b e não no 42°/1 que refere estas cotações e preços de mercado organizado. Por outro lado, também não se refere à uma mera possibilidade técnico-financeira de determinação de preço, na medida em que não tem sentido fazer depender a licitude de um instituto das capacidades de análise financeira, mas apenas das características do mercado.

---

[621] O momento adequado para esta alienação tem no entanto de ser ponderado em função dos interesses dos clientes nos termos gerais (cf. nomeadamente, os art°s 660° e 664°/a Cd.MVM).

[622] Embora esta liquidez mínima possa suscitar problemas em mercados, como o francês, em que há uma bolsa universal e o "hors cote" não tem critérios de liquidez, ao contrário do que acontece nos termos do 387°/1/b Cd.MVM.

[623] Fala-se em critério mínimo, ou melhor auxiliar, na medida em que havendo concurso com o Direito Comunitário, não se pode recorrer ao Direito Nacional para integrar um conceito do primeiro. No entanto, esta parece ser uma via de solução indispensável para atribuir alguma racionalidade ao critério de liquidez.

Parte V – Os fundos de investimento mobiliário　437

É igualmente de afastar a possibilidade de se usar como critério a avaliação com precisão de um valor mínimo destes produtos.

O caso dos bilhetes do tesouro e dos CLIP's é sintomático. É certo que o valor actualizado mínimo destes produtos, estabelecido através da composição dos juros e do capital nominal (artigos 4º, 5º Dec.-Lei nº 445-A/88 para os certificados de CLIP's e artºs 4º e 5º do Dec.-Lei nº 321-A/85, de 5 de Agosto para os BT's) pode ser estabelecido com suficiente precisão. No entanto, esta solução do recurso ao valor mínimo dos BT's tem efeitos perversos. Se, o que é positivo, evita a sobreavaliação[624] dos fundos tem, no entanto, como desvantagem o risco da sua subavaliação:

a) uma subavaliação global do fundo, induzindo o investidor em erro na medida em que irá subavaliar o seu património;

b) uma subavaliação da parcela dos fundos referida no 42º/2 que, se se basear a sua avaliação no critério do valor mínimo, poderá atingir uma percentagem real do valor do fundo superior à permitida neste mesmo 42º/2.

Em geral, o critério do valor mínimo não é o adequado na medida em que o critério da lei é o da avaliação, dentro da medida do possível, segundo o valor real (artº 30º DLFIM).

Quais são os critérios seguros de concretização deste conceito legal de "valor susceptível de ser avaliado com precisão a cada momento"? São os seguintes:

a) o valor tem de ser estabelecido em mercado;

b) este mercado tem de ser transparente;

c) este valor tem de se poder estabelecer diariamente.

O valor *tem de ser estabelecido em mercado*. Com efeito, o artº 42º/2/a DLFIM não tem este critério. No entanto, trata-se de valores mobiliários "clássicos" como acima se referiu. Daí que o artº 30º/5 DLFIM estatua critérios não baseados no mercado. O requisito da susceptibilidade de determinação com precisão acrescenta um "plus" que não vem previsto na alínea anterior. E esse "plus", para ser objectivo, apenas pode ser aferido por um mercado.

O mercado *tem de ser transparente*. Com efeito, as normas de avaliação do valor dos fundos são normas de protecção dos investidores,

---

[624] Impedindo assim, que os investidores sejam induzidos em erro quanto ao valor das unidades de participação, ou seja, do seu património.

438 Fundos de Investimento Mobiliário e Imobiliário

na medida em que delimitam tanto o risco como a extensão do seu património. Uma avaliação feita em mercado que não publicite informação que esteja ao acesso do investidor[625] não permite a impugnação do valor das unidades de participação de que é titular[626].

Mais uma vez temos um bom teste com os bilhetes do tesouro e os CLIP's. Tudo depende pois da transparência que concretamente tenham os mercados dos CLIP's e dos BT's. Na medida em que a lei não estatui mecanismos de transparência para este mercados, há que apreciar a cada momento (e facticamente) da sua transparência efectiva. A falta de transparência, seja originária, seja superveniente, gera inhabilidade dos valores para integrarem os fundos, tal como se verificou a propósito da liquidez e pelas mesmas razões.

O valor *tem de se poder estabelecer diariamente*. Com efeito, o significado de "a cada momento" referido no artº 42º/2/b tem de ser integrado nos termos do artº 30º/1 DLFIM. Qual é a função da determinação do valor destes instrumentos? Permite a avaliação do valor do fundo e de cada unidade de participação. Ora, quando se tem de fazer esta avaliação? Diariamente, como estatui o artº 30º/1 DLFIM. Nestes termos, não pode ser outra a conclusão senão a de considerar que o mercado tem de permitir que seja feita uma avaliação diária dos instrumentos de dívida[627][628].

---

[625] E que, repare-se, neste momento, e no caso dos BT's e dos certificados dos CLIP's, apenas se encontra ao acesso das SGFIM apenas no seu segundo segmento, como mero público e não como profissionais do mercado.

[626] Repare-se que, se o artº 30º/5 do DLFIM abdica do mercado, não abdica da transparência.

[627] Repare-se que não se exige, nem se pode exigir, que todos os dias haja transacções com estes instrumentos. Nem sequer para os valores cotados o cálculo do valor tem esta exigência no artº 30º do DLFIM. A frequência de transacções tem, isso sim, de ser de tal ordem que permita com rigor o estabelecimento de um valor actualizado.

[628] A verdade é que tanto os BT como os CLIP's, por serem transaccionáveis em mercado organizado e caso sejam emitidos em séries homogéneas (os respectivos regimes não deixam claro se esta emissão em conjuntos homogéneos é obrigatória mas nada impede que tal aconteça. De salientar que, no caso dos BT's, há que ter em consideração que é consensualmente reconhecida a sua natureza monetária (cf. artº 6º Dec.-Lei nº 321--A/85, de 5 de Agosto), pelo que caberia na exclusão do artº 2º/2/a Cd.MVM.), poder--se-ia qualificá-los de valores mobiliários.

Nestes termos, caberiam na alínea a) e não na alínea b). A sua inclusão na alínea b) não prejudicaria qualquer das conclusões anteriores referentes ao acesso ao mercado, apenas precludiria a aplicação dos critérios mais exigentes da alínea b). No entanto, sendo valores *monetários*, apenas podem caber na alínea b) caso preencham os seus requisitos.

Parte V – Os fundos de investimento mobiliário   439

Caso especial no nosso direito é o dos CLIP's e o dos Bilhetes do Tesouro (BT), como se foi verificando no texto, em relação aos quais se te de verificar a cada momento este requisito.

Em Itália estabelece-se regime idêntico para os títulos de crédito equiparáveis a valores mobiliários, definidos pelo Banco de Itália tendo em conta a sua transferibilidade, liquidez, e exacta avaliação com uma periodicidade quinzenal (4.9. Legge 23 marzo 1983, n. 77 (in G.U. 28 marzo 1983, n. 85)). O regime suíço é algo diferente, na medida em que exclui desta categoria os instrumentos do mercado monetário no 31.4.b. Ordonnance du Conseil Fédéral sur les Fonds de Placement du 19.10.1994. Refere, pelo contrário, créditos que pelas suas características podem ser assimilados a valores mobiliários, alienáveis e transferíveis e cujo valor pode ser determinado quando da emissão e resgate das unidades de participação.

iv) *Relevância das distinções tipológicas de activos. Estrutura patrimonial. Regime geral e consequências jurídicas da composição.*

A distinção em tipos de valores mobiliários e em geral em tipos de activos parece à primeira vista ser meramente ociosa. Com efeito, a lei estatui que podem fazer parte do fundos estes activos. A consequência única pareceria ser apenas que activos que não pertencessem a estes tipos não podem fazer parte dos fundos. Quando muito haveria um problema de concentração de riscos[629]. Mas para este regime irreleva a tipologia antes estabelecida.

No entanto, não e assim. A distinção entre tipos tem relevância, não em sede de concentração de riscos, mas em sede de caracterização dos activos dos fundos. Em última análise é ela que define a natureza dos fundos mobiliários.

Em primeiro lugar, o somatório dos valores de tipo VI com os instrumentos de dívida não pode ultrapassar nunca os 10% (nos fundos abertos) ou 25% (nos fundos fechados) do valor global do fundo[630]. Os fundos mobiliários são em primeiro lugar fundos de valores mobiliários e de valores mobiliários negociados em mercados regulamentados.

Regra semelhante na Suíça no 31.4. e 31.5. Ordonnance du Conseil Fédéral sur les Fonds de Placement du 19.10.1994. De igual modo em França (PEZARD, Alice; *Droit des Marchés Monétaire et Boursier*; Editions

---

[629] 43º, 44º DLFIM.
[630] 42º/2, 51º/2/a DLFIM. 19º/3 DFI.

440   *Fundos de Investimento Mobiliário e Imobiliário*

du J.N.A., Paris, 1994, p.251). Os primeiros critérios de distinção não se baseavam no entanto na cotação. Em França, por exemplo, preferia-se o método do "panachage", em que se exigia uma percentagem mínima de valores de rendimento fixo em relação aos de rendimento variável (Funcionamento das Sociedades de Investimento de Capital Variável (S.I.C.A.V.) em França – Relatório Lorain, de Janeiro de 1968; in: *Revista Bancária*, Ano IV, nº 14, Outubro - Dezembro de 1968, Lisboa, p. 44, 46, 65). Também *O.P.C.V.M. 90, Où et Comment s'Implanter en Europe?*, Séminaire de Direction de Banque, La Revue Banque Éditeur, Tome I, Paris 1990, p. 148, se refere a este "panachage".

Em segundo lugar, os fundos mobiliários são fundos compostos residualmente de unidades de participação. Apenas podem fazer parte dos seus activos até 5% do valor do fundo[631]. Esta é a norma que traça a distinção clara entre os fundos comuns dos fundos de fundos[632].

Os fundos devem ser constituídos, se excluirmos os meios líquidos, em pelo menos 90% (nos fundos abertos) ou 75% (nos fundos fechados) dos valores de tipo I, II, III e IV[633].

Em Espanha também se estabelece, agora directamente, idêntica percentagem de 90% no 10.1., 18. Ley 46/1984, de 26 deciembre, e no 17.1. Reglamento de la Ley 46/1984, de 26 de deciembre, aprovado pelo Real Decreto 1393/1990, de 2 noviembre. Para os fundos de investimento, no 17.1.§2º, 37.1.a. Reglamento de la Ley 46/1984, de 26 de deciembre, aprovado pelo Real Decreto 1393/1990, de 2 noviembre, estabelece-se que a percentagem será de 80%. Cf. igualmente RODRÍGUEZ ARTIGAS, Fernando; Instituciones de Inversión Colectiva, in: ALONSO UREBA, Alberto, MARTINEZ-SIMANCAS Y SANCHEZ; Julian; *Derecho del Mercado Financiero*;

---

[631] 45º *in fine*, 51º/1 DLFIM. Antes o limite era de 10%, nos termos do 13º/4/b Dec.-Lei nº 229- C/88, de 4 de Julho.

Esta regra dos 5% é igualmente vigente em Espanha, à luz do 4.1.a. (e 32.2.d., na redacção do 1.1. Ley 19/1992, de 7 de julio) Ley 46/1984, de 26 deciembre, que é válido, no entanto, para todas as instituições de investimento colectivo, e não apenas para as mobiliárias (ver também o 4.1.a. Reglamento de la Ley 46/1984, de 26 de deciembre, aprovado pelo Real Decreto 1393/1990, de 2 noviembre). Em França, igualmente o 2. Décret nº 89-623 du 6 septembre 1989, para os fundos de investimento e as S.I.C.A.V.. Em Itália, igualmente 5% para os fundos mobiliários abertos no 4.13. Legge 23 marzo 1983, n. 77 (in G.U. 28 marzo 1983, n. 85). Na Suíça, podem deter até 10%, mas apenas de unidades de participação de outros fundos mobiliários nos termos do 41. Ordonnance du Conseil Fédéral sur les Fonds de Placement du 19.10.1994.

[632] 55º a 57º DLFIM.

[633] 42º/1, 2, 3, 51º/2/b DLFIM.

Tomo I, Volume 1, *Entidades del Mercado Financiero*, Editorial Civitas, Madrid, 1994, p. 288.

Este regime vem a ser próximo do que existia em França em 1991, em que pelo menos 80% da carteira dos fundos deveria ser constituída de valores cotados ou objecto de emissão pública (JUGLART, Michel de; IPPOLITO, Benjamin; *Traité de Droit Commercial, Tome 7, Banques et Bourses*, Montchrestien, 3 ed., Paris, 1991, p.609). Em 1994 a percentagem já era de 90% (PEZARD, Alice; *Droit des Marchés Monétaire et Boursier*; Editions du J.N.A., Paris, 1994, p. 250).

Em Itália, a regra dos 90% para os fundos abertos mobiliários deduz--se do 4.8. Legge 23 marzo 1983, n. 77 (in G.U. 28 marzo 1983, n. 85).

Em segundo lugar, a tipologia tem consequências no regime da licitude das aquisições e em sede de dever de regularização.

A aquisição de activos que não dos tipos I a IV para além de 10% ou 25%, consoante se trata de um fundo aberto ou fechado, do valor do fundo, excluindo os meios líquidos, constitui infracção, com as consequências que já estudámos antes no regime geral, em sede validade negocial e dever de regularização[634].

A aquisição de outros activos que não os previstos no 42º/1, 2, 3, DLFIM para o fundo constitui infracção, com as mesmas consequências já estudadas.

Se supervenientemente os valores deixarem de pertencer aos tipos I a III a aquisição é lícita mas existe um dever de regularização do fundo.

Se a condição de admissão não se verificar no caso dos valores de tipo IV a aquisição foi lícita mas existe um dever de regularização.

A estrutura patrimonial encontrava-se regulada no 10º Dec.-Lei n.º 46 342, de 20 de Maio de 1965, permitindo o 10ª/§2º do mesmo diploma que o Ministro das Finanças alterasse por regulamento os limites legalmente estabelecidos. A restrição dos tipos de valores segundo os mercados em que se integram (emissão pública e mercados com cotação) já se encontrava no 8. Ordonnance nº 45-2710 du 2 novembre 1945, para as sociedades de investimento de capital fixo e no 25. Loi nº 88-1201 du 23 décembre 1988 para os S.I.C.A.V. e fundos de investimento. De igual modo no 2., 3. Décret nº 89-623 du 6 septembre 1989.

---

[634] 22º DLFIM.

O limite estabelecido pela lei espanhola é, nos termos do 18.§2º Ley 46/1984, de 26 deciembre, de 10%. Também de 10% nos termos do 3.2. Décret nº 89-623 du 6 septembre 1989.

442 *Fundos de Investimento Mobiliário e Imobiliário*

A lei suíça estabelece um período de arranque com um regime especial (como acontece em Portugal, mas para os fundos imobiliários) no caso dos fundos mobiliários, período este que é de três meses após a liberação da primeira emissão de unidades de participação, para que as regras sobre os limites de composição sejam cumpridos, período este que pode ser alargado a pedido de sociedade gestora, por autorização da supervisão (27.3., 27.5. Ordonnance du Conseil Fédéral sur les Fonds de Placement du 19.10.1994). Em geral para a estrutura patrimonial nos fundos mobiliários, ver o 31. Ordonnance du Conseil Fédéral sur les Fonds de Placement du 19.10.1994.

A estrutura patrimonial exige diversificação de aplicações nos fundos mobiliários de acordo com regulamentação do Banco Central do Brasil no 1.§1°.III. Resolução nº 2.183, de 21 de Julho de 1995, do Conselho Monetário Nacional do Brasil.

II. *Quanto à concentração de riscos*

i) Limites

A) Percentagem da emissão de acções

Não podem fazer parte de um fundo mais de 10% das acções emitidas por uma mesma sociedade[635].

Esta regra completa o quadro que antes havíamos traçado a propósito dos limites operacionais da entidade gestora. É que, nesta perspectiva havia sido objecto de atenção o somatório das participações sociais integrantes de todos os fundos geridos por uma entidade gestora. Por esta norma institui-se um limite operacional *para cada fundo*.

---

[635] 20°/2/a DLFIM. 25°/3/a DFI.

Era já o regime francês (JUGLART, Michel de; IPPOLITO, Benjamin; *Traité de Droit Commercial, Tome 7, Banques et Bourses*, Montchrestien, 3 ed., Paris, 1991, p. 609). Nas sociedades de investimento de capital fixo também se proíbe no 8. Ordonnance nº 45-2710 du 2 novembre 1945 a aquisição de mais de 10% dos direitos de voto de uma sociedade. A mesma regra de 10% para as não cotadas (e de 5% para as acções cotadas) nos fundos mobiliários abertos em Itália (4.10. Legge 23 marzo 1983, n. 77 (in G.U. 28 marzo 1983, n. 85). A percentagem é de 10% em geral para as acções em direito de voto (4.11. Legge 23 marzo 1983, n. 77 (in G.U. 28 marzo 1983, n. 85)).

No 3º Dec.-Lei n.º 46 342, de 20 de Maio de 1965 apenas se proibia a participação maioritária nas empresas.

Regime paralelo encontra-se no 33.2. Loi Fédérale sur les Fonds de Placement, du 18.03.1994, na Suíça.

B) Percentagem do valor global do fundo

Percentagem por emitente

Um fundo não pode deter valores mobiliários emitidos por uma mesma entidade emitente que ultrapassem uma certa percentagem do valores global do fundo:

a) 5% nos fundos abertos[636],

b) 10% nos fundos fechados[637].

A regra mais antiga em Portugal nesta área, referente aos fundos mobiliários, estatuía uma percentagem máxima de 10% (10%/c Dec.-Lei n.º 46 342, de 20 de Maio de 1965). Para a regra dos 5%, esquecendo-se no entanto, do alargamento referido de seguida ver TOMÉ, Maria João Romão Carreiro Vaz; *Fundos de Investimento Mobiliário Abertos*, Almedina, Coimbra, 1997, p. 72.

Regra semelhante em França (PEZARD, Alice; *Droit des Marchés Monétaire et Boursier*; Editions du J.N.A., Paris, 1994, p. 251).Esta regra parece ter aliás uma das suas origem neste país, no que respeita ao regime das S.I.C.A.V. (Funcionamento das Sociedades de Investimento de Capital Variável (S.I.C.A.V.) em França – Relatório Lorain, de Janeiro de 1968; in: *Revista Bancária*, Ano IV, n° 14, Outubro – Dezembro de 1968, Lisboa, p. 46).

---

[636] 43°/1 DLFIM.

A mesma regra se encontra no 4.1.b. Ley 46/1984, de 26 deciembre (cf. o seu 32.2.d., na redacção do 1.1. Ley 19/1992, de 7 de julio) e no 4.1.b. Reglamento de la Ley 46/1984, de 26 de deciembre, aprovado pelo Real Decreto 1393/1990, de 2 noviembre. Em Itália, o 4.7. Legge 23 marzo 1983, n. 77 (in G.U. 28 marzo 1983, n. 85).

No Brasil nos fundos mobiliários abertos o limite é de 10% nos termos do 13.§6° Regulamento Anexo à Circular n° 2.594, de 21 de Julho de 1995, do Banco Central do Brasil, e 13.§6° Regulamento Anexo à Circular n° 2.616, de 18 de Setembro de 1995 do Banco Central do Brasil, tendo em conta, não obstante, que abrange não apenas a mesma entidade mas as que estão em relação de grupo com ela.

[637] 51°/2/b DLFIM.

Em França, o limite estabelece-se nos 10% (JUGLART, Michel de; IPPOLITO, Benjamin; *Traité de Droit Commercial, Tome 7, Banques et Bourses*, Montchrestien, 3 ed., Paris, 1991, p. 609). No caso das sociedades de investimento semelhantes percentagens são estabelecidas no 8.§2° Ordonnance n° 45-2710 du 2 novembre 1945, na redacção do Décret n° 67-587 du 17 juillet 1967.

Na Suíça, em que não existe distinção expressa, pelo menos entre fundos abertos e fechados, estabelece-se em lugar paralelo, a percentagem de 10% como limite no 37.1. Ordonnance du Conseil Fédéral sur les Fonds de Placement du 19.10.1994.

Nas "diversified companies", modalidade das "investment companies" que obedece à regra da divisão de riscos, a regra é a de que não pode mais de 5% do valor do seu património ser constituído por valores emitidos por uma mesma entidade emitente nos termos da Sec. 5 (b) (1) Investment Company Act of 1940. A doutrina esclarece que este instituto tem a ver, não com a concentração de riscos por actividade mas por emitente, fazendo, assim, deste o lugar paralelo do regime português que ora se estuda (HAZEN, Thomas Lee; *The Law of Securities Regulation*, West Publishing Co., 2ª ed., St. Paul, Minn., 1990, p. 851).

Percentagem conglobada das quotas das emitentes

No entanto, mesmo nos fundos abertos, esta percentagem pode ir sempre até 10% se[638]:

a) havendo várias entidades emitentes[639] e a quota no valor global do fundo dos valores emitidos por elas for superior a 5%;

b) o total de todas as quotas destas entidades emitentes não for superior a 40%.

Em Espanha existe regra idêntica (RODRÍGUEZ ARTIGAS, Fernando; Instituciones de Inversión Colectiva, in: ALONSO UREBA, Alberto, MARTINEZ-SIMANCAS Y SANCHEZ; Julian; *Derecho del Mercado Financiero*; Tomo I, Volume 1, *Entidades del Mercado Financiero*, Editorial Civitas, Madrid, 1994, p. 271).

Esta regra tem por lugar paralelo o 4.§1° Décret n° 89-623 du 6 septembre 1989. Ver PEZARD, Alice; *Droit des Marchés Monétaire et Boursier*; Editions du J.N.A., Paris, 1994, p. 251. Existia desde os anos 60 uma proposta no sentido de alargar para as S.I.C.A.V. os limites de 5% para 10% (Funcionamento das Sociedades de Investimento de Capital Variável (S.I.C.A.V.) em França – Relatório Lorain, de Janeiro de 1968; in: *Revista Bancária*, Ano IV, n° 14, Outubro - Dezembro de 1968, Lisboa, p. 66 – 67).

Em Itália, o 4.7.a. Legge 23 marzo 1983, n. 77 (in G.U. 28 marzo 1983, n. 85) e, para os SICAV, o 7.1. Decreto Legislativo 25 gennaio 1992, n. 84 (in G.U. 14 febbraio 1992, n. 37). Esta cláusula, juntamente com a regra da percentagem de emissão é chamada de "doppia clausola de salvaguardia" (TOMÉ, Maria João Romão Carreiro Vaz; *Fundos de Investimento Mobiliário Abertos*, Almedina, Coimbra, 1997, p. 68).

Parte V – Os fundos de investimento mobiliário 445

Igual regra existe na Suíça no 37.1. Ordonnance du Conseil Fédéral sur les Fonds de Placement du 19.10.1994.

No entanto, para efeitos do somatório das quotas superior a 40%, não se tomam em consideração os valores emitidos ou garantidos por Estado da OCDE ou instituições internacionais de que um Estado membro da união Europeia faça parte, ou as obrigações hipotecárias qualificadas, de que abaixo se falará[640].

Valores emitidos ou garantidos por Estado da OCDE ou instituições internacionais

Tanto para os fundos abertos como para os fechados a percentagem os valores com uma emitente podem representar num fundo é de 35% se[641]:

a) foram emitidos ou garantidos por um Estado membro da OCDE;
b) ou foram emitidos ou garantidos por instituições internacionais de carácter público a que pertençam um ou vários membros da União Europeia.

Os Estados-membros da OCDE que são referidos na norma abrangem os que sejam igualmente membros da União Europeia, apesar de existir um regime especial para esses[642]. Com efeito, o regime especial de que depois se referirá, sendo mais generoso, tem requisitos adicionais.

---

[638] 43°/2 DLFIM. 22°/2 DFI.
Regra semelhante se encontra no 4.1.b. *"in fine"* (e 32.2.d., na redacção do 1.1. Ley 19/1992, de 7 de julio) Ley 46/1984, de 26 deciembre.

[639] Não se aplica este regime obviamente quando existe uma só entidade emitente, tendo em conta que o limite por cada qual será no máximo de 10%. O mínimo de emitentes que esta norma pressupõe é, assim, de quatro.

[640] 43°/6 DLFIM. Esta excepção apenas tem razão de ser em relação aos fundos abertos. Com efeito, apenas se alargam as condições em que se pode atingir a percentagem de 10%. Ora nos fundos fechados, pode-se sempre atingir 10% do fundo.

[641] 43°/3, 51°/1 DLFIM. 22°/3 DFI.
O mesmo regime se encontra no 4.3.§1° (e 32.2.d., na redacção do 1.1. Ley 19//1992, de 7 de julio) Ley 46/1984, de 26 deciembre, mas para os fundos públicos espanhóis e para os de organismos internacionais de que a Espanha seja membro. O 4.3.§1° Reglamento de la Ley 46/1984, de 26 de diciembre, aprovado pelo Real Decreto 1393/1990, de 2 noviembre alargou o mesmo regime aos Estados membros da União Europeia, por força do regime da DFI.

[642] 44°, 51° DLFIM.

446 *Fundos de Investimento Mobiliário e Imobiliário*

A diferença de regime é a de que os Estados da OCDE que não seja membros da União Europeia nunca poderão beneficiar desse mesmo regime especial.

A norma abrange tanto os valores emitidos como os garantidos. Mas por garantia tem de ser entender a mesma em sentido técnico, ou seja, garantia de cumprimento, haja ou não privilégio de excussão prévia, e independentemente de haver ou não acessoriedade.

Com efeito, a acessoriedade faz depender a garantia do incumprimento (e respectiva prova) pela emitente. Mas incumprimento surgiria sempre, independentemente de se tratar de uma entidade de natureza pública ou não. O que interessa é que, em última análise, existe garantia de cumprimento por uma destas entidades.

As instituições internacionais em causa têm de ser de carácter público. Ficam assim excluídas instituições sem esta natureza, nomeadamente empresas internacionais criadas por Estados ou em geral *joint ventures*.

Não se exige que Portugal faça parte destes instituições. Basta que pelo menos um Estado membro da União Europeia (e não da OCDE, entenda-se) faça parte da mesma instituição. Nem se exige que todos os Estados membros dela façam parte.

Estão nesta situação a União da Europa Ocidental, a Organização das Nações Unidas, por exemplo.

Em Espanha ver RODRÍGUEZ ARTIGAS, Fernando; Instituciones de Inversión Colectiva, in: ALONSO UREBA, Alberto, MARTINEZ-SIMANCAS Y SANCHEZ; Julian; *Derecho del Mercado Financiero*; Tomo I, Volume 1, *Entidades del Mercado Financiero*, Editorial Civitas, Madrid, 1994, p. 271.

Regime idêntico se encontra no 4.§2º Décret nº 89-623 du 6 septembre 1989, em França. Ver PEZARD, Alice; *Droit des Marchés Monétaire et Boursier*; Editions du J.N.A., Paris, 1994, p. 251, Funcionamento das Sociedades de Investimento de Capital Variável (S.I.C.A.V.) em França – Relatório Lorain, de Janeiro de 1968; in: *Revista Bancária*, Ano IV, nº 14, Outubro - Dezembro de 1968, Lisboa, p. 46, em que se abrangia pela excepção não apenas o Estado francês, como o Crédit National e o Crédit Foncier de France.

Em Itália, esta situação tem de ser vertida no regulamento do fundo, nos termos do 2.2.l., 4.7.b. Legge 23 marzo 1983, n. 77 (in G.U. 28 marzo 1983, n. 85). De igual modo, regra idêntica se encontra na Suíça, apenas se acrescentando em alternativa a pertença da Suíça ao citado organismo no 37.2. Ordonnance du Conseil Fédéral sur les Fonds de Placement du 19.10.1994.

Parte V – Os fundos de investimento mobiliário 447

Valores emitidos ou garantidos por Estados membros da União Europeia ou organismos internacionais públicos

O valor do fundo pode ser integralmente constituído, exceptuando a margem para os meios líquidos, por valores emitidos os garantidos por um Estado membro da União Europeia ou por organismos de carácter público a que pertençam um ou vários membros, desde que sejam cumpridas as seguintes condições[643]:

a) os valores respeitam a seis emissões diferentes[644];
b) os valores respeitantes a cada emissão não excedam 30% do fundo[645];
c) o regulamento de gestão identifica expressamente o Estado ou o organismos em questão em que se pretende investir mais de 35% do fundo[646].

Quanto aos Estados membros já se referiu que estariam também abrangidos pelo anterior regime[647]. A diferença neste caso, e para os seus valores poderem atingir a totalidade dos valores do fundo, têm de preencher em acréscimo as três condições antes referidas.

Fica, no entanto, por saber se os organismos internacionais são a mesma coisa que as instituições internacionais que antes se referiram. Apesar da oscilação terminológica, a verdade é que não se encontram razões para diferenciar os conceitos, O seu âmbito de aplicação é o mesmo. A única diferença com o anterior regime é a de que se pode atingir a totalidade do capital do fundo, mas apenas se cumulativamente se preencherem as três condições referidas.

---

[643] 44°, 51°/1 DLFIM. O art° 44° sofreu alteração com o Dec.-Lei n° 308/95, de 20 de Novembro. 23°/1 DFI. Idênticas condições no 38. Ordonnance du Conseil Fédéral sur les Fonds de Placement du 19.10.1994.

O 54° DFI aplica este regime também às "pantebreve" dinamarquesas, mas apenas para os fundos dinamarqueses. Estes activos são obrigações hipotecárias emitidas por estabelecimentos especializados em empréstimos hipotecários e assimilados a obrigações emitidas ou garantidas pelo Estado (PEZARD, Alice; *Droit des Marchés Monétaire et Boursier*; Editions du J.N.A., Paris, 1994, p. 251).

[644] 23°/1/§3° DFI.

[645] 23°/1/§3° DFI.

[646] 23°/2 DFI.

[647] 43°/3 DLFIM.

448   *Fundos de Investimento Mobiliário e Imobiliário*

Estes fundos devem incluir no prospecto ou em geral em qualquer publicidade a menção desta especial política de investimentos em relação às entidades em que pretendem investir mais de 35%[648].

A simples descrição do regime podia fazer-nos esquecer do que se trata na substância neste momento. Os fundos baseados em obrigações do tesouro do Estado português estão abrangidas por esta excepção, por exemplo. O que se permite, por esta via, é a criação de fundos mobiliários de investimento exclusivo em valores públicos ou tipicamente em dívida pública.

Um regime semelhante se encontra no 4.3.§2ºLey 46/1984, de 26 deciembre em Espanha (sancionado pelo seu 32.2.d., na redacção do 1.1. Ley 19/1992, de 7 de julio). De igual modo foi consagrado idêntico regime do 4.3.§2º Reglamento de la Ley 46/1984, de 26 de deciembre, aprovado pelo Real Decreto 1393/1990, de 2 noviembre[649]. Ver igualmente RODRÍGUEZ ARTIGAS, Fernando; Instituciones de Inversión Colectiva, in: ALONSO UREBA, Alberto, MARTINEZ-SIMANCAS Y SANCHEZ; Julian; *Derecho del Mercado Financiero*; Tomo I, Volume 1, *Entidades del Mercado Financiero*, Editorial Civitas, Madrid, 1994, p. 271 – 272, que justifica esta excepção pelo facto de este tipo de emissões representar um risco diminuto.

De igual forma, é semelhante o regime do 4.3º Décret nº 89-623 du 6 septembre 1989, em França. PEZARD, Alice; *Droit des Marchés Monétaire et Boursier*; Editions du J.N.A., Paris, 1994, p. 251 estabelece a distinção entre esta situação e a norma anterior com base no facto de dever haver repartição por seis emissões diferentes e o investimento em cada emissão não ultrapassar 30% do valor do fundo. No entanto, o âmbito subjectivo das emitentes é apesar de tudo algo diferente, pelo que este critério de distinção não basta.

Em Itália, rege o 4.7.c. Legge 23 marzo 1983, n. 77 (in G.U. 28 marzo 1983, n. 85) nos fundos e o 7.1. Decreto Legislativo 25 gennaio 1992, n. 84 (in G.U. 14 febbraio 1992, n. 37) nas SICAV. Idêntico regime existe na Suíça, apenas se exigindo autorização prévia da Comissão Federal dos Bancos para o efeito no 38. Ordonnance du Conseil Fédéral sur les Fonds de Placement du 19.10.1994.

Na Alemanha regime semelhante para o "Ein-Emittenten-Fonds" em ASMANN, Heinz-Dieter; SCHÜTZE, Rolf A.; *Handbuch des Kapitalanlagerechts*, C.H. Beck'sche Verlagsbuchhandlung, 2ª ed., München, 1997, p. 720.

---

[648] 44º/3 DLFIM. 23º/3 DFI.

Parte V – Os fundos de investimento mobiliário 449

Admite-se em geral que o limite de 10% que é o geral no Brasil possa ser ultrapassado para os fundos mobiliários abertos desde que esteja tal facto previsto no regulamento de gestão (13.§6°.II Regulamento Anexo à Circular n° 2.594, de 21 de Julho de 1995, do Banco Central do Brasil; o 13.§6°.II. Regulamento Anexo à Circular n° 2.616, de 18 de Setembro de 1995 do Banco Central do Brasil estabeleceu, no entanto, como limite máximo neste caso 20% do valor do fundo).

Obrigações hipotecárias qualificadas

As obrigações hipotecárias emitidas por uma mesma entidade emitente podem atingir 25% do valor do fundo desde que se verifiquem cumulativamente as seguintes condições[650]:

a) a emitente é uma instituição de crédito
b) sediada num Estado membro da União Europeia
c) o somatório das emissões de uma mesma emitente que representam mais de 5% do fundo não pode ultrapassar 80% do valor do fundo
d) das condições da emissão das obrigações deve resultar, nomeadamente que:

  1) o valor por elas representado está garantido por activos que cubram completamente
  2) até ao vencimento das obrigações
  3) os compromissos daí decorrentes
  4) activos esses que têm de estar afectos por privilégio
  5) ao reembolso do capital
  6) e ao pagamento dos juros devidos em caso de incumprimento do emitente.

Estas obrigações hipotecárias são qualificadas quanto ao emitente (a), b)) e quanto às condições da emissão (al. d)).

Não basta que se invoque a existência de garantias. É necessário que estas constem das condições de emissão. Esta tem de ter uma extensão (a dos compromissos) e um reforço de garantia (privilégio). A lei não se quis comprometer quanto à natureza do privilégio (garantia real, hi-

---

[649] Regulamentado pelo 1. Orden de 20 deciembre de 1990.
[650] 43°/4, 51° DLFIM. 22°/4 DFI (na redacção da Directiva n° 88/220/CEE).

450 *Fundos de Investimento Mobiliário e Imobiliário*

poteca, penhor, outros). Mas isto explica-se pela diversidade de sistemas jurídicos europeus. Não nos podemos nunca esquecer que o regime dos fundos mobiliários decorre da DFI. Sob o ponto de vista interpretativo o que há que salientar e que este privilégio significa que o sistema jurídico que rege o mesmo privilégio garante que os activos são afectos ao pagamento destas dívidas decorrentes das obrigações hipotecárias antes de quaisquer outras.

Um regime idêntico existe um Itália, no 4.7.d. Legge 23 marzo 1983, n. 77 (in G.U. 28 marzo 1983, n. 85), com a diferença que abrange não apenas as obrigações hipotecárias, mas em geral todas as que têm uma garantia especial de cumprimento. Nas SICAV ver o 7.1. Decreto Legislativo 25 gennaio 1992, n. 84 (in G.U. 14 febbraio 1992, n. 37).

ii) Regime geral dos limites

A lei afirma que os limites relativos à concentração de riscos não podem ser acumulados[651]. O que se pretende afirmar com esta estatuição não é de que basta a ultrapassem de um limite para que já se esteja em violação do regime dos fundos. Esta norma seria perfeitamente inútil se fosse isso que pretendesse.

Pode-se aventar a hipótese de que o que se visa afirmar é que é dada alternativa ao fundo de escolher entre um dos três limites referidos:

a) ou atinge o limite dos 10% ou 5% do 43°/1, 2 e 51°/1
b) ou atinge o limite dos 35% do 43°/3
c) ou atinge o limite dos 25% do 43°/4.

Não poderia é pretender atingir dois limites cumulados entre si.

Por forma a que este raciocínio seja devidamente compreendido socorramo-nos de um quadro com a indicação dos limites:

---

[651] 43°/7, 51°/1 DLFIM. Cf. 55°/5 DFI (na alteração da Directiva n° 88/220/CEE). Regra idêntica na Suíça no 373. Ordonnance du Conseil Fédéral sur les Fonds de Placement du 19.10.1994.

Somatório
(dos valores de emitentes
com mais de 5% do valor do fundo)

Limites

Somatório	Limites
> 40%	5% (43°/1, fundos abertos)
>=< 40%	10% (51°/2/b, fundos fechados)
=< 40%	10% (43°/2, fundos abertos)
	35% (43°/3)
=< 80%	25% (43°/4)

Ora, o que afirma a lei? Que os somatórios no terceiro e quarto limites há pouco expostos (valores de Estados e organizações internacionais; e obrigações hipotecárias qualificadas) não são tidos em conta para a aplicação do limite de 10%[652]. Ou seja, permite que os limites sejam atingidos cumulativamente. Seria, pois contraditório afirmar que a norma em estudo visaria que não se pudesse atingir cumulativamente os mesmos limites. Quando se proíbe a cumulação de limites, esta não é uma norma de dever adicional (para a entidade gestora), mas uma mera norma de qualificação (dirigida ao aplicador do Direito, *maxime*, os órgãos públicos). O que se pretende é que, quando se procede à qualificação da situação jurídica, não se possa invocar contra o fundo o facto de ter atingido (embora não ultrapassado) mais de um limite[653]. Constitui-se como norma enunciativa da anterior.

Outro tipo de limites (25% do valor do fundo) encontram-se nas "diversified companies" nos Estados Unidos na Sec. 12 (c) Investment Company Act of 1940.

iii) Excepção temporária geral aos limites

Existe uma excepção temporária geral em relação aos limites relativos à concentração de riscos. Durante os primeiros seis mesmos dos fundos estes limites podem ser ultrapassados[654]. Esta excepção abrange igualmente os casos de composição a 100% dos fundos por valores

---

[652] 43°/6 DLFIM. Apesar da lei falar em limite, refere-se ao somatório.

[653] Independentemente, é óbvio, de se poder contestar o facto por no caso concreto haver violação do dever de boa administração.

[654] 43°/8, 51°/1 DLFIM.

452 *Fundos de Investimento Mobiliário e Imobiliário*

públicos antes referidos[655]. Dado que por definição esta situação permite uma composição ilimitada com valores da mesma entidade, apenas pode significar que as suas condições podem ser ultrapassadas. Ou seja, mesmo que respeite a menos de seis emissões ou um delas exceda o valor do fundo ou não conste do regulamento de gestão.

Escusado será dizer que, mais uma vez, esta permissão é relativa. Ou seja, apenas se suspende a aplicação de limites percentuais. Os deveres de boa administração e o princípio da divisão de riscos podem levar a que exista infracção à lei no caso concreto, mesmo nos primeiros seis meses da actividade dos fundos.

Estes seis meses contam-se a partir da data da constituição dos fundos, nos termos já expostos a propósito do regime geral.

III. *Quanto aos sujeitos (conflitos de interesses e transparência)*

Em relação as unidades de participação e em relação aos valores colocados segue-se plenamente o regime geral. De igual modo em relação aos valores detidos ou emitidos pela entidade gestora. No entanto, em relação aos valores *detidos ou emitidos por entidades conexas com ela*, existe um regime especial dos fundos mobiliários, que se traduz na excepção destas proibições em certas circunstâncias.

i) *Valores detidos ou emitidos*

Não se aplicam as proibições sobre os valores detidos ou emitidos a valores[656]:

a) admitidos no mercado de cotações oficiais de uma bolsa portuguesa;

b) ou à cotação oficial de uma bolsa de outro Estado membro da União Europeia;

c) ou à negociação noutros mercados regulamentados de um Estado membro da União Europeia;

---

[655] 44º DLFIM.

[656] 21º/2, 42º/1/b, c DLFIM. Antes não havia este regime de excepção mas de comunicação prévia à supervisão, com limitações de aquisição (13º Dec.-Lei nº 229- -C/88, de 4 de Julho).

Parte V – Os fundos de investimento mobiliário 453

d) ou à negociação em bolsa ou mercado regulamentado que não de um Estado membro, desde que a escolha do mercado tenha sido aprovada pela CMVM e conste do regulamento de gestão;
e) ou ainda cuja admissão à cotação nas mesmas bolsas tenha sido solicitada desde que, neste caso, se encontrem já admitidos à cotação valores da mesma espécie, emitidos pela mesma entidade.

Trata-se, portanto, e genericamente de valores admitidos à cotação oficial, em sentido próprio, em bolsas de valores ou noutros mercados regulamentados (incluindo mercados de bolsa que não de cotações oficiais).

Por outro lado, tem de se entender que, quando a lei se refere a mercados regulamentados de outros Estados membros, têm de estar abrangidos os mercados regulamentados portugueses.

A expressão "valores da mesma espécie" não é a mais feliz. Com efeito, se por "espécie" de entender a referência ao modo de transmissão, como é de uso do Direito Comercial (a distinção entre valores aos portador e nominativos) é destituída de sentido. Com efeito, não existe nenhuma congruência entre uma acção ao portador e uma obrigação ao portador. De igual modo, se por espécie de refere à natureza a excepção torna-se desproporcionadamente lata. É que o facto de uma acção ordinária estar cotada em nada garante a credibilidade da cotação de uma acção preferencial sem voto.

A solução mais adequada é a de interpretar espécie como *categoria* à luz do 53º Cd.MVM. Com efeito, apenas dois valores da mesma categoria têm preços e valores tendencialmente iguais. A avaliação de um valor mobiliário depende dos direitos que confere. Ora, esta excepção fundamenta-se na especial credibilidade dos preços gerados nos mercado referidos. Só nesta medida se compreende que as limitações operacionais quanto aos sujeitos sejam excepcionadas. Pretende-se garantir que o preço de aquisição dos valores em questão seja um preço racional, de mercado. Como é consabido, as operações sobre valores cotados devem ser feitas em princípio em bolsa[657]. Como os preços destes valores têm um estalão credível, já não existirá problema em relação à pertença ou emissão por entidades conexas.

---

[657] 23º/1 DLFIM. Embora esta garantia seja incompleta. Se se excepcionam os valores em mercado regulamentado, deveria igualmente haver obrigatoriedade de realização em mercado regulamentado.

Esta excepção não significa, em geral, que a aquisição dos valores detidos ou emitidos por entidades conexas seja absolutamente livre. Significa apenas que se passa a aplicar o regime geral dos conflitos de interesses (14º/2 DLFIM, 660º Cd.MVM) e não o regime especial dos fundos.

SECÇÃO II

UNIDADES DE PARTICIPAÇÃO

Em matéria de unidades de participação, existe apenas uma regra específica dos fundos mobiliários, mas que, referindo-se especificamente aos fundos abertos, nela melhor será tratada[658].

CAPÍTULO IV

DIMENSÃO OPERACIONAL

Na dimensão operacional os fundos mobiliários apenas têm regras especiais no que respeita à avaliação dos fundos. Mais uma vez, esta especialidade fundamenta-se na composição dos fundos, e é com ela consistente. Na verdade, não nos podemos esquecer que a primeira e fundamental especialidade dos fundos mobiliários em relação ao regime geral respeita à sua composição.

SECÇÃO I

AVALIAÇÃO DOS FUNDOS

Só os fundos mobiliários podem ter obrigações que não sejam cotadas em bolsa ao contrário do que acontece com os fundos imobiliários[659]. Daí que tenha sido necessário proceder à adaptação das regras relativas à cotação dos valores para os mercados regulamentados.

Daí que a lei mande aplicar com adaptações as regras relativas às cotações relevantes para efeitos de avaliação dos activos dos fundos, ao valores admitidos em mercados regulamentados[660].

As adaptações são de vária natureza. Em primeiro lugar, não se trata de bolsas, mas de mercados regulamentados. Em segundo lugar, pode não se tratar de cotações, mas de meros preços (embora nada impeça que certos mercados regulamentados que não bolsas tenham cotações).

---

[658] 46º DLFIM.

27º Dec.-Lei nº 229-C/88, de 4 de Julho. 18º Dec.-Lei n.º 46 342, de 20 de Maio de 1965.

[659] 5º/1 DLFII.

Também 13º/1 Dec.-Lei nº 246/85, de 12 de Julho.

[660] 30º/4 DLFIM.

Esta especialidade esconde, no entanto, mais uma dissonância no regime dos fundos imobiliários. É que a consagração de uma regra semelhante justificou-se, mais por razões formais que por outras de substância. Não havendo um lugar paralelo ao artº 42º DLFIM no DLFII não se operou a remissão. Mas isto não implica que a regra não fosse igualmente necessária residualmente. É que os valores imobiliários que são valores mobiliários (acções) podem estar admitidos num mercado regulamentado, carecendo de regulação a sua avaliação. Por analogia, esta norma tem de se aplicar às acções ou partes sociais que sejam valores mobiliários e façam parte dos fundos imobiliários.

CAPÍTULO V

DIMENSÃO EXTERNA

Em sede de dimensão externa os fundos mobiliários não apresentam especialidades.

CAPÍTULO VI

TIPOS DE FUNDOS. FUNDOS ABERTOS E FUNDOS FECHADOS

Remetida para a sua sede adequada a regulamentação dos fundos fechados e abertos, ou seja, o regime geral dos fundos, pouco sobra para a regulamentação específica dos fundos mobiliários fechados e abertos, o que só demonstra que grande parte das regras consagradas no DLFIM não relevam da natureza mobiliária dos fundos, mas na natureza aberta ou fechada dos mesmos[661].

SECÇÃO I

FUNDOS FECHADOS

Apenas existem especialidades em sede de dimensão subjectiva e objectiva.

SUBSECÇÃO I

DIMENSÃO SUBJECTIVA

I. *Entidades gestoras. Regime operacional*

Ao contrário do que é estabelecido no regime geral, as entidades gestoras podem contrair empréstimos por conta dos fundos, não até 10%[662], mas até 20%[663]. Repare-se, não obstante que o que é especial, é

---

[661] O artº 49º DLFIM mais não é que a enunciação de uma regra geral, a de que os fundos fechados têm um número fixo e determinados de unidades de participação.

[662] 11º/1/b DLFIM.

[663] 51º/2/c DLFIM.

460 *Fundos de Investimento Mobiliário e Imobiliário*

apenas a percentagem do valor global dos fundos que pode ser atingida. Os restantes requisitos (temporais) dos empréstimos no regime geral mantêm-se plenamente vigentes.

II. *Depositários. Instituição*

Podem ser depositários as instituições de crédito com sede em Estados não membros da União Europeia, desde que estejam estabelecidas em Portugal[664], ao contrário do regime geral que apenas o permitia para aquelas com sede na União Europeia[665].

Aqui o problema é o de saber se o estabelecimento que se exige pressupõe uma filial, uma sucursal ou se basta com um escritório de representação. Quando a lei refere o estabelecimento em Portugal e sede noutro país não se pode referir a filiais, na medida em que estas são pessoas jurídicas, com sede própria. De igual modo, não se pode estar a referir a meros escritórios de representação. Em primeiro lugar, e por razões materiais, os escritórios, ao contrário das sucursais não apresentam garantias patrimoniais, nem têm personalidade judiciária (7º Cd. Proc. Civil). Em segundo lugar, por um argumento de força maior. Se, em lugar paralelo, as instituições com sede na União Europeia têm de ter sucursais, mesmo quando são depositários de fundos mobiliários fechados, por maioria de razão o têm de ter estas entidades.

SUBSECÇÃO II

DIMENSÃO OBJECTIVA. FUNDOS

I. *Composição dos fundos*

Os valores mobiliários de tipo VI e os instrumentos de dívida podem fazer parte do fundo até ao limite de 25%[666] e não de 10%, como nos fundos abertos.

---

[664] 50º DLFIM.

[665] 12º/3 DLFIM.

[666] 51º/2/a DLFIM.

II. *Concentração de riscos*

Os valores emitidos por uma mesma entidade, e independentemente das circunstâncias, podem sempre atingir até 10% do valor global dos fundos fechados[667] e não 5% como nos abertos.

SECÇÃO II

FUNDOS ABERTOS

Os fundos abertos apenas apresentam regras especiais na dimensão objectiva, quanto às vicissitudes dos fundos e quanto ao regime das unidades de participação.

I. *Fundos. Vicissitudes.*

Os fundos abertos comuns não podem ser transformados em fundos fechados, nem noutras modalidades de fundos abertos como fundos de tesouraria ou fundos de fundos[668].

> Existe norma semelhante no Direito italiano, quando o 10. Legge 23 marzo 1983, n. 77 (in G.U. 28 marzo 1983, n. 85), proíbe a transformação de fundos harmonizados 8 que são sempre abertos) em fundos não harmonizados.

Este limite à modificação objectiva dos fundos abertos comuns compreende-se com relativa facilidade. Os fundos abertos são fundos de resgate contínuo. Quem detém uma unidade de participação sabe que a qualquer momento se pode dela desfazer. Se os fundos se fechassem, a consequência seria a de que o resgate se tornaria acíclico, que o levantamento do véu da conglobação no fundo só poderia ocorrer e na medida e nos termos em que isso fosse admitido, com a liquidação. Instaurar-se-ia assim um véu muito mais rígido e na prática definitivo, entre o valor da unidade de participação e os activos que lhe atribuem valor real. Mesmo que os participantes se pretendessem desfazer das suas unidades todos à altura da transformação para evitar esta condenação à rigidez, isso traria potencialmente um colapso do fundo. Quem consti-

---

[667] 51°/2/b DLFIM.
[668] 47° DLFIM.

462   *Fundos de Investimento Mobiliário e Imobiliário*

tuiu um fundo mobiliário aberto fica assim ciente que não o pode transformar em fundo fechado.

Já são diferentes os fundamentos que levam a impedir a transformação em fundos de fundos e em fundos de tesouraria. A ideia é antes a de que estes fundos são especiais na sua natureza e na configuração do seu comportamento financeiro (curto prazo e dupla derivação) e correspondem a procuras muito específicas por parte dos participantes. A transformação de um fundo comum modificaria de modo radical o seu comportamento financeiro, descaracterizando-o.

II. *Unidades de participação. Regime de efeitos.*

Para efeitos de cauções e garantias legalmente exigidas as unidades de participação são equiparadas às acções e obrigações cotadas em bolsa[669].

Os fundamentos deste regime encontram-se no facto de as unidades de participação dos fundos abertos não poderem nunca ser admitidas à bolsa, e consequentemente, e por maioria de razão, no facto de nunca poderem ser cotadas. Aqui o legislador tinha uma de duas soluções. Ou nada dizia, e aplicando-se o regime que exigisse a cotação dos valores este impediria que essas unidades servissem de garantia ou caução, ou permitia apenas a algumas unidades de participação (segundo critérios de dimensão dos fundos, de percentagem de valores cotados na sua carteira, de antiguidade, ou outros), ou permitia a todas as unidades que fossem equiparadas aos valores cotados para estes efeitos. A sua opção foi a última. Neste caso, o legislador confiou no facto de a composição dos fundos mobiliários conter na maioria do seu valor valores cotados ou admitidos em mercados regulamentados credibilizados em 90%, se excluirmos os meios líquidos[670].

Exige-se que os valores que constituam a caução sejam cotados no 467º/4 e 468º Cd.MVM a propósito das operações em conta margem. Já

---

[669] 46º DLFIM.

A primeira equiparação encontrou-se no 18º Dec.-Lei n.º 46 342, de 20 de Maio de 1965 que as fazia equivaler à acções e obrigações em geral independentemente de serem cotadas. mas isto compreendia-se por não serem na altura qualificados de valores mobiliários, mais que pelo facto de este diploma apenas reger fundos mobiliários abertos.

[670] 42º DLFIM.

Parte V – Os fundos de investimento mobiliário 463

os valores que podem ser entregues como margem nos futuros e opções não se exige na lei ou na regulamentação especial que tenham de ser valores cotados (412º/3 Cd.MVM, 42º Reg 95/9 da CMVM, de 30 de Novembro).

Antes, à luz do 27º Dec.-Lei nº 229-C/88, de 4 de Julho, este regime também se aplicaria aos fundos imobiliários abertos. No entanto, com o novo regime tal entendimento já não é possível. Isto não tanto por esquecimento do legislador, que não teria incluído no regime dos fundos imobiliários tal norma por mero lapso, mas porque em bom rigor seria abusivo consagrar um regime desta natureza. Com efeito, como se verificou antes, a verdade é que os fundos abertos mobiliários têm um suporte em valores mobiliários credibilizados pelo mercado onde estão muito fortemente representados valores cotados, o que não se passa com os fundos imobiliários. Os mesmos considerandos são aplicáveis parente o idêntico regime do 27º Dec.-Lei n.º 134/85, de 2 de Maio e do 27º Dec.-Lei nº 246/85, de 12 de Julho.

A equiparação a valores cotados é já proposta em França desde os anos 60 (Funcionamento das Sociedades de Investimento de Capital Variável (S.I.C.A.V.) em França – Relatório Lorain, de Janeiro de 1968; in: *Revista Bancária*, Ano IV, nº 14, Outubro – Dezembro de 1968, Lisboa, p. 66).

CAPÍTULO VII

CONEXÃO COM O ESTRANGEIRO

A conexão com o estrangeiro apresenta diferenças significativas no que respeita aos fundos mobiliários por comparação com os fundos imobiliários. Mas aqui a razão de ser já não ter a ver com a composição dos fundos mas com os diferentes títulos das normas. O regime dos fundos mobiliários, pelo menos em parte, decorre do Direito Comunitário, nomeadamente derivado, enquanto os imobiliários não se encontram harmonizados.

Repare-se que a conexão com o estrangeiro processa-se em sede de comercialização. A simples importação de valores ou a negociação dos mesmos dentro ou fora de mercado secundário é livre nos termos gerais.

Com efeito, a importação e exportação de valores mobiliários é livre desde que respeitem a operações de capitais realizadas de harmonia com a legislação aplicável (artº 25º/1 Dec.-Lei nº 13/90, de 8 de Janeiro). A legislação aplicável é no caso o Cd.MVM e a sua regulamentação. Ou seja, é livre a circulação de valores mobiliários desde que sejam cumpridas as suas leis de circulação à luz do Direito português[671].

---

[671] A questão é por demais complexa. Com efeito, o artº 25º do citado Dec.-Lei fala apenas em "acções, obrigações e outros títulos de natureza análoga". Nada diz a propósito dos valores escriturais, nem explica o que sejam títulos de natureza análoga. Convém não esquecer, no entanto, que na altura não existia no nosso Direito um conceito geral de valor mobiliário, pelo que uma interpretação actualística legitima a acepção lata adoptada no texto.

SECÇÃO I

UNIDADES ESTRANGEIRAS COMERCIALIZADAS EM PORTUGAL

SUBSECÇÃO I

REGIME GERAL

A publicidade efectuada sobre estes fundos tem de obedecer às regras portuguesas de publicidade[672]. No caso, e mais especificamente, as respeitantes ao regime geral, bem como as decorrentes do 97° e 98° e 646°/1/a Cd.MVM.

De igual modo, em relação à informação, se deixa claro que a sua divulgação deve ser feita em língua portuguesa[673].

Para o regime paralelo em Espanha ver a Circular CNMV 2/1993, de 3 de marzo.

Em França ver o Décret n° 59-789 du 24 juin 1959. Cf. *O.P.C.V.M. 90, Où et Comment s'Implanter en Europe?*, Séminaire de Direction de Banque, La Revue Banque Éditeur, Tome I, Paris 1990, p. 50 ss., 176.

Na Suíça, a regra é a da aplicação plena da lei suíça aos fundos estrangeiros, nos termos do art. 3.3. Loi Fédérale sur les Fonds de Placement, du 18.03.1994.

Em Itália ver para os fundos harmonizados, a Deliberazione CONSOB 12 agosto 1992, n. 6426 (in G.U. 20 agosto 1992, n. 195). Para a situação dos fundos estrangeiros em Itália ver PIATTI, Laura; SUSI, Neomisio; Struttura dell'Industria, Asseti Proprietari e Profili di Informativa: Un' Analisi dei Fondi Comuni di Investimento Italiani; in CONSOB, *Quaderni di Finanza, Studi e Ricerche*, Volume II, n° 22 Novembre 1997, p. 93.

No Reino Unido ver a Sec. 24 Financial Services Act 1986 sobre originários dos Estados membros da União Europeia.

SUBSECÇÃO II

FUNDOS NÃO HARMONIZADOS

A comercialização em Portugal de unidades de participação ou em geral de participações de fundos não harmonizados depende de autorização do Ministro das Finanças, mediante parecer da CMVM[674].

---

[672] 38° DLFIM. 44°/2 DFI.

[673] 39° DLFIM. 47° DFI, onde se deixa claro que é à informação em geral que se refere.

[674] 40°/1 DLFIM.

Parte V – Os fundos de investimento mobiliário 467

Para que esta autorização seja concedida é necessário que no caso concreto confiram análogas condições de protecção e segurança aos participantes:

a) a instituição de investimento colectivo;
b) o modo previsto para a comercialização das unidades de participação (ou das partes das instituições de investimento colectivo, embora a lei não o refira expressamente).

Estas condições de segurança têm de ser aferidas em função de vários critérios:

a) o regime jurídico das instituições de investimento colectivo tem lhe atribuir análogas responsabilidades;
b) tem de haver separação patrimonial dos fundos, seja simples, seja por via da personalização dos mesmos;
c) o regime jurídico da comercialização tem de garantir idênticos deveres de informação aos participantes;
d) estes regimes têm de ser estáveis nas suas regras de segurança e efectivamente aplicados (um regime de um país instável politicamente ou em que a lei não é pura e simplesmente aplicada ou é mutável nas suas orientações profundas não oferece protecção suficiente para os participantes);
e) a instituição concreta e o modo de comercialização concretos têm de conferir segurança e credibilidade.

Para este regime segue-se em Espanha o disposto no 2. disposição adicional Reglamento de la Ley 46/1984, de 26 de deciembre, aprovado pelo Real Decreto 1393/1990, de 2 noviembre. Em França para todas a unidades de participação ou acções de OICVM emitidas por entidade fora da União Europeia deve ser autorizada a sua comercialização pelo Ministro encarregado da Economia (14. Décret 89-624 du 6 septembre 1989). Em Itália rege o Decreto Legislativo 27 gennaio 1992, n. 86 (in G.U. 14 febbraio 1992, n. 37), carecendo igualmente esta comercialização de unidades de participação ou de acções de fundos personalizados de autorização do Ministro do tesouro, prevendo-se a colaboração da CONSOB e do Banco de Itália. Nos termos do provvedimento Banca d'Italia 4 agosto 1992 (in G.U. 10 agosto 1992, n. 187) define os documentos que têm de estar à disposição dos participantes nas OICVM. No Reino Unido, esta matéria é tratada nas Sec. 87 a 90 Financial Services Act 1986 (ver *O.P.C.V.M. 90, Où et Comment s'Implanter en Europe?*, Séminaire de Direction de Banque, La Revue Banque Éditeur, Tome I, Paris 1990, p. 22

468 Fundos de Investimento Mobiliário e Imobiliário

ss. nomeadamente pelas dificuldades que há em delimitar os níveis de protecção do investidor mínimos).

Na Suíça os fundos estrangeiros são tratados pelos 44. a 46., 64.2. Loi Fédérale sur les Fonds de Placement, du 18.03.1994, sendo exigida autorização para a sua comercialização na Suíça pela comissão federal dos bancos. Também se referem à matéria os 55. a 61. Ordonnance du Conseil Fédéral sur les Fonds de Placement du 19.10.1994.

SUBSECÇÃO III

REGIME COMUNITÁRIO. FUNDOS HARMONIZADOS

Os fundos harmonizados podem comercializar as suas participações (unidades de participação ou outras formas de participação) em Portugal mediante simples comunicação prévia à CMVM[675].

Esta comunicação tem de ser acompanhada de[676]:

a) um certificado de credenciação emitido pela autoridade competente do Estado membro da sua sede em como obedece à DFI;
b) o regulamento de gestão do fundo;
c) o prospecto;
d) o último relatório anual e o relatório semestral subsequente, no caso de este já se encontrar emitido;
e) informações sobre as modalidades para a comercialização das participações em território português.

A instituição de investimento pode iniciar a comercialização dois meses após a comunicação, salvo se a CMVM por decisão fundamentada decorrida antes de decorrido esse prazo verificar que as modalidades de comercialização não são conformes com as disposições legislativas, regulamentares e administrativas aplicáveis[677].

Esta norma levanta problemas mais delicados que a sua simples enunciação pode deixar antever. O princípio em Direito Comunitário é o de que as condutas são da competência dos países de destino das mesmas, e as instituições estão na jurisdição do Estado membro de origem, como acontece no regime das instituições de crédito[678]. Isto significa em prin-

---

[675] 37º/1 DLFIM.
[676] 37º/2 DLFIM. 46º/§1º DFI.
[677] 37º/3 DLFIM. 46º/§ 2º DFI.

Parte V – Os fundos de investimento mobiliário

cípio que a CMVM apenas pode verificar da legalidade das condutas praticadas em Portugal. Nomeadamente, se for pedido o acesso à bolsa portuguesa sem que se preveja que os valores sejam integrados no sistema de registo/depósito e controle, não podendo fazer parte da liquidação em sistema, por exemplo (188°, 459°/2 Cd.MVM). Se igualmente a informação a difundir não for em língua portuguesa, ou a publicidade não respeitar os requisitos do 98° e 646°/1/a Cd.MVM. Já é duvidoso que possa apreciar da conformidade do fundo com a legislação comunitária sem mais. Deve, obviamente, informar-se junto da sua congénere do país da sede da instituição por forma a garantir-se da veracidade do certificado. Pode colocar, além disso, a questão sobre a bondade do acto de certificação, por forma a permitir a esta congénere que o altere, se o regime legal do seu país o permitir. Mas não pode é negar a validade da certificação quando esta lhe seja confirmada pela sua congénere. Esta é a consequência da supervisão das entidades e dos fundos caber ao país de origem dos mesmos. Se assim não fosse, a circulação comunitária seria afectada por diferentes entendimentos de supervisões. Nuns países seriam considerados fundos harmonizadas e noutros não[679].

Outro problema que se suscita tem a ver com o facto de cada país ter um conceito de valor mobiliário. A solução da supervisão luxemburguesa é a de aceitar os entendimentos das restantes supervisões europeias sobre a extensão do conceito de valor mobiliário (*O.P.C.V.M. 90, Où et Comment s'Implanter en Europe?,* Séminaire de Direction de Banque, La Revue Banque Éditeur, Tome I, Paris 1990, p. 54).

Em Itália, a autoridade competente pare emitir este certificado é o Ministro do Tesouro, ouvidos a CONSOB e o Banco de Itália (7.6. Legge 23 marzo 1983, n. 77 (in G.U. 28 marzo 1983, n. 85)). No Reino Unido, é o Secretary of State, nos termos da Sec. 78(8) Financial Services Act 1986.

As instituições de investimento colectivo devem adoptar entre outras as medidas necessárias para que[680]:

---

[678] Este princípio reflecte-se nos 1°/6, 44°, 45°, 49°/3 e 52° DFI. Ver a Directiva de Serviços de Investimento, igualmente.

[679] O Direito Comunitário é pródigo destas situações. Poder-se-ia levantar a hipótese de haver legitimidade activa, pela entidade de supervisão do pais de destino, de impugnação junto dos tribunais do país de origem do acto de certificação. mas além de ser duvidoso que a maior parte dos países de origem admitam nos eu direito esta legitimidade, os seus efeitos seriam dificilmente reguláveis. A harmonização, porque sectorial, depara-se sempre com entraves sistémicos.

A solução defendida no texto encontra expresso assento no 4°/1/§2° DFI.

[680] 37°/4 DLFIM. 45° DFI.

470 *Fundos de Investimento Mobiliário e Imobiliário*

a) sejam assegurados os pagamentos aos participantes
b) o resgate das participações
c) a difusão das informações[681].

A Itália regulou expressamente estas regras de segurança no Provvedimento Banca d'Italia 17 luglio 1992 (in G.U. 3 agosto 1992, n. 181). Nele se estabelece que estas actividades sejam realizadas por uma instituição de crédito sediada em Itália.

O legislador português não transpôs uma prerrogativa que o 48º DFI lhe conferiu, a saber, a faculdade de exigir uma menção explicativa na denominação dos fundos caso pudesse haver confusão de denominações. No entanto, esta faculdade de determinar tal denominação parece existir à luz do artº 15º/r Cd.MVM, sendo a sua violação um infracção (671º/1 Cd.MVM). O que não pode é considerar-se impeditivo da comercialização dos fundos, por não ter sido transposta para a lei portuguesa[682].

De igual modo, o dever de colaboração expresso entre as autoridades dos Estados-membros decorre do 50º DFI. As autoridades de supervisão abrangidas pela harmonização, a CMVM e o Banco de Portugal já cumprem por si mesmas o requisitos do sigilo profissional do 50º/3 DFI. De igual modo, a limitação ao exercício de funções quanto à utilização das informações obtidas sobre os fundos (50º/4 DFI), abrange a colaboração do 18º Cd.MVM e tem de ser lida à luz da cooperação entre autoridades de Estados-membros. No plano comunitário consagrou-se um Comité de Contacto para efeitos de harmonização comunitária (53º DFI).

Portugal e a Grécia tiveram um período especial de adaptação da DFI nos termos do 57º DFI.

A Espanha consagrou regime idêntico na 1. disposição adicional ao Reglamento de la Ley 46/1984, de 26 de deciembre, aprovado pelo Real Decreto 1393/1990, de 2 noviembre. Em Itália, o dever de colaboração entre entidades de supervisão comunitária por força da DFI encontra-se no 7-bis. Legge 23 marzo 1983, n. 77 (in G.U. 28 marzo 1983, n. 85). Idêntico regime em relação ao português no 10-bis. Legge 23 marzo 1983, n. 77 (in G.U. 28 marzo 1983, n. 85), regulamentado pela Deliberazione CONSOB 12 agosto 1992, n. 6426 (in G.U. 20 agosto 1992, n. 195). O regime britânico correspondente encontra-se na Sec. 86 Financial Services Act 1986.

---

[681] A harmonização pressupõe igualmente relações intra-comunitárias triangulares que passam pela Comissão da União Europeia (20º DFI).

Parte V – Os fundos de investimento mobiliário

Também na Suíça a cooperação com as autoridades estrangeiras de supervisão mereceu atenção especial no 63. Loi Fédérale sur les Fonds de Placement, du 18.03.1994. Para a natureza relativamente estanque dos mercados, que justifica a necessidade de harmonização comunitária (*O.P.C.V.M. 90, Où et Comment s'Implanter en Europe?*, Séminaire de Direction de Banque, La Revue Banque Éditeur, Tome I, Paris 1990, p. 6).

SECÇÃO II

UNIDADES PORTUGUESAS COMERCIALIZADAS NO ESTRANGEIRO

SUBSECÇÃO I

REGIME GERAL

As entidades gestoras de fundos domiciliados em Portugal e comercializados em países estrangeiros devem comunicar esse facto previamente à CMVM[683].

Em Itália deve-se dar comunicação deste facto ao Ministro do Tesouro, ao Banco de Itália e à CONSOB (7.5. Legge 23 marzo 1983, n. 77 (in G.U. 28 marzo 1983, n. 85)). No Reino Unido, o Secretary of State pode proibir "unit trust schemes" de comercializarem as suas unidades de participação no estrangeiro, nos termos conjugados das Sec. 65 e 83(3) Financial Services Act 1986.

SUBSECÇÃO II

REGIME ESPECIAL DOS PAÍSES DA UNIÃO EUROPEIA

A liquidação de fundos domiciliados em Portugal e que sejam comercializados noutro Estado da União Europeia deve ser comunicada previamente a esse Estado membro pela CMVM[684]. De igual modo, a suspensão da emissão ou do resgate deve ser comunicada pela CMVM às autoridades desse Estado membro[685].

---

[682] A denominação em Espanha é desenvolvida no 11. Reglamento de la Ley 46/ /1984, de 26 de deciembre, aprovado pelo Real Decreto 1393/1990, de 2 noviembre.

[683] 32°/1 DLFIM, Antes também ao Banco de Portugal, na redacção original da norma.

[684] 32°/3 DLFIM.

[685] 32°/2 DLFIM. Cf. 37°/3 DFI.

Também o 3.4. Legge 23 marzo 1983, n. 77 (in G.U. 28 marzo 1983, n. 85).

472 *Fundos de Investimento Mobiliário e Imobiliário*

A CMVM conhece estes Estados membros na medida em que em geral a comercialização de unidades de fundos domiciliados em Portugal noutros Estados membros, como em geral noutros países, depende de comunicação prévia a esta CMVM, como vimos.

Apenas a comercialização é regida por esta matéria, na medida em que os restantes aspectos da vida dos fundos são da competência da CMVM. A comercialização e condutas havidas nos outros Estados membros estão na alçada da jurisdição desses países. Se o fundo for harmonizado, em cumprimento da DFI, deverá ter o direito de livre circulação em termos análogos aos já expostos para os fundos harmonizados comercializados em Portugal. Mas já relevam da lei interna desses países a enunciação concreta dos regimes.

O regime equivalente encontra-se em Espanha n 3. disposição adicional ao Reglamento de la Ley 46/1984, de 26 de deciembre, aprovado pelo Real Decreto 1393/1990, de 2 noviembre.

CAPÍTULO VIII

FUNDOS DE TESOURARIA

Os fundos de tesouraria são fundos mobiliários e caracterizam-se pela natureza líquida dos seus activos[686].

Em Espanha prevêem-se os "fondos de inversión en activos del mercado monetário" no 24. a 26. Ley 46/1984, de 26 deciembre (este último sancionado pelo 32.2.c.), e no 2.2.§2º e 48. a 52. Reglamento de la Ley 46/1984, de 26 de deciembre, aprovado pelo Real Decreto 1393/1990, de 2 noviembre. RODRÍGUEZ ARTIGAS, Fernando; Instituciones de Inversión Colectiva, in: ALONSO UREBA, Alberto, MARTINEZ-SIMANCAS Y SANCHEZ; Julian; *Derecho del Mercado Financiero*; Tomo I, Volume 1, *Entidades del Mercado Financiero*, Editorial Civitas, Madrid, 1994, p. reconhece que a especialidade diferenciadora destes fundos tem a ver com o objecto dos mesmos.

Em França os SICAV de curto prazo tiveram desde os anos 80 um grande desenvolvimento, sobretudo os SICAV monetários (PILVERDIER-LATREYTE, Josette; *Le Marché Financier Français*, Economica,3ª ed., Paris, 1991, p. 39).

Na Itália salientam-se as dificuldade da criação de verdadeiros fundos de curto prazo, prevalecendo o investimento de médio prazo mesmo nos fundos monetários (CAMMARANO, Guido; *Commento* a PIATTI, Laura; SUSI, Neomisio; Struttura dell'Industria, Asseti Proprietari e Profili di Informativa: Un' Analisi dei Fondi Comuni di Investimento Italiani; in CONSOB, *Quaderni di Finanza, Studi e Ricerche*, Volume II, nº 22 Novembre 1997, p. 148).

Na Alemanha existem os "Geldmarktfonds" (ASMANN, Heinz-Dieter; SCHÜTZE, Rolf A.; *Handbuch des Kapitalanlagerechts*, C.H. Beck'sche Verlagsbuchhandlung, 2ª ed., München, 1997, p. 708, pp. 730 ss.). No entanto, a doutrina queixava-se do facto de não existirem fundos monetários em sentido próprio, na medida em que apenas podem investir até 59%

---

[686] 52º/1, 3 DLFIM.

Em Espanha prevêem-se, como figura equiparável, os "fondos de inversión en activos del mercado monetario" (2.2.§3ºLey 46/1984, de 26 deciembre).

474 *Fundos de Investimento Mobiliário e Imobiliário*

em valores monetários (*O.P.C.V.M. 90, Où et Comment s'Implanter en Europe?*, Séminaire de Direction de Banque, La Revue Banque Éditeur, Tome I, Paris 1990, p. 46).

No Brasil prevêem-se fundos de investimento financeiro - curto prazo nos 42. a 43. Regulamento Anexo à Circular nº 2.594, de 21 de Julho de 1995, do Banco Central do Brasil e 40. Regulamento Anexo à Circular nº 2.616, de 18 de Setembro de 1995 do Banco Central do Brasil.

Nos Estados Unidos existem fundos líquidos que investem no mercado monetário, os "money market funds" (DOWNES, John; GOODMAN, Jordan Elliot; *Dictionary of Finance and Investment Terms*, Barron's, 4ª ed., New York, 1995, p. 275). Daí que não se possa opor genericamente, mesmo que a título tendencial, o investimento dos fundos e a actuação bancária, em que o primeiro estaria mais dirigido para o longo prazo e o segundo para o financiamento de curto prazo como faz TOMÉ, Maria João Romão Carreiro Vaz; *Fundos de Investimento Mobiliário Abertos*, Almedina, Coimbra, 1997, p. 16.

A lei exige que sejam fundos abertos[687]. Não porque possam ser mais bem geridos que se fossem fechados, mas por forma a evitar contradições entre a natureza dos activos subjacentes e das unidades de participação. Se visam um investimento líquido, baseado no curto prazo, não teria sentido que o véu da autonomia patrimonial do fundo se fechasse até à liquidação. Quem investe em fundos abertos quer investir em liquidez, usufruindo de um efeito de carteira gerido por profissionais. Quer ter a certeza, por isso mesmo, que se pode desfazer da sua posição sem depender da vontade de uma terceira contraparte numa compra e venda. A todo o momento pode fazer o resgate da sua unidade de participação. A razão de ser deste regime encontra-se assim na natureza contínua do resgate nos fundos abertos.

O regulamento de gestão deve conter a denominação "fundo de tesouraria"[688].

---

[687] 52º/1 DLFIM.

[688] 52º/2 DLFIM.

Também em Espanha a sua denominação se encontra expressamente prevista, no caso como "FIAMM" (24.2 Ley 46/1984, de 26 deciembre; 11., 48. Reglamento de la Ley 46/1984, de 26 de deciembre, aprovado pelo Real Decreto 1393/1990, de 2 noviembre). No Brasil exige-se que a sua denominação contenha "Investimento Financeiro - Curto Prazo" como menção no 42.§único.I. Regulamento Anexo à Circular nº 2.594, de 21 de Julho de 1995, do Banco Central do Brasil e 40.§único Regulamento Anexo à Circular nº 2.616, de 18 de Setembro de 1995 do Banco Central do Brasil.

Parte V – Os fundos de investimento mobiliário 475

Na dimensão subjectiva, existe regra especial para os depositários. Mesmo que não tenham sede na União Europeia desde que tenham sucursal em Portugal podem ser depositários de fundos de investimento[689].

No plano objectivo existem regras especiais sobre o objecto dos fundos.

Quanto à natureza dos activos que os podem compor não podem ser acções, obrigações com equity warrants, títulos de dívida subordinada, bem como títulos de participação[690], todos eles valores que podendo ser no caso concreto mais ou menos líquidos, em abstracto são-no menos que os valores representativos de dívida em geral. Também só podem ser adquiridas unidades de participação de fundos cujo regulamento de gestão proíba o investimento nos valores antes indicados[691].

Mas a lei não se satisfaz neste caso, como em geral, em se fundar na natureza dos activos. Exige igualmente que uma qualidade aos valores: todos eles têm se de caracterizar por uma elevada liquidez[692].

Quanto à estrutura do património (percentagens do valor global do fundo),

a) os restantes valores mobiliários, bem como os instrumentos representativos de dívida podem constar de modo ilimitado do património dos fundos[693], estes instrumentos também sem limitações

b) em qualquer caso, no que respeita aos valores mobiliários, pelo menos 35% do valor do fundo deve estar investido em valores com prazo de vencimento residual inferior a 12 meses ou em instrumentos representativos de dívida[694].

Em Espanha, as regras de composição destes fundos impõem que deles façam parte valores de rendimento fixo admitidos em bolsa ou noutros mercados organizados e de funcionamento regular, ou ainda em ins-

---

[689] 54º DLFIM. Regra que aproxima este fundos, que são abertos, dos fundos fechados no 50º DLFIM.

Em sede de dimensão subjectiva, existem regras especiais sobre os limites máximos das comissões no 52. Reglamento de la Ley 46/1984, de 26 de deciembre, aprovado pelo Real Decreto 1393/1990, de 2 noviembre.

[690] 53º/4 DLFIM.

[691] 53º/5 DLFIM.

[692] 53º/1 DLFIM.

[693] 53º/2 DLFIM

[694] 53º/3 DLFIM.

476 *Fundos de Investimento Mobiliário e Imobiliário*

trumentos financeiros que pela seu curto prazo e pelas garantias da sua realização gozem de uma elevada liquidez (25.§1° Ley 46/1984, de 26 deciembre). Negativamente, não podem fazer parte destes fundos acções, obrigações com "equity warrants", nem activos com prazo de reembolso ou de amortização superior ao que regulamentarmente se estabeleça (25.§2° Ley 46/1984, de 26 deciembre; 48.2. Reglamento de la Ley 46/1984, de 26 de deciembre, aprovado pelo Real Decreto 1393/1990, de 2 noviembre). Uma percentagem média mensal 90% da composição do fundo deve estar investida em valores de rendimento fixo num mercado de cotação oficial ou em outros valores noutros mercados regulamentados que pelo seu vencimento a curto prazo ou pelas garantias de realização sejam dotados de grande liquidez (49.1. Reglamento de la Ley 46/1984, de 26 de deciembre, aprovado pelo Real Decreto 1393/1990, de 2 noviembre[695]). De qualquer modo nunca podem ser adquiridos mais de 40% de activos para o fundo que não tenham grande liquidez (48.3. Reglamento de la Ley 46/1984, de 26 de deciembre, aprovado pelo Real Decreto 1393/1990, de 2 noviembre). O que seja valor de grande liquidez e as percentagens de composição é determinado por regulamentação do Ministro das Finanças ou da CNMV por delegação deste (49.4. Reglamento de la Ley 46/1984, de 26 de deciembre, aprovado pelo Real Decreto 1393/1990, de 2 noviembre[696]; esta competência é igualmente prevista nos termos da 5. disposição adicional ao Reglamento de la Ley 46/1984, de 26 de deciembre, aprovado pelo Real Decreto 1393/1990, de 2 noviembre). A Orden de 31 de julio de 1991, sobre valores de elevada liquidez, veio a estabelecer que a CNMV determinará que um valor tem elevada liquidez quando cumulativamente esteja admitido em mercado organizado, que seja prontamente realizável em dinheiro e que se trate de um valor ou de uma operação sobre valores igual ou inferior a dezoito meses. Os valores da dívida pública são sempre considerados de elevada liquidez, desde que tenham maturação igual ou inferior a dezoito meses. Nos restantes casos, compete à CNMV qualificar a liquidez dos valores.

Em França prevêem-se organismos de investimento colectivo a curto termo monetários no 13-1 Décret n° 89-623 du 6 septembre 1989. Estes fundos são obrigados a publicar trimestralmente a composição da sua carteira. A aplicação em "warrants" levanta, no entanto, problemas associados ao risco que estes representam, que tem de ser avaliado diariamente (*Bulletin COB*, n° 269, Mai 1993, Supplément "Etudes", n° 71, p. 41, também p. 43 ss.).

---

[695] Regulamentado pelo 1. Orden de 20 deciembre de 1990.
[696] Regulamentado pelo 1. Orden de 20 deciembre de 1990.

Parte V – Os fundos de investimento mobiliário 477

No Brasil exige-se que a sua composição conste de depósitos junto do Banco Central do Brasil e de investimentos permitidos aos fundos de investimento financeiro no 42.§único.II. Regulamento Anexo à Circular nº 2.594, de 21 de Julho de 1995, do Banco Central do Brasil, e 40.§único II. Regulamento Anexo à Circular nº 2.616, de 18 de Setembro de 1995 do Banco Central do Brasil, sem no entanto se exigir nesta norma a liquidez desses activos subjacentes.

Outras implicações se encontram na lei espanhola. Em consistência com a natureza de curto prazo destes fundos também o reembolso tem de ser feito no próprio dia, salvo se for feito pelo depositário, em que deverá ser feito até ao dia útil seguinte, salvo os reembolsos superiores a 1.000 milhões de pesetas, que podem ter um pré-aviso de cinco dias (50. Reglamento de la Ley 46/1984, de 26 de diciembre, aprovado pelo Real Decreto 1393/1990, de 2 noviembre).

Também no Brasil estes fundos de curto prazo implicam resgate a todo o momento, devendo ser efectuado no próprio dia ou no primeiro dia útil seguinte ao do pedido do resgate nos termos do 42. e 42.§único.III Regulamento Anexo à Circular nº 2.594, de 21 de Julho de 1995, do Banco Central do Brasil.

Em Espanha igualmente consagram-se regras específicas sobre a avaliação do fundo e a distribuição de resultados nestes fundos (26. Ley 46//1984, de 26 deciembre; 51. Reglamento de la Ley 46/1984, de 26 de diciembre, aprovado pelo Real Decreto 1393/1990, de 2 noviembre).

CAPÍTULO IX

FUNDOS DE FUNDOS

Os fundos de fundos caracterizam-se pela sua composição mais uma vez, constituída neste caso por unidades de participação.

A lei exige que sejam fundos abertos[697]. Mais uma vez o que se visa é a possibilidade de resgate contínuo. É que se estão a adquirir neste caso várias políticas de investimento, para usar a designação expressiva que no regime geral se usou a propósito do regulamento de gestão. Mas também várias administrações, umas melhores que outras. O contrapeso para o que, de efeito de amortecedor que pode ter a carteira, pode passar a efeito potenciador, é a possibilidade de se desfazer da posição através do resgate.

O regulamento de gestão deve conter a expressão "fundo de fundos"[698].

Em matéria de dimensão objectiva, e quanto ao objecto dos fundos, os fundos de fundos são constituídos exclusivamente por unidades de participação de outros fundos de investimento, acrescidos de meios de liquidez necessários ao movimento normal do resgate das unidades de participação[699]. Por outro lado as unidades de participação que dele fazem parte apenas podem ser de fundos domiciliados em Portugal que sejam fundos abertos comuns ou fundos de tesouraria ou em fundos harmonizados[700]. Não podem, em consequência investir em unidades de participação de fundos imobiliários. Não podem investir em fundos de fundos[701].

Na Suíça, nos termos do 41. Ordonnance du Conseil Fédéral sur les Fonds de Placement du 19.10.1994, devem ser constituídos exclusivamente por unidades de participação de fundos mobiliários, não podendo ser unidades de participação de outros fundos de fundos.

---

[697] 55º/3 DLFIM.
[698] 55º/2 DLFIM.
[699] 55º/1 DLFIM.
[700] 56º/1 DLFIM.
[701] 56º/1 DLFIM.

480 *Fundos de Investimento Mobiliário e Imobiliário*

Este dever de constituição exclusiva por quotas de fundos, sejam eles de investimento, sejam outros que venham a ser especificados em regulamentação é igualmente consagrado no 1.II. Resolução n° 2.183, de 21 de Julho de 1995, do Conselho Monetário Nacional do Brasil. Por outro lado, constando o mesmo princípio do 43.§1°.II. Regulamento Anexo à Circular n° 2.594, de 21 de Julho de 1995, do Banco Central do Brasil, a mesma norma estabelece uma regra especial. É que são permitidos fundos de fundos de curto prazo. Neste caso estes fundos de fundos de curto prazo não podem conter quotas de fundo de investimento financeiro (que não de curto prazo). O 41.§1°.II. Regulamento Anexo à Circular n° 2.616, de 18 de Setembro de 1995 do Banco Central do Brasil veio a completar este regime. Não apenas se estabelece esta proibição, como se proíbe igualmente que as quotas que fazem parte do fundo de fundos o sejam de fundos com um intervalo de actualização superior ao do fundo de fundos.

Em sede de dimensão objectiva, mas agora em matéria de concentração de riscos regem três institutos[702]:

a) não podem aplicar mais de 20% do seu activo global num único fundo
b) não podem investir mais de 30% dos seus activos em fundos administrados pela mesma entidade gestora
c) mas podem, no entanto investir exclusivamente em fundos geridos pela entidade gestora ou por a ela ligada por relação de domínio ou de grupo, desde que, neste último caso:

1) esses fundos se encontrem identificados no regulamento de gestão
2) e não sejam cobradas quaisquer comissões de emissão ou de resgate nas respectivas operações.

Na Suíça não podem investir mais de 20% do seu património em unidades de participação do mesmo fundo (41.2.b. Ordonnance du Conseil Fédéral sur les Fonds de Placement du 19.10.1994).

Na dimensão operacional, são regidos os deveres de informação[703]. O regulamento de gestão, o prospecto e os documentos publicitários devem indicar as características dos fundos nos quais os fundos de fun-

---

[702] 56°/2, 3, 4 DLFIM.
[703] 57° DLFIM.

Parte V – Os fundos de investimento mobiliário 481

dos investem os seus capitais. Por outro lado, o regulamento de gestão deve conter descrição geral de custos e despesas relativos aos fundos que se prevê serão directamente ou indirectamente suportados pelos participantes.

Regras semelhantes na Suíça no 41.3. Ordonnance du Conseil Fédéral sur les Fonds de Placement du 19.10.1994.

Na Alemanha existem igualmente fundos de fundos como se pode estudar em ASMANN, Heinz-Dieter; SCHÜTZE, Rolf A.; *Handbuch des Kapitalanlagerechts*, C.H. Beck'sche Verlagsbuchhandlung, 2ª ed., München, 1997, p. 727 ss.

PARTE VI

OS FUNDOS DE INVESTIMENTO IMOBILIÁRIO

Os fundos imobiliários encontram o fundamento especial do seu regime na composição dos fundos e no facto de terem como título apenas fontes de direito portuguesas e não comunitárias, ao contrário dos fundos mobiliários. É certo que os seus agentes, pelo menos as entidades gestoras e os depositários, obedecem a um regime comunitário específico, nomeadamente por força da DSI. No entanto, este regime comunitário é invariante em relação aos fundos enquanto tais[704].

Em Espanha existem regras especiais quanto aos fundos personalizados. As sociedades de investimento imobiliário têm forçosamente de ter capital fixo, não podendo ser de capital variável (73. Reglamento de la Ley 46/1984, de 26 de deciembre, aprovado pelo Real Decreto 1393/1990, de 2 noviembre, na redacção do Real Decreto 686/1993, de 7 de mayo; 11.1. Orden de 24 de septiembre de 1993). Em Espanha igualmente, os fundos imobiliários encontram-se previstos no 33. Ley 46/1984, de 26 deciembre, com os desenvolvimentos e alterações decorrentes da Ley 19/1992, de 7 de julio. De igual modo, encontram-se no 71. a 74. Reglamento de la Ley 46/1984, de 26 de deciembre, aprovado pelo Real Decreto 1393/1990, de 2 noviembre, na redacção do Real Decreto 686/1993, de 7 de mayo. As sociedades e fundos de investimento imobiliário encontram-se regulamentadas pela Orden de 24 de septiembre de 1993. Ver RODRÍGUEZ ARTIGAS, Fernando; Instituciones de Inversión Colectiva, in: ALONSO UREBA, Alberto, MARTINEZ-SIMANCAS Y SANCHEZ; Julian; *Derecho del Mercado Financiero*; Tomo I, Volume 1, *Entidades del Mercado Financiero*, Editorial Civitas, Madrid, 1994, p. 324 ss.. Em geral ver AZA CAMPOS, Alicia; La Reforma de la Ley de Arrendamientos Urbanos y los Fondos de Inversión Inmobiliaria, in: ALONSO UREBA, Alberto, MARTINEZ-SIMANCAS Y SANCHEZ; Julian; *Derecho del Mercado Financiero*; Tomo I, Volume 1, *Entidades del Mercado Financiero*, Editorial Civitas, Madrid, 1994, p. 402 ss.

---

[704] Os fundos imobiliários encontravam-se previstos autonomamente pelo 1º Dec.-Lei nº 246/85, de 12 de Julho.

CAPÍTULO I

FONTES. REGULAMENTO DE GESTÃO

A denominação do fundo deve conter a expressão "Fundo de Investimento Imobiliário" ou a abreviatura "F.I. Imobiliário"[705]. Esta norma é meramente enunciativa do regime comum acerca de inequívoca identificação da natureza do fundo na sua denominação.

De igual modo a alteração do regulamento de gestão que apenas respeite à denominação ou sede da entidade gestora, do depositário ou das entidades colocadoras deve ser comunicado ao Banco de Portugal e não apenas à CMVM, como no regime geral[706].

Também deve constar do regulamento a existência de resgates cíclicos, regra que se aplica como antes se viu na tipologia dos fundos, apenas aos fundos abertos[707].

O regulamento de gestão deve conter em Espanha igualmente os critérios de selecção de áreas geográficas dos imóveis, especialidades em

---

[705] 19°/3/a DLFII.

A denominação obedece a um princípio de não confusão nos termos do 33.5. Ley 46/1984, de 26 deciembre, em Espanha. para a denominação ver igualmente o 11. Reglamento de la Ley 46/1984, de 26 de deciembre, aprovado pelo Real Decreto 1393//1990, de 2 noviembre. Nos termos do 72.3. Reglamento de la Ley 46/1984, de 26 de deciembre, aprovado pelo Real Decreto 1393/1990, de 2 noviembre, devem ter como designação F.I.I. ou S.I.I., consoante se trate de fundos ou sociedades.

[706] 19°/6 DLFII, por comparação com o 18°/6 DLFIM. Embora a omissão do Banco de Portugal nesta última norma seja mero lapso, a verdade é que não se pode considerar que este dever se encontre tutelado por lei. Quando muito deve-se considerar que existe um dever deontológico de o fazer, ou esta comunicação pode ser feita pela CMVM no caso dos fundos mobiliários. De qualquer firma esta alteração é já desconhecimento do Banco de Portugal salvo no que respeita às entidades colocadoras que não sejam instituições de crédito ou sociedades financeiras, por força do RGICSF.

[707] 19°/3/i, 32°/2 DLFII.

Antes a regra era a de, nos termos do 18°/2 Dec.-Lei n° 246/85, de 12 de Julho, se poder protelar o reembolso até 12 meses no caso deste implicar a venda de valores imobiliários, desde que este protelamento fosse autorizado pelo Ministro das Finanças.

matéria de subscrição e reembolso, nomeadamente no que respeita aos fundos com resgate cíclico, datas concretas para a avaliação do fundo, periodicidade da avaliação dos bens imóveis, política de conservação e protecção por seguros dos bens, contrato de liquidez, caso exista, gastos de exploração dos imóveis imputáveis ao fundo, sociedade de avaliação dos imóveis (2.3. Orden de 24 de septiembre de 1993).

CAPÍTULO II

DIMENSÃO SUBJECTIVA

Em sede de dimensão subjectiva a única especialidade que os fundos imobiliários apresentam respeitam ao depositário.

> Em Espanha existe no entanto, uma regra especial no que respeita às sociedades gestoras. Estas podem financiar com garantia hipotecária sobre os seus bens e direitos com base na percentagem que o Ministro das Finanças o determine (72.5. Reglamento de la Ley 46/1984, de 26 de deciembre, aprovado pelo Real Decreto 1393/1990, de 2 noviembre, na redacção do Real Decreto 686/1993, de 7 de mayo). Por outro lado, exige-se que os membros das sociedades gestoras devam ter conhecimento e experiência do mercado financeiro e do mercado imobiliários (25.2. Orden de 24 de septiembre de 1993).
>
> Na Suíça, decorrente do facto de as participações sociais de sociedades imobiliárias serem consideradas valores imobiliários, tal como em Portugal, estatui-se um dever especial das sociedades gestoras de se responsabilizarem pelo cumprimento da lei e do regulamento de gestão pelas sociedades imobiliárias que fazem parte do fundo (38.1. Loi Fédérale sur les Fonds de Placement, du 18.03.1994).

Ao contrário do regime dos fundos mobiliários, em que o depositário podia subscrever unidades de participação mas não adquiri-las, no caso dos fundos imobiliários o depositário pode adquiri-las[708]. Por confronto com o seu lugar paralelo[709] por aquisição tem de se entender aqui a aquisição derivada. Por outro lado a aquisição destas unidades de participação apenas pode ter uma finalidade, a do estabelecimento de liquidez das unidades.

Estas aquisições tem de ser enquadradas por um contrato entre o depositário e a entidade gestora, que tem de ser aprovado pela CMVM.

---

[708] 14º/4 DLFII.
[709] 13º/3 DLFIM.
20º/4 Dec.-Lei nº 229-C/88, de 4 de Julho.

O regime em causa requere alguns comentários.

Em primeiro lugar, o facto de haver referência a um contrato de liquidez reforça a ideia de que por aquisição apenas se refere a aquisição derivada e não a subscrição.

Em segundo lugar, a questão é a de saber se não pode subscrever estas unidades de participação. Se assim é, o depositário, nos fundos fechados imobiliários, nunca poderia tomar firme a emissão ou a garantir a sua colocação (125º/1/a, b Cd.MVM, 28º/3 DLFII). Ora nada na lei nos permite esta interpretação. Nenhum argumento material impede esta situação nos fundos mobiliários, de igual modo não havendo nenhum norma especial nos fundos imobiliários fechados que o implique. Mas, mais importante, não existe norma proibitiva. Com efeito, ao contrário do regime dos fundos mobiliários, em que se proíbe expressamente a aquisição[710] e se permite a subscrição, nos fundos imobiliários não existe tal norma proibitiva. O que existe é uma norma de permissão limitada. O depositário pode subscrever as unidades de participação, com respeito da prevalência dos interesses dos clientes[711]. Mas só pode adquiri-las para efeitos de liquidez.

O terceiro grande problema que este regime coloca é o que respeita a este contrato de liquidez. Com efeito, apenas estão previstas no nosso direito operações de liquidez lícitas quando estas se processam em bolsa (473º ss.) ou em mercado de balcão organizado em sentido forte (com entidade gestora, no 520º Cd.MVM). Ora de operações de bolsa não se pode tratar, na medida em que as instituições de crédito não têm ainda acesso ao mercado de bolsa a contado (206º/2, 404º Cd.MVM). De igual modo, de operações em mercado de balcão organizado em sentido forte (510º ss. Cd.MVM) não se pode igualmente tratar, na medida em que este ainda não se encontra organizado neste sentido. Por outro lado, as operações de liquidez não se podem bastar com um simples contrato aprovado. Com efeito, estas são materialmente condutas de manipulação de mercado (667º Cd.MVM) apenas que excluídas tipicamente do âmbito do tipo de ilícito. As operações de contrapartida implicam regras de transparência muito apertadas, por forma a que o mercado conheça a natureza das operações que nele se realizam. As operações de liquidez têm por finalidade, como o próprio nome indica, aumentar a liquidez do

---

[710] O já citado 13º/3 DLFIM.
[711] 15º/2 DLFII.

Parte VI – Os fundos de investimento imobiliário 489

mercado, não de enganar os investidores. A única forma de dar o devido entendimento a esta norma é a de entender que:

a) os contratos de liquidez são contratos de liquidez em sentido técnico (477° Cd.MVM), pelo que nunca se poderão realizar em mercado de balcão (520°/1 Cd.MVM), mas apenas em bolsa ou em mercado secundário especial que os admita (com uma estrutura congruente com a da bolsa - 174° Cd.MVM);

b) o contrato tem de ser celebrado com o depositário mas designando o corretor que irá realizar as operações bolsa (477°/3 Cd.MVM)

c) o contrato tem duração limitada (477°/4 Cd.MVM);

d) só podem existir neste momento contratos de liquidez sobre unidades de participação de fundos fechados e apenas em bolsa (quanto aos abertos, ou surge um mercado secundário especial que simultaneamente admita a sua negociação e contratos de liquidez, ou não é possível).

Em Espanha as instituições de investimento colectivo imobiliário não podem desenvolver actividades de promoção imobiliária, podendo no entanto reabilitar imóveis desde que não representem mais de 20% do seu património e que as obras se concertem com um terceiro (4.8. Orden de 24 de septiembre de 1993).

Na Suíça existe uma regra operacional estrita no 12.3. e 20.3. Loi Fédérale sur les Fonds de Placement, du 18.03.1994. tanto os depositários como as sociedades gestoras não podem adquirir ou alienar valores imobiliários para os fundos que gerem ou em relação ao qual são depositários.

CAPÍTULO III
DIMENSÃO OBJECTIVA

SECÇÃO I
FUNDOS

SUBSECÇÃO I
OBJECTO DOS FUNDOS

I. *Composição. Activos*

i) Activos

Como foi sobejamente referido, o centro de distinção do regime dos fundos imobiliários é a composição da sua carteira.

Mais uma vez, podem fazer parte dos fundos valores mobiliários e liquidez. No entanto, as regras relativas à suas proporções são bem diferentes. Por outro lado, outro tipo de activos podem fazer parte dos fundos, dos quais os mais característicos são os valores imobiliários.

Valores imobiliários

São valores considerados imobiliários[712]:

a) os direitos de propriedade sobre bens imóveis que possam ser adquiridos para os fundos

---

[712] 4º/1 DLFII.

Esta norma correspondeu a um aperfeiçoamento do 3º/1 Dec.-Lei nº 229- C/88, de 4 de Julho e do 2º/3 Dec.-Lei nº 246/85, de 12 de Julho.

492 *Fundos de Investimento Mobiliário e Imobiliário*

b) as participações superiores a 50% no capital social de sociedades (qualificadas) cujo objecto seja exclusivamente:

1) a aquisição
2) venda
3) arrendamento
4) gestão
5) e exploração de imóveis.

Uma das expressões mais próximas no Direito Comparado é a de "activos imobiliários", que é usada no Brasil no 19.VIII. Instrução CVM nº 205, de 14 de Janeiro de 1994. A expressão "valeurs immobilières" surge na Suíça no 12.3. e 36. Loi Fédérale sur les Fonds de Placement, du 18.03.1994. Nos termos deste último artigo são valores imobiliários os imóveis e seus acessórios, bem como as participações em sociedades imobiliários ou os créditos contra elas. Esta última hipótese excede a definição legal portuguesa. Os activos que podem fazer parte dos fundos tem de constar do regulamento do fundo na Suíça (4.3. Ordonnance du Conseil Fédéral sur les Fonds de Placement du 19.10.1994). No 46. Ordonnance du Conseil Fédéral sur les Fonds de Placement du 19.10.1994 descriminam-se os activos que podem fazer parte destes fundos. No Reino Unido, colocavam-se problemas na aceitação de fundos imobiliários abertos (*O.P.C.V.M. 90, Où et Comment s'Implanter en Europe?,* Séminaire de Direction de Banque, La Revue Banque Éditeur, Tome II, Paris 1990, p. 314). Nos Estados Unidos, as "investment companies" podem adquirir ou alienar imóveis ("real estate") na medida estabelecida na política de investimentos, medida para além da qual carecem de autorização dos sócios (Sec. 13 (a) (2) Investment Company Act of 1940).

Não podem fazer parte da composição dos fundos, apesar de a lei os qualificar de valores imobiliários, os prédios ou suas fracções autónomas em regime de compropriedade[713].

Na Suíça, a compropriedade é permitida, mas apenas na hipótese da a sociedade gestora poder exercer uma influência preponderante (36.3. Loi Fédérale sur les Fonds de Placement, du 18.03.1994; 47. Ordonnance du Conseil Fédéral sur les Fonds de Placement du 19.10.1994).

A primeira questão reside nos direitos reais que podem integrar os fundos. Apenas podem integrar os fundos direitos de propriedade e não

---

[713] 22º/1/j DLFII.
Também já o estatuía o 31º Dec.-Lei nº 246/85, de 12 de Julho.

Parte VI – Os fundos de investimento imobiliário 493

direitos reais menores ou direitos pessoais de gozo, bem como quaisquer outros direitos sobre imóveis. Com efeito, a lei chega mesmo a proibir formas de propriedade limitada como a compropriedade, ou com limitações aos direitos ou onerados[714]. Por outro lado, a lei não usa apenas o conceito de propriedade, mas o conceito técnico de direito de propriedade. Não pode ser, assim, interpretado no sentido lato e incorrecto de direito real. A explicação da exclusão de direitos reais menores ou de outros direitos como património dos fundos é relativamente simples. Em primeiro lugar, a avaliação destes direitos é bem mais difícil e aleatória que a do direito de propriedade. Em segundo lugar, a distribuição de responsabilidades entre os vários titulares de direitos sobre uma mesma coisa pode ser a mais diversa, e o grau, capacidade e vontade de cumprimento dos seus deveres pode ser a mais variada. Se as benfeitorias estiverem a cargo do nu proprietário por exemplo, seria extremamente difícil avaliar o risco de este não as realizar.

> Em Espanha conclui a doutrina em igual sentido: AZA CAMPOS, Alicia; La Reforma de la Ley de Arrendamientos Urbanos y los Fondos de Inversión Inmobiliaria, in: ALONSO UREBA, Alberto, MARTINEZ-SIMANCAS Y SANCHEZ; Julian; *Derecho del Mercado Financiero*; Tomo I, Volume 1, *Entidades del Mercado Financiero*, Editorial Civitas, Madrid, 1994, p. 406.
>
> A lei brasileira parece permitir que se proceda ao pagamento da subscrição com direitos reais sobre imóveis, no caso dos fundos imobiliários no 5. Instrução CVM nº 205, de 14 de Janeiro de 1994. No entanto, o 2. Instrução CVM nº 205, de 14 de Janeiro de 1994, que define indirectamente a composição dos fundos, não comporta esses direitos. Sem pretender fazer doutrina sobre direito estrangeiro, parece que a solução brasileira é a de não admitir tais direitos senão na medida em que cumpram as finalidades dos fundos. A lei suíça permite que façam parte do fundo, mas apenas até 10% do seu valor, cédulas hipotecárias ou outros direitos de garantia imobiliários (46.1.e. Ordonnance du Conseil Fédéral sur les Fonds de Placement du 19.10.1994).

A lei não proíbe, por outro lado, que se adquiram imóveis em propriedade horizontal ou fracções autónomas de imóveis. O que se pro-

---

[714] 22º/1/b DLFII, como é aliás regime geral dos fundos (cf. 21º/1/b DLFIM).
Significativo é que o 13º/5 Dec.-Lei nº 229- C/88, de 4 de Julho, associasse a compropriedade à oneração dos bens. Já antes a compropriedade era proibida para os fundos nos termos do 31º Dec.-Lei nº 246/85, de 12 de Julho.

494 *Fundos de Investimento Mobiliário e Imobiliário*

íbe é que haja aquisição em compropriedade de uns ou de outros, ou em geral de quaisquer imóveis.

A lei suíça refere expressamente as "propriétés par étage" no 46.1.b. Ordonnance du Conseil Fédéral sur les Fonds de Placement du 19.10.1994.

Apenas os bens imóveis podem fazer parte do fundo. Mas já não os bens móveis. No entanto, o conceito de bem imóvel é o que consta do 204° Cd.Civil, que estende o seu sentido às partes integrantes. Por outro lado, podem fazer parte do fundo bens móveis que sejam funcionalmente dirigidos ao normal funcionamento da coisa. Por exemplo, telefones, aparelhos de ar condicionado não integrados na coisa. Neste sentido, podem fazer parte do património dos fundos direitos reais menores (como servidão de vistas, de passagem, entre outros, mas apenas os inerentes à coisa - 204°/1/d C. Civil).

A lei suíça refere expressamente esta questão quando refere os "immeubles *et leurs accessoires*" no 36.2.a. Loi Fédérale sur les Fonds de Placement du 18.03.1994.

Não basta, no entanto, ficarmo-nos com o aspecto estático da composição dos fundos para compreendermos na devida profundidade qual o sentido de propriedade. Torna-se necessário estudar o problema na perspectiva da dinâmica dos fundos. O princípio geral, que tem os seus afloramentos na lei, é o de que não se podem *adquirir* bens com limitações, sejam de natureza real ou não, da propriedade[715]. No entanto, este princípio tem limitações e carece de esclarecimentos. Em primeiro lugar, não vale para as limitações legais, como servidões de passagem, de vistas, ou outras. Em segundo lugar, não se aplica no caso de as limitações serem a fonte típica do rendimento do imóvel. Este é o caso em que os imóveis foram arrendados ou se concedeu o direito de uso e habitação, por exemplo. Com efeito, nada impede que um fundo adquira um imóvel que já se encontra arrendado, na medida em que passará a usufruir do rendimento do mesmo imóvel[716]. Mas a limitação tem de ser *fonte típica de rendimento*[717]. A propriedade resolúvel nunca pode ser da titularidade

---

[715] 22°/1/b, j DLFIM.

[716] Se foi uma boa ou má compra, esta é uma questão que tem de ser resolvida noutra instância, a do princípio da boa administração.

[717] AZA CAMPOS, Alicia; La Reforma de la Ley de Arrendamientos Urbanos y los Fondos de Inversión Inmobiliaria, in: ALONSO UREBA, Alberto, MARTINEZ-

Parte VI – Os fundos de investimento imobiliário 495

de um fundo (1307º Cd.Civil). Com efeito, mesmo que no caso de resolução o vendedor prometa pagar uma indemnização ao fundo, esta não é uma fonte típica de rendimento da propriedade. Inversamente, já pode o fundo adquirir com opção de revenda, na medida em que o direito de opção é titulado pelo fundo e é por decisão da sua entidade gestora que será exercida ou não[718]. Em terceiro lugar, as limitações que ora se referem apenas podem afectar o uso e a fruição, mas nunca a disposição do imóvel. Na verdade, se assim não fora, não apenas se colocaria o problema de avaliação que antes se referiu, como a flexibilidade dos activos do fundo e a possibilidade da sua liquidação seriam postas em causa. Em quarto lugar, o fundo pode ser titular de bens com propriedade limitada na medida em que essas limitações sejam fonte de rendimento do fundo, tenha ele já adquirido os bens com essa limitação, como antes se referiu, ou tenham sido constituídas pelo fundo depois da aquisição. Com efeito, esta é a forma de rendibilização dos fundos por excelência. Em quinto lugar, podem os fundos adquirir direitos de superfície de terrenos para construção quando cumulativamente não seja possível edificar na zona referida por outro modo e se vise a construção de imóveis de que o fundo será proprietário.

Em Espanha chegam-se a definir os destinos possíveis dos bens imóveis que pode fazer parte dos fundos e das S.I.I. Apenas são elegíveis os que se destinam a habitação, indústrias, parqueamentos, usos comerciais, sejam eles edifícios ou outros imóveis, tenham um ou mais destes fins (5.5. Orden de 24 de septiembre de 1993). De igual forma, deixa-se bem claro que os fundos e as S.I.I. apenas podem ser titulares dos bens imóveis a título de proprietário (4.6. Orden de 24 de septiembre de 1993), o que é idêntico à conclusão a que se chegou no texto.

Na Suíça refere-se expressamente a possibilidade de aquisição de construções em direito de superfície até ao limite de 20% do valor do fundo (46.1.d. Ordonnance du Conseil Fédéral sur les Fonds de Placement du 19.10.1994).

-SIMANCAS Y SANCHEZ; Julian; *Derecho del Mercado Financiero*; Tomo I, Volume 1, *Entidades del Mercado Financiero*, Editorial Civitas, Madrid, 1994, p.406 afirma que os imóveis devem estar livres de direitos de usufruto e uso e habitação, sem distinguir o momento da aquisição da permanência da titularidade.

[718] Mais uma vez, se há um custo para o exercício da opção é um problema de boa administração, mas não impede, por isso mesmo que esta propriedade seja adquirida nestes termos em geral.

496 *Fundos de Investimento Mobiliário e Imobiliário*

No Brasil os fundos imobiliários destinam-se ao desenvolvimento de empreendimentos imobiliários, como a construção de imóveis, a aquisição de imóveis ou a construção de infra-estruturas, visando a posterior alienação, locação ou arrendamento (2. Instrução CVM nº 205, de 14 de Janeiro de 1994).

Mas mais peculiar ainda, são considerados valores imobiliários as partes sociais de certas sociedades. As sociedades referidas têm de ter um objecto social típico, taxativo nas áreas referidas na lei[719]. Não é necessário no entanto, que tenham por objecto social todas as actividades referidas, mas apenas alguma ou algumas delas.

Algumas destas participações sociais podem ser acções. Nestes casos estaremos perante valores mobiliários (3º/1/a Cd.MVM) que são... imobiliários. Esta qualificação não é, no entanto, isenta de consequências. É que as regras de composição são determinadas por esta sua qualificação. Prevalece, consome, a qualificação como valores imobiliários, sobre a sua qualificação como valores mobiliários.

Podem ser acções ou quotas. O problema é de saber se podem ter partes sociais de sociedades que não de responsabilidade limitada. Embora a lei não proíba expressamente esta situação parece que não podem fazer parte do fundo participações de responsabilidade ilimitada. Em primeiro lugar, tendo em conta a necessidade de segurança que decorre da massificação, que é avessa ao risco indeterminado. Em segundo lugar, a dificuldade de avaliação do risco para efeitos de avaliação dos activos do fundos[720].

Valendo o princípio da tipicidade de composição, a verdade é que não são referidas outras participações sociais. Quer isto dizer que os fundos imobiliários não podem adquirir acções de outras sociedades, nem participações em geral noutras sociedades. Mas significa algo mais que isso. É que não pode adquirir senão percentagens superiores a 50% das sociedades qualificadas. Parece, portanto, que não pode ir adquirindo lentamente uma sociedade qualificada. Ou adquire mais de 50% delas ou

---

[719] 4º/1/a DLFII.

[720] Escusado será dizer que não constante do tipo legal, a aquisição deste tipo de participações não constitui contra-ordenação nos termos do 671º-A Cd.MVM. Apenas por via de determinação concreta da CMVM se pode conseguir impor esta proibição (15º/r Cd.MVM).

Parte VI – Os fundos de investimento imobiliário   497

não pode adquirir de todo[721]. Por outro lado, não pode fundar uma sociedade unipessoal porque não é sociedade (488° CSC).

Existem duas válvulas de escape a esta situação que se traduzem na alteração das regras de composição, com aprovação da CMVM e no regime transitório dos três primeiros anos, que abaixo se estudam[722].

Valores monetários

Os fundos imobiliários podem igualmente incluir
a) numerário,
b) depósitos bancários,
c) e aplicações nos mercados interbancários[723].

Na Suíça exige-se que o fundo tenha uma parte adequada investida em valores mobiliários a curto prazo de rendimento fixo ou fundos líquidos para assegurar os seus compromissos (36.4. Loi Fédérale sur les Fonds de Placement, du 18.03.1994; 48. Ordonnance du Conseil Fédéral sur les Fonds de Placement du 19.10.1994).

Para os fundos imobiliários existem limites mínimos de liquidez de 5% na Alemanha (ASMANN, Heinz-Dieter; SCHÜTZE, Rolf A.; *Handbuch des Kapitalanlagerechts*, C.H. Beck'sche Verlagsbuchhandlung, 2ª ed., München, 1997, p. 727).

---

[721] Por outro lado, não sendo o fundo uma pessoa jurídica, não pode ser oferente numa OPA e adquirir por esta forma a participação (525°/1/a Cd.MVM). Poder-se-ia pôr a hipótese de ser a entidade gestora em sua representação a fazê-lo, mas isso geraria uma assimetria com o facto de os valores do fundo não estarem contados como sendo do oferente, pelo menos em termos claros, no caso das OPA's obrigatórias (525°/2, 530° Cd.MVM). Mais uma vez se demonstra a colisão entre o regime das OPA's e dos fundos. A representação massificada continua a ser encarada com dificuldade pelo nosso sistema jurídico.

[722] 5°/3, 4 DLFII.

[723] 5°/1, 5°/2/a DLFII. As aplicações nos mercados interbancários não se resumem a títulos de dívida pública que sejam valores monetários (como os BT's e os CLIP's). Daí que a referência a estes títulos não esgote o universo. Há aplicações no mercado interbancários de dívida privada. No entanto, a lei refere-se-lhes como aplicações de mercado interbancário. A acepção de títulos de dívida pública na lei restringe-se portanto àqueles que são valores mobiliários.

A liquidez encontra o seu assento no 17.4., 72.2. Reglamento de la Ley 46/1984, de 26 de deciembre, aprovado pelo Real Decreto 1393/1990, de 2 noviembre, 72.2. este que estatui que as percentagens serão determinadas pelo Ministro das Finanças.

Valores mobiliários

Podem ser parte integrante dos fundos imobiliários apenas os seguintes valores mobiliários:

a) títulos de dívida pública que sejam valores mobiliários (fundos públicos, na acepção do 292º/2 Cd.MVM)
b) obrigações hipotecárias
c) títulos de participação
d) obrigações de empresas que preencham cumulativamente os seguintes requisitos:

1) cotadas em bolsa
2) e que tenham sido objecto de notação A ou equivalente, por uma empresa de *rating* registada na CMVM ou reconhecida internacionalmente

e) participações noutras instituições de investimento colectivo.

Ver para o *rating* o já citada MOTA, António, S. Gomes; TOMÉ, Jorge H. Correia; *Mercado de Títulos, Uma abordagem integrada*, Ed. Texto Editora, 2ª ed., Lisboa, 1991, pp. 187 ss.

ii) *Estrutura patrimonial (percentagens de composição)*

Os fundos imobiliários, sejam abertos, sejam fechados, têm limites percentuais por cada tipo de valores.

Os valores imobiliários têm de representar pelo menos 75% dos fundos[724]. Quer isto dizer que o somatório dos valores monetários e valores mobiliários nunca pode ir além de 25% em qualquer caso.

De entre os valores imobiliários, os terrenos destinados à execução de programas de construção não podem ir além de 10% do valor dos fundos[725].

---

[724] 5º/2/b, 5º/5 DLFII.

Antes proibia-se que excedem 85% desse valor, nos termos do 13º/1/a Dec.-Lei nº 246/85, de 12 de Julho.

Os fundos imobiliários têm de investir exclusivamente em bens mobiliários, salvo os meios líquidos, nos termos do 72.1. Reglamento de la Ley 46/1984, de 26 de deciembre, aprovado pelo Real Decreto 1393/1990, de 2 noviembre.

[725] 5º/2/c, 5º/5 DLFII.

Também era o regime do 13º/1/d Dec.-Lei nº 246/85, de 12 de Julho.

Parte VI – Os fundos de investimento imobiliário

A lei suíça, em relação às construções obedece a um regime diferente. Para que o fundo possa construir sobre terrenos é necessário que o regulamento de gestão comporte expressamente esta permissão (40.1. Loi Fédérale sur les Fonds de Placement, du 18.03.1994;). O 4.3.a. Ordonnance du Conseil Fédéral sur les Fonds de Placement du 19.10.1994 esclarece que, de entre os terrenos a construir, se incluem os que contêm imóveis para demolição. O 46.1.c. Ordonnance du Conseil Fédéral sur les Fonds de Placement du 19.10.1994 estatui que apenas podem atingir 20% do valor do fundo. Por outro lado, estabelece-se um dever sobre os terrenos não construídos que a sociedade os ordene e os prepare para a construção nos melhores prazos (53.1. Ordonnance du Conseil Fédéral sur les Fonds de Placement du 19.10.1994).

Não podem ser aplicados num único empreendimento mais de 20% do valor do fundo[726].

A lei espanhola mais uma vez é mais próxima da portuguesa nesta área. É que as S.I.I. têm de ter pelo menos 90% do seu património investido em bens imóveis, sendo que o restante pode ser investido em activos de rendimento fixo negociados nos mercados organizados 4.1. Orden de 24 de septiembre de 1993 – cf. RODRÍGUEZ ARTIGAS, Fernando; Instituciones de Inversión Colectiva, in: ALONSO UREBA, Alberto, MARTINEZ-SIMANCAS Y SANCHEZ; Julian; Derecho del Mercado Financiero; Tomo I, Volume 1, Entidades del Mercado Financiero, Editorial Civitas, Madrid, 1994, p. 325). Os F.I.I. investem pelo menos 70% em bens imóveis, mas não podem ultrapassar 90%, sendo que a restante percentagem do activo pode ser investida nos outros activos antes referidos (4.2. Orden de 24 de septiembre de 1993). Os fundos têm de ter um coeficiente mínimo de liquidez de 5% (4.2.c. Orden de 24 de septiembre de 1993). Por outro lado, exige-se que haja um mínimo de sete imóveis por fundo (4.3. Orden de 24 de septiembre de 1993), o que se traduz em mais uma manifestação da divisão de riscos. Um único imóvel não pode representar mais de 20% do fundo (4.3. Orden de 24 de septiembre de 1993).

A lei suíça determina que o valor venal de um imóvel não pode exceder 25% do património do fundo (46.5. Ordonnance du Conseil Fédéral sur les Fonds de Placement du 19.10.1994).

As dificuldades de harmonização comunitária nesta área adivinham--se com facilidade, caso se tenha em conta a diversidade de regimes existentes. No Reino Unido permitem-se os "single property schemes"

---

[726] 5º/2/e, 5º/5 DLFII.
Era igualmente o regime 13º/1/e Dec.-Lei nº 246/85, de 12 de Julho.

(Sec. 76(4), 76(5), 76(6) Financial Services Act 1986), que se caracterizam por o património ser constituído por um único imóvel ou por um único empreendimento.

A lei brasileira exige que o investimento fora do imobiliário seja sempre temporária, e nunca ultrapasse 25% do valor do fundo, salvo com autorização da CVM a pedido da entidade gestora, devendo neste caso estar investido em fundos de aplicação financeira, fundos de renda fixa ou em títulos de renda fixa (6. Instrução CVM nº 205, de 14 de Janeiro de 1994).

O Direito Comparado não nos pode servir de grande ajuda para a construção de um entendimento sobre o "empreendimento". Com efeito, a única lei, a britânica, que recorre a este conceito de modo geral permite a unicidade de empreendimento, as restantes omitem-no mas proíbem a unicidade de imóveis. Que recorre ao conceito permite a situação, quem proíbe omite-o. "Empreendimento" é um tipo-imagem na acepção de Larenz, não um conceito. Para salvaguardar a protecção do risco o legislador consagrou-o, mas visando a adaptabilidade às alterações socio-económicas que o tipo permite. Isto significa que como tipo que é não se define, delimita-se. Não se pode obter por enunciações analíticas de conceitos, como por exemplo o de compropriedade, propriedade horizontal, ou outros. Negativamente, o empreendimento deve ser recortado em três níveis. Em primeiro lugar, não é um imóvel. A lei refere expressamente os imóveis no 4º DLFII, usando expressamente noção diferente no 5º DLFII. Um imóvel pode ser um empreendimento, nomeadamente se por exemplo estiver em propriedade horizontal. Mas um empreendimento pode ser constituído por vários imóveis. Em segundo lugar, os terrenos destinados à construção não são empreendimentos, como resulta do 5º/2/c, e e 5º/5 DLFII. Um empreendimento abrange apenas terrenos já construídos ou em construção. Materialmente este recorte tem razão de ser. É que um terreno para construção, já quando esta se inicia, vai sendo teoricamente valorizado, podendo atingir, quando seja um único terreno, o valor até 20% do VLGF. Antes da construção, caso seja um único terreno, este já não pode ir além de 10% deste mesmo valor. Em terceiro lugar, se a norma em causa visa proteger a divisão dos riscos, esta não consome o problema da delimitação do empreendimento. Com efeito, nada impede que se viole a divisão de riscos, mesmo que não se viole a norma relativamente à concentração num só empreendimento. O princípio da divisão de riscos tem um valor cogente autónomo e subsidiário em relação a estas normas de estrutura patrimonial concretizadas. Por outro lado, a divisão de riscos não delimita a própria noção de empreendimento, ao contrário do que há tendência para pensar por vezes. Também as restantes regras constantes no 5º DLFII remetem para figuras como as participações sociais e terrenos para construção que visam a protecção dos riscos,

Parte VI – Os fundos de investimento imobiliário 501

e no entanto, ninguém diria que para se saber o que é uma participação social seria necessário ter em conta o princípio da divisão de riscos.

Positivamente, pode-se desde logo avançar que, não sendo um imóvel, um empreendimento tem natureza imobiliária. Os empreendimentos são constituídos por imóveis. É o que resulta nomeadamente dos 2º/1, 4º e 5º DLFII.

Como acima se afirmou, há que desconfiar de desenvolvimentos analíticos de conceitos jurídicos para se estabelecer o sentido de empreendimento. No entanto, temos ainda por delimitar o centro do problema, a saber o das fronteiras típicas do "empreendimento". Tratando-se de um tipo, nunca é demais afirmá-lo, na medida em que é essa a tentação corrente, não podemos recorrer a estruturas conceituais de dentro do sistema jurídico, sob pena de falsear a própria função de protecção da norma. Se esta foi recolher em valorações sociais o seu sentido, é nestas que se têm de procurar as fronteiras do tipo (tipo-imagem, na acepção de Larenz) de empreendimento.

Como de um tipo-imagem se trata, a questão apenas pode ser tratada partindo de modelos de estruturação de substractos que potencialmente se podem qualificar de empreendimentos. Tratando-se de um tipo-imagem, os modelos a construir compreendem-se melhor se os isolarmos fisicamente do seu contexto, por forma a abstrair completamente de relações reais que possam contaminar esse substracto e dissolver a sua individualidade. Daí que o modelo construtivo mais simples seja o de uma ilha[727]. Vejamos os vários modelos que podem ser construídos:

a) Modelo 1 A ilha é toda ela urbanizada por um fundo como um todo

b) Modelo 2 o fundo investe em dois complexos imobiliários, na ilha, um de habitação, outro de zonas de lazer; nessa mesma ilha, destinada sobretudo ao turismo, há vários complexos habitacionais, mas apenas essa zona de lazer

c) Modelo 3 o fundo investe em dois complexos imobiliários, na ilha, um de habitação, outro de zonas de lazer; nessa mesma ilha, destinada sobretudo ao turismo, há um só complexo habitacional e uma só zona de lazer

---

[727] Não nos podemos esquecer que os fundos imobiliários portugueses, apesar de não harmonizados, não estão impedidos de investir noutros países, ao contrário do que se passa com os brasileiros, por exemplo. Daí que as hipóteses escolhidas, que podem parecer caricatas por vezes à luz das realidades portuguesas, possam ter actualidade em imóveis situados noutras ordem jurídicas. Por outro lado, o exemplo da ilha, por isolar o problema fisicamente, simplifica a *imagem* que tem de ser elaborada.

d) Modelo 4 o fundo investe em dois complexos imobiliários, na ilha, um de habitação, outro de zonas de lazer; nessa mesma ilha, destinada sobretudo ao turismo, há vários complexos habitacionais e várias zonas de lazer.

Os modelos apresentados permitem-nos atestar da mais ou menos directa adesão à imagem que se visa construir com a ideia de empreendimento. No Modelo 1, em que toda a ilha é urbanizada como um todo coerente pelo mesmo fundo, é intuitivo que em princípio estamos perante um único empreendimento. É o todo que tem significado económico, não a suas partes. Se a ilha é destinada ao turismo e há uma só zona de lazer, (modelos 2 e 3) existe uma dependência funcional dos complexos habitacionais em relação à zona de lazer. No modelo 2 a zona de lazer depende funcionalmente do único complexo habitacional, mas já tal não acontece no modelo 3. No modelo 4 não existe dependência funcional entre os complexos habitacionais e o de lazer.

No modelo 3 em que existe uma dependência funcional entre os dois complexos, tudo indica estarmos perante um só empreendimento. Com efeito, sem a zona habitacional a zona de lazer não tem sentido económico, sem a zona de lazer, igualmente a zona habitacional perde-o. Mesmo que juridicamente a titularidade dos empreendimentos esteja divida por várias sociedades que sejam participadas pelo fundo e pelo próprio fundo, economicamente, existindo uma dependência funcional recíproca, é o todo que faz sentido, e não cada uma das suas partes. A má qualidade da gestão da zona de lazer, ou em geral a perda de qualidade dos serviços que presta reflecte-se necessariamente no valor económico da zona habitacional.

Já nos modelos 2 e 4 não parece estarmos perante um só empreendimento. No último caso, na medida em que não existe nenhuma dependência funcional. No Modelo 2, porque a dependência não é recíproca. É verdade que a zona de lazer, se vir diminuído o seu valor económico, afecta a zona habitacional do fundo. Mas inversamente, o desaparecimento da zona habitacional, por si só em nada afecta a zona de lazer. Esta tem uma relativa autonomia em relação à zona habitacional.

Os modelos desenhados, grosseiros como não podem deixar de ser por não poderem ter em conta as inúmeros factores que determinam a unidade de um empreendimento, permitem, no entanto, delimitar critérios de concretização do tipo de empreendimento. O empreendimento é sempre uma realidade de *natureza imobiliária* que forma *um todo*, todo em que as partes se unificam por *relações de dependência funcional recíproca*.

Ora, esta dependência funcional recíproca tem de se encontrar no caso concreto, em função do contexto em que se desenvolve. Não pode ser delimitada em abstracto. Afirmar o contrário, seria negar a natureza tipológica da figura em estudo.

Parte VI – Os fundos de investimento imobiliário   503

Questão comum aos terrenos para construção e aos empreendimentos é a de saber quais os mecanismos de titularidade relevantes. O teste com o empreendimento permite-nos verificar com facilidade que são relevantes tanto a titularidade directa como a indirecta, por via de participações sociais, dos empreendimentos e dos terrenos para construção. O teste pode ser feito com o empreendimento, aplicando-se-lhe com as devidas adaptações o que se refere aos terrenos para construção. O confronto entre o empreendimento único e as participações sociais, torna-se necessário, na medida em que em ambos os casos se definem técnicas de concentração de riscos. No 20°/2/a DLFIM proíbe-se a titularidade de mais de 10% das acções emitidas por uma sociedade nos fundos mobiliários. Esta norma visa, não apenas prevenir concentração de riscos, como impedir que os fundos mobiliários sejam utilizados como instrumento de poder social, como forma de financiamento de políticas de domínio societário. Ora, no DLFII não existe idêntica norma, permitindo, bem pelo contrário, o 4°/1/ b DLFII que existam participações superiores a 50% em certas sociedades.

A questão que se coloca tem, assim, a ver, não com os limites do tipo de empreendimento, mas com o mecanismo de ligação entre o fundo e este empreendimento. A proibição legal apenas incide sobre a *titularidade directa* do fundo sobre o empreendimento, ou também abrange a *titularidade por via de uma sociedade* em que detenha participações? Vejamos os seguintes casos:

a) Caso 1 O fundo tem investido num empreendimento mais de 20% do valor líquido global do fundo

b) Caso 2 O fundo domina uma sociedade que é titular de um empreendimento que representa mais de 20% do fundo

c) Caso 3 O fundo domina várias sociedades que têm investimentos num mesmo empreendimento, que corresponde a mais de 20% do valor global do fundo

d) Caso 4 O fundo não domina a sociedade mas tem uma percentagem $x\%$ de uma sociedade que detém $y\%$ de um empreendimento, representando $x*y\%$ mais de 20% do valor líquido global do fundo

e) Caso 5 O fundo detém participações em n sociedades, cada uma no valor $x_k\%$ tendo cada uma destas sociedades $y_k\%$ de um mesmo empreendimento. O somatório $\sum_{1}^{n} x_k \times y_k$, representa mais de 20% do valor líquido global do fundo.

Os casos apresentados são significativos a vários títulos. Em primeiro lugar, na medida em que apenas o caso 1 tem sido configurado como hipótese de estudo, quando na realidade e na substância, em todos os restantes casos existe uma concentração de riscos. Que diferença existe entre a aplicação directa num emprendimento de mais de 20% do VLGF ou a aplicação indirecta e fragmentada cumulativa no mesmo empreendimento?

504   *Fundos de Investimento Mobiliário e Imobiliário*

Com efeito, as participações que são valores imobiliários do 4º/1/ b DLFII podem atingir até 25% do VLGF (5º/2/d, 5º/5 DLFII). As restantes participações sociais podem atingir até 19%, nos fundos abertos, nos termos conjugados do 5º/2/a, b DLFII ou teoricamente até 25% adicionais, nos termos do 5º/2/b e 5º/5 DLFII. Acrescidos aos 25% do 4º/1/b o investimento indirecto num mesmo empreendimento pode atingir até 44% nos fundos abertos e 50% nos fundos fechados. Se o investimento indirecto não fosse relevante, quereria isto dizer que, não apenas poderiam ter estes investimentos indirectos, como em acréscimo poderiam ter 20% de investimento directo. Ou seja, negar a relevância do investimento indirecto num mesmo empreendimento traria como consequência admitir um cúmulo de investimento directo e indirecto no mesmo empreendimento que poderia ir até 70% nos fundos fechados e 64% nos abertos. Esta ponderação de resultados na interpretação é já por si suficiente para demonstrar a necessária relevância das aplicações indirectas.

Em segundo lugar, porque demonstram mais uma vez que a preocupação legal é a da concentração de risco real, mais que a dos mecanismos e instrumentos jurídicos que são usados para esta concentração, figuras jurídicas de mediação estas que têm, nestes termos, de ser relativizadas na configuração deste instituto.

iii) *regime geral*

Período de arranque

As percentagens relativas a valores imobiliários (incluindo, nos fundos abertos as participações no capital) apenas devem ser respeitadas a partir do início do terceiro exercício do fundo[728]. Ou seja, a entidade gestora tem dois anos para fazer com que o fundo respeite estas percentagens.

A mesma regra se encontra em Espanha no 4.4. Orden de 24 de septiembre de 1993. No entanto, exige-se que logo no fim do primeiro ano pelo menos 30% esteja investido em imóveis. Na Suíça estatui-se que os fundos imobiliários devem respeitar os limites patrimoniais ao fim de dois anos após da data da liberação da sua primeira emissão (29.4. Ordonnance du Conseil Fédéral sur les Fonds de Placement du 19.10.1994), prazo este que pode ser alargado pela supervisão a pedido da sociedade gestora (27.5. Ordonnance du Conseil Fédéral sur les Fonds de Placement du 19.10.1994).

---

[728] 5º/3,5 DLFII.
Também o 13º/2 Dec.-Lei nº 246/85, de 12 de Julho.

Parte VI – Os fundos de investimento imobiliário   505

Dever de regularização

Quando as percentagens não são respeitadas por força da alteração dos valores venais dos bens existe um dever de regularização da situação no prazo de um ano[729].

Este dever de regularização, nos termos gerais, traduz-se:

a) ou na aquisição de certos valores imobiliários, quando existe defeito da percentagem mínima
b) ou da venda de valores imobiliários que estejam em excesso na percentagem
c) ou em ambas as situações.

Repare-se que a lei, em relação aos fundos imobiliários em geral, apenas considera lícita esta situação quando as percentagens são excedidas por força da alteração do valor venal, mas já não por outros motivos.

Na Suíça existe um dever de regularização num prazo razoável, tendo em conta os interesses dos investidores, como se estudou no regime geral dos fundos (cf. 27.2. Ordonnance du Conseil Fédéral sur les Fonds de Placement du 19.10.1994).

Autorização para alteração de estrutura patrimonial

A CMVM pode autorizar o fundo que detenha uma estrutura patrimonial que ultrapasse algum dos limites estabelecidos na lei, seja em relação aos valores mobiliários, seja em relação aos monetários e imobiliários[730].

Esta situação no entanto, apenas pode ser lícita se cumulativamente:

a) a CMVM autorizar a entidade gestora tendo esta fundamentado devidamente o pedido de autorização
b) a autorização é sempre transitória, devendo ser aprazada, podendo indicar cumulativamente a condição de que depende a sua caducidade (ou seja, nunca pode ir além de certo prazo, mas pode ir aquém caso a condição deixe de se verificar, por exemplo a dificuldade de transaccionar o bem por um preço adequado nas condições actuais do mercado, entre outras).

---

[729] 5°/3, 5 DLFII.

Regulamentação da estrutura patrimonial

A CMVM pode fixar regras técnicas sobre a estrutura patrimonial dos fundos[731]. Estas regras técnicas assumem a forma de regulamento, mas se visarem apenas a regulação de procedimentos internos dos intermediários financeiros em causa (entidades gestoras e depositários) assume a forma de instrução da CMVM (14°/3 Cd.MVM).

II. *Concentração de riscos*

Em sede de concentração de riscos os fundos imobiliários apresentam uma regra especial. Com efeito, não lhes é possível adquirir mais que 10% das obrigações hipotecárias emitidas por uma mesma entidade[732]. O que se torna necessário é saber em que medida este regime excepciona o quadro geral da concentração de riscos.

O 21°/1/a DLFII refere as obrigações em geral, como acontece no regime geral dos fundos[734]. Ora, já na altura se verificou que de obrigações em geral se trata, independentemente da sua categoria. Por outro lado, já verificámos igualmente que as obrigações que podem ser adquiridas pelos fundos imobiliários são qualificadas (apenas cotadas e com notação A ou equivalente). Além disso, as obrigações hipotecárias são um activo dos fundos imobiliários expressamente consagrado como tal. Não se pode ler, nestes termos, a referência a obrigações como alternativa: apenas teriam a possibilidade de adquirir 10% das obrigações hipotecárias ou 10% de outras categorias de obrigações da mesma entidade. A lei permite que atinjam 10% das obrigações hipotecárias e 10% de obrigações de outras categorias até ao limite de 20% das obrigações emitidas por uma mesma entidade. Com efeito, estando as obrigações hipotecárias garantidas pela hipoteca e pertencendo à área de actuação específica dos fundos, o sector imobiliário, e as restantes duplamente garantidas pela cotação e a notação, nada impede que se cumulem este limites. Em suma, a especialidade dos fundos imobiliários em comparação com o regime geral é o facto de poderem adquirir até 20% (e não 10%) das obrigações emitidas por uma mesma entidade desde que até ao limite de 10% na categoria de hipotecárias e 10% nas restantes categorias.

---

[730] 5°/4, 5 DLFII.

[731] 5°/6 DLFII.

[732] 21°/1/b DLFII.

[733] Cf. 20°/2/b DLFIM.

Parte VI – Os fundos de investimento imobiliário 507

Em Espanha existe outra regra visando impedir a concentração de riscos, na medida em que se proíbe que se arrendem a entidades pertencentes a um mesmo grupo mais de 25% dos bens do fundo (4.7. Orden de 24 de septiembre de 1993).

Esta regra encontrou em Portugal assento regulamentar apenas no Regulamento nº 5/98 da CMVM, de 27 de maio, que no seu artigo 2º estabelece que os arrendamentos à mesma entidade ou entidades ligadas entre si não pode exceder 20% do valor líquido global do fundo.

Na Suíça, a divisão de riscos é enunciada segundo os objectos, a sua afectação, a sua idade, o valor intrínseco dos edifícios e a sua localização (37. Loi Fédérale sur les Fonds de Placement, du 18.03.1994). Por outro lado, exige-se que os investimento de um mesmo fundo estejam em pelo menos dez imóveis diferentes (46.4. Ordonnance du Conseil Fédéral sur les Fonds de Placement du 19.10.1994).

III. *Limites quanto aos sujeitos (conflitos de interesses e transparência)*

Activos sujeitos aos limites

A primeira especialidade dos fundos imobiliários respeita à natureza dos activos de que se proíbe a aquisição[734]. Não apenas os valores mobiliários, mas igualmente os valores imobiliários tal como foram antes definidos. Quanto aos valores monetários não se vê porque tivessem de ser incluídos nesta proibição. Uns porque têm valor fixo por definição (ressalvada a inflação) (numerário e depósitos bancários), outros porque são adquiridos em mercados de profissionais (interbancários) com garantia de um mínimo de regras de concorrência. Quanto a estes últimos, quando muito, aplicar-se-á o regime geral da prevalência do interesse dos participantes.

O 3º Reg 5/98 estabelece em acréscimo que o limite do valor global líquido do fundo é 10% quando os arrendatários são a entidade gestora ou entidades a ela ligadas.

Regime de disposição. Valores detidos ou emitidos.

Ao contrário do regime dos fundos mobiliários, em que se excepcionam pura e simplesmente as proibições no caso dos valores

---

[734] 22º/1 (corpo) DLFII.

508 *Fundos de Investimento Mobiliário e Imobiliário*

admitidos a mercados regulamentados[735], não existe nenhuma excepção automática a estas proibições.

Como no regime dos fundos mobiliários, no entanto, a excepção consagrada respeita aos valores detidos ou emitidos por entidades conexas.

No entanto, nos fundos imobiliários consagrou-se um regime de permissão condicionada de alguns actos sobre os valores imobiliários que sejam bens.[736] Esta venda ou arrendamento dependem sempre de autorização prévia da CMVM, a requerimento, devidamente justificado, da entidade gestora.

Quanto ao âmbito de aplicação da norma há que saber o que se entende por bens. O uso desta expressão conjuntamente com a de arrendamento dá indícios suficientes para se considerar que a norma se refere a coisas e a coisas imóveis. No entanto, tendo em conta o conceito amplo de coisas imóveis do 204° C. Civil, estão abrangidos, não apenas os móveis qualificados como imóveis (como as partes integrantes) como quaisquer direitos inerentes aos imóveis. Já vimos que os fundos podem ser titulares da propriedade limitada de imóveis desde que estas limitações sejam fonte típica de rendimento do imóvel. Assim sendo, a venda do uso (como no uso e habitação) da fruição e do uso (como no usufruto) estão abrangidas por esta norma. De igual modo está abrangida a venda do imóvel enquanto tal no sentido de transmissão da titularidade.

Em todos estes casos se requer autorização prévia da CMVM. No entanto, não será concedida se o mesmo pedido não for devidamente fundamentado. Esta fundamentação tem duas vertentes:

a) substancial
b) probatória.

Sob o ponto de vista substancial há que provar que o negócio a efectuar é o melhor que o mercado permite nesse momento, e feito nas melhores condições (de pagamento, e de garantia de cumprimento, nomeadamente) que o mercado permite. Tem igualmente de se especificar por que razão se escolheu para contraparte esta entidade conexa e não um terceiro e se se efectuou procura de outras partes negociais.

Na perspectiva probatória há que demonstrar os factos invocados como fundamento de autorização.

---

[735] 21°/2 DLFIM.
[736] 22°/3 DLFII.

Parte VI – Os fundos de investimento imobiliário 509

Estas operações são objecto de informação especial aos participantes nos termos do 37°/4 DLFII.

Em Espanha o regime é mais apertado no sentido em que a venda e o arrendamento não podem ser celebrados com os sócios, participantes ou pessoas com eles vinculadas, nem podem estes ter direitos sobre os activos dos fundos que sejam diferentes dos decorrentes da relação de participação (33.6. Ley 46/1984, de 26 deciembre, na redacção do 2.1. Ley 19/1992, de 7 de julio e 72.4. Reglamento de la Ley 46/1984, de 26 de deciembre, aprovado pelo Real Decreto 1393/1990, de 2 noviembre, na redacção do Real Decreto 686/1993, de 7 de mayo). A venda não é referida pelo legislador português, ao contrário do que se passa em Espanha nos termos do 6. Ley 46/1984, de 26 deciembre e 7. Reglamento de la Ley 46/1984, de 26 de deciembre, aprovado pelo Real Decreto 1393/1990, de 2 noviembre (também 6.1., 6.3., 6.4. Orden de 24 de septiembre de 1993). Por outro lado, ao contrário da lei portuguesa, que admite como excepção desta proibição a autorização prévia da CMVM, a lei espanhola não admite excepção para esta proibição (cf. 6.2. Orden de 24 de septiembre de 1993).

Na Suíça, é absolutamente interdita a aquisição e a cessão de valores imobiliários para os fundos por parte dos agentes das sociedades gestoras e dos seus próximos (12.3. Loi Fédérale sur les Fonds de Placement, du 18.03.1994).

Nos Estados Unidos, permite-se que a SEC autorize transações em conflitos de interesses nos termos da Sec. 17 (b) Investment Company Act of 1940.

SUBSECÇÃO

II VICISSITUDES

Em relação aos fundos fechados prevê-se uma vicissitude especial de alteração do capital do fundo[737], que será tratada a propósito destes fundos.

SECÇÃO II

UNIDADES DE PARTICIPAÇÃO

Em relação às unidades de participação prevê-se a possibilidade de haver resgates cíclicos. No entanto, esta matéria respeita apenas aos fun-

---

[737] 28°/2 DLFII.

510 *Fundos de Investimento Mobiliário e Imobiliário*

dos abertos pois, como já sabemos, nos fundos fechados os resgates são sempre acíclicos. Daí que se trate esta questão a propósito dos fundos abertos.

Em Espanha o preço de subscrição pode ser estabelecido pelo menos mensalmente pela entidade gestora (74.4.a. Reglamento de la Ley 46/1984, de 26 de deciembre, aprovado pelo Real Decreto 1393/1990, de 2 noviembre, na redacção do Real Decreto 686/1993, de 7 de mayo).

Sob o ponto de vista financeiro, encontra-se a avaliação das unidades de participação dos fundos de investimento imobiliário em MOTA, António, S. Gomes; TOMÉ, Jorge H. Correia; *Mercado de Títulos, Uma abordagem integrada*, Ed. Texto Editora, 2ª ed., Lisboa, 1991, pp. 132 a 137.

CAPÍTULO IV

DIMENSÃO OPERACIONAL

A dimensão operacional reflecte-se em dois regimes especiais, respeitando um à informação e outro à avaliação de imóveis, todos eles determinados pela natureza dos activos que compõem os fundos.

Em Espanha, existem outras regras operacionais. Os bens imóveis apenas se podem vender abaixo do seu valor contabilístico mediante perícia prévia, nos termos do 28.§2º, 39. Reglamento de la Ley 46/1984, de 26 de deciembre, aprovado pelo Real Decreto 1393/1990, de 2 noviembre. Por outro lado, o pagamento à S.I.I. ou ao F.I.I. da venda de imóveis não pode ter um prazo posterior a seis meses desde a data de realização da escritura (4.9. Orden de 24 de septiembre de 1993). Visa-se com isto impedir financiamentos ocultos pelas instituições de investimento colectivo. Mais uma vez o perigo de utilização deste instrumento como modo de financiamento é acautelado. Tanto a aquisição, como a venda de imóveis requerem perícia de avaliação prévia, ao contrário da lei portuguesa, que apenas exige perícia na aquisição (7.2. Orden de 24 de septiembre de 1993). A avaliação dos activos em geral dos fundos imobiliários não personalizados obedecem ao disposto no 17.1. Orden de 24 de septiembre de 1993. De igual modo, havendo resgates mais de 15% do valor de um fundo imobiliário, para além da suspensão do reembolso pode autorizar o pagamento do reembolso com bens do fundo ou o incumprimento dos coeficientes de diversificação de investimentos (19.5. Orden de 24 de septiembre de 1993).

Na Suíça permite-se o investimento no estrangeiro desde que o regulamento o preveja expressamente e em países que garantam uma avaliação de imóveis em termos equiparáveis aos suíços (46.3. Ordonnance du Conseil Fédéral sur les Fonds de Placement du 19.10.1994). Em sede de contabilidade dos fundos existem regras específicas no que respeita ao inventário do património dos fundos imobiliários (74. Ordonnance du Conseil Fédéral sur les Fonds de Placement du 19.10.1994).

Genericamente no Brasil deixa-se bem claro que as actividades dos fundos se reduzem à venda, locação ou arrendamento dos imóveis em que previamente se investiu (2. Instrução CVM nº 205, de 14 de Janeiro de 1994).

512   *Fundos de Investimento Mobiliário e Imobiliário*

SECÇÃO I

INFORMAÇÃO

O relatório anual do fundo deve conter, para além do que exige no regime geral[738] listas que podem ser consultadas pelos interessados nos locais de comercialização com informação detalhada, nomeadamente sobre:

a) rendimentos e despesas de cada imóvel;
b) sobre as operações com entidades conexas, sujeitas a autorização da CMVM;
c) e sobre a situação financeira das sociedades imobiliárias participadas.

A especialidade deste regime fundamenta-se na composição do fundo (imóveis), no regime especial de autorização de operações com entidades conexas, e no facto de, ao contrário dos fundos mobiliários, que não podem deter participações superiores 10% em cada empresa[739], os fundos poderem ser entidades dominantes de sociedades (imobiliárias).

Para as regras de informação nos fundos imobiliários em Espanha ver RODRÍGUEZ ARTIGAS, Fernando; Instituciones de Inversión Colectiva, in: ALONSO UREBA, Alberto, MARTINEZ-SIMANCAS Y SANCHEZ; Julian; *Derecho del Mercado Financiero*; Tomo I, Volume 1, *Entidades del Mercado Financiero*, Editorial Civitas, Madrid, 1994, p. 327 ss.

Também na Suíça existem regras especiais sobre o relatório anual dos fundos imobiliários (48.1.h, 49. Loi Fédérale sur les Fonds de Placement, du 18.03.1994). Tendo em conta as participações em sociedades serem qualificadas pela lei Suíça de valores imobiliários, como acontece com a portuguesa, exige-se que seja feita uma conta geral consolidada contendo o património, o rendimento do fundo e das sociedades imobiliárias que dele fazem parte. O relatório anual contém identificação dos peritos avaliadores e dos métodos de avaliação e das taxas de capitalização utilizadas (49.4. Loi Fédérale sur les Fonds de Placement, du 18.03.1994). A listas de compras de vendas realizadas integra separadamente os valores imobiliários (49.5. Loi Fédérale sur les Fonds de Placement, du 18.03.1994).

---

[738] 37°/4 DLFII.
Esta especialidade já ocorria à luz do 23°/2 Dec.-Lei n° 229-C/88, de 4 de Julho.
[739] 20°/2/a DLFIM.

Parte VI – Os fundos de investimento imobiliário   513

SECÇÃO II
AVALIAÇÃO DOS IMÓVEIS

As normas gerais relativas à avaliação dos fundos seguem inflexões decorrentes da natureza dos mesmos activos, no caso, imóveis.

O valor de um imóvel é o seu valor venal, determinado de acordo com[740]:

a) o melhor preço que poderia ser obtido se fosse vendido (preço);
b) em condições normais de mercado (mercado);
c) no momento da avaliação (tempo).

Ao contrário do regime de avaliação dos valores mobiliários, que tende a privilegiar as avaliações por baixo, como antes vimos, a avaliação dos imóveis segue um regime bem diverso. Não que se privilegie a inflação do seu real valor. Mas a norma esconde um duplo limite além do temporal. O limite restritivo é o do mercado, e só de entre os vários preços que este permite realizar se pode escolher o maior. Com este critério visa-se evitar tanto a sobreavaliação como a subavaliação.

A avaliação de imóveis tem regras processuais próprias[741].

Tem sempre de ser feita por pelo menos dois peritos independentes (independentes em relação às entidades comercializadoras e conexas, mas também independentes entre si), nomeados de comum acordo entre a entidade gestora e o depositário[742].

> Na Suíça, as avaliações são feitas por peritos escolhidos pela sociedade gestora com o acordo da entidade de supervisão (39.1. Loi Fédérale sur les Fonds de Placement, du 18.03.1994), peritos estes que têm de ser identificados no relatório anual (49.4. Loi Fédérale sur les Fonds de Placement, du 18.03.1994). A avaliação obedece às regras constantes dos 49. A 52. Ordonnance du Conseil Fédéral sur les Fonds de Placement du 19.10.1994, que versam sobre o momento da perícia, os critérios de escolha e recusa de peritos e os seus honorários.

---

[740] 33º/3 DLFII.
18º/5 Dec.-Lei nº 229- C/88, de 4 de Julho.
[741] 34º DLFII.
28º Dec.-Lei nº 229-C/88, de 4 de Julho. 34º Dec.-Lei nº 246/85, de 12 de Julho.
[742] As peritagens são feitas por sociedades de avaliação inscritas no banco de Espanha, nos termos do 17.2., 27. a 28. Orden de 24 de septiembre de 1993.

514 *Fundos de Investimento Mobiliário e Imobiliário*

A perícia tem de ocorrer:

a) sempre que haja aquisição de um imóvel (perícia por aquisição)[743]
b) com uma periodicidade mínima anual (perícia anual ordinária)[744]
c) e sempre que ocorra uma alteração significativa do seu valor (perícia extraordinária).

Na Suíça, a perícia tem de ocorrer noutro momento. No caso de terrenos em construção, quando esta se encontra finalizada, tem de se proceder à avaliação do imóvel (53.2. Ordonnance du Conseil Fédéral sur les Fonds de Placement du 19.10.1994).

Nestes dois últimos casos o valor considerado não pode ser superior ao mais elevado das avaliações periciais[745], segundo o que a lei afirma expressamente. No entanto, não se pode deixar de aplicar a mesma regra aos casos em que há aquisição de imóveis. Com efeito, o valor do imóvel não pode ser considerado idêntico ao seu preço. Se foi comprado um imóvel por um valor inferior ao pericial existe uma mais valia para o fundo. Se foi adquirido com um valor superior ao pericial, existe uma menos valia na aquisição (embora a longo prazo esta menos valia possa ser compensada pela valorização do imóvel).

Ocorre uma alteração significativa do valor pelo menos nos seguintes casos:

a) perda ou destruição total ou parcial do imóvel
b) modificação do valor muito afastada das modificações dos valores médios do mercado
c) modificação de acordo com as modificações médias dos valores do mercado mas sendo estas modificações consideradas anormais.

---

[743] Em Espanha, tanto a aquisição como a alienação exigem perícia prévia (7.2. Orden de 24 de septiembre de 1993.

Na Suíça, tanto a aquisição como a alienação carecem de perícia prévia de avaliação (39.2. Loi Fédérale sur les Fonds de Placement, du 18.03.19949.

No Brasil a avaliação é prévia à aquisição nos termos do 2.§2º Instrução CVM nº 205, de 14 de Janeiro de 1994. também quando o pagamento da subscrição é feito em bens estes devem ser avaliados nos termos do5.§1º Instrução CVM nº 205, de 14 de Janeiro de 1994.

[744] Também em Espanha, pelo 74.6. Reglamento de la Ley 46/1984, de 26 de deciembre, aprovado pelo Real Decreto 1393/1990, de 2 noviembre. No 17.3. Orden de 24 de septiembre de 1993, explicita-se que o regulamento de gestão pode impor um prazo mais curto.

De igual forma na Suíça, por força do 29.4. Loi Fédérale sur les Fonds de Placement, du 18.03.1994.

[745] 34º/3 DLFII.

Parte VI – Os fundos de investimento imobiliário   515

Não existe idêntica perícia obrigatória na venda. Neste caso, o legislador contenta-se com as regras da boa administração. Mas se os riscos de descapitalização são grandes nesta venda, os riscos de fraude são maiores ainda quanto aos imóveis a adquirir. Com efeito, o maior perigo não é tanto a venda abaixo do preço, mas a utilização do fundo para financiar projectos falidos ou inviáveis. Ou seja, o que se protege com este regime é a utilização dos fundos como forma de financiamento indirecto de outras entidades ou actividades.

De igual forma está sujeita a perícia nos mesmos termos a execução de projectos de construção[746]. A finalidade desta perícia é expressamente indicada na lei: a de assegurar que o investimento não ultrapasse o valor venal dos imóveis a construir. Ou seja, visa-se salvaguardar a racionalidade económica da execução dos projectos de construção. A expressa indicação desta finalidade tem implicações que não podem ser desconsideradas. Os peritos têm de ter em atenção a finalidade desta perícia, sendo responsáveis perante o fundo por má elaboração da perícia em geral, mas mais especificamente por esta não ter tido devidamente em conta o cotejo entre o custo e o valor da obra.

De igual modo, a CMVM pode regulamentar as regras sobre a idoneidade de peritos e critérios de avaliação[747].

Os critérios da avaliação e os peritos foram regulamentados pelo Reg 11/97. A finalidade da avaliação é a de fornecer à entidade gestora uma informação objectiva e rigoroso sobre o valor venal do imóvel (3º Reg 11/97). Os métodos de avaliação são expressamente definidos no regulamento, tanto na sua tipologia (comparativo, da actualização das rendas futuras, dos múltiplos do rendimento, de substituição (4º/1 Reg 11/97), como na sua escolha, utilização e fundamentação (4º Reg 11/97). O relatório de avaliação consta de elementos descritos, de avaliação e responsabilização (5º Reg 11/97). Não podem ser peritos certas pessoas com rela-

---

[746] 34º/3 DLFII.

Também já o era à luz do 28º/3 Dec.-Lei nº 229-C/88, de 4 de Julho.

A lei Suíça estatui que a gestora deve mandar verificar se os custos prováveis dos projectos de construção são apropriados e conformes ao mercado (39.3. Loi Fédérale sur les Fonds de Placement, du 18.03.1994).

[747] 34º/4 DLFII. Agora, no entanto, trata-se de um regulamento da CMVM em sentido restrito, na medida em que vai para além dos meros procedimentos internos, não se podendo constituir como uma instrução. Também são destinatários das normas os peritos.

Na Suíça esta competência é atribuída ao conselho federal nos termos do 39.6. Loi Fédérale sur les Fonds de Placement, du 18.03.1994).

ções especiais com a entidade gestora (6º Reg 11/97). Os peritos e as entidades gestoras são obrigados a prestar informações sobre as avaliações, nos termos do 7º Reg 11/97.

Os resultados das avaliações têm de ser comunicados à CMVM trimestralmente nos termos do 4º/2 Reg 96/3, juntamente com a identificação dos avaliadores.

As dificuldades específicas da avaliação de imóveis, decorrentes do facto de inexistir cotação para os mesmos são referidas em GONÇALVES, Júlio César da Silva; *A Avaliação dos Valores em Garantia de Reservas das Instituições Seguradoras*, Separata da Revista Contabilidade e Comércio, Lisboa, 1950, p. 18 ss. A inexistência de um mercado de activos reais organizado em Portugal dificulta aliás outras formas de "securitisation".

A avaliação de imóveis não se encontra prevista especificamente no 33.4. Ley 46/1984, de 26 deciembre. No entanto, esta norma espanhola consagra a possibilidade de regulamentarmente inflectirem os preceitos respeitantes à avaliação de activos. Por outro lado, a nova redacção do 32.4. da mesma lei pelo 1.4. Ley 19/1992, de 7 de julio, veio a sancionar o incumprimento em sede de deveres de avaliação de imóveis. A avaliação de imóveis encontra igualmente o seu assento no 74.4.b. e 74.5. Reglamento de la Ley 46/1984, de 26 de deciembre, aprovado pelo Real Decreto 1393/1990, de 2 noviembre, na redacção do Real Decreto 686/1993, de 7 de mayo. Os critérios concretos para a avaliação dos imóveis nos fundos não personalizados, encontra-se no 17. Orden de 24 de septiembre de 1993. A avaliação é sempre obrigatória quando da venda dos bens imóveis em processo de liquidação (24.2. Orden de 24 de septiembre de 1993). RODRÍGUEZ ARTIGAS, Fernando; <u>Instituciones de Inversión Colectiva</u>, in: ALONSO UREBA, Alberto, MARTINEZ-SIMANCAS Y SANCHEZ; Julian; *Derecho del Mercado Financiero*; Tomo I, Volume 1, *Entidades del Mercado Financiero*, Editorial Civitas, Madrid, 1994, p. afirma que a aquisição e venda de imóveis são sempre precedidas de perícia. Ver igualmente AZA CAMPOS, Alicia; <u>La Reforma de la Ley de Arrendamientos Urbanos y los Fondos de Inversión Inmobiliaria</u>, in: ALONSO UREBA, Alberto, MARTINEZ-SIMANCAS Y SANCHEZ; Julian; *Derecho del Mercado Financiero*; Tomo I, Volume 1, *Entidades del Mercado Financiero*, Editorial Civitas, Madrid, 1994, p. 409 ss..

Uma correlação entre avaliação de imóveis pelos peritos e o revisor de contas encontra-se na lei suíça. É que havendo vendas abaixo do preço estimado pelo perito ou compras acima do preço estimado pelo mesmo perito a sociedade gestora tem de apresentar justificação do facto ao revisor de contas (39.2. Loi Fédérale sur les Fonds de Placement, du 18.03.1994). De igual modo se passa com a divergência da avaliação anual com a contabilização do seu valor feita anualmente pela gestora (39.4. Loi Fédérale sur les Fonds de Placement, du 18.03.1994). De igual modo, o perito deve justificar o seu método de avaliação perante o revisor (39.5. Loi Fédérale sur les Fonds de Placement, du 18.03.1994).

CAPÍTULO V

DIMENSÃO EXTERNA

No plano da dimensão externa existe uma regra específica para os fundos imobiliários, no âmbito do registo predial[748].

A inscrição dos direitos de propriedade titulados pelo fundo é feita nos termos do artº 93º/3 do Código do Registo Predial. No entanto, dispensa-se a identificação, sendo esta substituída pela simples menção do fundo. Por este regime fica claro que a legitimidade registral dos activos em causa pertence ao fundo e não à entidade gestora. Evita-se assim que surjam dúvidas quanto à titularidade dos fundos, por um lado, e protegem-se estas contra actos de terceiros credores da entidade gestora. No fim de contas é uma norma de protecção da autonomia patrimonial dos fundos. Estando inscritos os imóveis em seu nome não fazem parte da garantia patrimonial dos credores da entidade gestora.

A lei espanhola tem uma regra algo diferente. Não estatui uma obrigação de inscrição em nome do fundo, mas apenas uma permissão, permissão esta que se alarga não apenas aos bens mas também aos direitos de sua titularidade (33.7. Ley 46/1984, de 26 deciembre, na redacção do 2.1. Ley 19/1992, de 7 de julio).

A lei brasileira é mais completa. Com efeito, deixa-se claro, que não apenas no registo predial se tem de deixar clara a titularidade do fundo de investimento imobiliário, como o próprio título constitutivo deve conter igual menção nos termos do 7.VI. Lei nº 8.668, de 25 de Junho de 1993. De igual forma, previram-se as consequências na natureza fiduciária da propriedade nos fundos imobiliários pela instituição administradora. É que no caso da sua substituição a acta da assembleia geral de quotistas constituem documento suficiente para se inscrever a nova propriedade fiduciária dos bens nos termos do 11. Lei nº 8.668, de 25 de Junho de 1993. O registo predial tem de contar, além disso as menções que deixam clara

---

[748] 4º/2 DLFII.
Esta norma tem por fonte histórica o 3º/2 Dec.-Lei nº 229- C/88, de 4 de Julho.

518 *Fundos de Investimento Mobiliário e Imobiliário*

a natureza autónoma do património do fundo, nos termos do 14.I. Instrução CVM nº 205, de 14 de Janeiro de 1994.

Na Suíça, a opção foi a do "registre foncier" conter a identificação da sociedade gestora, mas coma expressa menção do fundo a que pertence o imóvel (36.2.a. Loi Fédérale sur les Fonds de Placement, du 18.03.1994).

CAPÍTULO VI

TIPOS DE FUNDOS. FUNDOS ABERTOS E FUNDOS FECHADOS

SECÇÃO I

FUNDOS FECHADOS

Os fundos fechados apresentam especialidades em sede de vicissitudes dos fundos. Com efeito permite-se que existam aumentos ou diminuições do capital de fundos imobiliários fechados desde que[749]:

a) haja autorização prévia da CMVM;
b) essa possibilidade se encontre consagrada no regulamento de gestão.

Esta variação do capital dos fundos levanta problemas de monta. Com efeito, no caso do aumento de capital, não se encontra previsto, como nas sociedades comerciais, um direito de preferência dos participantes. De igual modo, a redução do capital do fundo não vê definido o seu processo.

Quanto ao aumento, pode-se aventar a hipótese de a única solução que concilia os valores em presença (alargamento do capital do fundo e situação de anteriores participantes que vêm a sua participação ficar diluída pelo aumento do capital) seria aplicar por analogia o disposto no 458º CSC, havendo direito de preferência dos antigos participantes[750].

---

[749] 28º/2 DLFII.

[750] O Direito Comparado dá-nos uma indicação contrária em Espanha, em que no caso dos SIMCAV se estatui expressamente que estas sociedades, que são fundos personalizados abertos, não existe direito de preferência da subscrição pelos accionistas (15.11 Ley 46/1984, de 26 deciembre). No entanto, este argumento não vale, tendo em conta que se trata de fundos abertos. No caso dos SIM de capital fixo (que são fundos personalizados) existe este direito de preferência, como decorre do 12.2. Ley

520 *Fundos de Investimento Mobiliário e Imobiliário*

Quanto ao processo de emissão no aumento, seguir-se-ia o processo de emissão das unidades de participação de fundos fechados já descrito. No entanto, teriam de se ter em conta algumas inflexões deste regime. Tendo em conta existir direito de preferência, a subscrição não implica a atribuição definitiva das unidades de participações, mas depende de rateio prévio entre os participantes antigos, apenas podendo subscrever as unidades de participação novos participantes ou os antigos para além do que lhe caberia no rateio na medida em que tenha subscrito unidades de participação par além das que lhe caberiam no rateio. Em segundo lugar, as emissões de unidades de participação, mesmo de fundos fechados, não têm prazo determinado para o seu encerramento ao contraio do que se passa com as emissões comuns. Neste sentido, tem de se fixar um prazo razoável, fixado pela CMVM, para o exercício dos direitos de subscrição. Em terceiro lugar, e na medida em este processo implica alteração do regulamento de gestão (o regulamento de gestão até então, apenas consagra a possibilidade do aumento, mas não o aumento em si mesmo) este tem de ser publicado nos termos gerais.

Caso os valores estivessem admitidos à cotação, seguir-se-ia o processo relativo à fase de transição que as emissões implicam (447°, 379°/ /a Cd.MVM, nomeadamente).

É certo que a analogia com o 458° CSC não é completa, mas apenas na medida em que nenhuma analogia o é por definição. Com efeito, as razões de ser ligadas à diluição do domínio social não se aplicam neste caso. Mas uma determinada percentagem de participação num fundo poderia teoricamente ser relevante para certos participantes. Por exemplo, se um fundo mobiliário ou imobiliário não tivesse adquirido mais unidades de participação por forma a não ultrapassar o limite de 10% das unidades de participação de um fundo de investimento[751], percentagem essa que com o aumento de capital corresponderia a um maior número de unidades de participação. No entanto, coloca-se o problema de saber se os fundos de investimento mobiliário podem investir nos fundos de investimento

---

46/1984, de 26 deciembre). De igual forma no Brasil, nos fundos imobiliários, que são sempre fechados por força da lei, se prevê que o direito de preferência bem como os critérios de fixação de preço no caso de emissões de novas quotas têm de constar do regulamento de gestão (10.VI. Instrução CVM n° 205, de 14 de Janeiro de 1994). Na França os accionistas não têm direito de preferência na subscrição de acções novas dos S.-I.C.A.V. (PEZARD, Alice; *Droit des Marchés Monétaire et Boursier*; Editions du J.N.A., Paris, 1994, p., p. 242).

[751] 20°/2/d DLFIM, 21°/1/d DLFII.

Também o 4.1.b. Ley 46/1984, de 26 deciembre espanhol estabelece um limite de 5%, cuja violação é sancionada pelo 32.2.d.., na redacção do 1.1. Ley 19/1992, de 7 de julio.

Parte VI – Os fundos de investimento imobiliário 521

imobiliário por não terem idêntica regulamentação do 45° DLFIM. A resposta parece ser afirmativa. Com efeito, e como vimos, a regulamentação dos fundos de investimento imobiliários é praticamente idêntica, excluídos os aspectos da composição e da harmonização com os fundos mobiliários. Nem se invoque o facto de o regime dos fundos mobiliários apenas pensar em participações em fundos mobiliários. Com efeito, as garantias sob o ponto de vista da segurança do investidor são as mesmas, e os limites de aquisição de unidades de participação são muito estrictos (apenas até 5% do valor do fundo no total nos termos do 45° DLFIM). No entanto, a verdade é que a percentagem que releva para efeitos de fundos numa carteira é sobretudo a percentagem *nessa carteira* e não a percentagem nos fundos (o investidor está preocupado com a percentagem que as unidades de participação representam na sua carteira e não no total da carteira dos fundos). Por outro lado, os poderes dos participantes nos fundos, como vimos, resumem-se aos temas de substituição da entidade gestora e de liquidação. Daí que pareça desproporcionada a analogia com o regime societário nesta área. A saber, a emissão de novas participações obedece ao regime geral das emissões de unidades de participação em fundos fechados[752].

Em Espanha existe um lugar paralelo, onde a doutrina admite que haja redução ou aumento de capital em fundos fechados: no caso dos fundos de titulação hipotecária (ARRANZ PUMAR, Gregorio; Los Fondos de Titulización Hipotecaria y sus Sociedades Gestoras, in: ALONSO UREBA, Alberto, MARTINEZ-SIMANCAS Y SANCHEZ; Julian; *Derecho del Mercado Financiero*; Tomo I, Volume 1, *Entidades del Mercado Financiero*, Editorial Civitas, Madrid, 1994, p. 627 – 628).

Curiosamente, no Brasil, onde os fundos imobiliários são todos fechados, não se admite emissão de novas quotas sem autorização prévia da CVM (7.II. Instrução CVM n° 205, de 14 de Janeiro de 1994). A preocupação é nitidamente a diluição do valor da unidade de participação. Na Suíça, o sistema adoptado no caso dos fundos imobiliários, é o da atribuição de um direito de preferência legal dos participantes no caso de emissão de novas unidades de participação (41.1. Loi Fédérale sur les Fonds de Placement, du 18.03.1994; 54. Ordonnance du Conseil Fédéral sur les Fonds de Placement du 19.10.1994).

Nos Estados Unidos permite-se a emissão de acções preferenciais nas "investment companies" ("senior securities") embora tal deva constar da política de actuação das mesmas declarada à Securities and Exchange

---

[752] Em França nos S.I.C.A.V. os accionistas não Têm direito preferencial de subscrição nos termos do 4.8° Loi n° 88-1201 du 23 décembre 1988, embora se tenha de ter em conta que se trata de fundos personalizados abertos.

522 *Fundos de Investimento Mobiliário e Imobiliário*

Commission (Sec. 8 (b) (1) (C) Investment Company Act of 1940), ou deva ser autorizado pelos sócios (Sec. 13 (a) (2) Investment Company Act of 1940). Para o conceito de "senior securities" ver DOWNES, John; GOODMAN, Jordan Elliot; *Dictionary of Finance and Investment Terms*, Barron's, 4ª ed., New York, 1995, p. 525. A verdade é que se reconhece que o aumento de capital nas "closed-end companies" se encontra dificultado por outros motivos. É que a Sec. 23 (b), quando impede a venda das suas participações abaixo do valor liquidativo, quando é certo que os preços de mercado são tendencialmente abaixo deste valor (por incorporarem em geral os custos potenciais de liquidação), tem dificultado estes aumentos de capital (HAZEN, Thomas Lee; *The Law of Securities Regulation*, West Publishing Co., 2ª ed., St. Paul, Minn., 1990, p. 857). Admite-se ainda outro tipo de diferenciação entre os participantes já existentes e os novos. É que a SEC tem entendido que é lícito o desconto na comissão de emissão ou venda aos antigos subscritores por esta emissão ou venda implicar menores custos (HAZEN, Thomas Lee; *The Law of Securities Regulation*, West Publishing Co., 2ª ed., St. Paul, Minn., 1990, p. 862).

Já a redução de capital levanta outros problemas. A redução pode ter um de dois significados, pelo menos numa primeira leitura:

a) o reembolso parcial das unidades de participação
b) a redução proporcional do valor destas.

Ora, tratando-se de fundos fechados, a lei impede o reembolso antes da liquidação do fundo[753]. Pareceria que esta modalidade não poderia nunca ocorrer. Por outro lado, a redução do valor das unidades de participação poderia suscitar problemas de carteiras de participantes que ficassem fracções de unidades de participação. No primeiro caso, a redução do capital implica redução do património do fundo, no segundo caso, tal não acontece.

A consagração de uma figura de variação do capital do fundo é específica dos fundos imobiliários, e corresponde a uma importação de uma categoria do Direito Societário. Só que no Direito Societário o capital social tem consequências jurídicas, na definição nomeadamente da extensão da responsabilidade dos sócios e das reservas legais, por exemplo. Ora o capital do fundo não constitui nenhum limite máximo ou mínimo da sua actuação. Apenas constituem bases para a definição de limites da sua actuação o valor líquido do seu património (da sua carteira) ou percentagens de emissões, ou a natureza dos valores ou da entida-

---

[753] 32º/3 DLFII.

Parte VI – Os fundos de investimento imobiliário 523

de que os detém ou emitiu. Além disso, os fundos são patrimónios autónomos, é certo, mas respondem pelas suas dívidas todos os activos da sua carteira e não apenas até ao limite de um capital. O valor da unidade de participação, por outro lado, é definido pelo valor global do fundo divido pelo número de unidades de participação, que são todas iguais, neste termos, como já antes se concluiu.

O dilema mantém-se em toda a sua dimensão. O capital parece não ter nenhum papel, o reembolso colide com o regime expresso do 32º/2 DLFII e corresponde a distribuição de resultados não genericamente prevista, mas a alternativa da redução proporcional das unidades de participação em relação às fracções de participação mantém de pé.

A verdade é que o 32º/3 DLFII não foi excepcionado por nenhuma norma expressamente. Além disso, não teria sentido prever esta diminuição de capital apenas para os fundos fechados, exactamente aqueles em que não é possível reembolso. Por outro lado, na redução de capital, visam-se reembolsos antecipados, pela pura e simples razão de que as formas de remuneração pelos fundos constam e estão exaustivamente regidos pelo 19º/1/l DLFII. Aparentemente, a situação que melhor conciliaria o instituto em presença com a proibição de reembolso é a de se partir da seguinte premissa: quando os fundos tenham capital (o que não é nunca obrigatório) e caso o seu património (valor global líquido do fundo) desça abaixo desse capital podem-se criar situações em que este mesmo capital já não indicia convenientemente a dimensão do fundo. Nestas circunstâncias pode-se proceder à diminuição do capital.

Essa diminuição de capital poderia ser acompanhada ou não de redução proporcional do número de participações sociais. Se não o for, nenhum problema existe. Cada uma delas representa a mesma percentagem do capital e o seu valor não foi alterado por esta redução, dado que é determinado pelo património do fundo e não pelo seu capital. Não se vê a vantagem prática desta operação, a não ser para tornar mais transparente a dimensão do fundo.

Esta primeira hipótese já nos lança luz sobre um equívoco de terminologia em que o legislador caiu. É que em bom rigor os fundos nunca têm capital. Mas fala-se simultaneamente em redução de um capital que afinal nunca existiu. A solução encontra-se numa perspectiva sistemática. A norma encontra-se integrada em sede de emissão de unidades de participação, no âmbito do seu mercado primário. O que pomposamente se quer referir quando se refere a redução de capital é apenas ao facto de haver *concentração de participações*. Ou seja, para um mesmo patrimó-

524 *Fundos de Investimento Mobiliário e Imobiliário*

nio dos fundos passa a haver um menor número de participações. É de redução do número de participações que se trata e não de redução de capital propriamente dita[754].

---

[754] O equívoco apenas se compreende à luz da definição de fundo fechado dada pelo 2º/3 Dec.-Lei nº 229- C/88, de 4 de Julho. Ali se afirmava que os fundos fechados tinham um capital a investir definido no acto de constituição dos mesmos fundo. Ora, nada impede que exista variação de valor das unidades de participação enquanto os fundos fechados não estão integralmente subscritos. Mesmo que o valor nominal da participação seja indicado na unidade de participação (o que é desnecessário, como se verá pelo que segue, e que é mesmo recusado noutros sistemas jurídicos, como o espanhol, como se vê pelo 12.2.a. Reglamento de la Ley 46/1984, de 26 de deciembre, aprovado pelo Real Decreto 1393/1990, de 2 noviembre), não tem sentido que o seu preço de emissão seja constante. É que o facto de o fundo não se encontrar plenamente liberado não impede que comecem logo os investimentos no fundo. Seria irracional impedir esta realização, e contrário ao interesse dos participantes, cujo capital investido não renderia nada. Por outro lado, caso o valor da carteira aumentasse em relação ao capital investido pelos participantes os novos participantes iriam adquirir a participação a um preço (nominal) inferior ao real da carteira. Inversamente, se o valor da carteira fosse menor, o preço da unidade estaria inflacionado. Ora, se bem repararmos, a lei exige que, no caso dos fundos fechados, seja publicado diariamente o seu valor enquanto dura a subscrição (30º/7 DLFIM, 33º/7 DLFII). Quer isto dizer que o legislador admite que mesmo durante a subscrição o valor da unidade de participação varie para os fundos fechados. Esta norma apenas se pode compreender na medida em que o valor da unidade de participação decorre não de todas as unidades de participação, mas da divisão do valor global do fundo pelas que se encontram em circulação (30º/ 1 DLFIM, 33º/1 DLFII). Como se vê, o capital nada significa para os fundos enquanto tal. Mesmo que as unidades de participação tenham um capital, que se desdobraria num valor nominal das unidades de participação, este valor nominal nunca corresponde ao preço da unidade, senão por mera coincidência. A ideia de capital corresponde a uma imagem que se foi buscar ao Direito Societário, e que nada tem a ver com os fundos, ou melhor, que se quadra mal com eles.

Também o recurso ao Direito Comparado ajuda a esclarecer esta expressão a todos os títulos infeliz no nosso Direito. É que, nos países em que existem fundos personalizados, compreende-se a referência a capital. É o que se passa em Espanha com a referência ao <u>capital</u> mínimo e <u>património</u> das <u>Sociedades</u> e fundos de investimento mobiliário, tal como são referidos no 9.1.§3ºLey 46/1984, de 26 deciembre. Como consequência desta distinção, mas agora para as sociedades de capital variável (que são à luz do Direito Português fundos personalizados abertos) prevê-se a existência de capitais estatutários mínimos e máximos (15.3.c, d., 15.4. - 6. Ley 46/1984, de 26 deciembre).

A referência ao capital tem também a ver com a forma de constituição dos fundos. Quando se trata de fundos herméticos (classificação que será aprofundada na parte dogmática), ou seja, que não se constituem com apelo à subscrição pública, pelo menos na sua fase inicial, casos há em que se exige um património mínimo inicial. É este o caso dos fundos de regulação do mercado hipotecário em Espanha, nos termos do 89.1. Real Decreto 1669/1980, de 31 de Julio.

Parte VI – Os fundos de investimento imobiliário　　　525

Esta redução suscita de qualquer modo problemas. É que a questão das fracções de unidades de participação não fica resolvida. Esta resolve-se, quando as unidades de participação estão cotadas em bolsa,

a) ou por operações de liquidez tais como as já referidas[755] por forma a que seja facilitado aos participantes a recomposição das suas carteiras até a um múltiplo exacto do factor de redução
b) ou a interrupção técnica da negociação (447º/1/e Cd.MVM, quando tal regulamento existir sobre unidades de participação) com a negociação dos respectivos direitos de redução
c) ou o da negociação simultânea *cum* e *ex*, ou melhor, das unidades reduzidas e das ainda por reduzir, à luz de um futuro regulamento que obedeça aos princípios do 447º/4 Cd.MVM[756].

No caso de as unidades não se encontrarem cotadas em bolsa, o reagrupamento das fracções pode ser feito pelos próprios participantes ou são feitos pelos intermediários financeiros em geral em mercado de balcão.

Em Espanha, a redução de capital é em certos casos obrigatória, mas apenas para as SIMCAV (fundos personalizados de capital variável) (16.4 Ley 46/1984, de 26 deciembre; 4. Orden de 6 de julio de 1993). Mas aqui mais uma vez se verifica que a redução de capital, para além do facto de ter ver com a existência de uma personalização do fundo, que implica que a participação tem a forma de uma acção, tem como implicação a redução do valor nominal das acções em circulação e em carteira (estas acções em carteira correspondem, *grosso modo*, às nossas unidades de emissão ainda não subscritas). A redução de capital ou do património dos fundos abaixo dos limites mínimos implica um dever de regularização no prazo de um ano (16. Reglamento de la Ley 46/1984, de 26 de deciembre, aprovado pelo Real Decreto 1393/1990, de 2 noviembre).

A incorrecção da terminologia quando se refere ao capital apenas se pode explicar mais que por erro de economistas, desatenção dos juristas no rigor a ter nestas matérias. Na literatura financeira a expressão "capital nominal" era usada nos fundos fechados, tendo em conta as suas afinidades com as sociedades, pela existência de uma emissão fechada (MOTA, António, S. Gomes; TOMÉ, Jorge H. Correia; *Mercado de Títulos, Uma*

---

[755] 14º/3 DLFII.
Cf. 20º/4 Dec.-Lei nº 229-C/88, de 4 de Julho.
[756] Algo como fez o Regulamento nº 97/3 da CMVM., de 14 de Março.

526 *Fundos de Investimento Mobiliário e Imobiliário*

abordagem integrada, Ed. Texto Editora, 2ª ed., Lisboa, 1991, p. 126). Ora é reconhecido que as unidades de participação não têm valor nominal (FERREIRA, Amadeu José; *Valores Mobiliários Escriturais, Um Novo Modo de representação e Circulação de Direitos*; Almedina, Coimbra, 1997, p. 153, nota 491) exactamente porque não representam nenhum capital nominal. TOMÉ, Maria João Romão Carreiro Vaz; *Fundos de Investimento Mobiliário Abertos*, Almedina, Coimbra, 1997, p. 115 mais correctamente refere-se a um património mínimo legalmente fixado.

Os fundos fechados apresentam outra especialidade, esta em sede de unidades de participação. Com efeito, pode haver subscrição particular de unidades de participação de fundos imobiliários fechados, ao contrário dos fundos fechados e fundos mobiliários[757]. No entanto, a premissa maior desta conclusão, a de que a regra geral é a de não poder haver subscrição particular de fundos como regra geral, depende de um aparelho dogmático que ainda não pode ser usado nesta fase. Neste sentido, deixam-se para a dogmática dos fundos os comentários a este regime especial.

SECÇÃO II

FUNDOS ABERTOS

Os fundos abertos têm regras específicas sobre a estrutura patrimonial e sobre o ciclo de resgates.

Objecto dos fundos. Estrutura patrimonial (percentagem de valor global)

Os fundos abertos devem ter um mínimo de 6% do seu valor líquido global composto de valores monetários e de títulos da dívida pública[758]. Como 75% já se encontram determinados por valores imobiliários, os fundos abertos têm apenas 19% do seu restante património livre para outras aplicações.

Esta norma tutela dois valores diferentes: um nível mínimo de liquidez dos fundos e o baixo risco de pelo menos uma parcela dos

---

[757] 28º/3 DLFII.

[758] 5º/2/a DLFII.

Antes esta percentagem era de 5%, nos termos do 13º/1/b Dec.-Lei nº 246/85, de 12 de Julho, que respeitava apenas a fundos imobiliários abertos.

Parte VI – Os fundos de investimento imobiliário 527

mesmos. Compreende-se que assim seja, tendo em conta que se trata de fundos abertos. Este regime é coerente com o facto de estes fundos não serem acíclicos no resgate, no que respeita à liquidez. É coerente igualmente com o facto de ser necessário um mínimo de segurança nos activos para que estes sejam menos sensíveis a oscilações bruscas e permitam estabelecer um nível mínimo de garantia dos mesmos resgates.

Por outro lado, as participações que são valores imobiliários não podem representar mais que 25% do valor global do fundo[759]. A opção o legislador foi a de considerar mais seguras as aplicações em imóveis. Ora, sendo os fundos abertos mais propensos a variações de risco que os fechados, na medida em que oscilam permanentemente os níveis de subscrição e resgate, a necessidade de estabilidade reflecte-se por este limite máximo, que implica que os imóveis devem ser pelo menos 50% dos fundos.

Dever de regularização

Para além do dever geral de regularização nos fundos imobiliários, decorrente da alteração do valores venais dos bens, também o exercício do direito de reembolso pelos participantes nos fundos abertos podem gerar alterações na estrutura do património dos fundos. Com efeito, a grande subida dos resgates, independentemente de haver suspensão do resgate nos termos gerais, pode levar a que a liquidez do fundo seque, ou que, por fruto de se ter de enfrentar novos resgates a entidade gestora seja obrigada a vender imóveis, fazendo descer assim a percentagem de valores imobiliários, e subindo eventualmente as percentagens de participações que são valores imobiliários e a liquidez. Nestas circunstâncias a entidade gestora tem o dever de regularizar a situação nos termos gerais, por forma a que as percentagens sejam restabelecidas.

Vicissitudes das unidades de participação. Ciclo de resgates

Os fundos imobiliários abertos, além de admitirem um ciclo contínuo, admitem um ciclo periódico de resgates[760].

---

[759] 5º/2/d DLFII.
Era a regra do 13º/1/c Dec.-Lei nº 246/85, de 12 de Julho.
[760] 19º/3/i, 32º/2 DLFII.

Os ciclos periódicos só são admitidos se constantes do regulamento de gestão.

Por outro lado, esta periodicidade não pode ser superior a um ano, para o reembolso. De igual modo, embora a lei não o diga, o regulamento de gestão deve definir o espaço de tempo (razoável) em que se pode proceder a este resgate, sob pena de não haver tempo para os participantes a ele procederem.

O regime de resgate cíclico compreende-se, não tanto pelo ciclo de rendimentos (que pode ser mais contínuo até que o dos valores mobiliários nos fundos fechados e tende a sê-lo sempre: os juros de obrigações e os dividendos de acções são geralmente anuais, enquanto os rendimentos dos fundos, nomeadamente, rendas, têm um ciclo mensal tipicamente) mas pela menor liquidez dos activos dos fundos imobiliários. É que é obviamente mais difícil vender um imóvel, ou uma participação em bloco, que apenas alguns valores mobiliários. Se a todo o momento de tivesse de proceder a resgates isso poderia perverter a política de investimentos a mais ou menos longo prazo. O investimento no sector imobiliário pode demorar muito tempo a dar os seus frutos e sobretudo os seus activos são pouco líquidos, de difícil venda. O resgate contínuo pode deixar um fundo mobiliário aberto ao sabor de caprichos reactivos do mercado que não se compadecem com o sector imobiliário.

CAPÍTULO VII

CONEXÃO COM O ESTRANGEIRO

SECÇÃO I

COMERCIALIZAÇÃO EM PORTUGAL DE FUNDOS ESTRANGEIROS

A lei não distingue países comunitários de não comunitários, por não existir regulamentação comunitária na matéria.

A simples importação de unidades de participação é livre. Mas já a comercialização não o é.

As participações de instituições de investimento colectivo imobiliárias com sede no estrangeiro ou que sejam administradas por entidades gestoras com sede no estrangeiro depende de autorização prévia do Ministro das Finanças, mediante parecer da CMVM[761].

Os fundamentos para a autorização são os mesmos já estudados a propósito dos fundos mobiliários.

Por outro lado, em relação a publicidade, rege o Direito português[762], sendo que as informações e documentos devem ser difundidos em língua portuguesa[763], em termos idênticos aos já estudos para os fundos mobiliários.

Em Espanha para o mesmo problema ver a Circular CNMV 2/1993, de 3 de marzo. Na Suíça ver os 55. A 61. Ordonnance du Conseil Fédéral sur les Fonds de Placement du 19.10.1994.

---

[761] 40º/1 DLFII.
[762] 41º DLFII.
[763] 42º DLFII.

SECÇÃO II

COMERCIALIZAÇÃO NO ESTRANGEIRO DE FUNDOS PORTUGUESES

O regime dos fundos imobiliários nada diz a propósito da comercialização no estrangeiro de fundos portugueses. Mas, se bem repararmos, nos fundos mobiliários as regras nesta matéria que eram dotadas de alguma especificidade respeitavam à relação com entidades de supervisão de Estados membros da União Europeia. Ora, não havendo harmonização comunitária na matéria, rege o regime geral.

Este passa, como antes vimos, pela estatuição de que a importação e exportação de valores mobiliários é livre desde que respeitem as regras das operações de capitais realizadas de harmonia com a legislação aplicável (artº 25º/1 Dec.-Lei nº 13/90, de 8 de Janeiro). A legislação aplicável é no caso o Cd.MVM e a sua regulamentação. Ou seja, e mais uma vez, é livre a circulação de valores mobiliários desde que sejam cumpridas as suas leis de circulação à luz do Direito português.

PARTE VII

A DOGMÁTICA DOS FUNDOS

CAPÍTULO I

NATUREZA DOS FUNDOS

SECÇÃO I

PRIMEIRA APRECIAÇÃO CRÍTICA DA DEFINIÇÃO LEGAL

A noção de fundo não se pode obter de um pré-conceito. Nem sequer decorre da mera aceitação da definição legal. Nem, e muito menos, de uma suposta indução conceptual. Só depois do estudarmos todo o seu regime jurídico com um mínimo de profundidade podemos tentar encontrar um regime de imputação que seja adequado à compreensão do regime legal. Para isso, temos de proceder a uma análise em três passos de demonstração. Em primeiro lugar, temos de partir de uma apreciação crítica da definição legal. Num segundo passo, temos de proceder a uma primeira construção dogmática, a que esta crítica institucional nos conduz. Em terceiro lugar, temos de aceitar uma restruturação do conceito depois de uma crítica operada sobre a primeira elaboração dogmática.

Os fundos de direito português são, numa primeira leitura crítica da lei[764]:

---

[764] 2°, 3°/2 DLFIM, 2°/1, 2 DLFII.

No 2° Dec.-Lei n.° 46 342, de 20 de Maio de 1965 eram definidos como conjuntos de valores mobiliários pertencentes a uma pluralidade de pessoas singulares e colectivas em que cada participante será titular de quotas-partes dos valores que os integram. O 2° Dec.-Lei n° 229- C/88, de 4 de Julho referia "conjuntos de valores" e restringia a participação a certificados. No entanto, esta redacção compreende-se pela menor elaboração técnica do conceito, pela ausência de harmonização comunitária, e pelo facto de não existirem na altura regras gerais sobre desmaterialização de valores.

Redacção idêntica se encontrava no 2° Dec.-Lei n.° 134/85, de 2 de Maio e no 2° Dec.-Lei n° 246/85, de 12 de Julho.

532 *Fundos de Investimento Mobiliário e Imobiliário*

a) patrimónios autónomos
b) pertencentes em regime especial de comunhão
c) a uma pluralidade de participantes
d) cuja quota parte é uma unidade de participação
e) tendo por fim exclusivo o investimento de capitais recebidos do público
f) em carteiras diversificadas de activos.

Como se pode apreciar, recolheu-se a definição legal, sem todavia a acolher completamente.

Sendo patrimónios autónomos, os créditos que geram bem como as dívidas que assumem não são imputáveis a terceiras entidades, salvo as excepções legais. Não são imputáveis nunca aos participantes mas ao próprio fundo[765]. São imputáveis às entidades comercializadoras na medida em que estas tenham violado deveres legais ou do regulamento de gestão, pois esta é uma das consequências da responsabilidade perante os participantes. Em terceiro lugar, os participantes não são responsáveis perante terceiros por força da actividade das entidades comercializadoras[766]. Esta norma decorre não exclusivamente da natureza autónoma do património, mas do regime específico de representação dos participantes. Ao contrário do que decorreria do 500º C. Civil, caso se entendesse aplicável, os participantes nunca são responsáveis pelo comportamento das entidades comercializadoras. Em síntese, aquilo que se visa com esta norma é a total separação do património dos fundos em relação aos dos participantes e da entidades comercializadoras[767].

Uma das consequências desta separação patrimonial é a de que os participantes nunca beneficiam dos resultados da gestão do património da entidade gestora (TOMÉ, Maria João Romão Carreiro Vaz; *Fundos de Investimento Mobiliário Abertos*, Almedina, Coimbra, 1997, p. 108), e, alargando a posição, das entidades comercializadoras.

---

[765] os 3º/2 DLFIM *in fine* e 2º/2 DLFII *in fine* não são em bom rigor elemento da definição, mas mera consequência da natureza autónoma do património.

[766] A lei apenas fala em responsabilidade perante as entidades gestoras, não referindo o depositário ou as entidades colocadoras no 3º/2 DLFIM e 2º/2 DLFII ambos *in fine*. Mas a verdade é que há factos de ambas as entidades que podem gerar responsabilidades no exercício da respectivas funções e que não são nuca imputáveis aos fundos.

[767] Fala-se em França de uma "indivision organisée par la loi" (JUGLART, Michel de; IPPOLITO, Benjamin; *Traité de Droit Commercial, Tome 7, Banques et Bourses*, Montchrestien, 3 ed., Paris, 1991, p.609).

Parte VII – A dogmática dos fundos 533

A autonomia patrimonial, na sua dupla perspectiva de autonomia em relação ao património dos participantes e dos profissionais é estatuída no 17.4 Ley 46/1984, de 26 deciembre. Este é aliás um fenómeno geral na mobiliarização, como se vê no regime de semelhante separação patrimonial estabelecido para os fundos de titulação hipotecária espanhóis (ARRANZ PUMAR, Gregorio; Los Fondos de Titulización Hipotecaria y sus Sociedades Gestoras, in: ALONSO UREBA, Alberto, MARTINEZ-SIMANCAS Y SANCHEZ; Julian; *Derecho del Mercado Financiero*; Tomo I, Volume 1, *Entidades del Mercado Financiero*, Editorial Civitas, Madrid, 1994, p. 613 – 614, 619). Em França, a autonomia patrimonial dos S.I.C.A.V. e dos fundos de investimento encontra-se igualmente estabelecida (27. Loi nº 88-1201 du 23 décembre 1988). Esta autonomia é vista na perspectiva de autonomia do património dos participantes em relação às responsabilidades dos fundos em PEZARD, Alice; *Droit des Marchés Monétaire et Boursier*; Editions du J.N.A., Paris, 1994, p. 245. Em geral, a separação patrimonial é de regra nos serviços de investimento (SÁNCHEZ-CALERO GUILARTE, Juan; La Separacion del Patrimonio de los Clientes en los Servicios de Inversión; in: IGLESIAS PRADA, Juan Luis (coord.); *Estudios Juridicos en Homaje al Profesor Aurelio Menendez*, III, *Contratos Mercantiles, Derecho Concursal y Derecho de la Navigación*, Editorial Civitas, Madrid, 1996, p. 3443).

Em Itália, desdobraram-se de modo mais exaustivo as consequências da autonomia patrimonial dos fundos: em relação aos participantes, da sociedade de gestão e dos restantes fundos geridos pela entidade gestora (3.2. Legge 23 marzo 1983, n. 77 (in G.U. 28 marzo 1983, n. 85)).

A autonomia patrimonial nas formas de colectivização de investimento atinge na Suíça mesmo a gestão colectiva de carteiras de clientes, mesmo que não seja qualificada como fundos de investimento, pelo menos no caso de falência do banco que as gere (art. 4.4. Loi Fédérale sur les Fonds de Placement, du 18.03.1994). Nos fundos, estabelece-se que o património dos participantes não é garantia das dívidas à sociedade gestora mas somente o património do fundo (14.2. Loi Fédérale sur les Fonds de Placement, du 18.03.1994). Por outro lado, no caso de falência da sociedade gestora, garante-se a separação dos bens dos fundos em relação à massa falida (16. Loi Fédérale sur les Fonds de Placement, du 18.03.1994).

Nos fundos imobiliários no Brasil a autonomia patrimonial é desdobrada duplamente. Por um lado, é associada à natureza fiduciária da propriedade dos bens do fundo pela entidade gestora. Por outro lado, esta autonomia é enunciada nomeadamente por estes activos não poderem integrar o activo da entidade gestora, bem como os seus frutos e rendimentos, não respondendo por qualquer obrigação da gestora, não compõem a lista de bens e direitos para efeitos de liquidação judicial ou extrajudicial da entidade gestora, não podendo ser dadas como garantia de débito da

534   *Fundos de Investimento Mobiliário e Imobiliário*

entidade gestora, não sendo passíveis de execução por credores da entidade gestora, por mais privilegiados que sejam, bem como não podendo ser sobre eles constituídos ónus ou garantias reais (7. Lei nº 8.668, de 25 de Junho de 1993). De igual forma, quanto à gestão dos interesses esta autonomia é reforçada pelo facto de esta dever ser feita de acordo com os interesses dos participantes nos termos do 13. Instrução CVM nº 205, de 14 de Janeiro de 1994. A autonomia em relação ao património dos participantes fica garantida pela natureza fiduciária da propriedade pela entidade gestora. No entanto, a lei esclarece que, em sede de autonomia em relação ao património do quotista, que este não pode exercer qualquer direito real sobre os imóveis do fundo, nem responde por qualquer obrigação do fundo, salvo no que respeita ao seu dever de pagar a subscrição (13. Lei nº 8.668, de 25 de Junho de 1993).

O sistema britânico é, como se viu, o de construir as figuras paralelas dos fundos com base no instituto do "trust". Também neste caso a separação com os regimes continentais tende a atenuar-se. Embora não seja usado para efeitos de construção de fundos, pelo menos até ao momento, em França já se está em vias de receber a figura por via da "fiducie" (PEZARD, Alice; *Droit des Marchés Monétaire et Boursier*; Editions du J.N.A., Paris, 1994, p. 308 ss.).

A separação patrimonial, pelo menos sob o ponto de vista contabilístico, encontra-se nos Estados Unidos no conceito de "separate account" na Sec. 2 (a) (37) Investment Company Act of 1940.

O regime especial de comunhão estabelecido na lei traduz-se em primeiro lugar na representação da quota por unidades de participação. Em segundo lugar, pela igualdade de cada um das quotas representadas por cada unidade de participação[768]. Pela natureza das quotas, enquanto valores mobiliários. Pelo regime das maiorias dos participantes, que abaixo se verão a propósito da extinção dos fundos. Pelos limitados poderes dos participantes sobre os fundos, que se reduzem à sua extinção (disposição) e ao acordo necessário para a substituição da entidade gestora (administração)[769]. Pela sua administração cindida em funções de gestão e de depósito em duas entidades diferentes, obedecendo a requisitos legais apertados e necessariamente com a qualificação de intermediários financeiros. Pelo especial regime de disposição sobre as quotas (subscrição,

---

[768] 27º/1 DLFIM, 30º/1 DLFII conjugados com o 30º/1 DLFIM e 33º/1 DLFII. 18º/1 Dec.-Lei nº 229- C/88, de 4 de Julho. 19º/1 do Dec.-Lei nº 134/85, de 2 de Maio.
[769] 6º/5 DLFIM, 7º/4 DLFII.
Em Espanha, o 28 Ley 46/1984, de 26 deciembre.

Parte VII – A dogmática dos fundos   535

aquisição derivada, alienação e resgate). Por outro lado não existe a figura da divisão do fundo, como acontece com a coisa comum, ou com a comunhão de bens no regime de casamento, que admite a separação. De igual modo, a lei exige uma dimensão financeira mínima constante para o fundo[770], ao contrário do regime civil comum[771].

As consequências da aceitação de uma tese de compropriedade encontram-se nomeadamente em TOMÉ, Maria João Romão Carreiro Vaz; *Fundos de Investimento Mobiliário Abertos*, Almedina, Coimbra, 1997, p. 106, 109. TOMÉ, Maria João Romão Carreiro Vaz; *Fundos de Investimento Mobiliário Abertos*, Almedina, Coimbra, 1997, p. 158 ss. repudia a qualificação desta situação como de compropriedade. É verdade. Com efeito, não apenas não tem por objecto coisas (ou pelo menos, não o tem exclusivamente, mesmo nos fundos imobiliários), como a verdade é que existe uma cisão entre a titularidade e a gestão. Mas o legislador não fala em compropriedade mas em comunhão e comunhão especial. O que conforma essa comunhão é o próprio regime dos fundos. O facto de nada ter a ver com o regime da compropriedade sob o ponto de vista do regime, apenas significa que este regime é meramente subsidiário em relação às restantes comunhões. Mas meramente subsidiário não significa que tem de se aplicar sempre. Significa tão somente que apenas se aplica caso a lei não regule expressamente essa comunhão. A figura da comunhão é mais vasta que a da compropriedade, e embora a A. tenha razão quando afirma que o legislador não a regulou enquanto tal, não pode deixar de ser considerada como consagrada no nosso Direito (como acaba por reconhecer a A. em TOMÉ, Maria João Romão Carreiro Vaz; *Fundos de Investimento Mobiliário Abertos*, Almedina, Coimbra, 1997, p. 185 – 186). RODRÍGUEZ ARTIGAS, Fernando; Instituciones de Inversión Colectiva, in: ALONSO UREBA, Alberto, MARTINEZ-SIMANCAS Y SANCHEZ; Julian; *Derecho del Mercado Financiero*; Tomo I, Volume 1, *Entidades del Mercado Financiero*, Editorial Civitas, Madrid, 1994, p. 311 também põe em causa que se trate de uma verdadeira propriedade, mas sem se saber se contesta natureza real do direito, ou a titularidade pelos participantes. Também não se pode concordar com TOMÉ, Maria João Romão Carreiro Vaz; *Fundos de Investimento Mobiliário Abertos*, Almedina, Coimbra, 1997, p. 164 quando afirma que o direito dos participantes em relação à entidade gestora é de natureza meramente

---

[770] 17°/8, 25°/5 DLFIM, 18°/8, 26°/5 DLFII.

[771] Em França fala-se em compropriedade de valores mobiliários, não se usando o termo mais geral da comunhão de direitos (JUGLART, Michel de; IPPOLITO, Benjamin; *Traité de Droit Commercial, Tome 7, Banques et Bourses*, Montchrestien, 3 ed., Paris, 1991, p. 609).

obrigacional e não real, na medida em que existe um direito ao património como um todo, mas não em relação a cada coisa concreta. A destrinça
direitos reais/ direitos obrigacionais, ou mais genericamente situações
jurídicas reais e obrigacionais, não esgota todo o universo de possibilidades. O direito mais correctamente se deve caracterizar como mobiliário.
Com efeito, a sua participação no fundo incorpora-se num valor mobiliário, a unidade de participação. Também as acções são valores mobiliários (3º/1/a Cd.MVM) e não é por isso que se têm de reduzir ao esquema
real/obrigacional. Os direitos em relação à entidade gestora não têm
natureza meramente obrigacional na medida em que a circulação das
unidades de participação obedece ao regime geral da circulação dos valores
mobiliários. Daí que não se tenha de seguir o regime da transmissão das
obrigações, mas um regime, mais próximo dos direitos reais, mas com
eles não confundível, da transmissão dos valores mobiliários. Mas também não é meramente obrigacional, na medida em que existe um regime
institucional muito complexo, que passa por alguns laivos de participação
colectiva, como antes foram referidos, que o aproximam do direito societário, e sobretudo porque o regime dos deveres da entidade gestora não
se constrói com base em cada quota do fundo, em relação a cada participante, mas tendo em conta a gestão do património como um todo, como
aliás a própria A. reconhece. Em relação à tese de que se trataria de um
caso de fidúcia, TOMÉ, Maria João Romão Carreiro Vaz; *Fundos de Investimento Mobiliário Abertos*, Almedina, Coimbra, 1997, p.182 aceita
que as duas são praticamente intermutáveis nas suas consequências. Mais
interessante é a sua observação que de que estaríamos perante uma introdução do "trust" ou melhor, uma aproximação a esta introdução nosso
Direito. É verdade que existem hoje em dia cada vez mais aproximações
ao regime do "trust" nos sistemas continentais, sob a mais diversas capas
(nomeadamente como se passa com certos entendimentos da "fiducie"
francesa). No entanto, esta introdução apresenta dificuldades que não são
ignoradas. Em primeiro lugar, porque o que seja "trust" depende muito
de país para país, e mesmo dentro de cada país as modalidades são as
mais variadas. Ficaria por saber quais as modalidades que se receberiam.
Por outro lado, porque o "trust", pelo menos em relação à coisas, violaria
a tipicidade dos direitos reais, como bem salienta TOMÉ, Maria João
Romão Carreiro Vaz; *Fundos de Investimento Mobiliário Abertos*, Almedina, Coimbra, 1997, p. 181). Em terceiro lugar, na medida em que
colidiria com a dogmática da personalização, nomeadamente do direito
societário. A aproximação é inevitável e útil, mas tem de ser cautelosa.

Regime especial de comunhão não significa que se trata de um
regime logicamente estanque à comunhão comum. Em Espanha, a liquidação dos fundos imobiliários sem que seja possível vender em dois anos
os bens imóveis implica que este imóveis passam ao regime de

Parte VII – A dogmática dos fundos   537

compropriedade dos participantes (24.3. Orden de 24 de septiembre de 1993).

Na França os fundos são referidos como uma compropriedade de valores mobiliários (PEZARD, Alice; *Droit des Marchés Monétaire et Boursier*; Editions du J.N.A., Paris, 1994, p.242). Era a expressão usada em Portugal pela Literatura nos anos 60 (PASSEIRO, José Manuel; Fundos de Investimento; in: *Revista Bancária*, Ano IV, n° 12, Abril - Junho de 1968, Lisboa, p. 17). CAUSSE, Hervé; *Les Titres Négotiables*, LITEC, Paris, 1993, p. 402 pretende defender com este exemplo a sua tese de que os valores mobiliários são contratos multilaterais. Só assim se poderia compreender, afirma, o mesmo A., que os fundos possam ser destituídos de personalidade jurídica, sem no entanto perderem a sua autonomia. A verdade é que existem outras figuras de indivisão sem que exista contrato que as suporte, como as da herança jacente, ou mesmo, para alguns, a herança indivisa (a não ser, e apenas neste último caso, que se considere que a omissão de divisão tem implícita uma declaração negocial de indivisão). Daí que os fundos não se possam considerar a prova de que os valores mobiliários são contratos multilaterais. Nem todas a situações de indivisão têm por fundamento títulos contratuais. A explicação tem de ser encontrada por outra via.

No Brasil fala-se em condomínio aberto a propósito dos fundos de investimento financeiro (1. Regulamento Anexo à Circular n° 2.594, de 21 de Julho de 1995, do Banco Central do Brasil; 1. Regulamento Anexo à Circular n° 2.616, de 18 de Setembro de 1995 do Banco Central do Brasil). Já a propósito dos fundos imobiliários se fala na comunhão de recursos no 1. Lei n° 8.668, de 25 de Junho de 1993.

Os quotistas dos fundos são os participantes. Ao contrário da definição legal não apenas pessoas jurídicas podem ser titulares dos unidades de participação, mas igualmente patrimónios autónomos, como outros fundos, como abaixo veremos. Por lei tem de haver uma permanente manutenção da pluralidade de quotistas sob pena de poder haver revogação do fundo ou liquidação compulsiva do mesmo[772], ao contrário dos restantes regimes de comunhão em que não repugna a fusão da titularidade do património numa só pessoa. No entanto, esta pluralidade de participantes é uma consequência legal e não elemento de qualificação do fundo.

A quota parte é uma unidade de participação, que como vimos obedece ao princípio da igualdade e é um valor mobiliário.

---

[772] 17°/8, 25°/5 DLFIM, 18°/8, 26°/5 DLFII.

538   *Fundos de Investimento Mobiliário e Imobiliário*

Visa o investimento de capitais recebidos do público. Significa isto que não pode em princípio haver fundos que não sejam abertos à subscrição pública. Um fundo sujeito a subscrição particular, a um conjunto de pessoas determinadas, não estaria abrangido por esta regulamentação. No entanto, nunca se pode abrir ao público. Nunca poderá vir a ser subscrito por terceiras pessoas. Nunca pode ter as suas unidades de participação cotadas em bolsa. Caso se abra ao público, ou permita que alguém fora do círculo determinado de pessoas que o subscreveu a subscrição das suas quotas, transforma-se num fundo de investimento em desobediência ao regime legal, na medida em que se não constituiu com as regras do regime dos fundos, mesmo que obedeça às restantes (entidades gestora, depositário, etc.).

> A subscrição pública das unidades de participação em Espanha encontra-se prevista no 17.3.§4 Ley 46/1984, de 26 deciembre. Em Portugal, mas sem justificar, e apenas para os fundos abertos TOMÉ, Maria João Romão Carreiro Vaz; *Fundos de Investimento Mobiliário Abertos*, Almedina, Coimbra, 1997, p. 115 afirma que apenas existe subscrição pública.

O investimento tem de ser feito em carteiras de activos. A lei refere valores mobiliários ou equiparados[773], ou valores fundamentalmente imobiliários[774], mas a ideia geral é a de que pode ser constituído de várias modalidades de activos consoante o tipo de fundos. Elemento fundamental deste regime é a tipicidade da composição dos fundos. Estes não podem conter na sua composição activos de diferente natureza da prevista na lei.

Por outro lado, o seu fim exclusivo é este investimento de destino baseado nos capitais com origem no público. Este elemento das normas já não se constitui como um aspecto de imputação, mas como parte do regime das consequências jurídicas. Com efeito, um fundo que tenha outras actividades não deixa de ser um fundo, mas passa a ser um fundo em relação ao qual se actuou em violação da lei, incorrendo em infracção[775].

Os fundos parecem ser, assim, patrimónios autónomos cujo objecto é constituído por activos e recebendo capitais do público.

---

[773] 2º DLFIM.

[774] 2º/! DLFII.

[775] 671º-A Cd.MVM.

Os fundos são universalidades de direito. Daí que sejam diferentes das suas carteiras, que são universalidades de facto[776]. Um fundo sem carteira pode estar em violação à lei mas não deixa de ser um fundo por isso mesmo. Uma carteira em si mesma, por outro lado, não constitui um fundo. O fundo incorpora uma carteira, mas é a instituição que a envolve, que lhe atribui consistência de destino e de regime.

A possibilidade de fundos, que mantêm a sua natureza, mas cuja carteira é nula encontra-se no 30.§1°II. Regulamento Anexo à Circular n° 2.594, de 21 de Julho de 1995, do Banco Central do Brasil e no e 30.§1°.II. Regulamento Anexo à Circular n° 2.616, de 18 de Setembro de 1995 do Banco Central do Brasil. TOMÉ, Maria João Romão Carreiro Vaz; *Fundos de Investimento Mobiliário Abertos*, Almedina, Coimbra, 1997, p. 19 refere-se a "portfolio" mas numa perspectiva económica e não dogmática. VAUPLANE, Hubert de; BORNET, Jean-Pierre; *Droit de la Bourse*, LITEC-Librairie de la Cour de Cassation, Paris, 1994, p. 340 ss. refere as dificuldades de conceptualizar a carteira pelos tribunais franceses, tendo em conta a variabilidade dos activos que os compõem. A verdade é que os problemas que suscita decorrem de não se operar a distinção entre conjunto de bens determinado historicamente, universalidade de facto, variável, mas unificado por um nexo colectivo (o caso clássico do rebanho, cujos elementos podem variar) e universalidade de direito, em que existe institucionalização.

SECÇÃO II

ENQUADRAMENTO DOGMÁTICO

Mas o estudo em questão pressupõe mais um passo na crítica dogmática. É que se bem reparamos, a exigência de autonomia patrimonial é uma garantia. Uma figura que não garantisse esta autonomia patrimonial, caso não fosse qualificada de fundo, não apenas não respeitaria o património dos seus quotistas, mas ainda por cima estaria fora da alçada da lei por não se poder falar em fundo.

Daí que se deva considerar que *um fundo é a institucionalização de uma carteira com apelo a capitais do público*. Institucionalização de

---

[776] Em idêntico sentido em relação às carteiras VAUPLANE, Hubert de; BORNET, Jean-Pierre; *Droit de la Bourse*, LITEC- Librairie de la Cour de Cassation, Paris, 1994, p. 341.

540 *Fundos de Investimento Mobiliário e Imobiliário*

uma carteira e não formação de uma carteira. Como antes se afirmou o fundo não é uma carteira. Mesmo que não existam valores em carteira, mesmo que a carteira seja nula existe um fundo. O fundo encontra-se institucionalizado a partir do momento em que se aceitou a recepção do capital, independentemente de ser um membro do público ou de uma outra entidade. A partir do momento que o fundo admite a recepção de capitais de pessoas não determinadas, pelo menos em princípio, e a partir do momento que recebeu o primeiro capital, seja que forma revestir o mesmo capital (dinheiro, valores mobiliários, imóveis, ou outros), encontra-se institucionalizado. É que, mesmo que o primeiro capital seja pertencente ao grupo que o formou (um número determinado de entidades que o decidiram formar) ou de um destinatário determinado (se o fundo contiver um grupo de destinatários determinados e outro de destinatários indeterminados) preenchem-se os valores que a lei visa tutelar. A carteira pode não se ter ainda formado, por o bem ainda não se encontrar integrado no fundo (um cheque que ainda não foi creditado, por exemplo) mas a ideia de perigo que subjaz ao fundo, perigo de alastramento ao público da recepção de capitais, já se encontra preenchido.

> A possibilidade em abstracto de os fundos incorporarem qualquer espécie de activos independentemente da sua natureza, já a vimos no regime espanhol quando se tratou das tipologias do fundos (quando à natureza dos seus activos). De igual modo, o regime suíço dos fundos consagra nos 32. ss. Loi Fédérale sur les Fonds de Placement, du 18.03.1994, a possibilidade de existirem fundos dos mais diversos activos. Significativo é o regime britânico, que reza, na Sec. 75(1) Financial Services Act 1986, "with respect to property of any description, including money".

Não basta referir a institucionalização da carteira para definir o critério de constituição de um fundo. Torna-se necessário definir as fontes desta institucionalização. Não se pode esgotar *more geometrico* todas as suas possibilidades, mas apenas enunciar tipos recenseados desta institucionalização. Estas fontes têm sempre em comum alguma forma de separação patrimonial. A primeira fonte é a da *cisão entre gestão e titularidade*. A segunda fonte é a *separação do património*. A terceira fonte é a *afectação a certos fins da carteira*.

> A cisão na gestão encontra-se expressamente no 6.1. Loi Fédérale sur les Fonds de Placement, du 18.03.1994. Significativamente, vem a ser referida expressamente de novo, quando se afirma que se aplica a lei dos fundos às carteiras colectivas estrangeiras na hipóteses de "os investidores

Parte VII – A dogmática dos fundos 541

não estarem em condições de defender por si mesmos os seus interesses" (2.3. Ordonnance du Conseil Fédéral sur les Fonds de Placement du 19.10.1994). Curiosamente TOMÉ, Maria João Romão Carreiro Vaz; *Fundos de Investimento Mobiliário Abertos*, Almedina, Coimbra, 1997, p. 46 refere-se em termos muito semelhantes à questão quando fala da "cisão entre a (pretensa?) "titularidade" dos participantes em relação aos bens constituintes do fundo comum de investimento e a "legitimação" da sociedade". Também, e mais desenvolvidamente, *ibidem*, p. 119, quando refere a separação entre a propriedade e o controlo da riqueza, a propriedade e a legitimação.

Pode-se contra-argumentar que se entra em contradição com o que antes se disse quando se afirmou que a autonomização do património não era um regime de imputação mas de consequências jurídicas. Mas a contradição é meramente aparente. É que a autonomização implica separação patrimonial enquanto a separação patrimonial não implica autonomização do património. Dito por outras palavras. Pode-se separar um património para efeitos de gestão do mesmo (um mesmo titular pode ter várias contas bancárias, ou várias contas de valores) sem que haja autonomia patrimonial (as várias contas respondem ao mesmo título pelas suas dívidas). Mas se houver autonomia patrimonial esta apenas pode ser cumprida caso haja separação patrimonial. A separação patrimonial não é equivalente, por outro lado, a uma mera distinção contabilística, por outro lado. Não basta que o agente distinga a qualificação dos activos. É necessário que impute custos e créditos diferenciadamente a certas parcelas ou parcela do seu património.

Estas fontes têm de ser aferidas em sistema aberto. Por um lado há institucionalizações negativas, exclusões típicas. Em certos casos há afectações a certos fins como acontece com a reservas legais nas sociedades comerciais, sem que haja fundos. Casos há igualmente em que existe autonomia patrimonial como na herança jacente sem que se possa falar em fundos. Noutros casos existe separação entre a titularidade e a gestão, como acontece na tutela, sem que se possa por isso mesmo falar em fundos. No entanto, tal acontece porque estas figuras são institucionalizadas de modo específico por ramos de direito especiais. A figura dos fundos é genérica, com vocação universal[777]. Por outro lado, existem

---

[777] Mas não o regime dos fundos de investimento, convém desde já ter isso em conta. É que estes são, como se verá ao longo do texto, exotéricos e de investimento.

542 *Fundos de Investimento Mobiliário e Imobiliário*

figuras que oferecem contactos especiais com o regime dos fundos. É o caso das sociedades comerciais. Embora no Direito português esta questão não se coloque, na medida em que não há fundos personalizados, países há, como antes se verificou, em que estes assumem a forma de sociedades comerciais, tenham elas capital fixo, ou capital variável. As sociedades, na medida em que institucionalizam uma carteira de activos, poderiam ser logicamente consideradas como fundos. No entanto, o regime societário excepciona-as desta imputação. Mas o confronto de regimes não termina por aqui. É que existem casos, noutros países, e sobretudo noutros países da União Europeia, o que releva no direito nacional indirectamente, em que a figura societária é usada como instrumento de conformação de fundos, agora personalizados.

Em Espanha, o fundo mobiliário considera-se constituído pela efectiva colocação em comum dos bens que integram o seu património (17.1 Ley 46/1984, de 26 deciembre). Esta solução, que parece diferente à difundida no texto, é não obstante muito próxima. É que a recepção do capital corresponde à sua colocação em comum. O que esta expressão desvela, é um momento anterior na institucionalização do fundo: um acto declarativo de instituição do fundo. A simples recepção de capital em si mesma é destituída de significado. É no seu contexto que tem de ser inserida para que se perceba o seu sentido. Esta contexto é o da declaração (mesmo que tácita) da instituição de um fundo. A partir do momento que se proferiu esta declaração e se aceita o capital, este capital é entregue *para* um fundo, é esse sentido desta entrega e o sentido da sua aceitação. Mas o regime constituído exige mais um passo. É que se estatui que, caso o fundo esteja autorizado mas ainda não esteja constituído durante um ano haverá devolução aos participantes dos activos depositados (17.3.§3º Ley 46/1984, de 26 deciembre)[778]. Esta norma apenas se compreende em relação aos fundos constituídos com subscrição pública (17.3.§1º Ley 46/ 1984, de 26 deciembre). Com efeito, como antes já se tinha referido, em Espanha existem duas formas de constituição dos fundos: com subscrição pública e antes desta subscrição. Neste último caso "vende-se" um património que já existe inicialmente, no segundo, constitui-se o património com apelo ao público. No caso dos fundos com subscrição pública, a constituição do mesmo, de acordo com o regime espanhol, pelo menos para os efeitos da norma em presença, depende de mais um momento

---

[778] A exigência de autorização prévia (do ministro das Finanças) à constituição encontra-se igualmente nos fundos de pensões no 28.4. Real Decreto 1307/1988, de 30 septiembre.

Parte VII – A dogmática dos fundos 543

lógico: a imputação ao fundo, que apenas se pode traduzir na realização de operações com o mesmo fundo, as operações que se encontram especificadas no regulamento de gestão como política de investimentos do fundo (17.1.e Ley 46/1984, de 26 deciembre)[779].

Na Suíça dá-se relevância ao momento da contribuição para o fundo para efeitos da constituição da natureza de participante no 23.1. Loi Fédérale sur les Fonds de Placement, du 18.03.1994. Implicitamente, parece-se ir no sentido proposto no texto, em que a colocação à disposição do fundo dos activos seria o momento relevante para a sua constituição.

Em Itália, o facto de o fundo ter sido autorizado sem que haja constituição do mesmo e sem que haja colocação das unidades de subscrição ao público implica automaticamente a caducidade de autorização do fundo (11. Legge 23 marzo 1983, n. 77 (in G.U. 28 marzo 1983, n. 85)). Este regime, por associar a constituição e a colocação, torna mais clara a conexão entre estes dois momentos.

A independência entre a constituição do fundo e o acto administrativo que sobre ele se verta encontra-se igualmente no 2. Regulamento Anexo à Circular nº 2.594, de 21 de Julho de 1995, do Banco Central do Brasil, e no 2. Regulamento Anexo à Circular nº 2.616, de 18 de Setembro de 1995 do Banco Central do Brasil em que se determina que o fundo deve ser comunicado ao Banco Central do Brasil 5 dias depois de constituído. Já para os fundos imobiliários, a solução é diferente. A constituição do fundo depende de prévia autorização da Comissão de Valores Mobiliários nos termos do 4.III. Instrução CVM nº 205, de 14 de Janeiro de 1994. No entanto, neste país considera-se constituição do fundo algo diferente do que é estabelecido no presente trabalho. Existe um registo prévio da subscrição na CVM brasileira da subscrição, como decorre da citada norma. Só depois de encerrada a subscrição (dado que os fundos imobiliários no Brasil são sempre fechados, esta encerra-se com a subscrição das quotas até ao limite estabelecido - cf. 8., 9. Instrução CVM nº 205, de 14 de Janeiro de 1994) é que se requere a autorização do fundo. A verdade é que este regime considera como constituição do fundo, é a única solução admissível, o início do funcionamento, da vida operacional do fundo. Já não a institucionalização da carteira. No entanto, as diferenças acabam por ser meramente nominais. É que o momento que se recolheu no texto é o genético, que adere melhor aos regimes europeus. O momento referido na lei brasileira é funcional. Não há assim contradição.

---

[779] A definição de fundo de investimento mobiliário encontra-se no 2.2.§1º Reglamento de la Ley 46/1984, de 26 de deciembre, aprovado pelo Real Decreto 1393//1990, de 2 noviembre.

544 *Fundos de Investimento Mobiliário e Imobiliário*

Estes considerandos permitem-nos ter uma visão crítica em relação ao defendido por TOMÉ, Maria João Romão Carreiro Vaz; *Fundos de Investimento Mobiliário Abertos*, Almedina, Coimbra, 1997, p. 50, 150 quando afirma que o fundo surge com um contrato entre a sociedade gestora e o participante. É verdade que este é um critério indiciário fundamental para definir a constituição (sobretudo ilícita) do fundo. No entanto, o que há que verificar é se, na substância se preenchem os requisitos antes referidos de institucionalização da carteira. Mais correctamente, em Portugal se pode afirmar que o modelo adoptado é de tipo negocial, na medida em que não carece a existência de um contrato, mas basta-se com um acto de instituição por negócio jurídico unilateral (lícito ou ilícito, não interessa agora para efeitos do regime de imputação), sem prejuízo de poder assumir formas contratuais. A verdade é que o modelo português comum é o negocial unilateral, na medida em que a instituição do fundo depende excessivamente da entidade gestora. A existência de depositário é mera condição de licitude deste acto, não da sua existência como tal.

A dificuldade de traçar fronteiras rígidas, que definem em geral os sistemas abertos foi sentida nos Estados Unidos em que, como é hábito, se estabelecem definições legais rígidas, permitindo-se no entanto, o estabelecimento de isenções ao regime por parte da SEC (HAZEN, Thomas Lee; *The Law of Securities Regulation*, West Publishing Co., 2ª ed., St. Paul, Minn., 1990, p. 843 ss.). Situação particular é a da "special situation company" que, visando a aquisição de valores para obter o seu controle e obter mais valias com a sua venda posterior foi qualificada de "investment company" pela SEC (HAZEN, Thomas Lee; *The Law of Securities Regulation*, West Publishing Co., 2ª ed., St. Paul, Minn., 1990, p. 851).

A definição de instituição de investimento colectivo foi alargada pelo 1.1.§1º Reglamento de la Ley 46/1984, de 26 de deciembre, aprovado pelo Real Decreto 1393/1990, de 2 noviembre. Consideram-se como tais as pessoas ou entidades que, qualquer que seja o seu objecto ou actividade, captem publicamente fundos, bens ou direitos do público para geri-los, sempre que o rendimento do investidor se estabeleça em função dos resultados colectivos, mediante fórmulas distintas do contrato de sociedade. Esta definição é significativa a vários títulos. Por um lado, demonstra que o legislador espanhol teve mais consciência que o português da essência dos fundos. Encontramos expressamente enunciados os momentos dinâmico e o estrutural (a institucionalização pela ideia de resultados colectivos). A ideia de investimento e associada aos rendimentos, pelo que pelo menos uma parte do momento teleológico se encontra consagrado (finalidades de capitalização entre outras não estão expressas, pelo menos na letra da lei). Mas outra ideia se salienta que parece ter de ser salientada. É que o parentesco entre os fundos e as sociedades, sobretudo quando se admi-

Parte VII – A dogmática dos fundos   545

tem fundos personalizados, como o sistema espanhol é por demais evidente., sobretudo quando se trata de sociedades com apelo à subscrição pública. O que esta norma opera é uma exclusão típica do regime societário no recorte da figura dos fundos. Esta definição é igualmente significativa noutro aspecto. É que demonstra que a acepção lata de activos que são entregues para o fundo que se adoptou no texto encontra paralelos noutros sistemas jurídicos. O que é determinante não é a natureza dos activos com que se contribui para os fundos, mas o facto de o público transferir parte das suas situações jurídicas positivas para a gestão de uma terceira entidade. O que releva para esta institucionalização é a cisão entre a titularidade e a gestão das situações jurídicas, ou pelo menos a transformação das suas relações de força (dado que os fundos poderiam ser teoricamente autogeridos, mas nunca o são nos mesmos termos que o titular individual gere o seu património). Mas o alargamento operado pelo 1.1.§2º Reglamento de la Ley 46/1984, de 26 de deciembre, aprovado pelo Real Decreto 1393/1990, de 2 noviembre, vai ainda mais longe. Estão sujeitas ao regime das instituições de investimento colectivo todas as comunhões de bens ou de direitos com recurso a activos do público e com a determinação de resultados dependentes dos resultados colectivos. A lei espanhola prescindiu, nestes termos do elemento teleológico para a imputação do regime de instituições de investimento colectivo[780].

Em Itália, é na definição de SICAV que o elemento dinâmico se encontra expressamente consagrado, quando se refere "l'oferta al pubblico in via continuativa " (1.1. Decreto Legislativo 25 gennaio 1992, n. 84 (in G.U. 14 febbraio 1992, n. 37).

No Reino Unido, a cisão entre gestão e titularidade expressamente considerada constitutiva de um "collective investment scheme". Pressupõe-se que os participantes não tenham "day to day control over the management" (Sec. 75(2) Financial Services Act 1986). Por outro lado, a autonomização do património, ou pelo menos a sua separação e tratamento conglobado ("pooled") é previsto na Sec. 75(3) Financial Services Act 1986). A ideia de institucionalização da property" encontra-se vertida na expressão "managed as a whole" da Sec. 75(3)(b) Financial Services Act

---

[780] Ficam no entanto, excluídas da aplicação desta qualificação as entidades de natureza pública, as instituições de crédito, as seguradoras, as sociedades de garantia recíproca e instituições financeiras sujeitas a um regime específico. Por outro lado ficam fora da âmbito da mesma lei os empréstimos participativos e outras fórmulas similares de financiamento obedecendo a lei especial (1.2. Reglamento de la Ley 46//1984, de 26 de deciembre, aprovado pelo Real Decreto 1393/1990, de 2 noviembre).

546   *Fundos de Investimento Mobiliário e Imobiliário*

1986. A ideia de separação patrimonial encontra-se na ausência de faculdade de destacar a sua parte do património a qualquer momento (Sec. 75(5)(b) Financial Services Act 1986).

A própria estruturação do fundo pode obedecer a outro tipo de factores. Na Suíça prevê-se que o regulamento de gestão contenha a subdivisão dos fundos em segmentos (7.3.k., 23.2. Loi Fédérale sur les Fonds de Placement, du 18.03.1994; 7. Ordonnance du Conseil Fédéral sur les Fonds de Placement du 19.10.1994). Ou seja, os fundos portugueses são aquilo que se pode chamar de homogéneos, não obstante a diferente natureza dos activos que os compõem, por oposição aos fundos segmentados, em que o património é dividido por sub-carteiras. No caso dos fundos segmentados, apesar da unidade do fundo, o investidor tem apenas directos ao património e rendimentos do segmento em que investiu (23.2. Loi Fédérale sur les Fonds de Placement, du 18.03.1994).

Nos Estados Unidos a ideia de conglobação ("pooled funds") encontra-se igualmente no tratamento das "investment companies" (DOWNES, John; GOODMAN, Jordan Elliot; *Dictionary of Finance and Investment Terms*, Barron's, 4ª ed., New York, 1995, p. 274). A "investment company" é definida como "a shell, a pool of assets consisting in securities" (HAZEN, Thomas Lee; *The Law of Securities Regulation*, West Publishing Co., 2ª ed., St. Paul, Minn., 1990, p. 837).

Esta concepção de fundo é fundamental e rica de consequências. É que a partir do momento que houver institucionalização de uma carteira com apelo ao público, sem a autorização prevista na lei[781], existe infracção ao que nela é disposto. É neste momento que a infracção se encontra consumada, com a primeira entrega do capital para o fundo. Daí que o apelo ao público, seja que forma revista, sem esta primeira entrega, se deva constituir como mera tentativa de constituição de um fundo. Negativamente significa igualmente que não é com a emissão das unidades de participação que se constitui o fundo. Nem sequer com a sua autorização[782].

---

[781] 17º/1 DLFIM, 18º/1 DLFII.

[782] Esta afirmação aprece contradizer o que antes se afirmou a propósito da constituição dos fundos. Com efeito, afirmou-se que os fundos se constituiam depois da autorização e no dia designado para a primeira data de subscrição. No entanto, nesse momento referiam-se as constituições lícitas dos fundos. O processo que se descreveu então era o processo lícito de constituição de um fundo. Da mesma forma que uma sentença não fundamentada continua a ser uma sentença, não obstante inválida, um fundo ilegalmente constituído é um fundo, mas não lícito.

Parte VII – A dogmática dos fundos 547

Mas falta dar o terceiro passo demonstrativo que antes havia sido anunciado. É que, se bem repararmos, deixámos dois momentos lógicos fundidos no mesmo conceito. Um, estrutural, a instituição de uma carteira, outro dinâmico, o apelo a capital do público. Ora acontece que nada impede que existam fundos que não fazem apelo a este capital, fundos esses formados com base num número restrito de profissionais ou não. A esses fundos pode-se chamar de fundos herméticos, por oposição aos que fazem apelo ao público, a que se pode chamar de exotéricos. Esta classificação evita a terminologia abertos/fechados a que seriamos tentados, mas a que não podemos proceder, sob pena de confusão com uma outra, já nossa bem conhecida, mas que tem a natureza de uma tipologia meramente institucional e não dogmática. O tom algo alquímico da terminologia tem de ser escusado em nome do interesse na clareza.

Também poderia haver a tentação de se falar num caso de fundos públicos e noutro de fundos particulares ou privados. No entanto, o conceito técnico de fundos públicos já se encontra consagrado no 292º Cd.MVM, e só poderia gerar confusões.

A lei suíça, no art. 2 e 3 Loi Fédérale sur les Fonds de Placement, du 18.03.1994 deixa claro que apenas se aplica a fundos com apelo à subscrição pública. Quando os participantes são profissionais ou equiparáveis (seguradoras, caixas de pensões, entre outras) a supervisão pode declarar que certas disposições não são aplicáveis aos fundos, nomeadamente as que respeitam a entrega de certificados, a obrigação de prospecto, a obrigação de prestar contas, o direito do investidor de denunciar o contrato a todo o tempo (2.2. Ordonnance du Conseil Fédéral sur les Fonds de Placement du 19.10.1994).

Nos Estados Unidos, e significativamente, exclui-se do qualificação de "investment companies" aquelas em que o capital é detido por não mais de cem pessoas e que não façam nem pretendam fazer uma oferta pública de subscrição das suas acções (Sec. 3 (a) (1) Investment Company Act of 1940 – o conceito de "securities" que se encontra nesta secção é o que resulta da Sec. 2 (a) (36) - HAZEN, Thomas Lee; *The Law of Securities Regulation*, West Publishing Co., 2ª ed., St. Paul, Minn., 1990, p. 842). De igual modo, as ofertas públicas dos seus valores apenas podem ocorrer desde que haja certos montantes de fundos próprios (Sec. 14 (a) Investment Company Act of 1940. Em matéria de distribuição a Sec. 22 (d) Investment Company Act of 1940 salienta que esta apenas pode ser feita através de um subscritor profissional para distribuição ou de uma oferta pública nos termos descritos no prospecto.

548   *Fundos de Investimento Mobiliário e Imobiliário*

Mas esta apreciação dogmática do conceito de fundo permite-nos abrir uma distinção que só agora tem sentido na tipologia dos fundos. Há que distinguir *fundos materiais*, que são os que agora se referiam dos *fundos formais*. Um fundo formal é aquele em que se pretende institucionalizar uma carteira sem apelo a capitais do público. No fim de contas é um fundo hermético que visaria sujeitar-se ao regime dos fundos de investimento, sujeitando-se assim ao disposto do regime do Código do Mercado de Valores Mobiliários em matéria de subscrição particular[783]. Pode ser que um conjunto de entidades desejem criar e gerir um fundo de acordo com o regime dos fundos, por forma a permitir nomeadamente a sua abertura ao público num futuro mais ou menos próximo ou, no caso dos fundos fechados sobretudo, a admissão das unidades de participação em bolsa. Em geral pode-se pretender a repartição móvel de quotas dos fundos de modo expedito, de um modo que só os valores mobiliários permitem. Ora para as quotas de um fundo serem valores mobiliários torna-se necessário que estes sejam unidades de participação. E para que haja unidades de participação e necessário que estas sejam unidades de participação de um fundo regido de acordo com o disposto no regime dos fundos.

A lei não indica muitas pistas sobre a licitude destes fundos formais. Certos aspectos, como a data máxima de subscrição ou o número mínimo de participantes parecem ir contra a possibilidade destes fundos se poderem constituir[784]. No entanto, desde que este critérios mínimos sejam satisfeitos, não se vê porque razão, numa primeira leitura, não possam ser constituídos. O excesso de forma num primeiro momento em nada prejudicaria o mercado. Bem pelo contrário, ficando obrigados a todas as normas do regime dos fundos, assumem uma transparência que outras formas de investimento conjunto não têm. Além disso, permite uma abertura ao público por via da venda das participações ou da emissão de novas participações já com as garantias ligadas aos fundos (nomeadamente de gestão, e transparência). Em todo o caso, na falta de referência expressa, e numa primeira aproximação, parece a solução mais prudente aceitar apenas fundos formais fechados em relação aos quais

---

[783] Um fundo pode ser hermético e não formal, caso a lei tenha previsto que pela sua natureza possa ser hermético. É este, como veremos o caso dos fundos de garantia, por exemplo. Apenas é formal porque se pretende colocar na alçada de um regime que rege por excelência fundos exotéricos, como se passa com os do DLFIM e DLFII.

[784] 17º/7, 8 DLFIM, 18º/, 8 DLFII.

esteja garantida a subscrição integral. Com efeito, a lei pressupõe que a subscrição é um acto contínuo e permanente nos fundos abertos e que o início da mesma visa dar abertura a este período permanente e contínuo de forma pública e conhecida pelas entidades de supervisão. Num fundo aberto formal em que numa primeira fase houvesse apenas subscrição pelos destinatários determinados e em que um longo período depois de reactivasse o fundo numa perspectiva de apelo público sem qualquer conhecimento da supervisão, poderia haver actividades de fundos intermitentes, sem qualquer espécie de controlo por parte da supervisão, sem garantia por parte dos subscritores, sobretudo os do público, de terem entidades a quem se dirigir para proceder aos resgates a qualquer momento, o que viola frontalmente o fim protectivo do regime dos fundos. Os fundos formais que fossem permitidos teriam de obedecer ao regime de informação geral dos fundos pelo menos quando passassem a ser exotéricos, ou seja quando se abrissem à subscrição pública.

Se no teste até agora efectuado se vêem aumentar as dificuldades de uma figura que pareceria relativamente aceitável, embora com algumas cautelas, há que completar a demonstração com um elemento que me parece essencial e não foi tido em conta até ao momento. É que nos fundos rege um princípio de separação patrimonial como já foi sobejamente exposto. Ora, se assim é, estamos perante uma diminuição da garantia dos credores em relação aos activos que fazem parte do fundo. Os credores do fundo, os credores dos participantes e os credores das entidades comercializadoras têm como garantia patrimónios diferentes. Repare-se que, e no que ao participante respeita, nenhuma diminuição de garantia implica o investimento nos fundos. Como correlato do que investe e sai em consequência do seu património, surge uma posição jurídica activa, representada pelas unidades de participação. Já no caso das entidades comercializadoras não é assim. Enquanto tal não vêem surgir nenhuma posição activa no fundo. Mas a verdade é que não contribuíram para ele. O regime dos fundos respeita assim o equilíbrio nas garantias das obrigações. Ora, pelo regime da autonomia patrimonial os fundos formais permitiriam que apenas alguns participantes separassem do seu património um conjunto de activos, excluindo da garantia das obrigações uma parte dele, em violação ao 601º Cd. Civil. Poder-se-ia aqui contrapor que também este caso surgiria na sua esfera jurídica uma posição activa compensatória, a titularidade das unidades de participação. É verdade. Mas a questão assume aqui outros contornos. É que a justificação

550   *Fundos de Investimento Mobiliário e Imobiliário*

da autonomia patrimonial encontra-se na protecção de um investidor massificado, que não tem poderes enquanto tal para influenciar a gestão dos fundos. A separação patrimonial encontra o seu fundamento na já tão citada cisão entre a gestão e titularidade, o que justifica este regime especial (cf. mais uma vez o 601º Cd. Civil). Ora num fundo formal, hermético por definição, esta massificação já não existe. A separação de patrimónios é sempre excepção, não a regra, e apenas pode encontrar o seu fundamento na lei. Tendo esta o seu fundamento na massificação do investimento, os fundos formais não são permitidos no nosso Direito. Numa perspectiva institucional isto apenas pode significar que não é possível a aplicação do regime da subscrição privada aos fundos[785].

> Excepção é a que decorre do 28º/3 DLFII. No caso dos fundos imobiliários fechados, é possível a subscrição particular. Como se verificou no texto preferiu-se não seguir um percurso hermenêutico fundado no raciocínio "a contrario", exactamente porque descaracterizaria a dimensão dogmática fundamental que o problema implica. Mas, repare-se, é aqui a própria lei a permitir a autonomia patrimonial havendo simultaneamente subscrição particular. A solução é criticável, na medida em que isto permite que a separação patrimonial, que é uma defesa dos participantes contra a má gestão da entidade gestora do seu restante património ou dos restantes fundos que gera, impedindo contaminações de riscos e responsabilidades, possa ser usada como um meio de as entidades gestoras usarem-se do instrumento dos fundos apenas para obterem benefícios fiscais, ou gerirem com limitação de riscos partes daquilo que substancialmente é o seu património, ou o património de pessoas com as quais têm promiscuidade de interesses. Embora "de iure condito" a solução tenha que ser aceite, reconhecendo-se a licitude destas subscrições particulares, "de iure constituendo" esta solução é altamente criticável por permitir fraudes à lei.

Mas não é de quaisquer fundos que tratamos. Apenas de fundos *de investimento*. Existe um terceiro momento, teleológico, que é fundamental para a determinação da natureza dos fundos que ora interessam. Fundos existem que, independentemente de serem herméticos ou exotéricos, têm diferentes finalidades, como as de garantia ou de criação de pensões, por exemplo. O que seja uma finalidade de investimento, não é fácil de

---

[785] Este é o tema que foi antes tratado da remissão do 48º/2 DLFIM e 28º/3 DLFII. Ver a parte respeitante à emissão de unidades de participação nos fundos fechados.

Parte VII – A dogmática dos fundos 551

se definir de modo meramente dedutivo. Apenas se podem definir como finalidades de investimento, aquelas que são *típicas de um mercado*, sejam elas de mais valias, de lucro, de aquisição de posições sociais ou outras.

Em síntese, um fundo de investimento caracteriza-se por três momentos lógicos:

a) estrutural, a institucionalização de uma carteira
b) dinâmico, exotérico, o apelo a capitais do público
c) teleológico, a finalidade de investimento[786].

Tendo em conta o exposto e as matérias já estudadas, podemos definir o perfil tipológico e dogmático dos fundos de investimento comuns consagrados em Portugal. Trata-se de fundos *não personalizados*, *exotéricos*, com *finalidade de investimento*, *dirigidos ao interesse dos participantes* e *diversificados*.

Excluindo as restantes categorias tipológicas que já foram antes analisadas, cabe apenas recordar os dois últimos elementos de caracterização. São dirigidos aos interesses dos participantes, na medida em que não visam o desenvolvimento de outras actividades, como acontece com os fundos de capital de risco, por exemplo. Repare-se que esta questão nada tem a ver com o exclusivo interesse dos participantes, na medida em que a transcende. Também nos fundos de capital de risco o mesmo princípio se aplica. No entanto, o interesse dos participantes é definido como sendo também o desenvolvimento de certas actividades ou empresas. No caso dos fundos comuns o que se visa é o interesse do património dos participantes em exclusivo. Trata-se de fundos diversificados, na medida em que, ao contrário do que vimos no Reino Unido para os fundos imobiliários, que admitem o "single property scheme" ou as "non-diversified companies"

---

[786] A lei espanhola, se quando define as instituições de investimento colectivo, padece de menores vícios que a portuguesa, quando procede à mesma operação em relação aos fundos peca pelos mesmos defeitos, confundindo aspectos de imputação com os de garantia. Quando define os fundos de investimento mobiliários (2.2.§2º Ley 46//1984, de 26 deciembre) refere-se aos patrimónios pertencentes a uma pluralidade de pessoas, cujo direito de propriedade se representa por um certificado de participação, administrados por uma sociedade gestora a quem se atribuem faculdades de domínio sem ser proprietária do fundo, com o concurso de um depositário, com a finalidade exclusiva de realizarem as operações de gestão do fundo se sem participação maioritária em nenhuma sociedade. Vai mais longe que a lei portuguesa, na medida em que refere a gestão, o depositário, e a proibição de maioria.

americanas, rege um princípio de diversificação de riscos e investimentos.

TOMÉ, Maria João Romão Carreiro Vaz; *Fundos de Investimento Mobiliário Abertos*, Almedina, Coimbra, 1997, p. 116 ss. qualifica o contrato entre o participante e o fundo de contrato de investimento e não de mero mandato. A verdade é que fica por definir o que seja contrato de investimento. Esta figura, de matriz anglo-americana (veja-se, por exemplo, SALAMONE, Luigi, *Unità e Molteplicità della Nozione di Valore Mobiliare*, Giuffrè Editore, Milano, 1995, p. 28 – 29; também SABATELLI, Emma; *La Responsabilità per la Gestione dei Fondi Comuni di Investimento Mobiliare, Contributo allo studio del D.Lgs. 25 gennaio 1992, n. 83*, Casa Editrice Giuffrè, Milano, 1995, p. 19), tem contornos muito difíceis de integrar nos Direitos continentais. Repare-se que o problema não está em negar a necessidade da sua importação para os ordenamentos continentais. O problema está em saber que contornos ele tem nestes ordenamentos. Recorrer sem mais a este contrato, embora tenha o mérito de lançar pistas de solução, é explicar o desconhecido pelo indeterminado.

CAPÍTULO II

FUNDOS E ESTRUTURAS DE INVESTIMENTO COLECTIVO

Até ao momento foram usadas no texto as expressões "fundos", ou "fundos de investimento", sendo apenas referida lateralmente a expressão "organismos de investimento colectivo em valores mobiliários" (OICVM)[787], ou "instituições de investimento colectivo" (IIC)[788], que serve de sinónimo à anterior no regime dos fundos.

A distinção é extremamente fácil de operar. As instituições de investimento colectivo de Direito português são sempre fundos. No entanto, a nossa lei reconhece que existem outras instituições de investimento colectivo, sejam elas ou não oriundas de países comunitários, pertençam ou não a fundos harmonizados que têm ou podem ter reconhecimento em Portugal. Tendo estudado o regime português (embora também na sua dimensão comunitária), apenas tinha sentido estudar os fundos e referir as outras instituições apenas quando a lei delas trata, a saber, em sede qualificação dos fundos como instituições de investimento colectivo, em sede composição dos fundos por partes destas instituições de Direito estrangeiro, e em sede de comercialização em Portugal de unidades ou partes de instituições de investimento colectivo estrangeiro. A diferença

---

[787] Designação da DFI. A expressão tem origem francesa, na medida em que corresponde à expressão "organismes de placement collectif de valeurs mobilières" (Loi nº 88-1201 du 23 décembre 1988). Na versão inglesa da DFI, UCITS ("undertakings for collective investment in transferable securities") (1º DFI). Na Suíça referem-se igualmente os "fonds de placement collectif" (5. Loi Fédérale sur les Fonds de Placement, du 18.03.1994).

[788] 1º/1, 2º, 3º/1, 37º a 40º, 45º DLFIM, 2º/1, 40º DLFII.

A mesma expressão é usada na Ley 46/1984, de 26 deciembre, e no Reglamento de la Ley 46/1984, de 26 de deciembre, aprovado pelo Real Decreto 1393/1990, de 2 noviembre. Aparece a sigla I.I.C. no 11. Reglamento de la Ley 46/1984, de 26 de deciembre, aprovado pelo Real Decreto 1393/1990, de 2 noviembre. A expressão é próxima da britânica, constante das Sec. 75 ss Financial Services Act 1986: "collective investment schemes".

é assim entre espécie e género. Os fundos são a espécie portuguesa, haverá outras espécies, consoante os países, que apenas se têm de subsumir ao género IIC ou OICVM, consoante se preferia designá-lo.

No entanto as IIC não esgotam o universo das estruturas de investimento colectivo. Muitas outras figuras existem que merecem ora um tratamento institucionalizado diferente, ora nem sequer foram criadas para este efeito, mas podem obter, de modo mais ou menos abusivo ou lícito funções semelhantes. No segundo caso estão as figuras excluídas do tipo. No primeiro estão os fundos especiais.

A DFI (1º/2 DFI) considera que são OICVM duas espécies de organismos:

a) aqueles cujo único objectivo seja o investimento colectivo em valores mobiliários de capitais obtidos junto do público e cujo funcionamento esteja sujeito ao princípio da repartição de riscos (quanto a esta última questão veja-se o que antes se afirmou a propósito do princípio da divisão de riscos)

b) aqueles cujas parte sociais sejam a pedido dos seus detentores readquiridas ou reembolsadas a cargo dos activos dos seus organismos.

Este segundo tipo de OICVM é alargado pela DFI. Dado que a versão portuguesa da mesma DFI é no mínimo infeliz ("É equiparado a estas reaquisições ou reembolsos. O (*sic*)..."), temos de recorrer à versão inglesa da mesma. Esta afirma que "action taken by a UCITS to ensure that the stock exchange value of its units does not significantly vary from their net asset value shall be regarded as equivalent to sub re-perchase or redemption". Esta situação aplica-se a figuras, inexistindo no Direito Português, em que o valor da parte social é determinado especificamente pelos activos e em que a mesma entidade se obriga a recomprar as ditas partes sociais ou a reembolsá-las.

A DFI admite três formas para estes OICVM (1º/3 DFI)

a) forma contratual, fundos comuns geridos por uma entidade gestora, a que a DFI chama de sociedade de gestão ("common fonds managed by management companies")

b) trusts ("unit trust")

c) ou forma estatutária, a que a DFI chama sociedade de investimento, mas que não pode ser confundida com as sociedades de investimento de Direito português, que são instituições de crédito ("investment companies"). No entanto, estas sociedades de investimento não estão abrangidas pela directiva caso o seu património seja investido por intermédio de sociedades filiais, principalmente em bens que não valores mobiliários (1º/4 DFI).

Parte VII – A dogmática dos fundos

A terceira forma de OICVM, como é o caso dos SICAV em França, tem um regime específico constante dos artigos 12º a 18º DFI, que não foi transposto, na medida em que em Portugal, como se afirmou, apenas foram consagrados fundos de investimento.

A expressão OICVM tem um antecessor francês, os O.P.C.V.M., "Organismes de Placement Collectif en Valeurs Mobilières", que a doutrina divide em sociedades de investimento com capital variável (S.I.C.A.V.) e "Fonds Communs de Placement" (F.C.P.). Os F.C.P. correspondem aos fundos de investimento (JUGLART, Michel de; IPPOLITO, Benjamin; *Traité de Droit Commercial, Tome 7, Banques et Bourses*, Montchrestien, 3 ed., Paris, 1991, p. 604, 607 ss.).

As S.I.C.A.V. ofereceriam em Portugal especialidades de monta, na medida em que implicariam profundas inflexões no regime das sociedades anónimas, exactamente por o seu capital ser variável.

De há muito tempo que existem sociedades de investimento (que não se podem confundir com as sociedades de investimento portuguesas), de capital fixo ("sociétés fermées"). Mas estas tinham desvantagens que levaram ao seu insucesso. As S.I.C.A.V., pelo contrário (que *grosso modo* correspondem às mesmas funções dos nosso fundos abertos) tiveram muito mais êxito em França, funcionando com base na compra e venda das suas acções (JUGLART, Michel de; IPPOLITO, Benjamin; *Traité de Droit Commercial, Tome 7, Banques et Bourses*, Montchrestien, 3 ed., Paris, 1991, p. 607-608).

Em Espanha, as "instituciones de inversión colectiva" encontram-se previstas na Ley 46/1984, de 26 deciembre. Esta considera como tal as que captam activos do público com a finalidade de geri-los. Estabelece igualmente que é pressuposto destas instituições que o rendimento do investidor seja função dos resultados colectivos (1º/1 Ley 46/1984, de 26 deciembre). Esta definição é mais aperfeiçoada que a portuguesa na medida em que não contém elementos de garantia na definição, não confundindo, nestes termos, o regime da imputação com o das consequências jurídicas. No entanto, apresenta uma incorrecção, pelo menos a admitir que existem igualmente fundos de capitalização. É que não é apenas o rendimento mas também as mais e menos valias que são função dos resultados. O 1º/2 Ley 46/1984, de 26 deciembre distingue de entre estas instituições as de carácter financeiro, gerindo valores mobiliários e monetários, e as de carácter não financeiro, que têm por objecto outros valores (entre os quais os imobiliários).

Também em Espanha existem sociedades de investimento mobiliário, que podem ter igualmente capital fixo e variável, neste último caso, como os S.I.C.A.V., franceses ((2.1.a., 2.2., 13 ss., 15 ss. Ley 46/1984, de 26 deciembre). Estas devem sempre assumir a forma de sociedade anónima. As de capital variável obedecem ao seu regime próprio, supletiva-

556   *Fundos de Investimento Mobiliário e Imobiliário*

mente aos disposto nas sociedades de capital fixo e em último grau ao disposto para as sociedades anónimas (15.2 Ley 46/1984, de 26 deciembre), tendo como designação "SIMCAV", expressão de influência francesa.

Para as OPCVM ver PEZARD, Alice; *Droit des Marchés Monétaire et Boursier*; Editions du J.N.A., Paris, 1994, p. 239 ss. O conceito de instituições de investimento colectivo é o geral em Espanha, do qual a lei recorta negativamente um conjunto de figuras que exclui deste tipo (RODRÍGUEZ ARTIGAS, Fernando; Instituciones de Inversión Colectiva, in: ALONSO UREBA, Alberto, MARTINEZ-SIMANCAS Y SANCHEZ; Julian; *Derecho del Mercado Financiero*; Tomo I, Volume 1, *Entidades del Mercado Financiero*, Editorial Civitas, Madrid, 1994, p. 264). Em Portugal, como se consagra apenas uma das modalidades possíveis, a dos fundos não personazados, o DLFIM viu-se obrigado, por força da liberdade de circulação, a recolher o conceito mais geral por forma a ter um quadro de regulação da circulação internacional das unidades de participação.

TOMÉ, Maria João Romão Carreiro Vaz; *Fundos de Investimento Mobiliário Abertos*, Almedina, Coimbra, 1997, p. 144 – 145 extrai desta qualificação de IIC duas consequências fundamentais. Por um lado, não desenvolvem nenhuma actividade económica própria e por outro lado daqui decorreria um princípio de igualdade de tratamento de terceiros. Esta posição merece alguns comentários. Não se pode afirmar que não desenvolvam uma actividade económica própria. Nesse sentido, todo o sector financeiro poderia ser acusado do mesmo. O que acontece é que a sua actividade económica é de intermediação, que no caso passa por uma mediação entre a vertente real e a financeira da economia, como acontece com todo o sector financeiro (quando refere que nos valores mobiliários se trata de investimento em bens que não são de primeiro grau SALAMONE, Luigi, *Unità e Molteplicità della Nozione di Valore Mobiliare*, Giuffrè Editore, Milano, 1995, p. 35, demonstra que isto é verdade para todos os valores mobiliários; também o accionista de uma sociedade gestora de participações sociais não desenvolveria uma actividade económica própria neste sentido, por exemplo). Também a sua função de mero investimento não é em si determinante para a qualificação. É que poderiam ser instituições de investimento, mas não serem colectivas. Como exemplo temos a "société national d'investissement" francesa do pós-guerra, como antes vimos. De igual modo, o princípio da igualdade de tratamento dos clientes decorre, na lei portuguesa, da sua natureza de actividade de intermediação financeira, como se verifica pelo 659º do Código do Mercado de Valores Mobiliários e não da sua natureza, enquanto tal, de IIC.

CAPÍTULO III

FUNDOS DE INVESTIMENTO E FIGURAS DE FRONTEIRA

Neste capítulo há que estudar figuras que podem desempenhar funções económico-sociais próximas dos fundos, mas que não se reconduzem a este tipo legal. E não se reconduzem a este tipo legal porque lhes falta o momento estrutural, o momento dinâmico, ou o elemento teleológico. A classificação por cada um destes momentos tem, no entanto, de ser devidamente entendida. Em cada um dos casos *pode* faltar mais de um dos elementos. No entanto, o critério baseia-se no facto de *necessariamente* faltar um elemento especificado em cada uma das figuras, independentemente de poderem faltar outros pressupostos. Escusado será dizer que nenhum critério impede a existência de zonas de fronteira mais ou menos bem ou mal definidas, ou a construção de situações que, sob a aparência da exclusão típica, mais não são que encobrimentos e fraudes à lei.

Exclusões típicas expressas encontram-se na Sec. 75(5), 75(6), 75(7) Financial Services Act 1986 britânico.

A lei suíça estatui que estão sujeitos ao regime dos fundos os fundos colectivos ligados por uma estrutura central ramificada de que apenas a forma global corresponde a definição de um fundo de investimento (por exemplo "master-feeder-funds"). A supervisão apenas pode autorizar, no entanto, caso não ponham em causa os interesses dos investidores (2.1. Ordonnance du Conseil Fédéral sur les Fonds de Placement du 19.10.1994).

SECÇÃO I

FALTA DO ELEMENTO ESTRUTURAL

SUBSECÇÃO I

REPRESENTAÇÃO

As formas de representação, *maxime*, a voluntária, podem ter uma função semelhante aos fundos. O facto de alguém não poder ou não querer por qualquer razão gerir os seus activos pode levá-lo a optar pela sua representação. Ora, são as mesmas motivações que levam a que muitas vezes se opte por um fundo de investimento. O serviço que se pretende é a utilização de capacidades, de disponibilidade de tempo, ou de dedicação que não possui. No entanto, e desde logo, não estamos perante um fundo na medida em que a carteira que é gerida não se encontra institucionalizada. A única ligação entre os vários activos que pertencem à carteira é de natureza subjectiva.

SUBSECÇÃO II

NEGOCIAÇÃO DE CARTEIRAS

À negociação de carteiras, que se encontra prevista para a bolsa (445º Cd.MVM), embora não tenha sido objecto de regulamentação, não é adequada a qualificação de fundos. Com efeito, as carteiras em questão são apenas unificadas para efeitos de negociação. É de universalidades de facto que se trata. Os valores são unificados para efeitos meramente funcionais e apenas numa vicissitude específica. Por outro lado, e quanto à natureza dos activos, é mais restrita que os fundos, na medida em que respeita apenas a valores mobiliários e não outros.

SUBSECÇÃO III

GESTÃO DE CARTEIRAS

A gestão de carteiras já havia sido objecto de um trabalho anterior no que respeita às operações de bolsa a contado, pelo que não merecerá aqui grande desenvolvimento. Apenas interessa salientar as similitudes e as diferenças entre esta figura e os fundos. Na gestão de carteiras existe uma representação profissionalizada de um cliente, cuja carteira é gerida

Parte VII – A dogmática dos fundos

nos termos do contrato de gestão. No entanto, esta mesma carteira não se encontra institucionalizada. O único elemento que a unifica é a titularidades dos activos que a compõem. Por outro lado, a gestão de carteiras, tal como se encontra tipificada na lei portuguesa, apenas respeita a carteiras exclusivamente constituídas de valores mobiliários e não de outros activos, ao contrário dos fundos[789].

Sob o ponto de vista da tipicidade social, há que ter em conta, em acréscimo, que a gestão de carteiras é um produto de médios e grandes investidores. Pelo contrário, embora os fundos possam ser subscritos por grandes investidores e mesmo por investidores institucionais, e na realidade tal aconteça com grande frequência, são produtos que se dirigem em geral a pequenos investidores, ou são pelo menos aptos em geral para os terem como destinatários[790].

A gestão de carteiras encontra-se em Espanha no 36. Ley 46/1984, de 26 deciembre. De igual modo ver o 71.j. Ley del Mercado de Valores (Ley 24/1988, de 28 de julio). Ver, além disso, os 81. a 84. Reglamento de la Ley 46/1984, de 26 de deciembre, aprovado pelo Real Decreto 1393/1990, de 2 noviembre. Salienta o seu carácter individualizado, implicitamente recortando-o de forma de gestão colectiva TAPIA HERMIDA, Alberto Javier; Los Contratos Bancarios de Depósito, Administración y Gestión de Valores, in: ALONSO UREBA, Alberto, MARTINEZ-SIMANCAS Y SANCHEZ; Julian; *Derecho del Mercado Financiero*; Tomo II, Volume 2, *Operaciones Bancarias de Gestión. Garantias. Operaciones Bursátiles*, Editorial Civitas, Madrid, 1994, p. 136. CACHON BLANCO,J.E., *Derecho del Mercado de Valores*, Tomo II, Dykinson, Madrid 1992, p. 419 refere o gestor de carteiras não profissional (por exemplo, um amigo que gere a carteira de várias pessoas), que constitui um grau abaixo de ligação ao mercado de valores, embora suscite problemas na definição dos limites da profissionalidade ou não profissionalidade da sua actuação.

Também em França se tem consciência de haver afinidades entre a gestão de carteira individualizada e colectiva, como se vê em VAUPLANE,

---

[789] É evidente que a gestão de carteiras permite o acesso ao numerário suficiente para esta gestão e ao numerário que resulta desta gestão. Este numerário é também gerido pelo gestor de carteiras. No entanto, o numerário faz parte da carteira apenas por razões funcionais. Encontra-se funcionalmente dirigido à gestão de uma carteira de valores mobiliários.

[790] JUGLART, Michel de; IPPOLITO, Benjamin; *Traité de Droit Commercial, Tome 7, Banques et Bourses*, Montchrestien, 3 ed., Paris, 1991, p. 607, diz mesmo que para os clientes que não têm poupanças suficientes para uma gestão personalizada de carteiras os O.P.C.V.M. são o instrumento adequado.

560 *Fundos de Investimento Mobiliário e Imobiliário*

Hubert de; BORNET, Jean-Pierre; *Droit de la Bourse*, LITEC- Librairie de la Cour de Cassation, Paris, 1994, p. 77 ss. como formas de gestão delegada de carteiras, distinguindo-se da gestão assistida das mesmas.

Problema diferente é o que é tratado em Itália (BUSSOLETTI, Mario; TONELLI, Enrico; Le Banche e l'Attività di Gestione di Patrimoni mediante Operazioni in Valori Mobiliari; PORZIO, Mario (org.); *L'Attività non Bancaria delle Banche*, Giuffrè Editore, Milano, 1993, p. 191 ss.), em que a CONSOB considera que a promoção pública de gestão de carteira pelos bancos se traduz em oferta pública de valores, por se ter adoptado o critério lato de origem americana na definição de "securities". SALAMONE, Luigi, *Unità e Molteplicità della Nozione di Valore Mobiliare*, Giuffrè Editore, Milano, 1995, p. 49 distingue a gestão de carteiras dos fundos de investimento pela natureza personalizada da primeira e colectiva da segunda. SABATELLI, Emma; *La Responsabilità per la Gestione dei Fondi Comuni di Investimento Mobiliare, Contributo allo studio del D.Lgs. 25 gennaio 1992, n. 83*, Casa Editrice Giuffrè, Milano, 1995, p. 21 (nota 22) chama no entanto a atenção para o facto de a gestão individualizada poder ser homogénea para vários clientes.

A possibilidade de a gestão de carteiras confluir substancialmente com o regime dos fundos levou a que o art. 3.4. Loi Fédérale sur les Fonds de Placement, du 18.03.1994, permitisse ao conselho federal de aplicar o regime dos fundos de investimento às carteiras colectivas. Ora, nos casos em que os investidores não estão em condições de se defenderem por si mesmos, nas carteiras colectivas estrangeiras, a lei suíça estatui que se aplica o regime dos fundos (2.3. Ordonnance du Conseil Fédéral sur les Fonds de Placement du 19.10.1994).

A gestão colectiva de carteiras, nomeadamente sob a forma de "common trust fund" é distinguida na lei americana das "investment companies" nos termos da Sec. 3 (c) (3) Investment Company Act of 1940.

SUBSECÇÃO IV

GESTÃO DE PATRIMÓNIOS

A gestão de patrimónios encontra-se prevista como um das actividades de intermediação financeira, na medida em que impliquem a gestão de carteiras de valores mobiliários (608°/h Cd.MVM[791]). No entanto, a

---

[791] A conjugação do 1°/ Dec.-Lei n° 163/94, de 4 Junho ("bens") com o 2° da Portaria n° 422-C/88, de 4 de Julho, deixa claro que se incluem os valores mobiliários e os imobiliários.

Parte VII – A dogmática dos fundos 561

gestão de patrimónios é mais vasta que a gestão de carteiras quanto ao seu objecto.

Esta figura encontra-se prevista no Dec.-Lei n° 163/94, de 4 Junho e no 4°/1/i RGICSF. A grande diferença com a gestão de carteiras é, como se afirmou, a extensão do seu objecto (quaisquer activos). No entanto, como a gestão de carteiras, pressupõe a individualização de representação. Ou seja, a carteira é unificada apenas por um nexo subjectivo, não tem vida funcional própria.

Este é um dos casos em que podem ocorrer fraudes à lei. Com efeito, a junção da contitularidade de patrimónios com a gestão de patrimónios pode gerar situações em que em bom rigor a carteira se institucionalizou.

Esta figura apresenta algumas similitudes com o regime dos fundos, mas apenas no que respeita às sociedades gestoras de património, similitudes têm fundamento diferente. Com efeito, impõe-se a separação entre o depositário e a sociedade gestora (5° do Dec.-Lei n° 163/94, de 4 Junho), tal como no regime dos fundos se impõe a separação entre a entidade gestora e o depositário. Mas se bem reparamos, a *ratio* deste preceito não tem a ver com a separação de funções como nos fundos, mas tão somente com a tipicidade das actividades permitidas às sociedades financeiras. Um banco que seja gestor de patrimónios pode ser simultaneamente depositário do património, ao contrário do que se passa nos fundos.

A gestão de patrimónios encontra-se no 36. Ley 46/1984, de 26 deciembre. Cf. os 81. a 84. Reglamento de la Ley 46/1984, de 26 de deciembre, aprovado pelo Real Decreto 1393/1990, de 2 noviembre.

A destrinça entre gestão de carteiras e gestão de patrimónios encontra-se esbatida em França pelo factor de os corretores poderem gerir activos diferentes de valores mobiliários (PEZARD, Alice; *Droit des Marchés Monétaire et Boursier*; Editions du J.N.A., Paris, 1994, p. 206 a 207). A gestão de patrimónios é referida como gestão a título conexo pelos bancos e corretores em VAUPLANE, Hubert de; BORNET, Jean-Pierre; *Droit de la Bourse*, LITEC- Librairie de la Cour de Cassation, Paris, 1994 p. 78, distinguindo-se da gestão a título principal de carteiras.

No caso de gestão de fortunas deixa-se bem claro que os bancos suíços não podem emitir certificados, como forma de protecção do regime dos fundos no 4. Loi Fédérale sur les Fonds de Placement, du 18.03.1994. Por outro lado, estabelecem-se outras regras de segurança que as aproximam do regime dos fundos, nomeadamente o direito de denúncia a todo o tempo e a necessidade de definição expressa da política de investimentos (3. Ordonnance du Conseil Fédéral sur les Fonds de Placement du 19.10.1994).

SUBSECÇÃO V

CONTITULARIDADE DE CONTAS

A contitularidade de contas é expressamente prevista, embora não desenvolvida pelo Cd.MVM (56º/2/b, 88º) que, nesta matéria remete implicitamente para o regime privatístico geral. Existe apenas uma comunhão de direitos, que incide exclusivamente sobre valores mobiliários e não especificamente sobre outros activos.

É evidente que a contitularidade de contas de valores pode ser concomitante com a contitularidade de contas bancárias, associadas em créscimo a outros depósitos. Mas como instituto que ora interessa, importa estudar a contitularidade de meras carteiras de valores.

A contitularidade de contas pode decorrer de situações totalmente exteriores ao mercado de valores (relações familiares, por exemplo). Mas pode ter como finalidade a obtenção de efeitos de escala e divisão de riscos pelos seus titulares, aproximando-se neste caso, das finalidades dos fundos. No entanto, a única ligação existente entre os vários valores que compõem a carteira é de natureza subjectiva, a da sua titularidade.

Veja-se, por exemplo, a Sec. 75(6)(a) Financial Services Act 1986.

SUBSECÇÃO VI

CLUBES DE INVESTIDORES

Os clubes de investidores aproximam-se dos fundos na medida em que são mais um fenómeno de conglobação de activos. No entanto, destes se distinguem por tipicamente não existir uma cesura entre a titularidade e a gestão. As decisões nos clubes de investidores são colectivas. Podem assumir vários graus de formalização, passando pela contitularidade de contas, concessão de mandato formal a uns ou alguns dos seus membros. Mas na substância a decisão é sempre colectiva, independentemente de quem se encontra legitimado formalmente para actuar. Daí que os níveis de conglobação que se atingem com este instrumento sejam sempre comparativamente reduzidos, não oferecendo os mesmos problemas que a massificação dos fundos apresenta. Em termos substanciais os titulares estão sempre próximos dos processo de decisão, partilham entre si os riscos e os benefícios, mas sempre tendo na sua mão a gestão do seu património.

Parte VII – A dogmática dos fundos   563

Nos Estados Unidos existe desde há muito consagrada a figura dos "investment clubs" que se caracterizam por um duplo pressuposto: a conglobação de activos ("pool the assets") numa só carteira e a decisão colectiva em relação a eles (DOWNES, John; GOODMAN, Jordan Elliot; *Dictionary of Finance and Investment Terms*, Barron's, 4ª ed., New York, 1995, p.274). Associando os clubes de investimento ao capitalismo popular ver ANDRÉ, J. L. da Costa; As pequenas poupanças perante a sociedade anónima; in: *Economia e Finanças, Anais do Instituto Superior de Ciências Económicas e Financeiras*, Tomo III, vol. XXVI, Universidade Técnica de Lisboa, Lisboa, 1960, p. 972. Pelas razões invocadas em texto, o mais comum não é que os clubes de investidores sejam uma forma de capitalismo popular, mas que resultem da união de estudantes, geralmente de economia ou gestão, ou de pessoas com um nível de poupança com algum significado. Alguns bancos usam esta figura como técnica de gestão de sinergias entre empresas (*O.P.C.V.M. 90, Où et Comment s'Implanter en Europe?*, Séminaire de Direction de Banque, La Revue Banque Éditeur, Tome I, Paris 1990, p. 166).

SUBSECÇÃO VII

CONTAS JUMBO

As chamadas contas jumbo são aquelas em que o titular formal é uma entidade ou conjunto de entidades, geralmente profissionais do mercado de valores mobiliários, *maxime*, intermediários financeiros, mas em que a titularidade substancial pertence a terceiras entidades. Em certo sentido, é exactamente o inverso da contitularidade. Com efeito, nesta vários titulares se juntam numa conta, enquanto nas chamadas contas "jumbo" aparece apenas um titular formal (ou mais, mas sempre meramente formais).

Esta situação é ilícita à luz do direito português, por violar a natureza individual das contas de titularidade (58º/3/a, 85º/4/a, 86º Cd.MVM)[792].

O problema não é, assim, o facto de não haver coincidência entre o titular formal e o substancial, por violação do 56º/2/b e 88º Cd.MVM. Pode existir divergência, desde que esta não colida com os documentos de

---

[792] Ver os artigos 670º ss. Cd. MVM.

564 *Fundos de Investimento Mobiliário e Imobiliário*

suporte da inscrição dos registos, nos termos do 61° e 88° Cd.MVM. O problema é o desequilíbrio gerado entre as contas globais (que são de intermediários financeiros e apenas destes) e as contas de titularidade (que são por definição individuais).

A verdade é que, em princípio, esta situação não se constituiu como um fundo. A única ligação que existe entre os valores é a unidade de representação (substancial) sob a capa da unidade de titularidade (formal). No entanto, a verdade é que existem situações em que as contas jumbo podem entrar no âmbito dos fundos. Com efeito, quando existe discricionaridade de actuação por parte do representante, havendo separação substancial entre a decisão sobre os investimentos e a titularidade, de tal modo que as decisões concretas sobre as operações não sejam realizadas pelos investidores mas pelo representante, neste caso, a conta "jumbo" encontra-se institucionalizada. Independentemente de os valores que constituem a carteira, e em relação àqueles em que haja cisão entre a decisão e a titularidade substancial existe verdadeira institucionalização de carteira. Com efeito, a carteira assume neste caso uma vida funcional própria. Já não é apenas a unidade de representação que a une num todo. É o facto de a decisão e a titularidade terem sido cindidas, ao contrário o que é regra em Direito dá-lhe autonomia.

A lei suíça permite, no art. 4. Loi Fédérale sur les Fonds de Placement, du 18.03.1994, que os bancos façam a gestão de carteiras colectivas, sem que neste caso se aplique o regime dos fundos. No entanto, estatui-se expressamente que neste caso os bancos não podem fazer apelo ao público para a constituição destas carteiras.

No Reino Unido os "managed funds" estão próximos desta figura (GONNEAU, Jean-Claude; *La Bourse de Londres*, Economica, Paris, 1990, p. 60).

Nos Estados Unidos as "wrap accounts" têm funções semelhantes, merecendo críticas por desprotegerem os investidores (PEZARD, Alice; *Droit des Marchés Monétaire et Boursier*; Editions du J.N.A., Paris, 1994, p. 257).

SUBSECÇÃO VIII

SEGUROS DE VIDA

As ligações entre os seguros de vida e os fundos são cada vez mais complexas. A lei prevê mesmo que os seguros de vida possam estar ligados a fundos de investimentos (115°/3 DL 102/94, 20 Abril). E é bem sabido que os fundos de investimento têm vindo a desempenhar, pelo

Parte VII – A dogmática dos fundos

menos parcialmente, funções que eram atribuídas aos sistemas de segurança social, funções estas que são hoje igualmente partilhadas pelos seguros de vida. O cruzamento dos dois instrumentos tornou-se assim inevitável. O fundo de investimento passa a ser funcionalmente ligado a um seguro de vida. No entanto, independentemente de existir ou não esta ligação funcional, a exclusão típica é evidente. O seguro de vida é um contrato de seguro, com as suas características, que não merecem aqui desenvolvimento.

Na perspectiva dos fundos, o que interessa salientar, é o facto de o fundo estar funcionalmente dependente de um seguro não o descaracteriza tipicamente. O seu fim último está determinado, mas passa por um fim instrumental de investimento.

Em Espanha, o legislador viu-se obrigado a recortar negativamente os seguros em geral do tipo de instituições de investimento colectivo (RODRÍGUEZ ARTIGAS, Fernando; Instituciones de Inversión Colectiva, in: ALONSO UREBA, Alberto, MARTINEZ-SIMANCAS Y SANCHEZ; Julian; *Derecho del Mercado Financiero*; Tomo I, Volume 1, *Entidades del Mercado Financiero*, Editorial Civitas, Madrid, 1994, p. 265). A ligação com os seguros de vida encontra-se igualmente em CACHÓN BLANCO, José Enrique; Fondos de Pensiones y sus Entidades Gestoras, in: ALONSO UREBA, Alberto, MARTINEZ-SIMANCAS Y SANCHEZ; Julian; *Derecho del Mercado Financiero*; Tomo I, Volume 1, *Entidades del Mercado Financiero*, Editorial Civitas, Madrid, 1994, p. 350.

Na Itália, para a substituibilidade destes produtos ver Lavori Preparatori per il Testo Único della Finanza, in : CONSOB, *Quaderni di Finanza, Documenti*, nº 28 Giugno 1998, p. 10.

Veja-se a Sec. 75(6)(j) Financial Services Act 1986, em que o legislador britânico teve consciência dos contactos existentes entre estas figuras. Na prática, existem figuras que são indistinguíveis pelo público em geral (*O.P.C.V.M. 90, Où et Comment s'Implanter en Europe?,* Séminaire de Direction de Banque, La Revue Banque Éditeur, Tome II, Paris 1990, p. 366 ss.).

Nos Estados Unidos igualmente se exclui da isenção de deveres de registo da emissão de que beneficiam os contratos de seguro ou que pagam anuidades, isenção prevista na Sec 3 (a) (8) do Securities Act of 1933, na Sec. 24 (d) Investment Company Act of 1940 e regulada pela SEC na Rule 6e-2 (HAZEN, Thomas Lee; *The Law of Securities Regulation*, West Publishing Co., 2ª ed., St. Paul, Minn., 1990, p. 846). Para a ligações dos fundos com os seguros de vida ver Funcionamento das Sociedades de Investimento de Capital Variável (S.I.C.A.V.) em França – Relatório Lorain, de Janeiro de 1968; in: *Revista Bancária*, Ano IV, nº 14, Outubro - Dezembro de 1968, Lisboa, p. 54.

SUBSECÇÃO IX

CONSÓRCIO

O consórcio vem regulado no Dec.-Lei nº 231/81, de 28 de Julho, sendo o descendente da conta em participação dos 224º ss. do Cd. Comercial.

Este contrato caracteriza-se pela actuação concertada de várias pessoas que exercem uma actividade económica visando prosseguir certos objectivos que se encontram definidos no mesmo diploma. As contribuições apenas podem ser feitas em coisas corpóreas em princípio (4º/2). Faltam notoriamente os aspectos dinâmico e teleológico dos fundos tal como se encontram definidos no seu regime em Portugal. No entanto, falta igualmente o elemento estrutural. A realização do objecto contratual não implica forçosamente a prestação de contribuições, e mesmo quando o faz não existe institucionalização da universalidade de bens. A gestão destes, seja no consórcio interno, seja no externo, nunca é cindida da sua titularidade (5º, 7º).

A referência a esta figura tão aparentemente afastada dos fundos não é inocente. É que em certos casos, esta figura, por via do apelo ao público, por mecanismos mais ou menos encobertos de cisão da titularidade e da gestão, e por desvio dos fins legais, pode usar-se para desenvolver actividades típicas dos fundos, em fraude à lei, e de tal modo que se devam considerar como tal. O regime espanhol teve disto consciência, quando qualifica como instituições de investimento colectivo as contas em participação com recurso a capitais do público (1.1.§2º Reglamento de la Ley 46/1984, de 26 de deciembre, aprovado pelo Real Decreto 1393/1990, de 2 noviembre). A lei britânica teve igualmente consciência disto quando exclui do âmbito das instituições de investimento situações que podem confluir (embora não coincidam forçosamente) situações de consórcio (Sec. 75(6)(b) Financial Services Act 1986).

SUBSECÇÃO X

SOCIEDADES

As relações entre os fundos e as sociedades, *maxime*, as sociedades comerciais, são de longe as mais ricas e as mais complexas que se encontram. A primeira tentação seria a de ter em conta os fundos personalizados, e chamar a atenção para o facto que revestem a natureza de sociedades comerciais, ou formas equiparáveis, como a de "trust". No

Parte VII – A dogmática dos fundos

entanto, este é apenas um dos ângulos do problema. As afinidades entre os fundos e as sociedades nas suas várias modalidades, tal como se tem vindo a recensear, e nomeadamente à luz do Direito Comparado são bem mais profundas que a utilização do instrumento societário para se regular os fundos personalizados.

Em ambos os casos encontramos situações de conglobação de poupanças, de separação patrimonial mais ou menos acentuada, e de cortes entre a titularidade e a gestão dos patrimónios em questão. Em ambos os casos encontramos situações em que ora prevalece a limitação funcional (caso das sociedades por tempo determinado, criadas sobretudo para executar uma tarefa específica, bem como dos fundos dirigidos a finalidades específicas, como o das privatizações) ora a diversidade de objectivos se impõe. Em ambos os casos existem situações em que uma tarefa prevalece (como nos fundos hipotecários, por exemplo, ou nas sociedades temporárias) ou em que o investimento é mais disseminado. Em ambos se podem combinar o elemento do curto prazo e do investimento estratégico, em ambos o investimento em capital ou o investimento político (geralmente de domínio societário), podem prevalecer.

As afinidades, que são profundas, não podem ser esquecidas. Mas também as diferenças não podem ser escamoteadas. A sedimentação histórica de uma e de outra figura, com reflexos no seu regime concreto e na utilização vivida destas figuras é profundamente dissemelhante, em termos tais que nem requer demonstração. Ninguém confunde um fundo com uma sociedade quando visa certos efeitos práticos. Mas sob o ponto de vista dogmático e de regime ainda mais se aprofundam as divergências.

No regime português o grande traço distintivo encontra-se na separação entre a titularidade e a gestão. As sociedades comerciais permitem uma grande elasticidade na conjugação de estas duas dimensões, desde a sociedade familiar ou em que os sócios são simultaneamente gerentes ou têm funções de direcção ou administração até à sociedade de subscrição pública em que a tecnoestrutura ou uma minoria accionista tem na prática o domínio da vida societária. No caso dos fundos já esta separação se estabelece de modo rígido pela lei. O titular dos activos é separado do seu património no que respeita à sua legitimidade de exercício. Mais que a separação patrimonial, que é mais rígida nos fundos que no regime societário (pense-se nas sociedade em nome colectivo, por exemplo) é a cesura entre titularidade e gestão que distingue os fundos das sociedades. No entanto, estas observações não nos podem fazer esquecer que nada impede que no futuro venham a ser consagrados fundos personalizados em Portugal, tal como hoje em dia já podem actuar neste país nem que sejam no âmbito da DFI. Neste caso, mais se diluem as fronteiras entre estas figuras. No entanto, e enquanto os fundos de investimento mantiverem o seu perfil de instrumento de investimento colectivo, haverá sempre diferenças de regime que se fundamentam na mencionada cesura, diferenças essas orientadas a defender, mais que accionistas de sociedades, investidores no mercado de valores mobiliários.

TOMÉ, Maria João Romão Carreiro Vaz; *Fundos de Investimento Mobiliário Abertos*, Almedina, Coimbra, 1997, p. 128 ss. reconhece que no próprio âmbito societário a tendência para autonomização da administração e sua profissionalização é um facto, bem como também o é a diminuição relativa do poder das assembleias gerais. A especialidade dos fundos em relação ao fenómeno societário tem pois de ser matizada. E tem de ser matizada também no sentido em que as próprias sociedades tendem a criar hoje em dia mecanismos, pelo menos se pensarmos nos países anglo-americanos, no sentido de introduzir na sua gestão alguns membros independentes, visando uma maior isenção da administração enquanto actividade, ou seja, aproximando-se do regime que encontramos nos fundos (cf. OLIVENCIA RUIZ, Manuel; Manager's Revolution/Independent's Counter Revolution (Ensayo sobre una Nueva Fase en la Evolución de la Sociedad Anónima; in: IGLESIAS PRADA, Juan Luis (coord.); *Estudios Juridicos en Homaje al Profesor Aurelio Menendez*, II, *Sociedades Mercantiles*, Editorial Civitas, Madrid, 1996, pp. 2186 ss.). Nos Estados Unidos o elemento diferenciador entre as sociedades comuns e as "investment companies" é visto na perspectiva da maior liquidez dos activos destas últimas que aumentam os riscos para os seus participantes (HAZEN, Thomas Lee; *The Law of Securities Regulation*, West Publishing Co., 2ª ed., St. Paul, Minn., 1990, p. 834). Se isto não deixa de ser verdade na perspectiva dos fundamentos da legiferação, sob o ponto de vista dogmático o recorte do regime português leva-nos a insistir sobre o critério da cesura rígida entre a titularidade e a gestão. Por outro lado, a lei considera que podem ser consideradas "investment companies" as empresas que têm mais de 40% dos seus activos investidos em valores mobiliários ("inadvertent investment companies"), embora admita que possam ser dispensadas do regime destas empresas (HAZEN, Thomas Lee; *The Law of Securities Regulation*, West Publishing Co., 2ª ed., St. Paul, Minn., 1990, p. 842, 852 - 856). O problema que aqui se coloca não é já tanto a fronteira entre as sociedades em geral e os fundos de investimento personalizados, mas entre estes últimos e um tipo de investimento societário específico que, em Portugal pode confluir na fronteira das sociedades gestoras de valores mobiliários. Figura que apresenta maiores afinidades formais seria a das sociedades gestoras de participações sociais. Em França reconheceu-se,

Parte VII – A dogmática dos fundos 569

por exemplo, nos anos 60 que as sociedades de investimento (fundos fechados personalizados) acabavam por ter uma função próxima destas últimas, ou pelo menos de sociedades gestoras de carteira (Funcionamento das Sociedades de Investimento de Capital Variável (S.I.C.A.V.) em França – Relatório Lorain, de Janeiro de 1968; in: *Revista Bancária*, Ano IV, nº 14, Outubro – Dezembro de 1968, Lisboa, p. 42). TOMÉ, Maria João Romão Carreiro Vaz; *Fundos de Investimento Mobiliário Abertos*, Almedina, Coimbra, 1997, p. 67 reconhece, não obstante, que a lei visou evitar que os fundos tivessem funções de "holdings".

A lei espanhola tem consciência clara desta confluência de fronteiras, pelo que definindo muito latamente as instituições de investimento colectivo, viu-se obrigada a recortar negativamente do seu tipo as sociedades (RODRÍGUEZ ARTIGAS, Fernando; Instituciones de Inversión Colectiva, in: ALONSO UREBA, Alberto, MARTINEZ-SIMANCAS Y SANCHEZ; Julian; *Derecho del Mercado Financiero*; Tomo I, Volume 1, *Entidades del Mercado Financiero*, Editorial Civitas, Madrid, 1994, p. 264).

SECÇÃO II

FALTA DO ELEMENTO DINÂMICO

Existem vários fundos que são herméticos. No entanto, esta característica decorre da lei e não da natureza dos mesmos. É este tipicamente o caso dos fundos de garantia, que são reservados a iniciados, a profissionais dos respectivos mercados. No entanto, não se recensearam no nosso Direito quaisquer fundos que pela sua natureza devam ser sempre herméticos.

Poder-se-ia incluir nesta categoria e a título necessário as reservas legais nas sociedades comerciais. No entanto, estas reservas legais têm sempre por finalidade necessária outra que não a de investimento, pelo que a falta de elemento teleológico consumiria a falta de elemento dinâmico. Por outro lado, têm uma natureza e institucionalização bem diferente dos fundos, pelo que nem merecem ser consideradas autonomamente.

SECÇÃO III

FALTA DO ELEMENTO TELEOLÓGICO

Em alguns casos, falta o elemento teleológico que caracteriza a imputação dos fundos. Nestas hipóteses estamos perante fundos que não de investimento.

570 *Fundos de Investimento Mobiliário e Imobiliário*

Mais uma vez o regime português não esgotou todas as hipóteses lógicas de regulação, nem era esse o seu papel. É no entanto instrutiva a comparação com outros sistemas. Em Espanha existem fundos de regulação, cuja finalidade é a da regulação do mercado hipotecário. Como é afirmado no 84.2. Real Decreto 1669/1980, de 31 de Julio, a finalidade destes fundos é a de assegurar um grau de liquidez suficiente para os títulos hipotecários. Institui-se mesmo um fundo de regulação público deste mercado no 84.3 Real Decreto 1669/1980, de 31 de Julio. Existe igualmente um fundo de estabilização que visa moderar as flutuações excessivas nos valores das quotas participativas na Cajas de Ahorros, nos termos do 5. Real Decreto 664/1990, de 25 de mayo. Em França existem os "fonds communs d'intervention sur les marchés à terme" (23. Loi 88-1201 de 23 décembre 1988, 1. Décret nº 89-623 du 6 septembre 1989 – em PEZARD, Alice; *Droit des Marchés Monétaire et Boursier*; Editions du J.N.A., Paris, 1994, p. 249 afirma-se que visam a especulação). De igual modo, existem os "fonds communs de créances" que visam não o investimento mas a agregação de créditos de instituições de crédito que geram fundos de investimento sem personalidade jurídica, sendo as unidades de participação que emite valores mobiliários (34. 41. Loi 88-1201 du 23 décembre 1988; Décret 89-158 du 9 mars 1989). Estes fundos constituem mais uma forma de mobiliarização de activos não mobiliários (créditos). No entanto, a sua finalidade é a repartição do risco de crédito e não o investimento. Cf. PEZARD, Alice; *Droit des Marchés Monétaire et Boursier*; Editions du J.N.A., Paris, 1994, p. 303 ss.; *O.P.C.V.M. 90, Où et Comment s'Implanter en Europe?*, Séminaire de Direction de Banque, La Revue Banque Éditeur, Tome II, Paris 1990, p. 265 ss..

Nos Estados Unidos são excluídos igualmente os "voting trusts" que tenham como activos apenas valores emitidos por uma só entidade que não seja ela mesma uma "investment company" na Sec. 3 (c) (12) Investment Company Act of 1940. As possibilidades de confluência dos fundos, pela sua dimensão de conglobação de investimentos, com outras figuras surgem aqui de modo evidente. Existem por outro lado fundos de valores hipotecários, conhecidos pela designação de "dwarfs" (DOWNES, John; GOODMAN, Jordan Elliot; *Dictionary of Finance and Investment Terms*, Barron's, 4ª ed., New York, 1995, p. 155).

SUBSECÇÃO I

FUNDOS DE GARANTIA

A liberalização das actividades económicas levou a uma progressiva maior exigência nos mecanismos de segurança. Em muitos casos esses mecanismos passam pela criação de fundos, em que a própria actividade

Parte VII – A dogmática dos fundos

financia a sua segurança. A finalidade aqui não é a do investimento, mas a garantia dos credores.

Este é o caso do fundo de garantia das seguradoras (95° a 97° Dec.-Lei n° 102/94, de 20 de Abril) que são carteiras de activos herméticas, internas às próprias empresas, e institucionalizadas por lei.

É igualmente o caso dos fundos de garantia das operações de bolsa (263°, 264° a 290° Cd.MVM) que são fundos herméticos.

Significativamente, existem alguns elementos paralelos entre os fundos de garantia e os fundos de investimento. Também existe autonomia patrimonial, contabilidade própria, sendo que em princípio, a repartição do património do fundo pressupõe a sua liquidação (265°, 288° Cd.MVM).

Em Espanha, são referidos como fiança colectiva, nos termos do 75. Ley del Mercado de Valores (Ley 24/1988, de 28 de julio).

De igual modo, existem fundos de garantia de depósitos, previstos pelos 154° a 173° RGICSF, que são igualmente fundos herméticos, mas plurais (várias entidades os constituem), personalizados, de Direito Público, e com finalidade de garantia.

Em França ver PILVERDIER-LATREYTE, Josette, *Le Marché Financier Français*, Economica,3ª ed., Paris, 1991, p. 123, para a mudança do sistema de garantia das operações de bolsa desde 1987. Nos Estados Unidos foi consagrada a "Securities Investor Protection Corporation" (SIPC) pelo Securities Investor Protection Act of 1970 (cf. as suas Sec. 3 e 16) que visa a protecção do investidor do mercado de valores mobiliários.

SUBSECÇÃO II

FUNDOS DE PENSÕES

Os fundos de pensões são dotados do elemento dinâmico público, mesmo no caso dos fundos ditos fechados (3°/a Dec.-Lei n° 415/91, de 25 de Outubro). O que os distingue dos fundos de investimento é o elemento teleológico, na medida em que "são exclusivamente afectos à realização de um ou mais planos de pensões" (1°/2 Dec.-Lei n° 415/91, de 25 de Outubro).

Um elemento que é comum aos restantes fundos é a sua autonomia patrimonial, mais uma vez uma medida de garantia, do regime de consequências jurídicas (5°), podendo ser geridos por sociedades gestoras ou por companhias de seguros (que desempenham aqui o papel genérico das

572 — Fundos de Investimento Mobiliário e Imobiliário

instituições de crédito nos fundos de investimento), embora os fundos possam ser geridos por mais de uma entidade gestora (6º/3), devendo os depositários ser instituições de crédito (13º), e tendo um regime operacional semelhante aos dos fundos (10º, 11º). As analogias são bastante relevantes e permitiriam começar a enunciar um regime geral dos fundos em Portugal, caso viesse a merecer tratamento institucionalizado uniforme[793].

A lei espanhola é bastante clara neste aspecto da especificidade teleológica. Nela se afirma "pues en la realidad material, un Fondo de Pensiones no es sino un medio de instrumentación de un Plan de Pensiones prévio" (preâmbulo da Ley 8/1987, de 8 de Junio). Estes fundos encontram-se previstos nos 11. ss. Ley 8/1987, de 8 de Junio, espanhola que embora não remeta para o regime dos fundos, estabelece um regime muito semelhante, exceptuando sobretudo a supervisão (Ministro das Finanças espanhol) e a delimitação das finalidades (dirigidas a um plano de pensões). Os fundos de pensões foram objecto de desenvolvimento nos 25. ss. Real Decreto 1307/1988, de 30 septiembre. Ver CACHÓN BLANCO, José Enrique; Fondos de Pensiones y sus Entidades Gestoras, in: ALONSO UREBA, Alberto, MARTINEZ-SIMANCAS Y SANCHEZ; Julian; *Derecho del Mercado Financiero*; Tomo I, Volume 1, *Entidades del Mercado Financiero*, Editorial Civitas, Madrid, 1994, p. 347 ss., em que se estuda a relação dos fundos de pensões com a segurança social, com figuras de finalidade diferente mas justaposta (seguros, planos de aforro e de reforma) e as Instituições de investimento colectivo (IIC's). *Ibidem*, a p. 351 também afirma que a destrinça entre IIC's e fundos de pensões se encontra na sua finalidade. CACHÓN BLANCO, José Enrique; Fondos de Pensiones y sus Entidades Gestoras, in: ALONSO UREBA, Alberto, MARTINEZ-SIMANCAS Y SANCHEZ; Julian; *Derecho del Mercado Financiero*; Tomo I, Volume 1, *Entidades del Mercado Financiero*, Editorial Civitas, Madrid, 1994, p. 367 ss. descreve o seu regime.

Para os fundos de pensões em França, entendidos como fundos de capitalização, e com uma referência à Alemanha ver PEZARD, Alice; *Droit des Marchés Monétaire et Boursier*; Editions du J.N.A., Paris, 1994, p. 264 a 267. Estes fundos têm uma menor dimensão em França que no Reino Unido, tendo em conta os diferentes regimes de segurança social (*O.P.C.V.M. 90, Où et Comment s'Implanter en Europe?*, Séminaire de Direction de Banque, La Revue Banque Éditeur, Tome I, Paris 1990, p. 184).

---

[793] Este regime corresponde a um desenvolvimento do disposto no 4º/4 Dec.-Lei nº 229- C/88, de 4 de Julho.

Parte VII – A dogmática dos fundos

No Reino Unido os fundos de pensões assumem uma dimensão considerável ("pension funds"), revestindo várias formas jurídicas, desde a criação de um "trust" para os gerir, até à sua mera gestão por um banco ou por uma seguradora (GONNEAU, Jean-Claude; *La Bourse de Londres*, Economica, Paris, 1990, p.57 - 58).

Nas "investment companies" nos Estados Unidos existe a figura do "periodic payment plan certificate" (Sec. 2 (a) (27) Investment Company Act of 1940) com pagamentos periódicos por parte do investidor, que se aproxima desta figura dos fundos de pensões, no sentido em que ambas se integram na figura mais geral de planos de investimento ou planos de poupança. Os fundos de pensões são expressamente excluídos do regime das "investment companies" na Sec. 3 (c) (11) Investment Company Act of 1940.

SUBSECÇÃO III

PLANOS DE POUPANÇA EM ACÇÕES COM A FORMA DE FUNDO DE PENSÕES

Os planos de poupança em acções podem assumir a forma de fundo de pensões (1º/1 Dec.-Lei nº 204/95, de 5 de Agosto). Neste caso não são fundos de investimento pelas razões antes invocadas, apenas tendo um elemento teleológico especial. Quanto aos seus aspectos específicos destes planos de poupança em acções, deixa-se a sua análise para os fundos especiais.

CAPÍTULO IV

FUNDOS ESPECIAIS

O elenco de fundos especiais que se enuncia não decorre de uma enunciação meramente lógica das possibilidades que são oferecidas pela especialização de regimes. Recolhem-se tão somente as figuras concretamente consagradas no ordenamento português.

Existem outros tipos de fundos especiais. Em Espanha são consagrados os "Fondos de Titulización de Activos " (FTA) que resultam da "titulización", ou seja da mobiliarização de activos como os empréstimos e outros direitos de crédito, incluídos os derivados de operações de "leasing" e os relacionados com pequenas e médias empresas, diferentes dos resultantes dos fundos de investimento comuns (5.2. disposição adicional da Ley 3/1994, de 14 de abril). Este tipo de fundos é mais um exemplo em como os fundos são usados como instrumento de mobiliarização[794]. Mas os fundos, no caso personalizados, podem ser utilizados com funções de gestão de valores profissionalizada sobretudo por entidades públicas. Após a Segunda Guerra Mundial, ao 1. ss. Ordonnance nº 45-2710 du 2 novembre 1945, criaram as "sociétés nationales d'investissement" que visavam pelo menos em parte a gestão de valores públicos ou confiscados. Existem igualmente "fonds communs de placement d'entreprise", "fonds communs de placement à risques", "organismes de placement collectif qui investissent en actions" (1., 6. a 9. Décret nº 89-623 du 6 septembre 1989). A doutrina refere três grandes grupos de fundos especiais: os fundos de trabalhadores, os fundos de riscos e os fundos de intervenção nos mercados a prazo (PEZARD, Alice; *Droit des Marchés Monétaire et Boursier*; Editions du J.N.A., Paris, 1994, p. 246 a 249). Concorda-se com TOMÉ, Maria João Romão Carreiro Vaz; *Fundos de Investimento Mobiliário Abertos*, Almedina, Coimbra, 1997, p. 24 – 25 quando afirma que os fundos comuns de investimentos podem ter como efeito a estabilização dos mercados, mas não ter esta estabilização como finalidade ou função. Esta função incumbe a fundos especiais, nos casos em que sejam consagrados.

---

[794] Como acontece aliás, com os valores emitidos pelos "Fondos de Titulización Hipotecária", que são eles mesmos qualificados de títulos hipotecários (5.2. disposição adicional da Ley 3/1994, de 14 de abril).

SECÇÃO I

FUNDOS DE INVESTIMENTO DE CAPITAL DE RISCO

Estes fundos de investimento de capital de risco (FCR) são expressamente afastados pelo 1°/2 DLFIM da sua regulamentação. Não são assim fundos harmonizados.

São fundos de investimento em sentido próprio, obedecendo no entanto a características particulares. São fundos na medida em que a carteira se encontra institucionalizada, nomeadamente pela separação da gestão e da titularidade (3° Dec.-Lei 187/91, 17 de Maio). São fundos exotéricos, na medida em que o círculo de participantes não é restringido. São fundos de investimento, na medida em que as finalidades do fundo são de mercado.

No entanto, existem dois traços distintivos de monta: o primeiro respeita à composição do fundo que se compõe em pelo menos 60% de participações sociais não admitidas à cotação em bolsa de valores e em geral de grande risco e elevado potencial de crescimento e de valorização; em segundo lugar, e na sequência deste traço de regime, pelo facto de, ao contrário dos fundos de investimento comuns, nada impedir o domínio societário. Com estes fundos visa-se igualmente divisão de riscos. Mas visa-se igualmente uma assunção de riscos pelo todo do fundo.

> BAUZÁ MORÉ; Francisco J.; Sociedades de Capital-Riesgo y Fondos de Capital-Riesgo, in: ALONSO UREBA, Alberto, MARTINEZ-SIMANCAS Y SANCHEZ; Julian; *Derecho del Mercado Financiero*; Tomo I, Volume 1, *Entidades del Mercado Financiero*, Editorial Civitas, Madrid, 1994, p. 660 critica a lei espanhola por, na sua tese, impedir este domínio, o que considera indesejável, na medida em que não seriam os participantes não dominariam a vida societária, mas o fundo, representado pela entidade gestora. Estes fundos são expressamente consagrados como especiais pela lei luxemburguesa, como "joint venture funds" (*O.P.C.V.M. 90, Où et Comment s'Implanter en Europe?*, Séminaire de Direction de Banque, La Revue Banque Éditeur, Tome I, Paris 1990, p. 40).

Os restantes traços deste regime decorrem destas duas premissas: o elenco da entidades gestoras é bem diferente, não abrangendo nunca as sociedades gestoras de fundos de investimento (sociedades de capital de risco, sociedades de fomento empresarial, bancos, sociedades de desenvolvimento regional e sociedades de investimento – 3° Dec.-Lei 187/91, 17 de Maio); bem como o regime de remuneração das entidades gestoras

Parte VII – A dogmática dos fundos

577

e do depositário (abrangendo mais valias e percentagens dos resultados – 7º/1/c do Dec.-Lei 187/91, 17 de Maio). Significativo é o facto de que o valor mínimo da unidade de participação ser de 5000 contos (8º, 9º Dec.-Lei 187/91, 17 de Maio), o que significa que não se destina de todo ao pequeno investidor, mas sobretudo a investidores empresariais ou institucionais.

De entre estes investidores, nada se oporia em princípio a que se incluam os fundos de investimentos comuns. No entanto, e dado que não são fundos harmonizados, ficam sujeitos às limitações relativas a estes (cf. 45º DLFIM), ou seja, e dado que não estão sujeitos a idêntica regulamentação, não podem fazer parte do património dos fundos mobiliários[795]. De igual modo não podem fazer parte do património dos fundos mobiliários. No entanto, já no que respeita aos fundos imobiliários, tudo indica que podem deles fazer parte nos termos do 5º DLFII, desde que cumpridas as regras quanto à concentração de riscos, conflitos de interesses, e composição dos fundos (cf. o mesmo 5º DLFII). A assimetria desta solução não nos deve espantar. O regime dos fundos mobiliários é, por um lado mais exigente quanto à composição tendo em conta as necessidades de harmonização comunitária. Por outro lado, o regime dos fundos imobiliários contém regras mais apertadas quanto à percentagem de valores de certa natureza (imobiliários, no caso) que dela podem constar (5º/2/b, 5º/5 DLFII), pelo que a aplicação nestas participações se encontra reduzida por este facto.

> Em Espanha os fundos de capital de risco foram criados pela primeira vez em 1986 como se vê em BAUZÁ MORÉ; Francisco J.; Sociedades de Capital-Riesgo y Fondos de Capital-Riesgo, in: ALONSO UREBA, Alberto, MARTINEZ-SIMANCAS Y SANCHEZ; Julian; *Derecho del Mercado Financiero*; Tomo I, Volume 1, *Entidades del Mercado Financiero*, Editorial Civitas, Madrid, 1994, p. 643 ss.. O mesmo A. conclui *idibem*, a p. 658 que o regime dos fundos de investimento mobiliário é aplicável a estes fundos especiais, distinguindo-se os mesmos dos fundos comuns pelo seu objecto. A p. 663 chama a atenção para as dificuldades específicas do reembolso das unidades de participação, tendo em conta a pequena liquidez dos activos que os compõem.
> Em França, o "fond commun de placement à risques" deve ser constituído em 40% pelo menos de valores dando acesso directa ou indi-

---

[795] 45º, 51º/1 DLFIM. Nem se invoque o 42º/2/a DLFIM, afirmando que são "outros valores mobiliários". Com efeito o 45º DLFIM consome esta alínea.

rectamente ao capital das sociedades ou títulos de participação que não sejam negociados em mercado regulamentado. No entanto apenas pode haver detenção de valores estrangeiros desta natureza até 50% (10. Décret 89-624 du 6 septembre 1989; 22. Loi 88-1201 du 23 décembre 1988). CF. PEZARD, Alice; *Droit des Marchés Monétaire et Boursier*; Editions du J.N.A., Paris, 1994, p. 248, PILVERDIER-LATREYTE, Josette; *Le Marché Financier Français*, Economica,3ª ed., Paris, 1991, p. 38. Na perspectiva do financiamento das pequenas e médias empresas ver GRENIER, Rémi; *Le Second marché, Règles et Fonctionnement*, EDIC – Economica, Paris, 1988, p. 42, 213 - 214.

Nos Estados Unidos, a figura mais próxima encontrada é a dos "business development companies" que visam a intervenção estratégica em certas empresas (Sec. 2 (a) (48), Sec. 54 a 65 Investment Company Act of 1940), geralmente de pequena dimensão, e obedecendo estas "companies" a um regime mais aligeirado visando um mais fácil financiamento das pequenas empresas (HAZEN, Thomas Lee; *The Law of Securities Regulation*, West Publishing Co., 2ª ed., St. Paul, Minn., 1990, p. 851 - 852). Tipificam-se de entre estas igualmente as "Small Business Investment Companies" (SBIC's) os "Venture Capital Funds" (VCF's) (GRENIER, Rémi; *Le Second marché, Règles et Fonctionnement*, EDIC – Economica, Paris, 1988, p. 210 ss.), com funções semelhantes.

No Reino Unido, a distinção dos interesses a prosseguir encontra-se desde há muito no regime geral dos "trusts". O investimento visando o desenvolvimento da indústria mineira por um "trust" e não o dos seus associados foi condenado por uma decisão de 1984 (CUTLER, Andrew J. (ed.) ; *Equity and Trusts*, HLT Publications, 18ª ed., London, 1996, p. 221). Desde 1981 que se desenvolvem experiências de "venture capital" próximas do regime de capital de risco (GRENIER, Rémi; *Le Second marché, Règles et Fonctionnement*, EDIC – Economica, Paris, 1988, p. 212 – 213).

SECÇÃO II

FUNDOS DE RESTRUTURAÇÃO
E INTERNACIONALIZAÇÃO EMPRESARIAL

Os fundos de restruturação e internacionalização empresarial (FRIE) distinguem-se pela composição (pela carteira que é institucionalizada) mas esta distinção traduz-se, em última análise, em específico elemento teleológico. São fundos de investimento, mas centrado em dois tipos de investimento: sectores que sejam considerados em restruturação por resolução do Conselho de Ministros; investimentos directos no exterior em que se pretenda aumentar o valor acrescentado nacional nas exportações (2°/1 Dec.-Lei n° 214/92, de 13 de Outubro).

Estes fundos são compostos pelo menos em 60% em participações no capital, sejam participações sociais ou prestações suplementares de capital (6°/1 Dec.-Lei n° 214/92, de 13 de Outubro). O capital inicial do fundo não pode ser inferior a um milhão do contos (3°/1 Dec.-Lei n° 214/92, de 13 de Outubro). Existem regras específicas para a concentração de riscos, remetendo-se para o regime dos fundos de capital de risco subsidiariamente (6 Dec.-Lei n° 214/92, de 13 de Outubro). A lei qualifica expressamente estes fundos de abertos (2°/1 Dec.-Lei n° 214/92, de 13 de Outubro). No entanto, as unidades de participação são reembolsáveis a partir do sétimo ano da sua constituição (8° Dec.-Lei n° 214/92, de 13 de Outubro). Por outro lado, as unidades de participação podem ser admitidas à cotação, desde que o conselho geral de participantes aprove o pedido de admissão dos mesmos, mas apenas na condição de aprovar uma data de liquidação do fundo e a impossibilidade de os participantes efectuarem resgates enquanto o fundo estiver admitidos à cotação, havendo imediata exclusão da cotação na hipótese de se vir a consagrar posteriormente a possibilidade de resgate (9° Dec.-Lei n° 214/92, de 13 de Outubro). Por outro lado, existe uma figura especial, que é a do conselho geral de participantes (5 Dec.-Lei n° 214/92, de 13 de Outubro), sendo igualmente consagrada a possibilidade de representação nos órgãos sociais de empresas participadas.

A configuração destes fundos é particularmente significativa sob o ponto de vista dogmático. Por um lado, aproveita-se a estrutura dos fundos de investimento para resolver problemas específicos. A divisão de riscos ocorre aqui mais uma vez, como nos fundos de capital de risco, para resolver situações em que se pretende simultaneamente assumir riscos e reparti-los entre várias entidades. Por outro lado, a expressa referência à participação do Estado e outras entidades públicas (2°/2 Dec.-Lei n° 214/92, de 13 de Outubro) demonstra que este é também um instrumento directo de política económica e não apenas uma figura de mercado. Com eles a lei pretende resolver dois problemas, além disso. Por um lado, a abertura do fundo, por forma a admitir novos participantes que alarguem a sua capacidade económica e a possibilidade de admissão à cotação, que permita a dispersão ainda maior do risco. Para tal consagra-se a sua natureza aberta, mas restringe-se, como acontece nos fundos fechados, a possibilidade de resgate quando estão admitidos à cotação. Estes fundos são abertos, mas com cláusula de fecho parcial. Este aspecto é interessante ainda numa outra perspectiva. É que demonstra que nada se opõe logicamente à transmissão das unidades de participação de fundos abertos, tal como se demonstrou a propósito dos fundos comuns. Na perspectiva dos participantes, existe uma figura que é inovadora no nosso direito, o conselho geral de participantes. Esta figura demonstra que os FRIE não se caracterizam pela mediação quase absoluta que ocorre nos fundos comuns. Mas demonstra igualmente que os participantes típicos (pelo menos os iniciais, sobretudo antes de existir admissão à cotação) destes fundos

580 *Fundos de Investimento Mobiliário e Imobiliário*

são grandes investidores ou mesmo investidores institucionais. E tem como consequência que em sede de dimensão externa dos fundos, a sua razão de ser prende-se igualmente com as políticas societárias, o que só acontece nos fundos imobiliários, de entre os fundos comuns.

Estes fundos demonstram mais uma vez que a inserção no Direito Económico não é isenta de consequências. A criação de figuras não é tanto o resultado de evoluções dogmáticas como de pressões da realidade económica. São instrumentos para uma política económica e tratados como meros instrumentos. Perante situações semelhantes, cada país reage de diferente modo. Em Espanha, o instrumento usado para equiparável problema traduziu-se, não na constituição de fundos especiais, mas na consagração de um regime especial de créditos e avales, nos termos do Real Decreto 2001/1984, de 24 de octubre.

SECÇÃO III
FUNDOS DOS TRABALHADORES NAS PRIVATIZAÇÕES

Estes fundos são expressamente excluídos do regime do DLFIM nos termos do seu 1°/2. Os fundos dos trabalhadores nas privatizações são fundos de investimento mobiliário. Aqui o que é específico é o elemento dinâmico. Apesar de serem fundos exotéricos, no sentido em que não se encontram determinadas previamente as pessoas que dele são participantes, a verdade é que o público a que se dirige, pelo menos numa fase inicial, são trabalhadores de sociedades anónimas resultantes de privatização de empresas públicas (1° Dec. –Lei n°361/97, de 20 de Dezembro).

No regime anterior do 1°/1, 4° Dec.-Lei n° 234/91, de 27 de Junho estavam igualmente abrangidas as empresas nacionalizadas sem a forma de empresas públicas e sociedades anónimas de capitais exclusivamente públicos.

Quanto à dimensão subjectiva, existem especialidades em sede de entidades gestoras (2°/1/e, 4° Dec. –Lei n°361/97, de 20 de Dezembro; 2°/ /b, 5° Dec.-Lei n° 234/91, de 27 de Junho). De igual modo, quanto às regras de composição do fundo obedece a regras especiais, concentrando-se em participações sociais de empresas nacionalizadas ou outros definidos pelo Ministro das Finanças (1° Dec. –Lei n°361/97, de 20 de Dezembro; antes também valores emitidos pelas mesmas empresas e suas participadas nos termos dos 1°, 3°/1/b, 3°/3, 7° Dec.-Lei n° 234/91, de 27 de Junho). Os participantes iniciais são qualificados, apenas podendo ser trabalhadores, e mesmo depois desta fase deverá permanecer na titularidade dos trabalhadores mais de metade das unidades de participação (6° Dec.

Parte VII – A dogmática dos fundos

–Lei nº361/97, de 20 de Dezembro; 6º Dec.-Lei nº 234/91, de 27 de Junho). As unidades de participação são obrigatoriamente escriturais e nominativas (6º/5 Dec. –Lei nº361/97, de 20 de Dezembro; antes apenas até ao fim do processo de privatização 6º/5 Dec.-Lei nº 234/91, de 27 de Junho). Por outro lado, na perspectiva da dimensão externa estes fundos, ao contrário dos mobiliários comuns, e algo como os imobiliários, permitia situações de influência social (9º Dec.-Lei nº 234/91, de 27 de Junho), matéria sobre a qual o actual diploma não se pronuncia. O novo regime vem a permitir o pagamento da subscrição em espécie (8º/2 Dec. –Lei nº361/97, de 20 de Dezembro) bem como o pagamento diferido (8º/2 Dec. –Lei nº361/97, de 20 de Dezembro).

Este regime é significativo do modo como o instituto dos fundos tem sido usado como um instrumento flexível para a obtenção dos mais diversos objectivos económicos. Nas privatizações os trabalhadores, como é reconhecido no preâmbulo do Dec.-Lei nº 234/91, de 27 de Junho, têm vindo a mostrar grande interesse na aquisição das participações sociais (embora o preâmbulo do Dec.-Lei nº 234/91, de 27 de Junho, reconheça que os fundos dos trabalhadores nas privatizações nunca foram constituídos na prática). Ora, como é bem sabido, mesmo que a categoria trabalhadores venha a ter, no seu conjunto, uma grande fatia do capital social das novas empresas, a dispersão do capital tira-lhes qualquer poder de decisão nas mesmas. O que se visa com a utilização do instrumento fundos de investimento é exactamente a conglobação de posições por parte dos trabalhadores. Já não é tanto a divisão de riscos, mas a união de posições sociais que é permitida com este instituto. Se os fundos de investimento em geral não têm esta finalidade, é ela que é privilegiada pelos fundos dos trabalhadores nas privatizações.

Por outro lado, a lei não afirmava se estes fundos são abertos ou fechados, ou podem assumir ambas as formas. No entanto, pela sua própria estrutura, tudo indica que a lei pretende que sejam em princípio abertos, na medida em que se visa permitir o acesso dos trabalhadores, de todos trabalhadores aos mesmos. Por outro lado, a possibilidade de acrescentar ao fundo outras acções que não as adquiridas na privatização (3º/ e Dec.-Lei nº 234/91, de 27 de Junho) é mais consistente com a hipótese de, em qualquer altura, estas acções poderem ser escambadas por unidades de participação, o que só é possível indefinidamente com um fundo aberto. Hoje em dia, pelo contrário, deixa claro que os fundos podem ser abertos ou fechados nos termos dos 3º/1/a e 5º/2 Dec. –Lei nº361/97, de 20 de Dezembro.

Estes fundos têm como antecedente os "fonds communs de placement d'entreprise" que visam em geral a participação agregada dos trabalhadores (20., 21. Loi 88-1201 du 23 décembre 1988). Em geral ver PEZARD, Alice; *Droit des Marchés Monétaire et Boursier*; Editions du J.N.A., Paris, 1994, p. 246 a 248; GRENIER, Rémi; *Le Second marché, Règles et*

582 Fundos de Investimento Mobiliário e Imobiliário

Fonctionnement, EDIC – Economica, Paris, 1988, p., 67. O sistema francês é diferente, na medida em que se optou pela mera possibilidade de os fundos participarem nas privatizações com o mesmo estatuto fiscal dos particulares, tendo sido afastado um projecto de participação de titulares de planos de poupança em acções nas privatizações (PEZARD, Alice; *Droit des Marchés Monétaire et Boursier*; Editions du J.N.A., Paris, 1994, p. 260 a 264).Para os antecedentes desta figura ver Funcionamento das Sociedades de Investimento de Capital Variável (S.I.C.A.V.) em França – Relatório Lorain, de Janeiro de 1968; in: *Revista Bancária*, Ano IV, n° 14, Outubro – Dezembro de 1968, Lisboa, p. 63 – 64.

Mais genericamente existem formas de participação dos trabalhadores nos lucros das empresas, que constituem um fundo de valores, formas estas que se encontram entre os mais importantes investidores institucionais, os "profit-sharing plans" (DOWNES, John; GOODMAN, Jordan Elliot; *Dictionary of Finance and Investment Terms*, Barron's, 4ª ed., New York, 1995 442 a 443).

SECÇÃO IV

PLANOS DE POUPANÇA EM ACÇÕES COM A FORMA DE FUNDOS DE INVESTIMENTO

Os planos de poupança em acções podem assumir a forma de fundo de investimento (1°/1 Dec.-Lei n° 204/95, de 5 de Agosto). A diferença específica, na perspectiva da imputação, em relação aos fundos de investimento encontra-se no elemento estrutural. A carteira do fundo é constituída sobretudo por de acções e títulos de participação (8° Dec.-Lei n° 204/95, de 5 de Agosto).

Em sede de dimensão subjectiva, existem regras especiais para as entidades gestoras (3°, 9° Dec.-Lei n° 204/95, de 5 de Agosto). Por outro lado, apenas podem ser participantes pessoas singulares, ao contrário do restante regime dos fundos (4° Dec.-Lei n° 204/95, de 5 de Agosto). Na dimensão objectiva, os fundos têm uma composição mínima de 25% em acções, títulos de participação e unidades de participação de fundos mobiliários cujo património seja em pelo menos 50% de acções cotadas em bolsa de valores nacional. Por outro lado, as unidades de participação são intransmissíveis *inter uiuos*, são nominativas (1° Dec.-Lei n° 204/95, de 5 de Agosto), a unidade de participação tem uma duração mínima de 6 anos, prorrogáveis por três (6° Dec.-Lei n° 204/95, de 5 de Agosto), o resgate da unidade participação apenas pode ocorrer no momento do vencimento do plano ou de morte do participante (7° Dec.-Lei n° 204/95, de 5 de Agosto).

Os planos de poupança em acções são mais um bom exemplo, quando têm a forma de fundos de investimento, da utilização deste instituto para finalidades diversificadas. Em primeiro lugar, assumem uma dupla função: sob o ponto de vista macro-económico visa-se o investimento a longo prazo em acções, por forma a incentivar um mercado estável de participações sociais que pode tender para a mera obtenção de mais valias a curto prazo; visa-se por outro lado, fazer beneficiar um maior número de pessoas das tendencialmente maiores mais valias que as acções podem trazer aos investidores, mas que frequentemente não beneficiam os pequenos investidores, afastados pelo risco inerente a estas aplicações.

Como consequência do regime destes fundos especiais, os fundos de participação não podem ser participantes de PPA's, não podendo igualmente os PPA's ter unidades de fundos de investimento mobiliário comuns, na medida em que estas não possam ser constituídos por 50% de acções. Também não podem ter unidades de participação de fundos imobiliários abertos, na medida em que, como antes se viu estes nunca podem ter mais de 25% do seu património investido em participações[796]. Não podem ter unidades de participação de fundos de capital de risco, na medida em que pelo menos 60% do seu património tem de ser constituído por acções não cotadas. Mas já podem ter unidades de participação de fundos imobiliários fechados, mas apenas desde que pelo menos 50% do seu património seja constituído por acções de sociedades cotadas em bolsa[797]. Podem igualmente deter unidades de participação de fundos de trabalhadores nas privatizações, desde que preenchidos os restantes requisitos. O mesmo se passa com os FRIE's.

Em França existe uma figura paralela, criada pela Loi nº 92-666 du 16 juillet 1996, o "plan d'épargne en actions" (P.E.A.) (PEZARD, Alice; *Droit des Marchés Monétaire et Boursier*; Editions du J.N.A., Paris, 1994, p. 261). Em geral, os planos de poupança aproximam-se dos fundos na medida em que, ao contrário dos fundos de pensões, não têm como pressuposto do vencimento a reforma ou a morte, mas um determinado prazo (cf. CACHÓN BLANCO, José Enrique; Fondos de Pensiones y sus Entidades Gestoras, in: ALONSO UREBA, Alberto, MARTINEZ-SIMANCAS Y SANCHEZ; Julian; *Derecho del Mercado Financiero*; Tomo I, Volume 1, *Entidades del Mercado Financiero*, Editorial Civitas, Madrid, 1994, p. 350).

---

[796] 5º/2/d DLFII.
[797] 5º/5 DLFII "a contrario".

CAPÍTULO V

AS PERSONAGENS DOS FUNDOS

Os fundos desenvolvem a sua actividade implicando várias personagens de diferente natureza.

Numa perspectiva de necessidade lógica, as personagens necessárias são os participantes e as entidades gestoras. Não há fundo sem quem para ele leve o capital e sem quem lhe faça a gestão. Todas as restantes personagens são fundamentais numa perspectiva normativa, mas não estrutural.

> Esta distinção não é isenta de consequências. O regime especialíssimo de substituição da entidade gestora nos fundos fechados reflecte esta importância estrutural. Em Itália, esta relação é caracterizada como um mandato, mas isto seria esquecer a natureza especial desta figura, sem prejuízo de aplicação subsidiária de normas do mesmo regime, desde que ponderadas à luz dos interesses especiais e da exigência especial imposta às entidades gestoras (3.1. Legge 23 marzo 1983, n. 77 (in G.U. 28 marzo 1983, n. 85)). TOMÉ, Maria João Romão Carreiro Vaz; *Fundos de Investimento Mobiliário Abertos*, Almedina, Coimbra, 1997, p. 45 acrescenta o depositário a estas duas figuras com razão, mas numa perspectiva institucional e não dogmática. Os depositários são uma figura necessária no nosso sistema jurídico bem como em outros, como antes se referiu. No entanto, trata-se de um mecanismo de segurança necessário, não de uma entidade estruturalmente necessária para o funcionamento dos fundos. Sem recolher esta distinção ver SABATELLI, Emma; *La Responsabilità per la Gestione dei Fondi Comuni di Investimento Mobiliare, Contributo allo studio del D.Lgs. 25 gennaio 1992, n. 83*, Casa Editrice Giuffrè, Milano, 1995, p. 1 –2.

Um outro tipo de enquadramento tipológico, mais rico de consequências, é o que divide estas personagens em três tipos: participantes, profissionais e supervisão.

As entidades de supervisão (a CMVM, o Banco de Portugal, e em reduzidíssima dimensão o Ministro das Finanças) estabelecem entre si

586   *Fundos de Investimento Mobiliário e Imobiliário*

relações de cooperação fundamentais. A primeira virada mais para a actividade, a segunda mais para a supervisão dos profissionais enquanto tais.

Os participantes são entidades cujos direitos de exercício se encontram filtrados pelo véu dos fundos, podendo intervir directamente na sua actividade apenas em casos restritos (substituição de entidade gestora de fundos fechados, liquidação dos fundos). Esta concepção dos participantes como entidades passivas corresponde, como vimos a uma dogmática que lida com pouco à-vontade com situações de exercício colectivo de direitos, merecendo – sobretudo em sede de exercício de direitos políticos relativos aos valores mobiliários subjacentes – que existam mecanismos legais que permitam a sua participação (nomeadamente pela existência de representante comum dos participantes, como existe para os obrigacionistas, por exemplo).

Nos países em que existem fundos personalizados as formas de participação dos participantes, passe-se aparente repetição, são bem mais ricas. Em Espanha, nas "sociedades de inversión mobiliária" de capital fixo prevê-se que dois accionistas pertençam a um órgão de fiscalização da sociedade (Comisión de Controle y Auditoría), e que em geral os accionistas tenham assento na assembleia geral e na administração nos termos do 13.2 Ley 46/1984, de 26 deciembre. Ora estes accionistas são os participantes. Esta participação encontra a sua regulamentação no 22. Real Decreto 1307/1988, de 30 septiembre. De igual forma, em Itália prevêem-se regras específicas para a assembleia geral de accionistas nas SICAV (no 5. Decreto Legislativo 25 gennaio 1992, n. 84 (in G.U. 14 febbraio 1992, n. 37); cf. 7.5.b.). De igual modo para os SICAV rege o Decreto Ministro del Tesoro 29 luglio 1992 (in G.U. 5 agosto 1992, n. 183). Nos Estados Unidos, a alteração da política de investimentos declarada à Securities and Exchange Commission depende de aprovação pelos sócios (Sec. 8 (b) (2), Sec 13 Investment Company Act of 1940). Ver a Sec. 13 Investment Company Act of 1940, que exige igualmente autorização dos sócios para o pedido de empréstimos de dinheiro, emissão de valores preferenciais, compra e venda de imóveis, mudança de especialização da companhia, ou mudança de natureza, quando pretenda deixar de ser uma "investment company". De igual forma a escolha dos conselhos de administração destas empresas pressupõe, nos termos gerais, eleição dos sócios (Sec. 16 Investment Company Act of 1940). Existem regras de protecção muito apertadas da liberdade de manifestação da vontade dos participantes nas "investment companies" com direito de voto nestas, proibindo, em termos a regulamentar pela SEC, a promoção de serviços de "proxy", ou seja, e *grosso modo*, a solicitação aos mesmos participantes no sentido de passarem procura-

Parte VII – A dogmática dos fundos 587

ção atribuindo direito de voto na Sec. 20 (a) Investment Company Act of 1940.

Mas uma maior participação dos participantes não passa forçosamente pela personalização dos fundos. No Brasil, existe uma "assembleia geral de condôminos", que deve ser ouvida na escolha de entidade de que proceda a heterogestão ou de consultor de investimentos (9. Regulamento Anexo à Circular n° 2.594, de 21 de Julho de 1995, do Banco Central do Brasil; 9. Regulamento Anexo à Circular n° 2.616, de 18 de Setembro de 1995 do Banco Central do Brasil). Por outro lado tem de se pronunciar sobre a substituição de entidade gestora, podendo, caso não a aceite, determinar a liquidação do fundo (11. Regulamento Anexo à Circular n° 2.594, de 21 de Julho de 1995, do Banco Central do Brasil; 11. Regulamento Anexo à Circular n° 2.616, de 18 de Setembro de 1995 do Banco Central do Brasil). Depende desta assembleia aprovar qualquer aumento das comissões de gestão (12.§único Regulamento Anexo à Circular n° 2.594, de 21 de Julho de 1995, do Banco Central do Brasil; 12.§único Regulamento Anexo à Circular n° 2.616, de 18 de Setembro de 1995 do Banco Central do Brasil). Tem além disso, os vastíssimos poderes do 22. a 25. Regulamento Anexo à Circular n° 2.594, de 21 de Julho de 1995, do Banco Central do Brasil, e 22. a 25. Regulamento Anexo à Circular n° 2.616, de 18 de Setembro de 1995 do Banco Central do Brasil, que a aproximam em muito de uma assembleia geral de accionistas. Nos fundos imobiliários, a violação das deliberações da assembleia de quotistas gera responsabilidade da instituição administradora nos termos do 8. Lei n° 8.668, de 25 de Junho de 1993, devendo a sua competência e quorum ser determinados no regulamento do fundo nos termos do 10.VII: Lei n° 8.668, de 25 de Junho de 1993 e do 10.XVII. Instrução CVM n° 205, de 14 de Janeiro de 1994 (a sua competência encontra-se nos 23. ss. Instrução CVM n° 205, de 14 de Janeiro de 1994). O regime das procurações na assembleia geral encontra-se igualmente no 29. Instrução CVM n° 205, de 14 de Janeiro de 1994. Existe mesmo a figura do representante (comum) dos quotistas nos 30. a 32. Instrução CVM n° 205, de 14 de Janeiro de 1994.

As formas de intervenção dos participantes podem ter as mais díspares implicações. Na Suíça, quando da alteração do regulamento dos fundos, os participantes são ouvidos. Caso coloquem objecções à alteração, já não é a autoridade administrativa a competente para aprovar a alteração, mas um tribunal (8. Loi Fédérale sur les Fonds de Placement, du 18.03.1994). Por outro lado, é conferido expressamente a cada participante um direito a acção judicial para cumprimento dos deveres de gestão (27.1. Loi Fédérale sur les Fonds de Placement, du 18.03.1994), bem como a possibilidade de actuar em nome do fundo no caso de desvio de bens do fundo pela sociedade gestora, o depositário, os seus agentes, ou pessoas físicas ou colectivas que lhe são próximas. Prevê-se igualmente a figura do representante dos investidores, constituído judicialmente, quando haja indícios de haver direito de indemnização a favor do fundo (28., 65.1. Loi Fédérale sur les Fonds de Placement, du 18.03.1994).

Não se pode, assim, dizer, como TOMÉ, Maria João Romão Carreiro Vaz; *Fundos de Investimento Mobiliário Abertos*, Almedina, Coimbra, 1997, p. 110, que a participação, nomeadamente colectiva, dos participantes na vida dos fundos impossibilitaria a gestão eficaz dos fundos. A experiência internacional antes descrita demonstra exactamente o contrário. Nomeadamente os fundos britânicos e americanos, que são genericamente personalizados, como reconhece a mesma A., e em que a participação dos participantes na vida dos fundos é activa, nos termos societários, não se podem dar como um exemplo de ineficácia de gestão.

TOMÉ, Maria João Romão Carreiro Vaz; *Fundos de Investimento Mobiliário Abertos*, Almedina, Coimbra, 1997, p. 110 refere que a lei não prevê nenhum mecanismo de organização dos participantes. No entanto, como antes se demonstrou a propósito da liquidação, esta é a única solução viável. Vejam-se também os 6º/5 DLFIM e 7º/4 DLFII sobre a substituição da entidade gestora, bem como a possibilidade de acção popular, no caso dos participantes que são simultaneamente consumidores. Nestes três casos, a lei consagra a possibilidade de actuação colectiva dos participantes, como antes estudámos.

A dogmática das relações entre as várias personagens encontra-se completamente por fazer. A redução das relações entre participantes e entidades gestoras a um contrato de participação redutível ao mandato, como parece querer dar a entender a lei italiana esquece os elementos essenciais diferenciadores desta relação (cf. SABATELLI, Emma; *La Responsabilità per la Gestione dei Fondi Comuni di Investimento Mobiliare, Contributo allo studio del D.Lgs. 25 gennaio 1992, n. 83*, Casa Editrice Giuffrè, Milano, 1995, p. 14 ss.).

Os profissionais dividem-se em entidades comercializadoras e prestadores gerais de serviços.

As entidades comercializadoras têm como traço comum terem contacto directo com os participantes, no âmbito das suas funções. A grande diferença que a lei estabelece entre elas consagra-se na distinção entre entidades plena, solidária e absolutamente responsáveis pela gestão e depósito (a entidade gestora e a entidade depositária) e as entidades solidaria, restrita e funcionalmente responsáveis pela gestão na sua vertente de comercialização (as entidades colocadoras). Em ambos os casos estas entidades têm funções de controle da legalidade, mas apenas no exercício das suas funções no caso das entidades colocadoras.

Parte VII – A dogmática dos fundos 589

De entre as entidades comercializadoras destacam-se os bancos, que se socorrem dos fundos como forma de diversificação dos produtos que oferecem à clientela (PIATTI, Laura; SUSI, Neomisio; Struttura dell'Industria, Asseti Proprietari e Profili di Informativa: Un' Analisi dei Fondi Comuni di Investimento Italiani; in CONSOB, *Quaderni di Finanza, Studi e Ricerche*, Volume II, nº 22 Novembre 1997, p. 102 ss.).

As entidades prestadoras de serviços dirigem os seus préstimos a duas entidades. As entidades de guarda ao depositário, os consultores e as restantes entidades prestadoras à entidade gestora.

Nos países onde existem fundos personalizados, pode diferenciar-se a instituição de investimento colectivo personalizada da entidade gestora. RODRÍGUEZ ARTIGAS, Fernando; Instituciones de Inversión Colectiva, in: ALONSO UREBA, Alberto, MARTINEZ-SIMANCAS Y SANCHEZ; Julian; *Derecho del Mercado Financiero*; Tomo I, Volume 1, *Entidades del Mercado Financiero*, Editorial Civitas, Madrid, 1994, p. 334 ss. distingue, neste âmbito, as que chama entidades auxiliares das IIC.

CAPÍTULO VI

AS DIMENSÕES OPERACIONAL E EXTERNA DOS FUNDOS

O principal traço da dimensão operacional dos fundos é a sua natureza fragmentária. Compreende-se que assim seja; a vida dos fundos é afinal muito próxima da vida empresarial. Daí que o regime legal se baste em regular dois tipos de situações: ou a adaptação aos fundos de problemas empresariais que são resolvidos pelas regras societárias geralmente mas que se não lhes podem aplicar por não se tratar de pessoas colectivas e muito menos de sociedades (domiciliação, contabilidade, informação e publicidade); ou de consequências do facto de existir uma cisão entre a titularidade e a decisão (cobertura de risco, encargos e receitas, suspensão da emissão e do resgate, execução preferencial de operações em bolsa).

Escusado será dizer que esta dimensão será sempre fragmentária, Com efeito, ou se regulavam expressamente todos os níveis de actividade, não fazendo mais que repetir o que é estabelecido para actividade económica em geral, ou se limitava, como a lei fez, a regular aspectos que careciam de adaptação pela natureza específica dos fundos. Quando muito requerem-se aperfeiçoamentos, nomeadamente no que respeita à execução das operações, e à necessidade de tornar obrigatória a publicitação diária dos valores de participação.

A lei suíça, consciente desta natureza fragmentária decidiu estabelecer um elenco de actividades que são abrangidas pela actividade dos fundos, que passam pela representação de fundos estrangeiros, a aquisição de participações em sociedades que sejam fundos personalizados, a gestão de contas de unidades de participação, a prestação de serviços a terceiros nos fundos e as funções de entidade colocadora (10. Ordonnance du Conseil Fédéral sur les Fonds de Placement du 19.10.1994).

Já em sede de dimensão externa, o que é mais relevante é a pequena participação dos titulares das unidades de participação neste âmbito, o que como afirmámos se traduz num sinal de pouca maturidade do mercado e da dificuldade que as dogmáticas continentais tiveram sempre de

592   *Fundos de Investimento Mobiliário e Imobiliário*

lidar com modos de decisão e gestão colectiva de interesses. O preço a pagar pela maior estruturação conceptual tem sido a de não se ter enfrentado em toda a sua complexidade os problemas ligados a esta conglobação de posições, e que permite um maior aproveitamento por parte dos agentes institucionais de uma disseminação do poder[799]. De igual modo, as contas dos fundos, bem como o regime de execução de ordens dos fundos, da sua relevância na vida das emitentes, bem como na das entidades públicas, deveriam assentar numa melhor ponderação da legitimidade dos participantes nestas matérias.

---

[798] Este problema dogmático é geral a todos os sistemas continentais, que se defrontaram abertamente com a colectivização de interesses e decisões muito mais tarde que os anglo-saxónicos e de modo muito mais incipiente. Estes fazem-no de forma menos sistemática, mas mais intensa. O problema é geral no pensamento jurídico. Os paradigmas de pensamento estão ainda muito baseados numa ideia de lógica e estrutura que não se coaduna com a ponderação daquilo que na física clássica se chama o problema dos três corpos. Também aqui as soluções não podem ser lineares numa perspectiva estritamente dogmática. A solução deste problema passa pela admissão de mecanismos que não se deduzem das soluções individuais, mas que lhes são alheios e eventualmente logicamente superiores.

BIBLIOGRAFIA

ANDRÉ, J. L. da Costa; As pequenas poupanças perante a sociedade anónima; in: *Economia e Finanças, Anais do Instituto Superior de Ciências Económicas e Financeiras*, Tomo III, vol. XXVI, Universidade Técnica de Lisboa, Lisboa, 1960

ARRANZ PUMAR, Gregorio; Los Fondos de Titulización Hipotecaria y sus Sociedades Gestoras, in: ALONSO UREBA, Alberto, MARTINEZ-SIMANCAS Y SANCHEZ; Julian; *Derecho del Mercado Financiero*; Tomo I, Volume 1, *Entidades del Mercado Financiero*, Editorial Civitas, Madrid, 1994

ASMANN, Heinz-Dieter; SCHÜTZE, Rolf A.; *Handbuch des Kapitalanlagerechts*, C.H. Beck'sche Verlagsbuchhandlung, 2ª ed., München, 1997

AZA CAMPOS, Alicia; La Reforma de la Ley de Arrendamientos Urbanos e los Fondos de Inversión Inmobiliaria, in: ALONSO UREBA, Alberto, MARTINEZ-SIMANCAS Y SANCHEZ; Julian; *Derecho del Mercado Financiero*; Tomo I, Volume 1, *Entidades del Mercado Financiero*, Editorial Civitas, Madrid, 1994, pp. 395 ss.

BARROS, José Manuel; Fundos Garantidos, in: *Cadernos do Mercado de Valores Mobiliários*, nº 2, 1º Trimestre 1998, Ed. da Comissão do Mercado de Valores Mobiliários

BAUZÁ MORÉ; Francisco J.; Sociedades de Capital-Riesgo y Fondos de Capital-Riesgo, in: ALONSO UREBA, Alberto, MARTINEZ-SIMANCAS Y SANCHEZ; Julian; *Derecho del Mercado Financiero*; Tomo I, Volume 1, *Entidades del Mercado Financiero*, Editorial Civitas, Madrid, 1994

Bulletin COB, nº 269, Mai 1993, Supplément "Etudes", nº 71

BUSSOLETTI, Mario; TONELLI, Enrico; Le Banche e l'Attività di Gestione di Patrimoni mediante Operazioni in Valori Mobiliari; PORZIO, Mario (org.); *L'Attività non Bancaria delle Banche*, Giuffrè Editore, Milano, 1993

CACHON BLANCO,J.E., *Derecho del Mercado de Valores*, Tomo II, Dykinson, Madrid 1992

594 *Fundos de Investimento Mobiliário e Imobiliário*

CACHÓN BLANCO, José Enrique; El Contrato de Préstamo de Valores Negociables (Especialmente Acciones Cotizadas en Bolsa); in: IGLESIAS PRADA, Juan Luis (coord.); *Estudios Juridicos en Homaje al Profesor Aurelio Menendez*, III, *Contratos Mercantiles, Derecho Concursal y Derecho de la Navigación*, Editorial Civitas, Madrid, 1996

CACHÓN BLANCO, José Enrique; Fondos de Pensiones y sus Entidades Gestoras, in: ALONSO UREBA, Alberto, MARTINEZ-SIMANCAS Y SANCHEZ; Julian; *Derecho del Mercado Financiero*; Tomo I, Volume 1, *Entidades del Mercado Financiero*, Editorial Civitas, Madrid, 1994, pp. 345 ss.

CAMMARANO, Guido; *Commento* a PIATTI, Laura; SUSI, Neomisio; Struttura dell'Industria, Asseti Proprietari e Profili di Informativa: Un' Analisi dei Fondi Comuni di Investimento Italiani; in CONSOB, *Quaderni di Finanza, Studi e Ricerche*, Volume II, nº 22 Novembre 1997

CARBONETTI, Francesco; *I Contrati di Intermediazione Mobiliare*, Giuffrè Editore, Milano, 1992

CAUSSE, Hervé; *Les Titres Négotiables*, LITEC, Paris, 1993

CORDEIRO, António Menezes; *Manual de Direito Bancário*, Almedina, Coimbra, 1998

CUTLER, Andrew J. (ed.) ; *Equity and Trusts*, HLT Publications, 18ª ed., London, 1996

Dictionnaire Anglais des Affaires, du Commerce et de la Finance, Routledge, London, 1996

DOWNES, John; GOODMAN, Jordan Elliot; *Dictionary of Finance and Investment Terms*, Barron's, 4ª ed., New York, 1995

FADIMAN, Mark; *Rebuilding Wall Street*, Prentice Hall, Englewood Cliffs, New Jersey, 1992

FERREIRA, Amadeu José; *Valores Mobiliários Escriturais, Um Novo Modo de representação e Circulação de Direitos*; Almedina, Coimbra, 1997

Funcionamento das Sociedades de Investimento de Capital Variável (S.I.C.A.V.) em França – Relatório Lorain, de Janeiro de 1968; in: *Revista Bancária*, Ano IV, nº 14, Outubro – Dezembro de 1968, Lisboa

GONÇALVES, Júlio César da Silva; *A Avaliação dos Valores em Garantia de Reservas das Instituições Seguradoras*, Separata da Revista Contabilidade e Comércio, Lisboa, 1950

GONNEAU, Jean-Claude; *La Bourse de Londres*, Economica, Paris, 1990

GRENIER, Rémi; *Le Second marché, Règles et Fonctionnement*, EDIC – Economica, Paris, 1988

HAZEN, Thomas Lee; *The Law of Securities Regulation*, West Publishing Co., 2ª ed., St. Paul, Minn., 1990

Lavori Preparatori per il Testo Único della Finanza, in : CONSOB, *Quaderni di Finanza, Documenti*, nº 28 Giugno 1998

MERLE, Philippe; *Droit Commercial, Sociétés Commerciales*, Dalloz, 4ª ed., Paris, 1994

MESSINEO, Francesco, *Operaciones de Bolsa y de Banca*, Estudios Jurídicos, BOSCH, Barcelona, 1957

MOTA, António, S. Gomes; TOMÉ, Jorge H. Correia; *Mercado de Títulos, Uma abordagem integrada*, Ed. Texto Editora, 2ª ed, Lisboa, 1991

OLIVENCIA RUIZ, Manuel; Manager's Revolution/Independent's Counter Revolution (Ensayo sobre una Nueva Fase en la Evolución de la Sociedad Anónima; in: IGLESIAS PRADA, Juan Luis (coord.); *Estudios Juridicos en Homaje al Profesor Aurelio Menendez*, II, *Sociedades Mercantiles*, Editorial Civitas, Madrid, 1996

O.P.C.V.M. 90, Où et Comment s'Implanter en Europe?, Séminaire de Direction de Banque, La Revue Banque Éditeur, Tome I, Paris 1990

O.P.C.V.M. 90, Où et Comment s'Implanter en Europe?, Séminaire de Direction de Banque, La Revue Banque Éditeur, Tome II, Paris 1990

PASSEIRO, José Manuel; Fundos de Investimento; in: *Revista Bancária*, Ano IV, nº 12, Abril - Junho de 1968, Lisboa

PEZARD, Alice; *Droit des Marchés Monétaire et Boursier*; Editions du J.N.A., Paris, 1994

PIATTI, Laura; SUSI, Neomisio; Struttura dell'Industria, Asseti Proprietari e Profili di Informativa: Un' Analisi dei Fondi Comuni di Investimento Italiani; in CONSOB, *Quaderni di Finanza, Studi e Ricerche*, Volume II, nº 22 Novembre 1997

PILVERDIER-LATREYTE,Josette,*Le Marché Financier Français*, Economica, 3ª ed., Paris, 1991

REMÉDIO, Mário A. Boavida; Ratios e Fundos Próprios da Banca. A Experiência Belga e a Actual Situação em Portugal; in: *Revista Bancária*, Ano II, nº 4, Abril - Junho de 1966, Lisboa

RODRÍGUEZ ARTIGAS, Fernando; Instituciones de Inversión Colectiva, in: ALONSO UREBA, Alberto, MARTINEZ-SIMANCAS Y SANCHEZ; Julian; *Derecho del Mercado Financiero*; Tomo I, Volume 1, *Entidades del Mercado Financiero*, Editorial Civitas, Madrid, 1994, pp. 259 ss.

ROSA, Guilherme; *Sobre a Liquidez Bancária*, Ed. Revista "Actividades Económicas", nº 5, Abril 1956, Lisboa

SABATELLI, Emma; *La Responsabilità per la Gestione dei Fondi Comuni di Investimento Mobiliare, Contributo allo studio del D.Lgs. 25 gennaio 1992, n. 83*, Casa Editrice Giuffrè, Milano, 1995

SALAMONE, Luigi, *Unità e Molteplicità della Nozione di Valore Mobiliare*, Giuffrè Editore, Milano, 1995

SÁNCHEZ-CALERO GUILARTE, Juan; La Separacion del Patrimonio de los Clientes en los Servicios de Inversión; in: IGLESIAS PRADA, Juan Luis (coord.); *Estudios Juridicos en Homaje al Profesor Aurelio Menendez*, III, *Contratos Mercantiles, Derecho Concursal y Derecho de la Navigación*, Editorial Civitas, Madrid, 1996

SILVA, Aníbal António Cavaco; O Mercado de Capitais Português no Período 1961 – 1965; in: *Economia e Finanças, Anais do Instituto Superior de Ciências Económicas e Financeiras*, Tomo I, vol. XXXIV, Universidade Técnica de Lisboa, Lisboa, 1966

TAPIA HERMIDA, Alberto Javier; Los Contratos Bancarios de Depósito, Administración y Gestión de Valores, in: ALONSO UREBA, Alberto, MARTINEZ-SIMANCAS Y SANCHEZ; Julian; *Derecho del Mercado Financiero*; Tomo II, Volume 2, *Operaciones Bancarias de Gestión. Garantias. Operaciones Bursátiles*, Editorial Civitas, Madrid, 1994

TOMÉ, Maria João Romão Carreiro Vaz; *Fundos de Investimento Mobiliário Abertos*, Almedina, Coimbra, 1997

VARA DE PAZ; Nemesio Las Cajas de Seguridad, in: ALONSO UREBA, Alberto, MARTINEZ-SIMANCAS Y SANCHEZ; Julian; *Derecho del Mercado Financiero*; Tomo II, Volume 2, *Operaciones Bancarias de Gestión. Garantias. Operaciones Bursátiles*, Editorial Civitas, Madrid, 1994

VAUPLANE, Hubert de; BORNET, Jean-Pierre; *Droit de la Bourse*, LITEC- Librairie de la Cour de Cassation, Paris, 1994

SUMÁRIO ANALÍTICO

SUMÁRIO 13

PARTE I – INTRODUÇÃO 19

PARTE II – PRINCÍPIOS GERAIS 37

    CAPÍTULO I – PRINCÍPIOS SUBJECTIVOS 39
        SECÇÃO I – TIPICIDADE DAS ENTIDADES GESTORAS 39
        SECÇÃO II – PRINCÍPIO MITIGADO DA SEPARAÇÃO DE GESTÃO ... 41

    CAPÍTULO II – PRINCÍPIOS OBJECTIVOS 43
        SECÇÃO I – TIPICIDADE DE NATUREZA DOS FUNDOS 43
        SECÇÃO II – TIPICIDADE DE COMPOSIÇÃO 44
        SECÇÃO III – CONSERVAÇÃO DA NATUREZA DOS FUNDOS ... 45

    CAPÍTULO III – PRINCÍPIOS OPERACIONAIS 47
        SECÇÃO I – DIVISÃO DE RISCOS 47
        SECÇÃO II – CONFLITOS DE INTERESSES 49
        SECÇÃO III – TRANSPARÊNCIA 51

PARTE III – FONTES DO REGIME DOS FUNDOS.
        O REGULAMENTO DE GESTÃO 53

    CAPÍTULO I – CONTEÚDO DO REGULAMENTO DE GESTÃO ... 57
        SECÇÃO I – ELEMENTOS FORMAIS 57
        SECÇÃO II – ELEMENTOS ESTRATÉGICOS 60
        SECÇÃO III – ELEMENTOS ECONÓMICOS 63
        SECÇÃO IV – ELEMENTOS SUPLEMENTARES 65

    CAPÍTULO II – VICISSITUDES DO REGULAMENTO 67

    CAPÍTULO III – CLÁUSULAS CONTRATUAIS GERAIS E CONTRATAÇÃO INDIVIDUALIZADA 71

    CAPÍTULO IV – GARANTIA DO REGULAMENTO DE GESTÃO ... 77

598 *Fundos de Investimento Mobiliário e Imobiliário*

PARTE IV – REGIME GERAL 79

CAPÍTULO I – A DIMENSÃO SUBJECTIVA 81

SECÇÃO I – AS ENTIDADES GESTORAS 81

SUBSECÇÃO I – REGIME GERAL 82
  I. Instituição e vicissitudes 82
  II. Funções 88
  III.Regime operacional 95

  i) Acesso ao mercado interbancário 95
  ii) Operações vedadas 96

  A) Concessão de crédito por conta dos fundos 97
  B) Contracção de empréstimos por conta dos fundos 101
  C) Oneração dos valores dos fundos 104
  D) Aquisição de unidades de participação 106
  E) Vendas a descoberto por conta dos fundos 107

SUBSECÇÃO II – SOCIEDADES GESTORAS 109
  I. Instituição. Vicissitudes. 109
  II. Regime operacional 112

  i) Fundos próprios 112
  ii) Operações vedadas 114

  A) Concessão de crédito por conta própria 114
  B) Contracção de empréstimos por conta própria 115
  C) Aquisição de unidades de participação proibida 115
  D) Aquisição de valores mobiliários limitada 116
  E) Aquisição de imóveis para além dos fundos próprios 117
  F) Vendas a descoberto por conta própria 118

  iii) Acesso restrito ao mercado interbancário 118

SUBSECÇÃO III – OUTRAS ENTIDADES GESTORAS 119
  I. Instituição e vicissitudes 119
  II. Regime operacional 119

  i) Fundos próprios 120
  ii) Operações limitadas 120

SECÇÃO II – OS DEPOSITÁRIOS 121

SUBSECÇÃO I – INSTITUIÇÃO E VICISSITUDES. A NATUREZA
          DOS VALORES DEPOSITÁVEIS 121
SUBSECÇÃO II – FUNÇÕES 131
  I. Funções operacionais 133
  i) Compras e vendas de valores para o fundo 133
  ii) Subscrição e resgate de unidades de participação 135

Parte VII – A dogmática dos fundos

iii)Garantia do cumprimento 136
II. Funções financeiras 137
  i) Exercício de direitos 137
  ii) Pagamento de quota parte nos lucros do fundo 138
III. Funções de controlo 139
IV. Funções administrativas 140
  i) Depósito e registo de valores 140
  ii) Registo de operações e activos 142

SUBSECÇÃO III – REGIME OPERACIONAL 143
  I. O problema especial dos valores estrangeiros dentro de um
  sistema.. 143
  II. A delegação da guarda dos valores 144
  III. A inexistência de operações expressamente vedadas 144

SECÇÃO III – REGIME COMUM ÀS ENTIDADES GESTORAS E DE-
  POSITÁRIOS.. 145
  SUBSECÇÃO I – SEGREGAÇÃO DE FUNÇÕES 145
  SUBSECÇÃO II – RESPONSABILIDADE SOLIDÁRIA 148
  SUBSECÇÃO III – RELAÇÕES DE DEPÓSITO....................... 148
  SUBSECÇÃO IV – REMUNERAÇÕES 150

SECÇÃO IV – AS ENTIDADES DE GUARDA DOS VALORES 154
SECÇÃO V – AS ENTIDADES COLOCADORAS 157
  SUBSECÇÃO I – INSTITUIÇÃO. VICISSITUDES. 159
  SUBSECÇÃO II – FUNÇÕES. 162
  SUBSECÇÃO III – REGIME OPERACIONAL. 163
    I. Aspectos gerais.. 163
    II. Equiparação limitada aos depositários......................... 164
    III. Conclusões sobre o regime operacional das entidades colocadoras 168

SECÇÃO VI – OS CONSULTORES.. 168
SECÇÃO VII – OS TERCEIROS PRESTADORES DE SERVIÇOS............ 170
SECÇÃO VIII – OS PARTICIPANTES.................................... 171
SECÇÃO IX – AS ENTIDADES DE SUPERVISÃO 182
  SUBSECÇÃO I – A CMVM 182
  SUBSECÇÃO II – O BANCO DE PORTUGAL......................... 187

CAPÍTULO II – A DIMENSÃO OBJECTIVA............................... 191
SECÇÃO I – OS FUNDOS... 191
  SUBSECÇÃO I – TIPOLOGIA DOS FUNDOS 191
    I. Quanto à limitação das unidades de participação (abertos e
    fechados) 193
      i) Fundos fechados... 199

600   *Fundos de Investimento Mobiliário e Imobiliário*

ii) Fundos abertos 201

iii) O problema da admissão à cotação 203

II. Quanto à natureza dos activos (fundos mobiliários e imobiliá-
rios) 209

III. Quanto ao grau de mobiliarização (fundos de fundos e fundos
simples ou de primeiro grau) 214

IV. Quanto à natureza da política de rendimentos (fundos de capitalização e com distribuição) 216

V. Quanto à duração (fundos de duração determinada e indeter-
minada) 218

VI. Quanto à personalização (fundos personalizados e não personalizados) 220

VII. Quanto à liquidação (fundos liquidáveis e não liquidáveis) 224

VIII. Quanto à especialização (fundos especializados e não especializados) 225

IX. Quanto ao ciclo de resgate (fundos de resgate acíclico, contínuo e cíclico) 226

X. Quanto à relação de participação (fundos isolados e agrupamentos de fundos) 228

XI. Quanto relação à harmonização (fundos harmonizados e fundos
não harmonizados) 231

SUBSECÇÃO II – OBJECTO DOS FUNDOS 233

I. Quanto aos activos 233

II. Quanto à concentração de riscos 240

III. Quanto aos sujeitos (conflitos de interesses e transparência) 245

i) Unidades de participação 247

ii) Valores detidos ou emitidos 250

A) pela entidade gestora 251

B) entidades participantes na entidade gestora 253

C) Entidades dominadas pela entidade gestora 253

D) entidades participadas em sentido latíssimo pela enti-
dade gestora 254

F) membros de órgãos sociais de gestora e dominantes 259

G) entidades participadas por membros de órgãos 260

H) sociedades com membros de órgãos sociais coinciden-
tes com a gestora 261

I) Quadro geral das proibições sobre valores emitidos ou
detidos 262

iii) Valores colocados 263

IV. Relevância das proibições 265

Parte VII – A dogmática dos fundos 601

V. Regime geral e consequências de aquisições ou detenção de valores não permitidos 266

SUBSECÇÃO III – VICISSITUDES DOS FUNDOS 274

I. Constituição 274

   i) Fase do pedido 274

   ii) Fase instrutória 275

   iii) Fase da decisão 275

      Regime geral 275

      Regime especial dos fundos fechados 278

   iv) Fase da constituição *stricto sensu* 278

II. Modificação 281

III. Transmissão da gestão 281

   Transmissão de gestão nos fundos abertos 283

   Transmissão de gestão nos fundos fechados 286

IV. Extinção 288

   i) Fundamentos de dissolução 286

   ii) A liquidação *lato sensu* 300

      A) A liquidação 303

      B) A partilha 304

   iii) O momento da extinção do fundo 306

SECÇÃO II – AS UNIDADES DE PARTICIPAÇÃO 307

SUBSECÇÃO I – AS UNIDADES DE PARTICIPAÇÃO COMO VALORES MOBILIÁRIOS 307

SUBSECÇÃO II –VICISSITUDES DAS UNIDADES DE PARTICI-PAÇÃO 318

I. Constituição 318

   i) Regime Comum 318

   ii) Regime dos fundos fechados 327

   iii) Regime dos fundos abertos 330

   iii) Estruturas gerais do mercado primário dos fundos 331

II. Modificação 333

III. Extinção resgate e reembolso 333

   i) Fundos fechados 337

   ii) Fundos abertos 338

   iii) Apreciação global do regime de extinção das unidades de participação 339

IV. Transmissão 339

V. Modo de transmissão. Unidades nominativas e ao portador. Integração em sistema das unidades de participação. Exercício de direitos 342

602   *Fundos de Investimento Mobiliário e Imobiliário*

CAPÍTULO III – A DIMENSÃO OPERACIONAL 349

SECÇÃO I – DOMICILIAÇÃO 350
SECÇÃO II – CONTABILIDADE 351
SECÇÃO III – INFORMAÇÃO E PUBLICIDADE 359
   I. Deveres gerais de informação 360
   II. Deveres individualizados de informação 369
   III. Deveres de informação perante a supervisão 373
   IV. Publicidade 375
SECÇÃO IV – COBERTURA DE RISCOS 376
SECÇÃO V – ENCARGOS E RECEITAS DOS FUNDOS 380
SECÇÃO VI – AVALIAÇÃO DOS FUNDOS 383
SECÇÃO VII – SUSPENSÃO DA EMISSÃO E DO RESGATE 389
   I. Regime comum à suspensão do resgate e da emissão 391
     Suspensão pela entidade gestora 391
     Suspensão pela CMVM 393
   II. Suspensão do resgate 393
     Suspensão pela entidade gestora 394
     Suspensão pela CMVM 395

SECÇÃO VIII – EXECUÇÃO PREFERENCIAL DE OPERAÇÕES EM
     BOLSA 395

CAPÍTULO IV – A DIMENSÃO EXTERNA 399

SECÇÃO I – REPRESENTAÇÃO GERAL DOS FUNDOS 400
SECÇÃO II – AS CONTAS DOS FUNDOS 400
SECÇÃO III – AS UNIDADES DE PARTICIPAÇÃO E O SISTEMA DE
     REGISTO/DEPÓSITO E CONTROLE DE VALORES 402
SECÇÃO IV – A EXECUÇÃO DE ORDENS DOS FUNDOS 405
SECÇÃO V – RELEVÂNCIA DOS FUNDOS NA VIDA DAS EMITENTES. 406
SECÇÃO VI – REPRESENTAÇÃO DOS FUNDOS EM JUÍZO E PERAN-
     TE ENTIDADES PÚBLICAS 407

PARTE V – OS FUNDOS DE INVESTIMENTO MOBILIÁRIO 409

CAPÍTULO I – FONTES. REGULAMENTO DE GESTÃO 411
CAPÍTULO II – DIMENSÃO SUBJECTIVA 413
SECÇÃO I – ENTIDADES GESTORAS 413
     A) Aquisição de acções por conta dos fundos limitada 413
     B) A proibição de influência notável 416
SECÇÃO II – DEPOSITÁRIOS 421
   A aquisição de unidades de participação de fundos de que é depositário 421

Parte VII – A dogmática dos fundos 603

CAPÍTULO III – DIMENSÃO OBJECTIVA 423

SECÇÃO I – FUNDOS. OBJECTO DOS FUNDOS 423

I. Quando aos activos 423

i) Valores mobiliários 424

A) Cotação oficial na União Europeia (valores mobiliários de Tipo I) 424

B) Negociação em mercado regulamentado da União Europeia (Tipo II) 424

C) Negociação em mercado regulamentado fora da União Europeia (Tipo III) 426

D) Valores a admitir à negociação em mercado regulamentados (Tipo IV) 427

E) Outros valores mobiliários (Tipo V) 428

F) O regime especial das unidades de participação (Tipo VI) 429

G) O problema especial dos fundos de derivados 430

ii) Liquidez 432

iii) Instrumentos representativos de dívida 434

iv) Relevância das distinções tipológicas de activos. Estrutura patrimonial. Regime geral e consequências jurídicas da composição. 439

II. Quanto à concentração de riscos 442

i) Limites 442

A) Percentagem da emissão de acções 442

B) Percentagem do valor global do fundo 443

ii) Regime geral dos limites 450

iii) Excepção temporária geral aos limites 451

III. Quanto aos sujeitos (conflitos de interesses e transparência) 452

i) Valores detidos ou emitidos 452

SECÇÃO II – UNIDADES DE PARTICIPAÇÃO 454

CAPÍTULO IV – DIMENSÃO OPERACIONAL 455

SECÇÃO I – AVALIAÇÃO DOS FUNDOS 455

CAPÍTULO V – DIMENSÃO EXTERNA 457

CAPÍTULO VI – TIPOS DE FUNDOS. FUNDOS ABERTOS E FUNDOS FECHADOS 459

SECÇÃO I – FUNDOS FECHADOS 459

SUBSECÇÃO I – DIMENSÃO SUBJECTIVA 459

I. Entidades gestoras. Regime operacional 459

II. Depositários. Instituição 460

604 Fundos de Investimento Mobiliário e Imobiliário

SUBSECÇÃO II – DIMENSÃO OBJECTIVA. FUNDOS 460
    I. Composição dos fundos 460
    II. Concentração de riscos 461
SECÇÃO II – FUNDOS ABERTOS 461
    I. Fundos. Vicissitudes 461
    II. Unidades de participação. Regimes de efeitos 462

CAPÍTULO VII – CONEXÃO COM O ESTRANGEIRO 465
SECÇÃO I – UNIDADES ESTRANGEIRAS COMERCIALIZADAS EM
    PORTUGAL 466
SUBSECÇÃO I – REGIME GERAL 466
SUBSECÇÃO II – FUNDOS NÃO HARMONIZADOS 466
SUBSECÇÃO III – REGIME COMUNITÁRIO. FUNDOS HARMO-
    NIZADOS 468
SECÇÃO II – UNIDADES PORTUGUESAS COMERCIALIZADAS NO
    ESTRANGEIRO 471
SUBSECÇÃO I – REGIME GERAL 471
SUBSECÇÃO II – REGIME ESPECIAL DOS PAÍSES DA UNIÃO
    EUROPEIA 471
CAPÍTULO VIII – FUNDOS DE TESOURARIA 473
CAPÍTULO IX – FUNDOS DE FUNDOS 479

PARTE VI – OS FUNDOS DE INVESTIMENTO IMOBILIÁRIO 483

CAPÍTULO I – FONTES. REGULAMENTO DE GESTÃO 485

CAPÍTULO II – DIMENSÃO SUBJECTIVA 487

CAPÍTULO III – DIMENSÃO OBJECTIVA 491

    SECÇÃO I – FUNDOS 491

    SUBSECÇÃO I OBJECTO DOS FUNDOS 491

        I. Composição. Activos 491
            i) Activos 491
            ii) Estrutura patrimonial (percentagens de composição) 498
            iii) regime geral 504
        II. Concentração de riscos 506
        III. Limites quanto aos sujeitos (conflitos de interesses e transpa-
        rência) 507
    SUBSECÇÃO II VICISSITUDES 509
    SECÇÃO II – UNIDADES DE PARTICIPAÇÃO 509

Parte VII – A dogmática dos fundos

CAPÍTULO IV – DIMENSÃO OPERACIONAL 511

SECÇÃO I – INFORMAÇÃO 512
SECÇÃO II – AVALIAÇÃO DOS IMÓVEIS 513

CAPÍTULO V – DIMENSÃO EXTERNA 517

CAPÍTULO VI – TIPOS DE FUNDOS. FUNDOS ABERTOS E FUNDOS
FECHADOS 519

SECÇÃO I – FUNDOS FECHADOS 519
SECÇÃO II – FUNDOS ABERTOS 526

CAPÍTULO VII – CONEXÃO COM O ESTRANGEIRO 529

SECÇÃO I – COMERCIALIZAÇÃO EM PORTUGAL DE FUNDOS
ESTRANGEIROS 529
SECÇÃO II – COMERCIALIZAÇÃO NO ESTRANGEIRO DE FUNDOS
PORTUGUESES 530

PARTE VII. A DOGMÁTICA DOS FUNDOS 531

CAPÍTULO I – NATUREZA DOS FUNDOS 531

SECÇÃO I – PRIMEIRA APRECIAÇÃO CRÍTICA DA DEFINIÇÃO
LEGAL 531
SECÇÃO II – ENQUADRAMENTO DOGMÁTICO 539

CAPÍTULO II – FUNDOS E ESTRUTURAS DE INVESTIMENTO CO-
LECTIVO 553

CAPÍTULO III – FUNDOS DE INVESTIMENTO E FIGURAS DE FRON-
TEIRA 557

SECÇÃO I FALTA DO ELEMENTO ESTRUTURAL 558
SUBSECÇÃO I – REPRESENTAÇÃO 558
SUBSECÇÃO II – NEGOCIAÇÃO DE CARTEIRAS 558
SUBSECÇÃO III – GESTÃO DE CARTEIRAS 558
SUBSECÇÃO IV – GESTÃO DE PATRIMÓNIOS 560
SUBSECÇÃO V – CONTITULARIDADE DE CONTAS 562
SUBSECÇÃO VI – CLUBES DE INVESTIDORES 562
SUBSECÇÃO VII – CONTAS JUMBO 563
SUBSECÇÃO VIII – SEGUROS DE VIDA 564
SUBSECÇÃO IX – CONSÓRCIO 566
SUBSECÇÃO X – SOCIEDADES 566
SECÇÃO II – FALTA DO ELEMENTO DINÂMICO 569
SECÇÃO III – FALTA DO ELEMENTO TELEOLÓGICO 569

SUBSECÇÃO I – FUNDOS DE GARANTIA 570
SUBSECÇÃO II – FUNDOS DE PENSÕES 571
SUBSECÇÃO III – PLANOS DE POUPANÇA EM ACÇÕES COM
    A FORMA DE FUNDO DE PENSÕES 573

CAPÍTULO IV – FUNDOS ESPECIAIS 575
  SECÇÃO I – FUNDOS DE INVESTIMENTO DE CAPITAL DE RISCO 576
  *SECÇÃO II – FUNDOS DE RESTRUTURAÇÃO E INTERNACIONALI-
    ZAÇÃO EMPRESARIAL* 578
  SECÇÃO III – FUNDOS DOS TRABALHADORES NAS PRIVATIZAÇÕES 580
  *SECÇÃO IV – PLANOS DE POUPANÇA EM ACÇÕES COM A FORMA
    DE FUNDOS DE INVESTIMENTO* 582

CAPÍTULO V – AS PERSONAGENS DOS FUNDOS 585

CAPÍTULO VI – AS DIMENSÕES OPERACIONAL E EXTERNA DOS
    FUNDOS 591

BIBLIOGRAFIA 593

SUMÁRIO ANALÍTICO 597